JN443690

[제3판]

# 무역계약론

윤광운·김철수·조현숙

## Contracts of International Trade

탑북스

# 제3판 머리말

2014년에 초판이 나온 이래 이번 개정판은 국제무역거래실무를 규율하는 무역거래조건의 해석에 관한 「인코텀즈」(Incoterms 2020) 규칙의 최근 개정내용을 반영하는 한편 본서의 내용 전반에 대한 보다 간명한 체계와 서술로 보완·정리를 함으로써, 다소 어려운 부분의 내용에 대한 독자의 이해에 도움이 될 것으로 믿는다.

특히 이번 개정은 「무역계약론」의 분야가 단순히 매매계약법의 범주에 한정된 것이 아니라 무역거래실무의 법적 측면과도 연관을 가지는 점에서 이는 곧 사법과 공법에 걸치고 또 국내법과 국제법에도 미치는 일응 맘모스 구조를 지니는 법분야(law of mpmmoth structure)의 특성을 지니는 점 외에도 비법학계열의 상경계열에서 본 강좌가 주로 개설되는 점들을 반영하고 있다.

이에 따라 영미 매매법과 우리 민법과 상법 그리고 국제적 통일매매법인 1980년 비엔나협약(CISG)의 비교 검토와 함께 보다 간명하고 평이한 내용의 서술, 풍부한 관련 사례 및 예시, 각주 해설의 보조자료 활용으로 본질적으로 무역계약이 지니는 법적 측면과 거래실무적 면의 연계를 통한 무역계약론의 체계를 정립함으로써 독자의 이해를 돕고자 하였다.

그리고 무엇보다 「무역계약론」을 처음 접하는 무역입문자는 우선 무역계약의 기초적 지식을 배양하고, 또 무역실무전문가와 대학원생, 수험자의 경우는 계약책임 등을 중심으로 한 전문지식과 무역사례 중심의 비교 검토를 통해 학습효과를 제고하는 한편 국내외 현행 관련 법규의 이해를 토대로 무역계약 관련 자격시험의 수험서로도 활용될 수 있다.

한편 이번 개정에서 무역계약실무의 자문에 수고하신 신정환관세사사무소의 대표 관세사 신정환 박사에게 깊은 감사의 인사를 드린다. 그리고 지역중소무역업체의 수출입컨설팅에 수고하는 GCG의 윤준웅 대표에게도 감사드린다.

또한 최근의 국내외 경제환경의 악화에 따른 출판계의 어려움에도 불구하고 금번 개정판의 출간을 흔쾌히 허락하여 주신 탑북스 김광식 대표님과 본서의 편집에 수고하여 주신 조윤주 팀장을 비롯한 편집진에게 감사의 인사를 드린다.

2022년 1월

**공저자 씀**

# 제2판 머리말

이 책 「무역계약론」은 원래 국제상거래 연구의 중심 분야가 되는 무역계약의 법리와 거래실무에 관해 서술한 것이다.

이 책이 출간된 지 2년이 되는 이번에 개정판을 내면서 복잡한 구조를 지닌 무역계약의 분야를 알기 쉬운 도해와 풍부한 관련판례 등을 통해 무역실무가와 입문자가 보다 이해하기 쉽도록 내용 전반에 걸쳐 대폭적으로 수정 · 보완하였다.

이번 개정에서는 무역계약이 지니는 물품매매에 고유한 법적문제와 거래실무적 성격을 고려하고 법률해석의 경향과 관련한 판례를 대폭 보완하는데 중점을 두었으며, 이에는 영미의 주요 판례 외에도 1980년 「비엔나협약」(CISG) 관련판례와 우리나라 대법원판례까지 추가 · 보완함으로써 무역계약의 이해를 돕고자 하였다.

또한 이 책의 각 장별 편제와 체제를 개편한데 이어 대륙법계의 우리나라 법과 우리의 주요 해외시장이 되는 영미법계의 매매법 그리고 국제적 통일매매법으로서의 1980년 「비엔나협약」(CISG) 등을 중심으로 비교법적으로 분석하는 외에도 최근의 자료를 토대로 하여 본서의 내용 전반을 보다 간명하게 서술하고자 하였다.

그리고 「무역계약론」의 이번 개정판에 이르기까지에는 그간의 무역관련 다수의 교재를 집필하는 가운데서도 특히 무역계약과 관련한 「국제거래법」(2013)과 「영국물품매매법(SGA)」(2011), 「미국통일상법전(UCC)」(2006), 「국제통상법」(2009), 「무역법」(1996), 「관세법」(2000), 「대외무역법」(1987) 외에 거래실무와 관련하여서는 「국제무역상무론」 (1994), 「무역실무」(2016), 「무역실무와 경영」(2012), 「무역실무연습」(2012) 등에 이르는 무역거래의 법과 실무에 관련한 기존의 다수 저술과 관련 논문연구가 적지 않은 도움이 있었음을 밝혀 두고자 한다.

한편 우리나라 판례의 경향을 코멘토를 주신 이재호 변호사님께 깊은 감사의 인사를 드리며 또한 강의를 통해 조언을 아끼지 않은 부경대학교 김철수 교수님과 수출입기업의 해외거래상담지식을 토의해준 글로벌네트웍스(주) 장영천 대표에게 감사의 인사를 드린다. 그리고 본서의 원고교정과 자료정리에 수고한 부경대학교 윤지원 박사와 글로벌컬쳐게이트의 윤준웅 대표에게도 감사를 드린다.

이번에 개정판이 나올 수 있도록 배려해 주신 탑북스의 김광식 대표와 그리고 본서의 편집에 수고하여 주신 이신정 주간님에게 깊은 사의를 표하고자 한다.

2017년 2월
부경대 용당캠퍼스 연구실에서
**저자** 씀

# 머리말

본서 「무역계약론」은 무역거래의 가장 기본적 연구영역인 국제물품매매의 분야를 그 대상으로 하면서 특히 무역계약의 법적 측면과 그 실제적 측면이라고 하는 법리와 실무를 포괄하고 있다. 국제물품매매는 다른 나라에 영업소를 가지고 있는 매매당사자간에 체결되는 계약에 의하여 목적물이 운송인을 통해 국제적으로 이동되는 물품매매로서 그 소유권의 국제적 이전이 발생하는 물품매매거래이다.

이를 법률적 관점에서 보면, 다른 법역에 거주하는 당사자간에 다른 법역간의 물품의 이동에 따른 물품의 매매라 하겠다. 이러한 특징은 곧 무역거래가 단순한 국내상업과는 달리 국제상거래현상으로서의 본질적으로 물품의 매매(sale of goods)에 고유한 법적 상거래적 문제를 제기하고 있다.

그럼에도 오늘날의 무역거래에서 단순한 매매계약에 의해 대량의 화물을 해상운송을 통해 외국시장에 신속·안정적으로 판매가 이루어질 수 있는 것은 국제상관습을 바탕으로 한 묵시조항에 의하여 국제적 매매계약이 보완되고 있기 때문이다.

이와 같이 무역거래는 계약의 성립, 이행, 선적, 계약위반과 중재 그리고 그 집행의 장소가 각기 상이한 까닭으로 여러 나라의 국내법이 관계되며, 그 결과 구제에 관하여 어느 국가의 법률을 적용할 것인가하는 불확실성과 불안정성의 문제가 대두되며, 그 법적 장애의 제거를 위한 노력의 일환으로 무역거래에 적용되는 물품매매관행에 관한 국제적 통일화 노력이 지속적으로 전개되어 왔다.

이러한 배경을 바탕으로 하는 국가간의 상거래현상을 그 연구대상으로 하는 무역학이 독립된 학문으로서의 학문적 체계를 이루고 있는 데는 무역계약을 기반으로 한 소위 국제상학(international commerce)과 그 학문적 특성에 기초하고 있기 때문이다. 다시 말해 국제상학의 분야는 상인들의 관행을 바탕으로 형성되어진 국제적 상관습을 기초로 하고 있으며, 이 국제상학의 핵심에 바로 「무역계약론」이 자리메김하고 있다.

본서 「무역계약론」은 종래 물품매매에 관한 대륙법 중심 일변도의 접근이나 영미 매매계약법에 대한 단편적 인용에서 벗어나 영미권의 매매법에 대한 기초적 연구의 일환으로 오래전부터 의도해 왔던 것이다. 특히 최근의 현상으로 한국의 기업이 체결한 계약에 대해 영국의 법정이 영국 매매계약법을 적용하는 사례가 늘고 있으며 또한 한국 기업이 당사자로 되어 있는 판례가 나타나고 있는 점도 사실이다. 환언하면 우리 국제사법이 영국 매매법을 준거법으로 지정하는 경우, 우리 법원은 이 법을 적용해야 한다는 점이다. 따라서 국제상학의 기초가 되는 무역계약 분야에서 영미권의 매매법에 대한 연구는 학문적 관점은 물론이거니와 실무적 측면에서도 그 필요성이 재삼 강조되고 있다.

본래 영국 「물품매매법」(Sale of Goods Act, 1893)은 다수의 물품거래에 관한 판례 중에서 일반적 타당성이 있는 원칙을 성문화하여 탄생한 것이다. 동법의 우수성은 이후 미국의 「통일매매법」(Uniform Sale Act, 1906)과 「통일상법전」(Uniform Commercial Code, 1953)에 계수된 사실에서도 입증된다. 이것은 현재의 글로벌 환경하의 무역, 해운계에 있어서 영미양국의 지배적 지위와 서로 작용해서 영국 물품매매법이 상품거래에 있어서 국제성을 지니고 있음은 소위 「비엔나협약」으로 불리는 1980년 「국제물품매매계약에 관한 UN협약」(United Nations Convention on Contracts for the International Sale of Goods)에서도 잘 나타나고 있다.

이러한 기반하에서 본서 「무역계약론」은 무역계약의 복합적인 성격을 고려하면서 다음과 같은 주요 특징을 두고 있다.

첫째, 우선 무역거래의 기본적 요소로서 복합적이고도 난해한 무역계약의 분야를 입문자들이 보다 쉽게 접근할 수 있도록 계약법리와 실무부분을 체계적으로 구성하고 있다. 다시 말해 무역학 전공자가 대륙법계의 우리나라 「민법」의 총칙편, 즉 민법총칙과 영미법에 관한 기초개념과 체계를 동시에 다룸으로서 보다 쉽게 이해하도록 하고 있다.

둘째, 무역계약의 본질이라 할 수 있는 국제물품매매를 대상으로 계약의 성립에서 이행 그리고 종료와 그에 따른 계약불이행의 제문제에 이르는 무역계약의 전반에 걸쳐 계약당사자간의 제반 법적 문제와 관련한 제이론과 실무관행을 체계적으로 다루고 있다.

셋째, 무역계약의 법리적 측면은 상술한 바에 따라 영미시장의 주요 법인 영국 「물품매매법」(SGA, 1979)을 비롯하여 미국 「통일상법전」(UCC)과 「리스테이트먼트」의 주요 조항을 검토하고, 우리나라의 민·상법 등 대륙법계와 그리고 국제적 통일매매법으로서의 1980년 비엔나협약으로 불리는 「국제매매협약」(CISG) 등을 통합적으로 비교분석하고 있다. 또한 다수의 관련 판례를 인용함으로써 보다 용이하게 이해하도록 노력하였다.

이에 따라 본서 「무역계약론」의 주요 구성내용은 무역거래와 계약법의 특성을 고려하여 다음에서와 같이 크게 네 부분으로 나누어 접근하고 있다.

첫째, '무역계약의 기초'(제1부)에서는 매매계약의 기본개념과 매매계약에 관한 일반원리를 포함한 영미 매매법의 일반원칙을 포함하고 있으며, 또한 우리 민법의 계약편의 체계를 함께 분석하고 있다. 그리고 이를 토대로 한 무역계약의 기본개념으로 그 특성과 계약의 내용 및 계약조항의 기본원칙들을 다루고 있다.

둘째, '무역계약의 성립 및 이행'(제2부)에서는 청약과 승낙의 법리를 기초로 한 무역계약의 성립, 인터넷상거래를 기반으로 한 전자무역계약, 무역계약의 6대 거래 기본조건과 FOB계약·CIF계약이라고 하는 상관습을 기초로 한 정형거래조건의 법적 성격을 다루는 한편 무역계약의 이행으로서의 물품의 인도를 비롯한 소유권이전 및 위험부담 등의 권리이전문제, 물품의 인수, 대금의 지급 등 무역계약의 이행과 관련한 법적 제문제를 다룬다.

셋째, '무역계약의 종료 및 불이행'(제3부)에서는 우선 계약의 소멸사유와 무역계약위반과 구제의 법리, 계약위반의 제유형에 대한 법적 측면을 검토하고, 매수인의 계약위반에 따른 대금을 지급받지 못한 매도인(unpaid seller)의 구제와 함께 매도인의 계약위반에 대한 매수인의 구제문제, 손해배상청구 등을 중심으로 하고 있다.

넷째, '기타 무역계약 및 무역계약분쟁과 중재'(제4부)에서는, 무역매매와 관련한 무역계약의 종속계약으로서의 해상운송계약 및 해상보험계약을 다루는 한편 무역계약에 부수하는 해외대리점계약과 독점판매점계약의 법적 성격을 검토하고, 마지막으로 무역계약분쟁해결로서의 무역클레임과 중재계약의 성격과 그리고 외국중재판정의 승인 및 집행 등을 다루고 있다.

본서 「무역계약론」은 해외시장과의 교섭에 필요한 자료로서 무역입문자에게는 우리 「민법」의 기초지식을 보다 간명하게 서술한 기본교재로 그리고 무역실무가와 무역기업경영자들에게는 실무지침서로서 교육계와 실무계, 해운계에 조금이나마 실무상 보탬이 되기를 바라는 의미에서 출발한 것이다.

또한 본서의 강의 내지 학습과 관련하여서는, 우선 적지 않은 내용을 고려할 때, 학부의 경우는 각 장의 기초개념을 중심으로 접근하고, 대학원의 경우는 각 장의 주요 이론과 그 세부내용 및 관련 판례를 검토하고 실무가의 입장에서는 각 장의 관련 사례를 다루는 것도 효율적이라 생각된다.

그간 본서를 집필하면서 어려움은 원래 무역계약의 분야가 그 특성상 법학과 무역학의 중간영역(border land)에 걸쳐 있는 점에서, 이를 무역계약의 틀 속에서 법리와 실무의 체계적인 조화를 이루도록 시도하였고, 이러한 노력은 우리나라의 민·상법, 영미법 그리고 국제적 통일매매법으로서의 비엔나협약을 비롯하여 광범위한 영역에 걸쳐 통합연구의 필요성을 오랜 기간에 걸쳐 의도해 온 바에서 비롯된다. 그러나 지금에서 보면 우리 판례를 기초로 한 심도있는 비교연구가 미흡한 점에 관해서는 후일을 기약하고자 한다.

그리고 본서의 집필상의 불비한 점이 없지 않으리라 사료되나 이는 오로지 저자의 천학비재한 탓으로 향후 동학선배제현의 질책을 통하여 지속적으로 보완해 나갈 것임을 밝혀두는 바이다.

한편 지난 시간 밤을 낮 삼아 집필에 몰두해 올 수 있도록 배려하여 주신 부경대학교 국제통상학부의 김은채 교수님을 비롯한 동료 교수님들과 또한 법률사무소의 이재호 대표변호사님의 집필에 따른 고언에 힘입은 바 적지 않은 점에 대해 이 자리를 빌어 깊은 감사의 인사를 전하는 바이다.

그리고 소중한 자료들과 그간의 연구에 함께 수고하여 준 부경대학교 최영봉 교수, 경남과학기술대학교 김철호 교수와 손성문 교수, 원광대학교 조현숙 교수, 경성대학교 박재홍 겸임교수 제위께도 심심한 감사의 인사를 드린다.

본서의 원고정리 및 교정에 수고해준 부경대학교의 노정도 박사, 강현화 박사와 동서대학교 김상구 겸임교수, 동부산대학교 황화진 겸임교수, 대학원 박사과정의 윤지원 과장과 색인정리 등에 수고한 학부의 정영현 군에게도 감사드린다.

돌이켜보건대 그간에 출판계가 겪고 있는 어려움에도 불구하고 지난 20여 년을 통해 저자가 다수의 저서를 발간할 수 있은 것은 전적으로 김광식 사장님의 성심 어린 배려의 덕분이라 생각되며 이 자리를 빌러 그간의 노고에 심심한 감사를 드리며 또한 그간에 편집을 도맡아 늘 함께 수고하여 주신 이신정 주간님과 편집부 제위께도 깊은 감사의 인사를 드리는 바이다.

2013. 10.
**저 자 씀**

# 차　례

## 제1부 무역계약의 기초

### 제1장 계약의 일반론

## 제2장 무역계약의 개념과 매매법

# 제2부 무역계약의 성립 및 이행

## 제3장 무역계약의 성립

## 제4장 무역계약과 계약조항

## 제7장 무역계약의 이행

# 제3부 무역계약의 종료 및 불이행

## 제8장 계약위반과 구제의 일반론

## 제10장 매도인의 계약위반에 대한 매수인의 구제방법

## 제4부 기타 무역계약 및 계약분쟁해결

### 제11장 무역매매와 해상운송계약

## 제12장 무역매매와 해상보험계약

## 제13장 해외대리점과 판매점계약 및 국내 수출입대행계약



## 제14장 무역계약의 분쟁해결과 중재계약

# 제1부

# 무역계약의 기초

# 제 1 장 계약의 일반론

## 제 1 절 | 계약의 기초개념

### 1.1 계약의 개념

통상 상거래(commercial transaction)라고 하면 구두나 문서에 상관없이 「계약」(contract)으로 거래가 이루어진다. 그 계약은 거래당사자 간의 「합의」이고 「약속」이다. 이 중에 국내상업은 물론이고 국제무역거래 역시도 거래당사자 간의 「매매」(sale)로 불리는 「계약」에 의해 수행되어진다.[1] 따라서 이 「매매계약」은 계약의 주요한 형태 중의 하나로,[2] 본서의 주요 대상이 되는 「물품매매계약」(contract for the sale of goods)을 말한다.

그러므로 상거래를 성립시키는 법적 현상을 「계약」이라 할 수 있는데, 이 「계약」의 본질을 간명하게 설명하는 것은 쉽지 않다. 일반적으로 「계약」(contract)은 거래당사자 간의 합의, 즉 「의사의 합치」에 의해 성립되는 「법률행위」이다. 여기서 「계약」의 기본개념을 「넓은 의미」의 계약과 「좁은 의미」의 계약으로 나누어 살펴보고 또한 우리나라 「민법」을 비롯한 주요국의 매매법과 그리고 국제적 통일 매매법 등을 중심으로 본서의 전반에서 비교 · 검토한다.

먼저 「넓은 의미」의 계약이란, "2인 이상의 당사자가 청약과 승낙이라는 서로 대립하는 의사표시를 하고 그 합치로 성립하는 법률행위"를 말한다.[3] 이러한 인

---

1) Clive M. Schmitthoff, *Schmitthoff's Export Trade*, 9th ed., London, Stevens & Sons, 1990, p. 3.

2) P. S. Atiyah, John N. Adams and Hector Macqueen, *The Sale of Goods*, 11th ed., London, Pearson Longman, 2005, p. 7.

3) 「광의」의 계약개념으로 일본의 末川 博은 다음과 같이 피력하였다. 즉, "둘 이상의 당사자가 바라는 바에 따라서 그 사이의 법률관계를 규정하려는 수단이므로, 그것이 성립하려면 반드시

간의 사회생활관계를 법률에 관련시키고 있는 모든 법적 현상을 포함하는 「넓은 의미」의 계약을 「합의」(agreement)라고도 하며, 이 개념에는 후술할 재산(물권계약·준물권계약·채권계약)[4]과 신분(친족법·상속법상의 신분행위)상의 계약 등을 포함하는 「광의」의 계약의 범주에 속한다.

그리고 「좁은 의미」의 계약이란, "일정한 채권관계의 발생을 목적으로 하는 복수당사자의 서로 대립하는 의사표시의 합치에 의해서 성립하는 법률행위"이다.[5] 이는 채권관계의 발생을 목적으로 하는 이른바 「채권계약」만을 의미하고 있다.[6] 따라서 계약의 본질을 「채권계약」으로 간명하게 파악하고 있는 점에서 「채권계약」을 기반으로 한 「좁은 의미」의 계약론이 본서의 주된 연구의 대상이다.

여기서 「채권계약」이란 "일정한 채권관계의 발생을 목적으로 하는 복수당사자간의 의사표시의 합치에 의하여 성립하는 법률행위로서의 계약"을 말한다. 그 대표적인 예로 「물품매매계약」은 청약자(offerer)와 승낙자(offeree) 간의 대금지급을 대가로 물품의 「소유권」의 이전에 관한 합의를 의미한다.

그리고 「채권」은 채권자(甲)가 채무자(乙)의 "일정한 행위"(즉, 「급부」)를 요구하는 권리로서, 이때 갑(甲)이 갖는 권리를 「채권」이라 하며, 채무자 을(乙)의 특정한 행위를 「급부」라 하고, 그 의무를 「채무」라고 한다. 예컨대 물품매매에 있어서 매도인이 매수인으로부터 대금지급을 받을 권리를 그리고 매수인은 매도인에 대해 물품의 인도를 받을 권리의 발생과 동시에 매도인에게는 물품인도의 의무와 매수인은 대금지급의 의무를 지게 되는데, 이처럼 채권은 「동시이행조건」(concurrent condition)에 있고, 이들 계약당사자 간의 권리·의무의 법률관계를 「채권관계」라 하여 주로 이를 규율하는 「채권법」은 후술할 「물권법」과 더불어 우리 「민법」의 핵심을 이루고 있다.

이와 같이 「채권」에 대해서는 법원에 소송을 제기하여 판결 또는 강제집행으로서 그 「급부」의 내용을 강제적으로 실현하는 것이 원칙적으로 인정된다. 예를 들면, 채무자가 이 「급부」를 자발적으로 하지 않으면 채권의 효력으로서 금전배상을 하여야 하고, 매도인이 목적물을 인도하지 않으면 판결과 강제집행으로 목적

---

합의가 있음을 요함과 동시에 합의에 의해서 성립한다고 생각되는 법적 현상은 널리 계약이라고 할 수 있다."라고 정의하고 있다. 末川 博, 「契約法」[上], 岩波書店, 1975, p. 3.

4) 「물권계약」은 직접 소유권 이전 등의 물권을 변동케 하는 계약이고, 「준물권계약」은 채권양도, 지적재산권의 양도 및 채무면제와 같이 별도의 이행의 문제를 남기지 않는, 즉 물권 이외의 권리의 변동을 목적으로 하는 것으로서, 「광의」의 계약의 범주에 속한다.

5) 末川 博, 前揭書, p. 5.

6) 곽윤직·김재형, 「민법총칙」, 박영사, 2014, p. 262.

물을 압류·인도(즉, 매매·고용에서는 이상과 같으나, 과실로 사람을 치게 되면 피해자가 가해자에 손해배상의 채권 취득)를 받을 수 있기 때문에, 이러한 「채권」은 「물권」[7)]과 「지적재산권」[8)]의 세 가지로 구성되는 「재산권」의 주요한 것으로, 후술할 「넓은 의미」의 계약과 관련을 가진다. 덧붙이면 이 「채권」에 대비되는 「물권」은 물건을 권리자가 직접 지배해서 이익을 얻는 배타적 권리로서, 우리 「민법」이 인정하는 「물권」에는 소유권·점유권 등[9)]이 있고 이를 대상으로 하는 것이 바로 「물권법」 분야이다.

이상에서와 같이 「계약」은 하나의 「법률행위」이다. 이 「법률행위」는 일정한 법적 효과의 발생을 목적으로 하나 또는 수개의 의사표시를 요소로 하는 「법률요건」을 의미하며, 따라서 「법적효과」(권리·의무)를 가지지 않는 「사실행위」와는 구분된다.

한편 영국 「보통법」(common law)[10)]에서는, 계약을 「약속」(promise)으로 보는 것과 다른 하나는 「합의」(agreement)로 보는 두 가지의 견해가 있다. 전자의 경우 계약은 "법이 강제실현하여 주고 있는 하나의 약속 또는 일단의 약속들"(a promise or set of promises which the law will enforce), 즉 「계약」을 "강제력 있는 약속"(actionable promise)으로 보아,[11)] 이는 약속자(promisor)와 수약자(promisee) 사이에서와 같이 「물품매매계약」에서의 「청약자」와 「승낙자」 간의 합의를 의미하는 것이다.[12)]

---

7) 「물권」에 준하는 것으로서의 「준물권」은 물건을 직접 지배하지는 않으나 물건을 전속적으로 취득할 수 있는 우리 「민법」상의 권리로서, 여기에는 광업권(광업법, 제12조)과 어업권(수산업법, 제24조)이 이에 속한다.

8) 개인의 재산과 신분의 규율에 관한 우리 「민법」상의 기본적 권리의 하나인 「재산권」에는 상술한 「물권」을 비롯한 「채권」과 「지적재산권」이 있다. 이중 「지적재산권」은 저작, 발명 등의 정신적 지능적 창조물을 독점적으로 이용하는 것을 내용으로 하는 권리로서, 무체재산권 또는 지적소유권으로도 일컫는다. 특허권·실용신안권·의장권·상표권 및 저작권 등이 이에 속한다. 이들 권리에 관해서는 모두 특별법(특허법, 의장법 등)이 제정되어 있고, 이들 분야는 오늘날 국제적으로도 보호되는 특색을 지니고 있다. 곽윤직 외, 전게서, p. 62.

9) 우리 「민법」상 「물권」에는 상기의 소유권·점유권 외에도 「용익물권」으로서의 지상권·지역권·전세권과 그리고 「담보물권」인 유치권·질권·저당권을 포함하여 8종류가 있다.

10) 영국법에서 「보통법」(common law)은 이전의 지방적인 관습법에서 전국에 미치는 영국의 일반관습법으로 발전한 법체계를 의미한다. 이 「보통법」인 판례를 토대로 처음 체계화한 것이 1893년 제정된 영국의 「물품매매법」(Sale of Goods Act : SGA 1893)으로서, 영국 매매법의 기초를 이루고 있다. 岩崎一生, 「英國動産賣買法」, 海事硏究所, 1961. pp. 214~215 : 윤광운·박정기·최영봉·조현숙, 「영국물품매매법」, 탑북스, 2011, pp. 25~26, 246 참조.

11) A. G. Guest, *Anson's Law of Contract*, 26th ed., Oxford, Clarendon Press, 1984, p. 21.

12) 영미법에서의 「약속」(promise)이란 어떤 자가 다른 자에 대해 어떤 종류의 사건이 존재한다는 것을 선언 또는 보증하는 것이며, 장래 일정한 행위 또는 부작위를 할 의사를 선언하거나 보증

후자의 경우, 「계약」은 "법에 의하여 강제실현되거나 또는 법에 의하여 승인받고 있는 당사자들의 법적 권리 또는 의무에 관계되는 합의"(an agreement which is either enforced by law or recognised by law an affecting the legal rights or duties of the parties)로 보는 견해이다.13) 즉, 「계약」을 "법적으로 구속력있는 합의"로 보고, 그 「합의」(agreement)는 당사자의 상대방 당사자에 대한 "상호적 동의의 표시"(manifestation mutual assent)이다. 따라서 「계약」은 약속을 근거로 법적으로 구속력있는 「합의」의 형식을 취하게 되며, 그 「합의」는 「광의」의 계약이라 할 수 있다. 그러나 이러한 「합의」에는 법적 구속력을 가지지 않는 일반적인 「합의」까지 포함하여 그 모든 합의를 계약으로 볼 수 없는 것도 있으므로, 이 경우 「합의」는 계약보다 더 넓은 개념으로 보아진다.14)

따라서 「계약」의 정의개념에 관한 두 견해는 모두 계약의 성질의 일면을 적절하게 파악하고 있으나 어떤 계약현상에는 적용하기 어려운 한계를 또한 지니고 있다.

결론적으로, 「계약」은 "복수당사자의 일정한 채권관계 발생을 목적으로 하는 의사표시의 합치에 의하여 성립하는 법률행위로서의 채권계약"이라고 정의할 수 있다. 그러므로 채권계약을 토대로 한 「국제물품매매계약」, 즉 무역계약을 연구대상으로 하는 것이 본서의 목적이라 하겠다.

## 1.2 계약과 「계약법」

앞에서와 같이 영미법에서, 「계약」(contract)은 주로 둘 이상의 사람들이 자발적으로 맺은 「합의」(agreement)로서, 이러한 계약과 관련된 법이 곧 「계약법」(law of contract)이다. 이 「계약법」에는 특정한 형태의 작업을 이행하기로 한 약속, 집을 짓거나 건물을 보수하겠다고 한 약속이나 그리고 상품을 팔거나 사겠다고 한 약속 등이 모두 포함된다.

영국법에서의 「계약법」15)은 계약에 관한 일반적 규칙(general rules) 또는 통일

---

함으로써, 상대방에게 그 수행을 청구하는 권리를 부여하는 것이다. A. G. Guest, *Anson's Law of Contract*, 25th ed., London, Clarendon Press, 1979, p. 2.

13) G. H. Treitel, *The Law of Contract*, 9th ed., Sweet & Maxwell, 1995, p. 1.

14) 中村 弘, 「貿易契約の基礎」, 東洋經濟新報社, 1983, p. 91.

15) 영미계약법은 매우 복잡한 체계를 가지고 있다. 왜냐하면 상사법에는 신용판매나 할부판매를

적인 이론을 다루고 있는 법 분야, 즉 계약들의 내용이나 주제와 관계없이 모든 계약에 적용되는 이론 또는 규칙을 그 대상으로 한다. 즉, 「계약법」은 추상적이며, 영미법에 있어서의 「계약법」이라는 개념 내지 법 분야는 대체로 우리 「민법」 상의 「계약총론」에 해당한다고 하겠다.[16] 이에 대해 물품매매나 부동산임대차와 같은 개별적인 계약들은 영국의 경우 「물품매매법」(Sale of Goods Act, 1979 ; 이하 "SGA 1979"라 함)과 같은 별도의 단행법 체계이지만, 우리 「민법」은 「채권」편(즉, 「채권법」)의 「계약각론」에서 다루어지고 있다.

이해를 돕기 위해 이를 우리나라 「민법」의 관점에서 정리해 보면, 계약을 「채권계약」(매매계약, 임대차계약 등)이라 할 때에는 「좁은 의미」의 계약으로 본 것이다. 한편 「넓은 의미」의 계약에는 채권의 변동을 목적으로 하는 「채권계약」은 물론이고 물권의 변동을 목적으로 하는 「물권계약」(소유권의 이전계약 등)과 물권 이외의 권리변동을 목적으로 하는 「준물권계약」(소유권 등의 채권양도 등) 및 가족법상의 계약(혼인 · 협의이혼 등) 등을 포함한다.[17]

전술한 바에 따라 본서 역시 이러한 「채권계약」에 기초하여 「물품매매계약」을 본질로 하는 무역계약을 기본적 연구의 범위로 하고 있다.

## 1.3 계약의 종류

계약의 분류기준으로는 「계약」이 법률상 어떻게 취급되고, 어떠한 내용으로 존재하며 그 법적 효과는 어떠한지 그리고 그 대상은 무엇이며 계약성립의 방법과 형태 등 여러 관점에서 계약의 종류를 고찰할 수 있다.[18]

---

포함한 판매행위에 그 초점을 맞추고, 또 수표와 약속어음, 그리고 기타 양도성 금융증서를 다루기도 하기 때문이다. 계약법과 깊은 관련이 있는 또 한 분야는 파산과 채무자의 권리에 관한 것이다. 파산한 개인이나 기업은 새로 시작할 수 있도록 파산절차를 진행할 수 있고, 파산절차는 채권자에게 공정성을 보장하기 위해서 마련된 것이다. 마지막 영역은 보험계약이다. 보험계약이 특히 중요한 것은 많은 사람이 관련되어 있기 때문이다. 보험업은 정부기관에서 통제하고 있기 때문에 기관이 정한 별도규정의 지배를 받는다.

16) 이호정, 「영국계약법」, 경문사, 2003, p. 3.

17) 이 경우 「계약」이란 용어 대신 「합의」라는 용어로 표현하기도 한다. 곽윤직 외, 전게서, p. 262.

18) 우리 「민법」은 전형계약과 비전형계약으로 크게 나누고, 매매 등 14종의 「전형계약」에 관해서는 「채권」편 각칙에서 정하고는 있으나 계약의 종류가 이에 한정되는 것은 아니다. 즉, 「전형계약」의 내용은 통상 각각의 계약유형에 관한 「민법」 또는 관련 특별법의 규정에 정한 바에 따라 결정되지만, 「계약자유의 원칙」이 인정되기 때문에 「전형계약」이라고 하더라도 당사자의 약정에 따라 계약의 내용이 달라질 수 있다. 그리고 「비전형계약」의 경우에는 당사자의 약정이나 그 해석에 의하여 계약의 내용이 결정된다. 최근의 관련판례로 임대차의 권리금에 관한

다음에서는 「계약」의 기본적 형태로서 「매매계약」과 매매 이외의 「기타의 계약」을 살펴본다.

## 1. 매매계약

「매매계약」은 계약의 여러 형태 중의 하나인 「매매」(sale)에 관한 것으로서,[19] 그 중에서도 「물품매매계약」(contract for the sale of goods)을 일컫는 것이 보통이다.

영국 「물품매매법」(SGA 1979) 제2조 1항에서는, "물품매매계약은 매도인이 대금이라는 금전상의 약인을 대가로 매수인에게 물품의 소유권을 이전하거나 또는 이전할 것을 약정하는 계약이다."라고 규정하고 있다.

SGA 제2조 4항 및 5항에서는 「매매계약」에 대해 다음과 같이 보다 자세한 규정을 두고 있다.[20] 즉,

> "Where under a contract of sale the property in the goods is transferred from the seller to the buyer the contract is called a sale."(물품의 소유권이 매매계약에 의하여 매도인으로부터 매수인에게 이전하는 경우에 그 계약을 매매라고 한다.)
>
> "Where under a contract of sale the transfer of the property in the goods is to take place at a future time or subject to some condition later to be fulfilled the contract is called an agreement to sell."(물품의 소유권 이전이 장래에 이루어지거나 또는 계약성립 후에 일정한 조건이 성취될 것을 전제로 할 경우에 그 계약을 매매의 합의라고 한다.)

이처럼 영국법상의 「매매계약」(contract to sell)은 「매매」와 「매매의 합의」를 포함하지만, 정작 두 개념은 다음과 같이 몇 가지 측면에서 차이가 있다.

첫째, 「매매」(sale)는 계약체결당시에 물품의 「소유권」이 이전되는 계약으로서, 현실매매(sale) 또는 「이행계약」(executed contract)이라고 한다. 여기서 「현실매매」는 계약체결시에 합의와 물품 인도가 동시에 일어나는 계약이다. 이에 대해

---

대판 2000. 9. 22. 2000다26326(공 2000. 2176), 해드헌터(인재소개업체)의 법률관계에 관한 대판 2007. 10. 26, 2005다21302(공 2007. 1834) 참조.

19) P. S. Atiyah, *op. cit.*, p. 7 : Gordon, J. Borris, *Commercial Law*, Fifth ed., Butterworths, 1980, p. 46.

20) SGA 1979, 제2조 4항, 5항.

「매매의 합의」(agreement to sell)는 물품의 소유권(property in goods)이 계약당시가 아닌 장래의 시점 또는 조건의 성취 시에 이전되는 계약으로 「미이행계약」(executory contract)이다. 따라서 「매매의 합의」는 물품의 소유권이 이전되는 데 필요한 시간이 경과 하거나 조건이 충족된 시점에 「현실매매」로 전환된다.[21]

둘째, 매도인의 채무불이행(즉, 계약위반)에 대한 매수인의 권리의 차이이다. 즉 「현실매매」에 있어서는 물품인도의무의 불이행과 같은 매도인의 채무불이행에 대하여 매수인은 계약에 기한 목적물인도청구권뿐만 아니라 물품의 소유권에 기한 반환청구권을 행사할 수 있다. 또한 물품이 「제3자」에게 넘어갔을 경우 그것을 소구(訴求)할 수 있다. 그러나 「매매의 합의」에 있어서 매수인은 계약에 기한 목적물인도청구권만을 행사할 수 있다.[22]

셋째, 「현실매매」에 있어서 물품의 「소유권」은 매수인에게 이전되었기 때문에 매수인의 채권자는 이를 압류할 수 있지만, 「매매의 합의」에 있어서는 매도인의 채권자가 이를 압류할 수 있다. 또한 위험부담에 있어서도 「현실매매」에 있어서 매수인에게 물품이 인도되지 않았다고 하더라도 물품멸실에 대한 「위험」은 매수인이 부담하는 반면에, 「매매의 합의」에 있어서는 매도인이 부담하게 된다는 점에서 양자의 차이점이 있다.[23] 일반적으로 무역계약은 「매매의 합의」에 해당한다(〈표 1-1〉 참조).

**표 1-1 영국 「물품매매법」(SGA 1979)상의 매매계약의 분류**

| 구 분 | 소유권의 이전여부 | 적용범위 |
|---|---|---|
| 현실매매<br>(sale) | 이행계약(executed contract) | 국내거래<br>점두매매<br>현물(existing goods) |
| 매매의 합의<br>(agreement to sell) | 미이행계약(executory contract)<br>불특정물매매(unascertained goods) | 국제거래<br>장래매매<br>선물(future goods) |

이와 같이 「매매계약」은 매매 외에 「매매의 합의」까지도 포함하고 있다. 그 밖의 매매계약은 물품의 부분적 소유자와 상대방 당사자 간에도 성립할 수 있으며,

21) SGA 1979, 제2조 6항.
22) 윤광운 외, 「영국물품매매법」, 전게서, p. 64.
23) SGA 1979, 제20조 1항.

무조건적 또는 조건부로 성립할 수 있다.[24)]

한편 1952년 미국 「통일상법전」(Uniform Commercial Code, 1952 : 이하 "UCC"라 한다)의 규정[25)] 역시 SGA를 계승하는 취지를 두고 있다. 우리나라 「민법」의 규정[26)]과 판례[27)] 역시 장래에 성립될 물건의 물품매매도 매매계약에 포함하는 취지를 두고 있어, 영미법과의 차이가 없음을 보여주고 있다.

## 2. 매매 이외의 「기타의 계약」

일반법이나 계약 자체의 특수한 규정에 의하여 규율되는 물품 이외의 소유권 매매계약이나 매매와 유사하지만 매매계약이 아닌 「기타의 계약」 또는 거래들이 있다. 이와 같이 「물품매매계약」과 다른 여러 종류의 계약으로는 교환, 증여, 위탁, 할부거래, 대리계약과 컴퓨터 소프트웨어와 같은 지적재산권의 특허 등의 「기타의 계약」들은 매매계약과 구별되어야 한다.

이러한 구분의 필요성은 특히 「물품매매법」이 물품의 매매계약에만 적용되며, 따라서 당해계약이 매매계약 이외의 「기타의 계약」인지의 여부에 따라 물품매매법의 적용여부가 결정될 것이기 때문이다.[28)]

이처럼 매매계약 이외의 「기타의 계약」은 기본적으로는 매매계약에 있어서의 다음의 성립요소 중 어느 하나 이상이 결여된 거래라고 할 수 있다.[29)] 즉, 「물품매매계약」에서는, ① 계약당사자(parties competent to contract), ② 물품(a thing), ③ 상호합의(mutual assent), ④ 소유권이전에 대한 계약의사(contractual intention) 및 ⑤ 금전적 대가로서의 「약인」(considerationm, 「대가」)이라는 기본적 요소가 있어야만 유효한 「매매계약」으로서의 효력을 가지기 때문이다.

예컨대 「교환」(barter or exchange)이라고 하는 물물교환의 경우에는, 대금이라는 금전적 대가가 결여된 거래이다. 대가(즉, 「약인」)는 반드시 금전이어야 하며, 물품은 금전을 제외한다는 SGA 제61조에서 정의된 것을 의미한다는 사실은 일

---

24) SGA 1979, 제2조 2항, 3항.

25) UCC, §2-106 (1).

26) 우리나라 「민법」, 제563조.

27) 계약당사자의 의사의 합치로 「매매계약」이 성립되는 경우에 매매의 목적물과 대금은 반드시 그 계약체결 당시에 확정하여야 하는 것은 아니고, 이를 사후에 구체적으로 확정할 수 있는 방법과 기준이 정해져 있으면 족하다고 한다. 대판 1996. 4. 26, 94다34432.

28) P. S. Atiyah, *op. cit.*, pp. 8~9.

29) A. G. Guest, et al., *Benjamin's Sale of Goods*, 3rd ed., London, Sweet & Maxwell, 1987, p. 30.

반적인 경우에 있어서 「교환계약」과 매매를 구별하는 역할을 한다.[30] 그리고 「상속 혹은 증여」의 경우는 상호합의나 상속 또는 증여에 대한 「대가」가 결여된 계약이며, 이 외에도 임대계약, 근로계약, 기술이전계약, 대리점계약, 합작투자계약, 운송계약, 보험계약, 보증계약, 금융에 관계된 계약 등은 「물품」이 결여된 계약이라는 점에서 「물품매매계약」과는 구별된다.

그럼에도 「기타의 계약」이 매매계약과의 불분명한 관계가 없지 않으며, 또한 「보통법」(common law)에서 말하는 매매계약이 아니므로 SGA나 UCC 등이 적용될 여지는 없는 것이다.

다음에서 교환, 증여, 위탁 및 용역공급계약 등의 「기타의 계약」을 중심으로 살펴본다.

### 1) 교환

「교환」(exchange)에 있어서 일방이 물품을 제공하고 이에 타방이 물품과 금전을 동시에 지불한 경우에 법적 성질은 불분명하며,[31] 이 경우 「매매계약」인가 아니면 「교환」인가의 문제가 발생한다.

위에서와 같이 역시 본질적인 「약인」(consideration, 「대가」)이 금전인가 또는 물품인가에 따라 결정되어지며, 또한 거래의 의도된 성질과 명백하게 상반되는 규정을 포함하지 않는 한 계약의 특성과 당사자의 의도에 따라 결정된다. 즉 당사자가 매매로서 거래를 의도하였거나 매매에 더 적합한 전문용어를 사용하였다면 본질적인 약인이 금전보다는 물품으로 제공되었다고 하더라도 계약은 「매매」로 인정하는 것이 더 타당하다.

예컨대 신차를 구입함에 있어서 중고차와 함께 금전을 제공하는 자동차거래에 있어서 당사자가 신차에 관한 거래계약으로 인정한다면 법원은 대금이 신차가격의 일부에도 못 미치는 금액일지라도 다른 경우와 동일하게 「매매계약」으로 인정할 것이다.[32] 중고차에 대한 거래 역시 당사자가 신차의 대금으로 충당하기로 하는 관념상의 금액을 정한 경우에 실제로 대금이 지불되지 않았다고 하더라도 「매매」로 인정된다. 하지만 아일랜드에서는 중고차에 대하여 계상하지 않은 경우에

---

30) P. S. Atiyah, *op. cit* p. 10.

31) 동전은 강제통용력이 인정되는 화폐일지라도 수집상의 수집품인 경우에는 물품으로 인정된다. 어떤 경우에 있어서 동전은 강제통용력이 없으며, 절도범에 의한 매매인 경우에 그는 동전에 대한 완전한 소유권을 이전할 수 없다. P. S. Atiyah, *Ibid.*,

32) *Sneddon v. Durant* [1982] SLT 39.

전체 계약은 「교환계약」이며, 「매매계약」은 아니다.[33]

우리 「민법」에서는 목적물 가격이 균등하지 않아 당사자 일방이 물품과 부족분의 금전을 보충하여 지급하기로 하는 계약을 「보충계약」이라 하며, 이러한 보충계약은 「교환계약」에 해당한다.

### 2) 증여

「증여」(donation, grant)는 어떠한 「약인」(「대가」) 없이 재산권을 이전하는 것이므로 「매매」와 「증여」를 구분하는데 어려움은 없다. 따라서 「증여」는 서면으로 체결되지 않았다면 미이행의 상태에서는 당사자를 구속하지 않는다. 다만 다른 계약체결을 위한 조건으로 「증여」가 제공된 거래의 경우에는 다툼이 발생할 수 있다.

예컨대 *Esso Petroleum Ltd. v. Commissioners of Customs & Excise*사건[34]에서 주유소는 4갤런의 기름을 사는 모든 사람에게 "기념주화"를 무료로 지급하겠다는 광고를 하였다. 귀족원(House of Lords)은 거래가 「증여」는 아닐지라도 4갤런의 기름을 구입하는 누구에게나 "기념주화"를 무료로 지급하여야 하는 계약적 구속을 받는 한 물품의 「매매」는 아니라고 판시하였다.

### 3) 위탁

「위탁」(bailment)은 수탁자가 물품을 점유하며, 다시 그가 지정한 대로 위탁자에게 물품을 반환하는 조건으로 위탁자가 수탁자에게 물품을 이전하는 거래로서, 물품의 「소유권」은 인도시에도 이전하지 않는다. 만약 물품의 인도와 함께 「소유권」이 이전하는 조건이라면 이는 「위탁」이 아니라 「매매」가 되는 것이다.

*Chapman Bros v. Verco Bros & Co. Ltd.*사건[35]에서 농부는 제분업자와 상인으로서의 사업을 영위하는 회사에 "밀"을 인도하였다. 그 "밀"은 다른 농부가 회사에 제공한 밀과 구분되지 않는 불특정의 자루에 담겨 인도되었다. 거래조건은 회사가 밀을 구입할 경우 농부가 요구하는 밀의 대금을 지급하기로 하며, 만일 구입을 하지 않을 경우 동일한 형태의 밀을 동일한 양으로 반환하는 것이다. 하지만 동일한 밀을 반환하지 않아도 된다. 비록 계약서에서 회사가 보관한다고 명시되

33) P. S. Atiyah, *op. cit* p. 11.

34) [1976] 1 ALL E.R. 117 ; *Widenmeyer v. Burn Stewart & Co* [1967] SC 85 : *Ballantyne v. Durant* [1983] 1 W.L.R. 1309.

35) [1933] 49 CLR 306 ; *South Australian Insurance Co v. Randell* [1869] L.R. 3 PC 101.

어 있더라도 호주 고등법원은 이 거래가 물품이 인도 시 회사에 「소유권」이 이전되는 「매매」로 인정하였다.

### 4) 용역공급계약

「용역공급계약」은 계약의 목적과 성질에 따라 매도인이 제조하는 물품 자체의 매매를 목적으로 하는가 혹은 그 물품의 제조를 위해 사용된 노무와 기술에 대한 보수의 지불인가로 나눌 수 있는데, 우연히 어떤 물품이 제공되었다 하더라도 일반적으로 「용역계약」에 적용할 수 있는 법은 물품매매에 관한 법은 아니다. 구체적으로 이 문제에 대한 일반원칙은 계약의 본질이 동산의 「소유권」의 이전에 있는 것이라면 「매매계약」이고, 계약에 기한 채무이행의 결과 그것에 부수해서 동산의 소유권의 이전이 생기는데 지나지 않으면 「용역계약」이다.[36)]

매도인에 의하여 제작되는 물품의 경우에 매도인이 단순히 제작물에 대하여 인도를 하는 계약과 물품의 제작과 인도를 내용으로 하는 계약 간에는 차이가 있다. 전자는 단순한 「매매계약」이지만, 후자는 용역과 물품에 관한 계약이다. 계약이 한 범주에 속하는가 아니면 다른 범주에 속하는가에 따라 중요한 결과가 나타난다. 예컨대 만일 「매매계약」이라면 미리 「대금」의 일부를 지급한 매수인은 그 이후 매도인의 채무불이행이 발생한 경우에 지급하였던 「대금」을 반환받을 수 있지만[37)] 제작과 매매에 관한 계약이라면 지급하였던 「대금」을 반환청구할 수 없다.[38)]

이상에서의 「기타 계약」의 경우 「보통법」에서 말하는 「매매계약」은 아니며, 따라서 SGA나 UCC 등의 제정법이 그대로 적용되지는 않는다. 그러나 「매매계약」에 관한 「보통법」의 원칙들이나 제정법의 규정들이 「기타의 계약」에 적용되는 경우가 많고 실질적으로 「증여」를 제외한 거래에 「묵시적 조건」과 같이 적용되고 있는 것이 사실이어서 「기타의 계약」에서도 기본적으로 「매매계약의 일반원칙」들이 주요한 역할을 하고 있음은 분명하다.

---

36) *Lee v. Griffin*[1861] 1 B & S 272.

37) *Dies v. British & International etc Mining Corpn*[1939] 1 K.B. 724.

38) *Hyundai Heavy Industries Co. Ltd. v. Papadopoulos*[1980] 1 W.L.R. 1129.

# 제2절 | 계약의 일반원칙

계약과 「계약법」을 이해하고 타당한 해석을 하기 위해서는 먼저 계약과 「계약법」을 지배하는 기본원칙를 이해하는 것이 무엇보다 중요하다. 19세기 이후 확립된 개인의 재산과 신분을 규율하는 근대민법의 3대 원칙인 「사유재산권보장의 원칙」, 개인의 「사적자치의 원칙」과 「과실책임의 원칙」이 20세기에 들어 확립되었으며, 이후 자본주의의 진전과 더불어 개인주의적 기본원칙의 수정을 보았다.

이에 따라 이 중 대표적인 「계약자유의 원칙」을 비롯한 「신의성실의 원칙」, 「과실책임원칙」 그리고 「객관적 계약이론」 등을 중심으로 다음에서 살펴본다.

## 2.1 「계약자유의 원칙」과 수정

계약에서 가장 기본적 원칙의 하나가 「계약자유의 원칙」이다. 즉, 개인은 사회적 공동생활을 하고 있는 까닭에 개인의사는 개인과 개인의 자유로운 의사의 합치인 계약에서 가장 많이 나타나는데서 비롯된 원칙이다. 그리고 개인이 자기의 법률관계를 그의 자유로운 의사에 기하여 형성할 수 있는 것을 인정하는 것이므로 「당사자자치의 원칙」 또는 「사적자치의 원칙」이라고도 하고, 또한 계약은 법률행위 가운데서 가장 중요한 것이므로 「법률행위자유의 원칙」이라고도 한다.

이러한 「계약자유의 원칙」은 경제적으로는 자유경쟁 내지 자유방임주의로 나타난다. 이 원칙은 사람은 모두 누구나 합리적으로 판단력을 가지고 있다는 "평등"을 전제로 하고 있으며, 개인의 활동에 있어서 국가가 간섭하지 않고서 각자의 "자유"에 맡겨두면 사회는 조화있게 된다는 근대 초기의 "자유"를 주로 하고 "평등"을 종의 개념에 그 바탕을 두고 있는 것이다.

이 「계약자유의 원칙」이 인정됨으로써 사람은 그의 경제활동에 있어서 창의를 충분히 발휘하고 자유로운 경제활동으로 그 결과 「소유권의 절대」, 「과실책임」 및 「계약자유」라는 이른바 근대 계약법의 3대원칙에 의해 자본주의사회의 비상한 발전의 원동력이 되었다. 특히 「계약자유의 원칙」에서 계약자유라고 할 때의 "자유"의 내용으로서는 보통 다음의 4가지를 든다. 즉 ① 계약체결의 여부에 관한 「계약체결의 자유」 ② 계약체결의 상대방을 선택하는 「상대방 선택의 자유」, ③ 계약의 내용을 결정하는 「계약내용결정의 자유」, ④ 계약에 원칙적으로 방식을 필요로 하지 않는다는 「계약방식의 자유」를 포함하고 있다.

그러나 사회발전에 따라 새로이 대두되는 "사회적 경제적 약자"의 보호를 위해 종래 「계약자유의 원칙」 등 이들 「3대 원칙」의 수정을 통해 인간다운 생활의 실현 등 새로운 가치관의 형성으로 「공공의 복리」가 현대 계약법의 최고이념으로 등장하면서 거래의 안전, 사회질서, 신의성실의 원칙, 권리남용금지 등이 그 실천이념으로 대두된다. 이에 따라 「소유권」의 행사도 절대적인 것이 아니며 사회적 제약이 있게 되고, 「계약자유의 원칙」 역시 수정이 가해져 종래의 자유방임주의 대신 공공의 복리, 사회질서, 신의성실 등의 법리가 계약의 자유를 제한하는데 작용하였다.[39]

더욱이 기업가는 고의·과실의 유무를 묻지 않고서 배상책임을 져야 한다는 「무과실 손해배상책임」이론이 주장되며 동시에 「과실책임의 원칙」하에서도 입증책임의 전환 또는 무과실을 인정하는 예외규정의 확장해석을 통하여 「무과실책임」을 될 수 있는 한 인정하려고 하였다.[40] 여기에 특히 「거래의 안전」은 현대 자본주의경제의 발달에 필수불가결한 요소로서 오늘날의 사법에 있어서의 이상으로 되었다.

이와 같이 19세기말부터 20세기에 걸쳐 근대 「계약법」이 그의 기본원리에 관하여 변화를 겪어 왔다. 이러한 근대법의 「3대 원칙」을 비롯한 권리남용의 금지 규정 등의 기본원리는 계약법으로서의 우리 「민법」에도 그와 같은 기본원리에 입각하고 있음은 의심의 여지가 없다.[41]

## 2.2 「신의성실의 원칙」과 영미법상의 「금반언 원칙」

### 1. 「신의성실의 원칙」

「신의성실의 원칙」에서 우선 「신의성실」이라 함은 사회공동생활의 일원으로서 상대방의 신의를 헛되이 하지 않도록 성의를 가지고 행동하는 것으로서, 사람의 행위나 태도에 대해 윤리적 평가를 나타내는 말이다. 이를 토대로 하나의 법원칙으로서의 「신의성실의 원칙」은 그러한 윤리적 평가를 법적 가치판단의 한 내용으로서 도입한 것이다.

---

39) 곽윤직 외, 전게서, pp. 37~43 : 대판 2008. 10. 2, 2005마988(공보불게제) 참조.
40) 이태희, 「국제계약법」, 학연사, 1985, p. 36 이하 참조.
41) 대판(전) 2007. 11. 22, 2002두8626 참조.

이 「신의성실의 원칙」(혹은 「신의칙」이라고도 함)을 규정하고 있는 우리나라 「민법」 제2조 1항은 "권리의 행사와 의무의 이행은 신의에 따라 성실히 하여야 한다."고 하는 권리 및 의무를 그의 사회적 사명에서 관찰하여야 한다는 사법이념의 일반적 내용을 내세운 이른바 일반조항으로서의 성격을 지닌다. 다시 말해 이 원칙은 「민법」 전반을 통한 일반원칙으로, 채권관계뿐만 아니라 물권관계와 가족관계에도 적용된다.

이러한 권리행사나 의무이행이 「신의성실」에 반하는 경우, 예컨대 권리의 행사가 「신의성실」에 반하는 경우에는 「권리남용」이 되는 것이 보통이며, 또한 의무의 이행이 「신의성실」에 반하는 경우는, 의무를 이행한 것이 되지 않기 때문에 의무불이행의 책임을 지게 된다.

「신의성실」에 대한 우리나라의 대표적인 판례를 보면, "일반적인 거래에 있어 상대방의 신뢰를 배반하지 않도록 성의를 가지고 행동하여야 할 「신의칙」(信義則)이 적용된다 할 것이므로, 하역료 초과징수에 관한 특별한 약정이 있거나 그 초과청구액을 포기하는 등 특단의 사유가 없는 한 하역료를 초과수령한 사람은 그 초과수령에 대하여 법률상 책임이 있다 할 것이며, 만일 원고의 무지 또는 부주의를 틈타서 과다한 하역료를 지출케 하였다면 이는 상대방의 신뢰를 배반하는 일종의 기망행위가 있었다고 해석될 수 있을 것이다."[42] 또한 계약체결에 대한 기대를 정당한 이유없이 체결을 거부함으로써 손해를 입은 경우 「신의칙」에 비추어 「계약자유의 원칙」과 「신의칙」의 한계를 넘는 행위로 보아 손해배상을 인정한 경우도 있다.[43]

그러나 「비엔나협약」으로도 불리는 1980년 「국제물품매매계약에 관한 UN협약」(CISG 또는 「협약」으로 이하에서 칭함)에서는, 이 「신의성실」의 준수를 일반적인 원칙으로는 규정하지 않고, 다만 국제거래에 있어서 협약(CISG)의 「해석원칙」으로 하고 있는 점이다.[44] 협약(CISG)에서 이를 「해석원칙」으로 규정한 것은 「체약국」이 국내법에 의해 협약(CISG)을 해석하는 것을 막고 협약의 통일성을 증진시키는데 그 목적이 있기 때문이다. 따라서 각국은 유사한 사안에서 타국 법원이 내린 해석과 판결을 참조하여 그 내용을 존중해야 한다는 의미이다. 즉, 국내법이 정하는 통상의 기준이 아닌 국제거래라는 특수한 사정을 고려하여야 한다는 것이다.[45]

42) 대판 1963. 9. 19. 63다383.

43) 대판 2001. 6. 15, 99다40418 : 대판 2003. 4. 11, 2001다53059 : 대판 2004. 5. 28, 2002다32301 (공 2004, 1055) 참조.

44) CISG, 제7조 1항.

45) 윤광운 · 박정기 · 김철호 · 박재홍, 「국제거래법」, 탑북스, 2013, p. 258.

## 2. 「신의성실원칙」의 파생원칙

「신의성실의 원칙」의 파생원칙으로서 논의되는 「사정변경의 원칙」을 비롯하여 「실효」 원칙 및 「채무이행의 원칙」은 「신의칙」을 구체화한 유형으로서 다음에서 살펴본다.

### 1) 「사정변경의 원칙」

「사정변경의 원칙」이란 법률행위 성립의 기초가 된 사정(事情)이 이후 당사자가 예견하지 못하였거나 예견할 수 없었던 중대한 변경(變更)이 있어서 당초의 법률효과를 그대로 유지하는 것이 오히려 「신의칙」에 반할 때, 그 법률행위의 내용을 변경된 사정에 맞게 수정하거나 그 계약을 해제 또는 해지할 수 있다는 원칙을 말한다.

이 「사정변경의 원칙」의 인정요건으로는, 계약 당시 계약의 기초가 되었던 사정이 현저히 변경되었고, 그 「사정변경」을 당사자들이 예견하지 못했을 뿐만 아니라 예견할 수 없었고, 그러한 사정의 변경이 당사자들에게 책임없는 사유로 발생하였고, 당초의 계약내용에 당사자를 구속시키는 것이 「신의칙」에 비추어 부당한 경우이다.

「사정변경의 원칙」은 주로 대륙법계에서 발전된 법원칙으로, 영미법계에서는 「계약목적달성불능」으로 불리는 소위 「Frustration」 법리로 발전해 왔으며, 이를 기초로 대륙법계에서는 자율적 규제의 특성을 지닌 「불가항력조항」(force majeure clause)으로 계약서에 삽입되고 있다. CISG에서는 "통제할 수 없는 장애"라는 개념으로 일정한 면책요건에 해당되면 「면책」으로 하고 있다.

한편 대륙법계인 우리 「민법」의 경우, 비록 「사정변경의 원칙」에 관해 명문으로 규정하지는 않았지만 이 원칙을 일반적으로 표현하고 있는 규정은 산재해 있다.[46] 또한 「사정변경 원칙」에 대한 우리나라 대법원판결에서도 그 적용요건을 학설의 영향 등에 따라 나름대로 정리하고 있다.[47]

---

46) 「사정변경원칙」에 관한 우리 「민법」 상의 관련 규정으로, 제286조, 제599조, 제627조, 제628조, 제637조, 제661조, 제689조 2항, 제688조, 제716조, 제720조 등이 그 예며, 또한 후술하는 본서의 제8장 「계약위반과 구제의 일반론」의 제3절 「무역계약 위반의 유형 및 내용」 3.4 「이행불능」의 3. 영미법상의 「Frustration」법적 성격 참조.

47) 「사정변경」에 기한 계약의 해제에 관한 획기적인 판례로서 대판 2007. 3. 29. 2004다31302에 따르면, "이른바 사정변경으로 인한 계약해제는, 계약성립 당시 당사자가 예견할 수 없었던 현저한 사정의 변경이 발생하였고 그러한 사정의 변경이 해제권을 취득하는 당사자에게 책임 없는 사유로 생긴 것으로서, 계약 내용대로의 구속력을 인정한다면 「신의칙」에 현저히 반하는

이처럼 「사정변경 원칙」 자체를 부인하지는 않으면서도 그 적용으로 말미암아 자기책임의 원리, 즉 자기 스스로 부담해야 할 계약상의 위험(본건의 경우 매수인의 매매목적물의 음식점 사용의도)을 상대방(허가 지방자치단체)에게 전가할 수 있도록 해서는 안 된다는 사고는 종례 판례가 「사정변경」의 법리를 가능한 한 개별 사례에서 적용하지 않으려는 태도에서도 잘 나타나 있다.[48]

또한 전후 경제의 혼란 시기에 우리 대법원 판례의 경우[49] 이는 거의 모두가 급격한 화폐가치의 변동을 이유로 하는 계약의 개정 청구에 관한 것이다.[50] 이처럼 대법원은 일관하여 「사정변경의 원칙」은 "현행법상 용인되지 않는다."는 견해에 입각하여 계약체결 시와 이행시의 가격이 현저하게 균형을 잃을지라도 매도인은 「사정변경의 원칙」을 내세워 그 매매계약의 해제를 할 수 없다고 판시한 바 있다. 그리고 학설에 있어서도 「사정변경의 원칙」을 계약에 적용하는데 신중을 요하면서도, 「신의칙」으로부터 파생된 한 원칙으로서 적용하는 것이 타당하다고 한다.[51]

그러나 유의할 바로는 보증관계[52] 등에 대한 「사정변경원칙」의 적용에서 신중한 태도를 취하는 경향이 있음을 지적할 수 있다.

### 2) 「실효의 원칙」

「실효의 원칙」 역시 「신의칙」을 구체화한 것의 하나이다. 「실효의 원칙」이란

---

결과가 생기는 경우 '계약은 지켜봐야 한다.'라는 「계약준수 원칙」의 예외로서 인정되는 것이어야 한다."고 판시하여 결국 「사정변경의 원칙」을 인정하였다.

48) 「사정변경」에 관한 우리나라의 최근 판례로는, 대판 2009. 8. 20. 2008다94769 : 대판 2000. 3. 10. 99다61750 : 대판 2002. 5. 31. 2002다1673 등이다.

49) 「사정변경원칙」에 관한 전후 금융경제 관련 대법원판례로는, 대판 1955. 2. 10, 주석한국판례집, 민사법(주판민) Ⅱ, 5면 : 판례통람 민법(판총민) Ⅰ, 12면 : 대판 1944. 4. 14 : 대판 1955. 9. 12 : 대판 1955. 12. 8 : 대판 1957. 2. 9, 판총민 Ⅰ, 2425면 : 대판 1963. 9. 12 : 대판 1968. 4. 30 등이다.

50) 「사정변경원칙」과 관련해 특히 우리나라의 경우, 해방과 전란으로 주로 화폐가치의 급격한 저락현상으로 물가폭등이 극심한 1950년대 전후를 배경으로 하고 있음은 특기할 사항이다. 왜냐하면 영국법에서 「사정변경원칙」은 이행불능에 근거하여 후술할 「Frustration」법리의 발달에 의하여 인정되고 있는데, 특히 영국의 경우는 물가의 폭등 및 화폐가치의 저락이라는 경제상황을 경험하지 않았으므로 이러한 경우에 「Frustration」의 적용은 없는 것으로 보이기 때문이다. 이에 관한 사례로 독일 마르크로 지급되어야 할 생명보험계약에서 피보험자가 1922년에 사망한 경우에 독일 판례에 따라 증액하는 것을 부정하였다. *Anderson v. Equitable Assurance Society of the United States* [1926]. 134 I.T. 557 : Mann, *The Legal Aspect of the Money*, 1953, pp. 241~242.

51) 황적인, 「현대민법론Ⅳ」, 전게서, p. 167 참조.

52) 대판 2006. 7. 4. 2004다30675 : 대판 2001. 11. 27. 99다8353 : 대판 2003. 1. 24. 2000다37937.

권리자가 오랜 기간 동안 권리를 행사하지 아니하여 앞으로도 그러할 것이라고 상대방에게 신뢰를 심어주어 상대방이 그에 따라 행동하였는데 그 후 권리자가 권리를 주장할 경우 이를 허용하지 않겠다는 법리이다. 다시 말해 「실효의 원칙」에서 권리자가 장기간 그의 권리를 행사하지 않았기 때문에 상대방이 그 권리가 행사되지 않을 것으로 믿을 만한 정당한 사유가 있고, 더욱이 방치했던 그 권리를 행사하는 것이 「신의칙」(信義則)에 반할 때에는 그 권리의 「실효」를 인정하는 법원칙을 말한다.

이 「실효의 원칙」이 적용되는 권리에는 청구권뿐만 아니라 모든 권리가 그 대상이 되며, 따라서 소멸시효에 걸리지 않는 권리의 경우에 그 상실을 인정하는 데에 효과적이다.

우리나라 대법원 판례는 이 법리를 인정하지 않다가[53] 근래에 이르러 「실효」의 법리를 인정하고 있다.[54] 예를 들면, 근로자의 "부당해고 무효확인의 소"에서 「실효」의 법리를 종종 받아들이고 있는데, 그 적용요건에 관하여 "권리를 행사하지 아니한 기간의 장단과 함께 권리자측과 상대방측 쌍방의 사정 및 객관적인 사정 등을 모두 고려하여 사회통념에 따라 합리적으로 판단하여야 할 것이다."고 정리해 주고 있다.[55] 이 외에도 부동산소유권을 장기간 방치하였다가 "소유권확인의 소"를 제기한 사건에 대해 그러한 소송의 제기는 「신의칙」에 반한다고 하여 「실효의 원칙」을 적용한 판례[56]도 있다.

### 3) 「채무이행의 원칙」

「채무이행의 원칙」에서 급부의 방법, 이행의 방법, 시기 등 사항의 결정에 「신의칙」이 중요한 기준을 제공해준다.

이에 관한 대법원 판례 중에 예컨대, 총 매매대금 중 잔여 미지급금이 소액에 불과하고 그 미지급금에 대해서는 월정 지연이자를 지급하기로 약정한 경우 매도인이 그 소액의 미지급금이 있다는 이유만으로 매매계약 전체를 해제한다는 것은 「신의칙」에 반한다는 판결이 있다.[57] 또한 부동산매매대금 중 지연된 잔금이 불과 전체대금의 5%에 불과함에도 매도인이 최고 후 계약해제하는 것은 「신의칙」

53) 대판 1988. 4. 27. 87누915.

54) 대판 1992. 1. 21. 91다30118 : 대판 1992. 10. 9. 92다13264 : 대판 1992. 12. 11. 92다23285.

55) 대판 2005. 10. 28. 2005다45827.

56) 대판 1992. 12. 11. 92다23285 : 대판 2005. 10. 28. 2005다45827 : 대판 2002. 1. 8. 2001다60019.

57) 대판 1971. 3. 31. 71다352. 353. 354.

에 반한다고 판결하였다.[58)]

### 3. 영미법상의 「금반언의 원칙」

「금반언의 원칙」(doctrine of estoppel)은 당사자 일방이 진위(眞僞)를 불문하고 어떤 사실의 존재를 주장하거나 부정하는 것을 금지하는 영미법상의 중요한 원칙이다. 여기서 「금반언」(estoppel)이라 함은 어느 특정인이 자기의 말이나 행위로써 고의적으로 타인으로 하여금 어떤 특정 사실을 믿도록 해놓고, 나중에 가서 그러한 사실을 번복할 수 없다는 원칙, 즉 '모순행위의 금지'를 말한다. 이 원칙은 권리의 행사의무의 이행은 신의에 따라 성실히 하여야 한다는 우리 「민법」 제2조 2항의 「신의칙」과 같은 취지로 보아진다.

물품의 소유자가 아닌 자에 의한 매매(sale by person not the owner), 즉 그러한 권리가 없는 매도인이 「제3자」에게 유효한 권리를 이전할 수 있는 경우의 예외 사유로 「금반언의 원칙」에서의 규율을 규정하고 있는 SGA 제21조(소유자가 아닌 자에 의한 매매) 1항 단서 조항이 그것이다.

> "… 다만 물품의 원소유자가 자신의 행위에 의하여 매도인이 갖는 매각의 권한을 부인할 수 없는 경우에는 예외이다."(unless the owner of the goods is by his conduct precluded from denying the seller's authority to sell.)

즉, 「금반언」(estoppel)에 의해 소유자는 선의의 매수인에게 물품을 매각할 권한을 매도인에게 주는 것은 부정할 수 없게 된다. 그 작위 또는 부작위는 "의무의 불이행이 있고 그 때문에 어떤 자가 사실과 다른 것을 신뢰한 경우, 그 자 또는 그 자를 포함한 일반대중에 대하여 행한 의무의 불이행"[59)]을 의미한다. 또한 후술하는 협약(CISG) 제16조 2항(b)의 상대방의 특정 행동에 의해 청약의 철회불능을 인정하고 있는 규정 역시 영미 보통법상의 이 「금반언의 원칙」에서 비롯된 것으로 볼 수 있다. 이처럼 「금반언」은 그 글귀에서처럼 주장이나 또는 부정이 금지된 사항에 의하여 통상 다음과 같이 「언어」와 「행위에 의한」 금반언으로 분류된다.[60)]

---

58) 대판 1966. 5. 31. 66다626.

59) *Swan v. Noth British Australasian Co.*[1863] 2 H. & C. 175사건 182면에 있어서 Blackburn 판사의 말.

60) 이 「금반언」의 원리는 이후 장래의 행위 약속에까지 적용되는 「약속에 의한 금반언」(promissory

첫째, 「언어에 의한 금반언」(estoppel by words)의 경우 재판기록 등 공적 기록상의 기재 사실에 대해 반대 주장은 허용되지 않는 「기록에 의한 금반언」(estoppel by record)이나 또는 자기가 작성한 날인증서(deed)에 기재된 사실에 반하는 주장은 허용되지 않는 「날인증서에 의한 금반언」(estoppel by deed)을 포함하는 금반언이다.

둘째, 「행위에 의한 금반언」(estoppel by conduct)의 경우는 특정의 행동으로 타인에게 어떤 사실의 존재를 믿게 했다면 이후 그 사실에 반대되는 주장을 허용하지 않는 금반언이다.

## 2.3 「과실책임의 원칙」

「과실책임의 원칙」은 개인이 타인에게 준 손해에 대하여서는 그 행위가 위법할 뿐만 아니라 동시에 고의 또는 과실에 기한 경우에만 책임을 지고, 그러한 고의·과실이 없는 경우에 대하여서는 책임을 지지 않는다는 원칙을 말한다. 따라서 개인은 자기가 고의·과실에 의한 행위에 대하여서만 책임을 지고, 타인의 행위에 대하여서는 책임을 지지 않는다는 의미에서 「자기책임의 원칙」이라고도 한다.

여기서 「고의」란 자신의 행위로부터 일정한 결과를 인식하면서도 그러한 행위를 하는 것을 가리키며, 이에 대해 「과실」은 그 일정한 결과의 발생을 인식하였어야 함에도 불구하고 부주의로 말미암아 인식하지 못하는 것을 의미한다. 다시 말해 「고의」는 인식 또는 예견한 결과를 만들어 낸다는 심리적 의식의 상태이고, 「과실」은 상당한 주의의 부족이다.

이처럼 「고의」나 「과실」은 이론상 위와 같이 구분되지만, 사법상의 책임요건으로서는 양자를 구별하지 않고 또한 책임의 경중의 정도도 인정하지 않는 것이 원칙이다. 즉, 「고의」나 「과실」이나 책임성립의 한 요건으로서 동일하게 평가된다. 이 점에서 「형법」과는 크게 다른 점이며, 통상 「계약법」의 규정에서는 단순히 「과실」만을 드는 것이 보통이고 「고의」는 당연히 포함되는 것으로 여기는 것이 원칙이다.[61]

이 「과실책임의 원칙」이 인정됨에 따라 개인은 자기의 행위에 대하여서만 충분

---

estoppel)이라는 법리(doctrine)까지 발전하여 오늘에 이르고 있다. 鴻 常夫, 英美商事法辭典, 商事法務硏究會, 1986, p. 284.

61) 곽윤직 외, 전게서, p. 39.

한 주의를 하면 책임을 질 염려가 없게 되어 안심하고 대외활동을 할 수 있게 되었고 또한 근대 산업사회가 발전할 수 있었던 것도 실은 이 원칙에 힘입은 바가 크다 하겠다.

한편 협약(CISG)에서는 의무불이행에서 고의·과실을 요하지 않는다. 즉, 「무과실책임」에 의한 의무불이행의 객관적 사실 초래만으로 책임을 지게 된다.[62]

## 2.4 「객관적 계약이론」

「객관적 계약이론」은 계약 성립의 기본적 요소로서 상호합의라고 하는 의사표시의 합치와 관련을 가지는 것으로, 그 초기에는 「주관설」에서 이후 「객관설」로 발전된 것이다.

우선 「주관설」은 산업혁명 이후 19세기에 오면서 대륙법의 영향을 받은 영국에서 전개된 것으로, 여기서 「계약」은 당사자의 의사합치에 있어서 합의의 주관적 면을 고려한 것이다. 그 예로 청약자가 피청약자에게 청약을 한 후 생각이 변해 청약 철회의 통지를 한 경우, 그 철회의 통지가 피청약자에게 도달하기 전에 먼저 피청약자가 승낙의 서신을 발송한 때는, 여기서 승낙의 효력발생이 격지자 방식(즉, 서신이나 전보)의 경우에는 "발신한 때" 유효하게 계약이 성립되므로, 이 경우 양 당사자의 마음은 합의에 도달하지 않았음에도 계약은 성립한다. 이와 같이 「주관설」은 계약성립에 있어서 당사자의 「주관적인 의사」의 입증이 용이하지 않다는 난점을 지닌다.

이에 대해 새로이 대두된 「객관적 계약이론」이라고 하는 「객관설」에 의하면, 합의는 주관적 의사의 상태가 아니라 객관적인 행위여야 한다는 것이다. 즉, 당사

62) 협약(CISG)상의 책임체계는 계약위반책임으로서 일원적이며 「무과실책임」을 원칙으로 하고 있는데 반해, 우리 「민법」은 채무불이행의 일반책임과 특별책임인 담보책임이라는 이원적 책임체계로서, 이때 일반책임은 「과실책임」을 원칙으로 하지만 특별책임은 「무과실책임」이다. 그리고 우리 「민법」은 채무불이행책임의 일반조항(제390조 이하)을 가지고 있지만 동시에 이행지체 등을 비롯한 계약위반의 유형을 인정하고 또한 그 위반유형에 따라 요건과 효과(구제수단)를 달리 규정하고 있다. 이에 대해 CISG는 계약위반이라는 통일적 개념하에서 그 효과인 구제수단도 통일적으로 운영하고 있다. 한편 채무불이행에 대해 우리 「민법」은 유책성을 요구하는데 반해, 협약(CISG)은 유책성을 요구하지 않는 것을 원칙으로 하고 있다. 구제수단의 측면에서 이행청구권, 손해배상청구권, 계약해제권, 이자청구권, 부가기간지정권(CISG, 제47조와 제63조) 등은 우리 「민법」이나 CISG에서나 모두 가능하다. 그러나 CISG에서 인정하고 있는 매도인의 재이행권(제48조)과 운송정지권(제71조 2항) 및 매수인의 하자보완(수리)청구권(제46조 3항)이 우리 「민법」에는 없다. 윤광운 외, 「국제거래법」, 전게서, p. 316, 주 59).

자의 「객관적 행위」로 나타난 것을 토대로 판단해야 할 문제로 보는 것이다.

이를 구체화한 미국의 1932년 제1차 「계약법 리스테이트먼트」(Restatement, Contracts)에 다음의 예시가 있다.[63] 즉, "'A'가 'B'에게 말을 100달러에 팔겠다고 하였는데, 'B'는 'A'가 '말'을 사실은 '소'를 잘못 말한 것으로 생각하고 이를 승낙했다. 이 경우에 '말'에 관해서든 '소'에 관해서든 계약은 성립하지 않는다."

상기의 관련 사례로, 소위 "Peerless 호(號)"사건으로 불리는 *Raffis v. Wichelhaus*사건[64]에서, 수출상인 원고는 수입상인 피고에게 인도면화 125포대를 Bombay에서 영국 Liverpool까지 "Peerless호 도착인도조건"(to arrive ex Peerless from Bombay)의 매매계약을 체결하였다. 하지만 우연하게도 같은 이름의 선박 두 척이 있었고, 이 중에 원고는 12월에 Bombay를 출항하는 "Peerless호"를 의도하였는데 대해 피고는 10월에 출항하는 "Peerless호"를 의도하였다.

피고는 본인이 의도한 선박에 물품이 인도되지 않아 물품인수를 거절하였고, 이에 대해 원고는 피고의 계약이행을 구하면서 소를 제기하였다. 재판관 전원일치로 피고의 물품인수거절을 정당한 것으로 인정하여 결국 원고의 패소를 판결하였다. 그 판결의 이유는 본 사건에는 드러나지 않은 불명확성이 있었고, 구두증거에 의하면 양 당사자 모두 선박 두 척이 있다는 사실을 모르고 있었다는 사실이다. 따라서 의사의 합치는 없었으며 계약은 성립되지 않았다고 판결한 것으로서, 결국 「객관설」에 입각한 사례로 보아 진다.[65]

한편 협약(CISG)에서는, 「당사자자치」(party autonomy)를 명시적으로 인정하고 있다. 즉, 협약(CISG) 제6조 1항은, "이 협약의 적용상, 당사자의 진술 그 밖의 행위는 상대방이 그 당사자의 의도를 알았거나(악의) 알 수 있었던(중과실) 경우에는 그 의도에 따라 해석되어야 한다."고 규정하고 있다. 이 제1항은 당사자의 의사해석의 제1차적 기준으로 당사자의 「주관적 의도」를 제시하고 있다. 당사자가 기도한 「주관적 의사」(subjective intent)에 의한 판단이 불가능한 경우를 위하여 동조 제2항 및 제3항에서는 「객관적」인 해석기준을 제시하고 있다.

반면에 협약(CISG) 제8조 2항에서는, 당사자들의 이해나 의도가 불일치할 때 상대방이 그 불일치를 알지 못하였거나 알 수 없었던 경우에는 당사자의 진술 또는 기타의 행위는 상대방과 같은 부류에 속하는 "합리적인 인간"이 그와 같은 상

63) Restatement, Contracts, St. Paul, 1932, 71, Illustration 2.
64) 2 H. A.C. 906, 159 E.R. [Ex. 1864].
65) 이용근, 「무역계약론」, 법문사, 1994, p. 57.

황에서 가졌을 이해정도에 따라 해석해야 한다. 이 규정은 당사자의 의사해석에 있어서의 제2차적 기준으로 당사자의 「객관적 의도」(objective intent)를 규정하고 있다. 즉, "의혹은 초안 작성자에게 불리하게 해결되어야 한다."는 진술의 모호성은 그 진술을 행한 당사자에게 불리하게 해석되어야 한다는 원칙인 「작성자 불이익원칙」(Contra Proferentem)에 기초하고 있다. 제1항과 마찬가지로 표시수령자의 관점에서 정해지지만, 그 기준은 객관적인 것이다.

## 제3절 매매계약의 일반

### 3.1 매매계약의 목적물

#### 1. 물품의 정의

매매계약의 대상이 되는 목적물(subject matters)을 통상 「물품」(goods)이라 하는데, 이 물품이란 용어 대신 우리나라 「민법」에서는 「물건」으로 표현하고 있다. 이 외에도 상품(merchandise)이나 제품(products) 등의 표현도 있지만 그 의미는 크게 다르지 않으며, 통상 「물품」이 가장 일반적인 용어로 보아진다.

영국 「물품매매법」(SGA 1979) 제61조에서, 「물품」(goods)은 "무체동산과 금전을 제외한 모든 유체동산을 포함한다."(goods includes all personal chattels other than things in action and money)고 정의[66]하고 있다. 여기서 「유체동산」(thing in possession)이란 소유자가 현재 점유하고 있는 모든 물품으로서, 국제매매계약상의 물품이 이에 해당한다. 다시 말해 유형적이고 이용가능하며 또한 점유가 가능한 모든 물품을 말한다. 예를 들어 항공기, 선박, 가스, 기름, 농작물, 토지나 건물 등 부동산에서 분리될 수 있는 구조물, 광물 등은 「유체동산」에 포함되지만, 전기나 기타 에너지 형태, 토지에 포함되어 있는 광물, 흙 등은 「유체동산」이 아니다.[67]

---

66) SGA 1979, 제61조 1항.

67) 「무체동산」(things in action)인 회사의 주식, 증권, 환어음, 특허권 및 상표권과 같은 지적재산권, 그 외의 기술이나 정보 등은 매매의 대상은 되지만 「물품」에는 포함되지 않으며, 그리고 「물품」에는 인공경작물, 공업농작물 및 매매의 합의에 의하여 또는 매매 이전에 분리하기로

미국 「통일상법전」(UCC)의 경우도 SGA와 유사한 「정의」 규정을 두고 있다. UCC에서의 「물품」은 매매계약에 충당될 당시에 이용가능한 모든 것, 특히 제조된 물품을 포함한 것으로서, 지급수단이 되는 금전, 투자증권, 무체동산을 제외한다고 규정[68]하고 있다. 또한 여기서 「물품」은 동물의 태아, 성장 중에 있는 수확물, 그 외의 부동산에 부착된 특정물로서 분리될 수 있는 것을 포함하고 있다. 한편 협약(CISG)에서는 물품에 대한 「정의」규정이 없으나, 일반적 견해로는 「유체동산」을 의미한다고 해석한다.

이 물품에 대해 우리 「민법」에서는 「물건」(物件)이라 하고, "본법에서 물건은 유체물 및 전기, 기타 관리할 수 있는 자연력을 말한다."고 정의[69]하고 있어, 오직 유체동산만을 「물품」으로 규정하고, "토지 및 그 경작물은 부동산이며, 부동산 이외의 물건은 동산이다."고 한다.[70]

그러므로 무역거래에서 주대상이 되는 것은 「물품」(goods)인 동산에 한하며, 특히 특허권, 상표권, 저작권 및 의장권 등의 「무체동산」 역시 국제거래의 대상이지만 그 계약의 형태나 방식에서 물품인 「유체동산」과는 다르다는 점에 유의해야 한다.

## 2. 「매매법」상 물품의 분류

영국 SGA상 통상적인 물품의 분류로는, 현물(existing goods)과 선물(future goods) 그리고 현물은 특정물(specific goods)과 불특정물(unascertained goods)로 대별하고 있다.

먼저 현물과 선물에 있어서,[71] 「현물」(existing goods)은 매매계약의 대상이 되는 물품으로, 매도인이 현재 소유하고 있는 물품이다. 이에 대해 「선물」(future goods)은 매매계약의 체결 이후에 매도인이 제조 또는 취득하는 물품을 말한다. 이 「선물」에는 현존하는 물품에 대하여 매도인이 아직 소유 또는 점유를 하고 있지 않지만, 장래에 취득하는 물품과 계약체결 당시 현존하지 않는 물품이 있다.

하지만 「선물」이라고 하여 「불특정물」만을 의미하는 것은 아니다. 따라서 「선물」

---

합의한 토지부착물 또는 토지구성물도 계약의 목적물에 포함시키고 있다.

68) UCC, §2-105(Definition).

69) 우리나라 「민법」, 제98조.

70) 우리나라 「민법」, 제99조.

71) SGA 1979, 제5조 1항에서는, 물품의 현물과 선물에 대한 구별과 그 기준을 규정하고 있다.

이라고 하더라도 매매의 합의에 의하여 충분히 구분되었다면 당해 「선물」은 「특정물」(specific goods)로 인정된다. 그러므로 아직 수확기에 도달하지 못한 농작물에 대한 매매계약을 체결한 이후에 농작물을 수확하지 못한 경우에는 당해 계약을 취소할 수 있다.72)

다음으로 특정물과 불특정물로 구분되는데, 양자의 구별의 실익은 물품의 「소유권 이전시기」와 관련되어 있다. 여기서 「특정물」(specific goods, ascertained goods)이란 매매계약이 성립될 당시에 계약의 목적물로 특정되고 합의된 물품으로서, 이후 추가적인 선택이나 대체의 여지가 전혀 없는 물품을 말한다. 다시 말해 매매계약의 목적물로서 선택된 「현품」을 말하며, 특별한 경우를 제외하고는 특정물품의 매매는 거의 행해지지 않는다. 예컨대, 국내거래의 경우 특정의 현물을 두고 하는 「점두거래」는 통상 「특정물」의 매매가 되며, 국제거래에서 수입상이 수출국 현지 시장에서 상품을 직접 선택하고 이를 수입하는 경우 역시 「특정물」이 되는 것이다.

**[그림 1-1] 물품의 분류**

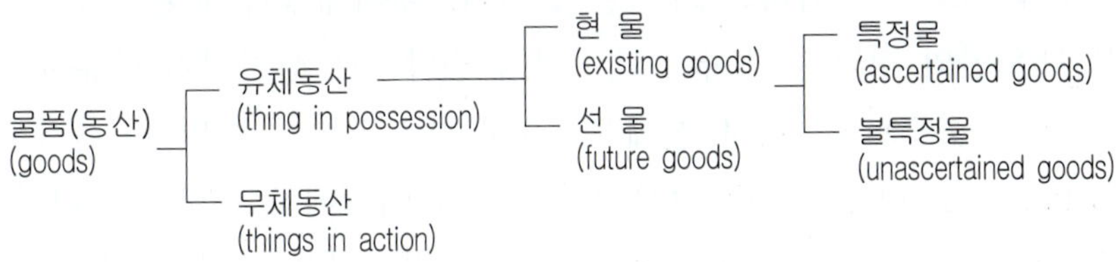


이에 대해 「불특정물」(unascertained goods)은 매매계약의 목적물로서 구체적으로 선택 내지 특정되지 않고 단지 상품의 종류, 품질, 명세 등만 정해져 있거나 또는 매매하기로 예정하고 있는 물품을 말한다. 그리고 물품의 종류, 품질 또는 명세 등에 의하여 인식은 되어 있으나 특정되지 않은 「선물」은 계약체결 후 매도인이 제조 또는 취득할 수 있는 물품을 말한다. 예를 들어 매도인이 창고에 보관중인 여러 물품 중에 일부를 판매하기로 한 경우는 「현물」이지만 불특정된 경우이므로 이 「불특정물」은 「선물」뿐만 아니라 「현물」도 포함하는 것이다.

구체적으로 「불특정물」의 경우로는, "CHAIRMAN, 600S, new, 2010"과 같이 특정 종류 또는 명세로 표시하는 경우의 물품, 제조나 수집 예정의 물품으로서

72) *Howell v. Coupland*[1876] 1 Q.B.D. 258.

"삼성, LED TV 32인치"처럼 일반적 명세로 표시된 물품, 또는 공장의 출고창고에 보관중에 있는 "철근 3,000톤 중 200톤"과 같이 특정되지 않은 물품만으로 표시된 경우이다.

## 3.2 매매계약의 법적 성격

「매매계약」은 매도인이 계약물품의 재산권(property)을 매수인에게 이전하고 매수인은 이에 대하여 대금의 지급을 약속하는 계약이므로, 다음과 같은 낙성·쌍무·유상 및 불요식계약의 법적 성격을 지니고 있다. 여기에는 국제물품매매(international sale of goods)를 본질로 하는 무역계약도 포함된다.

### 1. 낙성계약

「낙성계약」(consensual contract)이란 상품을 일정한 조건으로 판매하겠다는 매도인의 의사표시, 즉 「청약」(offer)에 대하여 매수인이 이를 「승낙」(acceptance)함으로써 성립하는 계약을 말한다. 매매계약과 교환계약 및 임대차계약 등은 매도인의 청약에 대하여 매수인의 승낙으로 성립되기 때문에 「낙성계약」의 전형적인 것으로서, 이런 점에서 「요물계약」과는 구별된다. 여기서 「요물계약」(substantial contract)이란 당사자의 「합의」 이전에 물품의 인도나 「소유권」의 이전과 같은 "특별한 법률사실"을 계약의 성립요건으로 하는 계약을 말한다. 즉, 당사자의 청약과 승낙을 통한 합의만으로 성립하는 계약이 「낙성계약」인데 반해, 합의만으로는 부족하여 물품의 인도, 소유권의 이전과 같은 급부까지 포함하여 성립되는 계약이 곧 「요물계약」[73]이다.

낙성계약과 요물계약을 구별하는 기준으로는 계약이 당사자의 합의만으로 성립되는지 아니면 합의 이외의 또 다른 "특별한 법률사실"이 있어야만 성립되는지이다.

### 2. 쌍무계약

「쌍무계약」(bilateral contract)이란 계약의 성립에 의하여 당사자는 상호 채무를 부담하는 계약, 즉 매도인의 물품인도의무에 대해 매수인은 대금지급의무를

73) 「요물계약」에는 대물변제, 매매 등의 계약금 계약, 임대차의 보증금 계약 등이 요물계약의 성질을 가진다.

부담하는 쌍방간의 "대가적 채무관계"를 말한다. 다시 말해 계약에 의하여 매도인은 대금청구의 권리를, 그리고 매수인은 매도인에 대하여 물품인도청구의 권리를 가지게 된다. 이는 곧 매도인이 계약물품을 인도하지 않는다면 매수인의 대금지급의무는 물론이거니와 매도인 자신의 대금청구권의 권리마저도 발생하지 않는다.

이에 대해 「편무계약」(unilateral contract)은 당사자의 일방만이 채무를 부담하는 계약으로서, 설혹 당사자가 상호 채무를 부담한다고 하여도 그 채무상호간에는 대가적 관계가 없는 계약도 이에 포함된다.

쌍무계약과 편무계약은 법률상 그 취급을 달리하는 경우가 많은데, 「쌍무계약」은 대개 채무가 상호 대가적 의미에서 의존관계를 가지기 때문에 물품인도와 대금지급이라는 의무의 「동시이행조건」(concurrent condition)의 문제나 「위험부담」의 문제가 발생하지만, 「편무계약」에서는 이러한 문제의 발생 여지가 없다.

한편 반복 사용을 통해 이미 정형화된 계약의 유형을 「전형계약」이라 하여 이 중에 「쌍무계약」에 속하는 것으로는 매매, 임대차, 고용, 도급 및 조합계약 등이 있고, 「편무계약」의 형태에 속하는 「전형계약」으로는 증여, 소비대차 및 사용대차 등이 있으며, 「편무계약」이면서 무가계약인 위임, 임치계약이 있다.

### 3. 유상계약

「유상계약」(remunerative contract)이란 계약당사자가 서로 대가의 관계에 있는 급부를 할 것을 목적으로 하는 계약을 말한다. 계약은 일방의 물품인도에 대하여 타방의 대금지급이라는 상호대가관계를 원칙으로 한다. 따라서 매도인의 물품인도와 매수인의 대금지급은 상호 대가적 의미를 가지는 급부와 반대급부라고 할 수 있다.

이러한 「유상계약」과 「쌍무계약」이 당사자의 상호 대가적 관계를 기초로 하는 점에서 서로 혼동하기 쉬우나, 「쌍무계약」은 계약의 효과로서 발생하는 채무관계가 상호적인 것인데 비해, 「유상계약」은 계약의 성립에서부터 그 효과로서 생기는 채권관계의 내용이 당사자 쌍방에 재산상의 변동이 있어야 하는 것이다.

예컨대, 매매계약이나 임대차계약의 경우는 「유상계약」이고 「쌍무계약」이지만, 이자부 소비대차는 「유상계약」이고 「편무계약」이다. 이자부 소비대차의 경우 차용인만이 원금반환 및 이자지급의 채무를 지며 대부자는 금전이나 물품을 인도를 해야 하기 때문이다. 이에 반해 증여나 무이자의 소비대차는 「무상계약」이고 「편무계약」이다. 여기서 「쌍무계약」은 언제나 「유상계약」이지만, 「편무계약」은 「유상계약」이거나 「무상계약」일수도 있다.

[그림 1-2] 매매계약의 법적 성격

| | | |
|---|---|---|
| 물품매매 계약 | 낙성계약 — 청약 ↔ 승낙 | (계약의 성립) |
| | 쌍무계약 — 물품인도의무 ↔ 대금지급의무 | (채무의 부담) |
| | 유상계약 — 물품급부 ↔ 금전급부 | (채무의 이행) |

자료 : 上坂酉三, 「貿易契約」, 東洋經濟新報社, 1967, p. 27.

특히 국제매매에서의 「유상계약」의 구별실익은 SGA상의 매매계약의 정의에서와 같이, 물품의 소유권 이전과 「대금」이라는 금전적 대가, 즉 「약인」에서 찾을 수 있다. 여기서 「약인」(consideration, 「대가」)이란 금전 또는 재산권의 양도, 행위의 금지 또는 행위 및 행위의 금지에 관한 법률관계의 변동을 말하는 것으로, 그 기본적인 개념을 "대가의 상호교환"(bargained for exchange)이라 할 수 있다.[74] 예컨대, 물품매매계약에 있어서 물품인도 약속에 대한 대금의 지급 또는 약속, 대금지급약속에 대한 물품의 인도 또는 그 약속 등과 같이 계약상의 대가로서 제공되는 행위이다.

영미법의 고유한 약인이론은 약속자에 대한 이익(예컨대, 매매목적물의 취득) 또는 약속의 상대방인 수약자에 대한 불이익(예컨대, 매도인의 매매목적물의 이전)으로서, 이 두 요건 중 하나만 충족되어도 「약인」은 제공된 것으로 한다.

## 4. 불요식계약

「불요식계약」(informal contract)이란 계약체결에서 특정의 방식을 요구하지 않는 계약으로서, 문서(writing)나 구두(oral)에 의한 명시계약(express contract)이나 묵시계약(implied contract)에 의해서도 성립되는 것을 말한다. 이에 대해 「요식계약」(formal contract)은 특정의 방식에 의해 당사자의 의사표시를 명시함으로써 성립되는 계약으로, 통상 할부거래와 신용매매, 선박매매, 주식매매와 부동산매매거래 등이 이에 속한다.

74) 서희원, 「영미법강의」, 박영사, 1984, p. 254.

일반적인 물품매매나 무역거래에서는 계약의 청약과 승낙이 반드시 서면의 형식이나 또는 특정의 방식을 필요로 하지 않는다. 영국「물품매매법」(SGA 1979)에서는, "매매계약은 날인에 관계없이 서면 또는 구두로 하거나, 또는 일부서면, 일부구두로 하거나, 또는 당사자들의 묵시적 행위에 의하여 체결할 수 있다."고 규정[75]하여, 계약의 방식(form)을 요구하지 않는, 즉「방식자유의 원칙」이 일반적이다. 따라서 물품의 매매는 서면에 의하지 않고 구두로도 체결할 수 있다.

그러나「계약방식자유」의 일반원칙에 대한 예외가 있다. 계약에 일정한 방식을 요구하는 경우에 계약이 성립하려면, 우선 합의, 약인 그리고「계약의사」[76]라고 하는 본래의 요건 외에도 방식의 요건, 즉 문서(writing)가 충족되어야 한다.[77] UCC은, 동법의 적용을 받는 계약 중에서 문서로 작성되어야 하는 계약에 관한 규정을 두고 있다. 즉, 물품매매계약 중 "매매가격이 $500 이상인 계약"(contracts for the sale of goods of $500 or more)은 반드시 문서의 작성이 요구된다.[78]

이러한「문서작성원칙」에 대해서도 UCC는 상인(merchants) 간의 상품매매에 관해서는 그 예외를 인정하고 있다.[79] 그 이유는 상인간의 매매의 거래관행을 존중하는데 있는 것으로, 즉 매도인과 매수인은 전화 등 구두(oral)의 방법으로 계약이 이루어진 후 매도인은 통상적으로 보내는 확인문서(written confirmation)에 대해 매수인은 그 문서를 받은 날로부터 10일내에 반대의사를 하지 않는다면 구두의 방법으로 성립된 그「물품매매계약」은 법률에 의하여 이행이 강제되는 계약이 성립된다 하여, 이 또한「방식자유의 원칙」을 인정하고 있다.

---

75) SGA 1979, 제4조 1항.

76) 계약성립에는 계약당사자들의 계약의사가 있어야 하며, 이「계약의사」(contractual intention)라 함은 법률관계를 창조하려는 의사를 말한다. 이러한「계약의사」의 존재여부의 판단에는 명시적 또는 묵시적 합의의 기본적 전제에 기하여 판단되어야 한다.「계약의사」의 존재여부에 대한 입증책임은 계약의 존재 또는 성립을 주장하는 당사자가 부담한다.

77) 계약성립을 위한 당사자의 의사표시는 구두나 문서로 하며, 그 합의 또한 구두나 문서에 의할 수가 있다. 이와 같은 구체적인 의시표시가 없어도 당사자의 행위(act)에 의해서 합의가 성립되어지는 경우도 있다. 예를 들면 주문을 받은 매도인이 주문승락서를 송부하지 않더라도 주문한 물품을 인도하였을 경우는 합의성립의 전제로서 매도인이 물품인도의 행위를 하였다고 본다.

78) UCC, §2-201 (1).

79) UCC, §2-201 (2), §2-202.

## 3.3 계약법의 「법원」과 준거법

### 1. 계약법의 「법원」

「법원」(source of law)이란 “법의 연원”을 줄인 말로서, 법의 존재형식을 의미한다. 법은 실천적 사회규범으로서 그 내용을 인식할 수 있는 것이어야만 하고, 또 일정한 형식으로 나타나고 존재하여야 한다. 이와 같이 법을 인식할 수 있는 법의 발현존재의 형식을 가리켜 「법의 연원」 내지 「법원」이라고 한다.[80]

따라서 「계약법」의 법원이라고 할 때에는 그것은 실질적 의의에 있어서의 계약법의 존재형식을 말하는 것이 되나. 일반적으로 「법원」에는 성문법과 불문법이 있고, 「성문법」은 일정한 형식과 절차에 의하여 제정되는 법이라 하여 이를 「제정법」이라고도 한다. 성문법이 아닌 법을 「불문법」이라 하고, 이 「불문법」으로는 보통 관습법 · 판례법 · 조리 등이 있으나, 판례법[81]과 조리[82]의 법원성(法源性)에 대해서는 논의의 여지가 없지 않다.[83]

성문법주의를 취하는 경우에 불문법에 대하여 어떠한 효력을 인정하느냐는 대단히 중요한 문제이다. 이 점에 대하여 우리나라 「민법」 제1조를 보면, “민사에 관하여 법률의 규정이 없으면 관습법에 의하고, 관습법이 없으면 조리에 의한다.”고 하여 법의 효력에 관하여 규정하고 있다.

그러므로 무역계약이라고 하는 국제물품매매계약은 계약법 내지 매매법 분야의 것으로서, 그 성격상 국제조약 · 통일규칙 · 국제관습법 · 국내법 등 다양한 형태로 존재하면서, 이들 규범을 「법원」으로 하고 있다.

여기에는 상인들이 오랜 세월에 걸쳐 계약을 체결해오면서 같은 지역이나 업종간에 형성된 지역적 · 업종별 「관행」(trade usage)이 반복되면서 상관습

---

80) 곽윤직 외, 전게서, p. 14.

81) 「판례법」(case law)은 법원의 재판(판결 · 결정)을 통해서 형성되는 법이다. 구체적인 재판에서 얻어진 판결의 집적을 통해 밝혀진 이론 · 법칙을 판례라고 부르고, 이 판례 또한 계약법의 법원(法源)으로 보는 것이다.

82) 「조리」(條理)라 함은 사물의 본질적 법칙 또는 사물의 도리로서, 이른바 “경험칙”을 포함한다. 즉, 사회통념 · 공서양속 · 형평 · 정의 · 법의 일반원칙 등의 이름으로 표현되기도 한다. 결국 성문제정법은 이 조리를 구체화한 것으로서, 조리가 법과 관련을 가지는 것은 첫째, 실정법과 계약의 해석표준이 되고 둘째, 법의 흠결시 재판의 준거가 되는데, 이 후자의 경우가 「조리」가 법원으로서의 성격을 가지는 문제이다. 곽윤직 외, 전게서, p. 28.

83) 조리의 법원성을 우리 「민법」 제1조 규정에서 인정하고 있지만, 「조리」가 법은 아닌 것이며 법원(court)에 의하여 적용되는 것이라고 보는 것이 타당하다는 것이다. 상게서, p. 29.

(mercantile custom)으로 또 성문의 상관습법으로까지 발전되었다. 그러나 이러한 과정을 통해 형성된 상관습의 국제적 상위성(相違性)으로 인하여 거래상의 불편과 분쟁을 예방하고 국제적 통일화의 일환으로 국제적 통일규칙이나 국제협약의 형식으로 더욱 발전을 보게 되었다. 그 대표적 예가 민간기구인 국제상업회의소(ICC)에 의해 채택된 「무역거래조건의 해석에 관한 국제규칙」(Incoterms)이나 「신용장통일규칙」(UCP) 등외에도 국제기구인 유엔국제무역법위원회(UNCITRAL)에 의해 제정된 소위 「비엔나협약」으로 불리는 1980년 「국제물품매매계약에 관한 유엔협약」(CISG) 등이 있다.

그러나 계약법의 「법원」으로서 이들 규정들이 무역계약에 그대로 적용되는 것은 아니다. 왜냐하면 원래 계약의 분야는 「계약자유의 원칙」에 의거 당사자가 임의로 정할 수 있는 것이므로 이러한 「임의규정」(dispositive law)의 성격상 상기의 규정들이 강제적으로 적용될 수 없기 때문이다.

또한 「계약법」의 법원으로서의 매매계약의 「해석기준」이 되는 주요한 국내법으로는, ① 영국 「물품매매법」(Sale of Goods Act : SGA 1979), ② 미국 「통일매매법」(Uniform Sales Act : USA 1906)과 「통일상법전」(Unifuorm Commercial Code : UCC 1952) 그리고 미국 제2차 「계약법 리스테이트먼트」(Restatement of the Law, Contract, 2d.)[84]와 그리고 ③ 우리나라의 경우 「민법」과 「상법」을 들 수 있다.

이와 같이 국제물품매매계약의 「법원」으로서의 주요국의 매매법을 비롯하여 우리나라의 민・상법과 그리고 국제협약 등에 대해서는 다음에 살펴 본다.

## 2. 「준거법」의 결정

### 1) 「준거법」의 의의

전술한 계약법의 「법원」으로 각국의 매매관련 국내법과 협약(CISG)과 같은 국제적 통일매매법이 존재하지만, 실제에서 당해 계약에 어느 국가의 법을 적용하느냐에 관한 문제가 남아 있다. 또한 계약의 규정이 계약상의 모든 사항을 규율할 수 있는 것도 아니며, 결국 규정 외의 사항에 대해서는 당사국의 국내법이 적용되어지며, 이 경우 어느 국가의 법을 적용하느냐에 관한 「법률의 선택」의 문

84) 미국의 제2차 「계약법 리스테이트먼트」(Restatement of Contract, 2d)의 경우, 그 법원성(法源性)과 관련하여, 이는 원래 판례법을 재술(再述)한 것이기 때문에 학설에 비해 상위개념이고 법전보다는 하위개념으로서, 그 법적 구속력이 없고 다만 제정법이나 판례법이 없는 경우에 이용되는 법원으로서의 성격을 가지는데 그친다. 이용근, 전게서, p. 72. 주 54) 참조.

제가 대두되어지는 바, 이는 곧 「준거법」(proper law, governing law)의 결정에 관한 「국제사법」(international private law)[85]의 문제인 것이다.

이러한 「국제사법」의 문제는 주로 다음의 3가지로 나누어지는데, 즉 ① 계약을 지배하는 법률에 관한 것이고 ② 물품에 대한 권리취득을 규제하는 법률에 관한 것과 ③ 분쟁에 대해 판결을 해야 할 법원의 재판관할에 관한 것이다.

여기서 「준거법」이란 위 ①의 계약을 지배하는 법으로서, 당사자가 그 적용을 「의도」한 법이다. 영국법에서는, "계약은 양 당사자가 자신들의 계약에 적용하기로 「의도」(intention)한 법에 의해 지배되거나, 또는 그러한 의도가 없었던 경우, 계약과 가장 밀접하게 관련되어 있는 법에 의해 지배된다."고 한다. 보통 「준거법」의 지정은 당사자간의 합의에 의해 결정되지만, 그 결과 각국의 국내법상의 「강행규정」(mandatory law)에 저촉되는 경우 그 적용을 받아야 한다.

특히 무역계약에서 분쟁이 발생하는 경우에 「준거법」 결정의 문제는 당사자에게는 매우 중요하며, 또 「준거법」이 어떻게 결정되느냐에 따라 어느 한 당사자에게는 큰 손해를 가져올 수도 있는 문제이다. 다음에서는 이러한 「준거법」 결정의 일반적 원칙에 관해 검토한다.

### 2) 「준거법」 결정의 일반원칙

일반적으로 국제물품매매를 기반으로 하는 「무역계약」은 그 특성상 국제적 요소라고 하는 「국제성」(internationality)을 지니고 있다. 예를 들면 물품이 해외에 있다든가, 물품을 해외에 판매한다든가, 당사자가 관할권이 다른 법역(jurisdiction)에 거주하고 있는 경우 등이다. 즉, 계약당사자의 국적이나 거소지(居所地) 또는 계약의 체결지나 계약의 당해 목적물의 소재지나 계약의 이행지와

---

85) 「국제사법」은 국제적 사법생활의 안정을 보장해주기 위하서 각종 섭외적 생활관계에 적용할 「준거법」을 정하는 법칙의 총체로서, 「국제사법」은 각종 섭외적 생활관계의 준거법을 정하는 법을 말한다. 「국제사법」은 법률관계를 직접 규율하는 법은 아니다. 문제된 법률관계를 직접규율하는 법은 법정지의 국제사법규정에 의해서 지정되는 준거법인 국내 또는 외국의 「민법」이나 「상법」과 같은 실질법이며. 「국제사법」은 문제된 법률관계의 「준거법」을 지정함으로써 법률관계를 간접적으로 규율하는 법이다. 따라서 「국제사법」은 문제된 법률관계에 적용되는 특정한 법률질서에 연결시켜 주는 법이기 때문에 이를 「연결규정」 이라고도 한다. 이와 같이 「국제사법」의 대상이 되는 법률관계는 국제적인 법률관계이어야 하며, 이러한 국제적 법률관계는 그 법률관계를 구성하는 요소가 한 나라에 그치지 않고 다른 나라에도 관련이 있을 경우에 그 법률관계는 국제적(섭외적) 법률관계가 되고 「국제사법」의 적용대상이 되는 국제적 법률관계가 되는 것이다. 따라서 무역거래 내지 무역계약 역시 이러한 국제적 법률관계를 가지는 점에서 준거법의 적용과 관련하여 「국제사법」과 관련을 가진다. 서희원, 「신고판 국제사법강의」, 일조각, 1990, pp. 5~6 참조.

같은 당해 계약을 구성하는 여러 요소가 여러 국가에 걸쳐 있어 매우 복잡한 면이 있게 된다.

그러므로 「국제사법」에 의한 「준거법」의 지정은 법률관계 중의 전술한 여러 요소를 매개로 하여 결정되어진다. 예를 들면 당사자의 국적, 주소, 거소(居所)를 매개로 하여 「본국법」, 「주소지법」, 「거소지법」(居所地法)이 지정되고 혹은 물건의 소재지, 행위지, 사실발생지를 매개로 하여 「소재지법」, 「행위지법」, 「사실발생지법」이 지정된다. 이와 같은 국제사법에 의한 「준거법」 지정의 기준이 되는 법률관계 중의 요소는 법률관계를 「준거법」에 연결하는 계기가 되기 때문에 이를 「연결점」(connecting point or relationship, 또는 「연결소」라고도 함)이라 부르고 있다. 「국제사법」의 규칙을 이러한 점에서 「연결규칙」으로도 불린다.

따라서 「준거법」을 어떻게 결정하는가의 「국제사법」의 문제는 어떠한 「연결점」을 「준거법」 결정의 기준으로 하는가의 문제이다. 각국의 「국제사법」은 어떠한 「연결점」을 「준거법」 결정의 기준으로 하는가하는 법정책적 판단에 기초하여 입법화되는 것이다. 여기서 「국제사법」에서의 「준거법」의 결정문제가 연결정책의 문제라고 하는 경우가 있는 것도 실은 이와 같은 사정에 의하기 때문이다.

한편 무역계약과 같은 채권계약에 있어 「준거법」의 결정방법에 관한 입법 형태로는 「주관주의」(의사주의)와 「객관주의」(비의사주의)의 두 가지가 있다.

### (1) 주관주의

「주관주의」(subjective view)는 다른 계약에서와 같이 당사자 자치에 기초한 「계약자유의 원칙」에 의해 「준거법」의 결정도 당사자의 의사, 즉 약정을 최우선으로 하여야 한다는 것이다. 즉, 당사자의 분명한 의사표시는 당사자가 선택한 「준거법」이 계약과의 관계가 있는지의 여부에 상관없이 결정적으로 계약의 「준거법」으로서 적용되어야 하는 것을 말한다.

계약당사자는 선의로서 적법인 한, 매매계약에 대해서 어느 법률에 따르든 자유이며,[86] 따라서 계약을 지배하는 법이라고 하는 「준거법」은 당사자가 그 적용을 의도한 법이다. 이 원칙은 영국, 프랑스, 독일을 비롯한 대부분의 국가와 우리나라의 「국제사법」이 채택하고 있는 원칙이다.

### (2) 객관주의

「객관주의」(objective view)는 계약과 현실적으로 가장 밀접한 관련이 있는 법

---

86) *Vita Food Products Inc. v. Unus Shipping Co.*[1939] A.C.277, 290.

을 「준거법」으로 해야 한다는 것이다. 채권계약을 구성하는 많은 객관적 요소들을 「연결점」(connecting point)으로 하여 「준거법」을 결정하자는 것으로, 미국, 스위스, 중남미 일부국가에서 채택하고 있다.

「객관주의」 원칙이 적용되는 대부분의 경우는 양당사자가 계약의 「준거법」을 지정하지 않았거나 그들의 의사를 알 수 없는 경우이며, 이때 당사자의 「의도」(intention)는 계약의 조항과 사안의 상황에 의해 법원에 의해 추정된다.

그 중 중요한 것은 「계약체결지법」 우선의 추정과 「계약이행지법」 우선의 추정 2가지로서, 이를 정리하면 다음과 같다.

**(가) 「계약체결지법」(lex loci contractus) 추정원칙**

「계약체결지법」(lex loci contractus)이라 함은 무역계약이 체결된 장소 또는 국가에서 계약의 전부 또는 일부가 이행될 때에 계약이 체결된 국가의 법률을 적용하는 원칙을 말한다. 즉, 계약이 A국에서 체결되고 A국에서 이행되거나 A국이 재판관할(jurisdiction) 장소인 경우 A국의 법률이 「준거법」이 될 수 있다는 것이다. 이는 이행지가 계약 체결지와 동일한 경우에 자주 적용[87]되는 원칙이다.

**(나) 「계약이행지법」(lex loci solutionis) 추정원칙**

「계약이행지법」(lex loci solutionis)이란 계약은 비록 A국에서 체결되었지만 계약의 전부 또는 상당한 부분이 B국에서 이행된 경우는 B국의 법률이 적용되어야 한다는 것이다. 이 두 가지 장소가 다를 경우에 적용되며, 이 경우 당사자는 모든 계약[88] 또는 그 이행에 관한 부분만큼은 「계약이행지법」에 의해 지배될 것이다. 이 원칙은 오늘날 무역계약에서 가장 널리 채용되고 있는 「Incoterms」상의 FOB조건과 CIF조건에 의한 매도인과 매수인의 의무이행구간에 따라 추정되는 것이다.

한편 기타의 중요한 추정으로는, 「중재지법」과 「계약의 형태」의 추정의 경우를 들 수 있다.

우선 「중재지법」의 추정원칙에서는, 계약당사자 간의 합의에 「중재조항」을 삽입했을 경우, 중재가 열리는 장소의 법(즉, 중재지법)이 적용되고, 「중재조항」(arbitration clause)은 당사자가 약정한 「중재지법」에 그 계약을 지배시킬 의사라

87) *Jacobo v. Credit Lyonnais*[1884] 12 Q.B.D. 589 : *Zivnostenska Banka National v. Frankman*[1950] A.C. 57.

88) *Benaim v. Debono*[1924] A.C.514.

는 결론을 가지게 한다.[89]

여기서 「중재지법」이란 무역계약에서 양당사자 간에 분쟁이 발행하면 특정 장소에서 또는 특정 중재기관이나 중재인에 의하여 중재로 해결하기로 약정된 경우, 중재가 열리는 장소(「중재지」)의 법률이나 중재계약을 지배하는 법 또는 중재절차를 지배하는 법이 그 계약의 「준거법」으로 추정될 수 있다.[90] 예컨대 중재장소의 법(「중재지법」)이 계약의 실체적 법이 될 수 있다는 강한 추정을 할 수 있는 경우로, 계약에 「영국중재법」(English Arbitration Acts)에 의한다는 「중재조항」이 있는 경우 중재는 영국법에 의해 규율되고 그 결과 계약과 실체적인 법도 영국법이 된다.[91] 그러나 이러한 「중재조항」이 결정적인 요소는 아니며, 만약 다른 요소 또는 증거가 그보다 우세할 때는 배제될 수 있는 것이다.

다음의 「계약의 형태」(form of the contract)에서는, 계약의 「준거법」이 계약의 체결과 이행을 지배하며, 특히 계약서나 계약상의 사용 언어 등은 계약과 가장 밀접한 관계가 있는 법을 확인하는데 중요한 단서를 제공하는,[92] 「계약의 형태」(form of the contract)에 대해서는 차이가 있다. 여기서 법이 요구하는 형식에 따르지 않으면, 계약은 무효로 되는 경우도 있으나, 경우에 따라서는 단지 증거에 불과한 것으로 강행성을 잃는데 지나지 않는 경우도 있다.

그럼에도 「계약의 형태」가 「준거법」 결정의 주요한 객관적 요소가 될 수 있다는 원칙을 두고 있다. 예컨대, *Amin Rasheed min Rasheed Shipping Corporation v. Kuwait Insurance Co.*사건[93]에서 당사자 간에 「준거법」에 관한 명시적인 약정이 없는 경우, 계약서인 Lloyd's S.G. Policy의 사용과 영국 영어로 된 표준계약서에 의거 영국법인 「해상보험법」(Marine Insurance Act, 1906)이 계약의 「준거법」이 될 수밖에 없다고 판결하였다. 매매계약의 중요한 형식(substantial form)은 그 「준거법」(proper law)에 의해 지배되어지나, 증거적 요건은 소송이 행해지는 「법정지법」에 의해 결정된다.

---

89) 이에 대해 앞에서 본 *Vita Food Products Inc. v. Unus Shipping Co.*사건에서 Wright경은 다음과 같이 말하고 있다. 즉, "영국중재절차에 위임한다는 취지의 계약 중의 규정은, 법률행위를 지배하는 법으로서 영국법을 도입한다. 국제거래에 익숙해져 있는 자는 당사자가 영국인이 아니며, 법률행위는 전혀 영국 외에서 행한 경우라 하더라도, 이와 같은 조항은 자주 존재하는 것으로 알고 있다."

90) Clive M. Schmitthoff, *op. cit.*, p. 218.

91) *Spurrier v. La Cloche*[1902] A.C. 446.

92) Clive M. Schmitthoff, *op. cit.*, p. 214.

93) [1984] A.C. 50, 70.

이러한 추정은 반증(反證)을 인정하는 것으로 단지 우선 적용될 뿐이며, 「당사자의 의사」가 이와 다르다는 것을 사실의 상황을 보일 경우에는 번복이 가능하다.

또 소유권이 매도인에게서 매수인에게 이전했는가 아닌가 「제3자」의 권리는 영향이 없는가 어떤가가 문제인 경우, 계약의 「준거법」이 적용되는 것같이 보이나[94] 그 경우에도 법원은, "당사자는 「장소법」(場所法, lex situs)을 적용할 작정이었다."라는 추정을 취하는 경향이 많다.[95]

상기에서와 같이 「준거법」의 지정이 없을 때는, 나라마다 「국제사법」 또는 판례에 따라 여러 결정규정이 있다. 그 근거로, UCC는 "합리적인 관계"(a reasonable relation to the contract and the contracting)를 요구하고 있고, 다른 국가의 경우도 같은 취지로 「연결점」(connecting point) 또는 「relationship」을 요한다.

우리나라의 경우, 「국제사법」 제9조에 따르면, 국제사법(「섭외사법」이라고도 함)의 원칙에 따라 「준거법」 결정의 원칙으로 「당사자 자치의 원칙」을 채용하고 있어 「주관주의」의 입장을 취하고 있다. 이에 따라 법률행위의 성립 및 효력에 관하여는 「당사자 의사」에 의해 지정된 법률이 「준거법」(proper law)이 되는 「현실자치」와 그리고 당사자의 의사가 분명하지 아니한 때는 당사자의 의사를 추정하여 결정하는 「추정자치」로 나누고, 이 후자의 경우는 「행위지법」을 적용하도록 하고 있다. 또한 행위지가 불분명한 때는 의사표시를 "통지한 장소"가 행위지로 된다고 규정하고 있으며, 우리나라 「민법」도 섭외사법의 규정에 따라 「준거법」이 될 수 있는 것이다.

이상에서 「준거법」의 결정문제가 중요한 이유는, 국가에 따라 특히 인도(delivery), 보증(warranty), 시효 등에서 차이가 있기 때문이다. 또한 통상 「무역계약」에서는 당사자의 합의에 의해 계약에 적용 되어질 「준거법」을 계약체결 시에 미리 정하는 것이 보통이며, 「준거법」이 계약조항 중의 하나라고 해도 대부분의 계약당사자 이익과 손해에 직결되는 문제인 만큼 관심과 노력으로 후일의 분쟁을 예방할 수 있는 점에서 이 문제는 중요하다. 그러므로 무역계약에서 「준거법조항」(governing clause)을 사전적으로 명확히 규정함으로써, 법률저촉의 문제를 피하고 또한 분쟁을 예방할 수 있음에 유의해야 한다.

---

94) *Lord Watson in Inglis v. Robertson*[1898] A.C. 616, 627 ; *Lord Herschell, L.C. in North Western Bank v. Poynter, Son & Macdonalds*[1895] A.C. 56, 57.

95) 예컨대, 운송정지권의 행사의 조건은, 영국법 하에서 보다는 타국법 하에 있은 편이 매도인에게 유리하다 ; *Inglis v. Usherwood*[1801] 1 Wast 515.

# 제 2 장 무역계약의 개념과 매매법

## 제 1 절 | 무역계약의 개념

### 1.1 무역계약의 의의

무역거래는 본질적으로 「물품의 매매」(sale of goods)이며 또한 모든 물품매매에 내재된 고유한 상무적 · 법리적 문제를 나타내고 있다.[1] 무역거래의 고유한 특징은 곧 외국의 물품매매에 관한 실체법의 적용가능성 문제를 비롯하여 국제결제, 재판관할권, 운송 및 보험계약, 위험 및 비용부담 등의 제문제가 대두된다.

「무역계약」은 물품의 매매만을 고려한 「좁은 의미」의 무역거래를 의미하지만, 실제 무역거래에서는 「물품의 매매」 외에도 용역(서비스)으로서의 운송 · 보험 · 금융 · 관광 · 기술 및 지적재산권 등 다양한 영역의 「넓은 의미」의 무역거래도 수행되어지고 있다. 이러한 경우 국제거래 내지 국제계약의 개념으로 다루어 「국제거래법」 내지 「국제매매법」의 범주에서 취급되고 있다.[2]

실무상 「무역계약」은 매도인인 수출상의 청약(offer)에 대해 매수인인 수입상의 승낙(acceptance)으로 계약이 성립되어 지는 바, 이러한 청약과 상대방의 승낙의 의사표시는 구두나 문서의 형태로서 통상 전보나 최근의 "e-Mail" 등의 다양한 형태로 수행되어지는데 법적으로 그 효과에는 아무런 하자(defect, 흠)가 없는 것이다.

「무역계약」의 체결 시 계약상품과 관련한 품질, 수량조건 등을 명확히 약정하

---

1) D. M. Day and Bernardette Griffin, The Law International Trade, 2nd ed., Butterworths, 1993, p. 1

2) 윤광운 · 박정기 · 김철호 · 박재홍, 「국제거래법」, 탑북스, 2013, pp. 22~23 참조.

고 계약의 이행에 필요한 물품의 인도방식이나 보험조건과 결제조건을 결정하고 당사자 간의 위험 및 비용부담 등에 관한 「정형거래조건」(trade terms)을 선택한다. 또한 계약위반에 대비한 분쟁구제에 관한 조건으로 클레임조항을 비롯하여 중재조항, 준거법조항 등에 관하여도 약정하여야 한다.

「무역계약」은 법역(jurisdiction)을 달리하는 당사자 간에 이루어지는 매매계약으로서 종속계약이 되는 운송계약과 보험계약을 그 범주로 하지만 실질적으로 통일된 국제적 물품매매법은 존재하지 않는다. 따라서 계약의 성립, 이행 및 해석 등에 관하여 어느 법을 「준거법」으로 할 것인지에 관하여 계약서 작성 시 유의할 필요가 있다.

이상에서 「무역계약」으로 불리는 「국제매매계약」은 기업의 국제거래 활동 중에서 가장 빈번하게 이루어지며 동시에 기업의 다양한 국제활동이라 할 수 있는 해외대리점계약, 합작회사 설립계약, 플랜트수출계약 및 기술제휴계약 등의 모든 계약유형의 근본이 되고 있다. 예를 들어 「해외대리점계약」은 제조업체가 그의 상품을 해외에서 판매하는 권리를 특정의 대리점에 주는 계약이지만, 당해 제조업체와 대리점 간의 거래, 대리점과 그의 고객과의 거래는 실은 「매매계약」인 것이다.

국제적인 판매망을 설정하는 것을 계약면에서 보면 제조업자, 수많은 대리점, 무수히 많은 최종 수요자 간을 맺어주는 「매매계약의 연쇄」(連鎖)라고도 할 수 있다. 그러므로 매매계약이라고 하는 무역계약론의 이해없이 해외판매망의 설정을 검토하는 것은 불가능한 일이다.

## 1.2 무역계약의 특성

「무역계약」은 매도인의 물품의 인도와 그에 따른 물품의 「소유권 이전」에 대하여 상대방의 물품의 인수와 대금의 지급이라고 하는 국제간의 「물품매매계약」(a contract for the sale of goods), 즉 「국제물품매매계약」을 말한다.

국내의 「점두매매」가 계약의 성립과 계약상품의 인도가 거의 동시에 이루어지는 이른바 「동시이행조건」(concurrent condition)의 「이행필매매」(executed sale)인데 비해, 무역거래는 그 대부분이 「물품의 매매」(sale of goods)를 본질로 하는 국제매매거래(international sale transaction)라고 하는 「격지거래」(distant trade)의 특성상 「기한」의 도래 또는 「조건」이 성취되는 때에 이행되는 「장래매매」의

「미이행계약」(executory contract)의 성격을 지니고 있다.

「무역계약」의 특성을 간략히 살펴보면 다음과 같다.

첫째, 무역계약은 국내거래와는 달리 계약성립과 물품의 「소유권 이전」이 동시에 이루어지지 않으며, 계약체결 시의 많은 미이행조건은 차후 당사자의 이행에 의하여 장래에 비로소 소유권의 이전이 이루어지는 「이행미필매매」 내지 「미이행 조건부매매」이다.[3)]

둘째, 무역계약을 이행하기 위해서는 먼저 매도인이 약정품을 인도하고 매수인은 대금을 지급하여야 하는 「쌍무계약」으로서, 특약이 없는 한 그 인도에 의하여 물품의 소유권과 위험부담은 매수인에게 귀속된다.[4)]

셋째, 무역계약은 물품의 인도에 대해 대금의 지급이라는 상호대가 관계를 필요로 하는 「유상계약」이므로, 여기서 계약의 대상이 되는 것은 주로 물품, 즉 「유체동산」(corporeal moveables)[5)]이다. 이러한 동산과 관련하여 특허권, 상표권, 저작권 및 의장권 등의 「무체동산」(things in action)은 국제거래의 대상이긴 하나 그 계약의 형태나 방식이 물품인 유체동산과는 상이하다.

**[그림 2-1] 무역계약의 구조**

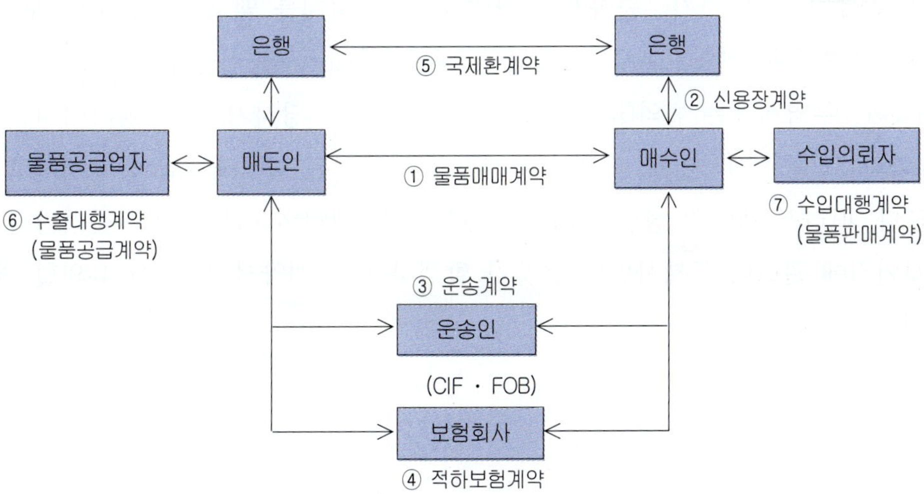


3) SGA 1979, 제2조 1항 참조.

4) Geoffrey Whitehead, *Elements of Export Law*, Woodhead-Faulkner, 1983, p. 21.

5) 유체동산(thing in possession)은 소유자가 현재 점유하고 있는 동산을 말하며, 국제매매계약상의 일반물품이 이에 해당한다(UCC, §2-105).

또한 무역거래에서의 매매는 주로 「불특정물」의 매매이다. 「불특정물」(unascertained goods)이란 매매계약의 목적물로서 구체적으로 선택 또는 특정되지 않고 단지 장래의 거래를 위해 상품의 종류, 품질, 명세 등만 정해져 있는 물품을 말한다. 이에 대해 「특정물」(specific goods)은 매매계약의 목적물로서 선택된 「현품」을 말하며, 특별한 경우를 제외하고는 특정물품의 매매는 거의 행해지지 않는다.

통상 무역거래에서 계약의 목적물(subject matter)이 「불특정물」인 경우에는 매도인은 그 불특정물품을 그대로 매수인에게 인도할 수는 없다. 매도인은 어떤 행위에 의하여 불특정물을 특정해야 하는데, 이를 「무조건 충당」(unconditional appropriation)이라 한다.[6] 여기서 「충당」(appropriation)은 구체적으로 매도인이 매수인에게 물품의 인도와 더불어 물품의 소유권과 위험을 이전하는 것을 말하며, 「충당」을 매도인이 계약의 목적물인 불특정물품에 행함으로써 비로소 「특정물」이 된다.

넷째, 「무역계약」은 국제적으로 통일된 양식이나 형식이 없으며, 서면으로 계약을 체결하는 것은 물론 나아가 구두계약도 효력을 가진다. 그러나 차후 문제 발생시 서면으로 약정한 「계약서」가 없는 경우 법적으로 불안정한 상태가 초래된다.

다섯째, 「무역계약」은 매매계약을 주계약으로 하고 해상운송계약, 해상보험계약 및 환계약의 세 가지 「종속계약」과 불가분의 관계를 맺고 있다. 또한 무역계약은 국제물품매매계약으로서 「국제성」(internationality)을 지닌다.

여섯째, 무역계약은 법역(jurisdiction)을 달리하는 당사자 간에 행하여지는 매매계약과 그 종속계약이기 때문에 국제적으로 통일된 물품매매법이 존재하고 있지 않다. 따라서 계약의 성립, 이행 및 해석 등에 관하여 어느 법을 「준거법」으로 할 것인지에 관하여 국제사법의 문제가 발생하므로, 계약서 작성 시 유의할 필요가 있다.

---

6) 「무조건 충당」에 관하여 예를 들면, 서점이 어떤 책을 출판사에 주문한 경우, 그 책이 정확히 포장되고 상대방이 기재되어 철도회사에 인도된 때 그 책은 매도인에 의하여 무조건으로 충당된 것으로 간주된다. 그것은 매수인이 발주시 이러한 충당에 묵시의 동의를 한 것이므로 재산권은 그 때에 이전된다. Clive M. Schmitthoff, *The Sale of Goods*, 2nd ed, London, Stevens & Sons, 1966, p. 91.

# 제2절 | 무역계약과 주요 매매법

## 2.1 개 설

대륙법이 성문법체계로 발전되어 온데 비해 영미계약법은 주로 판례와 관습을 기초로 한 「보통법」(common law)[7]에 의해 발전되어 왔다는 특색을 지니고 있다. 이후 19세기말에 이르러 종래의 판례와 관습을 정리하여 법전화를 시도한 것에 의해 오늘의 제정 성문법의 토대를 갖추게 되었다.

영미법의 발전과정을 간략히 보면, 우선 영국의 경우 5세기에서 11세기기까지 유럽에서 건너 온 여러 이주민의 다양한 관습으로 형성되어 오다가 이후 1066년 노르만제국의 윌리엄(William) 1세가 종래 지방적 법원에 대응하면서 다양한 지방관습의 통일을 기하기 위하여 「왕좌법원」(Royal Court)을 설치하고, 그 판결은 원칙적으로 일반관습을 적용함으로써 통일된 보편적 「관습법」의 형성을 통해 나타난 것이 곧 「보통법」이다.

그러나 「보통법」이 지니는 법률의 엄격성과 경직성을 보완하고 정의와 형평의 이념을 구현하기 위하여 보통법법원에 대립되는 「형평법법원」(Court of Equity)을 만들었다. 이는 보통법에서 구제하지 못하는 정의와 형평의 관점에서 국왕에게 청원하여 대법관(Lord Chancellor)의 재량으로 구제하기 위한 것이었으며, 이후 이 「형평법」(equity law)은 「보통법」과 더불어 하나의 독립된 양대 법체계로 발전하게 되었다.

이후 1873년 「최고법원법」(The Judicature Act, 1973)이 시행되면서 보통법과 형평법의 융합(merger of law and equity)을 통해 결국 하나의 「최고법원」(Supreme Court of Judicature)이 설치되었고, 1873년 「최고법원법」 제25조에서

---

7) 영국의 매매법과 관련하여 「보통법」(common law)의 용어가 혼동을 야기하는 경우가 없지 않은데, 이는 「보통법」이 다양한 의미를 내포하여 사용되는 데서 비롯되기 때문이다. 다시 말해 영국법에서 「코먼 로」(common law)로 불리는 「보통법」의 의미에는 통상 대륙법을 의미하는 「civil law」나 제정법(statutes)에 대비하는 용어로 혹은 영국의 형평법(equity)이나 영미법(Anglo-American Law) 국가의 법 또는 판례법(case law) 등에 대비되는 여러 의미로 다양하게 사용된다. 그러므로 이 중에서 실제 어떤 의미로 사용되는가는 우선 문맥의 흐름과 내용을 파악하고 판단하는 것이 필요하다. 이호정, 「영국계약법」, 경문사, 2003, p. 10, 주 7) 참조.

양 법원의 충돌 또는 이견이 있는 때에는 「형평법」[8]의 원칙이 우선하는 규정을 두었다.

지금의 영국의 물품매매에 관한 제정법은 영국 의회에서 성문법으로서 1893년 「물품매매법」(Sale of Goods Act : SGA 1893)이 제정되었고 이후 1979년 개정(SGA 1979)을 보았다.[9] 이처럼 영국법은 판례법, 즉 보통법이 법체계의 기초이며, 성문의 제정법은 어디까지나 「판례법」(case law)을 토대로 하여 구성된 것이다.[10]

한편 미국의 경우는 연방제를 채택함에 따라 종래 영국에서와 같이 판례법에 기초한 법체계의 유지가 쉽지 않다는 점이다.[11] 즉, 미국의 각 주는 연방헌법에 의한 연방사항을 제외하고는 독립된 각 주(州) 입법권과 주 법원에서 쏟아지는 판례들의 양이 엄청나기 때문에 그로 인한 판례의 불확실성과 복잡성으로 인해 점차 법의 통일화, 성문화가 요구되는 가운데 판례의 정리가 무엇보다도 중요성을 가진다.[12]

미국에서의 법의 통일화 문제는 여러 기관의 조정이 필요한데, 즉 「연방최고법원」의 판례법 형성과정을 통하여 연방법과 각 주의 조정, 통일주법을 위한 「미국변호사회」(American Bar Association)의 운동, 1887년 법에 의해 설립된 「주간통상위원회」 등에 의하여 추진되었다.

미국법에 있어서 일반적으로 가장 중요한 「1차적 법원」(primary sources)은 제정법과 최고법원의 판례이며,[13] 제정법과 판례법이 없는 경우 이용되는 「2차적 자료」(secondary materials)로서는 「리스테이트먼트」[Restatement : 재술(再述)]와 그 외 주석서, 교과서, 논문 등을 들 수 있다.

이에 대해 물품거래에 관한 다수의 판례 중에서 일반적 타당성이 있는 원칙을

---

8) 영국법에서의 「형평법」(euity)은 종래 「보통법」(commom law)의 엄격한 적용에 따른 불합리성을 제거하기 위하여 보통법의 대체체계로서 법률가가 아닌 대법관(Chancellor)의 보통법에 대한 보정수단으로 나타난 것이다. 따라서 영국은 보통법과 더불어 독특한 두 법체계로 발전되어 각기 상이한 「보통법재판소」와 「형평법재판소」에서 각기 독립적으로 운영되었다. 그러나 현재 이 두 법체계는 동일한 법원에 의해 운영도고 있다. 「형평법」은 계약상의 권리 및 구제와 관련하여 주요한 것으로 선의부실표시 등의 계약취소원인, 특정이행, 금지명령 등이 있다. 윤광운・박정기・최영봉・조현숙, 「영국물품매매법」, 탑북스, 2011, pp. 38~39 참조.

9) 1979년 개정 영국 「물품매매법」(SGA 1979)의 일반개요에 관해서는 W. H. Thomas, *The sale of Goods Act 1979*, London, SWEET & MAXWELL, 1980, 「General Note」 참조.

10) 이시환, 「신무역계약론」, 신양사, 2002, p. 6이하 참조.

11) 박정기・윤광운, 「미국통일상법전」, 법문사, 2006, p. v.

12) 오세창・박성호, 「무역계약의 기초」, 두남, 2009, p. 28.

13) 이 판례를 찾는 방법(finding tools)으로는 다이제스트(digest), 인용서(citator), 백과서전(encyclopaedia), 용어집(phrase book), 주석부법령집(annotated statutory compilation), 회보(loose leaf service), 색인(index) 등이 주로 이용된다. 상게서, p. 28.

성문화한 1893년 영국 「물품매매법」(SGA 1893)은 국제적 색채가 강한 상관습에 기초한 것이기 때문에 거래의 현실적 규범을 잘 반영한 실용성이 뛰어난 입법으로서, 미국의 「통일상법전」(UCC)과 또한 이들 영미계약법을 수용하고 있는 전술한 국제적 통일매매법으로서이 1980년 「국제물품매매계약에 관한 UN협약」(CISG, 「비엔나협약」)에까지도 반영되어 있는 물품의 매매에 관한 대표적인 법이다.[14)]

그러므로 우선 영미계약법의 근간을 구성하는 영국 「물품매매법」(SGA 1979)과 미국 통일상법전(UCC)의 체계를 살펴보고 또한 이들 영미매매법에 고유한 일반원칙을 다음에서 검토함으로써, 이후에서 다루어지는 본서의 내용에 대한 이해는 물론 해외의 주요 영미권 시장에 대한 법적 문제에 대한 이해를 통해 거래상의 분쟁을 피하고 그 예방에도 기여할 것이다.

한편 우리나라의 경우는 판례법위주의 영미법에 대비한 성문법전을 중심으로 한 대륙법계를 계수하였기 때문에 영미법계에서와 같은 단행법으로서의 「물품매매법」(SGA 1979)와는 달리 「민법전」의 제2편 「매매」편이 소위 매매계약법에 해당되는 것으로 이에 관해서는 앞서 제1장 「계약의 일반론」의 "계약과 「계약법」"에서 우리나라 「민법」의 구성내용에 관해 아마 살펴보았다. 또한 「민법」의 특별법으로서의 「상법전」을 두어 「민법」의 특칙을 규정하고 있다. 이러한 우리나라 민·상법에 관해서는 다음에서 살펴본다

## 2.2 영국 「물품매매법」(SGA 1979)

물품매매에 관해서 독립된 법률을 규정하고 있는 대표적인 법률로서는 영국에서 제정된 1893년 「물품매매법」(Sale of Goods Act, 1893 : SGA 1893)이다.[15)] 영국에서 「판례법」(case law)에 의해 발전된 「보통법」(common law)으로서 체계화된 「물품매매법」은, 1888년 Chalmers경에 의해 처음 작성되었으며, 이후 이 법안은 Herschell경에 의하여 1889년과 1891년 귀족원(House of Lords)[16)]의 특별위원회

14) 윤광운 외, 「영국물품매매법」, 전게서, pp. 39~57 참조.

15) 영국에 있어서 England와 Scotland에서 수출무역에 관계되는 법률을 1893년 「물품매매법」(SGA 1893)으로 정비하였는데, 이의 기초는 Mackenzie Chalners 경에 의해 입안되었다.

16) 귀족원(House of Lords : H.L.)은 영국 의회에서 상원에 해당되는 것으로 귀족 중에서 선임되며, 이러한 영국 상원은 최고사법기관(High Court of Parliament)의 권능도 갖고 있으며, 이 점에서 미국처럼 엄격한 3권분립의 원칙 대신 입법부와 사법부의 융합현상의 특징을 보게 된다. 이 H.L.에 대해 하원은 House of Commons(H.C.)라 하여 원래 평민 중에서 선출된 자가

(Select Committee)에 상정되었다. 1892년에는 그 적용범위를 잉글랜드, 웨일즈 및 아일랜드, 스코틀랜드에도 확대하도록 한 최종법안을 확정하여 1893년 「물품매매법」(SGA 1893)으로 귀족원을 통과함으로써 제정되었다.[17)]

SGA는 이후 1979년 12월 6일에 귀족원의 동의로 개정을 본 현행의 1979년 「물품매매법」(Sale of Goods Act ; SGA 1979)으로서 1980년 1월 1일부터 그 효력을 발생하게 되었다.[18)]

**표 2-1 영국 「물품매매법」(SGA 1979)의 체계**

| 구성 내용 | 조항 |
|---|---|
| 제1장 적용범위 | 제1조 |
| 제2장 매매계약의 성립 | |
| 매매계약 | 제2조~제3조 |
| 계약의 성립 | 제4조 |
| 계약의 목적물 | 제5조~제7조 |
| 대금 | 제8조~제9조 |
| 조건 및 담보 | 제10조~제14조 |
| 견본매매 | 제15조 |
| 제3장 매매계약의 효력 | |
| 매도인과 매수인 간의 소유권 이전 | 제16조~제20조 |
| 권리의 이전 | 제21조~제26조 |
| 제4장 매매계약의 이행(매매당사자의 의무) | 제27조~제37조 |
| 제5장 대금을 지급받지 못한 매도인의 물품에 대한 권리 | |
| 총칙 | 제38조~제40조 |
| 대금을 지급받지 못한 매도인의 유치권 | 제41조~제43조 |
| 운송정지권 | 제44조~제46조 |
| 매수인의 전매 | 제47조 |
| 계약의 해제 및 매도인의 재매각 | 제48조 |
| 제6장 계약위반에 대한 소송 | |
| 매도인의 구제방법 | 제49조~제50조 |
| 매수인의 구제방법 | 제51조~제54조 |
| 제7장 보칙 | 제55조~제64조 |

의원이 되며, 영국의 근대헌정사의 발전을 주도하여 왔다고 할 수 있다. 윤광운 외, 「영국물품매매법」, 전게서, p. 25. 주 1).

17) 영국 매매법의 근간을 이루는 1893년 「물품매매법」(SGA 1893)은 영국 성문법 중 가장 중요한 것 중 하나였다. 왜냐하면 물품매매법은 중요한 단일 법령이고, 모든 상거래의 가장 일반적이고 중요한 형식의 기본 틀을 제공하고 있기 때문이다. 본법은 단지 매매에 적용되는 외에도 제정 시 수출무역에 관계되는 법률을 함께 정비한 것이기 때문에 조선계약, 선하증권 및 운송계약에도 관련을 가짐으로써 국제무역에서도 유용한 것이다. 이는 물품매매계약을 규율하기 위해 제정된 법령이고, 「보통법」의 원칙을 법전화한데 의의가 있다.

18) W. H. Thomas, *op. cit.* 참조.

영국의 법체계로는 보통법인 판례를 토대로 하여 1893년 「물품매매법」(SGA 1893)을 비롯하여 「해상보험법」(Marine Insurance Act, 1906), 「환어음법」(Bill of Exchange Act, 1882), 1984년 「해상물품운송법」(Carriage of Goods by Sea Act, 1894)과 더불어, 영국 내의 물품매매에 관한 법적 체계를 형성하고 있다.

영국의 현행 1979년 「물품매매법」(SGA 1979)은 단지 64개 조항에 불과하지만, 수출무역과 관련되는 조항을 포함하여 물품의 매매에 있어서 매매계약의 성립, 매매당사자의 권리·의무와 소유권 이전, 「대금을 지급받지 못한 매도인」(unpaid seller)의 물품에 대한 권리로서 매도인의 유치권, 운송정지권, 재매각권 등에 관한 규정을 두고 있다.

SGA는 매매당사자의 계약위반에 대한 매도인의 구제와 매수인의 구제, 계약해제 등에 관하여 규정[19]을 두고 있으며, 또한 SGA는 일반매매계약에 적용되지만, 수출무역에 관하여도 몇 개의 규정이 관련되는 점에서 이른바 「국제성」을 지닌 입법이라 할 수 있다.

이상에서 국제상거래관습을 고찰하는 경우 통상 영국의 상관습이나 법제뿐 아니라 그 연장이라고 볼 수 있는 미국의 법제를 근거로 판단하는 것이 일반적인 관행으로 되어 있는 바, 그 이유로는 세계무역사를 개관할 때 영미간의 관계가 가장 발전했기 때문이다.[20] 특히 근대무역의 중심지로서 영국은 해운, 국제금융, 해상보험 등의 제분야에서 세계의 중추적 역할을 수행해왔기 때문에 국제상관습을 형성하는 중심지가 되었다고 하겠다.

## 2.3 미국 「통일매매법」(USA 1906)과 「통일상법전」(UCC 1952)

미국은 각 주(州)의 독립한 법역(jurisdiction)으로 인해 통일된 매매법이 없었다. 따라서 영국의 「물품매매법」(SGA 1893)을 토대로 윌리스톤(Williston) 교수가 기초하여 1906년 미국 「통일매매법」(Uniform Sales Act : USA 1906)을 제정하였다.

이 「통일매매법」(USA)은 1961년에 와서는 24개 주가 채택하였으며, 그 외 다른 14개 주는 「통일매매법」을 채택은 하였지만 「통일상법전」(Uniform Commeercial

19) SGA 1979, 제48조 내지 제53조 참조.

20) C. E. Fayle, *A History of the World's Shipping Industry*, London, 1933 : E. R. Johnson, *History of Domestic and Foreign Commerce of the United States*, Washington, 1915.

Code : UCC 1952)을 우선하였다.[21] 이 「통일매매법」(USA)의 주요 내용에는 영국의 「물품매매법」(SGA)에서는 포함되지 않았던 유통증권 관련 규정을 포함하였다. 그러나 오늘에 와서는 「통일상법전」에 완전히 흡수되어 「통일상법전」(UCC)이 매매법을 대신하고 있다 하겠다.

미국은 앞에서와 같은 배경하에서 상사법 분야에서의 불통일에 따른 불편을 제거하기 위해 19세기말에 각 주(州)의 상사법을 통일하기 위한 활동으로 「통일상법전」을 준비해 나갔다.

1942년 이후 「통일주법전국위원회회의」(National Conference of Commissioners on Uniform State Laws)가 「미국법률협회」(American Law Institute)와 공동으로 상사법에 관한 각각의 통일법을 새로이 통합·정비하기 위하여[22] 상사법의 제정에 착수하여 1952년 미국 「통일상법전」(Uniform Commercial Code : UCC 1952)을 채택하여 공표하였다.

미국의 물품매매에 관한 성문제정법인 「통일상법전」(UCC)은 그 후 펜실베니아주가 최초로 채택하기에 이르러 1954년 7월 1일부터 시행되었다.[23] 「통일상법전」(UCC)는 1980년대 이후에 와서 대부분의 주(州)가 상법전으로 채택하고[24] 한편으로 1957년 「통일상법전」(UCC)를 개정한 이래로 1962년, 1966년, 1972년, 1978년, 1988년, 1995년, 1998년에 이르기까지 수차의 개정을 거쳐, 현재 「통일상법전」(UCC)는 제11편으로 되어 있다.[25]

「통일상법전」(UCC)의 주요 구성내용은 총칙, 매매, 리스, 유통증권, 은행예금 및 추심, 자금이체, 신용장, 입찰매매, 창고증권, 투자증권, 담보부거래, 시행일 및 폐지규정과 마지막으로 시행일과 경과규정 등의 광범위한 내용을 포함하고 있다.[26]

---

21) Anderson and Kumoh, *Business Law*, South-Western, 1961, p. 20. 425.

22) 미국의 통일주법전국위원회의 입법추진과 통일상법전(UCC))의 성립과정에 관하여는 Paul Lancing, "The Change in American Attitude to the International Unification of Sales Law Movement and UNCITRAL", *American Business Law Journal*, Vol. 18, 1980, pp. 269~272 : 並木俊守, 「アメリカ統一商法典」, 東京, 東洋經濟新報社, 1971, p. 15. : 박정기·윤광운, 전게서, pp. ⅴ~ⅵ.

23) 미국의 각 주는 통일상법전 원문을 그대로 채용하는 것이 아니고 일부 수정하여 채용하고 있다. 並木俊守, 「アメリカ統一商法典」, 前掲書, p. 16.

24) Ralph C. Hoeber, et al., *Contemporary Business Law*, 2nd ed., New York, McGraw-Hill, 1982, p. 1139 : Rate A. Howell, et al., *Business Law*, 2nd ed., Illinois, The Dryden Press, 1981, pp. 79~80.

25) James J. White and Robert S. Summers, *Uniform Commercial Code*, 3rd ed., West Publishing Co., 1988, pp. 1~6 참조.

26) 현행 미국 「통일상법전」(UCC)의 법체계는 제11편 37장 420개조로 구성되어 있다. 박정기·

「통일상법전」(UCC)은 앞에서 본바와 같이 S. Williston 교수가 1894년 영국의 물품매매법(SGA 1893)을 기초로 하여 작성한 1906년 「통일매매법」(USA 1906)을 수정하고 근대화한 것으로서,[27] 그 내용이 「통일매매법」(USA)보다 훨씬 광범위하고 상세하며 또한 영국 「보통법」을 총괄적으로 수용하고 있다.

이 「통일상법전」(UCC)은 특히 물품의 매매에 관하여 제2편 매매(Sales)편에서 제7장 104개조의 규정을 두고 있다. 또한 UCC에서는 종래 국제무역규칙에서 규정하여 왔던 「정형거래조건」인 「FOB」, 「CIF」조건에 관한 명문의 규정을 두고 있고, 따라서 물품매매에 관한 UCC의 내용을 보면 물품매매계약의 일반적 의무, 상관습으로서의 무역거래조건인 「FAS」, 「FOB」조건과 「CIF」, 「CFR」조건의 인도, 소유권과 의무이행 등 이 외에도 계약의 위반, 면책사유, 그리고 구제방법 등에 관한 규정을 두고 있다.

**표 2-2 미국 「통일상법전」(UCC 1952)의 계약 관련 구성체계**

| 구성 내용 | 조항 |
|---|---|
| (제2편 매매) | |
| 제1장 약칭, 일반적 해석 및 주체 | 제2-101~107조 |
| 제2장 계약의 방식, 성립 및 재조정 | 제2-201~210조 |
| 제3장 일반적 의무 및 계약의 해석 | 제2-301~328조 |
| 제4장 권원, 채권자 및 신의성실한 매수인 | 제2-401~403조 |
| 제5장 이행 | 제2-501~515조 |
| 제6장 위반, 이행거절 및 항변 | 제2-601~616조 |
| 제7장 구제방법 | 제2-701~725조 |
| (제5편 신용장) | |

이와 같이 미국의 매매법은 특히 「판례법」 중에서 발견할 수가 있으며, 「보통법」이 법체계의 기초로서 구성되어 있다는 점이 우리나라를 비롯한 대륙법계의 매매법과는 상이하다. 따라서 미국의 상사매매법에 관한 연구로서 판례법에 대한 충분한 이해를 필요로 하고 있다.[28] 이는 영미 양국이 국제경제에서의 중심적인 역할의 수행에 따라 국제거래의 실체가 반영되어 있고,[29] 또한 매도인의 책임을 중하게 하는 경향이 강한 법제이므로 물품의 수출과 관련하여 영미매매법

윤광운, 전게서, pp. vii~viii.

27) 상게서, p. vi

28) 並木俊守, 「アメリカ統一商法典」, 前揭書, p. 9.

29) 由本泰正・淵本康方 編, 「国際契約の手引」, 日本経済新聞社, 1986, p. 39.

에 대한 검토가 중요하다 하겠다.

특히 「리스테이트먼트」(Restatement)는 미국 각 주의 판례법의 복잡성을 정리하여 법의 통일을 위한 사실상의 법전화작업의 일환으로 제정되었다. 1923년 2월 「미국법과대학협회」(Association of American Law School Institute)는 Cardozo 등 저명한 법조인과 법학자를 중심으로 법의 명료화와 단순화를 목표로 「리스테이트먼트」 편찬을 핵심사업으로 하는 「미국법률협회」(American Law Institute : ALI)를 설립하고, 특정 초안자가 리포터로서 기초한 후 평의원회의 논의를 거쳐 다시 심의 수정하여 최종적으로 ALI에서 채용·공포되고 발간하는 형식을 취하였다.

이 「리스테이트먼트」 작업이 모든 제정법에 이루어진 것은 아니다. 각 주의 판례법에 비교적 일치하고 변경되는 주 제정법의 최소한도로서 계약법 등 9개 분야를 중심으로 미국법을 논리적인 체계로 "다시 고쳐 쓴"(restate), 즉 재술(再述)한 것으로[30] 그 중에 계약관련 「리스테이트먼트」(Restatement)는 1932년의 「계약법」(Contract law)에 이어 1950년에 제2차 「계약법 리스테이트먼트」(Restatement, Contract, 2d.)까지 공표하였다.

이 1932년 「계약법 리스테이트먼트」(Restatement)는 미국 계약법의 일반화 보편화에 있어 지대한 영향을 미쳤는 바, 이와 같이 「리스테이트먼트」(Restatement)는 현행법 중 유력 타당한 것을 채용하고 이에 약간의 학설을 추가하였는데, 이것은 학자의 학문적인 저작이므로 법적 효력을 갖지 않지만 법원에서도 가장 학문적인 권위가 있는 것으로 평가되고 있다.[31]

## 2.4 우리나라의 매매계약법

대륙법계의 영향을 받은 우리나라는 영국의 「물품매매법」(SGA)이나 미국의 「통일상법전」(UCC)과 같은 물품매매에 관한 단행법규가 없는 대신 민사 일반에

30) 분야별 「리스테이트먼트」(Restatement)를 작업순으로 보면, 1932년의 계약법(contract)에 이어 1933년 대리법(agency), 1934년 섭외사법(conflict of law), 1935년 신탁법(trust), 1937년 원상회복(restitution), 1934년에서 1939년까지의 불법행위법(torts), 1941년 담보(security), 1936년에서 1944년까지의 재산법(property)분야이다. 이후 1950년대에 이르러 새로이 제2차 Restatement가 상기의 각 분야에 걸쳐 진행되었으며 1962년의 대외관계법(foreign relation law)에 관한 Restatement는 새로이 작성되었다. 오세창 외, 전게서, 2009, p. 29.

31) 상게서, p. 29.

관하여 적용되는 「민법」(Civil Law)과 그 「민법」의 특별법으로서의 상사에 적용되는 「상법」(Commercial Law)에 의해 물품매매계약이 규율되고 있다.

이와 같이 우리나라 민·상법에 있어서 그 「법원」으로서의 형식적 의의의 제정법에는 성문법인 「민법전」과 「상법전」을 일컫는다. 이 제정법에는 법률·명령·조약 및 자치법의 네 가지가 있는데, 그 중에서 성문 「민법」으로서 가장 원칙적인 것은 법률이며, 여기서 「법률」이라 함은 형식적 의의의 법률을 의미하며, 그것은 헌법이 정하는 절차에 따라 제정·공포되는 것을 말한다(헌법, 제88조).

특히 우리나라 민·상법의 체계는 대륙법계를 계수하여 제정한 성문법에 속하는 독일의 영향을 받은 일본법계의 제도를 도입하였기 때문에 매매계약에 관한 우리 「민법」은 독·일혼합계수형이라 할 수 있다. 따라서 구체적 분쟁에 따른 판결의 집적 중에서 법리를 형성해 온 영미법의 판례법주의에 비해 복잡하게 변화해 가는 상거래환경에 대응하기 어려운 대륙법계의 성문법주의의 한계를 지니고 있는 셈이다.

우선 민사에 관한 성문 제정법으로서의 「민법」의 법원(法源) 가운데서 가장 중요한 것이 바로 성문의 「민법전」이며, 여기에는 그 전부가 실질적 「민법」의 규정은 아니며, 법인의 이사의 벌칙(「민법」, 제97조)과 같은 형벌법규나 강제집행의 방법(민법, 제389조)과 같은 민사소송법규도 포함하고 있음을 유의하여야 한다.

우리나라의 경우 근대시기를 일제식민지를 거치면서 일본 「민법전」이 의용(依用)되었는데(이른바 「구민법」을 「의용민법」이라고도 한다), 이 상황은 1945년 8월 15일 해방으로 일본의 정치적 지배를 벗어난 후에도 현행 「민법전」이 제정될 때까지 상당히 오랫동안 지속되었다. 우리 「민법전」의 편찬사업이 시작된 것은 대한민국 정부수립 후의 일이다.[32)]

그러므로 현행 「민법전」은 1957년 12월 17일에 국회에서 통과되고 1958년 2월 22일 법률 제471호로 공포되고, 1960년 1월 1일부터 시행된 이래, 수차의 개정을 거쳐 현재 5편 1118개조와 부칙으로 구성되어 있다.

우리 「민법전」은 총칙·물권·채권·친족·상속편의 제5편과 부칙으로 구성되어 있으며, 이중 본서 무역계약과 관련을 가지는 부분을 중심으로 살펴보면, 계약법의 기초를 이해하는 데 필요한 제1편 총칙은 「민법」 전체에 걸치는 원칙적 규정으로서, 그 주요 구성내용으로는 통칙인 법인·물건·법률행위·기간 및 소멸

---

32) 곽윤직·김재형, 「민법총칙」, 박영사, 2014, p. 31 이하 참조.

시효의 7장 184개조로 되어 있다. 이를 좀 더 자세히 보면, 제1장 통칙에서는 「민법」의 법원과 기본정신을 선언하고, 제2장 이하의 장을 이론적으로 재편성하면, 권리의 주체(제2장 인과, 제3장 법인), 권리의 객체(제4장 물건), 권리의 변동에 주요한 관계가 있는 일반적 사유(제5장 법률행위, 제6장 기간, 제7장 소멸시효)로 되어 있다.

그리고 물품매매의 주요 사항을 규율하는 우리 「민법전」의 제2편 물권과 제3편 채권편이 재산관계를 규율하는 순전한 재산법으로서, 「물권법」과 「채권법」은 각기 독립한 총칙을 별도로 가지고 있다. 이 중에서도 가장 기본이 되는 것은 제3편 채권편(즉 채권법)의 제2장 계약의 제1절 총칙부분이 곧 「계약법 총론」으로서, 계약의 성립, 효력, 해제에 관하여 일반원칙을 규정하고 있다. 그리고 제2절 이하 제15절까지 14종의 전형적인 계약(계약의 종류)에 관하여 규정을 두고 있는데, 이 부분이 곧 「계약각론」에 해당되며 그 중의 제3절은 매매에 관하여 규정하고 있다.

한편 현재의 사적 생활에 관한 법질서는 경제적 면에서의 소유권제도와 계약제도를 법적 지주로 하여 형성되어 있는데, 우리 「민법전」 제2편 「물권」편에서 소유권제도를 다루고 있고, 「계약」이 제3편 「채권」편에서 다루고 있음은 상기에서와 같다.

다음으로 상사에 관한 제정법으로 그 중심이 되는 것은 형식적 의의의 상법인 「상법전」을 일컫는데, 현행 우리나라 「상법전」은 기업관계의 규율을 목적으로 1962년 1월 20일(법률 제1000호) 공포되고 1963년 1월 1일부터 시행되었다. 이후 우리 경제의 발전과 성장에 따른 경제 및 사회의 실정과는 거리가 있어, 예를 들면 1999년의 제5차 개정시 주로 회사편 중 이사회제도 내의 소위원제도, 감사위원제도를 신설하는 등의 개정을 비롯하여 총 8차의 개정을 거쳐 현재에 이르고 있다.[33)]

현행 「상법전」은 총칙 · 상행위 · 회사 · 보험 · 해상 등의 5편으로 모두 874개조와 부칙으로 으로 구성되어 있고, 그 부속법으로는 1962년 12월 12일 법률 제1213호로 「상법시행령」을 두고 있다.

이 「상법」은 일반법인 「민법」에 대하여 특별법의 지위를 가지며,[34)] 「민법」과 같이 물품매매에 관한 규정을 두고 있다. 특히 「상법」에서는 목적물의 검사와 하자통지의무를 매수인의 부담으로 하는 규정을 두고 있다.[35)]

---

33) 그 이전에는 「조선민사령」(조선 총독의 명령) 제1조의 8호 내지 10호에 의하여 일본의 상법 · 수형법 · 유한회사법 등이 시행되었고, 그 후 1945년 8월 15일 해방 후에는 「미군정법령」 제21호 제1조 및 제2조에 의하여 또 대한민국 정부 수립이후에는 「헌법」 제100조의 경과규정에 의하여 소위 「의용상법」(구상법)이 그대로 시행되었다. 김종엽, 「상법강의」, p. 24.

34) 상게서, p. 8.

## 제3절 | 국제적 통일매매법

### 3.1 「유체동산의 국제매매 및 성립에 관한 통일법조약」(ULIS · ULF 1964)

로마사법통일국제협회(International Institute for the Unification of Private Law : UNIDROIT)는 1930년 4월 각국의 전문가로 구성된 기초위원회를 설치하여 국제적 통일매매법 초안(Draft Uniform Law of Sale)의 작성 준비에 착수하였다.[36] 이후 1956년에는 특별위원회에 의해서 종전의 초안을 토대로 하여 통일매매법안이 제출되어 UNIDROIT에서는 이 외에도 새로운 매매계약의 성립에 관한 통일법안을 작성하였다.

이에 따라 1964년 6월 네델란드 「헤이그 외교회의」에서 동년 7월 1일 「유체동산의 국제매매에 관한 통일법조약」(The Convention on the Sales Contract : 이하 "ULIS"라 칭함)과 「유체동산의 국제물품매매계약의 성립에 관한 통일법조약」(The Convention on Formation of the Contract : 이하 "ULF"라 칭함)의 두 가지 국제매매통일법안이 제출되어 채택되었다.[37]

이 두 조약을 합하여 1964년 「헤이그통일매매법조약」으로도 통칭되는 ULIS와 ULF조약은 자체의 여러 가지 문제로 호응을 받지 못하였다. ULIS에서는 매도인과 매수인의 법률관계에만 한정하고 「제3자」와의 관계에는 적용하지 않은 것과, 그리고 ULF 또한 계약의 효력 중에 착오, 사기, 강박, 이행불능에 관한 규정을 두지 않은 것 등으로 해서 통일법으로서의 호응을 얻지 못하였다. 또한 헤이그회의에 참석하지 않은 아시아, 아프리카 등 제3세계 국가와 사회주의권 국가의 이익이 제대로 반영되지 않은 점도 비판을 받았다. 특히 국제거래에서 많은 비중을 차지하는 영미의 서구제국도 역시 반응이 냉담하였다. 이와 같이 ULIS와 ULF는 1972년 8월 5개국이 비준, 가입한 때부터 발효하였으나 국제거래의 실무상에 별다른 영향을 주지 못하였다.

---

35) 우리나라 「상법」, 제69조.

36) John O. Honnold. *Uniform Law for International Sales under the 1980 United Nations Convention*, Kluwer Law and Taxation Publication, 1982, p. 49.

37) *Ibid.*, p. 37.

이후 제정된 1980년「국제물품매매계약에 관한 UN협약」(United Nations Convention on Contracts for International Sale of Goods : 이하 비엔나협약 또는 CISG라 칭함)은 이 ULIS와 ULF의「헤이그통일법조약」의 체약국이 CISG를 비준 또는 가입하고자 하는 경우 동「헤이그통일법조약」을 폐기하도록 요구하고 있다. 이에 따라「비엔나협약」(CISG)에 가입하는 국가가 늘어감에 따라 ULIS와 ULF의 중요성은 급속히 감소되었다. 그럼에도 ULIS와 ULF 2개의「헤이그통일법조약」은 그 자체가 지니는 의의로, ① CISG가 이들을 기초로 작성된 점에서 CISG의 해석에 중요한 참조자료이며, ② 국제운송, 보험, 금융 등의 재분야애 비해 사법의 국제적 통일화의 진전이 가장 뒤늦은 계약법분야의 토대를 마련하였다.

## 3.2「국제물품매매에 있어서 소멸시효조약」(LPIS 1974)

「UN국제무역법위원회」(UNCITRAL)는 국제적 매매에 있어서 소멸시효에 대한 통일법조약안을 작성하기 위해 작업부회를 설치하고, 물품매매에 있어서 소멸시효에 관한 통일법조약안을 1972년 5월에 작성하였다. 그 후 1974년 6월 14일 뉴욕의 외교회의에서「국제물품매매에 있어서 소멸시효에 관한 조약」(The Convention on the Limitation Period in the International Sale of Goods : 이하 "LPIS"라 칭함)이 채택되었다.38) 이 조약을「소멸시효조약」(LPIS)이라고도 부른다.

이「소멸시효조약」(LPIS)은 국제물품매매계약에서 발생하는 채권 및 계약위반, 계약관계의 종료는 계약이 유효하지 않는 것에 따른 매도인 및 매수인의 청구권에 대한 일정기간의 만료를 이유로서 그 권리의 행사 유무에 관하여 정하고 있다.39) 이 조약(LPIS)의 구성은 매매규정 실시에 관한 규정선언, 유보 및 최종규정으로 구분된다.40) 이 조약(LPIS)은 계약의 성립시에 매도인 및 매수인이 각각 다른 국가에 영업소를 두고 있는 매매계약에 적용된다.41)

그리고「비엔나협약」(CISG)과의 적용범위문제와 관련하여 동 협약(CISG)의 채택을 위한 외교회의에서「소멸시효조약」(LPIS)의 적용범위를 수정하는 의정서

38) 1974년의 국제물품매매에 있어서 소멸시효기간에 대한 UN매매조약에 관해서는, 高桑 昭, "動産の國際的賣買にあける債權期間制限條約について",「ソュリスト」, 第576號, 1977, p. 109 참조.

39) LPIS, 제1조 1항.

40) LPIS, 제30조 내지 제39조.

41) LPIS, 제2조 1항.

를 채택함에 따라 CISG와의 적용범위의 일치로 무제를 해소하였다.[42] 이 LPIS의 규정은 당사자가 적용을 배제하는 점을 명시 합의하였을 경우에는 적용되지 않는다.[43]

## 3.3 「국제물품매매계약에 관한 UN협약」(CISG 1980)

### 1. 「비엔나협약」(CISG)의 의의

국제거래에서의 매매법의 분야는 해상운송, 어음·수표 등의 제분야에 비해 매매법분야에서의 국제적 통일화가 뒤쳐진 바 있으나, 국제물품매매계약에 관한 각국의 상이한 법률의 상태를 제거하고 실체법의 통일화를 통해 국제무역의 증진을 목적으로 제정된 국제적 통일매매법으로서의 1980년 「국제물품매매계약에 관한 UN협약」(CISG, 비엔나협약)이 이후 1988년에 발효됨에 따라 실질적인 국제적 통일매매법으로서의 기능을 수행하고 있다.

국제연합 제21회 총회의 결의에 따라 1966년 12월에 설립된 유엔국제무역법위원회(United Nations Commission on International Trade Law : UNCITRAL)가 1968년 최초로 열린 회의에서 국제매매에 관한 통일법 작성의 필요성을 인식하고 14개국으로 구성된 작업부회(working group)를 설치하고, 이를 통해 종래 2개의 통일법인 ULIS와 ULF를 토대로 1978년 6월 단일의 협약초안으로 통합하였다.[44]

1980년 3월 16일부터 비엔나의 유엔외교회의에서 소위 「비엔나협약」으로도 불리는 「국제물품매매계약에 관한 유엔협약」(United Nations Convention on Contracts for International Sale of Goods : 이하 "CISG"라 칭함)를 정식으로 채택되었다.

이 협약(CISG)은 10번째의 비준서가 기탁된 날로부터 12개월을 경과한 후 첫 달의 첫 날에 그 효력을 발생한다는 규정에 따라,[45] 1986년 12월 11일 미국, 중국 및 이탈리아가 동시에 가입 비준함으로써 1988년 1월 1일부터 발효되었다. 협약(CISG)의 가입국은 2004년 10월 현재 우리의 최대 교역상대국인 미국, 중국, 프랑스, 독일, 칠레 등 주요국이 가입하였으며, 우리나라는 2005년 3월 1일부로 체약국의 지위를 가지게 되었다.

---

42) UNCITRAL *YEARBOOK*, Vol Ⅵ, 1975, p. 89 : 高桑 昭, 前揭論文, pp. 91~92.
43) LPIS, 제3조 3항.
44) UNCITRAL *YEARBOOK*, *op. cit.*, p. 49.
45) CISG, 제99조 1항.

협약(CISG)은 영미법과 대륙법의 조화를 통해 각국의 법률상의 차이를 극복함으로써 국제물품매매에 관한 통일법을 제공하는데 그 기본취지를 두며, 또한 국제무역에 있어서의 법적 장애를 제거하고 국제무역의 발전을 촉진하는데 그 목적이 있다.

무역거래에서 협약(CISG)은 국내거래의 적용을 배제하고 국제매매에만 적용되며, 특히 청약과 승낙 그리고 을 비롯하여 매도인과 매수인의 의무, 계약위반에 대한 구제 등 국제물품매매계약에 있어서의 통일된 법률적 근거를 마련하였다는 데에 의의가 있다.

또한 협약(CISG)은 총 101개 조항(Article)으로 구성되어 있는데〈표 2-3〉 참조), 이 조항들은 국제거래에서 매매법 분야가 다른 운송, 보험, 결제 등 제분야에 비해 국제적 통일화의 진전이 가장 뒤쳐진 가운데서 제정된 물품매매에 관한 통일법의 내용으로서, 국제물품매매잘서의 단일화와 당사자의 거래상의 임무와 책임을 더욱 부여하는 것이다.[46)]

**표 2-3 1980년 「비엔나협약」(CISG)의 체계**

| 규정 내용 | 조항 |
|---|---|
| 제1편 적용범위와 총칙 | 제1조~제13조 |
| 제2편 계약의 성립 | 제14조~제24조 |
| 제3편 물품의 매매 | |
| 제1장 총칙 | 제25조~제29조 |
| 제2장 매도인의 의무 | 제30조 |
| 제1절 물품의 인도와 서류의 교부 | 제31조~제34조 |
| 제2절 물품의 적합성과 제3자의 권리주장 | 제35조~제44조 |
| 제3절 매도인의 계약위반에 대한 구제 | 제45조~제52조 |
| 제3장 매수인의 의무 | 제53조 |
| 제1절 대금의 지급 | 제54조~제59조 |
| 제2절 인도의 수령 | 제60조 |
| 제3절 매수인의 계약위반에 대한 구제 | 제61조~제65조 |
| 제4장 위험의 이전 | 제66조~제70조 |
| 제5장 매도인과 매수인의 의무에 공통되는 규정 | |
| 제1절 이행기전 계약위반과 분할인도계약 | 제71조~제73조 |
| 제2절 손해배상액 | 제74조~제77조 |
| 제3절 이 자 | 제78조 |
| 제4절 면 책 | 제79조~제80조 |
| 제5절 해제의 효력 | 제81조~제84조 |
| 제6절 물품의 보관 | 제85조~제88조 |
| 제4편 최종규정 | 제89조~제101조 |

46) 매매관행의 국제적 통일의 전제는, ① 국제사법적 통일법이 것과 ② 실질법적 통일법을 목표로 하는 것이 있다. 후자의 대표적인 것으로 UNIDROIT의 ULIS와 UNCITRAL의 CISG가 이에 해당하며, CISG는 ULIS를 실질적으로 개정한 것이다. 齊藤彰, "國際動産賣買における實質法的統一化と國際私法(上)", 「國際商事法務」, Vol. 14, No. 7, 1986, p. 180.

이와 같이 협약(CISG)은 종래 「헤이그통일매매법」(ULIS)에 비해 실용적이고도 유연한 태도를 취하고 있는데, 이는 기본적으로 국제거래의 원활한 움직임에 도움이 되어야 한다는 CISG의 이념에 기인한 바가 크다고 할 것이다.

## 2. 「비엔나협약」(CISG)의 특징과 주요 내용

협약(CISG)은 종래의 「헤이그통일법조약」에 비해 실용성과 유연성을 가진 국제통일매매법으로서의 그 특징과 내용상의 일반원칙을 다음에서 살펴본다.

### (가) 직접법이고 실체법

협약(CISG)은 국제물품매매계약에 직접 적용되는 직접법이고 실체법이다. 또한 국제매매계약에 적용되는 국제적 통일사법이며, 국제법과 동일한 효력을 가지는 민・상법의 특별법이다.[47] 따라서 협약(CISG)이 적용되는 국가와의 국제매매계약에 대해서는 민・상법에 우선하여 협약(CISG)이 적용된다.

### (나) 당사자의 이익균형과 법의 조화

협약(CISG)은 대륙법과 영미법의 차이를 극복하여 양대 법체계의 조화를 꾀하고 있는 바, 접근방법이 실제적이고 간명하고 이론적 교리를 배척하여 거래 당사자의 이해를 용이하게 하여 실무적 편의의 관점(실용성)에서 큰 진전을 이루었다.

### (다) CISG의 해석원칙

협약(CISG)의 해석의 기본원칙은, 첫째, CISG에 명시적인 규정이 없는 경우는 협약이 기초하고 있는 일반원칙에 따르고, 만약 그러한 원칙이 없는 경우에는 비로소 국제사법의 원칙에 의해 적용될 법에 따라 해결되어야 한다(제7조 1항, 2항). 둘째, 당사자의 합의로 당해 CISG의 적용을 배제할 수 있다(제6조)고 하여 제12조를 제외하고는 계약에 있어서 「당사자자치」(party autonomy)의 인정과 함께 CISG는 임의법규적 성격을 가진다. 셋째, CISG는 계약에 명시적인 규정이 없는 경우 당사자들이 합의한 관행과 당사자들 간에서 확립한 관습, CISG상의 기준에 기초하여 계약의 일부로 되는 관행의 적용을 받는(제9조 1항, 2항) 것 등이다.

### (라) 적용대상의 제한 및 범위의 확대

거래는 「국제성」(internationality)을 지닌 매매이어야 한다. 협약(CISG)은 「영

---

47) 윤광운 외, 「국제거래법」, 전게서, p. 235.

업소」(place of business)가 서로 다른 국가에 소재하는 당사자 간의 계약을 그 적용대상으로 한정하고 있다(제1조 1항). 그 이유는 협약이 전 세계에 두루 채택될 수 있도록 고안되어야 했기에, 국내매매까지 그 적용대상으로 하는 경우에는 많은 국가들의 지지를 얻기 어려웠기 때문이다.[48)]

협약(CISG)의 적용범위에 속하는 사항에도 준거법규정에 관한 「국제사법」 원칙이 개입될 여지를 남겨(제7조 2항) 각 국가의 협약 가입여부 결정에 있어서의 부담을 최소화시키고 있다.

또한 협약(CISG)는 그 적용에 있어 「직접적용」뿐만 아니라 「간접적용」을 규정하여 그 적용범위를 확대하고, 「유보조항」을 두어 각 「체약국」은 그 적용범위를 제한하는 유보선언을 할 수 있다(제92조).[49)]

### (마) 계약의 성립

협약(CISG) 제2편에서는 「계약의 성립」에 관한 상세한 규정을 두고 있다. 청약의 철회 및 취소와 같은 계약의 성립에 관한 문제와 승낙이 구속력을 가지게 되는 시점 및 청약을 변경하고 있는 승낙의 효력 등을 규정하고 있다.

그런데 영미법상 "철회불가능한" 청약이 유효하기 위해서는 「약인」이 요구되는 반면, 대륙법은 「약인」의 개념이 없다. 이에 따라 협약(CISG)은 청약자의 명시 또는 묵시적인 의사표시만으로 충분하다고 하여 분쟁의 소지를 없앴다.

### (바) 의무 및 구제수단

협약(CISG)은 일원화된 계약중심적인 접근방식을 취하고 있다. 이는 계약위반에 대한 구제수단의 체계를 하나로 통일함으로써 가능해 진다. 즉, 협약(CISG)은 계약위반의 유형을 구별하지 않고, 상대방의 계약위반에 따라 매도인과 매수인에 따라 구제수단을 별도로 규정하고 있을 뿐이다.

### (사) 위험의 이전

계약에서 약정이 없는 경우 협약(CISG)의 규정(제66조 내지 제70조)이 적용되는데, 이 협약(CISG)은 물품을 관리·보존할 수 있는 당사자에게 위험을 부담시키고 있다. 예컨대, 「위험」은 물품이 최초 운송인에게 "인도된 때"에 이전한다거나 (제67조), 계약이 「운송」을 포함하지 않는 경우에는 매수인이 물품을 "수령하는

48) 상게서, p. 233.
49) CISG의 국제매매에의 적용가능성에 관해서는 본 2장의 후술하는 3. 「비엔나협약」(CISG)의 국제매매에의 적용」 참조.

때"에 물품이 이전한다(제69조).

#### (아) 계약해제의 제한과 하자의 치유

국제거래에서 중요한 것으로는 일단 체결된 「계약의 해제」에 관한 문제이다. 왜냐하면 격지자간의 물품운송에는 비용이 많이 들고, 또한 외국에서 수령이 거절된 경우 이를 외국에서 처분하는 것이 간단한 일은 아니기 때문이다.

따라서 협약(CISG)은 비록 계약을 위반한 당사자라 하더라도 그가 직접 이행상의 하자를 치유할 수 있는 권리를 광범위하게 인정하고(제34조, 제37조, 제48조), 나아가 계약의 해제를 제한함으로써 계약의 위반이 "본질적"(fundamental)인 경우, 즉 매도인이나 매수인의 의무불이행이 「중대한 계약위반」에 해당하는 경우에 한하여 계약의 해제를 인정하고 있다(제25조, 제49조, 제64조).

#### (자) CISG와 「Incoterms」의 차이

CISG는 일반적·보편적 간결한 규정으로 국제거래를 규율하고 있는데 비해, 「인코텀즈」(Incoterms)는 특수한·한정적 상세한 규정을 두고 있고, 국제거래 및 국내거래에도 이용이 가능하다.

## 3. 「비엔나협약」(CISG)의 국제매매에의 적용

### 1) 협약(CISG)의 적용체계 및 기본원칙

협약(CISG)의 국제매매계약에의 실제 「적용가능성」(applicability)의 여부를 판단하는 것은 중요하다.

우선 국제매매에의 협약(CISG)의 적용에서 설령 당해 국가가 CISG에 가입하지 않은 「비체약국」인 경우에도 협약의 규정과 국제사법의 일반원칙에 의해서 그 적용이 가능하므로, 당해 거래에 CISG의 적용을 전적으로 배제할 수 없다는 사실이다. 협약(CISG)의 적용에서 4가지 사항, 즉 ① 국제매매를 규율하고, ② 상업적 물품매매에 한해 적용하며 ③ 매매거래상 직면하는 문제에 대해서는 적용하지 않으며, ④ 당사자는 협약의 적용을 배제하거나 그 효력을 변경하는 것도 가능하다는 것을 고려할 수 있다.[50]

이에 따라 협약(CISG)의 적용체계를 개관하면 다음과 같다. 첫째, CISG의 「적

---

50) Albert H. Kritzer, *Guide to Practical Application of the United Nations Convention on Contracts for the International Sale of Goods*, Kluwer Law and Taxation Publishers, 1990, p. 11.

용방식」(mode of application)은 국제매매에의 적용을 전제로 하고, 그 내용상 별도의 국내법의 제정을 필요로 하는 조약과는 달리 직접 본문에 당사자의 권리・의무를 규정하고 있다. 즉, 조약가입을 통해 국내에 직접적용이 가능한 「자동집행적 조약」(self-executing treaty)의 성격[51]에 의해 가맹국의 국내에서의 조약의 직접적용의 가능성을 높이고,[52] 「비체약국」의 경우도 국제사법의 규칙에 의해 「간접적용」되는 경우처럼 그 적용방식을 달리하고 있다.

둘째, CISG는 그 「적용범위」에서 매매계약의 성립과 계약당사자의 권리・의무에 한정하고 있다. 우선 적용의 기본원칙(제1조)으로 상이한 「영업소」(place of business)를 두고 있는 국가가 모두 「체약국」인 경우와 「국제사법」의 원칙상 어느 일방이 체약국의 법률을 적용하게 되는 경우에 적용된다. 당사자의 국적, 계약의 민사적 성격은 고려하지 않고(제1조 3항), 또한 개인소비용 물품과 경매, 전기, 선박 등 특수성[53]을 지닌 매매계약(제2조), 노무・서비스계약(제3조 2항), 매매계약 자체의 효력에 관한 계약의 유효성(제4조), 매도인의 제조물책임(제5조) 등에 대해서는 적용하지 않으며, 또한 「준거법」 지정에 관한 국제사법의 규칙적용의 인정(제7조 2항) 등 국제매매에의 적용에 관한 근거규정을 두고 있다.

셋째, CISG의 적용에 관한 「체약국의 유보」를 인정함으로써, 이는 협약의 적용을 준거법과 연결시킴으로서 협약(CISG)의 적용범위를 가능한 한 확대하고 있다.

넷째, CISG의 적용가능성에 관하여 상기의 적용의 기본원칙으로서의 적용기준을 비롯하여 적용대상범위 등에 의해 CISG의 적용여부가 결정되는 전체로서의 CISG의 적용체계를 구성하고 있다.

### 2) 협약(CISG)의 적용기준

특정 매매계약에의 협약(CISG)의 적용가능성은 협약(CISG) 제1조 (1)(a) 및 (b)의 규정에 따라 다음 3가지 적용기준의 충족여하에 의해 협약(CISG)의 적용

51) 「자동집행적 조약」(self-executing treaty)은 조약의 적용방식에 관하여 일반적으로 조약을 국내에 적용하는 경우 별도로 국제법의 제정을 필요로 하는 조약과 내용상 그대로 국내법으로 직접적용이 가능한 조약의 2가지 방식을 들 수 있는데, CISG는 후자의 「자동집행적 조약」의 범주에 속한다. 新堀 聰, 「國際統一賣買法」, 同文館, 1991, pp. 6~7.

52) 山手正史・曾野和明, 「國際賣買法」, 青林書院, 1993, pp. 25~26.

53) 협약(CISG)의 적용에 관하여 CISG 제2조가 제외하는 것과 관련한 특수한 것으로는 석유, 가스, 가축거래 등도 포함될 수 있다. P, Winship, "*The Scope of Vienna Convention on International Sales Contracts, International Sales*" : *The United Nations Convention on Contracts for the International Sales of Goods,* Galston, N. M and Smit H., Editors, Mattew Bender, 1984. p. 25.

여부가 결정되어진다. 즉, ① 매매의 국제성기준, ② 체약국기준 및 ③ 당사자의 의사기준이 그것이다.

상기의 3가지 적용기준인 국제성, 체약국 및 당사자 의사 기준에 대해 다음에서 살펴본다.

### (1) 매매의 「국제성」 기준

매매의 「국제성」(internationality)은 매도인과 매수인이 상이한 국가에 「영업소」(place of business)를 가지고 있는 경우의 매매계약으로서,[54] 이를 「국제성」을 지닌 계약으로 보아 CISG의 「적용기준」으로 하고 있다. CISG의 적용가능성의 결정기준이 되는 「국제성」의 유무는 물품의 이동유무가 아니라 「영업소」의 소재지이다.

예를 들면 A국에 소재하고 있는 매도인인 B사가 C국에 소재하고 있는 D사에 자전거 수출을 위한 매매계약을 체결한 경우, 물품이 수출국인 A국에 혹은 수입국인 C국의 어디에 있든 간에 그 물품의 소재지에 따른 물품의 이동여부에 관계없이, 이 경우 「국제성」을 지닌 매매가 되어 CISG는 적용되어진다.[55]

여기서 「영업소」의 형태로는 다음과 같이 복수의 영업소, 거소형태의 영업소 및 동일국내 상이한 영업소를 들 수 있다.

#### (가) 「복수」 영업소

일방 당사자가 2 이상의 「영업소」를 가지는 경우, "계약과 그 이행에 가장 밀접한 관계를 지닌 장소"(that which has the closest relationship to the contract and its performance)가 곧 상이한 「영업소」로 된다.[56] 예를 들면, 매도인이 A국과 B국에 「영업소」를 두고 있어 「국제성」을 지닌 매매계약으로 볼 수 있으나, 다른 한편으로 계약의 이행과 밀접한 관계를 기준으로 할 때에는 동일한 B국가에 「영업소」를 둔 것으로 보아 이 경우 CISG는 적용되지 않는다.[57]

---

54) 山手正史・曾野和明, 前掲書 p. 29.

55) P. Volken, "*The Vienna Concention : Scope, Interpretation, and Gap-filling, International Sale of Goods*", Duerovnik Lectures, P. Sarcevic & P. Volken, Editors, Oceana Publications Inc., 1986, pp. 29~27 참조

56) John O. Honnold, *Uniform law for international Sales under thr 1980 United Nations Convention*, Kluwer Law and Taxation Publishers, 1987 para 43, p. 80.

57) *Ibid.,* para 42, p. 79.

### (나)「거소형태」영업소

당사자가 만일「영업소」를 가지고 있지 않는 경우, 당사자의 일상적인 거소(habitual residence)를「영업소」로 보고 CISG를 적용한다.[58] 가령 계약체결 시에 상대방이 다른 국가에「영업소」를 가지고 있다는 사실이 불명확한 경우 CISG는 적용되지 않는다.[59] 예를 들면, 대리인이 자신의「영업소」소재지를 밝히지 않는 대리행위가 있을 경우와 같이 이는 CISG가 적용되지 않는 거래인 것을 알지 못하는 당사자가 CISG가 적용되는 경우 당사자에게 예측하지 못하는 사태를 가져올 가능성도 있을 수 있기 때문이다.

### (다)「동일국내」상이한 영업소

CISG의 적용을 위한 유일한 조건은 단지 상이한 국가에서「영업소」를 가지고 있어야 한다는 사실이다.[60] 당사자 일방이 외국에「영업소」가 있다고 하는 사실을 인식할 수 없는 경우에도 국내적 실정법을 대신하여 CISG가 적용될 위험이 있다. 예컨대 체약국에서「영업소」를 가지고 있는 당사자 일방이「체약국」에서 매매예약을 체결하고, 역시 체약국에서 물품을 인도하고 대금을 지급하는 경우에 상대방의「영업소」에 있는 외국관련성, 즉「국제성」은 계약체결 전 혹은 적어도 계약체결 시에 존재하여야 한다.[61]

### (2)「체약국」기준

「체약국」(contracting state)기준이란 CISG에 가입한「체약국」일 것을 요구하는 CISG상의 기준으로서, CISG의 적용 여부를 결정하는 요소의 하나이다. CISG상의「체약국」기준에는 영업소가 있는 국가가 모두「체약국」인 경우[제1조(1)(a)호] 또는 국제사법의 원칙에 의해 어느 일방의「체약국」의 법률을 적용하게 되는 경우[제1조(1)(b)호]를 규정하고 있다.

한편「체약국」기준에서는 개별 국가의 CISG 비준여하에 따라 다음의 체약국, 비체약국 및 유보국의 3유형으로 나누어진다.

---

58) CISG, 제10조 b호.

59) P. Winship *op cit.*, ch, 1, p. 21 : John O. Honnold, para 41, p. 78 : UNICITRAL, Secretariat Commentary on the 1978 Draft, Art 1, para 9.

60) 매매의「국제성」과 관련하여「헤이그통일법」(ULIS)은「비엔나협약」(CISG)과 같이 매도인과 매수인이 다른 국가에「영업소」를 가졌을 경우라고 하는 적용의 기준을 두고 있다. 그러나 헤이그 통일법에서는 매매계약이 국경을 넘는 운송을 포함할 경우라고 하는 추가적 기준을 두고 있는 점이 상이하다(ULIS 제1조 제1항, ULF 제1조 제1항).

61) CISG, 제10조 a항 및 b항.

#### (가) 「체약국」의 경우

상이한 국가에 「영업소」 내지 일상의 거소를 가지는 경우 상이한 국가가 CISG의 「체약국」이어야 CISG가 「직접적용」된다. 따라서 CISG가 국제매매에 「직접적용」되는 경우로는, 매매당사국들이 ① 「체약국」이어야 하며 그리고 ② 당사자가 상이한 국가에 「영업소」 내지 일상의 거소가 있고, ③ 당사자가 국제매매에 대한 인식과 그리고 협약의 배제에 관한 당사자 간의 합의가 없었을 때에 CISG는 「직접적용」되어진다(제1조).

#### (나) 「비체약국」의 경우

CISG를 비준하지 않는 「비체약국」은 CISG에 가입하지 아니하였고 또한 체약국이 아니기 때문에 CISG가 「직접적용」될 가능성은 없으나, 대신 CISG가 「간접적용」될 수는 있다. 다시 말해, CISG 제1조(1)(b)의 규정과 관련되는 바, 즉 당해 국가가 「비체약국」인 때에는 법정지국의 국제사법의 규칙에 의하여 체약국의 법률이 적용되는 경우에 비로소 CISG가 적용된다. 다만, 이 경우에 CISG 제95조에 의한 「유보」가 없어야 한다.

#### (다) 「유보국」의 경우

「유보국」은 "CISG 제95조에 의한 유보를 선언한 체약국"(contracting state which has made an Art. 95 declaration)을 말한다. 「협약의 유보」란 협약상의 특정조항의 법적 효과를 자국에 대해 배제나 제한 또는 변경하는 일방적 유형(unilateral mode)의 조치를 말한다.[62] 이는 한 국가가 다자조약 체결 시 행하는 일방적 선언으로 CISG의 「체약국」이면서도 CISG 제95조 규정에 따라 유보를 선언한 것으로서, 그 「유보」가 특히 CISG 제1조(1)(b)의 규정에 구속되지 아니함을 선언하는 경우이다. 따라서 「간접적용」에 관한 CISG 제1조(1)(b)가 적용되기 위해서는 CISG 제95조의 「유보」에 의하여 법정지의 국가가 특히 CISG 제1조(1)(b)의 적용을 배제하지 아니하여야 한다.

### (3) 「당사자의 의사」 기준

「당사자 의사」 기준이란 매매당사자 간에 CISG의 적용배제에 관한 합의가 없을 것을 요건으로 한 협약적용의 기준을 말한다. CISG는 그 적용기준의 하나로서, 당사자에 의한 적용배제에 관한 합의가 없을 것(제6조)을 기준으로 하고 있다.

---

62) K. Holloway, *Modern Trands in Treaty Law,* Stevens & Sons, 1967, p. 473.

우리나라의 국제사법 원칙에 따르면 법률행위의 성립 및 효력에 관하여는 당사자의사에 의하여 적용할 법, 즉 「준거법」을 정하고, 당사자의 의사가 분명하지 아니한 때는 「행위지법」에 의한다.63) 매매계약의 당사자가 CISG를 「준거법」으로 지정하였을 경우, 설혹 A국이 CISG에 가입하지 않았더라도 「당사자자치」의 원칙에 의해64) CISG의 규정을 원용할 수 있는 것이다.

### 3) 협약(CISG)의 적용가능성 여부의 판정

국제매매에의 CISG의 적용가능성의 여부는 결국 그 요건을 정하고 있는 CISG의 적용기준에 의해 결정되어진다. 따라서 CISG의 적용기준에 의해 그 적용유형별 협약의 적용여부의 결정모형을 제시할 수 있다. 예를 들어 CISG의 적용유형별 적용가능성의 여부와 관련하여 상기의 3가지 적용기준에 부합되지 않는 경우는 당해 매매계약에는 불적용(-), 즉 적용되지 아니하는 경우이다.

이를 좀 더 구체적으로 CISG의 적용유형별로 개관하면 다음 〈표 2-4〉와 같다.

**표 2-4 CISG 적용가능성의 여부**

| 적용기준 / 적용유형 | 국제성 | 체약국 | 당사자 의사 | 적용여부 결정 |
|---|---|---|---|---|
| A | O | O | O | O |
| B | - | O | O | - |
| C | O | - | O | O · - |
| D | O | O | - | - |

자료 : 윤광운, "국제물품매매에 있어서의 1980년 비엔나협약의 발효에 따른 그 적용에 관한 연구", 「국제상학」, 제12권 2호, 1997, p. 284 : Peter Winship, *op. cit.*, p. 53 참조.

주) 1. A・B・C・D 유형은 CISG의 적용기준에 의한 적용여부의 4가지 형태표시.
2. 국제성 및 체약국기준의 경우 당해 매매의 적합(O) 또는 부적합(-) 표기.
3. 당사자 의사기준의 경우 적용합의(O) 또는 적용배제(-) 표기.
4. CISG 적용가능성 여부의 결정은 당해 매매에 적용(O) 또는 불적용(-) 표기.

#### (1) A유형

우선 A유형은 CISG의 3가지 적용기준에 모두 적합한 경우로서, 당해 매매에 CISG가 「직접적용」이 되는(0) 경우이다. 예컨대, 국내의 매도인 갑(甲)과 외국의 매수인 M간의 국제매매계약에 있어서 각기 상이한 국가에 영업소를 두고 또한 영업소 소재지의 국가가 모두 「체약국」이며 동시에 협약의 적용배제에 관한 당사

63) 우리나라 「국제사법」, 제9조.
64) 우리나라 「국제사법」, 제8조 : 우리 「민법」, 제105조 : CISG, 제6조.

자 간의 합의가 없는 것 외에도 당사자가 국제매매임을 인식하고 있는 경우로서, 이때에는 당연히 CISG는 당해 매매계약에 「직접적용」된다.

### (2) B 및 C유형

B형과 C유형의 경우는 각기 적용기준의 요소, 즉 「국제성」기준과 「체약국」기준을 결한 결과로 CISG의 적용여부의 불확실성 문제가 발생되는 경우이다.

우선 B유형은 「매매의 국제성」기준을 충족시키지 못한 경우로서, CISG 제1조상의 상이한 국가 내에 「영업소」를 두고 있는 매매계약에 적용한다는 규정에 따른 CISG의 기본적 적용요건을 결한 것이 된다. 예컨대 국내의 매도인 갑(甲)과 매수인 을(乙)간의 국제매매에 있어서 외국에 소재하는 갑(甲)의 물품을 국내의 을(乙)에게 매도하는 경우로서, 이는 동일한 국가 내에 「영업소」를 두고 있는 점에서 CISG상의 「매매의 국제성」 기준을 결한 것으로서, 이 경우 국경을 넘는 물품의 이동여부와는 관계가 없다.

그리고 C유형은 일반적으로 CISG 제1조(1)(a) 규정에 의해 CISG의 「직접적용」의 가능성은 없으며, 「비체약국」의 경우 「간접적용」의 가능성이 있다.

이 C유형은 CISG의 「간접적용」의 경우로서, CISG 제1조(1)(b)호의 규정에 의하면, 매매당사자 일방의 국가가 「체약국」인 경우 법정지국의 국제사법의 규칙에 의하여 준거법으로 「체약국」의 법률이 적용되며, 이때 CISG 제95조에 의한 「유보」가 없어야 한다. 그러므로 「비체약국」의 경우라 해서 CISG의 의미가 당해 국가의 대외거래에 대한 영향이 전혀 없는 것은 아니라는 점이다. 예를 들면, 「비체약국」 내의 매도인 갑(甲)과 체약국인 외국의 매수인 M 사이의 국제매매계약의 경우, 이는 「체약국」기준을 결하고 있어 CISG의 직접적용 대신 국제사법의 규칙에 의해 법정지국의 국내법이 「준거법」이 되는 경우 그 당해국이 「체약국」인 경우 비로소 CISG은 「간접적」으로 당해 매매계약에 적용되어진다.

### (3) D유형

끝으로 D유형은 적용기준의 요소 중 「당사자 의사」기준을 결한 것이 되어 CISG의 불적용(-)의 경우이다. D유형은 CISG의 적용을 배제하고 있기 때문에 CISG는 적용되지 않는다. 예를 들면, 국내의 매도인 갑(甲)과 외국의 매수인 M간의 국제매매계약에 있어서 각기 상이한 국가에 영업소를 두고 있고 또한 영업소 소재지의 국가가 모두 「체약국」이며 동시에 당사자가 국제매매임을 인식하고 있을 경우 그 적용기준을 충족하는 것이 되지만, 가장 중요한 것은 이때 당사자가

CISG의 적용배제의 합의가 없어야 한다. CISG상의 「당사자 의사」기준을 결한 경우는 곧 그 자체만으로도 CISG는 적용되지 않는다.

이상에서 CISG의 적용유형에 대한 적용여부의 결정모형의 검토와 관련하여, 특수한 경우 국제사법의 적용과 관련되어져 CISG 적용여부가 그리 간단하지 않지만,[65] 대개의 경우 CISG의 적용가능성은 분명하다.[66] 결국 CISG의 적용가능성은 3가지 적용기준의 단순화된 요소를 토대로 설정된 4가지 적용유형별로 그 각각의 경우 협약의 적용여부가 자동으로 결정되어 지기 때문이다.[67]

CISG는 임의법규의 성격과 그리고 CISG의 적용을 배제하거나 혹은 변경할 수 있는 「당사자자치」의 원칙(제6조)을 두고 있다. 따라서 CISG에 가입하면 CISG의 적용대상이 되는 매매계약에 자동적으로 적용되므로, 만약 CISG에 의해 구속되는 것을 당사자가 원하지 않을 경우는 그 뜻을 계약에 명시하는 것이 필요하다.

---

65) 협약의 적용에 관한 CISG 규정(제1조(1)(b)호)이 협약의 적용을 더 복잡하게 하고 있다는 지적도 있다. 예컨대 독일인 사이에서 독일에서 체결되고 실행된 계약도 당사자의 일방이 그 영업소 혹은 경우에 따라서는 일상의 거소를 프랑스에 가지고 있고 또한 그 사실이 인식된 경우 CISG에 의해서 판단하여야 하는 경우이다. 페터 슈피히트림 저, 김민중 역, 「유엔통일매매법」, 두성사, 1995, p. 37.

66) P. Winship, *op cit.,* p. 27.

67) Winship은 협약적용의 일반원칙을 규정하고 있는 CISG, 제1조(1)(b)호 및 제95조, 즉 매매의 국제성과 체약국의 두 가지 기준을 중심으로 CISG의 적용가능성 여부에 관하여 54가지의 경우를 그 개개의 적용유무를 판정하고 있다. 이때 협약의 적용여부의 주요 결정변수로 당사자의 영업소가 소재하고 있는 국가의 협약가입여부, 소송이 제기된 법정지의 협약가입여부, 그리고 그 법정지의 국제사법 규정 등에 의한 CISG의 적용여부의 결정을 체계화하고 있다. P. Winship, *op cit.,* pp. 30~53 참조. 윤광운, 전게논문, p. 266.

제2부

# 무역계약의 성립 및 이행

# 제 3 장 무역계약의 성립

## 제 1 절 | 무역계약 성립의 기본원칙

### 1.1 무역계약 성립의 의의

「계약」(contract)은 매매당사자 간의 의사의 합치, 즉 「합의」(agreement)에 의해 성립된다.[1] 「의사의 합치」는 당사자 일방의 청약(offer)과 상대방의 승낙(acceptance)으로 이루어지고 「계약」은 성립한다.[2]

무역계약이라고 하는 「매매계약」은 낙성계약이므로 당사자의 「합의」만으로 성립되지만[3] 이러한 계약의 성립과 그 효력발생의 문제는 구분된다. 계약의 효력여부는 그 성립을 전제로 한 것이며, 계약의 불성립의 경우에 그 효력여부의 문제는

---

1) 영국 「물품매매법」(SGA 1979)의 제2장 「매매계약의 체결」(Formation of the Contract)에서 계약의 체결을 표현하고는 있지만, 실질적으로 체결에 관한 규정은 없기 때문에 SGA 제62조 2항(단서 규정)에 의해 물품매매계약은 「보통법」의 일반원칙, 즉 청약과 승낙으로 체결된다. P. S. Atiyah, John N. Adams and Hector Macqueen, *The Sale of Goods,* 11th ed., Pearson Longman, 2005, p. 36.

2) 우리 「민법」의 계약성립은, ① 「청약과 승낙」에 의한 계약성립 및 ② 교차청약(제533조) 외에도 ③ 「의사실현」에 의한 계약성립(즉, 청약자의 의사표시나 관습에 의하여 승낙의 의사표시로 인정되는 사실만으로 성립하는 계약, 제532조, 예컨대 유료주차장에 주차행위, 택시에 승차행위 등), ④ 「사실적 계약관계론」(즉, 당사자의 사실상의 행위만으로도 성립하는 계약이론으로 예컨대, 계약체결의사가 없음을 밝힌 후 유로주차장에 주차하는 행위만으로 임대차계약 성립, 그러나 논의상 계약성립은 불인정하더라도 행위자는 불법행위로 인한 손해배상책임 또는 부당이득반환의무 부담)의 4가지 형태로, 이중 「사실적 계약관계론」은 일부 인정된다. 박승수 편저, 「민법」, 에듀비, 2015, pp. 594~595.

3) 계약당사자 간의 「합의」만으로 성립되는 매매계약과는 달리 「합의」 외에 예컨대, 물품의 인도나 소유권의 이전과 같은 승낙의 의사표시로 인정되는 일정한 법률사실이 있어야만 계약이 성립되는 「요물계약」의 경우도 있다.

애당초 생기지 않기 때문이다.

이와 같이 「계약」의 「성립요건」과 「효력발생요건」(「유효요건」)은 별개의 것이다. 요컨대, 계약의 성립요건은 당사자 사이의 의사표시의 합치, 즉 「합의」가 있어야 하지만 성립된 계약이 언제나 당사자가 원하는 대로의 효과를 발생하는 것은 아니며, 다시 여러 요건을 갖출 때 비로소 효과를 발생하게 된다.[4] 따라서 성립요건 이외에 다시 계약이 효력을 발생하기 위한 일반적 요건으로서 당사자가 권리능력 및 행위능력을 갖고 있어야 하며, 의사표시의 의사와 표시가 일치하고 하자(瑕疵, 흠)가 없어야 한다. 또한 그 내용이 실현가능성, 확정・적법하여야 하며, 사회적인 타당성이 있어야 한다. 그리고 「정지조건」(conditions precedent)이나 「시기」와 같은 효력의 발생을 제한하는 사유가 있으면,[5] 계약의 성립시기와 효력발생시기가 달라진다.

결국 실무적으로는 당사자 간의 청약과 승낙으로 계약이 성립된 것으로 보이지만, 실은 법적인 요건을 갖추어야만 비로소 유효한 계약인 것이다.

## 1.2 무역계약의 성립 및 효력발생요건

물품매매계약의 형식을 기초로 국제 간에 이루어지는 「무역계약」이 유효한 계약이 되기 위해서는 우선 그 「성립요건」으로 계약당사자 간에 「합의」(agreement)와 그리고 「약인」(consideration, 「대가」)이 필요하다.

영미법상 "유효한 계약"(valid contract)이 되기 위해서는 「합의」가 법정방식에 의해 행하여지는 것 외에 「약인」[6]이 수반된 것이어야 한다. 즉, 「날인계약」(contract under seal)은 날인증서작성이라는 요식성에 계약성립의 근거를 두고

---

4) 곽윤직・김재형, 「민법총칙」, 박영사, 2014, pp. 259~261 참조.

5) 법률행위의 효과의 발생 또는 소멸을 제한하기 위하여 부가되는 「약관」을 우리 「민법」에서는, 「법률행위의 부관(附款)」이라 하고, 「좁은 의의」에 있어서는 조건과 기한 그리고 부담의 3가지가 있다. 그리고 「넓은 의의」에 있어서는 법률행위에 부수하는 「약관」이라는 의미에서 이자약관, 담보약관, 면책약관 등을 가리키는 수도 있다. 상게서, p. 398 이하 참조.

6) 「약인」의 요건은, ① 약속과 동등한 가치를 지닐 필요는 없으나 법률상으로 보아 가치가 있을 것, 즉 실제적인 것이어야 한다. ② 계약성립시를 기준으로 볼 때 현재의 작위 또는 부작위이든 장래의 작위 또는 부작위 약속이든 상관없으나 과거의 약인은 「약인」이 될 수 없다는 것이다. 왜냐하면 과거의 작위 또는 부작위는 「약인」과 교환된 것이라고는 볼 수 없기 때문이다. ③ 「약인」은 적법한 것이어야 한다. 따라서 불법적인 「약인」에 의하여 이루어진 약속은 모두 무효이다. ④ 「약인」은 수약자에 의하여 제공된 것이어야 한다. 따라서 「약인」을 제공한 자만이 그 계약에 의하여 소송을 제기할 수 있다.

있는데 반하여 「단순계약」(simple contract)은 당사자 간의 「합의」 이외에 「약인」의 존재를 계약 성립의 요건으로 하고 있다.

여기서 "약속의 대가"라고 하는 「약인」의 개념은 우리에게는 익숙하지 못한 영미법 고유의 요건으로서 위에서와 같은 「약인」의 요건이 결여된 계약은 구속력이 없다. 즉, 매매계약은 「쌍무계약」이므로 해외 수입업자로부터 대금지불확약을 위해 「제3자」에게 지불보증을 시킬 경우의 보증채무와 같은 「편무계약」은 「약인」이 없어서 무효로 될 우려가 있다.[7)]

이러한 「약인」이론은 우리나라에서는 매매계약은 당사자의 「합의」만으로 성립하는데 비해, 영미법에서는 「합의」의 요건 외에도 「약인」을 채용하고 있으며, 다만 이를 역사적이고 전통적 의미로 간주하고 점차 완화되는 추세에 있다. 그러나 강제로 이행되어야 할 가능성이 있는 계약은 이 「약인」요건이 충족되어 있는지의 여부를 미리 검토하는 것이 필요하다.

한편 상기와 같이 「무역계약」이 성립되었다 하더라도 계약내용이 확정되어 있거나 확정될 수 있어야 하고 그 계약 내용은 실현가능한 것이어야 비로소 "유효한 계약"이 완성된다.

따라서 위의 계약의 성립요건에 더하여 「무역계약」이 계약으로서의 효력을 발생하기 위한 법률상의 요건으로 다음의 「효력발생요건」(즉, 「유효요건」)을 가져야 한다.

첫째, 계약당사자의 「행위능력」(capacity)이 있어야 한다. 이에 대해 SGA에서는 유효한 계약을 스스로 체결할 능력, 즉 「계약능력」(contractual capacity)에 관한 것으로 규정한다. 영국법의 일반원칙은 계약이 위법 또는 공공정책의 이유에 의하여 무효로 되지 않는다면, 당사자는 자신이 체결한 모든 계약에 대하여 구속되며 따라서 건전한 정신을 가진 성년자는 완전한 「계약능력」을 가진다. 그러나 (사단)법인(corporation), 미성년자(minors), 정신질환자(mental patients) 및 만취자(drunken person)에 대하여는 이 원칙이 적용되지 않는다.[8)]

---

7) 계약의 유형 중 「쌍무계약」은 당사자 쌍방이 각기 어떤 일을 하겠다고 상호약속(promise)을 주고받는 계약으로서, 계약상의 대가(consideration)가 모두 약속인 계약이다. 그리고 「편무계약」은 당사자 일방은 어떤 일을 하겠다는 약속을 하고 그 상대방은 그 당사자 일방에게 어떤 일을 직접 이행함으로서 성립되어지는 계약으로서, 주고받는 계약상의 대가가 일방은 약속을 그리고 상대방은 행위(act)인 「증여계약」이 이에 속한다.

8) SGA 1979, 제3조 ; 이러한 당사자의 행위능력에 대한 예외와 관련, 대표적으로 처에 대한 무능력 인정은 1879년부터 1949년까지 제정된 성문법 등에 의하여 폐지되었기 때문에 현재는 행위능력을 가진다. 윤광운 · 박정기 · 최영봉 · 조현숙, 「영국물품매매법」, 탑북스, 2011, p. 70, 주 17).

이와 같이 영국 「물품매매법」(SGA 1979)에서는 당사자의 「행위능력」에 대하여 자세한 규정을 두지 않고 「보통법」의 적용을 인정하고 있으며, 물품이 필수품인 경우에만 행위무능력자에 대한 제한규정을 두고 있다. 그리고 계약당사자는 국내거래와 동일하게 자연인과 법인의 차이는 없다.

둘째, 계약은 그 거래의 목적과 내용이 위법이든지 "실현불가능한" 것이어서는 안된다. 그러므로 합의가 확정되고 타당하며 「합법성」(legality)을 지닌 계약은 원칙적으로 법적 구속력을 지닌다. 따라서 계약의 중요 요소를 이루는 내용이 위법하고 불확정적이거나 실현불가능한 것으로서, 예컨대 "하늘의 별을 판매하겠다."거나 밀수품(smuggled goods)의 매매 또는 공서양속에 반하는 물품 등의 "위법한" 매매계약은 원칙적으로 무효이다.

셋째, 매매당사자들이 「계약의사」(contractual intention)를 가지고 있어야 계약이 성립한다. 「계약의사」란 계약당사자들이 "법률관계를 창설하려는 의사" (intention to create legal relation), 즉 의사표시를 말한다. 이러한 「계약의사」의 존재여부를 판단함에서는 명시적 합의와 묵시적 합의의 경우를 구별하여 접근할 필요가 있다.[9]

[그림 3-1] 매매계약의 성립

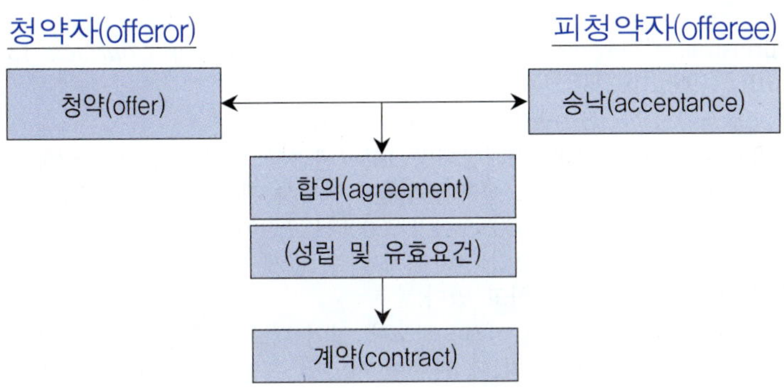


특히 「묵시적 합의」(implied agreement)의 경우에는 계약관계를 창설하려는 의사의 확신에 대한 전제를 기초로 하여 「계약의사」의 존재여부가 판단되어야 한다. 「계약의사」의 존재에 대한 입증책임은 계약의 존재 내지 성립을 주장하는

9) 이호정, 「영국계약법」, 경문사, 2003, p. 83.

당사자가 부담한다. 그리고 「상사합의」(commercial and business agreement)의 경우에서는, 당사자들에게 법률관계를 창설하려는 의사와 함께 계약체결을 바라는 의사가 있었던 것으로 추정된다.[10] 또한 그러한 의사가 없었음에 대한 입증책임은 계약의 존재를 부인하는 당사자가 부담한다.

그리고 「계약의사」의 존재여부에 대한 판단은 「객관주의」에 의하여, "합리적인 인간"(reasonable person)이 계약의사가 존재한다고 생각할 것이라고 판단되는 경우에, 계약의사는 존재하는 것으로 인정되며 따라서 계약은 성립한다.[11]

넷째, 「하자」(defects, 흠)있는 계약이 아니어야 한다. 당사자의 의사표시가 착오(mistake),[12] 사기(fraud),[13] 강박(duress),[14] 부실표시(misrepresentation), 부당위임(undue influence)에 의한 경우가 아니라야 한다. 만약 「착오」 등에 의한 계약은 처음부터 무효이거나 또는 취소될 수 있으며, 이는 세계 각국의 공통원칙이다.

다섯째, 계약으로서의 효력을 지니기 위해서는 계약이 「문서」(writing)에 의한 형식적인 요건의 문제가 있다.[15] 「문서」의 형식적 요건은 「영미법」 고유의 요건으로서 계약이 구속력을 가지기 위해서는 문서작성이 요구되는 계약을 말한다. 미국 「통일상법전」(UCC)에서는, 전술한 바와 같이 "매매가격이 $500 이상인 계약"(contracts for the sale of goods of $500 or more)은 반드시 문서의 작성이

10) M. P. Furmston, *Cheshire, Fifoot and Furstom's Law of Contract,* 13th ed., Iondon, Butterworths, 1996, p. 118.

11) *Carlill v. Carbolic Smoke Ball Co.*,[1893] 1 QB 256.

12) 「착오」의 유형 가운데 예컨대, 거래상대방 또는 관련자의 자격 등과 관련해 대판 2003. 4. 11. 2002다70884에서는 재건축아파트 설계용역에서 건축사 자격의 유무에 관한 「착오」나 또는 계약 목적물의 상태와 관련해, 대판 2000. 5. 12. 2000다12259에서는 매매대상 토지 중 당초의 면적보다 현저히 많은 부분이 도로에 편입되어 취득할 수 없게 된 사정 등에 대해 그 「착오」가 법률행위의 중요부분에 해당함을 긍정하고 있다.

13) 「사기」와 관련해 예컨대 "상품의 선전 · 광고에 있어 다소의 과장이나 허위가 수반되는 것은 그것이 일반상거래의 관행과 「신의칙」에 비추어 시인될 수 있는 한 기망성이 결어된다고 하겠으나, 거래상의 중요한 사항에 관하여 구체적 사실을 「신의성실의 의무」에 비추어 비난받을 정도의 방법으로 허위로 표시한 경우에" 비로소 기망행위(「사기」)에 해당한다고 하겠다. 대판 2009. 4. 23. 2009다1313 : 대판 2008. 11. 27. 2008다56118 : 대판 2001. 2. 13. 99다13787 : 대판 2002. 11. 8. 2000다19281.

14) 우리 「민법」 제110조 1항은 「사기」와 「강박」에 의한 의사표시의 경우도 취소할 수 있다고 규정하고 있다.

15) 일반적으로 의사표시는 구두나 문서로 하며, 그 합의 또한 구두나 문서에 의할 수가 있다. 그리고 구체적인 의시표시가 없어도 당사자의 행위에 의해서 합의가 성립되어지는 경우도 있다. 예를 들면 주문을 받은 매도인이 주문승낙서를 송부하지 않더라도 주문한 물품을 인도하였을 경우는 「합의」 성립의 전제로서 매도인이 물품인도의 행위를 하였다고 본다.

요구되지만,16) 상인간(merchants)의 상품매매에 관해서는 예외를 인정하고 있다.17)

이상의 요건에 의하여 일반적으로 유효하게 성립된 「계약」은 당사자를 법적으로 구속하며, 이에 따라 만일 계약위반의 경우에는 상황에 따라서 의무의 이행을 강제하거나 손해배상도 청구할 수 있다. 그러므로 「계약」에 의해 유효하게 성립된 권리·의무는 당사자를 법적으로 묶는 「법쇄」(法鎖)라고도 할 수 있다.

## 제2절 | 청 약

### 2.1 청약의 개념

「청약」(offer)이란 청약자(offeror)가 피청약자(offeree)에게 어떤 상품을 일정한 조건으로 팔고자 하는 계약체결의 의사표시이다. 즉, 매매계약의 체결을 위한 청약자의 의사표시를 말한다. 법률적으로는 일방의 청약에 대하여 상대방이 승낙하면 「매매계약」은 성립되어 즉시 청약자를 구속하게 될 것이라는 명시적 또는 묵시적 의사표시인 것이다.18) 무역실무에서는 보통 수출업자가 상대방 수입업자에게 일정한 물품을 일정한 가격·품질·선적 및 결제조건 등으로 매도하겠다는 의사표시를 말한다.

「청약」의 방법은 반드시 서면(writing)으로 행할 필요는 없고 구두(oral)로 행하는 것도 가능하나 실무에서는 보통 전보(cable), 텔렉스(telex), 최근의 e-Mail 이나 또는 일정한 서식을 갖춘 청약서(Offer Sheet)를 사용한다.

그리고 "유효한 청약"이 되기 위해서는 계약의 중요한 점이 모두 확정되어 있어야 한다.19) 따라서 「청약」에는 일반적으로 계약당사자와 그 목적물인 상품을 비롯하여 수량·가격·선적시기·대금지급·거래조건 등의 "최소한의 계약조건"(minimum terms)에 관하여 이를 명확히 하지 않으면 「청약」이라고 할 수 없는 경우도 있다. 청약여부의 문제는 상품의 성질·거래의 관행·당사자의 거래관계

16) UCC, §2-201(1).
17) UCC, §2-201(2), §2-202.
18) A. G. Guest, *Anson's Law of Contract*, 26th ed., Oxford, Clarendon Press, 1984, p. 25.
19) 대법 2005. 12. 8, 2003다41463.

및 청약자의 의사표시의 상태 등을 종합적으로 판단하지 않으면 안된다.

이처럼 「승낙」이 있으면 계약을 성립시킨다고 하는 의사표시가 “청약의 요소” 로서의 효력을 지니고 있는 한, 그 「청약」은 유효하다. 「청약」은 그 자체만으로는 청약자가 의도하는 법률효과를 발생시키기에는 미완성의 의사표시에 지나지 않으므로, 이 청약에 대한 매수인의 「승낙」은 반드시 절대적이고 무조건적인 승낙이 요구되며 이때 비로소 「계약」은 성립된다.

## 2.2 청약의 종류

청약에는 발행주체에 따라 매도인이 발행한 청약인 「매도청약」(selling offer)과 매수인에 의한 「매입청약」(buying offer) 외에도 다음과 같이 그 발행지 기준과 그 내용기준에 의해 청약을 분류할 수 있다.

그런데 실무거래에서 보통 말하는 「오퍼」(offer)는 매도인의 「매도청약」으로서 일반적인 무역용어로서의 오퍼는 이것을 말한다. 물론 매수인도 오퍼라는 용어를 사용하는 경우가 있는데 이때에는 매도인에게 청약을 요구하거나 또는 후술할 「반대청약」(counter offer)를 제시하는 경우이다. 청약의 종류는 다음과 같다.

[그림 3-2] 오퍼의 분류

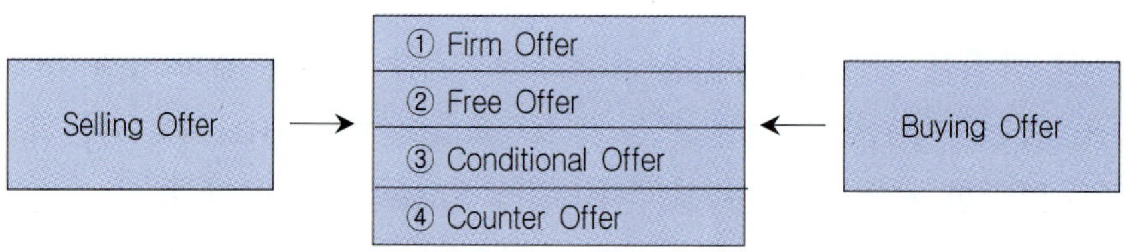


### 1. 발행주체 및 발행지 기준

청약의 발행주체를 기준으로 매도청약과 매수청약으로 그리고 발행지기준으로 국내발행청약과 국외발행청약으로 분류할 수 있다.

먼저 발행주체 기준으로, 「매도청약」(selling offer)은 매도인이 발행한 오퍼로서, 매도인측이 특정물품의 판매에 대한 의사표시로서 당해 물품의 품질, 수량,

가격 등에 관한 구체적인 거래조건을 제시하고 있는 매매의 의사표시이다.

「매입청약」(buying offer)은 매수인의 물품구매에 대한 의사표시를 말한다. 통상 무역거래에서는 매입주문서(Purchasing Order) 등의 형식으로 이루어지지만, 대개는 주문(order)이나 조회(inquiry)의 성격을 가지는 것이 보통이다.

다음으로 발행지 기준으로, 「국내발행청약」은 청약자가 거래상대국의 물품공급업자 및 본사를 대리하여 국내에서 발행 또는 의사표시한 청약을 말한다. 우리나라의 경우 소위 「오퍼상」으로 불리는 「물품매도확약서발행업자」가 발행하는 「물품매도확약서」(Offer Sheet)가 이에 해당 한다.[20)]

그리고 「국외발행청약」은 거래상대국의 물품공급업자 또는 「제3자」가 국외에서 발행 또는 의사표시한 매도청약을 말한다. 우리나라의 경우 국외발행청약이 유효하고 수입허가가 가능한 경우로는 ① 국내에 무역대리업자가 존재하는 경우, ② 수출용 원자재 수입의 경우, ③ 합작투자, 기술제휴 등에 의한 수입의 경우, ④ 방위산업용 기자재의 수입의 경우로서, 별도의 확인절차 없이도 수입승인이 가능하다.

## 2. 「확정성」 기준

### 1) 확정청약

무역실무상 빈번히 이용되는 것은 「확정청약」이다. 「확정청약」(firm offer)은 청약의 「유효기간」을 정하고 피청약자가 그 기간 내에 승낙하면 계약이 성립되는 청약으로서, 「철회불능」 청약[21)]의 특성을 지니고 있다.

이 「확정청약」은 그 대부분이 「유효기간」을 두고 있지만, 설혹 유효기간이 없는 경우에도 "확정적"(firm) 또는 "철회불능"(irrevocable)이라는 표시가 있는 청약은 「확정청약」으로 간주되는 것으로, 이에 대해서는 후술할 것이다.

계약성립을 위한 「확정청약」의 예를 보면 다음과 같다.

> "We offer you firm subject to your acceptance reaching us by June 20 as follows."

---

20) 우리나라 「대외무역법」상에서는 「물품매도확약서」라 하여 수입승인신청서(I/L)에 반드시 이 오퍼를 첨부하여야 한다. 그리고 실무계에서 말하는 통상 오퍼도 정식의 법적 기재사항이 추가되면 정식 오퍼인 물품매도확약서(firm offer)가 된다. 옥선종, 「무역계약론」, 법문사, 1988, pp. 265~266.

21) Harold F. Lusk, *Business Law, Principles and Cases*, Irwin, 1966, p. 103 : CISG, 제16조.

### 2) 자유청약

「자유청약」(free offer)은 승낙기간이 지정되어 있지 않거나 "확정적"(firm)임을 표시하지 아니한 오퍼로서, "상당한 기간" 효력을 가지나 상대방이 승낙의 통지를 발송하기 전까지는 청약자가 일방적으로 철회 또는 변경할 수 있다.

이 경우 계약이 성립되기 위해서는 청약에 대해 수입업자가 승낙하고 다시 청약자의 "최종확인"(acknowledgement)이 필요하다. 「자유청약」의 예를 보면 다음과 같다.

> "We offer you the following merchandise on the terms and conditions mentioned hereunder."

## 3. 조건부 청약

「조건부 청약」(conditional offer)에는 다음의 「선착순매도조건 오퍼」, 「승인 오퍼」 및 「최종확인조건 오퍼」 등을 들 수 있다.

첫째, 「선착순매도조건 오퍼」(offer subject to prior sale)는 매수인의 승낙이 내도했을 때 해당물품의 재고가 있어야만 계약이 성립된다는 것을 조건으로 하는 오퍼로서, "offer subject to being unsold"라고도 한다. 이는 여러 곳에 동시에 청약할 때 이용된다. 그러므로 먼저 승낙의 통지를 낸 자에게 매도할 것을 조건으로 하고 있어 결국 그 상품의 매진과 동시에 그 효력이 소멸하는 청약이다.

둘째, 「승인 오퍼」(offer on approval)는 청약과 함께 현품을 보내서 상대방이 실험 또는 사용해 보아 만족할 것을 조건으로 하는 오퍼로서, 상대방이 만족하지 아니하면 일정기간내에 반품할 수 있다. 이와 비슷한 것으로서 그 현품을 일정 기간 판매하다가 남으면 반품할 것을 조건으로 하는 "offer on sale or return"도 있으나 이들은 보통 무역에서는 거의 이용되지 아니한다.

마지막으로 「최종확인조건 오퍼」은 "subject to our final confirmation"이라는 단서가 붙는 「오퍼」로서, 청약자에 대한 구속력이 없고 엄밀한 의미에서는 오퍼가 아니다. 즉, 상대방의 승낙만으로 계약이 성립되는 것이 아니고 "Offer without engagement"또는 "Offer subject to change without notice" 또는 "Offer subject to market fructuation" 등과 같이 다시 청약자의 "최종확인" (confirmation)이 있어야만 계약이 성립된다.[22] 이 오퍼는 시장상황, 환율변동이나 비용증가의 가

---

22) 末川 博, 「契約法」(上), 岩波書店, 1975. p. 49 : 浜谷 源藏, 「最新貿易實務」, 同文館, 1981,

능성 등 불확정요인이 있는 경우에 이용되는 것으로서 청약자에 대해 구속력이 없다.

따라서 이 오퍼의 법적 의미는 후술할 「청약의 유인」(invitation to treat)에 해당되는 것이다.

## 2.3 청약과 「청약의 유인」

「청약의 유인」(invitation to treat)이란 타인이 자신에게 청약하도록 하는 행위를 말하며 청약과는 엄연히 구분된다. 따라서 「청약의 유인」은 계약의 체결을 위한 일종의 거래의 「예비적 교섭」(preliminary negotiation)으로서, 상대방에게 거래를 권유하거나 또는 자신에게 「청약」을 내도록 하는 단순한 행위를 말한다.

계약은 유효한 청약과 승낙의 합치에 의하여 성립하지만 실제 계약협상(negotiation)은 매우 복잡하며, 따라서 언제 청약이 있었고 승낙이 있었는지에 대해 정확히 하는 것은 쉽지 않다.

우선 청약과 「청약의 유인」의 구별이 필요하다. 「청약」은 청약자의 상대방의 승낙으로 계약을 성립시키고자 하는 계약의 조건에 관한 의사표시이다. 이에 대해 「청약의 유인」은 타인이 자신에게 청약하도록 하는 계약체결의 사전적 행위로서, 청약으로서의 구속력이 전혀 없으며 그리고 이 경우 승낙만으로 계약이 성립되지 않기 때문에 「청약의 유인」에 해당되는 것이다.

일반적으로 「청약」에서는 계약당사자와 그 목적물인 상품을 비롯하여 수량·가격·선적시기·대금지급 및 기타 거래조건 등의 "최소한의 계약조건"(minimum terms)에 관하여 이를 명확히 하지 않으면 청약으로 할 수 없는 경우도 있다.[23) 이처럼 청약여부의 문제는 상품의 성질이나 거래의 관행, 당사자의 거래관계 및 청약자의 의사표시의 상태 등을 종합적으로 판단하지 않으면 안된다.[24) 즉, 승낙

---

p. 90.

23) 대판 2003. 4. 11, 2001다53059(집 51-1, 민 126)에서, "계약이 성립하기 위한 법률요건인 청약은 그에 응하는 승낙만 있으면 곧 계약이 성립하는 구체적·확정적 의사표시이어야 하므로(대법원 1992. 10. 13, 선고 92다29696 판결 참조), 청약은 계약의 내용을 결정할 수 있을 정도의 사항을 포함시키는 것이 필요하다."고 한다.

24) 「청약의 유인」의 경우 무역계약 외의 사례에서도 마찬가지이다. 대판 2001. 5. 29, 99다55601, 55618(공 2007. 1449)는 법원은 "오락타운 조성 및 수익보장 광고"에 의한 분양계약 체결시의 설명이 「청약의 유인」에 불과할 뿐 당자사자들 간에 분양계약의 내용으로 되었다고 볼 수 없다고 판단하였다.

이 있으면 계약을 성립시킨다고 하는 의사표시가 "청약의 요소"로서의 효력을 지니고 있는 한, 그 「청약」은 유효하며 또한 유효한 오퍼라고 말할 수가 있다.

이러한 「청약」의 요소가 없는 경우에는 법적으로 "유효한 청약"이라 할 수 없으며 단지 전술한 「청약의 유인」 또는 거래의 「예비적 교섭」에 지나지 않는다. 예를 들면 상품의 광고, 카탈로그, 견적(quotation) 등은 「청약의 요소」를 빠뜨리고 있을 뿐만 아니라 청약 앞 단계의 거래교섭과정에 해당되므로 승낙에 의해 계약을 성립시키게 되는 청약과는 엄연히 구분된다.25)

따라서 「청약의 유인」을 통하여 상대방으로 하여금 청약의 의사표시를 하게 하고 이를 승낙함으로써 계약을 성립시킬 수 있으며 또한 거절할 수도 있다.

무역거래실무상 「청약의 유인」에 관한 예문과 그 법적 의미를 비교하면, 이 경우 상대방의 승낙은 청약의 의미에, 그리고 청약자의 최종확인이 승낙의 의미가 되어 계약이 성립되는바,26) 이를 정리하면 [그림 3-3]과 같다.

**[그림 3-3] 청약과 「청약의 유인」의 관계**

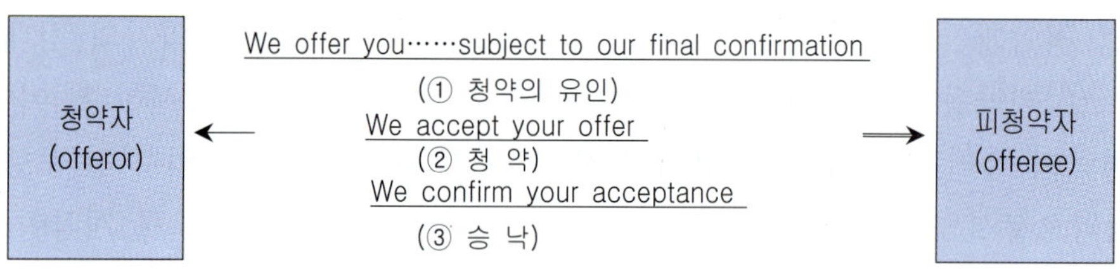


## 2.4 청약의 효력과 유효기간

### 1. 「도달주의」 원칙

의사표시의 효력발생시기에 관한 문제는 일방의 의사표시가 발송되어 상대방에게 도달되어 질 때까지의 어느 시점에서 그 법률효과가 발생되는가의 문제이다. 일반적으로 의사표시의 효력발생시기에 대하여 일방의 의사표시가 상대방에

25) 매매계약서(Sales Contract) 역시 계약성립에 관하여 날인된 정식서류라는 점에서 이 오퍼(물품매도확약서)와는 그 성격상 다소의 차이가 있다.

26) 윤광운 · 김철수, 「무역실무」[제3판], 탑북스, 2021, p. 156.

게 "도달한 때"에 효과가 발생한다는 「도달주의」의 다른 하나는 의사표시를 상대방에게 "발신한 때"에 법률효과가 발생한다는 「발신주의」로서 양 입법주의가 있다.

이에 대해 청약의 효력은, 청약이 피청약자에게 "도달한 때"에 발생한다는 「도달주의」원칙이 각국의 법제에 공통되는 일반원칙이다.

영미법의 경우, 「청약」은 청약자나 그 대리인(agent)에 의해 상대방에게 전달되어야 효력을 가진다는 「도달주의」를 취하고 있다. 따라서 전달되지 아니한 경우는 「청약」으로서의 효력이 없으며, 또한 그 전달은 정해진 방법에 의하여야 한다. 그러므로 청약의 의사표시가 피청약자에게 도달하고 이에 따라 승낙의 의사표시가 이루어질 때 상호합의에 의해 「계약」이 비로소 성립되는 것이다.

우리나라 「민법」에서도, "상대방이 있는 의사표시는 그 통지가 상대방에게 도달한 때로부터 그 효력이 생긴다."고 하여 청약에 효력을 「도달주의」로 하고 있다.[27]

협약(CISG) 제15조 1항에서도, "청약은 상대방에게 도달한 때에 효력이 생긴다."고 하여 「도달주의」를 채택하여 청약이 도달하지 않는 한 상대방이 그 내용을 이미 알고 있거나 설혹 승낙의 의사표시를 하였더라도 아무 효력이 없다.[28] 그러나 후술할 「승낙」의 의사표시의 경우, 특히 「격지자 방식」의 우편이나 전보에 의한 경우는 독일과 CISG를 제외하고는 대부분이 「발신주의」를 채택하고 있다.

이와 함께 특수한 청약으로, 당사자 쌍방이 동일한 내용을 동시에 청약한 「교차청약」(cross offer)의 경우 그 효력이 문제가 되는데, 이 「교차청약」은 우연히 동시에 상호 간에 청약한 것이므로 청약과 승낙이 구분되지 않지만, 우리나라 「민법」에서는 양 청약이 선후가 있는 경우 뒤 청약이 상대방에게 "도달한 때"에 계약이 성립한 것[29]으로 본다. 이에 반해, 영미법에서는 「교차청약」시 계약 자체가 성립되지 않는 것으로 보는 점에서 우리나라와는 차이가 있다.

## 2. 청약의 유효기간 및 「철회불능성」

「청약」의 효력문제는, 피청약자의 승낙을 할 수 있는 기간으로서의 청약의 「유효기간」 및 「철회불능성」과 관련을 가지는 점에서 이는 「확정청약」의 문제이기도 하다.

---

27) 우리나라 「민법」, 제111조 1항

28) 윤광운 · 박정기 · 김철호 · 박재홍, 「국제거래법」, 탑북스, 2013, p. 266.

29) 우리나라 「민법」 제533조는, "양 청약이 상대방에게 도달한 때에 계약이 성립한다."고 하여 교차청약을 유효한 청약으로 인정하고 있다.

이 「확정청약」은 상술한 바와 같이, 일정기간 철회되지 않는 청약으로서, 일본과 독일을 비롯하여 우리나라 「민법」 제527조에서는, "청약은 이를 철회하지 못한다."고 제한을 두고 있다. 이러한 제한을 「청약의 구속력」(binding force of offer)이라고 하며, 구체적으로는 청약의 「유효기간」과 「철회불능성」으로 귀결된다.

먼저, 청약의 「유효기간」은 청약자의 입장에서 보면, 피청약자의 승낙에 의해 계약이 성립한다는 의미에서 청약자에게는 재확인의 기회가 없고 또한 청약에 따른 계약상의 의무를 국제시세의 변동 등에 비추어 무기한 부담할 수 없는 일이며, 청약의 「철회불능성」 역시 청약조건을 신뢰하고 제반 조치와 준비를 진행해 온 피청약자에게 부당한 손해를 줄 우려가 있기 때문이다. 그러므로 「청약의 구속력」은, 결국 청약자가 청약을 철회하더라도 그 유효기간 내인 경우에 그 청약에 구속되어 피청약자는 그 철회를 무시하고 청약을 승낙하면 계약은 성립한다는 의미로서, 이 경우 만약 청약자가 계약을 불이행하면 피청약자는 청약자의 계약위반에 대해 손해배상청구를 할 수 있는 것이 된다.

「유효기간」은 청약에서 이를 명시한 경우와 명시하지 않은 두 경우가 있다. 「확정청약」의 경우 대부분 유효기간을 청약자가 물품의 특성, 거래의 관습이나 시세의 변동 등을 고려하여 정하는 것이 보통이다. 이 경우에 피청약자의 승낙의 통지가 "그 유효기간 내"에 도달하게 되면 곧 청약의 내용대로 계약은 성립한다.

반면에 「유효기간」이 정해져 있지 않은 경우에는, 「합리적 기간」(a reasonable time)을 유효기간으로 간주한다. 이 경우의 청약은 기간의 경과에 의해 그 효력을 상실하는 것이 아니라 「청약의 구속력」의 소멸을 인정하는데 그친다 하겠다. 여기서 「합리적 기간」이란 주변의 상황이나 관행에 따라 결정되어야 할 「사실문제」이다.

다음으로, 청약의 「철회불능성」에 대해 다음의 두 가지 원칙을 SGA에서는 확립되어 있다. 첫째, 「청약」은 승낙 전에는 철회가 가능하며 둘째, 청약이 일단 승낙되면 철회가 불가능하다는 것이다.

전자에서, 「철회가능의 원칙」은 *Payne v. Cavetkrjs*사건[30]에서 확립되고 이후 *Offord v. Davies*사건[31]에서 확인되었다. 영미법 일반에서는 「청약」은 약인을 수반하지 않는 일방적인 약속이기 때문에 피청약자가 승낙을 발신하기 전까지는 언제든지 철회할 수 있다는 원칙에 따르며, 유효기간을 정한 「확정청약」의 경우에

30) [1789] 3 Term Rep. 148.
31) [1862] 12 C.B., N.S. 748.

도 동일한 원칙이 적용된다.[32] 후자의 승낙 이후의 「철회불능의 원칙」은 *Great Northern Railway Co. v. Witham*사건[33]에서 유래된 것으로, 승낙된 이후에는 어떠한 경우라도 청약을 철회할 수 없다는 판례이다.

미국 「통일상법전」(UCC)의 경우도 「확정청약」의 "철회불능"요건을 다음과 같이 상세히 규정하고 있다. 즉, 「확정청약」이 "철회불능"이 되기 위해서는, ① 서명된 문서로 될 것과 ② 상인에 의해 발행될 것, ③ 청약의 「유효기간」이 3개월을 초과하지 않을 것, ④ 피청약자가 유효기일이 있는 청약의 경우 그 「유효기간」에 청약자가 별도 서명할 것 등이다.

협약(CISG)에서도, 「청약」은 그 의사표시가 상대방에게 "도달한 때"에 효력이 생기므로, 청약은 철회될 수 없는 것이라 하더라도, 「회수」(withdrawal)의 의사표시가 청약의 도달 전이나 청약과 동시에 상대방에게 도달하는 경우는 청약의 의사표시는 「회수」될 수 있으며,[34] 이에 관한 CISG의 규정에 대해서는 후술할 청약의 효력소멸에서 자세히 다룰 것이다.

결론적으로, 무역거래시 거래의 관습이나 상도의적으로 또는 「신의성실의 원칙」에 따라, 「확정청약」을 한 경우 가능한 한 그 「청약」을 철회하지 않는 것이 필요하며, 또한 각국의 법제에서도 이러한 취지를 인정하고 있는 바다.

## 2.5 청약의 효력소멸

유효한 청약이라도 다음의 소멸사유에 해당되는 경우에 그 청약의 효력은 즉시 소멸된다. 즉, ① 청약자의 청약의 철회, ② 피청약자의 청약거절, ③ 피청약자의 반대청약, ④ 유효기간의 만료, ⑤ 당사자의 사망, ⑥ 청약 내용의 이행불능 또는 그 위법성 및 ⑦ 당사자의 파산이나 지급불능 등을 들 수 있다.

이에 따라 청약자의 청약의 철회 등 청약의 효력소멸사유를 이하에서 살펴본다.

---

32) 영미 「보통법」에서 청약은 피청약자가 승낙을 발송하기 전에는 원칙적으로 철회할 수 있으나, 「약인」이 있다면 철회할 수 없다. 전통적인 보통법상의 원칙으로서 주소가 정확히 기재되고 승낙통지방법에 대해 다른 합의가 없다면, 승낙의 발송시에, 즉 승낙서를 우편함에 투입하는 시점에 상대방의 청약의 철회권을 상실하고 또한 피청약자의 승낙의 철회권도 상실한다는 원칙이다. 윤광운 외, 「국제거래법」, 전게서, p. 267. 주 23).

33) [1873] L.R. 9 C.P. 16.

34) CISG, 제15조 1항 및 2항.

## 1. 청약의 회수 및 철회

협약(CISG)은 「청약의 회수」를 철회와 구분하고 있다.[35] 「청약」은 철회될 수 없는 청약이더라도, 회수의 의사표시가 청약이 상대방에 도달 전이나 청약과 동시에 회수통지가 상대방에게 도달하는 경우에는 회수될 수 있다.[36] 「청약의 회수」(withdrawal of offer)라 함은, 청약의 효력이 발생 전(청약이 피청약자에게 도달하기 이전의 문제)에 취하는 조치로, 청약의 통지가 피청약자에 도달하기 전에는 청약의 효력이 없으므로 청약자는 청약을 회수할 수 있게 된다.

반면 청약의 의사표시가 상대방(피청약자)에게 도달하여 그 효력이 발생한 후에 취하는 조치는 「청약의 회수」가 아니라 후술할 「청약의 철회」(revocation)의 문제이다.[37]

협약(CISG)은 청약은 계약이 체결되기까지에는 철회될 수 있다고 규정하고 있다.[38] 즉, 피청약자에게 청약이 도달하여 효력이 발생한 이후에도 피청약자가 승낙의 통지를 발송하기 전에 청약자의 청약의 철회의 의사표시가 상대방(피청약자)에게 먼저 도달하는 경우에는 「청약의 철회」를 할 수 있다. 그리고 승낙은 청약자에게 "도달한 때"에 효력이 발생하고 계약을 성립시키므로,[39] 청약자의 청약의 철회가 가능한 시점은 계약체결 이전이므로 청약자의 철회의 의사표시는 피청약자가 승낙의 통지를 발송하기 전에 피청약자에게 도달하여야 한다.

그러나 협약(CISG) 제16조는 다음의 「확정청약」과 상대방의 행동을 보호하는 경우에는 예외적으로 철회할 수 없다.

즉, ① 승낙기간이나 "철회불능"임을 명시하고 있는 경우와 ② 청약이 철회불능이라고 신뢰하는 것이 합리적이고 피청약자가 그 청약을 신뢰하여 행동한 경우에는 청약을 철회할 수 없다.[40] 이때 피청약자의 행동에는 예컨대 피청약자가 생산설비를 갖추거나 원료를 구입하든지 사람을 고용하는 등이 포함되며, 이러한 행

---

35) 통상 'revoke'(취소하다)로 그리고 'withdraw'(철회하다)로 번역하는데, 법무부 공식번역본에서는 협약(CISG) 제16조의 'revocation'(철회)로, 제15조의 'withdrawal'(회수)로 용어로 정리한 바 있다. 윤광운 외, 「국제거래법」, 전게서, p. 266. 주 24).

36) CISG, 제15조 2항.

37) 우리 「민법」 제527조는 피청약자의 기대를 보호하기 위해 "계약의 청약은 철회하지 못한다."고 정하고 있다. 이때 계약교섭의 부당한 중도파기는 불법행위를 구성하고 「신뢰이익」의 손해배상의 범위가 인정된다(대판, 2001다53059). 그러나 해석상 청약의 효력발생 전에는 청약을 철회할 수 있다(통설). 윤광운 외, 「국제거래법」, 전게서, p. 266, 주 25).

38) CISG, 제16조 1항.

39) CISG, 제23조.

40) CISG, 제16조 2항(a), (b).

동의 결과로 손해가 발생했는가는 묻지 않는다.[41]

특히 협약(CISG)이 상기 ②에서의 「철회불능」의 규정을 둔 것은 피청약자가 승낙의 여부를 결정하는데 조사가 필요한 경우에 "상당한 기간" 동안 청약은 철회불능이어야 하므로 그러한 점에서 이 규정은 특별히 중요하다. 그러므로 상기 ②의 (b)호 규정은 영미 「보통법」에서 말하는 일종의 「금반언(禁反言)의 원칙」(the principle of estoppel)에서 비롯되었다고 하겠다.[42] 따라서 청약이 「철회불능」이라고 신뢰하는 것이 합리적이고 피청약자가 그 청약을 신뢰하여 행동한 경우는 청약을 철회할 수 없다.

「영미법」에서는 「날인증서」가 첨부된 청약이나 제정법이 규정을 하고 있는 경우를 제외하고는 원칙적으로 「청약」은 승낙 전에 철회할 수 있다. 그러나 「약인」이 있다면 철회를 할 수 없고 또한 일단 승낙이 되면 「철회불능」으로 되고 계약이 성립된다. 이는 비록 유효기간을 정한 「확정청약」의 경우에도 동일한 원칙이 적용된다.[43]

다음으로 「청약철회」의 효력발생시기의 문제 또한 매우 중요하다. 영미법에 의하면, 청약철회의 효과는 철회의 통지가 피청약자에게 "도달한 때" 생긴다. 그러나 격지자간의 승낙의 의사표시, 즉 우편·전보에 의한 승낙은 발신과 함께 계약이 성립되는 「발신주의」를 채용하고 있다는 점이다.

따라서 청약자의 입장에서는 청약철회의 통지를 상대방의 승낙통지의 발신 전에 상대방에게 도달시키는 것이 곧 청약을 유효하게 철회하는 것이 되며, 반대로 피청약자의 경우는 청약자의 철회통지를 수령하기 전에 승낙의 통지를 발송하면 계약은 유효하게 성립되어진다.

청약철회의 「효력발생시기」와 관련한 영국의 유명한 판례인 1880년의 *Byrne & Co v Leon Van Tien Hoven & Co.*사건[44]에 의하면, 수출상 "V"는 영국 카디프의 상인이고 수입상인 B는 뉴욕의 상인이며, 양자간에 교환된 편지는 당시 통상 10 내지 11일간의 우편일수를 요하였다. 10월 1일 "V"는 "B"에게 편지를 보내고, "B"는 이것을 10월 11일에 수령하였다. 편지의 내용은 1,000상자의 양철의 판매청약이고, 청약의 기간은 10월 15일로 되어 있었다. "B"는 "V"의 편지를

41) 윤광운 외, 「국제거래법」, 전게서, p. 268.
42) 오세창·박성남, 「무역계약의 기초」, 두남, 2009, p. 137.
43) A. G. Guest, *Benjamin's Sale of Goods*, Sweet & Maxwell, 1987, p. 46.
44) [1880] 5 CPD 344.

수령하고 바로 승낙의 전보를 쳤다. 그런데, 한편 "V"는 10월 8일에, 지난 1일자의 편지를 철회하는 뜻의 편지를 "B"에게 보내고, B는 그것을 10월 20일에 수령하였다. 이러한 사실관계하에서, 과연 "B"와 "V"간에 양철의 매매계약이 성립되었다고 볼 수 있는가?

10월 1일 : V는 B에게 청약의 편지를 보냈다.
8일 : V는 B에게 1일부의 청약의 편지를 철회하는 뜻의 편지를 보냈다.
11일 : B는 V의 청약의 편지를 받고, 바로 승낙을 타전하였다.
15일 : V의 청약의 유효기간이다.
20일 : B는 V의 청약의 철회의 편지를 수령하였다.

「영미법」에서는 우편 또는 전보의 격지자방식에 의한 승낙은 "발신시"에 효력을 발생시키고 계약을 성립시키기 때문에, 본건에서 계약이 성립하는가는 청약의 철회의 통지가 "발송시"(10월 8일)에 효력을 발생시키는가 또는 철회의 통지가 피청약자에게 "도달한 때"(10월 20일)에 효력을 발생시키는가에 달려 있다.

이 사건을 심리한 영국의 민사소송재판소의 Lindley 판사는, 「청약의 철회」는 그 통지가 피청약자에게 "도달한 때"에 효력을 발생하는 것이라고 하고, "B"의 승낙은 이미 그 이전에 "발신한 때" 이루어졌기 때문에, 계약은 유효하게 성립하였다고 판결하였다.

전술한 바와 같이 우리나라 「민법」에 의하면, 「확정청약」은 철회불능하지만, 유효기간이 없는 「청약」은 합리적인 상당한 기간을 경과하면 청약의 효력은 소멸한다. 이 경우 철회의 통지는 상대방에게 "도착한 때"에 효력을 발생시키므로 계약을 성립시키지 않기 위해서는 승낙의 "발신 전에" 피청약자에게 도착하는 것이 필요하다.[45)]

이는 우리나라 「민법」의 일반원칙으로서, 격지자에 대한 의사표시는 그 통지가 상대방에게 "도달한 때"에 효력이 발생하는 「도달주의」를 취하는 한편, 「승낙」의 통지에 대해서는 예외로서, 그 통지를 "발신한 때"에 계약이 성립한다는 「발신주의」를 취하고 있기 때문이다.[46)]

이를 정리하면, 「격지자」 간에서는 한국법에서도 영미법에서도 「청약의 철회」는 「도달주의」의 원칙을 취하는데 반해, 격지자방식에 의한 승낙의 경우는 「발신

45) 윤광운 · 김철수, 전게서, p. 159.
46) 우리나라 「민법」, 제111조 1항.

주의」를 취하는 점은 동일하다.

**표 3-1 청약의 회수 및 철회의 비교(의사표시 효력)**

| 구 분 | 청약의 회수(withdrawal) | 청약의 철회(revocation) |
|---|---|---|
| 효력발생시기 | 피청약자에게 청약이 도달 전<br>(청약의 효력발행 전) | 피청약자에게 청약이 도달하여 효력발생 후<br>~ 청약자에게 승낙 발신 전(동 기간내) |
| 근거규정 | 한국 민법, 제528조, 제531조<br>비엔나협약, 제15조 2항 | 좌동<br>비엔나협약, 제16조 1항 |
| 비고 | 확정청약의 경우 회수 및 철회의 효력 없음 | |

## 2. 피청약자의 「청약의 거절」

청약에 대하여 상대방(피청약자)이 "무조건 승낙"을 하지 않는 경우로서는, 피청약자에 의한 청약의 거절이나 청약조건을 변경 내지 부가하여 새로운 「반대청약」을 하게 되는 경우로서, 이때 그 청약의 효력이 문제가 된다.

「청약의 거절」(rejection)은 청약 자체에 대한 거절로서, 그것으로 청약의 효력은 소멸되고 설혹 청약의 유효기간, 즉 승낙기간이 있을 지라도 계약은 이미 성립시킬 수 없는 것이 된다.

이에 대해 협약(CISG)은, "청약은 철회될 수 없는 것이더라도 거절의 의사표시가 청약자에게 도달한 때에는 그 효력을 상실한다."고 규정하고 있다.47) 따라서 피청약자의 「청약거절」의 통지도 법률상 성질은 의사표시의 통지이므로 청약자에게 "도달한 때"에 효력이 생긴다.48)

이와 같이 피청약자가 「청약거절」의 의사표시를 발송했더라도 후에 이를 번복하여 보다 빠른 통신수단으로 승낙의 의사표시가 청약자에게 먼저 도달하면 계약은 유효하게 성립된다.49) 반면, 청약이 일단 거절되면 청약의 효력은 즉시 소멸되고, 이후 다시 피청약자가 승낙의 통지를 하더라도 계약은 성립되지 않는다. 다만 이 경우 피청약자의 승낙의 의사표시는 「반대청약」(counter offer)으로서 새로운

---

47) CISG, 제17조.

48) 협약(CISG)상에는 「청약의 거절」에 대한 정의규정은 없으나, CISG 제19조 1항에 청약에 변경을 가한 응답은 그 변경이 본질적인 것인 한 청약의 거절이 된다고 규정하고 있다. 따라서 「묵시적 거절」도 가능하다. 다만, 청약을 수령한 상대방이 청약내용의 설명을 요구하거나, 계약조건의 변경가능성을 문의하는 것만으로는 거절이 아니다.

49) 임홍근 · 이태희 공편, 「국제물품매매계약에 관한 UN협약」, 삼지원, 1991, p. 95 : 최준선, 「국제거래법」, 삼영사, 2008, p. 122.

청약(new offer)이 될 수 있다.

그러나 상대방이 단순히 청약자에게 그의 청약조건을 변경할 의사가 있는지의 여부를 조회하는 것일 때에는 이것이 반드시 「반대청약」의 효과를 가지는 것은 아니다. 그러므로 상대방은 이러한 조치를 하였더라도 「원청약」의 조건에 따른 그의 승낙은 유효한 것이다.50) 한편 상대방의 「반대청약」으로 새로이 제안한 조건을 청약자가 수용할 수 없는 경우는 빨리 거절의 의사표시를 다음과 같이 통지하는 것이 중요하다.

> "We regard that your counter proposal as to... is in acceptable...."(폐사는 유감스럽게도 귀사의 ....에 관한 반대제안을 받아들일 수 없습니다.)

그러므로 실무적으로는 수용하기 어려운 조건의 변경이나 부가조건으로 상대방이 승낙하는 경우를 대비하여 미리 Offer에 다음과 같은 「무조건 승낙」을 조건으로 하는 의사를 명백히 해두는 것이 바람직하다.

> "Acceptance must be limited to exact terms of our offer dated...."(승낙은 당사의 .... 일자의 청약조건대로 하는 것으로 한정된다.)

### 3. 유효기간의 경과

협약(CISG)과 우리나라 「민법」에 의하면,51) 「승낙기간」(즉, 유효기간)을 정한 청약은 그 기간 내에 승낙할 수 있으므로 청약자가 "그 기간 내"에 승낙의 통지를 받지 못하면 그 효력을 잃는다. 그리고 「승낙기간」을 정하지 않은 청약은 청약자가 「상당한 기간 내」에 승낙의 통지를 받지 못한 때에는 그 효력을 잃는다고 하는 해석이 타당하다고 본다.

무역실무상 만약 「유효기간」이 없는 청약의 경우, 「청약의 유인」이나 자유청약 내지 「조건부 청약」(sub-con offer)으로 간주되어 피청약자의 승낙에 대해 다시 청약자의 「최종확인」(acknowledgement)을 통해 비로소 계약이 성립되는 점에 유의해야 한다.

---

50) *Stevenson, Jaques & Co. v. McLean*[1880], 5 Q.B.D. 346 ; *Brown & Gracie, Ltd., V.F.W. Green & Co.(Ptv.). Ltd.*, [1960] 1 Lloyd's Report. 289.

51) CISG, 제18조 2항 : 우리나라 「민법」, 제528조 1항 및 제529조.

## 4. 당사자의 사망 등

청약에 대해 승낙이 있기 전에 청약자가 사망한다면 그 상대방은 청약자의 사망사실에 대해 알든지 모르든지에 관계없이 그 「청약」은 효력을 소멸한다. 만약 청약이 승낙된 이후에 청약자가 사망한 경우 청약은 유효한 승낙에 의해 계약이 성립되었기 때문에 계약의 효력 그 자체는 아무런 문제가 없다.

이에 대해 영미법에서는 당사자가 사망하는 경우, 즉 청약자가 사망하거나[52] 피청약자가 사망하는 경우,[53] 이는 "상호 합의"에 도달할 수 없기 때문에 청약은 소멸하는 것으로 본다. 또한 미국의 2차 「계약법 리스테이트먼트」(Restatement of Law, Contract, 2d.)에서도, "청약자나 피청약자가 사망 또는 무능력(death or incapacity)이 나타난 경우 피청약자의 승낙 권한은 청약자나 피청약자가 사망 또는 계약을 체결할 수 있는 법적 능력을 상실했을 때 소멸한다."고 규정[54]하고 있다.

그러나 협약(CISG)에는 명문의 규정이 없으므로 해석에 의할 수밖에 없다. 우리나라 「민법」에서는, "청약자가 청약의 의사표시를 발신한 후에 사망하거나 능력을 상실하더라도 청약의 효력에는 영향이 없다."고 규정[55]하고 있다.

이상에서와 같이 우리나라 「민법」을 포함하여 대개의 취지는 결국 무역거래와 같은 국제물품매매의 당사자의 경우 그 대부분이 법인이나 기업으로서 일방 당사자의 사망 또는 행위능력의 상실에 크게 영향을 받지 않을 뿐더러 개인의 개성이 중요하지 않기 때문이다.

## 5. 후발적 위법

청약 이후에 계약의 이행이 위법이 되면 소위 「후발적 위법」(subsequent illegality)이 되어 그 청약의 효력은 소멸된다.[56]

이 「후발적 위법」의 예로서, 청약자가 상대방에게 특정의 물품을 「매도청약」한 후 그 청약을 승낙하기 전에 「수출금지」 또는 제한조치의 법률이 제정되어 시행된다면 청약의 효력이 소멸되는 경우이다. 만약 계약성립 후에 전쟁의 발발이나 항

52) *Dickinson v. Dodds*[1876] 2 ch. D. 463 : *Bradbury v. Morgan*[1862] 1 H. & C. 249.

53) *Deynolds v. Atherton*[1921] 125 L.T. 690, 695.

54) Restatement of the Law, Contract, 2d., 제48조.

55) 우리나라 「민법」, 제111조 2항.

56) 中村 弘, 「貿易契約の基礎」, 東京, 東洋經濟新報社, 1983, p. 129.

만봉쇄 등과 같은 후발적인 위법인 이행불능, 즉 「계약목적달성불능」(frustration)의 경우도 역시 그 효력을 소멸시킨다.[57)]

## 2.6 Offer의 기재사항

통상 「오퍼」(Offer)는 특정한 형식이나, 방식에 의하는 것이 아니고 거래대상 물품, 거래방식 등에 따라 다양한 형태를 취한다. 또한 「오퍼」의 기재사항도 거래 특성에 따라 다양하겠으나 가장 전형적인 사항별로 발행시의 유의점을 설명하면 다음과 같다.

① **품명**(Commodity Name) : 보통 상품에 대해서는 별문제가 없으나 비슷한 종류가 여러 가지 있는 상품이나 상품명이 유사한 것은 혼동을 일으키지 않도록 분명하고 완전하게 기재하여야 한다.

② **규격**(Grade or Specification) : 같은 품목이라도 그 품질과 규격에 따라 가격의 차이가 많이 생길 수 있으므로 규격의 표시를 정확히 기재하는 것이 후일의 분쟁을 예방할 수 있다.

③ **원산지**(Origin) : 상품에 따라서는 그 원산지가 어딘가에 따라 가격의 차이가 많이 생길 수 있다. 특히 1차산품의 Offer에서는 원산지의 표시가 매우 중요하다.

④ **유효기간**(Validity) : 일반적으로 Offer에는 그 종류에 관계없이 유효기간이 명시되어 있다. 특히 Firm Offer의 경우 청약자는 상대방이 승낙하면 성립되는 계약상의 의무를 무기한 부담할 수는 없으므로 유효기간을 두게 된다. 국제상품의 시세는 수시로 변하는데 유효기간을 장기간으로 한 경우 국제시세가 하락하면 비쌀 때 발행된 Offer로 인하여 손실을 초래할 것이며, 갑자기 국제시세가 앙등할 경우 원료의 확보도 없이 주문이 쇄도해 오면 큰 손실을 입게 될 것이다.

따라서 모든 Offer에는 발행일자(offer date)와 함께 일정한 기간 동안만 유효하도록 「유효기간」을 명시하여야 하며 특히 국제시세의 변동이 심한 원면, 원맥 등 1차산품의 Offer는 발행일로부터 대개 1주일 이내의 유효기간을

57) 이 이행불능 내지 「계약목적달성불능」(frustration)에 대해서는 후술하는 본서 제8장에서의 「계약위반의 유형」 참조.

주는 것이 상례로 되어 있다.

⑤ **선적일(Shipping Date)** : Offer에는 반드시 언제까지 계약상품을 선적해 줄 수 있다는 Delivery Date가 표시되어야 한다. 대개는 선적일이 빠를수록 수입업자에게 유리하나 반드시 그런 것은 아니다.

보통 「선적일」은 몇월 몇일까지 이행될 수 있다고 표시하지만 경우에 따라서는 특정월의 상순 · 중순 · 하순으로 할 수도 있으며, 또한 청약서 발행후 1개월 또는 3개월 후 선적할 수 있다고 표기할 수도 있다.

경우에 따라서 재고가 있을 경우에는 "prompt", "immediately" 또는 "as soon as possible" 등의 표현을 하여 "즉시 선적"해 줄 수도 있다는 것을 나타낼 수 있으며, 이런 표현이 사용되면 대개 청약서가 인수된 후 또는 신용장이 발행된 후 30일 이내에 선적하는 것으로 간주한다. 그리고 계절에 따라 수확되는 농산물이나 계절을 타는 크리스마스 장식용구 등의 상품은 무엇보다도 선적시기가 중요하기 때문에 정확한 선적기일을 명시하여야 한다.

⑥ **포장방법(Packing Method)** : 철근 같은 것은 포장되지 않은 상태로 거래되나 대개의 상품은 포장된 상태로 거래가 이루어진다. 그러므로 어떤 종류의 포장재, 또한 포장에 몇 단위씩 들어가는지 알려 주어야 된다. 무게가 가벼운 것으로서 항공으로 운송되는 상품은 "Carton Box"에 포장되며 무거워 선박에 의해서 운송되는 상품은 "Wooden Case"에 포장되는 것이 상례다. 물론 상품마다 통상 거래될 때 포장되는 상태가 다르나 대개 "Standard Seaworthy Export Packing"이라고 해서 방수재료로 포장한 상품을 나무상자에 넣고 철대로 묶는다.

예를 들면 포장방법을 다음과 같이 자세히 명시해야 한다.

"Each in a vinyl bag, 50 pieces in a carton box."
"Standard export packing."

⑦ **수량(Quantity)** : 기한 내에 반드시 공급할 수 있는 수량을 Offer해야 하며 특히 Buying Offer일 때는 수량이 꼭 정해져 있다. 또한 수량의 기준도 개수(piece), 무게(weight), 길이(length), 용적(measurement) 등 다양하며 이들의 단위도 각각 상이하므로 그 수량의 단위사용에 주의하여야 한다.

⑧ **단가(Unit Price)** : Offer에서 가장 중요한 것이 단가이다. 상품규격과 마찬가지로 각국의 화폐단위가 다르므로 사용화폐를 분명히 명시하여야 한다. 예를

### (예시 3-1) BUYING OFFER SHEET

## SASAGAWA AUTO GALLERY CO.

P.O. 32546 2344, Nikiwa, Osaka, Japan
TEL.81-2341-442-1234, FAX.81-2341-442-4567 http://www.sasagawa.co.jp

Messers.
ENDAM ENG. & TRADING CO., LTD
Busan, Korea

Offer No. : SA-0302-008
Date : May 10, 20-

## OFFER SHEET

We take much pleasure in offering you as following

| Items No. | Commodity | Description | Quantity |
|---|---|---|---|
| ED-001 | PASSENGER CAR (SONATA A/T) | ALL NEW | 8 UNITS |

Origin : Republic of Korea(R.O.K.)
Packing : Standard packing for export with 40FT HQ
Shipment : Within June 25, 20-
Shipping port : Busan, Korea
Inspection : Shipper's inspection to be final
Price condition : CIF Osaka, Japan
Payment : Irrevocable at sight L/C
Validity : May 30, 20-
Remarks : Subject to our final confirmation

We are waiting for your competitive quotation for the above offer.

yours faithfully,

*SASAKAWA*

**SASAKAWA**
President

주) 상기 Offer는 일본의 자동차 수입상이 한국의 엔담무역에 보낸 내용이다. 상품의 명세와 함께 수량 및 가격은 CIF조건이며, 유효기일은 20-년 5월 30일까지로 하는 "Subject to our final confirmation"의 최종확인조건부 Offer이다. 그 대금결제는 일람불 취소불능신용장에 의하며, 포장은 40FT HQ컨테이너를 이용하고 최종선적은 동년 6월 20일이고, 수출자의 검사가 최종이다.

## (예시 3-2) 견적송장(Proforma Invoice)

### ① ENDAM ENG. & TRADING CO.

11/2, 1619-228, Daeyeon2-Dong, Nam-Gu, Busan, Korea
TEL.82-51-642-1234, FAX.82-51-642-4567 e-mail: endam@endam.co.kr

② Messrs. SASAGAWA AUTO GALLERY
OSAKA, JAPAN

③ Offer No. : AG-0302-008
④ Date : May 13, 20-

### PROFORMA INVOICE

We are pleased to quote the under-mentioned goods as per conditions and details described as follows

| ⑤Items No. | ⑥Commodity | ⑦Description | ⑧Quantity | ⑨Unit price | ⑩Amount |
|---|---|---|---|---|---|
| ED-001 | PASSENGER CAR (SONATA) | ALL NEW | 8 UNITS | USD8,500.00 | USD68,000.00 (CIF Osaka, Japan) |

⑪ Origin : Republic of Korea(R.O.K.)
⑫ Packing : Standard packing for export with 40FT HQ
⑬ Shipment : On or about June 25, 20 -
⑭ Shipping port : Busan, Korea
⑮ Inspection : Shipper's inspection to be final
⑯ Destination : Osaka, Japan
⑰ Payment : Irrevocable at sight L/C
⑱ Validity : May 30, 20-
⑲ Remarks : Transhipment are allowed

Looking forward to your valued order for the above offer.

yours faithfully,

Kim Young-Soo

**Sasagawa**
PRESIDENT

**Kim Young-Soo**
PRESIDENT

주) 견적송장(Proforma Invoice : P/I)은 장차 판매될 화물에 대해 시산적으로 작성되는 것으로서, 일반적으로 견적송장은 수입상의 요청으로 수출상이 판매상품에 대한 견적서로 제시하는 경우가 많다. 그리고 때에 따라서는 초기 소량주문거래 또는 신뢰할 수 있는 거래당사자간의 거래인 경우 계약서로 활용함으로써 계약 절차를 단순화하여 편의를 제공할 목적으로 사용되기도 한다.

들어 "Dollar"로 표시할 때는 여러 나라가 이 단위들을 사용하며 그 가치기준도 다르다. 즉, "U.S. dollar", "Australian dollar", "Canadian dollar" 및 "H.K dollar" 등이 있으며, 그 각각의 가치 또한 다르므로 분명히 하여야 한다. 물품의 수출입대금 결제통화를 어느 나라 화폐로 결정하느냐 하는 것은 「환위험」(exchange risk)을 회피하는 데에 중요하며, 일반적으로 결제통화의 결정은 사용통화의 안정성, 유통성 등이 고려하여 결정해야 한다.

한편 단가는 가격조건이나 결제통화를 결정하여 "US $2.40 per case F.O.B Busan"과 같이 정확하게 명시해야 한다.

⑨ **대금결제방법(Payment Condition)** : 상품수입대금의 결제를 송금결제 방식인가, 신용장에 의한 결제방식 또는 추심결제에 의한 방식으로 할 것인가 등의 대금결제방식과 대금결제기간 등을 제시한다. 즉, 「환어음」은 일람불(sight)로 할 것인가, 기한부(usance)로 할 것인가 등을 분명히 해야 한다. 예를 들면 "By Irrevocable Letter of Credit 100% at sight" 혹은 "60 days D/A"와 같은 식으로 표시된다.

한편 이상에서와 같이 청약에는 이 외에도 분할선적, 환적, 검사, 클레임(claim) 등 여러 가지를 들 수 있겠으나 청약에 반드시 명시되어야 하는 것은 아니다. 특히 전보로 Offer할 때에는 거래를 성사시키는데 영향을 미칠만한 가장 중요한 조건들만 명시하고 나머지는 계약체결 시에 추가 또는 보완을 하면 된다. 무역상무에서 일반적으로 이용되고 있는 청약서의 예를 들면 (예시 3-1)과 같다. 또한 (예시 3-2)는 이에 대한 회신으로 보낸 견적송장(Proforma Invoice)이다.

## 제3절 승 낙

### 3.1 승낙의 개념

「승낙」(Acceptance)이라 함은 청약자에 대하여 그 청약에 일치하여 계약의 성립을 목적으로 하는 피청약자의 의사표시이다.[58] 그러므로 청약이 승낙되는 경우

58) 末川 博, 前渴書, p. 42.

에는 매도인과 매수인 사이에 상호합의(mutual assent)가 이루어진다. 청약에 대한 「승낙」은 청약자가 정한 방법에 따라 청약 조건을 말이나 행동으로 동의를 표시하는 것이고 승낙은 절대적이며 청약의 조건과 일치하여야 한다.[59] 즉, 피청약자의 승낙의 의사표시는 청약자의 의사표시를 조건으로 성립되는 것이다.

따라서 「승낙」은 무조건적(unconditional)이고 절대적(absolute)이어야 한다.[60] 만약 승낙이 「원청약」의 내용에 추가하거나 변경하여 청약 조건과 불일치하게 되는 경우, 이는 새로운 「반대청약」(counter offer)을 포함한 「청약의 거절」이 되고 계약은 성립하지 않는다.[61]

미국의 제2차 「계약법 리스테이트먼트」에서, 「승낙」은 청약에서 요구하는 방법에 따라 피청약자가 청약 조건에 「동의의 표시」(manifestation of assent)를 하는 것이라고 한다.[62] 피청약자의 승낙과 관련하여 상대방이 영미법계인 경우에는 「확정청약」의 철회도 언제나 가능하므로, 계약성립을 위해서는 청약에 대한 승낙의 통지를 신속히 발송하는 것이 무엇보다도 중요하다.

## 3.2 승낙의 유효요건과 「경상의 원칙」(Mirror Image Rule)

청약은 그에 대한 승낙으로 계약은 성립된다. 이때의 「승낙」은 청약이 효력을 발생한 때로부터 그 효력이 소멸되기 전 그 사이에 하여야만 계약을 성립시킬 수가 있다. 그러므로 「승낙」은 청약의 "유효기간 내"에 이루어지는 것이 필요하다.

청약에 대한 유효한 「승낙의 요건」에 대해 살펴보면 다음과 같다.[63]

① 승낙은 약정기간 또는 합리적 기간 내에 이루어져야 한다.

② 청약이 특정인 앞으로 되었으면 승낙도 그 특정인에 의해서만 행해져야 한다.

③ 승낙은 절대적이고 무조건적이어야 한다.

④ 피청약자가 청약자에게 승낙을 전달하여야 한다.

⑤ 승낙자는 청약이 실제 철회되었다 하더라도 철회된 사실을 몰라야 한다.

⑥ 승낙은 곧 계약을 체결하는 것이므로 일단 승낙이 도달되면 승낙은 철회불능

---

59) A. G. Guest, *op. cit.*, pp. 32～33.

60) *Ibid*, p. 34.

61) 계약성립을 위한 승낙의 조건에 관해서는 후술하는 「경상의 원칙」 참조.

62) Restatement of the Law, Contract, 2d., St. Paul, 1981, 제50조(1).

63) Chodery and Giled, *Slater's Mercantile Law*, 17th ed., Pitman Publishing Ltd., 1978, p. 15.

이다.

⑦ 그 승낙은 특정의 청약에 대하여 이루어져야 하며, 불특정다수에 대한 승낙은 효력을 가지지 않는다.

⑧ 피청약자는 후술하는 「승낙통지의무」의 경우를 제외하고는 원칙적으로 「계약자유의 원칙」에 의거 승낙의 의무를 부담하지 않는다.[64)]

한편 「승낙」은 청약의 내용과 일치하여야 하며, 이는 마치 거울에 비친 모습처럼 완전히 동일하지 않으면 안된다는 의미로서, 소위 「경상의 원칙」(mirror image rule)이라고 하는 완전한 일치의 법칙이 적용된다. 즉, 「승낙」은 절대적이고도 무조건적으로 청약의 조건과 일치하여야 함을 의미한다. 따라서 후술하는 바와 같이 「반대청약」이나 조건부나 애매한 승낙 등의 경우는 문제를 야기시키는 결과를 낳는다.

그럼에도 이러한 「경상의 원칙」을 수정 내지 배제시키는 규정도 없지 않다. 즉 협약(CISG)의 규정[65)]이나 또는 UCC의 규정[66)]에서처럼 「승낙」의 효력을 인정함으로써 「보통법」상 「경상의 원칙」의 적용을 배제시키는 규정을 두고 있다.

이와 같이 청약에 대한 승낙 시의 부가 또는 수정조항이 있어도 「반대청약」으로 취급하지 않고 승낙으로 간주할 수 있다는 것은 계약실무상 청약내용에 대하여 「실질적 변경」(materially alteration)을 가하는 승낙이 아니라면 "사소한" 변경내용은 계약의 일부로 인정하여 계약을 성립시킬 수 있는 것으로 보아야 할 것이다.[67)]

## 3.3 승낙의 유형 및 효력

청약자의 청약에 대하여 피청약자의 「승낙」이 유효한 것이 되기 위해서는 "절대적 무조건적 승낙"이어야 한다. 이러한 피청약자의 조건없는 절대적 무조건적

64) 청약을 받아들일 것인지 여부에 관하여 상대방이 회답할 의무가 있는 것은 아니므로, 청약자가 미리 정한 기간 내에 이의를 하지 않으면 「승낙」한 것으로 간주한다는 뜻을 청약시 표시하였다고 하더라도 그 회답이 없다고 하여 「승낙」한 것으로 되지는 않는다. 대법 1999. 1. 29, 98다48903.

65) CISG, 제19조 1항.

66) UCC, §2-207(1).

67) 강원진, 「무역계약론」, 박영사, 2012, p. 24.

승낙에 의해서 비로소 계약은 성립한다. 그러나 무역거래에서는 당사자 간의 여러 차례의 교섭과정을 통해 거래가 이루어지고 계약이 성립되는 것이 일상적이다.

이러한 거래의 교섭과정에서 나타나는 피청약자의 유효하지 않은 승낙, 즉 「무조건 승낙」으로 볼 수 없는 경우로서, 예를 들면 전술한 피청약자의 「청약의 거절」이나 또는 청약조건의 변경 내지 부가와 그로 인해 새로운 「반대청약」을 하는 것이 보통이며, 이외에도 「애매한」 승낙이라든지 「연착된」 승낙 등에서처럼 유효한 승낙으로서의 여부 문제는 곧 계약의 성립여부를 결정하는데 중요한 요소이므로 다음에서 이들을 승낙의 한 유형으로 보아 그 효력에 대해서도 검토한다.

## 1. 청약조건의 변경

전술한 바와 같이 피청약자가 청약을 거절하면 즉시 청약은 효력을 잃는다. 그러나 만약 피청약자가 「원청약」의 조건을 변경하여 승낙하는 경우, 협약(CISG)에서는 조건의 일부를 추가, 제한 또는 기타의 "실질적(materially) 변경"을 가한 승낙은 사실상 「원청약」(original offer)의 거절로 그 효력이 소멸되어 무효가 되는 동시에 「반대청약」(counter offer)이 성립되어 그 자체로서는 계약이 성립되지 않는다.[68] 그러나 청약 내용의 "사소한 변경"의 경우는 변경사항이 추가된 계약 내용으로 계약은 성립된다.[69]

또한 「부분적 승낙」(partial acceptance)의 경우 역시 계약은 성립되지 않는다. 「부분적 승낙」이란 청약의 조건 중에서 일부분만을 승낙한 것으로, 이러한 「부분적 승낙」의 경우도 청약조건의 변경을 가한 것이기 때문에 계약이 성립되지 않는 것이다.[70] 예컨대 월 1,200톤의 「매도청약」에 대해 800톤만 매입하겠다는 의사표시의 경우는 승낙으로 되지 않는다.[71] 이는 청약이 수량조건을 변경한 것으로서, 「반대청약」의 전형적인 예다.

## 2. 「반대청약」

「반대청약」(counter offer)은 전술한 바와 같이 청약내용의 일부 변경 또는 추가 제의하는 경우의 청약으로서, 「청약」에 대한 "새로운 청약"(new offer)을 제의하

68) CISG, 제19조 1항.
69) CISG, 제19조 2항.
70) 中村 弘, 前揭書, pp. 131~132.
71) A. G. Guest, st al., *Chitty on Contract*, 24th ed., London, Sweet & Maxwell, 1977, p. 54.

는 피청약자의 의사표시이므로 「원청약」을 거절하는 법률적 효력을 가지고 있다.[72]

우리나라 「민법」 제534조에서는, 승낙자가 청약에 대하여 조건을 붙이거나 변경을 가하여 승낙한 때에는, "그 청약의 거절"과 동시에 새로이 청약한 것으로 본다. 그러므로 무역거래의 실무상 피청약자의 「반대청약」에 대해서 이를 청약자가 다시 「확인」, 즉 승낙함으로써 계약은 성립하게 된다.

이러한 「반대청약」은 한편으로 단순한 거절은 아니고 적극적인 측면을 가지고 있다. 즉, 단순한 거절이라고 하면 「청약」은 실효되고, 교섭은 거기서 종료하게 되지만, 「반대청약」은 거절로서 「청약」을 실효시키는 것이고, 다른 한편, 새로운 청약을 원청약자에게 주는 것으로 되어 교섭을 계속하는 역할을 수행한다.[73] 이 경우 당초에 청약자가 「반대청약」을 승낙하면 계약이 성립한다.

**[그림 3-4] 반대청약의 법적성격**

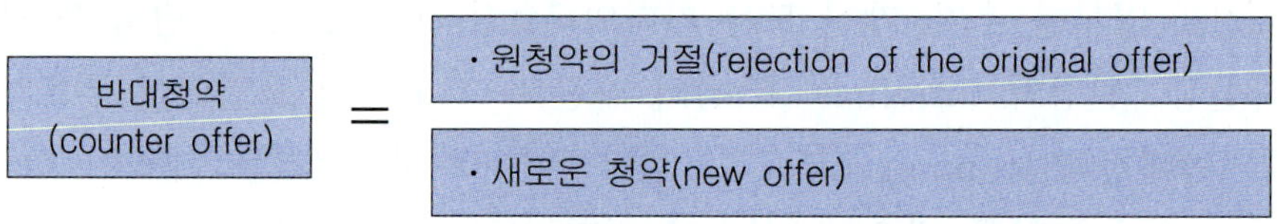


현실의 거래에서는 1회의 청약에 대하여 승낙이 되어 순조로이 계약이 성립하는 것은 오히려 예외이고, 거의 대부분의 경우 청약에 대하여 「반대청약」이 이루어지고, 더욱이 「반대청약」에 대하여 「반대청약」이 이루어지는 것처럼, 서로 「반대청약」을 주고받는 경로를 거쳐 계약이 성립한다. 그러나 「반대청약」이 새로운 청약으로서의 성질을 가지는 이상, 어떠한 복잡한 과정이 있어도 최종적으로는 「계약」은 하나의 청약과 하나의 승낙에 의하여 성립하는 것이다.

여기서 유의할 것은, 「원청약」을 승낙하여 계약을 성립시키는가 아닌가의 결정권한을 가진 피청약자가 자신의 「반대청약」으로 인해 계약성립에 관한 결정권을 상실하는 동시에, 반대로 이제는 원청약자(매도인)가 「반대청약」의 피청약자로서 승낙의 결정권한을 가지고, 계약의 성립여부의 주도권을 가진다는 점이다.[74]

72) *Ibid.*, p. 114.
73) 新堀 聰, 前揭書, p. 16.
74) 上揭書, p. 17.

① 5월 1일, A가 B에 대하여 5월 10일까지 유효한 청약을 발신하였다.
② B는 가격이 높다고 생각하였기 때문에, 5월 3일에 청약을 거절하였다. 이 거절의 편지는 5월 5일에 A에게 도착하였다.
③ 이때 갑자기 상품의 시세가 급등함에 따라 B는 5월 9일에 급히 청약을 승낙한다는 의사를 A에게 전보로 보냈다.
④ 이 전보는 같은 일자에 A에게 도착하였다.

「반대청약」의 위의 예를 보면, "Your offer dated June 10 is too high. We can accept the offer at U.S. Dollars 10 per piece CIF New York."에서와 같이, 대개 가격에 관한 것으로, 「반대청약」의 이러한 점은 실무상 매우 중요하다.

이해를 돕기 위해 다음의 경우를 고려할 수 있다. 즉, 위의 예에서 "B"는 "A"의 본래의 청약의 「유효기간 내」에 승낙한 것을 이유로 계약의 성립을 주장하였다. 이 경우 "A"의 청약은 "B"의 거절의 편지를 "A"가 수령한 시점에서 실효하였기 때문에 "B"가 5월 9일에 보낸 전보는 계약을 성립시키는 것이 불가능하다. "B"에게는 승낙으로 계약을 성립시키는 일종의 권한이 이미 없기 때문이다.

그러나 이 경우에서도 "A"가 "B"의 전보를 새로이 승낙하면, 계약은 성립될 수 있다. "B"의 전보는 "A"에 대한 새로운 청약으로 되고, 이제는 역으로 "A"에게 「승낙」의 일종의 권능이 주어진 것이다. 즉, "A"의 청약에 의하여 "B"에게 주어졌던 「승낙」의 결정권은 "B"의 거절의 편지에 의하여 소멸하였지만, "B"의 전보에 의하여 이번에는 주객(主客)이 바뀌어 "A"에게 「승낙」의 결정권한이 주어지는 것으로 되기 때문이다.

거래실무면에서도, 이 결론은 "B"의 거절의 회답을 본 "A"는 "B"와의 거래를 단념하고 즉시 「제3자」와의 교섭을 당연히 시작할 것이기 때문이다. 만일 그렇지 않다면, 즉 "B"가 일단 거절한 청약을 부활시키는 것이 가능하게 되어, "B"는 시세가 하락한 때에는 거절한 그대로 하고, 또 시세가 오르는 때에는 거절을 취소하여 계약을 성립시키는 것이 가능하게 되어, 결국 정상의 상거래라기보다는 "B"에게 투기거래가 허용되는 것이다.

따라서 가격의 상승기나 상품이 부족한 경우에는 「청약」의 조항의 세세한 점에 문제가 있어도 청약을 그대로 승낙하여 계약을 성립시키는 것이 대부분이다. 역시 「반대청약」은 원청약에 대하여 거절로서 작용하기 때문에, 일단 「반대청약」을 한 후, 상대방이 받아들이지 않는다고 보거나 황급히 원조건을 수락한다는 회답을 하여도 계약은 성립하지 않는다.

이 점은 대단히 중요하지만, 무역실무자 가운데는 이를 잘 이해하지 못하는 경우가 있다. 또 다른 예를 들면 다음과 같은 왕복 메일을 가상해본다.

한편 다음의 예에서, "A"가 처음으로 청약한 것이 2일, "B"의 최후의 전보가 5일자라고 하자. "B"는 "A"의 청약의 「유효기간」 중에 승낙한 것이기 때문에 「계약」은 성립된 것이라고 주장한다. 과연 "B"의 주장은 법적으로 인정되어지는 것일까? "B"의 주장은 잘못된 것이다. 그 이유는 "A"의 「원청약」의 유효기간은 10일까지이지만, "B"가 110달러로 「반대청약」을 한 것에 의해 "A"의 「청약」은 소멸되고, 5일에 이루어진 130달러로 받아들이겠다고 하여도 「계약」은 성립하지 않는 것으로 된다. 이러한 이론을 잘 이해하지 못하면, 상대방의 요구가 정당하게 이해되지 않는 불리한 「계약」을 체결하게 된다.

A : "Offering until 10th here U.S. Dollar 130 MT FOB Busan..." (FOB 부산, 톤당 U.S.$ 130으로 당지시간 10일까지 청약을 보낸다.)

B : "Your price too high. Our best is U.S. Dollar 110 MT." (당신의 가격은 너무 비싸다. 자사의 최고의 조건은 톤당 110달러이다.)

A : "Now price here suddenly increased to U.S. Dollar 150 due manufacturers striker therefore regret have to give up this business time being." (제조업자의 파업으로 당지의 가격은 갑자기 톤당 150달러로 상승하였다. 따라서 이 거래는 당연히 그만두고자 한다.)

B : "Accepted your original price U.S. Dollar 130. Please airmail contract sheet immediately." (당신의 최초의 가격 130달러를 승낙한다. 바로 계약서를 항공우편으로 보내주시오.)

한편 상대방의 「반대청약」으로 새로이 제안한 조건을 청약자가 수용할 수 없는 경우에는 빨리 거절의 의사표시를 다음과 같이 통지하든지 또는 Offer에 「무조건 승낙」 조건을 명시해 두는 것이 중요하다.

"We regard that your counter proposal as to... is in acceptable..."(폐사는 유감스럽게도 귀사의 ....에 관한 반대제안을 받아들일 수 없습니다.)

"Acceptance must be limited to exact terms of our offer dated..."(승낙은 당사의 .... 일자의 청약조건대로 하는 것으로 한정된다.)

### 3. 애매한 승낙

「애매한 승낙」(equivocal acceptance)이란 청약의 중요한 조건에 대해 불충분한 애매한 내용으로 승낙한 것을 말한다. 이러한 경우에는 당사자간의 합의가 불완전한 경우에 해당하는 것으로 계약은 물론 성립되지 않는다.

단지 승낙의 암시만으로 제시한 승낙의 경우는 승낙으로 간주하기에는 불충분하며, 이러한 암시를 믿고 행한 청약자는 주변상황에 따라 보호되어져야 한다는 뜻에서 결국 「애매한 승낙」은 승낙으로서의 효력을 가지지 못한다.

이에 대해 미국의 제2차 「계약법 리스테이트먼트」 제57조에 의하면, "… 피청약자에 의한 승낙이 청약자에 의해 합리적으로 이해되지 않는 한, 애매한 용어로 된 승낙에는 구속되지 않는다."고 하여 「애매한 승낙」은 계약을 성립시킬 수 없음을 명백히 하고 있다.

### 4. 연착된 승낙

「연착된 승낙」(late acceptance)에서 승낙의 통지가 연착된 경우의 그 법적 효과에 대해 우리 「민법」에서는, 원칙적으로 승낙의 기간을 정한 계약의 청약은 청약자가 "그 기간 내"에 승낙의 통지를 받지 못한 때에는 그 효력을 잃는다.

그런데 승낙의 통지가 그 기간 후에 도달한 경우라도 보통 "그 기간 내"에 도달할 수 있는 발송인 때에는, 청약자는 지체없이 상대방에게 그 연착의 통지를 하거나 그 도달 전에 지연의 통지를 하지 아니하면 승낙의 통지는 연착되지 아니한 것으로 보아 계약이 성립한다.[75] 또한 「승낙기간」을 정하지 아니한 계약의 청약은 청약자가 "상당한 기간 내"에 승낙의 통지를 받지 못한 때에는 그 효력을 잃지만,[76] 이때 「연착된 승낙」은 청약자가 이를 새로운 청약으로 볼 수 있다.[77]

협약(CISG)에서도, 「연착된 승낙」의 경우 청약자가 상대방에게 지체없이 청약이 "실효"되었다는 취지를 구두로 통고하거나 그러한 취지의 통지를 발송한 때에는 승낙으로서 효력이 없다.[78] 그러나 원칙적으로 청약자가 승낙자에게 "지체없이" 승낙으로 인정한다는 취지를 구두로 통고하거나 그러한 취지의 통지를 「발송」

75) 우리나라 「민법」, 제528조

76) 우리나라 「민법」, 제529조.

77) 우리나라 「민법」, 제530조.

78) 이는 「신의칙」(CISG, 제7조)을 구체화한 규정이다. 이 경우도 청약자의 발송만으로 충분하므로 전달위험은 승낙자가 부담하게 된다.

하는 경우에는 승낙으로서 효력이 있다.[79] 이 경우의 계약의 성립시점은 「연착된 승낙」이 "도달한 때"로 소급한다.

그리고 「연착된 승낙」이 포함된 서신 그 밖의 서면에 의하여, 전달이 정상적이었다면 기간 내에 청약자에게 도달되었을 상황에서 승낙이 발송되었다고 인정되는 경우, 예컨대 전달기관이 다른 곳에 전달하거나 또는 빠뜨리고 있다가 후에 제대로 전달한 경우가 그것이다. 이러한 경우에 승낙자는 계약이 성립되었으리라고 예상하고 있으므로 그를 보호해 주기 위한 것으로서, 그 「연착된 승낙」은 승낙으로서의 효력이 있다.[80]

## 3.4 승낙기간 및 승낙방법

피청약자의 승낙에 대하여 그 승낙의 기간과 승낙방법을 검토하는 것이 필요하다. 이에 관하여 협약(CISG)은 자세한 규정을 두고 있다.

우선 청약자에 의해 「승낙기간」이 정해져 있는 경우에는 "그 정한 기간 내"에, 「승낙기간」의 정함이 없는 경우에는 청약자가 사용한 통신수단의 신속성을 포함한 거래의 사정을 충분히 고려하여 "합리적 기간 내"[81]에 도달하지 않으면 효력이 생기지 않는다.[82] 승낙의 전달과정에서의 연착 또는 불착의 위험은 피청약자가 부담하게 되므로, 피청약자는 승낙이 도달했는지 여부를 반드시 문의해야 한다. 구두에 의한 청약에 대해서는 특별한 사정이 없는 한 "즉시" 승낙하지 않으면 효력이 생기지 않는다.

협약(CISG)에서는 "서면의 형식"과 같은 명시적인 승낙 이외에도 "일정한 행위"를 함으로써 승낙에 갈음하는 경우도 승낙으로 간주한다. 다만 기간의 정함이 있는 경우에는 "그 정한 기간 내"에, 기간의 정함이 없는 경우에는 "합리적인 기간 내"에 하지 않으면 승낙의 효력은 생기지 않는다.[83]

---

79) CISG, 제21조 1항.

80) CISG, 제21조 2항.

81) 「합리적 기간」의 산정에는 청약자가 사용한 통신수단의 신속성 등 거래의 상황을 적절히 고려하여야 한다. 「승낙기간」이 경과한 후에 승낙의 의사표시가 도달한 경우, 즉 「지연승낙」은 원칙적으로 승낙으로서의 효력이 없으나, CISG 제21조에 의하여 유효한 승낙이 될 수 있는 경우가 있다.

82) CISG, 제18조 2항.

83) CISG, 제18조 3항.

한편 「승낙기간」에서는 전보 또는 서신에서 「승낙기간」이 정해져 있는 경우에 그 승낙기간의 「기산점」과 관련하여 협약(CISG)은 청약자가 전보 또는 서신에서 정한 승낙기간은 전보를 배달하기 위하여 "교부한 때", 서신에 "기재된 일자" 또는 서신에 기재된 날짜가 없는 경우에는 봉투에 "기재된 일자"로부터 기산한다.[84] 도달시로 정하지 않고 이렇게 정한 이유는 양측 모두 확인이 가능하기 때문이다.

「승낙기간」의 계산에서 승낙기간의 「만료일」과 관련하여 문제로 되는 것은 공휴일과 비영업일인데, 협약(CISG)은 이에 대해 「승낙기간」 중 공휴일과 비영업일은 그 「승낙기간」에 산입되나, 기간의 말일이 청약자의 「영업소」에서는 공휴일 또는 비영업일에 해당하기 때문에 승낙의 통지가 그 기간의 말일에 청약자에게 도달하지 못하는 경우에는, 「승낙기간」은 이에 이은 "최초의 영업일까지" 연장된다.[85]

다음으로 피청약자의 「승낙의 방식」에 대하여는, 청약서상에 미리 지정되어 있는 경우와 그러한 지정이 없는 경우로 나누어 볼 수 있다.

우선 승낙의 방식이 청약서상에 "지정이 있는 경우"라면 그 지정된 방식에 따라 우편이나 전보, 텔렉스, 전자우편 또는 전화 등으로 그 지정된 대로 한다. 그러나 승낙방식에 대한 아무런 "지정이 없는 경우"는 「합리적인 방식」으로 하게 된다. 즉, 청약이 전보의 방식이면 전보로 하고 우편방식이면 우편으로 그에 상응하는 방식으로 승낙을 통지하는 것이다.

이처럼 승낙의 방식은 원칙적으로 자유이지만 특약으로 「승낙방법」이 지정되어 있을 경우에는 그에 따라야 한다. 특히 승낙방법에 있어서 지역적으로 혹은 거래상 특별한 관습이 정해져 있을 경우에는 청약자가 별도의 의사표시를 하지 않는 한 그에 따라야 한다.[86]

## 3.5 승낙의 효력발생시기

피청약자가 청약자의 청약을 승낙함으로써 계약이 성립되지만, 이때 어느 시점에서 계약이 성립되는가 하는 「승낙의 효력발생시기」의 문제가 발생한다.

일반적으로 「의사표시의 효력발생시기」에 관해 「발신주의」와 「도달주의」로 나누어 지고 「승낙의 효력」은 그 승낙이 상대방 청약자에게 "도달하는 때"에 계약이 성립

84) CISG, 제20조 1항.
85) CISG, 제20조 2항.
86) 강원진, 전게서, p. 28.

된다고 하는 「도달주의」가 일반원칙이다. 이는 영미법과 대륙법계는 물론이고 협약(CISG)에서도 청약과 마찬가지로 승낙에 대해서도 「도달주의」를 채택하고 있다.

그러나 우편・전보 등 「격지자」방식의 계약인 경우 대부분의 국가에서는 그 계약의 성립을 승낙의 "발신시"에, 즉 「발신주의」를 채용하고 있다. 특히 영미법에서는 승낙기간 내에 승낙의 회답이 발신되면 그 때 계약이 성립한다고 하는 「발신주의」의 입장을 취하고 있는데, 우리나라에서도 이를 채택하고 있다.[87] 다만 우리나라의 경우 승낙기간을 정한 청약, 즉 「확정청약」에 대해서는 "승낙기간 내"에 도달을 효력발생의 요건으로 하는 「도달주의」를 채용하고 있음은 전술한 바와 같다.[88]

**표 3-2 승낙의 의사표시에 대한 효력발생시기**

| 통신수단 \ 준거법 | | | 준거법 | | | | | |
|---|---|---|---|---|---|---|---|---|
| | | | 한국법 | 일본법 | 영미법 | 독일법 | ULF | CISG |
| 의사표시에 대한 일반원칙 | | | 도달주의 | 도달주의 | 도달주의 | 도달주의 | 도달주의 | 도달주의 |
| 승낙의 의사표시 | 대화자간 | 대 화 | 도달주의 | 도달주의 | 도달주의 | 도달주의 | 도달주의 | 도달주의 |
| | | 전 화 | 도달주의 | 도달주의 | 도달주의 | 도달주의 | 도달주의 | 도달주의 |
| | | 텔 렉 스 | 도달주의 | 도달주의 | 도달주의 | 도달주의 | 도달주의 | 도달주의 |
| | | E D I | 도달주의 | 도달주의 | 도달주의 | 도달주의 | 도달주의 | 도달주의 |
| | | 전자우편 | 도달주의 | 도달주의 | 도달주의 | 도달주의 | 도달주의 | 도달주의 |
| | 격지자간 | 우 편 | 발신주의 | 발신주의 | 발신주의 | 도달주의 | 도달주의 | 도달주의 |
| | | 전 보 | 발신주의 | 발신주의 | 발신주의 | 도달주의 | 도달주의 | 도달주의 |

주) ULF : 국제물품매매의 계약성립에 관한 통일법(Uniform Law on the Formation of Contracts for International Sale of Goods : "ULFCIS"라고도 함)
CISG : 국제물품매매계약에 관한 UN협약(UN Convention on Contract for the International Sale of Goods) ; 비엔나협약(Vienna Convention : "UNCCISG"라고도 함)

그런데 우편이나 전보와 같이 「격지자」방식의 경우에 예외적으로 효력발생시기에 대해서 「도달주의」와 「발신주의」를 각기 채택하는 두 그룹의 입장은 무엇인가 하는 점이다. 즉, 우편과 전보의 격지자 간의 계약에서 독일법과 협약(CISG)의 경우는 「도달주의」를 채택하는데 반해, 한국법[89]을 비롯하여 일본, 영미법의 경우에는 「발신주의」를 취하는 점이 다르다. 따라서 그 각각의 특징을 보면 다음

87) 우리나라 「민법」, 제531조.
88) 우리나라 「민법」, 제528조.
89) 우리나라 「민법」, 제531조의 "격지자간의 계약은 승낙의 통지를 발송한 때에 성립한다."는 규정의 취지는 「도달주의」에 대한 예외로서, 계약을 신속히 성립시키려는데에 있다.

과 같다.

우선, 우편·전보의 경우 「발신주의」를 채택하게 되면 도착의 시간이 각기 다르더라도(우편과 전화) 효력발생의 「시기」를 일률적으로 정할 수 있는 반면, 일단 발신을 한 뒤에는 「승낙」의 의사표시를 철회할 수 없다는 점이다. 그런데 우편·전보의 경우에 「도달주의」를 채택하게 되면 승낙을 하였다 하더라도 상대방에게 도착하기 이전에는 그 승낙의 철회가 가능하다. 왜냐하면 우편으로 승낙하였지만 우편이 도착하기 이전에 전화나 팩스로 승낙의 의사를 철회할 수 있기 때문이다. 이러한 특징으로 인해 각국의 관습과 편의에 따라서 「승낙의 효력발생시기」를 각기 달리하고 있다.

한편 승낙의 「발신주의」는 청약을 내는 청약자의 입장에서 보면, 발신된 승낙이 양 당사자와는 관계없는 원인으로 도달하지 않을 경우에도 계약이 성립되어지는 결과를 가져오며 그리고 청약을 한 청약자는 계약이 성립된 사실을 알지 못한다는 점이다.

이러한 경우를 대비하여 청약의 시점에 대해 사전에 승낙을 「도달주의」로 약정해 두는 것과 같이 「승낙의 효력발생시기」를 명확히 지정하는 것이 바람직하다.90) 아래 예에서 "here"는 5월 8일은 당지의 시간이라는 사실과 「승낙」은 5월 8일까지 당지에 도착하여야 한다는 두 가지 뜻을 내포하고 있다.

> "We offer you subject to your acceptance received by us not later than May 8. here ..."(폐사는 귀사의 승낙을 당지의 5월 8일까지 폐사가 수령하는 것을 조건으로 ....의 청약을 합니다.)

## 3.6 「승낙통지」 의무

우선 청약에 대한 피청약자의 「승낙통지의무」의 여부와 함께 그에 따른 청약을 받은 당사자가 아무런 회신도 하지 않는 「침묵」(silent)의 경우 그 당사자에게 승낙통지의 의무가 있는가에 대해 살펴본다.

각국의 계약법은 「침묵」(silent)을 승낙으로 인정하지 않고 있다. 이에 대해 협약(CISG)에서는, "침묵 또는 아무런 행위가 없는 것은 그것으로는 승낙이라고 할

90) 新堀 聰, 前掲書, p. 43.

수 없다."는 명문의 규정을 두고 있다.[91] 즉, 청약을 받은 피청약자가 아무런 회신도 하지 않는데도 계약이 성립되어, 계약에 구속된다는 것은 불합리한 것이기 때문이다.

그러나 당사자 간의 계속적 거래관계나 특약, 거래의 관습으로서 「피청약자」에게 낙부(諾否)통지의 의무가 있고, 통지되지 않으면 계약에 구속된다고 판단되는 경우에는 예외적으로 「침묵」에 의해서도 계약의 성립을 인정하고 있다.[92]

이에 대해 우리나라 「민법」에서는, 청약자의 의사표시나 관습에 의하여 승낙의 통지가 필요하지 아니한 경우에는, 「승낙」의 의사표시로 인정되는 사실(예컨대, 말없이 상품을 준비하는 행위)이 있는 때에 계약이 성립한다.[93]

또한 우리나라 및 일본의 「상법」에서도, 상인이 어느 정도의 계속적 거래관계가 있는 상대방으로부터 청약을 받았을 경우에는 즉시 낙부(諾否)의 통지를 하여야 하며, 이를 해태(즉, 게을리)한 때에는 승낙한 것으로 본다[94]는 것이다. 이처럼 승낙여부의 통지를 하지 않고 「침묵」하는 경우에도 승낙이 있었다고 보아 계약이 성립되는 경우도 있는 것이다.

「영미법」에서는, 「승낙통지의무」 자체는 명시하고 있지는 않으나, 서면성과 관련지어 볼 때 매매계약확인서를 송부받은 측은 10일 이내에 거절하지 않는 한 서면상의 요건을 충족시킨다는, 즉 「계약」의 구속력이 부정되지 않는다고 하여 실질적으로 「낙부통지의무」를 규정하고 있다.[95] 그러므로 상대방으로부터 송부되어 온 서면을 방치해 두는 것은 매우 위험한 것임을 알 수 있다.

무역거래에 있어서 「계속거래」를 하고 있는 상대방으로부터 주문이 온 경우에 상품을 포장하는 행위 등은 승낙으로 고려될 수 있다고 생각되지만, 시세의 급락 등이 있으면 분쟁이 생길 수 있기 때문에 상호간에 승낙여부의 확인이 중요하다.

---

91) CISG, 제18조 1항.
92) CISG, 제9조 1항.
93) 우리나라 「민법」, 제537조.
94) 우리나라 「상법」, 제53조 : 일본 「商法」, 제509조.
95) UCC. §2-201 (1).

# 제4절 | 전자무역과 계약

## 4.1 전자무역의 개념

정보통신기술의 발달은 무역거래의 모습을 근본적으로 바꿔 놓고 있다. 인터넷을 통해 상품이나 서비스를 사고파는 인터넷 전자상거래는 시간과 공간의 제약없이 전세계를 하나의 시장으로 저렴한 비용으로 실시간 쌍방향의 마케팅, 주문처리, 대금결제, 고객지원 등을 네트워크상에서 가능하게 한다는 점에서 전통적인 상거래와는 크게 다르다.[96]

이와 같이 인터넷을 기반으로 한 「전자무역」에서는 새로운 해외시장의 개척과 해외 바이어를 발굴하고 「가상공간」에서 마케팅활동을 전개하는 한편 당사자간의 거래약정을 전자우편(e-Mail)이나 「전자문서교환방식」(electronic data interchange : EDI)과 나아가 전자결제방식과 같은 전자적 방식을 활용하여 무역거래를 수행함으로써,[97] 일종의 산업혁명에 버금가는 「상거래 혁명」(commercial revolution)을 시현하고 있다.

우선 「전자상거래」(electronic commerce : EC)라 함은 "원거리 통신네트워크를 통한 제품의 생산, 광고, 판매 및 유통"으로 정의하는데,[98] 즉 정보통신기술을 이용한 상거래라고 할 수 있다.[99] 또한 「유엔국제무역법위원회」(UNCITRAL)의 1996년 「전자상거래 모델법」(Model Law on Electronic Commerce)에서는 「전자상거래」란 "EDI, 공용표준이나 비공용표준의 사용을 포함하는 전자메세지의 이전, 인터넷과 같은 전자적 수단에 의한 자유형식의 텍스트의 이전 그리고 텔레스와 텔레카피 등의 통신수단을 포함한다."고 하여 직접 그 개념을 규정하지 않고 있다.[100]

이에 대해 「전자무역」(electronic trade, e-Trade)이란 "무역의 일부 또는 전부가 전자문서에 의해 처리되는 거래"로서,[101] 무역거래가 컴퓨터 등 정보처리능력

96) David Kosiur, *Understanding Electronic Commerce*, Microsoft Press, 1997, p. 1이하 참조.
97) *Ibid.*
98) WTO, *Electronic Commerce and the Role of the WTO*, 1998. 3, p. 3.
99) 김철호 · 윤광운, 「전자상거래」[제3판], 삼영사, 2011, p. 41 : 윤광운, 외, 「전자상거래론」, 삼영사, 1999, p. 59 이하 참조.
100) UNCITRAL 「전자상거래모델법」, 제2조 1항 참조,
101) 우리나라 「전자무역촉진에 관한 법률」, 제2조(1).

을 가진 장치와 정보통신망을 이용하여 이루어지는 거래를 말한다.102) 즉, 「전자무역」은 컴퓨터 통신망인 인터넷을 통해 국내외 시장정보수집, 해외바이어 발굴, 정보검색과 수출입계약 체결 등의 제반 무역거래의 전자화에 의한 새로운 형태의 무역거래방식을 말한다. 우리나라 「대외무역법」에서는 「전자무역」을 일반 수출입의 개념에 포함하여 "거주자와 비거주자 간에 정보통신망을 통한 전송과 소프트웨어 등 전자적 형태의 무체물을 인도하는 것"이라는 정의규정을 두고 있다.103)

한편 종래 전통적 무역거래방식이 「종이서류에 의한 거래」(paper trade)인데 비해, 정보통신기술을 기반으로 한 「전자무역」은 인터넷과 전자문서교환방식(electronic data interchange : EDI)의 활용을 통하여 「서류없는 무역거래」(paperless trade)의 수행으로 기업의 비용 절감과 경쟁력 확보 그리고 전자상거래의 이점을 최대한 활용하는 점에서 기존의 무역 거래방식과 거래 관행 면에서의 커다란 변화는 곧 상거래상의 무역 혁명으로까지 받아들여지고 있다.

「전자무역」의 거래대상에는 무역거래의 절차뿐만 아니라 유형재와 무형재를 모두 포함하고 있다. 즉, 무역거래의 대상물이 디지털 컨텐츠 등 전자적 형태의 무체물인 경우에도 전자무역이 적용된다.104) 이와 같이 「전자무역」은 인터넷 등 컴퓨터 네트워크에 의해 수행하는 전자적 방식의 다양한 정보매체를 활용하여 무역거래를 수행하는 가장 폭 넓은 의미의 무역이라고 할 수 있으며, 여기에는 「전자상거래」의 개념까지 포함하고 있다.

「전자무역」은 인터넷을 통한 가상공간(cyber space)상의 「사이버마켓」(cyber market)에서 거래가 이루어지기 때문에 물리적 공간으로서의 시장(market)이 필요없다는 점에서 전통적인 상거래와는 차이가 있다. 그리고 「사이버무역」(cyber trade)은 인터넷 혹은 전자문서교환방식(EDI) 등 정보제작과 정보처리가 가능한 전자적 수단을 활용하여 가상공간(cyber space)에서 무역거래와 관련된 각종 정보 및 전자문서를 교환하는 것으로서, 「사이버무역」의 개념에는 「기업과 소비자간 거래」(B2C)와 「기업간 거래」(B2B)까지 포함하는 넓은 개념으로 이해된다.

최근에 전자무역이 「유비쿼터스」(ubiquitous)의 개념을 접목하면서 "e-Trade"

---

102) 윤광운 · 김철호, 「전자무역」, 탑북스, 2010, p. 1.

103) 우리나라 「대외무역법시행령」, 제2조 3호 및 4호.

104) 기존의 무역거래는 소프트웨어 · 음악 · 영화 · 전자서적 등 유형재로 제작되어야만 무역거래대상으로 인정되지만, 전자무역에서는 우형재와 무형재를 구별하지 않음으로써 전자적 형태의 무체물인 무형재 그 자체가 네트워크를 통하여 이루어지는 수출입도 무역거래대상으로 인정되며, 「대외무역법」 제1조에서 규정하고 있다. 윤광운 · 김철호, 「전자무역」, 전게서, pp. 2~3.

에서 "u-Trade"로 까지 발전하고 있는데, 즉 기존의 "e-Trade"가 컴퓨터와 유선 네트워크에 중심을 둔 반면, "u-Trade"는 휴대폰, PDA 등 무선단말기와 광대역 통신망, 무선 모바일 네트워크를 통해 시간과 공간의 제약없이 언제 어디서나 원하는 정보를 교환하게 됨에 따라, 이를 활용하여 무역업체가 시장조사에서부터 계약, 외환, 통관, 물류 및 결제에 이르기까지 모든 무역업무 프로세스를 단절없이 처리할 수 있는 단일창구(single windows)를 제공함으로써 전자무역서비스를 연계하여 통합된 환경을 제공하는 전자무역인프라를 총칭하는 개념으로까지 발전하고 있다.105)

[그림 3-5] 전자무역의 개념도

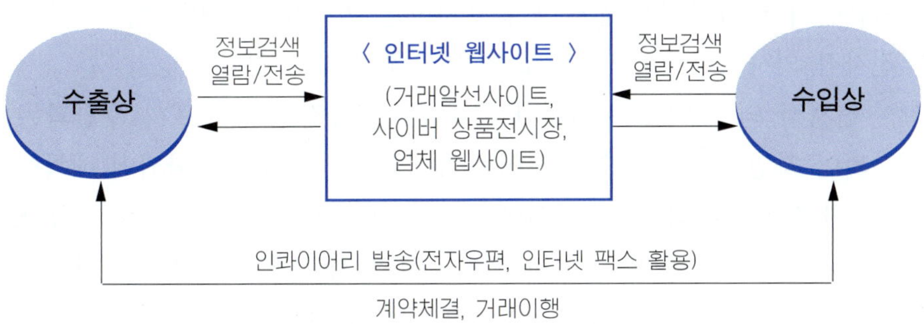


## 4.2 전자무역계약의 성립

전자상거래 내지 「전자무역」은 기존의 전통적 거래방식과는 달리 거래의 성립 및 이행과정에서 상당수의 부분이 「가상공간」(cyber spacr)에서 이루어진다는 점에서 이에 적용될 규범의 문제가 단순하지가 않다. 우선 「전자거래」에 있어서 나타나는 거래상의 문제로서 소비자보호문제를 비롯하여 개인정보보호, 지적재산권보호, 보안과 전자문서 등에 이르는 정책적 · 법적 문제를 포함하고 있다.106)

이에 따라 「전자무역계약」을 중심으로 그 성립과 관련한 법적 문제를 다음에서 간략히 검토하고자 한다.

105) 상게서, p. 5 참조.

106) 김철호 · 윤광운, 「전자상거래」, 전게서, p 283 이하 : 「전자무역」, 전게서, p. 60 이하 참조.

## 1. 전자무역계약과 「전자적 의사표시」

「전자무역계약」이란 무역거래의 복수의 당사자가 전자적인 방식에 의하여 의사의 합치에 따라 성립되는 매매계약을 말한다. 「전자무역」의 경우, 무역계약의 체결을 위한 거래당사자 간의 의사표시가 사전교섭단계에서부터 계약의 청약과 승낙 등의 계약체결과 대금결제 등의 계약이행 과정에 이르기까지 전자우편, 인터넷 팩스 등 전자적 통신매체를 이용한 「전자적 의사표시」로 사이버 공간상에서 행해진다는 점에서 기존의 전통적 무역거래방식과는 차이가 있다.

이러한 「전자계약」이 성립하기 위해서는 무엇보다도 먼저 전자적 의사표시의 문제가 대두된다. 여기서 「전자적 의사표시」란 인간의 의사가 컴퓨터와 같은 정보처리장치와 프로그램에 의하여 전자적인 방식으로 직접 표시하거나 네트워크 등을 통하여 다른 사람에게 전달하여 표시하는 의사표시를 말한다.

이 「전자적 의사표시」는 다음과 같은 특성을 가지고 있다.

첫째, 「전자적 의사표시」는 언어나 문자 등 전통적인 의사표시 수단과는 달리 디지털화되어 자연적인 방법으로 인식될 수 없는 기계어로 변환되어 해독이 불가능하며, 또한 의사표시와 거의 동시에 상대방에게 도달한다는 특징이 있다.

둘째, 종래 자연적인 방법에 의한 의사표시의 경우에는 사람에 의하여 구체적으로 모든 세부 사항이 확정되고 개별적인 의사표시를 함으로써 이루어진다. 그러나 「전자적 의사표시」의 경우에는 컴퓨터 이용자가 구체적으로 모든 사항을 확정하는 것이 아니라 세부 사항을 확정할 수 있는 결정 기준만을 제시하고, 개별적인 의사표시의 성립에 관한 인식이 없어도 이미 입력되어져 있는 결정 기준에 따라 컴퓨터가 의사표시를 한다.

셋째, 「전자적 의사표시」의 경우 인간의 행위와 표시행위가 결합되어 하나의 의사표시를 형성하게 된다. 즉, 인간의 입력행위는 의사표시에 필수적인 의사의 표출이라는 표시기능을 가지지 못하고, 단지 표시를 할 수 있는 조건을 설정하는 행위만을 할 뿐이며, 컴퓨터는 인간의 입력행위에 의해 의사표시에서 요구되는 표시행위를 하게 된다. 따라서 결과적으로 인간은 행위를 할 뿐 표시를 하지 않기 때문에 표시없는 행위와 행위없는 표시가 결합되어 하나의 전자적 의사표시를 구성하게 된다.

## 2. 전자무역계약의 성립

인터넷을 통한 수출거래절차는 먼저 인터넷을 이용한 시장정보 검색과정, 인터넷 마케팅을 통한 자사제품의 홍보, 인터넷을 이용한 비즈니스 파트너와의 커뮤니케이션을 통한 수출계약의 체결, EDI를 이용한 신용장 수령, 무역금융지원에 의한 수출용 원자재의 구매와 수입 및 물품의 생산 또는 확보, 운송・보험계약의 체결, 수출통관과 선적, 수출대금의 회수와 관세환급 및 사후관리 등의 절차를 거치게 된다.

인터넷거래에서 수입절차는 수입물품에 대해 「대외무역법」 상의 수입승인과 「관세법」에 의거한 수입통관절차를 거쳐 최종적으로 물품을 수령하는 일련의 절차를 말한다. 물론 인터넷거래의 수입절차에도 국내의 무역관련법규와 국제무역관습 등이 상호 관련하여 적용되고 있다. 따라서 수입상은 각 단계별로 적용할 적합한 법률과 규범 등을 신중하게 검토하여야 한다.

이러한 인터넷을 통한 「전자무역거래」가 수행되기 위해서는 우선 계약당사자간의 계약의 성립이 요구된다. 일반적으로 전자무역거래상의 「청약」(offer)은 전자적 데이터의 송신에 의하여 행해진다. 따라서 컴퓨터를 이용한 다수의 불특정 상대방에게 재화 또는 용역을 제공한다는 의사표시를 구속력 있는 청약으로 보아야 하는가 아니면 청약을 유도하기 위한 「청약의 유인」(invitation of offer)으로 보아야 하는가 하는 문제가 있다.

예를 들어 인터넷상에 「웹사이트」를 구축하여 해외의 수입업자로부터 주문을 받는 행위에 대해 이것이 단지 청약의 준비행위에 불과한 계약체결의 「예비적 교섭」의 단계에 지나지 않는지 아니면 확정적 의사표시인 「청약」의 단계인지가 문제가 된다.

이에 대해서는 여러 견해가 있으나 일반적으로는 기존의 서면이나 대면에 의하여 계약이 성립하는 것과 같이 「전자적 의사표시」로 행한 「청약」에 대해서도 계약이 성립할 수 있는 것으로 본다.

### 1) 「웹사이트」 상의 청약과 승낙의 법적 성격

현 단계에서 「전자무역」은 주로 무역계약의 체결 전단계에 제한적으로 실행되고 있다. 다시 말해 시장조사와 제품홍보 등 거래선의 발굴을 위한 마케팅 초기단계에 머무르고 있는 실정이다.[107)]

107) 윤광운・김철수, 전게서, pp. 164~165.

거래선을 발굴하기 위해서는 「무역거래알선사이트」(EMP)를 방문하여 사이트 상에 등록되어 있는 수출상의 「매도청약」(Offer to Sell) 또는 수입상의 「매수청약」(Offer to Buy)을 직접 확인한 후에 하이퍼링크되어 있는 전자우편 주소나 상대방의 전화, 팩스 연락처를 통해 거래의사를 타진하는 것이 첫 단계라고 할 수 있다.

따라서 전자무역을 이행하기 위해서 실무적으로는 첫째, 어느 곳에 자사가 필요로 하는 「매도청약」 또는 「매수청약」에 관한 정보가 있는지를 파악할 수 있어야 하고 둘째, 적극적으로 자사제품을 홍보하는 「인터넷마케팅」 활동에 주력해야 한다.

지금까지 많은 논의는 주로 이론적인 접근을 통하여 「전자적 의사표시」에 의한 전자계약의 성립상의 문제점에 중심을 두고 이루어졌다. 그러나 실제로는 순수하게 전자적으로 계약이 성립되어 이행되는 경우는 드물며, 인터넷상의 구매의사 타진을 통해 거래의사를 교환하고 실제의 이행은 전통적인 무역거래방식에 따라 이행되는 것이 일반적이다.

### 2) 「웹사이트」 상의 청약의 형태

웹사이트의 청약은 「무역거래알선사이트」(EMP)에서 제공하는 어느 정도 정형화된 형태의 청약과 개별 기업의 웹사이트에 링크된 비정형화된 청약으로 구분할 수 있다. 여기에서는 국내의 대표적 「무역거래알선사이트」인 "EC21"의 「매도청약」(offer to sell)을 예로 들어 설명하기로 한다.

일반적으로 「청약」은 일정한 조건 하에서 계약을 성립시킬 목적으로 청약자가 피청약자에게 행하는 일방적인 의사표시이며, 계약을 성립시키려는 확정적인 의사표시라고 할 수 있다. 이때 「청약」이 확정적 의사표시의 요건을 충족시키려면 최소한 물품명 · 수량 · 가격 등이 제시되어야 한다.

"EC21"의 「매도청약」 내용은 제품 사진과, 회사명, 회사소개, 전화번호, 팩스번호, 이메일, URL 등을 제시할 수 있도록 되어 있다. 따라서 웹사이트상의 「청약」의 내용은 크게 상품정보와 연락처 정보로 구성되어 있다. 현재의 웹사이트상의 청약이라고 하는 것이 무역계약을 성립시키기에 충분한지에 대해서는 검토해볼 필요가 있다.

[그림 3-6] EC21의 매도청약(Offer to Sell) 형태

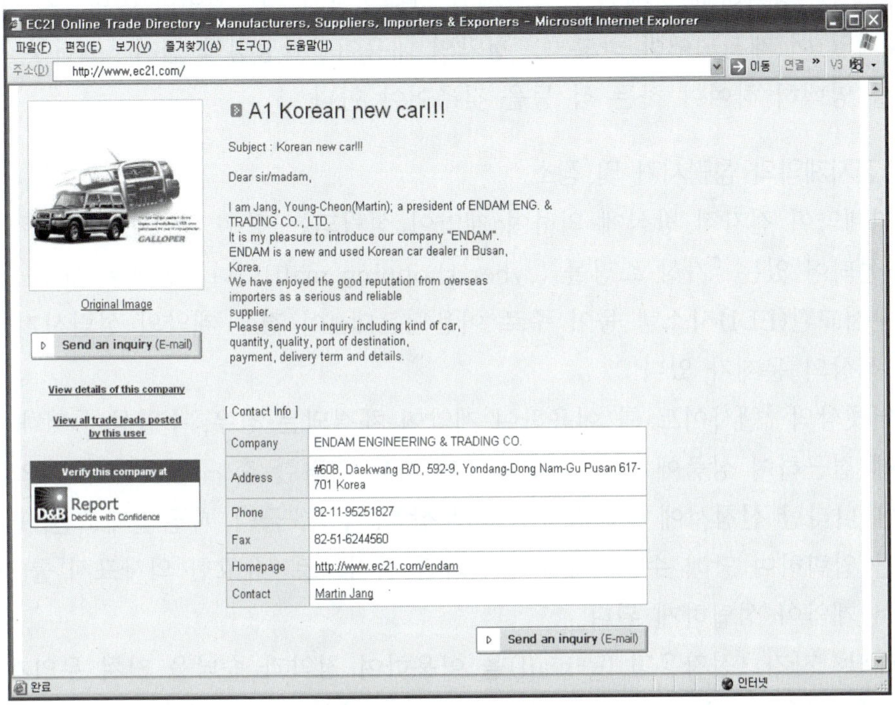


「웹사이트」상의 「청약」은 청약자의 구속적인 의사표시를 하고 있지 않으며, 특정인을 상대로 한 의사표시도 아니다. 그리고 대부분의 경우에 가격이나 수량을 나타내고 있지도 않기 때문에 협약(CISG)에서 요구하는 「확정성」을 갖추었다고 할 수 없다.

따라서 이러한 한계성으로 인하여 웹사이트상의 청약은 구체적인 계약조건의 합의에 이르기 전단계에 이루어지는 청약의 사전준비단계로서 「청약의 유인」에 해당한다고 할 수 있다. 웹사이트상에서의 거래의사표시를 청약으로 인정한다고 할 때 이는 불완전한 청약상태로서 일정한 조건이 부수되는 「조건부 청약」으로 볼 수 있다.108)

결론적으로 웹사이트상의 「청약의 유인」은 구속적인 의사표시가 아니므로 상대방이 승낙의 의사표시를 하더라도 결정적인 계약을 성립시키지는 못하며, 계약

108) 상게서, pp. 175~176.

의 최종 결정권은 웹사이트에 정보를 제시한 자가 가진다고 보아야 한다. 「웹사이트」상의 「청약」이 유효한 청약으로서 「확정성」을 가질 수 있기 위해서는 다음의 요건, 즉 ① 정확하고 상세한 물품명세와 가격정보가 제시되어야 하며, ② 청약의 「유효기일」이 제시되어야 하고, ③ 청약의 내용이 「확정청약」인지 「조건부 청약」인지를 명백히 하여야 하는 점 등을 갖추어야 한다.

### 3) 전자계약의 성립시기 및 장소

무역계약이 전자적 방식에 의하여 계약이 성립되는 경우 인터넷상의 웹사이트에 개설되어 있는 「가상 쇼핑몰」(cyber shopping mall)이나 「전자우편」(e-mail), 전자문서교환(EDI)시스템 등이 주로 이용되는데, 이 경우 계약의 성립시기와 관련 해석상의 문제가 있다.

인터넷상의 「웹사이트」를 이용하여 계약이 체결되는 경우, 수입상이 당해 웹사이트에 접근하여 상품에 대한 광고와 데이터를 열람한 후 구매의사가 있으면 화면상에 나타난 신청서에 구매자정보, 주문상품, 수량, 금액, 대금결제조건, 필요한 정보를 입력하여 당해 수출상에게 송신하면 법적으로 "유효한 의사표시"를 한 것으로서 계약이 성립하게 된다.

거래당사자가 「전자우편」(e-mail)을 이용하여 청약과 승낙을 거쳐 무역계약을 체결하는 경우, 의사표시의 합의가 이루어지면 계약은 성립된다. 그러나 이 경우 대화자간의 계약인지 격지자간의 계약인지를 일률적으로 판단하는 것은 곤란하다. 전자무역계약이 채팅과 같은 실시간 대화서비스를 이용하여 체결되는 경우도 있을 수 있으나 실제에 있어서는 실시간 계약체결은 매우 드물다. 따라서 현재 체결되고 있는 「전자무역계약」은 일반적으로 격지자간의 계약이라 하겠으며 계약의 성립시기는 승낙통지를 "발신한 때" 성립한다.

이상에서와 같이 전자적 방식에 의한 계약성립시기 문제는 우선 청약과 승낙의 효력발생시기에 의해 결정되지만 「승낙의 효력발생시기」는 「승낙」의 의사표시가 대화자방식인가 격지자간 방식인가의 여부에 의해 최종적으로 결정된다.

일반적으로 인터넷상의 거래는 즉시성이 강하고 청약과 승낙이 거의 동시에 이루어져 실시간으로 계약이 체결될 수 있으며, 또한 현행 관련 법규정하에서도 전자문서의 도달시기는 그 발신인이 송신한 메시지가 수신인의 "컴퓨터 파일에 기록된 때"를 도달시점으로 본다는 규정에 의거 승낙의 의사가 정해진 "승낙기간 내"에 청약자에게 "도달한 때", 즉 「도달주의」에 따라 성립시기가 결정된다고 본다.

한편 「전자계약」의 성립장소와 관련하여서는, 전자상거래에 있어 거래당사자간의 약정이나 교환약정에서 계약의 준거법 및 재판관할에 관하여 달리 정한 바가 없을 경우에는 통상적으로 승낙의 효력발생지, 즉 승낙 의사의 도달장소를 계약성립의 장소로 본다.

UNCITRAL 「모델법」에서는 "당사자간에 특약이 없는 경우에는 데이터 메시지는 작성자의 영업소가 있는 장소에서 발신한 것으로 보며, 수신자의 영업소가 있는 장소에서 수령한 것으로 본다."고 하고 있다.[109] 우리나라의 경우 「전자거래기본법」 제9조 이하 각 항에서도 UNCITRAL 「모델법」과 동일한 입장을 취하고 있다.

## 3. 전자서명과 전자인증

전자계약과 관련하여 「전자서명」은 전자문서를 작성한 자의 신원과 전자문서의 변경 여부를 확인할 수 있도록 「전자서명생성 키」(key)로 생성한 정보로서 해당 전자문서에 고유한 것을 의미한다.[110] 그리고 공인인증기관이 인증한 「전자서명」은 기존의 서명과 법적으로 동일하게 간주된다.

「전자계약」에서 중요한 점은 계약당사자의 「진정성」 문제이다. 과연 계약당사자가 진정한 거래당사자인지의 여부가 중요한 관건이 되고 있다. 전자무역거래에서는 당사자들이 직접 대면하지 않고 계약을 체결하므로 무엇보다 「전자서명」 사용자의 신원을 확인하는 전자인증이 필요하다. 「전자인증」은 「전자서명검증 키」(key)가 자연인 또는 법인이 소유하는 「전자서명생성 키」(key)에 합치한다는 사실을 확인, 증명하는 행위를 말한다.[111]

「전자인증」의 공신력을 높이기 위해서는 신뢰성 있는 제3의 「인증기관」이 필요하다. 이에 따라 우리나라 「전자거래기본법」에서는 일정요건을 갖춘 법인을 공인인증기관으로 지정하고 있다.

---

109) UNCITRAL 「전자상거래 모델법」, 제15조 4항.
110) 우리나라 「전자서명법」, 제2조 2.
111) 우리나라 「전자서명법」, 제2조 6.

## 4.3 「국제전자계약협약」(CUEC)

### 1. 개 설

비엔나협약, 즉 1980년 「국제물품매매계약에 관한 유엔협약」(CISG)을 그대로 전자거래에 적용하는 것에 대한 문제점이 제기됨에 따라 UNCITRAL에서는 전자계약협약의 제정을 추진하였으며, 그 후 2005년 11월 23일 소위 「국제전자계약협약」(CUEC)으로 약칭되는 「국제계약에서 전자통신의 이용에 관한 유엔협약」(United Nations Convention on the Use of Electronic Communications in International Contracts : CUEC, 2005)이 채택되었다.

이 「국제전자계약협약」(CUEC)은 총 25개 조항으로 구성되어, 101개 조항의 CISG에 비해 매우 간단하다. 이 협약(CUEC)은 2012년 8월 현재 한국(2008년 1월 15일 동 협약에 서명)을 포함하여 19개국이 서명하였으나, 가입을 위한 기탁서를 제출한 국가는 온두라스와 스리랑카 및 싱가포르 3개국이다. 싱가포르이 3번째로 2010년 7월7일 기탁하여 협약에서는 3번째 국가가 기탁서를 제출한 날로 6개월이 지나야 효력이 발생되는 것으로 규정하고 있기 때문에 2011년 1월 3일에 효력이 발생하였다.

「비엔나협약」(CISG)은 국제물품매매에계약만 적용되는데 비해, 이 「국제전자계약협약」(CUEC)의 적용범위는 원칙적으로 매매에만 한정하지 않고 다양한 거래유형을 포괄한다.112)

### 2. 「국제전자계약협약」(CUEC)의 적용범위와 주요 내용

「국제전자계약협약」(CUEC)의 주요 내용을 보면, 우선 그 적용범위는 서로 다른 국가에 영업소를 둔 당사자 사이에 계약의 성립이나 이행에 관하여 「전자통신」113)을 이용하는 경우에 적용된다.114) 계약의 목적물을 물품으로 한정하지 않고, 거래형태도 매매로 한정하지 않는다. 또한, CUEC를 적용함에 있어서, 당해 거래가 민사거래인지, 상사거래인지 불문하며, 나아가 당사자의 국적도 불문한다.115)

112) 김상만, 「국제거래법」, 두남, 2011, pp. 171~172.

113) 「전자통신」(electronic communication)이란, 데이터 메시지(data message)수단을 통해 당사자들이 행하는 통신을 말한다(CUEC, 제4조 b항).

114) CUEC, 제1조 1항.

그러나 다음의 거래에는 협약(CUEC)이 적용되지 않는다. 즉, ① 개인, 가족 또는 가사의 목적으로 체결된 계약, ② 규제를 받는 환거래, 외국환거래, 은행간 지급시스템, 증권 기타 금융자산이나 증권과 관련된 은행간 지급협약 또는 금융증권의 매매, 대차, 소지 또는 환매약정에 따른 담보권의 이전 등 특수금융거래, ③ 환어음, 약속어음, 화물운송장, 선하증권, 창고증권, 기타 소지인이나 수익자에게 물품의 인도나 금전의 지급을 청구하는 권리를 부여하는 양도가능서류나 증권,[116] ④ 각국이 CUEC의 적용을 배제한다고 선언한 사항[117] 또한, 이 CUEC에서는 당사자자치를 인정하여 당사자가 CUEC의 전부 또는 일부조항의 적용을 배제할 수 있도록 하고 있다.[118]

「국제전자계약협약」(CUEC)에서는 「비엔나협약」(CISG) 제7조를 그대로 수용하여 해석기준 및 근거를 제시하고 있다. CUEC의 해석시 고려할 사항으로는 ① 협약의 국제적 성격, ② 협약 적용시 통일성 증진의 필요성, ③ 국제거래에서 신의성실의 준수를 규정하고 있다.[119] 그리고 CUEC가 명시적으로 규정하고 있지 않은 사항은 이 「협약」이 근거하고 있는 일반원칙에 따라 해결하고, 일반원칙이 없는 경우에는 국제사법의 법칙에 따라 정해지는 준거법에 따라 해결해야 한다고 명시하고 있다.[120]

본 협약(CUEC)의 최종규정에서는 당사국들은 선언을 통하여 「협약」의 적용범위를 제한할 수 있다고 규정하고 있다.[121]

115) CUEC, 제1조 3항.
116) CUEC, 제2조 2항.
117) CUEC, 제19조 2항.
118) CUEC, 제3조.
119) CUEC, 제5조 1항.
120) CUEC, 제5조 2항.
121) CUEC, 제19조.

# 제 4 장 무역계약과 계약조항

## 제 1 절 「계약조항」의 일반원칙

### 1.1 계약의 내용과 「계약조항」

국제적 상거래로서의 「무역계약」 역시 매매계약의 일반원칙에 따른다. 무역계약은 매매당사자간의 청약과 승낙의 의사표시의 합치(「법률요건」)에 의하여 물품의 인도에 따른 소유권의 이전과 대금의 지급이라는 의무의 이행(「법률효과」)을 수행하는 「법률행위」[1]이다.

무역계약의 성립이라는 매매당사자 간의 「법률관계」에 있어서 계약성립의 원인이 되는 「법률요건」으로서의 복잡한 거래과정에서의 무엇이 계약의 내용인지, 즉 「계약조항」(terms of contract)의 문제와 그리고 이 계약성립의 결과에 따른 물품의 권리이전이라고 하는 「법률효과」로서의 물품의 「소유권」 및 점유권의 이전과 위험부담에 관한 물품의 「권리이전」(transfer of title)의 문제가 대두되는 바, 이 후자의 권리이전의 문제에 관해서는 후술한다.

통상 무역계약을 비롯한 매매계약이 성립된 경우, 그 교섭과정에서 사용된 서신이나 전보, e-Mail 등의 내용은 물론이고 계약성립을 위한 청약과 승낙의 의사

---

1) 「법률행위」는 일정한 법적 효과의 발생을 목적으로 하는 하나 또는 수개의 의사표시를 불가결의 요소로 하는 「법률요건」을 말한다. 사람의 사회생활관계 가운데 법률의 규율을 받는 것을 「법률관계」라 하고 이 법률관계의 발생・변경・소멸이라는 법률관계의 변동의 원인을 「법률요건」이라 하며 그 결과로 나타나는 것을 「법률효과」라 한다. 즉, 일정한 원인(「법률요건」)이 있을 때에 그 결과로서 생기는 법률관계의 변동(발생・변경・소멸)이 곧 「법률효과」인 것이다. 다시 말해 「법률」은 타인의 일정한 사법상의 법률효과를 원하는 의사의 표시행위를 「법률요건」으로 하여 그가 원하는 대로의 「법률효과」를 인정하는 것이다.

표시의 내용이나 이를 바탕으로 작성된 "계약서의 내용들"은 모두 「계약의 조항」(terms of contract)이 된다.[2]

「계약조항」(terms of contract)은 계약의 내용을 구성하여, 그 일부를 이루는 「진술」을 말한다. 계약이 일단 체결된 후에는 그 「계약의 내용」에 따른 각 당사자는 계약에 의하여 부담하게 되는 의무(「채무」)의 범위가 확정된다. 그러므로 계약당사자는 「계약의 조항」이 허위로 작성되거나 또는 그 중에 포함되어진 의무가 수행되어지지 않는 때에는, 법률상의 효과를 발생시킬 목적으로서 계약 중에 포함하는 것이다.

「계약조항」은 그 성격에 따라 몇 가지로 분류되는데, 이에 관해 "영국법에 있어서는 예전부터, 그러한 의무 그 모두가 중요성을 가지는 것이 아님이 인정되었다."[3]고 하여 이를 구분하여 접근하고 있다. 영국 「물품매매법」(SGA 1979)에서는 계약의 내용을 이루고 있는 「계약조항」을 다음과 같이 분류하고 그 법적 효과를 달리하고 있다.

먼저 「합의」의 과정에서 사용한 언어의 명시 여부에 의해 「명시조항」(express terms)과 「묵시조항」(implied terms)으로 구분하고, 그리고 당사자가 의도한 계약 내용의 중요도에 의해 계약조항을 「조건」(condition) 또는 「담보」(warranty)로 나누고 있다. 이러한 매매계약상의 「조건」과 「담보」는 통상 명시조항의 범주에 속하는 것이지만 묵시조항에 의한 「묵시적 조건」(implied condition)과 「묵시적 담보」(implied warranty)도 있다. 또 「조건」의 법적 효과면에서는 「정지조건」(condition precedent)과 「해제조건」(condition subsequent)으로 나누고 있다.

「기한」은 법률행위 효력의 발생·소멸 또는 채무의 이행을 "기한의 도래"라고 하는 장래에 발생하는 것이 확실한 사실에 의존케 하는 것으로서, 이 「기한」에는 법률행위의 당사자가 그 효력의 발생 또는 채무의 이행을 장래에 "발생하는 것이 확실한 사실"에 의존케 하는 기한을 「시기」(始期)라 하고, 반면에 법률행위 효력의 소멸에 의존케 하는 기한을 「종기」(終期)로 구분하고 있다. 예컨대 임대차에 있어서 "내년 1월 1일부터 임대한다."고 하면 「시기」가 있는 법률행위가 될 것이고, "내년 5월 30일까지 임대한다."라고 하면 「종기부 임대」인 것이다.

이하에서는 우선 "계약의 내용"으로서의 진술 및 표시, 부실표시의 계약위반과 그리고 「계약조항」의 구분에 따른 영미매매법의 일반원칙을 중심으로 살펴본다.

---

2) 이용근, 「무역계약론」, 법문사, 1994, p. 260~281.

3) *Wallis Son & Wells v. Pratt & Haynes*[1910] 2 K.B. 1003사건, 1012면에서 Fletcher Moulton 판사의 말.

[그림 4-1] 계약의 내용과 계약조항의 분류

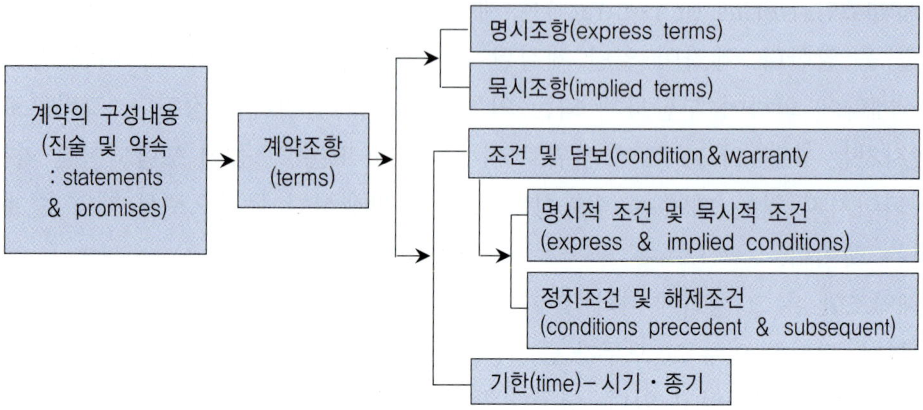


## 1.2 진술 및 「부실표시」

먼저 「계약조항」과 계약조항이 아닌 단순한 「표시」(진술)와는 구별되어야 한다. 계약의 협상과정에서 당사자 간에 행하여진 내용은 단순한 표시 또는 계약조항으로 된다. 이 중 단순한 「표시」(representation)는 계약의 일부로 되지 않고, 다만 사실이 아닌 때에는 「부실표시」(misrepresentation)로 된다. 그러나 계약의 내용을 구성하는 「계약조항」을 위반하면 곧 계약위반(breach of contract)이 된다.

이를 정리하면, 계약체결을 원하는 자의 상대에 대한 「진술」은 크게 다음의 세 가지로 나눌 수 있다. 즉, 계약을 구성하지 않는 「표시」(representation)와 계약의 요소를 구성하는 「조항」(terms)과 그리고 그 위반이 계약에 효과를 미치지 않는 「약정」(stipulation)이다.

### 1. 표 시

「표시」(representation)는 당사자가 교섭하며, 아직 합의에 이르지 않을 때에 한 진술이다. 「표시」는 일방 당사자가 상대방과 계약을 체결하기 위한 것이다. 「진술」이 계약의 일부가 되느냐는 「당사자의 의도」에 달려 있다. 예를 들어

*Hopkins v. Tanqueray* 사건[4]에서 경매로 "말"(馬)을 판매하고자 했던 피고는 원고에게 말을 판매하기 전 말이 완전히 건강하다고 했다. 법원이 판결하길 이 진술은 단지 「표시」이지 「계약조항」은 아니라는 것이다. 이에 대해 *Couchman v. Hill* 사건[5]에서 피고인은 자신의 "어린 암소"를 경매로 팔고자 하였다. 어린 암소가 교미한 적이 없다는 피고와 경매인의 확인으로 원고는 그 암소를 샀다. 법원이 이 진술은 「계약조항」이라고 판결하였다.

## 2. 「부실표시」와 계약위반

「부실표시」(misrepresentation)는 당사자의 일방이 사실에 관하여 허위의 진술을 하여 상대방이 계약체결을 하도록 유도한 경우를 말한다. 이러한 「부실표시」가 있는 경우 손해배상청구권이나 계약을 취소할 권리(right to rescind the contract)를 인정한다. 계약위반에 의해 손해배상을 청구하는 데에는, 「담보」가 파기된 것을 입증하지 않으면 안되지만, 「부실표시」에 의해 청구하는 때에는 「부실표시」에 대해 상대편이 "악의였다는 것"을 입증해야 한다.

계약을 취소하려는 경우에는 "선의의 부실표시"를 포함하는 모든 「부실표시」에도 허용되고 있다.[6] 그러나 매수인이 매도인의 "악의의 부실표시"를 입증했을 경우에는, 사정은 달라진다. 그 경우에는, 「부실표시」에 대한 구제가 계약위반에 대한 구제보다도 강력할 것이다. 왜냐하면 물품을 수령했을 경우 또는 수령으로 볼 경우라도, 「부실표시」를 이유로서 취소를 주장할 수 있다.[7]

*Bannerman v. White* 사건[8]에서, "호프"의 매매 교섭과정에서 대금교섭을 하기 전에, 매수인은 매도인에게 "호프"의 육성 또는 처리에 유황(硫黃)을 사용하는지를 물었고 매도인은 이를 부정하였다. 당사자는 대금 및 매매계약의 내용에 대해 합의하고 계약을 체결했다. 후에 매수인은 "유황"이 사용된 것을 이유로 계약을 해제했다. 매도인의 경작지 300에이커 중 5에이커를 제외하고 유황을 사용한 것이 입증되었기 때문이다. 배심(陪審)은 매도인의 부정의 의사표시를 사기로 보지 않았지만, 그 「표시」는 계약의 「조건」이며 단순한 「표시」는 아니라고 결론 내

---

4) [1854] 15 CB 130.

5) [1947] KB 554.

6) *Ldaf v. International Galleries*[1950] 2 K.B. 86사건, 90-91면에서 Denning 판사의 말.

7) *Kennedy v. Panama etc. Mail Co.*[1867] 2 Q.B. 580, 587.

8) [1861] 10 C.B.(N.S) 844.

렸다. 법원은 「조건」의 위반이 행해진 것이므로, 매수인(피고인)은 계약을 해제할 권리가 있다고 판결했다.

「부실표시」에 기하여 취소권을 가지고 있는 당사자가 아직 계약을 이행하지 아니하였던 경우에, 그는 「부실표시」를 이유로 이행을 거절할 수 있는 항변권을 가진다.

## 제2절 「계약조항」의 분류

### 2.1 명시조항과 묵시조항

「계약조항」은 「명시조항」과 「묵시조항」으로 구분된다. 「명시조항」이냐 「묵시조항」이냐는 당사자들이 합의에 도달하거나 계약을 체결할 때 사용한 언어에 의하여 결정된다.[9)]

먼저 「명시조항」(express terms)은 당사자가 합의하여 계약에 삽입한 조항을 말한다. 계약서상에 인쇄, 타자, 스탬프, 수기(hand writing)나 기타의 방법 등으로 명문화된 조항이다. 이러한 「명시조항」의 경우, 계약이 서면으로 되어 있는 경우에 영미법상의 이른바 「구두증거배제의 법칙」(parol evidence rule)[10)]은

9) 윤광운 · 박정기 · 최영봉 · 조현숙, 「영국물품매매법」, 탑북스, 2011, pp. 84~85.

10) 「구두증거배제의 법칙」(parole evidence rule)이란 당사자 간의 모든 합의사항을 서면으로 표시한 이상, 그 서면의 작성과정에서 사기 · 강박 또는 착오라는 항변 이외에, 그 서면에 기재되어 있는 내용을 구두증거로서 수정 내지 변경하는 것을 허용하지 않는다는 원칙이다. 「구두증거」(parole evidence)의 의미는 증인의 구두증언 또는 계약서 · 날인증서 · 유언장 등 서면에 관하여 쓰인 경우, 그 서면 이외의 증거로서 그 서면내용을 증명하는 것과 같은 뜻으로 사용할 때가 있다. 이 「구두증거배제 법칙」은 계역당사자 간에 "최종적으로 완성된" 계약이 존재하는 경우, 당해 계약성립 이전에 당사자 간에 행한 합의 또는 「구두증거」(parole evidence)는 당해 계약내용을 변경 · 추가 또는 배제하기 위한 증거로서 채택될 수 없다는 원칙이다(*Masterson v. Sine*, 68 Cal. 2d 222[1968]. Rest. 2d s. 209.). 이때 「최종적으로 완성된 계약」이라 함은 당해 계약내용에 관하여 당사자의 의사표시가 충분히 최종적으로 반영된 문서화된 계약이다. 그러나 "최종적으로 완성된" 계약이 체결된 이후에 동 계약의 내용을 변경하기 위하여 성립된 구두 또는 문서에 의한 합의는 하나의 독립된 유효한 계약으로서 이 원칙이 적용되지 아니한다(*Teer v. George A. Fuller Co.* 30 F. 2d 30[4th Cir. 1929]). 또한 영미법상의 「전문증거의 법칙」(hearsay rule)을 들 수 있는데, 이 「전문증거」(hearsay evidence)란 증인이 스스로 지각한 사실에 대하여 행한 증언 이외의, 즉 구두나 서면에 의한 공술증거를 말한다. 이 전문증거는 상대방에게 반대심문(cross-examination)의 기회를 주기 때문에 그 내용의 진실성을 담보

당사자들이 서면의 명시적 조항과 상반되는 다른 증거를 원용하는 것을 금하고 있다.

이에 대해 「묵시조항」(implied terms)은 매매계약에서 「조건」이나 「담보」를 명시하지 않아도 묵시적으로 당사자 간 합의의 일부로서 해석되는 조항이다. 즉, 관습이나 법에 의하여 당사자가 당연히 따를 것으로 생각되는 조항으로서, 계약서상에 구현되어 있지는 않지만 「계약」의 일부가 된다.

무역계약의 경우, 거래상품의 종류 또는 성질에 따라 약간의 차이는 있지만, 물품매매계약이라는 점에서 당사자가 반드시 합의한 후 계약에 포함시키지 않으면 안 될 몇 개의 기본적인 조항들이 있는데, 이들은 대부분 「명시조항」으로 계약에 삽입된다. 즉, 품명 · 품질 · 수량 · 가격 등 상품에 관한 조항과 선적 · 보험 및 결제 등 이행에 관한 조항과 그리고 분쟁구제에 관한 조항 등이 그것이다. 그 외에도 계약의 성질에 따라 다른 조항들이 추가될 수 있다.

이러한 「계약조항」은 필요한 경우를 제외하고는 극히 간결한 형태로 표현되고 있다. 예를 들어 가격조건에서 「FOB」나 「CIF」 등의 용어만 간단히 사용해서 「FOB」조건과 「CIF」조건이 가격은 물론 매매당사자 간의 권리와 의무를 규정하게 된다.

따라서 오늘날의 무역거래는 일일이 당사자의 권리 및 의무관계를 규정하지 않고 주로 국제상관습에 의거한 「묵시조항」에 의해 매우 간결한 내용으로 체결되고 있다. 그러나 그 「묵시조항」도 무역계약에 적용하기 위해서는 원칙적으로 당사자 간의 「합의」를 필요로 한다는 점에 유의할 필요가 있다.

## 2.2 조건과 담보

### 1. 영미법상의 개념

계약의 내용을 구성하는 「계약조항」은 그 중요도에 따라 「조건」과 「담보」로 구분하고 있는데, 이는 영국 「물품매매법」(SGA 1979)에서 매우 중요하다. 「계약」

---

할 수 없다하여 원칙적으로 증거로서 허용되지 않는다. 이 법칙을 「전문증거배제의 법칙」(rule against hearsay evidence)이라고도 한다. 다만 임종(臨終) 공술(dying declaration)처럼 주로 필요성과 신용성을 담보하는 정황의 두 가지 관점으로부터 여러 가지의 예외가 인정되고 있다. 鴻 常夫, 「英美商事法辭典」, 商事法務研究會, 1986, p. 384 참조.

은 양 당사자에 의해 여러 가지 「진술과 약속」(statements and promises)으로 이루어지며, 이러한 「진술과 약속」 중 일부는 계약의 목적을 달성하기 위한 필수적인 중요한 사항으로서의 「조건」(condition)이고, 그 외의 것은 부수적인 사항인 「담보」(warranty)로 분류된다.

전자의 「조건」(condition)은 계약의 필수적인 중요한 내용으로서, 「조건의 위반」이 있으면 원칙적으로 권리를 침해받은 당사자는 손해배상의 청구는 물론 「계약의 해제」까지도 할 수 있는 권리를 가진다. 예를 들면 「항해용선계약」의 체결 시에 선박의 위치, 예정 선적일, 선급, 선적 등이 이에 해당된다.

후자의 「담보」(warranty)는 조건보다 덜 중요한 계약의 목적에 부수하는 것으로서, 이러한 「담보위반」의 경우는 계약해제의 권리는 없고 단지 손해배상의 청구만 가능하다.[11)]

어떤 「계약조항」이 조건인가 담보인가는 결국 계약의 해석에 의하겠지만, 지불의 「시기」에 관한 조항은 「담보」에 지나지 않지만(SGA, 제10조 1항), 그 외의 「시기」에 관한 조항을 비롯하여 특히 물품의 인도에 관한 것은 「조건」이다.[12)]

「조건」과 「담보」는 당사자가 명시적으로 제외하지 않는 한, 모든 매매계약에 묵시적으로 포함된다(SGA 1979, 제55조). 그 중에 어떤 것은 물품의 권리에 관계하는 것이다. 즉, ① 매도인은 매각의 권리(「물품매각권」)를 가진다는 묵시의 조건을 부담하며(제12조 1항), ② 매수인은 「제3자」를 위한 부담 또는 「제3자」의 권리에 의해 방해되는 것 없이(제12조 3항) 평온하게 물품의 점유를 향유할 수 있다(제12조 2항)는 「묵시의 담보」를 가진다. 이러한 「조건」과 「담보」의 분류는 계약이 "체결되는 시점"에 이루어진다는 것이 일반적이다.

이에 대해 우리나라를 비롯한 대륙법계는 상기와 같은 구분이 없고, 다만 「계약위반」(즉, 「채무불이행」)이 있으면 「신의칙」 등에 의한 일부의 예외를 제외하고는 손해배상의 청구 및 계약의 해제 또는 해지가 모두 가능하다는 점에서 차이가 있다.

실제에 있어 계약조항이 「조건」인지 또는 「담보」인지의 여부는 그 구분기준 자체가 추상적인 것으로 결국 분쟁 시에 계약의 해석에 의존하게 되는 법률상의 문제이다. 그럼에도 불구하고 이러한 구분을 하는 이유는 계약위반 시에 그 효과 발생의 기준을 설정함으로써 분쟁 발생을 사전에 방지하는데 있다고 보아진다.

---

11) A. G. Guest, *Anson's Law of Contract*, 25th. ed., London, Clarendon Press, 1979, p. 129.
12) SGA 1979, 제10조 참조.

## 2. 조 건(condition)

계약에서의 「조건」(condition)이란 계약의 필수적인 내용을 구성하는 계약당사자의 사실적인 진술 또는 약속이라고 정의할 수 있다. 이에 따라 「조건의 위반」(breach of condition)은 계약당사자 일방의 진술 내용이 허위이거나[13] 또는 약속이 이행되지 않는 경우[14]로서, 이때 계약을 소멸시키는 효과도 있게 된다. 즉, 계약당사자 일방의 계약상의 「조건위반」으로 인해 그 상대방은 「계약조건」을 위반한 당사자가 계약이행을 거절한 것으로 취급할 권리가 있으며, 이때 「계약의 이행거절」(repudiation of contract)은 계약의 이행기간 중에 계약의 불이행을 당사자의 일방이 명시적 또는 묵시적으로 한 의사표시로서, 그 피해당사자로 하여금 자신의 계약상의 잔여 의무 또한 소멸시키는 효력을 가진다.

이러한 일반원칙은 무역계약에도 적용되어진다. 무역계약에서의 매수인은 물품에 관한 「조건」이 이행되지 않은 경우에 물품인수를 거절할 권리가 있다.

영국 「물품매매법」(SGA 1979)상 계약에서 조건이 이행되지 않는 「조건위반」의 경우는 다음과 같다.

① 인도된 물품이 계약의 명세와 일치하지 않는 경우(제13조)

② 설명서와 함께 견본에 의한 매매의 경우, 견본에도 일치하지 않고 설명서에도 일치하지 않는 경우(제13조 2항)

③ 물품이 특수한 목적에 적합한 품질임을 계약에서 보증하였음에도 불구하고 그러한 목적에 적합하지 않은 경우(제14조 3항), 예로 식료품 매매의 경우, 그 식료품은 인간의 식용에 적합하다는 「조건」을 묵시적으로 포함한다.[15]

④ 물품이 견본에 의한 매매일 경우, 인도된 물품이 견본과 일치하지 않은 경우(제15조) 등이다.

또한 물품이 통상의 계약에서 묵시적으로 보증하고 있는 품질이 아닌 경우를 들 수 있다. 이러한 경우 매매계약의 품질에 관한 「조건」이 이행되지 않았다고 간주된다. 그러므로 무역계약의 「조건」은 「명시조항」으로 삽입되는 것이 일반적이지만, 「묵시조항」으로서의 「조건」들도 있는 점에 유의해야 한다.

특히 SGA에서 규정하고 있는 「묵시적 조건」에는 당사자가 명시적으로 배제하지 않는 한, 당사자의 의사를 불문하고 당사자 간의 합의의 일부로서 해석되고 있는 것

---

13) *Behn v. Burness*[1862] 1 B. & S. 877.
14) *Glaholm v. Hays*[1841] 2 M. & G. 257.
15) *Frost v. Aylesbury Dairy Co.*[1905] 1 K.B 608.

으로 추정된다.[16]

이「묵시적 조건」에는 당사자들의 "약속의 성질"에 따라 크게 나누면, ①「사실인 관습 및 관행」에 의해 묵시된 조건(implied-in-fact condition)과 ②「법」에 의해 묵시된 조건(implied-in-law condition)이 있다.[17] 특히 후자의「법」에 의해 묵시된 조건의 경우, 예를 들어「물권」(「소유권」)에 관한 묵시적 조건(implied condition as to title) 외에도 물품의 품질 또는 적합성(quality and fitness)에 관한 것으로는「적합성」에 관한 묵시적 조건(implied condition as to fitness)과「시장성있는 품질」에 관한 묵시적 조건(implied condition as to merchantable quality) 등을 들 수 있고, 이에 대해 다음에서 구체적으로 살펴본다.

### 1)「사실인 관습 및 관행」에 의해 묵시된 조건

「사실인 관습 및 관행」에 의해 묵시된 조건이란 당사자들이 당연히 계약에 포함시켰으리라고 생각되어지는 조건으로서, 계약과 관련된 관습은 계약의 명시적 조항이나 강행적인「묵시적 조항」과 충돌하지 않는 한, 계약에 편입된다. 계약의 내용으로 편입되는 이 계약조건은 사실로서의 관습 또는 관행에 의하여 묵시되는 조건이다.

그러나 SGA 제55조는 이러한「묵시적 조건」으로서 추정되어 지는 것을 당사자간의 명시적 합의, 거래의 관행 또는 상관습에 의해 부정 또는 변경하는 것도 가능하다고 규정하고 있다. 예를 들면, "모피"가 승인을 얻는 것을 조건으로서(on approval) 송장과 함께 인도되었는데 그 "모피"를 도난당한 경우 모피거래에 있어서「관습」에 의하면, 물품에 대한 위험은 승인을 얻는 것을 조건으로서 "모피"를 주문한 자의 부담이며, 이 경우 매도인은 모피를 인도한 상대방에게 송장대금을 청구할 수 있다.[18]

### 2)「법」에 의해 묵시된 조건

「법적으로 묵시된 조건」이란 제정법 또는 판례법이 인정하고 있는 묵시적 조건을 말한다.

SGA 제14조 2항은, 매도인이 영업행위로(in the course of business) 물품을

16) SGA 1979, 제55조 참조.

17)「묵시조항」의 구분에 관해서는 Michael B. Metzer, et al., *Business Law and Regulatory Environment : Concepts and Cases*, 7th ed., Richard D. Irwin, 1989, pp. 324~325 참조.

18) *Bevington v. Dale*[1902] 7 Com. Cas. 112.

매도하는 경우, 그 계약에 따라 공급된 물품은 "만족스러운 품질"(satisfactory quality)과 「목적적합성」(fitness for any purpose)을 갖추고 있다고 하는 「묵시적 조항」이 존재한다고 규정하고 있다. 그러므로 매매계약에서 「조건」이나 「담보」를 명시하지 않아도 묵시적으로 당사자 간 합의의 일부로 해석되어진다.

이러한 「조건」 및 「담보」의 일부는 다음에서와 같이 소유권 등 「물권」과 관련된 것이고(제12조) 또 다른 것은 물품의 품질 또는 적합성(quality and fitness)에 관한 것(제14조)이다. 이 외에도 특히 명세서(제13조)와 「견본」(제15조)에 관한 묵시적 조건과 「시기」에 관한 것(제10조) 등의 제규정을 두고 있다.

### (1) 소유권 등 「물권」에 관한 「묵시적 조건」

매도인의 물품에 대한 「소유권」 또는 권리를 매수인에게 이전하는 것이 SGA 제12조의 목적이지만, 반드시 매도인이 소유자일 것을 요구하는 것은 아니다. 따라서 매매의 경우, 매도인은 「물품매각권」(a right to sell the goods)을 가지고 있어야 한다고 규정하고 있을 뿐이며, 그리고 "매매의 합의"(agreement to sell)의 경우에는 소유권이 이전할 때 「물품매각권」을 가지고 있어야 한다는 「묵시적 조건」이 존재한다고 규정하고 있다.

그러나 SGA 제2조 1항에서 「물품매매계약」은 매도인이 매수인에게 물품의 「소유권」을 이전하는 또는 이전하기로 하는 합의에 의한 계약이라고 규정하고, 동법 제61조에서 「소유권」은 물품에 대한 포괄적인 「소유권」이라고 규정하고 있으므로 이를 충족해야 동조를 따르는 것이 된다.

### (2) 「품질 및 적합성」에 관한 「묵시적 조건」

SGA 제14조의 「품질 또는 적합성」에 관한 묵시조건(implied terms about quality and fitness)은 매수인이 "주의해야 하는"(caveat emptor)[19] 영미 「보통법」상 원칙의 예외를 말하는 것이다. 이 "캐비앳 엠프토르"(caveat emptor)는 구매 물품의 하자 유무에 대해 매수인이 확인할 책임이 있다는 보통법상의 매수인의 「위험부담」원칙을 말하는 것이지만, 「최대선의의 원칙」(principle of utmost good

---

19) "caveat emptor"(매수인은 주의하라)는 이 법언은, 구매자는 매매목적물을 스스로 조사하고 판단하며 또 검사하지 않으면, 그것의 하자의 결함 등에 의한 불이익을 부담해야 한다는 원칙을 나타내는 것으로, 주로 부동산에서 사용되는 말이다. 그러나 물품매매의 영역에서는 영국 보통법(common law)상의 묵시담보의 법리(法理)를 성문화한 SGA와 UCC는 상품의 「품질 및 적격성」에 대한 묵시의 담보를 규정하고 있기 때문에, 그 결과 이 격언은 그 중요성을 잃었다 하겠다. 鴻 常夫, 前揭書, p. 121.

faith)[20]에 의해 제한될 수 있다. 왜냐하면 매도인의 물품의 중요한 사실에 관한 「부실표시」에 대해서만 「최대선의의 원칙」이 적용될 뿐이며, 이때 일반 계약법에서는 「부실표시」에 의해 계약체결이 유인된 경우에 그 계약이 취소될 수 있을 뿐이기 때문이다.

그러나 「품질 또는 적합성」에 관한 묵시조건은 실무상으로 매도인 및 매수인의 권리를 결정하는데 중요한 의미를 갖는다. 계약위반자는 「조건」(또는 「담보」)의 위반이 그의 과실 또는 타인의 과실에 의한 것인가를 불문하고 책임을 진다.

물품의 "매도인이 영업행위로 물품을 매도하는 경우 그 계약에 따라 공급된 물품은 매매에 적합(fitness for any purpose of goods)한 품질이어야 한다."는 SGA 제14조 2항의 「묵시적 조건」은 다음의 사례에서 제시되고 있다. *Frost v. Aylesbury Dairy Co.*사건[21]에서, 항소법원은 제공된 "우유"가 가족의 음용에 적합하여야 한다는 「묵시적 조건」이 존재한다고 판결하여 우유업자인 피고의 항소는 기각되었다.

한편 상품의 「품질」에 관한 사례로 *Jackson v. Rotax Motor and Cycle Co.* 사건[22]에서, "시장성이 없는 품질"이어서 최소 비용으로 시장성을 갖춘 품질로 만들 수 있다 하여도 이미 그 물품은 시장성이 없는 물품으로 본다고 하였다. 특히 계약체결의 시점에 매도인이 물품의 시장성 혹은 상업성을 보증하여야 한다고 판단하였다면 법원은 그 매매를 후술하는 「설명에 의한 매매」로 인정하는 경향이 있는데, 이러한 상업성의 조건은 비단 「설명에 의한 매매」에만 국한되는 것은 아니다.[23]

이와 같이 물품의 「품질」은 그 상태와 조건을 포함하고 다음과 같은, 즉 특정물품의 제공목적에 적합한 적합성, 외형과 완성, 안전성 및 내구성이 있는 경우는 물품의 품질이 충당된 것으로 본다.

다른 한편으로 계약 안에 내포되어 있는 「묵시조건」을 인정하는 법원의 판례도 있다. 예를 들면 고용계약에 "사용자는 피용자에게 불법적인 일을 하게 하지 않

---

20) 이 「최대선의의 원칙」은, 원래 해상보험계약이 최대선의를 기초로 하는 계약이라 하여, 1906년 영국 「해상보험법」(MIIA, 1906) 제17조에서 규정하고 있는 해상보험계약의 기본원칙으로서, 영미에서는 오늘날에도 이를 보험계약의 특색으로 인정하고 있다. 이 원칙에 관해서는 후술하는 본서 제12장 「무역매매와 해상보험계약」 참조.

21) [1905] 1 K.B. 608.

22) [1910] 103 L.T. 411.

23) 윤광운 외, 「영국물품매매법」, 전게서, p. 97.

고, 피용자의 건강에 위험이 발생하지 않도록 합리적 주의를 다하겠다."고 하는 「묵시적 조건」이 내포되어 있다고 판시하였다.24)

### (3) 「물품명세」와 「견본」에 일치해야 하는 「묵시적 조건」

먼저 「물품명세」에 일치해야 하는 묵시조건에 관하여, SGA 제13조 1항은, "명세서에 의한 물품의 매매계약이 있는 경우에는, 그 물품은 명세와 일치한다는 묵시적인 조건(implied condition as to compliance with description)이 존재한다."고 규정하고 있다. 동 규정의 적용범위는 구매자가 물품을 보지 않고 단지 설명에 의존하는 모든 경우에 적용된다고 판시하였다.25) 그러나 만일 선물 또는 불특정물인 경우에 「설명에 의한 매매」(sales by description)가 될 수 있다. 또한 매수인이 물품을 보았다고 하더라도 많은 경우에 "설명에 의한 매매"가 될 수 있다. 이로써 매장에서 일반적인 매매가 「설명에 의한 매매」가 될 수 있는가의 문제는 해결되었다. 더욱이 SGA 제13조 3항에 의하여 「설명에 의한 매매」의 조항은 심지어 대형 상점이나 백화점에서와 같이 매도인이 물품을 판매하기 위하여 전시하였고 매수인이 이를 선택한 경우의 매매에도 적용할 수 있다.

종래의 법원은 매수인이 주의 깊게 물품을 조사한 경우26) 또는 매도인이 매수인에게 제공한 물품 중에서 물품을 매수인이 직접 선택하였다27)고 하더라도 매매는 「설명에 의한 매매」가 될 수 있다고 판시한 바 있다. 그러나 특별한 품질 때문에 매수인이 특별한 물품을 구입한다는 것이 명확한 경우의 매매는 「설명에 의한 매매」가 아니다.28)

이러한 이유로 인하여, 독특한 디자인을 가진 물품들은 유일한 물품이 아닌 그 디자인에 일치하는 물품으로서 일반적으로 판매되기 때문에 대량으로 제작된 물품은 항상 「설명에 의한 판매」가 될 것이다. 여기서 「명세서」(description)란 매각품에 동일성을 나타내기 위해서 당사자에 의해 사용된 명칭 또는 설명사항이다. "매각품에 동일성의 요소를 구성하는 품목을 나타내는 각 조항은 「조건」이다."29)

---

24) *Johnstone v. Bloomsbury Health Authority*[1992] QB 333.
25) *Grant v. Australian Knitting Mills Ltd.*[1936] A.C. 85, 100.
26) *Beale v. Tayor*[1967] 1 W.L.R. 1193.
27) *H Beecham & Co Pty Ltd. v. Francis Howard & Co Pty Ltd.*[1921] V.L.R. 428.
28) *Harlingdon & Leinster Ltd. v. Christopher Hull Fine Art Ltd.*[1991] 1 Q.B. 564.
29) *Couchman v. Hill*[1947] 1 K.B. 554사건, 559면에서 Scott 판사의 말.

다음으로 「견본」에 일치해야 하는 「묵시적 조건」에 관하여 SGA 제15조 1항에서, "계약상 견본매매로 한다는 명시적 또는 묵시적 조항이 존재하는 경우에 그 매매계약은 견본에 의한 매매"임을 규정한다. 이는 「견본」(sample)이 매수인의 검사를 위하여 제공되었다는 단순한 사실만으로는 매매를 「견본에 의한 매매」로 단정하지 않는다는 것을 의미한다. 따라서 「견본에 의한 매매」로 하겠다는 당사자의 의도가 입증되는 경우에 한해 「견본매매」가 된다.

「견본매매」에 관한 SGA 제15조 2항 규정에 의하면, 즉 ① 물품은 품질에 있어서 「견본」과 일치하여야 하고, ② 매수인은 물품과 견본을 비교할 수 있는 기회를 가져야 한다는 「묵시적인 조건」이 존재한다.

이는 일반적인 조사권의 특별한 경우이다. 「견본매매」의 경우, 물품이 "견본과 일치할 것"을 명백히 요구하고 있다. "견본에 일치하는 것"이 아니라 사소할지라도 어떤 단순한 과정으로 「견본」과 일치하는 물품으로 판명되는 물품이 인도되어야 하는 것은 계약적 의무를 이행한 것이 아니라고 판시되었다.[30)]

무역계약에서 일반적으로 통용되고 있는 「견본매매」에서의 품질표시는 상품의 성질에 맞게 하는 것이 중요하다. 품질을 표시하는 용어로 "same as sample"은 기계화된 제조공정을 통해 대량생산되는 규격품의 경우에 사용하며, 일반 농산물 등 천연산품과 같이 견본과 유사한 제품의 경우는 "similar to sample"을 사용하는 것에 유의해야 한다.

### (4) 「시기」에 관한 약정

SGA 제10조 1항에서, "대금의 지불시기"에 관한 약정(stipulation about time)은 매매계약의 요소가 되지 않는, 즉 「담보」에 불과하지만 이 외의 「시기」(즉, 인도 및 선적시)에 관한 약정의 경우, 다른 거래관행이 존재하지 않는 한 지불에 관한 조항 이 외의 조항은 「조건」이라고 해석하는 것이 일반적이다.

이 원칙은 특히 선적 또는 인도시기에 관한 조항에 대해서 적용된다. "물품이 특정시에 선적되어질 것이라고 하는 계약의 명시적인 요건은 SGA 제13조에서 말하는 물품의 품목과는 다르며, 「정지조건」이라고 본다."[31)]

그러므로 통상 무역계약에서 선적 또는 인도시기에 관한 조항은 대개 계약상 필수조건으로 간주되어 매도인이 이를 위반하는 경우에는 계약을 거절할 수 있다.

---

30) *E & S Ruben v. Faire Bros Ltd.*[1949] 1 K.B. 254, 260.

31) *Aron & Co. v. Comptoir Wegimont*[1921] 3 K.B.435사건, 440면에서 McCardie 판사의 말.

예를 들어 매도인이 지연인도(선적) 시 매수인은 「물품인수거절권」과 그리고 지급거절 또는 손해배상청구도 가능하다.[32)]

## 3. 담 보(warranty)

「담보」(warranty)란 계약의 목적을 달성하는데 부수적이고 종속적인 합의를 말하며, 이 점에서 계약의 필수적 사항으로서의 「조건」과는 다르다. SGA 제61조에서 「담보」라 함은 "매매계약의 목적물인 물품에 관계되고, 또한 매매계약의 주된 목적에 부수하는 합의"라고 정의하고 있다.

계약의 상대방은 「담보의 위반」(breach of warranty)에 대하여 물품의 거절이나 계약해제를 할 수 없고, 다만 그 위반으로 인해 피해가 발생하면 그 손해에 대해 손해배상청구를 할 수 있다.[33)]

「담보위반」에 대한 손해배상액은 물품의 수령불이행 또는 인도불이행에 대한 손해배상액을 규율하는 동일한 원칙에 의하여 산정되지만, 「담보위반」이 물품의 품질에 대하여 행하여진 경우에 볼 수 있는 것과 같이 이 원칙은 구체적인 변경하에 적용되어야 한다. 즉, 품질에 관한 「담보위반」의 경우에 있어서 「손해배상액」은 하자없는 물품과 하자있는 상태의 물품의 가격과의 차액에 대한 손해배상의 청구만 가능하다.[34)] 이 경우 일반적으로 「조건의 위반」으로 인하여 매수인이 물품거절권을 행사하는 경우가 「담보위반」에 의한 손해배상을 청구하는 경우보다 통상 많은 손해배상액을 청구할 수가 있다.[35)]

상기에서, 「조건」은 「담보」를 포함하는 상위의 개념으로 볼 수 있다.[36)] 따라서 매수인은 계약내용 중 매도인에 의해 이행되어야 할 「조건」이 성취되지 못하였을 경우, 그 「조건」 자체를 포기하거나 또는 자신의 선택에 의해 「조건」의 위반을 「담보위반」으로 취급할 수가 있다.

SGA 제11조에 의한 다음의 경우가 그것이다. 즉, ① 그 「조건」을 포기하고서, 그것을 「담보」로 할 수도 있다. 그 경우 계약은 계속해서 손해배상을 청구할 수

---

32) *McDougall v. Aeromarine of Emsworth Ltd.*[1958] All E.R. 431.

33) SGA 1979, 제62조.

34) *Slater v. Hoyle & Smith*[1920] 2 K.B. 11 : *Biggin & Co. v. Permanite Ltd.* [1950] 2 All E.R. 859.

35) Clive M. Schmitthoff, *Schmitthoff's Export Trade, The Law and Practice of International Trade,* 9th ed., London, Stevens and Sons, 1990, p. 134.

36) 이용근, 전게서, p. 185 참조.

있다(동조 2항). ② 계약이 「불가분」이며 물품을 이미 인수한 경우 또는 특정물에 관한 계약에 있어서 그 「소유권」이 자기에게 이전되어 있을 경우에는 조건을 「담보」로 보지 않으면 안된다(동조 4항). 이때의 「인수」는 계약의 이행에 있어서 인수를 의미한다(제35조). 이에 관하여는 다음에서 살펴본다.

### 1) 「조건」의 포기

상기의 「조건위반」에 관한 일반원칙은 영향을 미치는 범위가 넓다. 즉, 「조건의 포기」의 경우에는 매수인은 계약을 해제할 권리는 상실하지만, 손해배상청구권이 제정법에 의해 시효가 도래하지 않는 한, 손해배상을 청구할 수 있다.

「조건의 포기」의 경우, 계약은 이행이 거절된 것이라고 볼 수 있다. 즉, 침해당한 당사자는 자기의 채무의 이행을 거절해서 계약은 종결된 것이라고 볼 수도 있으며, 또 「계약위반」의 소를 제기할 수도 있다. 영국 「물품매매법」(SGA 1979)에 의하면, 매도인은 경우에 따라 대금청구소송을 제기할 수 있으며(제49조), 또는 물품의 수령불이행에 의하는 손해배상의 청구도 할 수 있다(제50조). 이에 대해 매수인은 인도불이행에 의하는 손해배상청구나 인도의 지체에 따른 손해배상의 청구도 인정되며 또 특정이행의 청구(제52조)도 할 수 있으며, 물품반환청구 등의 여러 가지 소송의 제기(제51조)도 가능하다.

*Wallis, Son & Wells v. Pratt & Haynes* 사건[37]에서 보통 "영국종(英國種) 목초종자" 매매계약에서, "매도인은 그 성장, 종류, 기타의 사항에 대해서 아무런 명시 또는 묵시의 담보를 하지 않는다."라는 조항이 포함되어 있다. 종자는 매수인에게 인도되어 파종하였으나, 성장해보니 그 종자는 자이언트종과 전혀 다른 종의 목초이며, 시장 가격은 보통 영국종 목초의 종자가격보다 상당히 싼 것이었다. 귀족원은 매수인은 손해배상을 청구할 권리가 있다고 판결하였다.

만약 일방당사자가 「조건」 자체를 포기한 경우, 예를 들면 물품이 특정기한에 인도되어져야 했으나 그 기한 후에 그 인도를 재촉했을 경우,[38] 또는 대금결제를 확인신용장에 의해야 했으나 매도인이 그 발행된 「신용장」(Letter of Credit : L/C)이 확인되어지지 않은 것을 알면서 선적했을 경우에는, 「조건위반」을 묵시

37) [1911] A.C. 394, 본건에서 Loreburn경은, "품목에 의하는 물품의 매매계약은, 그 물품이 그 품목에 합치할 것을 「묵시조건」으로 포함하는 것이다. 그러나 다른 품목의 물품을, 그것이 계약에 합치한다고 신뢰해서 수령한 경우에는, 매수인은 조건위반을 마치 「담보위반」과 같이 간주해서, 담보위반의 경우에 손해배상청구를 할 수 있다."

38) *Rickards(Charles) Ltd. v. Oppenheim* [1950] 1 K.B. 616.

적으로 승인한 당사자는 다시 그 조항을 「조건」으로 하기 위해서는 그 의사에 상당하는 통지를 하지 않으면 안된다. 그러나 「조건의 포기」에 의해서 회복할 수 없는 사태가 발생했을 경우는, 「조건」 자체를 포기한 당사자는 후에 다시 그것을 「조건」으로 하지 못한다.

*Rickards(Charles) Ltd. v. Oppenheim* 사건[39]에서, 피고는 Rolls-Royce의 "차체"(chassis)를 제작할 것을 원고에게 의뢰하였고, 그 작업은 3월 20일에 완성하기로 약속하였다. 그 기한에 차체는 완성하지 못했으나 피고는 인도를 계속 독촉했다. 6월 29일에 피고는 7월 25일 이후에 인도할 수 있다고 하고 인도거절을 편지로 통지했다. "차체"는 그 기일에 완성되지 못했다. 그 후 원고가 피고에 대해서 대금을 청구해서 제기된 것이 본소(本訴)이다. 항소법원은 피고는 일단 인도의 시일에 관한 「조건」을 포기한 다음에 그것을 유효하게 회복시켰음에도 불구하고 결국 "차체"는 7월 25일까지 인도하지 못했으므로 계약을 해제할 권리가 있다고 판결했다.

만약 당사자의 일방이 상대방이 「조건」 이행을 방해했을 경우에는 방해를 당한 상대방은 자기가 부담하는 「정지조건」 성취의 의무를 면한다.[40] 그리고 상대방의 의무는 「조건」의 이행에 대한 조건이라는 것을 의미한다. 예를 들어, 물품의 품질, 적합성 및 명세서의 일치에 관한 매도인의 법상 의무는 매매법상 모두 「조건」이다. 따라서 매도인은 이 의무를 엄격하게 행하여야 하며, "사소한 조건"의 위반일지라도 매수인은 물품의 인도를 거절할 수 있다.

### 2) 「조건」이 담보로 간주되어지는 경우

「조건」은 담보를 포함하지만, 그 반대는 성립하지 않는다.[41] 그리고 때로는 「조건위반」이 「담보위반」으로 간주되는 경우로, 상기의 SGA 제11조 규정이 그것이다. 따라서 조건위반이 「담보위반」으로 간주될 경우에는, 매수인은 그 조건의 위반에 기해서 물품의 인수거절이나 계약의 이행거절로 간주할 권리를 취득할 수 없으며, 단지 손해배상의 청구만 가능할 뿐이다.[42]

그렇지만 적어도 매수인이 「조건」을 담보로 보지 않으면 안 될 경우에는, 「조

39) [1950] 1 K.B. 616.

40) *ibid.*

41) 미국에서의 "Warranty"는 "Condition"까지 포함하는 의미로도 사용되어지므로, 담보위반도 계약해제권까지 발생시키는 것으로 되어진다(UCC, §2-608, §2-711).

42) SGA 1979, 제53조.

건」은 그 본래의 효력을 잃는 것은 아니다. 매수인은 계약이 매도인의 「담보」에 대한 책임만을 배제하는 조항을 간직할 경우에는, 「조건위반」을 「담보위반」으로 보아 손해배상청구를 하는 것을 방해할 수 없다.

### 3) 「담보위반」과 손해배상청구

매수인이 「담보위반」을 이유로 대금의 감액청구나 또는 삭감을 주장한 경우, 그것은 매도인의 대금청구에 대하여 행한 「담보위반」에 대한 손해배상의 청구를 사실상 행사한 것으로 인정된다.

「담보위반」에 대한 손해배상액은 물품의 수령불이행 또는 인도불이행에 대한 손해배상액을 규율하는 동일한 원칙에 의하여 산정된다. 그러나 「담보위반」이 물품의 품질에 대하여 행하여진 경우에 볼 수 있는 것과 같이 이 원칙은 구체적인 변경 하에 적용되어야 한다. 즉, 품질에 관한 「담보위반」의 경우에 있어서 「손해배상액」은 하자 없는 물품과 하자있는 상태의 물품 가격과의 차액으로 확정하여야 한다.[43)]

위반 시 「확정손해배상액」으로서 일정한 금액을 지불한다는 취지의 조항을 계약이 포함하는 경우에는, 원고는 「담보위반」으로 간주해야 할 조건의 위반을 이유로서 일정한 금액을 초과하는 액을 청구하는 것은 가능하지 않다.[44)]

한편 계약당사자가 「조건」이나 「담보」의 위반에 대한 책임을 배제하거나, 완화하는 것은 자유이지만, 그와 같은 「면책조항」은 엄격하게 해석된다.[45)]

## 2.3 정지조건과 해제조건

전술한 계약당사자의 법률행위 중에는, 장래의 "불확실한 사실"에 의존케 하는 법률행위로서 「조건」과 장래의 "확실한 사실"의 여하에 의존케 하는 「기한」이 있다.[46)]

---

43) *Slater v. Hoyle and Smith*[1920] 2 KB 11 : *Biggin & Co. v. Permanite Ltd.* [1950] 2 All E.R. 859.

44) *Rickards(Charles) Ltd. v. Oppenheim*[1950] 1 K.B. 616.

45) 「면책조항」(exception clause)이란 계약위반에 대한 책임을 배제하거나 또는 제한하고 있는 계약조항으로서 「면책약관」이라고도 한다. 영미보통법상 또는 제정법상의 책임을 제외하는 「면책조항」은 원칙적으로 인정되어진다. 윤광운 외, 「영국물품매매법」, 전게서, p. 121 참조.

46) 우리 「민법」에서는, 법률행위의 효과의 발생 또는 소멸을 제한하기 위하여 법률행위의 내용으로서 덧붙여지는 약관을 「법률행위의 부관」(附款)이라고 하고, 이에는 「조건」(정지조건과 해제조건)과 「기한」(「시기」와 「종기」)을 두고 있다.

먼저 「조건」의 경우, 예를 들어 "시험에 합격하면 장학금을 지급한다." 또는 "취직을 할 때까지 생활비를 준다."는 계약은 청약과 승낙의 의사표시의 합치로 계약은 성립하지만, 전자의 "시험에 합격"이라는 장래의 성부(成否)가 "불확실한 사실"의 발생이 있을 때까지는 그 효력이 생기지 않는다. 이에 대해 후자의 경우 계약의 효력은 발생하지만, "취직을 하면" 아무런 조치를 기다리지 않고서 그 효력은 당연히 소멸한다. 이러한 경우에 장래의 불확실한 사실인 "시험합격"이나 "취직"이 곧 「조건」인 것이다.

이 「조건」의 가장 기본적인 구분으로 「정지조건」(condition precedent)과 「해제조건」(condition subsequent)이 있다.47)

우선 「정지조건」은 장래의 불확실한 사실에 법률행위의 효력을 발생하게 하는 것을 말한다. 다시 말해 「정지조건」은 일정한 조건의 성취로 채무가 존재하게 되던지 또는 물권이 부여되기에 이르는 조건으로서, 전술한 "시험에 합격하면 장학금을 지급하겠다."는 장래의 불확실한 사실에 법률행위의 효력을 발생하게 하는 것을 말한다. 즉, "시험에 합격하면"이라고 하는 것이 「정지조건」이고, 또한 당사자의 의무이다. 이 "시험합격"의 의무가 선행되어야만 "장학금 지급"이라는 다른 당사자의 채무(즉, 장학금 지급의 의무)가 발생한다. 이 「정지조건」이 이행되지 않으면 타방 당사자의 다음 채무는 발생하지 않는다.

이에 대해 「해제조건」은 장래의 "불확실한 사실"에 법률행위의 효력이 소멸되는 것을 말하며, 예컨대 "취직을 하면 생활비를 중단하겠다"는 경우처럼 장래에 발생할지도 모르는 사실("취직을 하면")에 법률행위의 효력을 소멸("생활비지급 중단")케 하는 것을 말한다. 「해제조건」의 경우 정지조건과 마찬가지로 법률행위 효력이 그때부터 소멸하는지 또는 소급하여 효력을 잃는지는 당사자의 특약에 따르게 되나, 특약이 없으면 「소급」하지 않는다.

무역거래에서 물품이 "특정시기에 선적되어질 것"이라고 하는 계약의 명시적인 요건은, 「정지조건」으로 본다. 또한 매매거래에서 매도인이 매수인에 대하여 일정기간에 지불했으면 할인을 할 것을 인정한 경우에는 구입대금전액은 그 기간의 종료와 함께 지불하지 않으면 안된다.48)

다음으로 「기한」이란 법률행위의 당사자가 그 효력의 발생 및 소멸여부를 장래

---

47) Michael B. Metzer, et. al., *Business Law and the Regulatory Environment, Conceptsand Cases*, 7th ed., Richard D. Irwin, 1989, p. 324 참조.

48) *Amos & Wood Ltd. v. Kaprow*[1948] 64 T.L.R. 110.

에 발생하는 것이 “확실한 사실”에 의존하게 하는 것을 말한다. 따라서 「기한」이 장래에 발생하는 것이 “확실한 사실”이라는 점에서 장래의 발생이 “불확실한 사실”인 「조건」과는 다르다.[49]

「기한」의 경우에도, 법률행위의 효과발생 또는 채무이행의 시기를 장래의 확정적 사실의 발생에 의존하게 하는 기한을 「시기」(始期)로 그리고 법률행위의 효력소멸에 의존하게 하는 기한을 「종기」(終期)로 구분된다.[50] 예컨대, 「임대차계약」에서 “내년 1월 1일부터 임대한다.”라고 하면 「시기」가 있는 법률행위가 되고, “내년 1월 1일까지 임대한다.”고 하면 「종기부」(終期附) 임대차가 된다.

## 제3절 무역계약 체결과 계약서작성실무

### 3.1 무역계약의 체결과정

국제간의 매매계약, 즉 무역계약의 체결은 일반적으로 매매당사자간에 여러 단계의 과정을 거쳐 진행된다. 통상 실무적으로는 우선 해외시장조사를 통해 특정시장에 대한 시장정보의 수집・분석을 토대로 하여 해외목적지의 특정거래처를 대상으로 한 「거래의 권유」(circular)와 「조회」(inquiry) 그리고 상대방에 대한 신용조사 등에 이르는 일련의 「예비적 교섭」을 거쳐,[51] 최종적으로 일방의 청약(offer)과 상대방의 승낙(acceptance)의 의사표시의 합치에 의해 비로소 하나의 무역계약이 성립된다.

이를 거래실무적 면에서 상세히 살펴보면, 예비적 교섭의 초기단계라 할 수 있는 해외시장조사를 통하여 발견된 해외의 유망 무역상사와의 거래관계를 창설하

49) 곽윤직・김재형, 「민법총칙」, 박영사, 2014, p. 407.

50) 「기한」의 효력에는 소급효가 없다. 이는 절대적이며, 당사자의 특약에 의해서도 인정되지 않는다. 「기한」에 소급효를 인정하는 것은 「기한」을 붙이는 것과 모순되기 때문이다. 상게서, p. 409.

51) 우리 「민법」은 계약체결의 예비단계 내지 계약의 성립과정에서 당사자 일방이 그에게 책임있는 사유로 상대방에게 손해를 끼친 경우(에컨대, 계약교섭을 부당하게 파기한 경우) 그 배상책임을 「계약체결상의 과실책임」이라 하여, 이를 인정하고 있음에 유의해야 한다. 판례는 상대방의 정당한 이유없이 계약체결을 거부하여 이로 인해 손해를 입은 경우 「신의칙」에 비추어 이는 「계약자유원칙」을 넘은 위법한 행위로서 불법행위를 구성한다고 하고, 그 「신뢰손해」(계약교섭준비비용 등)를 배상해야 한다고 판시하였다. 대법 2003. 4. 11, 2001다53069.

기 위하여 수출상사는 자신을 소개하는 「거래권유장」(Circular Letter)을 보낸다. 해외 수입상은 구체적인 상품의 가격, 인도방법, 결제문제 등에 관하여 수출업자에게 문의와 함께 청약을 요청하게 되는데, 이 문의의 과정을 「조회」(inquiry)라고 한다.[52]

수입상의 조회를 통해 거래관계가 개설되지만 실제에 있어서 구체적인 거래의 성립은 수출상사가 청약을 하고 수입상이 이에 대해 승낙함으로써 당사자는 무역계약을 성립시키게 된다. 수입상이 먼저 구매를 의뢰하는 「주문」(order)을 내거나, 구매를 요청하는 경우(buying offer)에 수출상의 「확인」(acknowledgement)에 의해서도 계약이 성립되며, 이 수출상의 확인을 「주문승낙」(acknowledgement)이라고도 한다.

이 경우 매수인의 「주문」은 통상 2통으로 된 주문서(Order Sheet)를 이용하는 것이 보통이며, 매수인의 서류에 매도인이 서명하고 이 중 1통을 송부하여 계약을 체결하고 또 계약서로서의 기능을 가진다. 그 외에도 매입계약서(Purchase Contract)나 매입확약서(Purchase Note)의 양식이 이용되기도 한다. 또 다른 경우로는 매수인의 주문서에 확인서(Confirmation Slip)가 함께 첨부되어 오는 경우 매도인이 여기에 서명하고 이 확인서를 송부함으로써 계약이 체결되기도 한다.[53]

무역거래에서 주로 사용되는 계약서류로 매도인측이 작성한 경우의 매매계약서(Sales Contract), 매도확약서(Sales Note), 주문확인서(Confirmation of Order),[54] 외에도 매수인측이 작성한 주문서(Order Sheet)와 매입확약서(Purchase Note) 등이 주로 활용되는데, 이러한 계약문서의 유형에 따라 그 계약의 체결과정을 달리하고 있다.

계약문서의 실무적 체결방법을 정리하면 대체로 다음과 같다.

① 매도인 발행의 청약에 매수인이 승낙과 서명 혹은 매수인 발행 주문에 매도인이 주문승낙 서명한 후 각기 1통 보관한다.

② 매도인의 확정청약에 대해 수락의 표시를 전신이나 서신으로 발송하는 경우이다.

③ 계약서를 2통 작성하여 서명 후 상대방에게 송부하고 상대방은 이를 검토, 서명한 후 1통을 반송한다.

---

52) 윤광운, 「무역실무와 경영」[제2판], 탑북스, 2013, p. 184 이하 참조.

53) C. M. Schmitthoff, *Schmitthoff's Export Trade*, 9th ed., London, Stevens & Sons, 1990, p. 94.

54) 주문확인서는 "Acknowledgement of Order Confirmation", "Confirmation Slip" 또는 "Acceptance of Order"라고도 한다.

그러나 실제의 무역거래에서는 무엇이 청약이고 승낙인지 그리고 그 효력은 언제 발생하는가 등의 여러 가지 법적 문제가 있을 수 있으며 이에 관해서는 전술한 제3장 「무역계약의 성립」에서 고찰한 바 있다. 한편 이상의 무역계약의 성립과정 전반을 정리하면 [그림 4-2]와 같다.

**[그림 4-2] 무역계약의 체결과정**

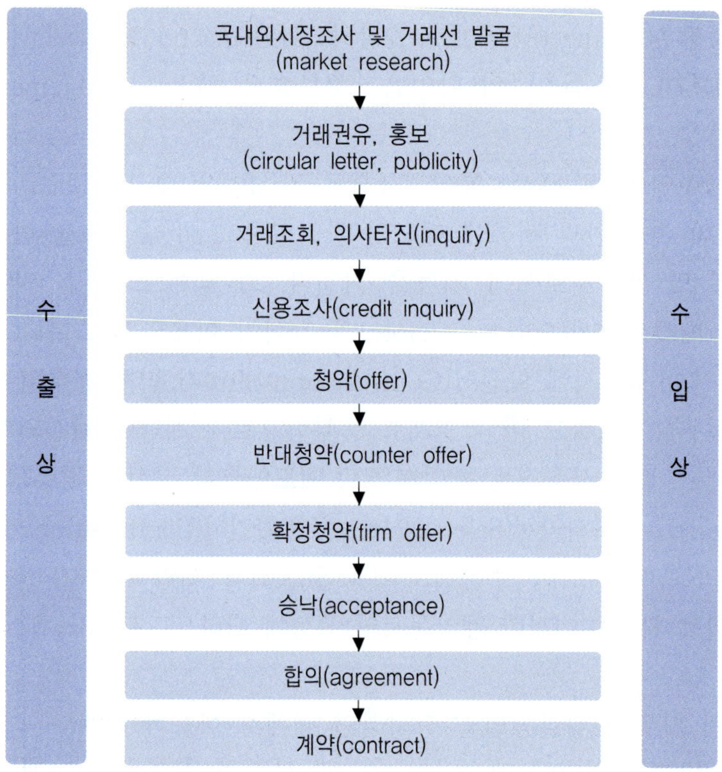


자료 : 윤광운, 「무역실무입문」[제3판], 삼영사, 2013, p. 116.

## 3.2 무역계약의 체결형태

매도인과 매수인은 장래의 거래를 위하여 상호간의 포괄적 준칙으로서의 「일반거래조건협정서」(General Agreement, Memorandum of Agreement)를 체결하여 거래관계가 개설되나, 실제에 있어 구체적인 거래는 이후의 청약과 승낙 또는 주문과 이에 대한 확인에 의하여 계약이 성립된다.

이와 같이 일단 성립된 계약은 청약과 주문과는 달리 「법적 구속력」을 가져 계약당사자를 법으로 묶는(binding) 효과를 나타내게 되므로 계약의 내용확인이나 이행상의 분쟁예방, 증거가치의 보전을 위해서도 문서에 의한 합의, 즉 매매계약서(Sales Contract)를 작성하는 것이 중요하다.[55] 특히 계약서 작성과 관련하여 계약의 성립과정에 있어서 당사자 각각은 그 자신의 「일반거래조건」으로 청약과 승낙하는 것이 보통인데, 이때 당사자중 누구의 조건을 적용할 것인지 문제가 되는 이러한 상황을 「서식의 경쟁」(battle of forms)이라 한다.[56]

일반적으로 영미의 기업들은 자체의 변호사나 법무팀에 의해 미리 작성된 계약서 양식을 마련해두고 이러한 「서식의 경쟁」에 대비하고 있다. 이와 관련하여 매도인의 기계제품 견적에 관한 일반조건에 대하여 외국의 매수인이 낸 주문서의 이면에 기재된 조항을 매도인이 승낙하고 이를 서명한 경우에 그 계약은 매수인의 조건으로 체결된 것으로 하는 판례[57]가 있다.

이처럼 매수인의 「이면기재」조항으로 매도인이 곤경에 처한 사례에 비추어 볼 때, 계약서를 비롯하여 주문서나 주문확인서(Confirmation Slip) 등의 문서는 반드시 그 내용을 검토하고 불리한 조건에 대해서는 방치해 두지 말고 거절회답을 보내는 것이 후일의 분쟁예방을 위해 바람직하다.

한편 일단 성립된 계약은 매매당사자를 법적으로 구속하는 효과를 가져오기 때문에 계약내용의 확인이나 이행상의 분쟁예방, 증거가치의 보전 등을 위해서도 문서에 의한 합의, 즉 매매계약서에 의한 수출입본계약을 체결하여야 한다.

이러한 수출입본계약의 체결에는 「개별계약」(case by case contract)방식과 「포괄계약」(master contract)의 두 가지 방법이 있다.

먼저, 「개별계약」(case by case contract)은 매매당사자가 거래조건에 상호 합의하여 거래가 성립될 때마다 그 거래에 대한 계약서를 작성하는 것을 말한다. 다시 말해 매 거래건별로 청약이나 주문을 확정한 후 수출입본계약을 확정하는 방식으로서, 통상 거래상대방과 초기거래의 경우에 주로 이용되며, 매도확약서나 매입확약서가 이 범주에 속한다.

---

55) 일반적으로 계약은 구두로도 성립되지만 특히 우리나라 「민법」이 규정하고 있는 「증여계약」과 UCC에 규정하고 있는 '500달러 이상의 물품매매계약' 등은 「서면성」을 결하면 법적으로 계약으로서의 이행을 강제할 수 없는 것이 된다.

56) Clive M. Schmitthoff, *op. cit.*, p. 99.

57) *Butler Machine Tools Co., Ltd. v. Ex-Cell-O Corporation(England) Ltd.*[1979] 1 W.L.R. 401.

「개별계약」의 방법은 수출입본계약을 체결할 경우 계약당사자는 청약과 거듭되는 반대청약에 의해 이를 최종적으로 합의하여 계약내용이 확정된다. 이에 따라 계약서는 2통을 작성하여 서명 후 상대방에게 송부하고 상대방은 이를 검토, 서명한 후 1통을 반송하고 다른 1통을 보관한다. 이때 매도인의 경우는 매매계약서, 매도확약서, 주문확인서를 주로 이용하며, 매수인의 경우는 매입확약서, 매입계약서, 주문서를 주로 활용하고 있다.

「개별계약」방식에 의한 수출입계약서는 「표면」(face)과 「이면」(back)의 양면으로 구성되어 있다. 여기서 「표면약정」에 포함되는 사항은 거래건별로 확정하여야 하는 개별약정사항으로서, 당해 거래물품의 품질수준이나 수량, 가격조건 등 거래상품에 관한 사항과 개별거래별로 계약을 이행하기 위한 선적일자, 보험조건, 결제방법 등이 이에 해당된다. 이와 같이 「표면조항」은 개별거래조항으로서 매 거래시마다 결정해야 할 사항들이다.

그리고 무역거래시의 「이면약정」 사항은 곧 「일반거래조건협정」(General Terms and Condition of Business)으로서 그 첫째는, 무역계약의 당사자가 대리인이 아닌 계약상의 권리 및 의무의 주체로서 「본인 대 본인계약」(principal to principal basis contract)이라는 것과 그 둘째는, 계약 시 「표면약정」 사항인 품질, 수량, 가격, 인도 및 결제조건 등의 개별약정사항을 해석하는 기준을 정하는 것이다. 계약의 불이행과 관련한 불가항력조항, 클레임조항, 중재조항, 준거법조항, 재판관할조항 등 수출입거래 시 일반적으로 적용하는 공통사항이 이에 포함된다.

다음으로 「포괄계약」은 동일한 상대방과의 계속거래 시에 주로 이용되는 방법으로서, 이는 「개별계약」이 매 거래 시마다 수출입계약을 체결하는 번거로움을 피하고 또한 문제발생시 책임이 분명한 방식이다.

**표 4-1 무역계약의 체결형태**

| 계약방식 | 구성 | 내용 | 특징 |
|---|---|---|---|
| 개별계약방식<br>(case by case contract) | 전면조항(face) | 개별거래에 관한 구체적 약정 | - 최초거래 또는 소액거래시 적용<br>- 전면조항 · 이면조항 동시 약정 |
| | 이면조항(back) | 일반거래조항과 계약위반구제조항 | |
| 포괄계약방식<br>(master contract) | 일반거래조건협정 | 거래의 기본준칙을 포괄적으로 약정 | - 계속거래시 적용<br>- 일반거래조건과 오퍼 · 오더 별도약정 |
| | 오퍼·오더계약 | 개별거래에 관한 거래내용 약정 | |

이러한 「포괄계약」방식의 경우는 향후 수출입거래 시의 준칙으로서 「일반거래조건협정서」를 수출입계약으로 약정하여, 여기에는 「개별계약」시 계약서의 이면조항에 포함되는 일반무역거래약정과 함께 거래건별로 청약이나 주문을 확정하는 방법을 정하고, 이렇게 정한 방법에 따라 간단한 청약이나 주문을 교환함으로써 무역계약 내용을 확정한다.

그러나 실무에 있어서는 통상 이러한 협정서 체결과정을 무시하고 소홀히 하는 경향이 있어 후일에 분쟁이 발생하는 경우 이익은 고사하고 손해를 보는 경우가 흔히 있다. 이 협정서에는 매매계약의 기본조건인 품질・수량・가격・인도・결제 및 보험 등 6가지 거래조건의 기초적인 협의 이외에 거래형태, 거래방법 내지는 절차, 그리고 분쟁이 생겼을 경우의 해결방법 등을 포함하고 있다.

## 3.3 계약서작성실무

### 1. 계약서의 필요성

청약과 승낙에 의하여 계약이 성립된 경우에는 당사자는 바로 「계약조항」을 기재한 「매매계약서」를 작성하여 자신이 서명하여 정부 2통을 상대방에게 송부하고, 상대방의 서명이 있는 부본(duplicate)을 반송하여 받는 것이 필요하다.

계약법상에서 계약은 구두(oral)로도 성립하고, 반드시 문서를 작성하는 것을 필요로 하지 않지만, 계약내용에 대해서 오해를 피하고 만약 후일 분쟁이 제기될 경우에 대비하여 증거를 확보하기 위해서는 반드시 계약의 제 조건을 정확하게 기록하고, 양당사자가 서명에 의해 확인한 계약서를 작성할 필요가 있다.

특히 무역거래는 문화와 상관습이 상이한 가운데서 국제적으로 장기에 걸쳐 이행되는 격지거래의 특성을 가지는 점에서 「무역계약」의 교섭과정을 통해 제기되는 문제들을 충분히 검토하고 이를 계약의 조항으로 삽입하지 않으면 안된다.

무역거래에 있어서 계약의 방식은 물품매매에서와 같이 「계약자유의 원칙」이 그대로 적용되며, 이에 따라 구두 또는 문서 그리고 특수한 경우에 심지어는 「침묵」(silent)도 계약을 성립시킨다는 입법의 규정을 고려하지 않더라도 어떠한 방식에 의해서든 계약을 성립시킨다는 「계약방식」의 자유도 이에 포함된다. 그렇지만 미이행의 선물매매를 기반으로 무역계약이 성립되므로 그 이행과정에서 야기되는 거래상의 위험이 적지 않은 것 또한 사실이다. 따라서 계약상의 분쟁예방과 거래분쟁에 의한 계약상의 권리구제의 측면에서도 계약서 자체의 중요성은 물론이고, 문서에 의한 계약서의 작성실무에 대한 이해는 반드시 필요하다.

계약서의 작성을 조건으로 하는 「승낙」의 경우, 법적으로는 정식 계약서가 작성되고 양 당사자가 서명할 때까지, 계약은 효력을 발생하지 않는다고 해석된다.

이러한 「승낙」이 행해지는 것은, 당사자가 계약서를 작성하여 또 한번의 내용을 검토하는 경우 또는 만일을 위해서 변호사에게 계약서를 작성하게 한 경우에, 정식 계약서가 양당사자에 의하여 서명되어야, 비로소 계약이 성립된다. 그때까지는 당사자의 누구라도 마음을 바꾸어 계약의 체결을 거부하는 것이 가능하다.

그 예로서 1924년의 영국의 *Chillingworth v. Esche*사건[58)]에 의하면, C와 D가 말(馬)의 매매에 대해 합의를 기록한 문서에 서명하였지만, 계약은 C의 변호사에 의하여 준비된 정식의 계약서에 의할 것이 조건으로 되어 있었다. C의 변호사는 계약서를 작성하여, D의 변호사도 승낙하였지만, D는 서명을 거절하였다. 이에 C는 계약은 성립하였다고 주장하여 소송을 제기하였지만, 법원은 정식의 계약서의 서명까지는 계약은 존재하지 않는다고 판결하였다. 따라서 실무적으로는 「계약서」의 작성을 조건으로 하는 승낙을 수령한 때에는, 「계약서」의 서명이 완료되기까지는 정식의 성약으로서 취급할 수 없는 것이다.

최근에는 실무상, 계약서의 교환까지는 계약에 구속되지 않을 것이라고 하는 경우에는, 보다 강하게 표현하여서 명확하게 그 취지를 표시하는 편이 안전하다고 말할 수 있다. 예를 들면, 다음과 같은 문언을 사용하는 것이 바람직하다고 생각된다.

> "It must be understand that no agreement enforceable at law is made until the exchange of contracts has taken place."(계약서의 교환이 있기까지는, 법적으로 강제력이 있는 합의는 성립되지 않았다고 이해되어야 한다.)

## 2. 계약서 작성시 고려사항

매매계약서는 당해 거래의 상황, 상품의 성질 등 그 특성에 따라 내용을 제각기 달리하고 있는바, 분명한 것은 당사자가 합의한 내용을 정확하게 표현하면 된다는 것이다.

---

58) [1924] 1 Ch 97.83 : *Rossiter v. Miller*[1878] 3 App Cas 1184 참조.

여기서는 물품매매를 대상으로 하는 무역계약서의 주요 내용을 「전면」과 「이면」의 약관을 중심으로 살펴본다.

### 1) 표면약관

우선 계약서의 「표면」(face)에는 모두(冒頭)에 회사명, 주소, 텔렉스 번호 등이 인쇄되어 있고, 이어서 매도확약서(Sales Note) 또는 매입계약서(Purchase Contract)라고 표기되어 있다. 그 아래에는 이 계약서가 매매의 확인을 하기 위한 확인서(Confirmation)라는 취지의 기재가 있다, 예를 들면, 다음과 같은 문언이다.

> "This is to confirm our Sale to you as Buyer, and your Purchase from us as Seller, of the undermentions Commodity subject to the following Special Terms and conditions."(이것은 다음의 특약조항에 따라서 아래의 상품의 매수인으로서의 귀사에 대한 당사의 판매 및 매도인으로서의 당사로부터의 귀사의 매입을 확인하기 위한 것이다.)

이것은 무역계약에 있어서 통상, 계약은 전화, 우편 등으로서 이미 성립하고, 이 계약서가 이미 성립한 계약의 확인서에 불과하다는 것을 나타내고 있다. 계약서의 「표면」에는, 이어서 아래와 같이 주요 거래조건이 타이핑되어 있다.

① **매도인 및 매수인(seller and buyer)** : 우선 계약서에는 매도인과 매수인의 주소, 상호, 회사명을 명기한다. 이것이 없으면, 계약의 당사자를 확정할 수 없다.

② **상품(commodity)** : 매매의 대상으로 되는 상품명을 기재한다.

③ **품질(quality)** : 상품의 품질, 등급(classification), 또는 규격(specification)을 기재한다.

④ **수량(quantity)** : 상품의 수량을 명기한다. 이것은 중량으로 표시하는 경우도 있고, 개수로 표시하는 경우도 있다. 이는 상품의 성질에 따른다.

⑤ **가격(price)** : 가격은 단위수량당의 단가(unit price)와 계약수량에 대하여 합계액(total amount) 양자를 함께 기재하고, 동시에 그 가격이 어떤 인도조건에 대한 가격으로 있는가, 구체적으로는 CIF, FOB 등의 「표준적 거래조건」의 어느 것에 대한 것인가를 표시한다. 예를 들면, "@ US$200 per M/T CIF New York."와 같다.

⑥ **지불조건(terms of payment)** : 매수인으로부터 매도인에의 지불조건을 기재한다. 신용장(letter of credit)에 의한 결제의 경우에는, 신용장의 종류, 발행시기 등을 아울러 기재한다. 예를 들면, "By an irrevocable L/C which to be issued by October 30, 2010."

⑦ **선적시기(time of shipment)** : 매도인이 언제 상품을 선적할 것인가를 기재한다. 선적시기의 표시에는, 일정 일까지의 선적, 어느 달 중의 선적, 2개월 중 매도인의 임의의 달에 있어서의 선적 등 여러 종류를 생각할 수 있다. 예를 들면 다음과 같다 "shipment to be made by February 20, 2010." 혹은 "During May, 2010. During June or July", "2010 at seller's option" 등이 있다. 또 선적지(place of shipment) 또는 선적항(port of shipment)도 기재하는 것이 보통이다.

또한 선적이 특정의 선박 또는 특정의 선박회사에 한정되어 있는 때에는 이것도 명기한다. 예를 들면, "Shipment not later than November 30, 2010, by Mitsui- O.S.K.Line."

⑧ **목적지(destination)** : 통상적으로, 여기에 본선에서 물품을 운송해 가는「목적항」(port of destination)을 기재한다. 수입국의 하역항으로부터 육상운송하여 어느 지점까지 상품을 인도하는 계약조건의 경우에는 그 인도지를 기재한다. 예를 들면, "Dallas via Houston, Texas, U.S.A."

⑨ **포장(packing)** : 수출입계약에서는 포장이 좋지 않으면 화물이 손상을 입을 우려가 있기 때문에 포장의 조건은 중요하다.

⑩ **중량의 결정방법(weighing)** : 수량이 중량에 의하여 결정되는 경우에는,「순중량」(net weight)으로 하는가 또는「포장포함중량」(gross weight)로 하는가 등, 송장에 기재될 중량의 결정방법을 정해 둔다.「총중량」으로 송장이 작성된 경우에는 포장재의 중량이 청구금액에 포함되어 있기 때문에, 단가는 순중량의 경우와 비교하여 당연히 싸다. 철강의 경우에는 이 차이는 3% 정도 된다고 한다.

⑪ **화인(marking)** : 화인은 하역에 있어서 혼동을 방지하고, 매수인에 의해 전매나 소비시점에 편의를 도모하기에 중요하다. 또한 수입국의 법규에 따라 정해진 화인이 요구되는 경우도 있기 때문에 주의를 요한다.

⑫ **보험(insurance)** :「CIF계약」등에서 매도인이 운송중의 물품에 보험을 부보하는 것을 요구하는 경우에는, 해상보험·전쟁보험의 조건을 기재한다.

예를 들면, “W.A., R.F.W.D. for 110% of the contract amount.”와 같다. 「보험금액」은 계약가격의 10%를 가산한 것이 보통이지만, 매수인의 요구에 따라서 더욱 증액할 수도 있다. 그 경우에는 보험료가 높아지기 때문에 계약가격이 그 부분만큼 높아지는 것이 고려되어진다.

⑬ **검사(inspection)** : 무역계약에서는, 상품이 계약조건에 합치하고 있는 것을 확인하기 위하여, 선적 전에 제3자 기관에 상품을 검사시키는 경우가 많기 때문에 검사기관명 및 검사비용의 부담자를 명기한다. 예를 들면, “Inspection by Japan Inspection Co., Ltd. prior to shipment shall be taken as final, whose inspection fee is for seller's account.”

⑭ **제조자명(manufacturer)** : 필요한 경우, 상품을 제조한 자를 쓴다. 판매계약의 경우에는 매도인이 상사일 때에는 메이커를 명시할 수 있다. 또 매입계약에서도 매도인이 상사의 경우, 특정의 브랜드를 지정하기 때문에 브랜드명을 기재할 수 있다.

⑮ **영사사증료(consular fee)** : 전후의 통제무역 등에서, 송장에 일본주재의 영사의 사증(visa)를 첨부하는 것을 수입의 요건으로 하는 국가가 있었다. 그 경우에는 계약상, 영사사증료의 부담자를 명료하게 해둘 필요가 있다. 예를 들면, “Any charges for consular invoices shall be for account of the buyer.” 원산지증명서(certificate of origin)를 필요로 하는 경우, 그 증명료에 대하여도 마찬가지이다.

대체로 이상의 조항에 상품의 특질에 기초하여 개개의 제 조항을 부가하는 것이 통상의 계약서의 「표면」에 기재되어 있는 내용이다. 이들의 조건은 확인서로서의 계약서가 교환되기 이전에, 텔렉스, 우편 등으로 합의가 성립하는 것이 보통이다. 특히, 상기 ②에서 ⑦까지의 조건은, 주요한 「거래조건」이기 때문에, 이들에 대하여, 청약과 승낙에 의하여 당사자의 의사가 합치하지 않으면, 보통의 경우 계약이 성립한다고 할 수 없다. 무엇보다, 무엇이 주요 「거래조건」인가는, 상품에 따라 다르기 때문에 일괄적으로 말할 수는 없지만, 적어도 이들의 조건은 주요 「거래조건」에 포함된다고 할 수 있다.

「표면약관」 하에서는, 통상 표면약관과 이면에 인쇄되어 있는 「이면약관」과의 관계를 기술한 다음과 같은 문언이 인쇄되어 있다.

> "Subject also to the General Terms and Conditions set forth in the reverse side hereof which forms an integral part of this Contract. In the event of any discrepancy between the abone Special Terms and Conditions and the General Terms and Conditions, the above Special Terms and Conditions shall prevail."(이 이면에 기재되어 있는 일반조항에도 따른다. 일반조항은 본 계약의 불가결한 일부를 구성한다. 상기의 특약조항과 일반조항 간에 차이 또는 모순이 있는 경우에는 상기의 특약조항이 우선한다.)

따라서 계약서의 표면(face)의 1번 아래에는, 매도인과 매수인이 서명하는 난이 있고, "please sign and return one copy"라고 하고 있다. 이것은 계약서는 2통 발행하지만, 그 중의 1통은 상대방이 보존하고, 다른 1통은 서명 후 반송해 달라고 하는 취지이다.

계약서의 「표면약관」에 대해서의 설명은 대체로 이상과 같지만, 여기서 계약서에 기재되어 있는 조항 간의 우선순위에 대해서 살펴보고자 한다.

먼저, 상술한 바와 같이, 「표면약관」(특약조항)과 이면약관(일반조항)이 모순이 있는 때에는 「표면약관」이 우선한다. 특수는 일반에 우선하기 때문이다.

다음으로, 조항이 수기(手記), 타이프, 인쇄의 세 종류가 있는 경우에는 수기(手記)가 최우선하고, 다음으로 타이프, 마지막으로 인쇄의 순서로 된다. 즉, 수기의 조항 〉 타이프조항 〉 인쇄조항으로 된다. 타이프된 조항은 인쇄된 조항에 우선하지만, 수기로서 선을 그어 무효로 할 수 있고, 또 행간에 글자를 삽입하여 수정할 수 있다.

이러한 것은 별것 아닌 것 같지만, 실무적으로는 매우 중요하다. 어떻게 이러한 「우선순위」가 결정되는가는, "별도의 교섭 또는 추가된 조항은 표준조항 또는 별도교섭이 없는 조항보다 큰 비중을 둔다"고 하는 일반적인 고려방법에 의한 것이다. 미국 계약법 「리스테이트먼트」 제2판에도 이러한 고려방법이 보여 지고 있다.[59]

그러나 예컨대 인쇄된 조항에도, 예외적으로 당사자가 대화로서 합의한 경우 등에는 이 우선조항이 변할 수 있다고 할 수 있다.

### 2) 이면약관

계약서의 「이면」(back)에는, 장래의 계약이행상의 분쟁을 피하기 위한 면책조항,

59) Restatement of the Law, Contract, 2d. 제203조 (d).

분쟁해결조항 등이 인쇄되어 있다. 이들 약관은, 위에서도 기술한 바와 같이 일반조항으로도 불리고, 만일 「표면약관」(특약조항)과 모순되는 경우에는 「표면약관」이 우선한다.

계약서의 경우, 「이면약관」으로서 인쇄되어 있는 조항의 주요한 것으로 통상 다루어지는 「클레임조항」(claim clause), 「불가항력조항」(force majeure clause), 「중재조항」(arbitration clause) 및 「준거법조항」(governing law) 등은 후술하는 제5장 「무역계약의 기본적 거래조건」에서 다룰 것이다. 그 외에 특수성격의 조항이라 할 수 있는, 즉 「품질보증」(Warranty), 특허・상표의 침해로부터의 「면책」(non-responsibility for infringement of patents and trade marks) 등은 이하에서 살펴본다.

#### (가) 「품질보증」(Warranty)

매도인은 상품의 품질에 대하여 중요한 책임을 부담하는 것을 회피하기 위하여 다음과 같은 「면책약관」을 계약서의 이면에 인쇄해 두는 것이 보통이다. 그러나 계약서의 「표면」에서 약속한 품질을 보증하지 않으면 안되는 것은 당연하다.

> "Unless expressly provided for on the face of this Contract, the Seller gives no warranty, express or implied, as to the fitness of the Commodity for any particular purpose or the merchantability thereof."
> (본 계약의 표면에 명시적으로 규정되어 있는 경우를 제외하고, 매도인은, 상품의 특정목적에 적합성 또는 상품성에 대하여, 명시적으로도 묵시적으로도 보증하지 않는다.)

이러한 「보증책임」을 부정한 매도인의 계약서의 「이면약관」에 대하여, 매수인이 발행하는 계약서의 「이면약관」은, 매도인의 전면적인 「품질보증」을 요구하고 있는 것이 보통이다. 이것이 다음 절에서 기술하는 서식분쟁의 가장 전형적인 형태이다.

#### (나) 「면책조항」(exception clause)

「면책조항」(exception clause)이란 계약위반에 대한 책임을 배제하거나 또는 제한하고 있는 계약조항으로서 「면책약관」이라고도 한다. 보통법상 또는 제정법상의 책임을 제외하는 「면책약관」은 원칙적으로 인정되어진다.[60)]

---

60) 「면책약관」의 효력은 영국 보통법과 제정법인 「Unfair Contract Terms Act 1977」와 「Regulation on Unfair Terms in Consumer Contracts 1999」에 의해 규제를 받고 있다.

그렇지만 선의 또는 악의의 「부실표시」에 의해, 상대편에게 그 문서에 서명하게 한 자는 「면책약관」에 의해 면책되지 않는다.[61] 또 「중대한 계약위반」(fundamental breach of contract)을 침해한 당사자, 예컨대, 기탁한 화물에 관계없는 자가 접근하는 것을 허가한 기탁자는 자기의 책임을 「면책」하는 조항에 의해 면책되지 않는다.[62]

일반적으로 「면책조항」은 표준서식계약(standard form contracts) 안에 들어있으며 따라서 「표준약관」(standard terms)의 일부로서 계약에 포함되는 경우가 일반적이다. 계약체결 시 당사자들이 「표준약관」을 지정함으로써(reference) 「표준약관」이 계약의 내용으로 편입되는(incorporated) 경우가 보통이며, 이렇게 계약 안으로 편입되기 위해서는 서명(signature), 고지(notice) 그리고 서식을 통한 일반적인 거래과정(a general course of dealing)을 통해 이 세 가지 방법 중의 하나에 의하여 이루어진다. 「면책약관」이 유효하기 위해서는 「표준약관」 일반에 대해서 요구되고 있는 요건이 충족되어야 한다. 즉, 「면책약관」이 계약에 편입되어야(incorporated) 하고, 그 문언(wording)이 실제로 발생한 책임을 커버하는 것이어야 한다.

이 「면책약관」이 계약에 삽입되면 그 효력이 미치는 범위는 어떠한가 하는 문제가 발생한다. 우발적 손실에 대해서만 책임이 면책되는 것인지 그렇지 않으면 과실에 의한 손실에 대해서도 책임이 면책되는 것인가 하는 문제이다. 「면책약관」의 효력이 미치는 범위가 명시되어 있지 않는 한, "면책약관에 의해 그것에 대한 책임을 제한하는 손실이 과실에 의한 이외에는 결코 발생하지 않는 경우에는, 그 「면책약관」은 과실에 의한 손해에 대한 책임에까지 효력을 미친다." 왜냐하면 그렇지 않고서는 그 「면책약관」이 적용되는 경우는 없기 때문이다.

특히 「특허 · 상표의 침해」로부터의 면책(non-responsibility for infringement of patents and trade marks)의 경우, 매도인은 매수인의 지시에 따라 물품을 선적하기 위해, 그것이 수입국에서 「특허권」이나 「상표권」의 침해 등에 의해 소송이 제기되는 경우에는 상관하지 않는다. 따라서 이 점에 관해서 「면책조항」을 삽입해 둘 필요가 있다. 예를 들면 다음과 같다.

---

61) *Curtis v. Chemical Cleaning & Dyeing Co.*[1951] 1 All E. R. 631사건 634면에서 Denning 판사의 말.

62) *Alexander v. Railway Executive*[1951] W. N. 326.

"The seller shall not be held responsible for infringement of the right of design, trade mark, patent and copyright which are caused out of the observance of the buyer's instructions to the seller and any disputes or claims raised thereon shall be settled by the buyer for his account."(매도인은 매수인에 대한 지시를 준수한 결과 생기는 의장권, 상표, 특허, 저작권의 침해에 대해 책임을 부담하지 않는다. 이것에 의하여 생긴 분쟁 또는 청구는 매수인에 의하여 그 계산으로 해결하는 것으로 한다.)

이 외에도 「중재조항」을 두는 것이 보통인데, 특히 「중재」(arbitration)의 경우에 있어서도, 중재의 규정은 있지만, 상대방의 국가 또는 제3국에 있는 중재기관에 의한다는 취지를 정하고 있는 경우 예를 들면, 뉴욕에서 미국중재협회의 중재에 의하든가, 혹은 파리에서 국제상업회의소의 중재에 의한다고 하는 규정이 있는 경우이다. 여기서 어느 경우에도, 당사자의 서식의 중재에 관한 조항은 일치하지 않고 있기 때문에, 이 경우에도 역시 전술한 「서식의 분쟁」이 제기될 수 있다. 실제로 미국에서는 법원에 가져가는 서식의 경쟁에는 「중재조항」에 관한 것이 많이 발견된다. 「중재조항」(arbitration clause)에 어느 「중재판정」에 기한 판결의 등록에 관한 조항은, 「판결등록조항」(entry of judgement clause)이라고 부르고, 미국에 있어서 「중재판정」을 판결의 형식으로 법원에 등록해 두는 경우를 전제로 한 규정이다.

이상의 「이면약관」의 각 조항은 청약과 승낙의 단계에서 합의 중에 포함되어 있는 것은 아니고, 대부분의 경우, 계약서 작성에 즈음하여 일방적으로 「이면약관」으로서 삽입된다. 계약의 양 당사자가 「이면약관」에 자기에게 유리한 조항을 서로 일방적으로 인쇄하여 두고 있다.

이러한 경우 다음에서 기술하는 「서식의 분쟁」이 발생하지만, 주요 「거래조건」은 일치하고 있기 때문에 양 당사자에게 공평한 기회를 갖도록 하는 것이 중요하다.

## 3. 계약서와 「서식의 경쟁」(Battle of Forms)

### 1) 「서식의 경쟁」의 의의

「서식의 경쟁」(battle of forms)이라 함은 매매당사자가 교환한 계약서식(forms)의 내용이 상이하고 있는 상황, 혹은 이러한 상이가 존재하고 있기 때문에 계약은 성립하고 있다하더라도, 어느 서식의 조항이 유효하게 있는가에 대하여 당사자 간에서 생기는 다툼을 말한다. 매도인과 매수인이 서로 자기가 발행한 서식의 우선을 주장하여, 어떤 경우에는 자기의 서식이 상대방의 서식과 상이한 것을 이유로 계약의 성립 그 자체를 부정하고, 또 다른 경우에는 계약이행상의 분쟁의 해결에 자기의 서식에 기재되어 있는 조항의 적용을 요구하여 다투는 것이다.

「서식의 경쟁」은, 매도인과 매수인이 교환한 서식의 표면에 기재되어 있는 주요거래조건은 일치하여도, 기타의 조건, 특히 이면약관이 일치하지 않는 상황을 말한다.[63] 이러한 상황은, 당연히 당사자 간에 분쟁을 초래할 가능성을 가지고 있으므로 이에 대비할 필요가 있다.

### 2) 「서식의 경쟁」에 대한 대비책

거래당사자 간에 계약이 성립되고 난 이후 계약서를 송부하기로 한 경우 계약서를 누가 먼저 송부할 것인가를 약정하는 것이 계약서식의 경쟁을 예방하는 최선의 방법이다. 따라서 매도인측이 계약서를 먼저 송부하기로 한다면 매수인은 매도인의 정부 2통의 계약서를 서명하고 이 중 1통은 반송하고, 만일 매수인 측의 계약서로 먼저 송부되는 경우에는 매도인이 이에 서명하여 그 중 1통을 반송하면 이 문제는 해결된다.

이 방식 대신에 매수인이 보낸 계약서식에 「확인서」(Confirmation slip)가 있는 경우 매도인이 이 「확인서」에 서명하여 반송하면 계약서식의 분쟁은 발생하지 않게 되며, 반대의 경우도 또한 같다.

예를 들어 *Butler Machine Tools Co., Ltd. v. Ex-Cell-O Corporation (England) Ltd.*사건[64]에서 매도인의 선적한 기계제품에 대한 견적서(quotation)의 뒷면(back)에는 「가격상승」조항(price escalation clause)이 「일반거래조건」에 포함하여 기재되어 있었는 바, 이에 대해 매수인은 「가격상승」조항이 없는 자신의 「일반거래조건」으로 주문을 하였다. 매수인의 주문서에는 확인서가 있었고, 이 확인서에는 "여기에 기재된 일반거래조건으로"(on the terms and conditions stated therein) 이 주문을 승낙한다는 문구가 있었다. 매도인은 매수인의 주문서에 서명하여 반송하였다. 따라서 견적서와 주문서의 상이로 인해 분쟁이 발행하였는데, 상고심은 매수인의 조건으로 계약이 체결되었다고 판결하였다. 매도인은 「가격상승」조항에 의거 가격을 인상할 권리가 없음을 명백히 하였다.[65]

63) 新堀 聰, 「貿易取引入門」, 日本經濟新聞社, 前揭書, 1992, p. 68.
64) [1979] 1 W.L.R. 401.
65) Clive M Schmitthoff, *op. cit.*, p. 99.

일반조건에 대하여 외국의 매수인이 낸 주문서의 「이면」(back)에 기재된 조항을 매도인이 승낙하고 이를 서명한 경우에 그 계약은 매수인의 조건으로 체결된 것으로 하는 판례가 있다.

이와 같이 일단 성립된 계약은 청약과 주문과는 달리 「법적 구속력」을 가져 계약당사자를 법으로 묶는(binding) 효과를 나타내게 되므로 계약의 내용확인이나 이행상의 분쟁예방, 증거가치의 보전을 위해서도 「문서」에 의한 합의, 즉 「매매계약서」(Sales Contract)를 작성하는 것이 중요하다. 일반적으로 계약은 구두로도 성립되지만 특히 우리나라 「민법」이 규정하고 있는 「증여계약」과 UCC에서는 「서면성」을 결여한 매매계약의 경우 법적으로 계약으로서의 이행을 강제할 수 없는 것이 된다.

전술한 바와 같이 미국 「통일상법전」(UCC)은 동법의 적용을 받는 계약 중에서 문서(writing)로 작성되어야 하는 계약에 관한 규정을 두고 있다. 즉, 물품매매계약 중 "매매가격이 $500 이상인 계약"(contracts for the sale of goods of $500 or more)은 반드시 문서의 작성이 요구된다. 그러나 이 「문서작성원칙」에 대하여 UCC §2- 201는 「상인」(merchants) 간의 상품매매에 관해서는 그 예외를 인정하고 있다.

일반적으로 영미의 기업들은 자체의 변호사나 법무팀에 의해 미리 작성된 계약서 양식을 마련해두고 이러한 「서식」의 분쟁에 대비하고 있으며, 또한 계약서 작성과 관련하여 계약의 성립과정에 있어서 당사자 각각은 그 자신의 「일반거래조건」으로 Offer나 Acceptance를 하는 것이 보통인데, 이때 당사자 중 누구의 조건을 적용할 것인지 문제가 되는 「서식의 경쟁」을 예방하는 노력이 필요하다.[66]

이와 같이 영미의 경우는 「문서」(writing)의 형식적 요건을 계약성립의 요건으로 하기도 한다. 이는 영미법 고유의 요건으로서 계약이 구속력을 가지기 위해서는 문서작성이 요구되는 계약을 말한다.

66) 윤광운, 「무역실무와 경영」, 전게서, p. 192.

### (예시 4-1) 주문서

---

ABC GROUP LTD
166 High Holborn, London WC IV6PD

7th July, 20-

Dear Sirs

Your Reference LB/AHBWe Thank you for your letter of 5th July and enclose our Order No. 237 for four of the items.

All these items are urgently required by our customers. We therefore hope you will send them immediately.

Yours faithfully.

ORDER FORM
J.B.SIMPSON CO., LTD.
18 Deansgate, Blackpool
FY3 7 JG

7th July, 20-Order No. 237

Hansung Fabrics Ltd
C.P.O. Box 277
Seoul, Korea

| Quantity | Please supply : Item | Catalogue No. | Price(note) |
|---|---|---|---|
| 250 | Bed Sheets. 3′ 6″, blue | 75 | 1.25 each |
| 250 | do 4′ 0″, primrose | 82 | 1.50 each |
| 500 | Pillow Cases, blue | 117 | 0.60 each |
| 500 | do . primrose | 121 | 0.60 each |

W. James
Secretary

(예시 4-2) SALES CONTRACT

**KOREA TRADING CO., LTD.**

CPO BOX 2235, 2—3 Chungmuro 2-Ka, Chung-Gu, Seoul, Korea

CABLE : "KONIPTRA", SEOUL ① DATE : June 15, 20-
TELEX : 63338

② SALES CONTRACT (NO. *E*-189)

③ AMERICAN TRADING CO., INC.
NEW YORK, U.S.A.

④ We as seller confirm having sold you as buyer the following goods on the terms and conditions as stated below and on the back hereof.

| ⑤ QUANTITY | ⑥ DESCRIPTION | ⑦ PRICE | ⑧ SHIPMENT |
|---|---|---|---|
| *10,000 yards* | *Printed Synthetic fabric S/No. C1,000 Weight : 0.25 lb. per linear yard 44"×about 50 yards 100% Acrylic Washable Colour* | *CIF, New York in US$ 36.53* per yard | *August, 20-* |

Minimum quantity required : *3,000 yards per design*
Total Amount *US$ 6,650.00*

⑨ TERMS : *Draft at 90 days after sight under Irrevocable L/C ; usance : interest for seller's account*

⑩ INSURANCE : *Seller is to cover the CIF price; invoice amount plus 10% against All Risks including War and S.RC.C. Risks*

⑪ PACKING : *About 500 yards in a carton box*
⑫ DESTINATION : *New York, U.S.A.*
⑬ Reference :
Please sign and return the duplicate.

⑭ SHIPPING MARKS
*NEW YORK*
*BOX NO. 1/UP*
*MADE IN KOREA*

*BUYER*
AMERICAN TRADING CO., ING.
*(Signed)*
K.H.Kennedy
President

SELLER
KOREA TRADING CO., LTD.
⑯ *(Signed)*
*Gapdong Kim*
*President*

### (예시 4-3) 일반거래조건협정서

## Agreement on General Terms and Conditions of Business

This agreement entered into between the NIKE CO., INC., New York, U.S.A. (hereinafter called the buyer), and the DAEHAN CO., LTD., Seoul, Korea (hereinafter called to as the seller) witness as follows ;

(1) BUSINESS : Both sellers and buyer act as principals and not as agents.

(2) SAMPLES : In case shipment samples be required, the seller shall forward them to the buyer prior to shipment. The seller is to supply the buyer with the sample free of charge.

(3) QUALITY : The quality of the goods to be shipped should be about equal to the sample on which an order is given.

(4) QUANTITY : Weight and quantity determined by the seller, as set forth in shipping documents, shall be final.

(5) PRICES : Unless otherwise specified, prices are to be quoted in U.S. Dollars on C.I.F. New York, U.S.A. basis.

(6) FIRM OFFERS : All firm offers are to remain effective for three days including the day cabled. Sundays and national holidays shall not be counted as days.

(7) ORDERS : Except in cases where firm offers are accepted all orders are to be subject to the seller's final confirmation.

(8) PACKING : Wooden case packing for export is to be carried out, each case bearing the mark NIKE with port mark, running case numbers, and the country of origin.

(9) PAYMENT : Draft is to be drawn at 30d/s for the full invoice amount under Irrevocable Letter of Credit which should be issued in favor of seller immediately documents attached, namely, Bill of Lading, Insurance Policy, Commercial Invoice and other documents which each contract requires.

(10) SHIPMENT : Shipment is to be made within the time stipulated in each offer. The date of Bill of Lading shall be taken as conclusive proof of the day of shipment. Unless expressly agreed upon, the port of shipment shall be at the seller's option.

(11) MARINE INSURANCE : All shipments shall be covered on All Risks including War Risks and S.R.C.C. for the invoice amount plus 10 (ten) percent. All policies shall be made out in U.S.Dollar and claims payable in New York.

(12) SHIPPING NOTICE : Shipment effected against the contract of sale shall be immediately noticed by fax.

(13) MARKING : All Shipments shall be s arranged otherwise.

(14) FORCE MAJEURE : The seller shall not be responsible for the delay in shipment due to force majeure, including mobilization, war, strikes, riots, civil commotion, hostilities, blockade, requisition of vessels, prohibition of export, fires, floods, earthquakes, tempest and any other contingencies, which prevent shipment within the stipulated period. In the event of any of the aforesaid causes arising, documents proving its occurrence or existence shall be sent by the seller to the buyer without delay.

(15) DELAYED SHIPMENT : In all cases of force majeure provided in the Article No. 11 the period of shipment stipulated shall be extended for a period of twenty one (21) days. In case shipment within the extended period should still be prevented by a continuance of the causes mentioned in the Article No.11 or the consequences of any of them, it shall be at the buyer's option either to allow the shipment of late goods or to cancel the order by giving the Sellers the notice of cancellation by cable.

(16) CLAIMS : Claims, if any, shall be submitted by cable within fourteen (14) days after arrival of goods at destination. Certificates by recognized surveyors shall be sent by mail without delay.

(17) ARBITRATION : All claims which cannot be amicably settled between sellers and buyers shall be finally settled by arbitration in Seoul, Korea in accordance with the Commercial Arbitration Rules of the Korea Commercial Arbitration Board and under the Laws of Korea.

(18) JURISDICTION : The award rendered by the arbitrator shall be final and binding upon both parties concerned.

(19) TRADE TERMS : Unless specially stated, the interpretation of trade terms under this contract shall be governed and interpreted by the Incoterms 2020.

(20) GOVERNING LAWS : This agreement shall be governed as to all matters including validity, construction, and performance under and by United Nations Convention on Contracts for the International Sale of Goods(1980).

This agreement shall be valid on and after July 5, 20-.

| (Buyer) NIKE CO., INC., | (Seller) DAEHAN CO., LTD. |
|---|---|
| (signed) | (signed) |

### (예시 4-4) 일반거래조건협정서(번역)

본 협정서는 미국 뉴욕 소재의 NIKE상사(이하 매수인이라 칭함)와 한국 서울 소재 대한상사(주)(이하 매도인이라 칭함)와의 사이에 체결된 것으로서 다음과 같이 협정한다.

(1) **거래형태** : 거래는 매매당사자 모두 본인 대 본인으로 하며 대리인으로 하는 것이 아니다.

(2) **견본** : 매도인은 매수인에게 무료로 견본을 제공한다. 선적품의 견본이 필요할 때에는 매도인은 그와 같은 견본을 선적전에 매수인에게 송부하도록 한다.

(3) **품질** : 선적상품의 품질은 발주의 기초가 된 견본과 대체로 일치해야 한다.

(4) **수량** : 중량 및 수량은 운송서류에 기재된 것으로 한다.

(5) **가격** : 가격은 별도로 정한 경우를 제외하고는 CIF New York, U.S.A. 조건으로 미달러로 견적한다.

(6) **확정청약** : 모든 확정청약은 타전일을 포함하여 3일간 유효한 것으로 한다. 다만 일요일과 국경일은 제외된다.

(7) **주문** : 확정Offer를 인수한 경우 이외의 모든 주문은 매도인의 최종확인을 필요로 한다.

(8) **포장** : 수출용 목재상자로 포장하고 각 상자에는 화인으로서 NIKE 마크, 도착항 표시, 상자 일련번호 및 원산지를 기입해야 한다.

(9) **결제** : 환어음은 매매계약체결 직후에 매도인을 수익자로 하여 발행되는 취소불능신용장에 의거하여 송장금액에 대하여 일람 후 30일불로 발행한다. 또한 운송서류 일체, 즉 선하증권, 보험증권, 상업송장 및 매매계약에서 요구하는 기타 서류를 첨부한다.

(10) **선적** : 선적은 각 계약에서 정해진 기일 이내에 한다. 선하증권의 발행일을 선적일로 간주하고 별도 합의가 없는 한 선적항은 매도인이 임의로 선택한다.

(11) **해상보험** : 모든 선적품은 송장금액의 110%를 보험금액으로 하여 전쟁위험과 파업위험을 특약한 전위험 담보조건으로 부보한다. 모든 보험증권에 금액표시는 미국달러화로 표시하고 뉴욕지급으로 작성한다.

(12) **선적통지** : 매매계약에 의해 행한 선적은 즉시 팩스로 통보한다.

(13) **화인** : 모든 선적화물에는 약정한 대로 화인을 표시한다.

(14) **불가항력** : 매도인은 불가항력으로 인한 선적지연에 대하여 책임을 지지 않는다. 불가항력에는 동원, 전쟁, 파업, 폭동, 소요, 적대행위, 봉쇄, 선박의 징발, 수출금지, 화재, 홍수, 지진, 폭풍우 및 그 밖에 지정기일까지 선적을 불가능하게

하는 우발적인 사고를 포함한다. 이상과 같은 사유가 발생한 경우에는 매도인은 그와 같은 사유의 발생이나 존재를 증명하는 서류를 지체없이 매수인에게 송부한다.

(15) **선적지연** : 제14조에 열거한 모든 불가항력인 경우에는 선적기일이 21일간 연장된다. 연장된 선적기일까지도 제14조의 사유가 계속되거나 또는 그 결과로서 선적이 불가능할 경우에 매수인은 선적지연을 허락하거나 또는 전보로 매도인에게 취소통지를 함으로써 주문을 취소할 수 있는 선택권을 가진다.

(16) **클레임** : 클레임은 상품이 목적지에 도착한 후 14일 이내에 타전한다. 그리고 지체없이 신용있는 감정인의 증명서를 우송한다.

(17) **중재** : 매매당사자간에 원만한 해결이 되지 않는 모든 클레임은 대한민국 서울특별시에서 대한상사중재원의 상사중재규칙 및 대한민국법에 따라 중재에 의하여 최종적으로 해결한다.

(18) **재판관할** : 중재인의 판정은 최종적인 것으로 당사자 쌍방에 대하여 구속력을 가진다.

(19) **거래조건** : 별도로 정한 경우를 제외하고는 이 계약의 거래조건의 해석은 최신 Incoterms 2020에 준거한다.

(20) **준거법** : 본 계약의 유효성, 성립 및 이행에 관한 모든 사항에 대하여 유엔국제물품매매협약(1980)에 준거한다.

본 협정서는 20××년 7월 5일부터 유효하다.

| (매수인) | NIKE 상사 | (매도인) | 대한상사(주) |
|---|---|---|---|
| | (서명) | | (서명) |

# 제5장 무역계약의 기본조건

## 제1절 개 설

무역거래는 매매계약의 형식에 의해 수행되어진다. 무역계약의 매매당사자들은 청약과 승낙의 의사표시의 합치로 계약을 성립시켜 「물품의 매매」(salr of goods)라고 하는 계약목적의 달성을 구현하고자 한다. 무역거래의 교섭과정에서 다루어진 매매당사자들의 의사표시의 내용은 곧 무역계약의 내용을 구성하는 「계약의 조항」(terms of contract)으로, 이에 관해서는 제4장에서 전술반 바 있다.

이와 같이 계약의 내용으로 계약 중에 포함되는 「계약조항」(terms of contract) 가운데는 본 장의 「무역계약의 기본조건」의 내용 역시 계약의 주요한 부분이다.

한편 개별적인 무역계약에서 거래당사자 간에 약정해야 할 「기본적 거래조건」에는 거래의 주요요소인 계약상품 및 그 이행에 관한 조건과 그리고 계약불이행 시 계약위반의 구제조항에 관한 것까지 포함되는 것이 일반적이다.

이러한 계약의 주요 기본적 약정사항을 소위 「6대 무역거래조건」이라 하여 이에는 거래상품 및 그 이행과 관련한 살품의 품질, 수량, 가격, 선적, 보험 및 결제조건이 있으며, 포장조건도 포함할 수 있다. 이 기본적 거래조건은 단순히 거래실무상의 관점을 넘어 후술하는 계약상의 매도인의 물품인도의무에 물품 품질의 계약적합성의무 등과 매수인의 물품수령의무와 대금지급의무를 포함하는 매매법과 연관하여 고찰하는 것이 필요하다. 그리고 계약위반의 구제조항과 관련해서는 계약의 불이행이 발생하는 경우를 대비하여 「클레임조항」을 비롯하여 불가항력, 중재, 준거법, 재판관할권 및 권리침해조항 등을 포함하는 것 역시 통상적이다.

이 외에도 무역계약당사자 간의 주요 기본적 약정사항에는 계약의 효력과 관련한 사항으로 계약당사자에 관한 본인(principal) 및 대리인(agent)의 여부, 계약목적, 계약확정문언, 계약체결일자와 계약의 유효기간, 유효한 서명 등을 포함함으로써 비로소 하나의 계약이 완성되는 것이다.

이에 따라 「계약의 기본조건」에 대해 충분히 검토한 후 거래당사자 간에 최종적으로 서명을 통해 무역계약을 체결하는 것이 필요하다.

**표 5-1 무역계약 기본거래조건의 구성내용**

| 계약조건 구분 | 계약내용 |
|---|---|
| 계약기본조건 | 전문(표제, 계약당사자)<br>설명조항(계약목적, 계약확정문언, 약인) |
| 계약상품조건 | 품질조건(품질결정방법, 결정시기, 증명방법)<br>수량조건(수량단위, 수량결정시기 및 측정방법, 과부족용인조항)<br>가격조건(정형거래조건, 표시통화, 가격산정기준, 제비용 부담) |
| 계약이행조건 | 선적조건(인도장소, 선적시기, 인도방법)<br>결제조건(결제시기, 결제방법)<br>보험조건(부보조건, 부보금액)<br>포장조건(포장단위, 화인) |
| 분쟁구제조건 | 불가항력조항(불가항력사유, 면책)<br>클레임조항(클레임제기시한, 제기방법)<br>중재조항(표준중재문언)<br>준거법조항(준거문언)<br>재판관할조항(관할법원) |
| 기타 조건 | 계약의 효력발생(계약기간, 계약종료, 계약통지)<br>계약의 변경(계약수정, 계약양도, 계약취소, 권리보호)<br>최종부(말미문언, 계약체결일자, 서명, 날인) |

## 제2절 | 계약상품조건

무역거래의 주요 내용이 되는 계약상품에 관한 품질, 수량, 가격조건을 중심으로 다음에서 살펴본다.

### 2.1 품질조건

「품질조건」(quality term)에서는 품질의 결정방법과 결정시기 그리고 품질의 증명방법이 문제가 된다.

## 1. 품질결정방법과 매매법

먼저 거래상품의 품질결정방법으로는 견본(sample), 상표(trade mark), 규격(type or grade), 명세서(descriotion) 및 표준품(standard) 등에 의해 주로 결정한다. 영국 「물품매매법」(SGA 1979)에서는 견본매매, 명세서매매 등에 관한 명문의 규정을 두고 있으며, 다음에서 살펴본다.

### 1) 「견본매매」

「견본매매」(sales by sample)의 경우, 실무상 대개 공산품거래에 이용되며, 이후의 조회나 분쟁 시의 입증용으로 매도인은 동일한 견본을 3개를 1조로 하여 준비하는 것이 보통이다.[1] 이 견본에는 「매수인견본」(buyer's sample)과 「매도인견본」(seller's sample)이 있고, 주문견본에 대해 유사한 것을 반대로 보내 승낙을 받는 「반대견본」(counter sample)과 이 외에도 상대방에 보내기 위한 처음의 견본인 「원견본」(original sample)에 대해 계약이 성립되고 약정품을 조달하기 위해 제조업체 또는 도매상에게 참고용으로 보내는 견본인 「대조견본」 또는 「제2견본」(duplicate sample)이 이용된다.

이 「견본매매」에서 관습적으로 "same as sample", "up to sample", "fully equale to sample" 등의 표현을 사용하는 경우, 물품이 견본과 조금만 달라도 인수거절 또는 품질 클레임이 제기될 수 있으므로 주의를 요한다.[2]

한편 상기에서 물품의 품질 등 「계약적합성」과 관련하여, 영국 「물품매매법」(SGA 1979)은 제17조(견본매매) 규정을 두고 있다. 「견본에 의한 매매」(sale by sample)의 경우, 견본에 의한 매매로 한다는 「당사자의 의도」가 입증되는 경우에만 「견본에 의한 매매」가 되며, 매수인에의 검사를 위하여 견뵨이 제공되었다는 단순한 사실만으로 그 매매를 「견본매매」로 단정하지 않는다는 것이다.

SGA 제15조 2항 규정에서, 「견본에 의한 매매」의 경우 다음과 같은 묵시적인 담보가 존재한다. 즉, ① 물품은 품질에 있어서 견본과 일치하여야 하고, ② 매수인은 물품과 견본을 비교할 수 있는 합리적인 기회를 가져야 한다고 규정하고 있다.

---

1) 실무상 「견본매매」의 경우 보통 3개를 1세트로 하여 그 중 1개는 매수인에게 발송하는 Original Sample이고, 다른 1개는 매도인 자신이 보존하는 Duplicate Sample로 그리고 마지막 하나는 물품공급업자의 보존용인 Triplicate Sample로 사용하기 위해서이다.

2) 윤광운 · 김철수, 「무역실무」[제3판], 탑북스, 2021, p. 185.

이에 대해 만약 불일치한 물품의 인도 시나 견본과 비교할 합리적인 기회를 가지지 못한 경우 SGA 제34조(매수인의 물품검사권)과 제35조(물품이 인수)와 관련하여 보면, 매수인이 물품을 검사하고 견본과 물품을 비교할 기회를 가질 때까지 물품을 수령하지 않아도 된다. 이 경우 수령의 효과는 조건의 위반에 대하여 더 이상 거절할 수 없으며, 따라서 손해배상을 청구할 권리만 가지다는 것을 말한다.

또한 협약(CISG)에서도, 물품의 「계약적합성」(conformity of the contract)에 관한 규정을 제35조 이하에 두고 있다. 즉, 물품의 「계약적합성」은 물품의 품질, 수량, 종류, 포장 등에 관한 "계약의 요구에 일치하는"(conformiting) 물품을 매도인이 인도하는 것으로서, 특히 계약에 명시가 없는 경우, 품질의 "적합성 기준"을 두고 잇다. 이는 SGA상의 「품질 또는 적격성에 관한 묵시조건」(implied terms about quality and fitness)은 실무상으로 매매당사자 간의 권리를 결정하는데 중요한 의미를 지닌다.[3)]

### 2) 「명세서매매」

「명세서매매」(sales by description)는 항공기, 선박, 철도차량, 의료용구, 중대형 기계류 등 견본제시가 불가능한 경우에 설명서(description), 명세서(specification) 도해목록(catalog) 등으로 거래목적물을 표시하며, 이를 「설명서매매」라고도 한다.[4)]

이 명세서매매에 관해서도 영국 「물품매매법」(SGA 1979)은 제15조(명세서에 의한 매매)에 규정하고 있다. 우선 「명세서에 의한 매매」(sales by dercription)에서 「명세서」(description)란 매매품의 동일성을 나타내기 위해서 매매당사자에 의해 사용된 명칭 또는 설명사항이다. "매각품에 동일성의 요소를 구성하는 품목을 나타내는 각 조항은 조건이다."[5)]라고 하여 계약의 중요한 요소로 취급한다.

당사자가 중요하다고 생각하는 물품의 특징은 그것이 무엇이든 품목 중에 넣을 수 있다. 특히 물품의 「품질」과 「수량」에 관한 특징이 넣어진다. 종종 선적시기나 물품의 포장이 품목으로 되는 것도 있다. 따라서 280파운드짜리 포대의 "전분"(澱粉) 매매계약에서 매도인이 220파운드짜리의 것과 140파운드짜리의 것을 제공한 경우에 포장의에 관한 요건도 물품이 품목이 일부를 구성한다. "포대의 크기"도,

---

3) SGA 1979, 제14조 : 윤광운·박정기·최영봉·조현숙, 「영국물품매매법」, 탑북스, 2011, p. 99 이하 참조.

4) 영국 「물품매매법」(SGA 1979)에서는 「명세서매매」(제13조)와 견본매매(제15조) 외에도 물품의 품질 또는 적격성(제14조)에 관하여 자세한 내용의 관련 규정을 두고 있다. 상게서, p. 96 이하 참조

5) *Couchman v. Hill*(1947) 1 K. B. 554사건, 559면에서 Scott 판사의 말.

「전매」 기타의 것을 고려하면, 매수인에게 있어서 중요한 것이다. "포대의 크기"가 중요하지 않으면, 계약 중에 새삼스럽게 명기한 이유를 알기 어렵기 때문이다.[6)]

영국 「물품매매법」(SGA 1979)상의 「명세서」에 의한 매매에 있어서, 구매자가 물품을 직접 보지 않고 단지 설명에 의존하는 모든 경우와 나아가 매도인이 매수인에게 제공한 물품들 중에서 매수인이 물품을 직접 선택하였다고 하더라도 그 매매는 "설명에 의한 매매"가 될 수 있다고 판시하였다.[7)]

또한 매수인이 단지 물품을 보았다고 하더라도 많은 경우에 「설명에 의한 매매」(sale by description)가 될 수 있다. 심지어 대형 상점이나 백화점에서와 같이 매도인이 물품을 판매하기 위하여 전시하였고 매수인이 이를 선택한 경우의 매매에도 「영국법」이 적용될 수 있다.[8)] 그러나 특별한 품질 때문에 매수인이 특별한 물품을 구입하는 것이 명확한 경우의 매매는 "명세서에 의한 매매"가 아니다.[9)]

이러한 이유로 인하여 독특한 디자인을 가진 물품들은 유일한 물품이 아닌 그 디자인에 일치하는 물품으로서 일반적으로 판매되기 때문에 대량으로 제작된 물품은 항상 「설명에 의한 매매」가 될 것이다.

### 3) 상표매매

「상표매매」(sales by trade mark)는 NIKE, CHANEL, Coca Cola, YKK Zipper 등과 같은 세계일류 유명상표를 갖고 소비자에게 인지도가 높은 상품의 거래에서 주로 이용된다. 특히 주문자 상표를 부착하여 수출하는 국제적 하청생산방식에 의한 수출의 경우로 소위 「주문자상표부착」방식(original equipment manufacturing : OEM)수출도 상표거래의 범주에 포함될 수 있는데, 이 방식은 장기 공급계약에 의한 것이므로 대량주문과 해외시장 확보 및 수입규제 장벽이 없다는 이점이 있는 반면, 고유브랜드 수출에 비해 낮은 가격으로 수익성이 적다는 단점이 있다.

### 4) 규격품매매

「규격품매매」(sales by type or grade)는 국제적으로 물품의 규격이 통일되어 있거나 수출국의 공적 규격으로 특정되어 있는 경우에 이용되는 매매방법이다. 여기에는 국제표준화기구(International Organization for Standardization : ISO),

---

6) *Manbre Sacchsrine Co. v. Corn Products Co.*[1919] 1 K. B. 109사건, 307면에서 McCarddic 판사의 말.

7) *Grant v. Australian Knitting Mills Ltd.*[1936] A. C. 85, 100.

8) 윤광운 외, 전게서, pp. 96~97.

9) *Harlingdon & Leinster Ltd. v. Christopher Hull Fine Art Ltd.*[1991] 1 Q.B. 564.

영국규격인 BSS, 미국의 ASTM, 일본의 JIS, 독일규격 DIN 그리고 우리나라의 KS (Korean Standard) 등에 의한 규격으로 거래 시 이용되며, 주로 전기 및 전자제품 등의 공산품이 이에 해당된다.

#### 5) 표준품매매

「표준품매매」(sales by standard)는 주로 농림수산물이나 광산물과 같은 1차산품의 거래시 주로 이용된다.

이 「표준품」의 품질결정방법으로는 다음 세 가지의 조건이 있다.

① 「평균중등품질조건」(fair average quality term : FAQ)은 인도물품의 품질은 선적 시, 선적장소에서 당해 계절의 평균중등품질을 조건으로 하는 것으로, 주로 곡물류와 같은 농산물매매거래의 선물거래에 많이 이용되는 조건이다.

② 「판매적격품질조건」(good merchantable quality term : GMQ)은 목재류·냉동어류 등과 같이 견본이용이 곤란하고 그 내부의 품질을 외관상으로 확인할 수 없는 거래에 이용되는 방법으로 매도인이 인도한 물품은 「판매적격성」(merchantability)을 지닌 것임을 보증하는 조건이다.

③ 「보통품질조건」(usual standard quality : USQ)은 주로 원사거래에 이용되는 조건으로, 공인검사기관 또는 공인표준기준에 의하여 보통품질로서 인정된 제품을 표준품의 품질로 결정하는 조건이다.

## 2. 품질결정시기와 증명방법

### 1) 품질결정시기

상품의 「품질결정시기」에 대해서는, 무역거래가 주로 장기간의 해상운송을 이용하기 때문에 물품의 선적시점과 양륙시점에서의 품질의 차이가 발생하기 쉬우며, 이러한 품질분쟁을 미연에 방지하기 위하여 미리 계약서상에 품질의 결정시점을 선적 시 혹은 양륙시점의 품질결정여부를 명확하게 하는 것에 있다.

#### (1) 선적품질조건

「선적품질조건」(shipped quality terms)은 대개 물품의 선적 시 품질을 최종품질로 하는 것으로 「FOB」, 「CIF」조건 등이 선적시의 품질을 기준하고 있다.

#### (2) 양륙품질조건

「양륙품질조건」(landed quality terms)은 물품의 양륙 시 품질을 최종으로 하는 조건으로 「DAT」, 「DAP」조건 등이 양륙 시 품질을 기준으로 하고 있다.

### (3) 특수품질조건

곡물류 등의 거래에서 관용되는 선적과 양륙시의 품질상이에 따른 매매당사자 중 누가 책임을 부담하는가에 관한 「특수품질조건」으로는 다음의 세 가지가 있다.

① 「Tale Quale」(T.Q)조건은 일종의 선적품질조건으로서 매도인이 약정한 품질의 물품을 선적할 때까지 책임을 지는 조건이다.10)

② 「Rye Terms」(R.T.)조건은 양륙품질조건으로서 주로 호밀(rye)의 거래에 이용되며, 물품의 도착 시 손상이 있는 경우 매도인은 그 손해를 배상하는 판례에서 유래된 조건이다.

③ 「Sea Damaged Terms」(S.D.)조건은 선적 및 양륙품질조건을 절충한 것으로서, 매도인은 항해 중 화물에 발생한 바닷물 등의 조유 또는 응고(condensation) 등에 기인한 품질손해에 대하여 책임을 부담하는 조건이다.11)

"Seller's(or buyer, agency) inspection to be final."

**표 5-2 품질의 결정시기**

| 구분 | 개념 | 관련조건 | 특수조건 | |
|---|---|---|---|---|
| | | | 종류 | 개념 |
| 선적품질 조건 | 선적시 물품의 품질로서 품질을 결정하는 조건 | EXW, FCA FAS, FOB CFR, CIF CPT, CIP | Tale Quale (T.Q.조건) | 매도인이 약정한 품질을 선적시까지 책임지는 조건 |
| | | | Sea Damaged (S.D.)조건 | 매도인이 해상운송중 손상에 대하여 책임지는 조건 |
| 양륙품질 조건 | 양륙시 물품의 품질로서 품질을 결정하는 조건 | DAP, DPU DDP | Rye Terms (R.T.)조건 | 매도인이 약정한 물품을 도착지까지 책임지는 조건 |

### 2) 품질증명방법

「품질증명방법」은 권위 있는 검사기관 또는 감정인(surveyor)의 「감정보고서」(Survey Report)에 의해 사실을 증명하고 배상을 청구하게 된다. 권위 있는 검사기

10) "Tale Quale"은 프랑스어로 "Tel Quel"이라고도 하여, 즉, "Such as it is" 또는 "Just as they come"의 의미다. 이 조건하에서는 통상 다음과 같이 약정한다. "Shipment in good condition but tale quale as regards condition on arrival."

11) "Sea Damaged"조건하에서는 다음과 같이 약정하는 것이 보통이다. "Damaged by sea water, if any, to be seller's account." 또는 "All sweeping and damaged by sea water or condensation to be rejected."

관 내지 감정인으로는 Lloyd's Surveyor, Lloyd's Agent, SGS, Del-Corporation 등 이 세계적으로 유명하다. 품질검사를 누가 할 것인지에 관하여는 계약체결 시에 보통 다음과 같이 약정한다.

## 2.2 수량조건

### 1. 수량단위 및 수량결정방법

「수량조건」(terms of quantity)에서도 수량단위, 수량결정시기, 수량결정방법과 과부족용인문제 등에 관하여 당사자 간에 약정을 하여야 한다.

#### 1) 수량단위

「수량단위」는 거래상품의 특성과 관습에 따라 중량(weight), 용적(measurement), 개수(piece, dozen), 길이(length), 면적(square), 포장단위(package) 등의 단위로 수량을 정한다. 특히 유의해야 할 수량단위로는 먼저, 중량기준의 상품으로 양곡, 철강 등이 있으나, 나라마다 중량의 기준이 서로 다르다.

「중량」단위에는 ℓb(pound), Kg, Ton 등이 광범하게 사용되며, 특히 Ton에는 Long Ton(L/T), Short Ton(S/T) 그리고 Metric Ton(M/T)의 3종류의 세계 공통의 Ton이 있으며, ① Long Ton(L/T) = 1,016kgs = Gross Ton = 2,240 ℓbs = English Ton과 ② Short Ton(S/T) = 907kgs = Net Ton = 2,000 ℓbs = American Ton 그리고 ③ Metric Ton(M/T) = 1,000kgs = Kilo Ton = 2,204 ℓbs = French Ton이 있다.

「용적」(measurement)의 단위로는 석유에 Barrel, 곡물에는 Bushel이 그리고 목재의 경우 SF(Super Foot)로 표시하는데, "1 SF = 1 평방 foot × 1 inch로서 480 SF"가 1 「용적톤」이 되지만, 선박에 선적 시 1 「용적톤」(Measurement Ton : M/T)은 40 cubic feet가 된다. 그리고 영국에서 1 Gallon(imperial gallon)은 4.546liters인데 비해 미국의 1 American gallon(wine gallon)은 3.7853liters에 해당되어 이 또한 서로 다르다.

이외 화물의 용적단위로 「CBM」(Cubic Meter)은 주로 물류비 산출시 이용되는 단위로, "가로 1m, 세로 1m, 높이 1m"인 화물을 말한다. 통상 운송물류에서 물류비 산출을 위한 화물의 용적단위인 이 「CBM」은, 실무에서 LCL화물의 운송료, 화물집하장(CFS) 사용료, 창고료, 터미널 사용료(THC), 항만 사용료(WFG) 등의 산출기준이 된다.[12] 그리고 해상운임, 창고료 등 물류관련 각종 요금청구 시 사용되는 단위는 R/T (Revenue Tonnage)로써 용적과 중량에 따른 요금이 상이할 경우 비용이 많은 쪽을 적용한다는 것을 의미한다.

「개수」(piece)의 경우, 낱개 또는 포장(package)단위로 Piece(1개), Dozen(12개), Gross(12개×12 = 144Pcs), 1Great Gross = 12Gross = 1,728Pcs(12×12×12), 1Small Gross = 10Dozen = 120Pcs(12×10) 등이 주로 잡화제품거래시의 수량단위로 사용한다.

「길이」(length)의 단위로는, Meter, Feet, Inch나 Yard가 사용되며, 섬유류·동관·전선 등의 거래에서 적용되며, 면적(square)의 단위에는 Sft(square foot)가 기준이 되며, 주로 유리·합판·타일 등의 거래에 이용된다.

「포장단위」(package)로는, Keg, Bag, Case, Bale, Bundle, Drum 등이 사용되고 있으며, 주로 면화·소맥·시멘트 등은 포장단위로 거래된다.

### 2) 수량결정시기와 증명방법

수량의 결정시기와 증명방법에서 다음 두가지가 있다.

#### (1) 선적수량조건

선적시의 수량을 최종으로 하는 「선적수량조건」의 경우 매도인은 원칙적으로 선적 시에 그 수량에 대하여 미리 매수인의 동의를 얻어 SGS[13]와 같은 전문검정기관(surveyor)이나 공인검량인(public weighter)으로부터 검량을 받아 작성되는 「중량용적증명서」(Certificate of Weight and/or Measurement)를 매수인에게 제공하여야 한다.

#### (2) 양륙수량조건

양륙시의 수량을 최종으로 하는 「양륙수량조건」의 경우에도 원칙적으로 전문검정기관이나 공인검량인에 의한 중량용적증명서를 발급받아 매도인에게 제공해야 하며, 때로는 매수인이 수입국 세관검사를 활용하여 수량을 증명하기도 한다.

---

12) 화물운송의 물류비 산출의 기준이 되는 CBM 단위의 산출은 예컨대, "가로 80cm, 세로 120cm, 높이 50cm 화물의 경우는 0.8×1.2×0.5 = 0.48CBM"이 된다.

13) SGS는 Societe Generale de Surveillance Group or It's Affiliates(SGS 그룹 또는 자회사)는 세계적인 「선적전검사기관」으로서, 1965년 수입국정부대행 선적전검사업무를 최초로 시작하였다. 선적전검사(pre-shipment inspection : PSI)란 수출상품을 선적하기 전에 선적물품이 약정된 계약물품과 동일 또는 적합한지 여부를 선적지에서 확인·검사하는 것을 말한다. 초기의 SGS 검사업무는 주로 상품의 품질에서 현재 대부분의 SGS검사 사용국은 이외에 관세부과 목적으로 상품분류 및 가격검정서비스를 요구하고 있다. 검사결과는 SGS의 검사확인서(Clean Report of Findings : CRF)에 기재하고 검사확인서(Certification)를 발급한다.

## 2. 「과부족용인조항」(M/L Clause)

계약물품의 수량이 개별품목의 개수나 포장단위로 명시되어 있는 경우에는 정확한 수량을 측정하는 것은 가능하다. 그러나 유류와 같은 휘발성 제품이나 곡물, 광산물 과 같이 일시에 대량 거래되고 포장단위가 아닌 「산적화물」(bulk cargo)의 경우 장기간의 수송 중에 감량이 예상되는 물품에 대하여 매매계약 시 과부족 한도를 정해 두고 그 범위 내에서 물품인도가 되면 수량부족의 클레임을 제기하지 않기로 약정하는 수량의 표시방법을 「과부족용인조항」(more or less clause : M/L clause)이라 한다.

### 1) 특약에 의한 「과부족용인조항」

물품의 성질상 수량과부족을 인정해야 하는 경우, 어느 정도까지 「과부족」을 허용할 것인가와 그리고 과부족 「선택권자」를 누구로 할 것인가에 대하여 계약서에 미리 명시해 두는 것이 필요하다. 예를 들면 "Quantity shall be subject to a variation of 5% more or less clause at seller's option"과 같이 약정한 경우는 매도인의 선택에 따라 5%의 과부족이 허용되어 매도인은 계약불이행의 책임을 지지 않는다. 또한 "100 M/T, 3% more or less clause at seller's option"의 경우는 "97 M/T 내지 103 M/T"의 범위 내에서의 어느 수량을 선적해도 허용된다.

이러한 경우 문제는 과부족분에 대한 「정산기준가격」의 적용문제이다. 이에는 계약일자가격, 선적일자가격, 도착일자가격이 있으나 별도의 약정이 없는 경우, 대개 계약시의 가격, 즉 「계약가격」(contract price)이 정산기준가격이 되는 것이 일반적이다.

### 2) 신용장(L/C)거래 시의 「과부족용인」

수량의 과부족문제에서 특히 신용장방식 거래의 경우에 「신용장」(L/C) 상에 명시된 신용장 금액 또는 물품의 수량이나 단가 앞에 '약'(約)을 의미하는 "about"나 "circa", "approximately"의 용어가 사용되면 "10%" 범위 내의 과부족을 용인하는 것으로 하고 있는데,14) 이러한 "about"와 같은 표현에 의한 과부족을 허용하는 수량표시방법을 「개산수량조건」(approximate quantity terms)이라고 한다.

또한 신용장(L/C) 상에 물품수량과 「과부족용인」 문언의 명시가 없는 경우, 과부족금지문언이 없는 한 환어음 발행금액이 신용장금액을 초과하지 않는 범위에

---

14) 「신용장통일규칙」(이하 "UCP 600"이라 함), Article 30(a).

서 "5%" 내의 과부족이 허용된다.[15] 이 경우에도 「포장단위」(packing unit) 또는 개개품목(item)에 의해 수량이 명기된 경우에는 적용되지 않는다. 이는 「살물」(bulk cargo)의 거래에서는 그 성질상 「신용장」의 내용대로 정확한 수량을 선적한다는 것은 사실상 불가능하므로 분쟁의 예방과 원활한 신용장거래의 운용을 위하여 「과부족용인조항」을 설정해두는 것이 필요하기 때문이다.

이상에서 수량의 과부족문제는 법적으로는 물품의 「계약적합성」 위반으로 보아, 협약(CISG) 제35조는 이를 「수량부적합」으로 다루어 그 구제를 인정하고 있고,[16] 또한 SGA 제30조(하자있는 수량의 인도)에서도 매수인은 이를 거절할 수 있음을 규정[17]하고 있지만, 실무관행에서 특히 살화물의 경우, 그 특성상 이러한 과부족을 허용하는 당사자 간의 합의된 특약조항을 계약에 명시하는 것에 의해 주로 해결하고 있다.

## 2.3 가격조건

무역계약상의 「가격조건」(terms of price)에는 다음 두 가지의 문제가 있는데, 그 하나는 매매가격을 어느 나라의 통화로 표시하여 결제할 것인가 하는 「표시통화」(currency)의 문제와 다른 하나는 무역가격의 산정기초 또는 그 구성내용을 나타내기 위한 「수출입단가의 산정」이다. 통상 이 「수출입단가의 산정」은 결국 수출입에 따른 각종 비용 및 위험을 누가 어느 정도로 부담하는가의 「정형거래조건」(trade terms)과 관련을 가진다. 이러한 단가의 산정에 있어서는 수출입에 수반되는 각종 비용을 물품의 원가와 이윤에 추가적으로 산입하여야 하는데 이를 나타내는 것이 바로 「가격표」(Price List)이다.

### 1. 표시통화

외국통화로 표시하고 결제하는 수출무역은 외환시세변동에 따른 「환위험」(exchange risk)을 매도인이 부담하지 않으면 안된다.

무역거래는 「지정통화」에 의하여 결제되어야 하며 이 이외의 통화로써 대외결제

---

15) UCP 600, Article 30(b).

16) 「수량적합성」에 관해서는 본서의 제7장 「무역계약의 이행」 제3절 「물품의 계약적합성」 참조.

17) SGA 1979, 제30조 1항.

를 하려면 특별히 정부의 허가를 필요로 한다. 현재 「지정통화」는 미국의 Dollar, 영국의 Pound, 독일의 Mark, 캐나다의 Dollar, 이태리의 Lira, 스위스의 Franc, 홍콩의 Dollar, 스웨덴의 Krone, 프랑스의 Franc, 오스트레일리아의 Dollar, 덴마크의 Krone, 벨기에의 Franc, 노르웨이의 Krone, 오스트리아의 Schilling, 네덜란드의 Guilder 또는 Florin 등이다.

이러한 「지정통화」는 비교적 국제가격이 안정되어 있고 국제유동성이 높으며 환위험도 적기 때문에 무역계약의 조건에 결제통화를 지정통화 중에서 선정하여 명시하는 것은 무엇보다도 중요하다. 또한 결제통화의 표시에 있어서도 혼란을 방지하기 위하여 U.S. Dollar, Canadian Dollar, Hong Kong Dollar, French Franc, Swiss Franc, Belgium Franc 등으로 명확히 표시하여야 한다.

## 2. 「수출입단가」의 결정

상품의 판매 내지 구매의 가격, 즉 「수출입단가」(unit price)는 물품의 제조원가에 의해서만 정해지는 것이 아니다. 먼저 「수출가격」은 상품을 직접 제조하거나 타사에서 구매하는 상품원가, 즉 기본원가와 간접비를 배분받은 간접원가에다 거래조건에 따라 절차상의 부대비용과 예상이익(expected profit)을 포함하여 「가격제시」(quotation)를 하여야 한다.

그리고 「수입가격」은 매도인의 선적상품원가인 기본원가와 간접비를 계상한 간접원가, 거래조건에 따른 부대비용 및 예상이익 등의 요소를 포함하여 수입가격의 원가로 삼는다. 이와 같이 전체 수출·수입표시비용에 의하여 「단가」가 채산(estimation)되고 그에 따라 가격제시(quotation)가 이루어진다.

「가격조건」은 바로 이러한 단가채산, 즉 가격제시에 관련한 수출입 표시비용의 부담귀속을 나타내는 여러 가지 관용적 조건을 일컫는데, 이러한 가격조건은 후술할 「정형거래조건」(trade terms)과 용어를 같이하는 동시에 또한 그 내용이 되기도 한다.

실무상에서는 거래개시를 위해서는 우선 「견적송장」 또는 가격표 등이 이용되는데, 우선 「견적송장」(Proforma Invoice : P/I)의 경우는 장차 판매될 화물에 대해 시산적으로 작성되는 것으로서, 일반적으로 수입상의 요청으로 수출상이 판매상품에 대한 견적서로 제시하는 경우가 대부분이며, 특수한 경우 계약서로도 활용되기도 한다. 또한 「가격표」(Price List)의 경우에는 매입하여야 할 상품의 명세

(description)와 각 품목별 견본번호(sample number), 상품번호(code of number), 수량단위(unit)를 명시한 후, "US $500 per case FOB Busan" 혹은 "US $600 per bale CIF New York" 등과 같이 수출가격을 기재한다. 견본의 품질조건을 보다 확실하게 결정하기 위한 수단으로서 「가격표」상에 가격조건을 집약한 것이다. 「가격표」를 작성하는 단계에서 상대방인 매수인이 어느 정도의 수량을 주문하는지 모르므로 정확한 수출가격을 산정하는 것은 어렵다. 또한 가격표를 송부한 후 시장가격이 변동할지도 모른다.

그래서 「가격표」 등에 기재된 가격은 시장가격의 변동조건부 혹은 매도인의 최종확인조건부의 뜻을, 즉 "The above price are subject to market fluctuations or our final confirmation"(상기의 가격은 시장가격의 변동 조건부 혹은 당사의 최종확인조건부임)과 같이 명시해 두어야 한다.[18]

한편 우리나라 무역에 밀접한 관련을 가지는 「FOB」, 「CIF」가격조건을 기준으로 하여 무역가격의 산정에 관하여 실례를 중심으로 다음에서 살펴본다.

### 1) 「FOB가격」조건

「FOB」조건에서는 "FOB Busan"(선적항)과 같이 조건 뒤에 지정된 수출항이 기재된다. 「FOB」조건에서의 매도인은 매수인이 지정한 본선에 계약상품의 화물을 「본선상」(on board the vessel)에 적재할 때까지의 비용, 위험을 부담한다. 「FOB가격」 중에는 상품의 원가, 공장출하에서 본선에 화물을 적재할 때까지의 비용과 매도인의 이익이 포함된다.

「FOB」조건에서 구체적으로는 다음과 같은 항목이 계산에 포함된다. 즉,

① 상품의 구입원가(first cost) 또는 제조원가(cost of production)

② 수출 제비용

ⓐ 국내수송비, 공장에서 선적항까지의 운임

ⓑ 수출포장비, 감항성 포장을 위한 비용

ⓒ 보험료, 공장에서 본선에 화물을 적재할 때까지의 위험을 커버하기 위한 것

ⓓ 검사 및 사증료, 수출허가 및 정부의 인증, 수출을 위한 조사사무를 요하는 비용은 매도인의 부담이다. 원산지증명서, 영사송장 등을 위한 비용은

18) 「가격표」 등에는 이러한 수출가격뿐만 아니라 여섯 가지 주요 조건의 전부가 기재된 적요(remarks) 부분을 고려하여 보면, 계약성립에 필요한 주요 사항이 포함되어 있다. 따라서 견본과 견적송장 또는 「가격표」가 있으면 상거래가 이루어진다라고 하는 것은 가격표 등에 이러한 주요조건의 내용이 기재되어 있는 것을 전제로 한 것이다.

매수인의 부담이며, 매도인은 이를 위하여 필요한 협조를 제공하여야 하며 이에 필요한 비용은 매수인의 부담으로 한다.

ⓔ 창고료

ⓕ 수출통관제비용

ⓖ 적재비용, 본선에 화물을 적재하기 위한 비용은 매도인의 부담이나 정기선(Liner)에 의한 「개품운송」의 경우 이러한 비용은 해상운송 중에 포함되어 있으며, 또한 운임은 매수인이 지불하므로 매도인으로서는 계산에 포함하지 않아도 된다.

③ 수출경비 및 이익

ⓐ 금리 및 잡비

ⓑ 통신비

ⓒ 매도인의 희망이익이 포함된다.

[그림 5-1] 주요 거래조건별 수출거래의 원가요소

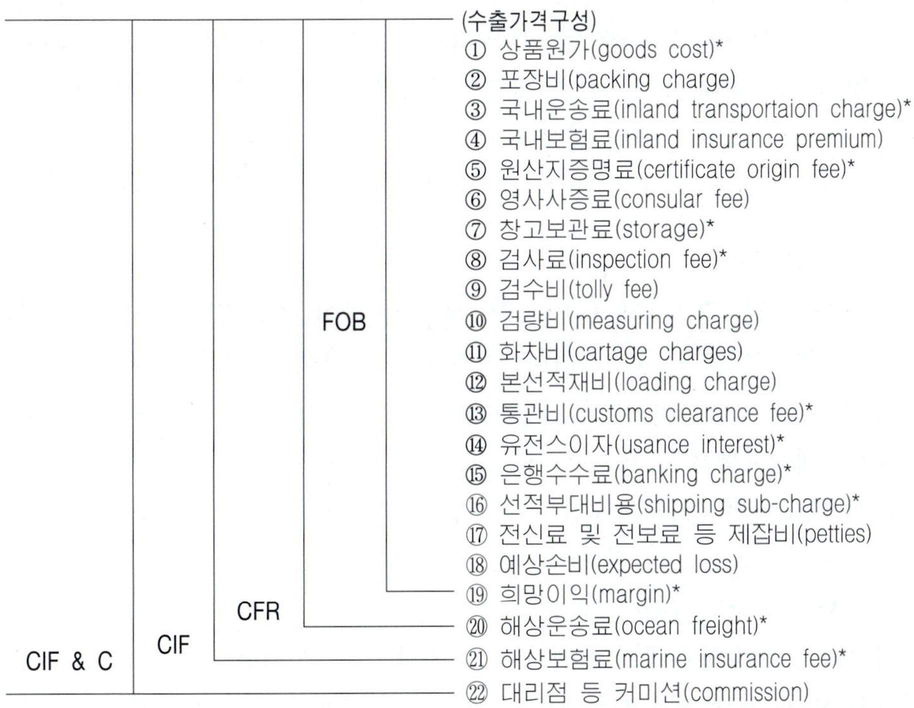


주) '*'는 수출에 따른 비용요소 중 핵심적인 원가요소이다.

이상에서와 같이 「FOB」가격은 크게 분류하면 세 가지 구성요인으로 성립된다. 즉, 구입원가, 수출제비용, 수출경비 및 이익이다. 여기서 「FOB」가격의 산정에 있어서 이러한 각각의 항목에 대해서 상세한 자료에 의해 계산하게 된다.

그러나 현실적으로 수출상이 구입원가에 대해서는 제조업자 또는 국내의 도매상의 견적서를 이용하고, 수출제비용에 대해서는 관세사 등의 견적서를 이용하면 된다. 따라서 수출상 자신이 계산하지 않으면 안되는 부분은 수출경비와 이익에 대한 것이다. 수출경비로서 간접적인 비영업경비를 어느 정도 계산하느냐는 회사에 따라 상이하다.

간접적인 비영업경비까지 이익항목 중에 계산하여 가령 이익 10%를 사전에 계산하였을 때 그러한 계산방법에는 문제가 있다. 그 첫째로, 이익 10%는 무엇을 기준으로 하여 10%인가하는 것이다. 이 경우 무역업자들은 대개 구입원가, 수출제비용, 수출경비 전체를 가산한 것을 기준으로 사용하는 것이 대부분이다.

그 다음에 문제가 되는 것은 구입원가, 수출제비용과 수출경비 및 이익을 계산하여 합산한 「FOB」가격을 외화로 환산할 때 환산율을 어떻게 하느냐 하는 일이다. 즉, 환산율은 수출가격을 산정하려고 하는 시점의 환어음 시세로 환산하더라도 계약상품의 선적을 완료한 후 화환어음을 매입하는 시점의 환어음 시세를 예상하는 것이 중요하다. 이는 결국 무역업자의 능력을 발휘할 기회이기도 하지만 은행의 환어음 시세의 장래의 일정한 시기에 주고받는 조건으로 매매계약을 참고로 하여 원화에 대한 자사의 환산율을 결정하는 것도 무방하다.

### 2) 「CIF가격」조건

「CIF」조건에서는 "CIF New York"(양륙항)과 같이 조건 뒤에 지정된 수입항이 기재된다. 이때 "CIF"의 "C"(Cost)는 매도인이 부담해야 할 모든 수출원가(Cost = FOB Cost)를 의미한다. 이 「CIF」가격은 「FOB가격」에 수입항까지의 해상운임(freight)과 해상보험료(insurance premium)를 가산한 가격인 것이다. 「CIF」조건에 있어서 매도인의 화물에 대한 위험부담은 선적항에 있어서 물품은 본선에 적재(on board the vessel)된 때까지이며, 그 이후의 위험은 매수인의 부담이다. 즉, 매도인은 자신의 책임하에서 계약물품을 「본선상」에 적재하며, 이후의 적하에 대한 위험부담은 매수인에게로 이전된다. 그러나 이때 선적완료와 함께 위험부담자가 된 매수인을 위해 매도인은 지체 없이 본선을 준비하고 해상운임을 지불하고 매수인을 위해 해상보험계약을 체결하여 보험료를 지불하지 않으면 안된다.

「CIF」조건에서의 「소유권이전」은 계약물품을 본선에 적재를 완료하더라도 정식으로는 매도인에서 매수인에게로 이전되지 않는다. 선적 후 매도인은 적하를 대표하는 선적서류(shipping documents)를 매수인에게 제공해야만 비로소 선적 시까지 소급하여 정식으로 소유권 이전이 이루어진다. 즉, 「FOB」조건을 비롯하여 「CIF」조건 이외의 무역거래조건에 있어서는 소유권 이전은 모두 화물이 현실적으로 그리고 「물리적 인도」(actual delivery)인데 대해, 「CIF」조건에서는 소유권 이전이 선적서류에 의해서 이루어지는 「상징적인 인도」(symbolic delivery)이다.

이상에서 「FOB」조건과 「CIF」조건 모두 매도인의 위험부담은 선적항의 본선에 상품을 적재할 때까지이며, 매도인의 책임은 적재하는 장소에서 종료된다는 의미에서 해상운송에 의한 선적지매매에 속하는 거래조건이다.

## 제3절 | 계약이행조건

성립된 계약에 의거 계약당사자는 이미 약정된 6대 「무역거래조건」에 관한 계약상의 의무를 최우선적으로 이행하지 않으면 안된다. 여기서는 계약에서 요구되는 거래조건의 나머지 실무상 이행과 관련된 무역거래조건으로 계약물품의 인도조건과 보험조건 그리고 결제조건상의 제 의무를 각기 분담하고 또한 이들 조건을 명확히 약정해 두는 것이 필요하다.

그러므로 계약의 이행과 직접 관련을 가지는 인도조건을 비롯하여 보험조건, 결제조건을 다음에서 살펴본다.

### 3.1 인도조건

#### 1. 인도의 개념

「인도조건」(terms of delivery)에서 물품의 「인도」(delivery)는 물품의 점유권과 소유권을 어느 특정인이 타인에게 임의적으로 이전하는 것으로서,[19] 무역거래

19) 「인도」(delivery)의 본래의 의미와 무역거래상의 의미를 고려하면, 대부분의 무역업자는 상품이 수입지국에서 인도되기를 원하고 있으나, 국제운송에서의 위험요인이 과대하므로 기간 내에

에서는 곧 「선적」(shipment)을 의미한다. 이러한 「선적」은 해상운송에서의 적재(loading on board), 항공운송에서의 발송(dispatching) 및 복합운송에 있어서 수탁(taking in charge)의 의미를 포괄하고 있다.

그러므로 매수인 본인 또는 대리인이 그 물품을 보관하거나 이에 대하여 관리권을 행사할 수 있게 되면 일반적으로 물품은 매수인에게 인도되었다고 한다. 그러나 무역거래에서는 매도인은 매수인에게 물품을 이전할 목적으로 운송업자에게 물품을 인도하는 것으로서 그의 의무를 이행하게 되는데, 이때에 「선하증권」(B/L)이 발급되지 않는 경우에도 그 효력은 동일하다.[20] 그리고 담보권을 확보하기 위하여 물품이 매수인이 아닌 은행을 수하인으로 하여 선적이 이루어졌을 경우에도 매도인의 인도의무를 이행함에는 아무런 하자가 없는 것이다.

무역계약에서 명시하여야 할 「인도조건」(delivery terms)에는 ① 인도장소, ② 인도시기, ③ 인도방법의 세 가지 요소를 포함하고 있는데, 당사자 간에는 이에 관한 구체적 약정이 필요하다. 우선 「인도장소」(place of delivery)는 인도시기와 함께 물품에 대한 위험부담의 한계를 나타내는 장소를 말하며, 계약상에 표기는 "FOB Busan(선적항)", "CIF NewYork(양륙항)"과 같이 후술하는 「정형거래조건」에 의해 결정된다. 그리고 「인도시기」(time of delivery)는 소유권이전 효력의 시기로서 일반적으로 적출지에서의 송하를 위한 선적시가 되며, 「인도방법」은 소유권이전이 대금결제방법과 관계되는 「현물인도」(actual delivery) 또는 「서류인도」(symbolic delivery)의 문제이다.

이러한 인도의 시기, 장소 및 방법은 「FOB」, 「CFR」조건 및 「CIF」조건의 경우 통상 물품이 "본선에 적재(on board the vessel)된 때"에 인도되는 것으로 되며, 인도방법은 「CIF」조건에서는 운송서류의 인도에 의한 서류인도방식에 의한다. 무역실무상 「FOB」조건에서 수입상이 해상운임을 부담하는 「정형거래조건」을 채택한 경우 수입상이 본선 선박을 지정하는 조항으로 「Nomination Clause」가 추가된다.

이와 같이 「인도조건」에서 구체적으로는 선적일자, 선적항 및 도착항, 선적방법으로 분할선적과 환적의 허용여부 등이다.

---

수출지국에서 운송업자에게 인도되는 것을 조건으로 하는 무역거래가 발전하기에 이르렀다. Morris S. Rosenthal, *Techniques of International Trade*, McGraw-Hill, 1950, p. 7.

20) Clive M. Schmitthoff, *Schmitthoff's Export Trade*, 9th ed., Stevens & Sons, 1990, p. 116.

## 2. 선적시기 및 방법

「선적시기」를 결정하는 방법으로는 선적의 기간이나 최종선적기한을 정하는 「특정월선적」조건과 막연히 조속 선적하라는 「즉시선적」 조건의 두 가지 형태가 있다. 먼저 「특정월선적」에서는 선적시기를 일정한 기간 또는 기일로 결정하는 방법으로서, 예를 들면 "May shipment" 또는 "Shipment shall be made from May to June, 20**"와 같이 명시하여 5월 1일에서 5월 31일 사이에, 또는 5월에서 6월 사이에 선적이 이루어져야 함을 의미하며, 그리고 「즉시선적」의 경우, 이를 의미하는 "immediately", "promptly", "as soon as possible"과 같은 애매모호한 용어는 후일 분쟁의 소지가 있으므로 「신용장통일규칙」(UCP 600)에서는 이를 무시하도록 규정하고 있다.[21] 따라서 이 용어의 사용 시는 약정서상에 그 의미를 명백히 규정하는 "Prompt shipment means shipment within two weeks after receipt of L/C" 문언을 삽입하여야 한다.

또한 「분할선적」(partial shipment)의 경우,[22] 매매상품은 계약전량을 1회에 선적인도(single delivery)하는 것이 원칙이나, 통상 각국의 무역업계에서는 계약수량, 선복 등을 이유로 계약전량을 1회에 인도가 불가능한 경우 계약에서 「분할선적」을 특별히 금지하고 있지 않는 한, 약정기한 내에 전량을 인도하는 조건으로 「분할선적」이 허용되며,[23] 이때 대금은 「매선적분」에 대하여 분할 지급되는 것이 국제적 관례로 되어 있다.[24] 「분할선적」을 허용하고 있는 경우에도, 일시에 선적되지 않도록 하는 것이 필요한 경우 특정월별로 선적수량을 결정하여 두는 것이 바람직하다.

그리고 월별로 일정수량이 분할 선적되는 「할부선적」(shipment by installment)

---

21) UCP 600, Article 3(해석) 참조 : 「신용장통일규칙」(UCP 600)은 선적시기에 관하여 예컨대, 달의 전반(first half) 또는 후반(second half)은 당해 월의 1일부터 15일까지 또는 16일부터 말일까지를 각각 의미하는 등의 구체적 해석기준을 두고 있다.

22) UCP 600, Article 31 : 같은 운송방법 내에서 2 이상의 운송수단상의 선적을 증명하는 하나 또는 둘 이상의 세트의 운송서류로 이루어진 제시는, 비록 운송수단이 같은 날짜에 같은 목적지로 향하더라도 분할선적으로 본다.

23) UCP 600, Article 30(a) : 신용장에 다음의 「분할선적」 금지문언, 즉 "Partial shipments are not allowed."나 "Partial shipment are prohibited."와 같은 문언이 없을 때에는 「분할선적」이 허용되는 것으로 간주되므로 수출업자는 선적기간에 걸쳐 「분할선적」이 가능하다.

24) 영국 「물품매매법」(SGA 1979) 제30조에서는, 특약에 의하지 아니하고는 계약물품수량보다 부족수량이 선적되었을 때 매수인은 계약물품 전량 또는 미착분을 인수거절할 수 있다. Clive M. Schmitthoff & David A. G. Sarre, *Charlesworth's Merchantile Law,* 14th ed., Stevens & Sons, 1984, pp. 313~315.

의 경우, 지정 월에 지정된 수량이 선적되지 않으면 다음의 월에 이월되지 않으므로, 이를 이월할 수 있도록 하려면 특약에 의해서만 가능하다. 왜냐하면 "매 선적"은 별도의 「독립적 계약」[25]으로 간주되기 때문이며,[26] 따라서 분쟁의 소지는 이 경우에도 발생할 수 있으므로 계약에서 이를 명백히 하는 것이 필요하다.

「환적」(transshipment)은 선적항으로부터 목적항까지의 운송 중에 하나의 선박으로부터 양하 되어 다른 선박으로 재적재 되는 것을 말하며,[27] 일반적으로 물품은 타운송 기관에 「환적」하기 위하여 또는 선적이나 양륙을 하기 위하여 하역작업을 할 때에 멸실이나 손상의 우려가 크기 때문에, 「환적」은 바람직하지 못하므로 "transhipment prohibited"라는 「환적」금지약속을 계약에 삽입한다. 그러나 해상운송이나 복합운송의 과정에서 「환적」은 일반적으로 예기되는 것이므로 「환적」에 대해서 금지의 지정이 없는 한 이를 인정하고 있다.

한편 「선적지연」(delayed shipment)이란 약정된 선적기한 내에 선적을 이행하지 않는 것을 말하는 것으로, 인도불이행도 이에 포함시킬 수 있다. 매도인의 고의 또는 과실에 의한 「선적지연」은 명백한 계약불이행이므로 매도인은 책임을 져야 한다. 그러나 「선적지연」이 불가항력적인 사태로 인한 경우에는 매도인은 수출국 거주 상대방의 영사 또는 상업회의소의 증명에 따라 선적을 유예받거나 선적의무를 전면 면제받거나 때로는 해약을 하는 것이 보통이다. 여기에서 「불가항력」(force majeure)적인 사태란 천재지변(acts of god)과 같은 자연적인 사태를 의미하나 현재에는 파업(strike), 공장폐쇄(lock-out), 전쟁(war) 및 정부간섭 등의 인위적인 것도 포함된다. 아울러 생산기계의 고장, 운송수단의 부족, 원재료의 부족 등의 「돌발적인 사고」(contingency)로 인해 수출업자의 능력으로 통제 불가능한 제반여건을 포함하는 개념으로 이해될 수도 있다.[28] 이러한 「선적지연」의 문제와 관련하여 계약서상에 「불가항력조항」(force majeure clause)에서 이를 구

25) *Ibid.* : 「매 선적분」을 독립적 계약으로 간주된다고 하는 문언이 계약에 규정되어 있으면, 매도인은 그 계약을 분할불능의 것으로 처리하거나 또는 계약이 분할될 수 있는 경우 이를 분할하여 「독립적 인도」(separate delivery)를 할 수 있는 선택권을 가진다.

26) *J. Rothental & Sons Ltd. v. Esmail*[1965] 1 W.L.R.117 : 본건에서 동일 일자 동일 선박에 선적된 물품에 대하여 두 장의 다른 선하증권(B/L)이 발행되어 제시되었는데, 매수인은 한 장의 선하증권에 표시된 절반의 물품을 인수하고 나머지는 인수거절하였다. 그러나 이는 분할할 수 없는 하나의 계약이므로 매수인이 계약물품의 일부를 인수하게 되면 다른 나머지 물품을 거절할 수 있는 권리를 상실한다고 판시함으로써 「매 선적분」이 독립적 계약이라는 뜻을 명백히 하고 있다.

27) UCP 600, Article 20(b).

28) Morris S. Rosenthal, *op. cit.*, pp. 19~20.

체적으로 명시하는 것이 중요하다.

마지막으로, 「선적일자」는 일반적으로 선하증권 발행일(B/L date)로 간주하는 것이 무역관습으로 되어 있다. 「선하증권」(B/L)이 「선적일자」를 표시하는 본선적재표기를 포함하지 않는 경우에는 선하증권의 발행일을 「선적일」로 보며,[29] 「Warsaw-Oxford규칙」(WORCC)에서는 선하증권에 표시된 「선적일」을 실제 선적일의 「추정적 증거」(prima facie evidence)가 된다고 본다.[30]

대부분의 「General Agreement」나 「Sales Contract」에서는 선적일을 명확히 하기 위하여 "The date of Bill of Lading shall be taken as conclusive proof of the day of shipment."와 같은 약정을 한다.

## 3.2 보험조건

「보험조건」(terms of insurance)에서는 보험금액과 보험비율(보험금액/보험가액) 그리고 해상위험에 대한 부보범위를 정해야 한다. 「해상보험」(marine insurance)은 무역거래에 따른 화물의 운송구간에 있어서 우발적인 사고에 의해 발생하는 손해를 보험자가 보상할 것을 목적으로 하는 보험으로서, 무역계약에서는 이러한 「해상적하보험」(marine cargo insurance)을 그 대상으로 하고 있다.

실무적으로 해상적하보험에 있어서 널리 이용되는 「협회적하약관」(Institute Cargo Clauses : ICC)에는 ICC(A), ICC(B), ICC(C) 조항의 세 가지 기본약관이 있는데, 보험계약시 매매당사자들은 그 부담하는 위험과 전보되는 손해의 범위 그리고 보험료 등을 고려하여 계약화물에 적합한 형태의 「보험조건」을 선정하게 된다.

### 1. 보험계약 당사자

매매계약의 체결 시에 먼저 당사자 간에는 「보험자」(보험회사)와의 보험계약을 체결하는 「보험계약자」와 피보험이익을 가지게 될 「피보험자」에 대한 관계를 분명히 할 필요가 있다. 즉, 「FOB」, 「CFR」조건의 경우와 같이 매도인이 계약물품을 운송인에게 인도하고, 그 이후의 물품운송 중의 멸실 혹은 손상(loss or damage)

29) UCP 600, Article 20(a).
30) WORCC, Rule 3.

에 대한 책임은 매수인이 부담하는 경우 매수인은 그 운송물품에 대한 보험계약자인 동시에 피보험자가 된다. 또한 「DDP」조건인 경우에 매도인이 물품을 목적지까지 운송할 의무가 있으므로 보험계약자와 피보험자는 매도인이 된다.

그러나 「CIF」나 「CIP」조건에서와 같이 부보의무는 매도인에게 있으나 물품운송의 위험은 매수인이 부담하는 경우에 있어서의 「보험계약자」는 매도인이 되지만 「피보험자」는 매수인이 되는 점에 유의하여야 한다.

이상에서와 같이 운송화물에 대한 보험은 「정형거래조건」(trade terms)에 따라 매도인 또는 매수인이 자기위험에 귀속되는 구간에 대하여 부보의 책임을 지게되며 이는 당사자 간의 매매계약조건에 의해 궁극적으로 결정된다.

## 2. 보험금액

계약에 따라 물품운송의 책임을 지는 당사자가 「보험자」와 보험계약을 체결하는 경우에 그 보험금액과 부보의 범위를 결정하면 된다.

이때 「CIF」나 「CIP」조건과 같이 보험계약자(매도인)와 피보험자(매수인)가 상이한 경우에는 부보금액에 대한 별도의 약정이 필요한 경우가 있다. 즉, 「CIF」조건의 경우 “110 per cent of the CIF invoice value”와 같이, 「보험금액」은 최소한 매매계약에서 약정된 대금에 10%를 더한 금액, 즉 매매대금의 110%이어야 하고, 보험의 통화는 매매계약의 통화와 같아야 한다.[31] 특히 「CIP」의 경우는 복합운송에 의하므로 해상보험이 아닌 운송보험에 부보해야 하는 바, 「운송보험」의 경우에는 해상적하보험처럼 보험약관의 정형이 없으므로 개별적 보험약관에 의하여야 한다.

그리고 「FOB」조건하에서는 특히 매수인이 자신의 비용부담과 책임하에 매도인에게 보험계약체결을 부탁하는 경우 부보금액에 대해서는 매수인의 별도의 지시가 있어야 한다.

## 3. 담보위험과 보상범위에 관한 「보험조건」의 선택

해상적하보험은 화물이 운송 중 우발적 사고(fortuitous accident)에 의하여 멸실 또는 손상됨으로써 화주가 입을 경제적 손실을 보상하는 것이므로 담보되는 위험과 보상범위는 보험계약 당사자에게는 매우 중요한 문제가 된다.

---

31) 「Incoterms 2020」, CIF A5/B5.

### 1) 담보위험

실제 손해가 발생하였을 경우에 보험자가 보상해주는 위험은 보험증권의 약관 중에 열거한 「열거위험」이 있는데, 소위 "SSCG"로 불리는 침몰(sinking), 좌초(stranding), 충돌(collision) 및 교사(grounding)와 같은 「해상고유의 위험」(perils of the sea)을 비롯하여 화재, 강도, 투하 및 선원의 악행 등의 「해상위험」(perils on the sea) 그리고 전쟁, 동맹파업 등의 위험이 있다. 이 중 전쟁(war), 동맹파업(strike) 등의 「특수위험」은 추가보험료를 지불하고 특약에 의하여 증권면에 명시하지 않는 한 담보되지 않는다.[32)]

해상보험에서 보험자가 보상해 주는 손해는 보험증권에서 담보된 위험이거나 그것에 「근인」하여 발생한 손해이어야 한다. 보험자는 「담보위험」(insured perils)에 근인하여 발생한 손해에 대해서만 보상할 책임이 있다는 원칙을 「근인주의」(proximate cause)라 하여 영국 「해상보험법」(MIA 1906) 제55조에서도 이 원칙을 채택하고 있다. 즉, 손해를 야기 시킨 가장 중요한 원인이 담보위험에 속하면 보험자는 보상책임이 있다. 여기서 문제는 여러 가지 원인의 연속과정에서 그 결과로 손해가 발생할 경우, 즉 위험과 손해 간에 일정한 「인과관계」(causation)[33)]가 존재해야 하는데 그 중 어느 것을 「근인」으로 보느냐 하는 점이다.[34)]

다시 말해 여러 가지의 위험이 연속적으로 「인과관계」를 가지고 발생한 경우, 그 중에는 담보조건에 따라 보험자가 담보하는 위험도 있고 담보하지 않는 「면책위험」도 있으므로 보험자가 담보하는 위험에 의하여 생긴 손해인가 아닌가를 판단하는 것은 대단히 어렵고 중요한 문제이다.

### 2) 보상범위의 선택

전술한 열거위험 중 어느 것에 「근인」(proximate cause)하여 생긴 손해는 원칙적으로 전보되지만, 손해형태에 관하여 「보험조건」에 따라서는 전보되지 않는 경우도 있으므로 전보조건을 정해야만 한다.

이에 관해서 「해상적하보험」(marine cargo insurance)은 1912년 런던보험업자협회(The Institute of London Underwriters)가 제정하고 이후 여러 차례 개정된

---

32) 증권면에 열거되어 있는 위험 이외의 「비열거위험」과 면책되는 「면책위험」에 대해서는 통상적으로는 해상보험에서 제외되어 담보되지 않는다.

33) 「인과관계」(causation)란 위험과 손해간에 전후의 필연적 특정한 관계의 존재를 말하는 것이다.

34) 이에 관해서는 본서의 제12장 「무역매매와 해상보험계약」 제2절 「해상보험계약의 기본원칙」의 2.2 「해상보험계약의 기본원칙」 참조.

「협회적하약관」(institute cargo clauses : ICC)에 의하여 계약되고 있는데, 이 「협회적하약관」(ICC)에서는 기본적 손해담보의 범위를 「단독해손부담보」(Free from Particular Average : FPA), 「분손담보」(With Average, With Particular Average : W.A, WPA), 「전위험담보」(All Risks : A/R)의 세 가지가 이용되어 오다가 이후 1981년에 ICC가 전면 개편되어 FPA와 유사한 ICC(C), W/A와 유사한 ICC(B), A/R와 유사한 ICC(A)라고 하는 신약관이 채택됨에 따라 우리나라는 구약관과 신약관인 ICC(A), ICC(B), ICC(C)가 혼용되고 있다. 이후 「협회적하약관」(ICC)의 문제점과 더불어 무역환경 변화에 부응하기 위하여 최근 2009년 1월부터 개정된 협회적하약관(ICC)이 시행되었다. 이 새로운 2009년 ICC는 선사파산면책, 불감항 부적합면책, 포장불량면책 등과 보험기간, 항해변경 등 개정내용이 피보험자 및 화주에게 유리한 방향으로 되었다.

이상에서, 매매당사자는 「보험조건」을 약정함에 있어 ICC(B) 또는 ICC(C)조건으로 부보하는 경우, 담보되지 않는 위험에 대해서는 상품의 성질을 감안하여 해수침손, 파손 등의 「부가위험」(extraneous risk)을 추가하여 부보하는 것이 중요하다.

그리고 「보험금액」(insured amount)은 보험계약당사자의 합의에 의하여 보험자가 지급해야 할 손해보상의 최고한도액으로서, 보험계약을 체결할 때 당사자 간의 약정에 의하여 정하여 진다. 통상 매매계약에 의해 거래물품에 대하여 위험을 부담하는 당사자가 보험자와 보험계약을 체결하는 경우에 그 보험금액과 부보의 범위를 결정한다.

그러나 「CIF」나 「CIP」조건과 같이 보험계약자와 피보험자가 상이한 경우에는 부보금액에 대한 별도의 약정이 필요한 경우가 있다. 즉, 「CIF」조건의 경우 "110 per cent of the CIF invoice value"와 같이 송장가액에 10%를 부가한 금액으로 부보하게 되며, 이러한 가산비율에 따라 「보험료」(insurance premium)도 달라지므로 보통 송장금액에 10%를 가산한 최소부보금액을 약정한다.

실무적으로는 「보험조건」의 선택은 적하보험에 있어서 널리 이용되는 「협회적하약관」(ICC)에는 ICC(A), ICC(B), ICC(C) 조항의 세 가지 기본약관에 의하여 결정하게 되는데, 보험계약 시 매매당사자들은 부담하는 위험과 담보하고자 하는 손해의 범위, 보험료 등을 고려하여 계약화물에 적합한 형태의 보험조건을 선택하게 된다.

## 3.3 결제조건

「결제조건」(terms of payment)에서는 결제방법과 결제시기를 정한다. 우선 결제방법으로는 신용장방식과 추심방식 또는 송금방식을 말하며 그리고 결제시기의 문제는 선불인지 후불인지 아니면 즉시불인지를 말한다.

매매계약은 물품의 소유권의 이전을 대가로 대금지급을 약정하는 것이다. 따라서 매수인이 구매상품에 대하여 그 대금의 지급 대신에 다른 물품의 제공을 약정한 경우에는 매매계약으로 간주되지 않는다.35)

### 1. 결제방법 및 시기

「결제방법」에서는 현금결제방식으로서 주문시 지급하는 「CWO」(cash with order)와 같은 단순송금방식이나, 인도시 지급하는 「COD」(cash on delivery) 또는 선적서류상환불의 「CAD」(cash against document)와 대금교환도조건으로 또는 「환」(transfer)결제방식36)이나 수표(cheque)방식으로 할 것인지, 「화환어음」(documentary bill of exchange)이 개입하는 방식으로 할 것인지를 결정해야 한다.

또한 「결제시기」는 통상 선적의 전후를 기준으로 하여 「즉시불」(concurrent payment)이나 「선불」(advance payment) 또는 「후불」방식(deferred payment) 중에서 어느 조건으로 할 것인지를 정해야 한다. 「즉시불」의 경우도 「일람불」방식(at sight basis), 「지급도」방식(D/P basis), 「현물상환도」방식(COD basis) 등이 있다. 「선불」의 경우는 「단순송금」방식(remittance basis), 「주문지급」방식(CWO basis) 및 Red Clause L/C 등이 있다. 그리고 「후불」의 경우도 "d/d", "d/s"와 같은 「기한부」방식(usance basis), 「인수도」방식(D/A basis), 「중장기연불」방식(deferred payment on long or mid term basis) 및 청산계정의 「Escrow」방식

---

35) D. L. Perrott, *International Sales Agreements, in International Trade : Law and Practice*, ed. by Julian D. M. Lew and Clive Stanbrook, Euromoney, 1983, pp. 12~13 : 이 경우 금전이라는 약인(대가)의 결여로 매매계약은 아니며, 「교환계약」에 해당한다.

36) 신용장방식과 추심방식의 결제는 「환어음」(draft)에 의해 이루어지는데, 이 경우 대금결제의 시기는 환어음의 지급시기, 즉 「만기일」(maturity)에 의해 결정된다. 이에 따라 「일람출급환어음」(sight draft)의 경우는 어음의 제시 즉시 지급해야 하며 그리고 「기한부환어음」(usance draft)의 경우는 어음이 제시되고 일정기간 후에 지급되는 어음을 말한다. 다시 이 기한부환어음에는 다시 어음이 수입상에게 제시되고 일정기간 후에 지불되는 「일람후정기지급」(days after sight : d/s)과 어음이 발행된 후 30일, 60일 등 일정기간 후에 지불되는 어음을 「일부후정기지급」(days after date : d/d)이 있다.

등이 있다. 특히 이 후불방식의 경우 외상을 주는 주체가 수출상인지 수입상의 거래은행인지를 명확히 하고 이자부담조건도 확정해야 한다.

### 1) 신용장결제방식

무역계약에서 가장 일반적으로 이용되는 수출입대금결제방식으로 「화환신용장」방식과 「추심결제」방식을 들 수 있다.

이 중 「화환신용장」방식(documentary letter of credit)은 매매당사자간에 신용장방식의 결제를 계약에서 약정하게 되면, 먼저 매수인인 수입상은 거래은행인 신용장발행은행에 화환신용장의 발행을 의뢰하고 이에 따라 신용장발행은행은 발행한 신용장을 수출지의 거래은행(통지은행)을 통하여 수출상에게 신용장을 통지한다.

수출상은 신용장의 내용을 면밀히 검토하고 매매계약의 내용과 상이한 경우 이의 조건변경을 요청하고 이어서 수출물품을 조달하여 선적하기 전에 세관의 수출통관절차를 밟고, 이후 선박회사와 운송계약을 그리고 보험회사와 해상보험계약을 체결하고 동시에 선적을 하게 된다. 수출상은 지정된 선적항 본선상에 화물의

[그림 5-2] 신용장거래의 당사자와 순환과정

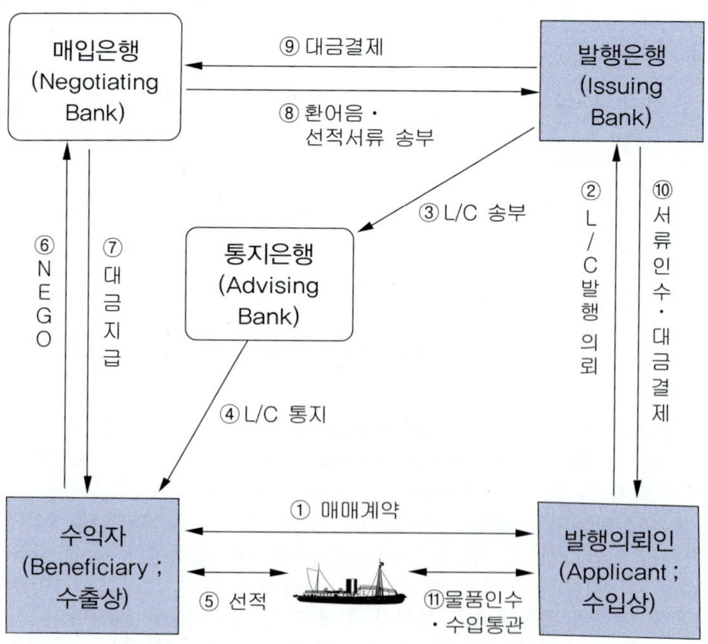

적재가 완료되면 선박회사로부터 「선하증권」(B/L)을 입수하고 이외 보험증권, 송장 등 선적서류와 함께 「환어음」(Bill of Exchange)을 발행하여 수출지 매입은행의 매입을 통해 수출대금을 할인하여 회수한다.

이와 같이 수출상의 입장에서는 신용장발행은행의 선적서류를 첨부한 「화환어음」이라는 조건부의 대금지급약정을 의미하는 「신용장」(L/C)을 통해 수입상의 신용위험을 은행의 신용으로 커버하는 이러한 신용장방식의 결제를 선호하는 한편으로 국제무역실무에서도 이를 발전시켜 왔다.

### 2) 추심결제방식

「추심결제」방식(collection)은 매매당사자 간의 「계약」에 의거하여 수출상이 상품을 선적후 관련서류를 첨부한 「화환어음」을 수출상의 거래은행인 「추심의뢰은행」(remitting bank)에 제시하면 은행은 서류가 계약서상에서 요구하고 있는 서류조건과 일치하는지 여부에 대해서 확인한 후 그 어음에 대한 지급(D/P조건) 또는 인수(D/A조건)를 함으로써 결제하는 방법이다.

이 추심결제방식에는 「어음지급서류인도」(documentary against payment : D/P) 조건과 「어음인수서류인도」(documentary against acceptance : D/A)조건이 있는데, 이들 방식은 수입상의 선적지시에 따라 선적을 완료한 수출상이 환어음을 발행하여 거래은행을 통한 수출대금의 추심에 의하여 대금을 결제하게 되는데, 이때에 발행되는 어음을 「화환추심어음」(Bill of Documentary Collection)이라고 한다.

「신용장부 환어음」은 대부분 어음상의 「지급인」이 발행은행으로 되어 있는 은행어음(bank bill)인데 비해, 「화환추심어음」은 지급인이 수입상인 개인어음(private bill)이다. 따라서 신용장에 의한 화환어음은 발행은행의 "조건부 지급확약"이 따르기 때문에 매입은행이나 인수은행은 하등의 위험부담 없이 매입 또는 인수를 한다. 그러나 D/P조건이나 D/A조건하에서 발행되는 어음은 어떠한 은행의 지급보증도 따르지 않으며 대금지급에 따른 모든 책임은 수입상이 부담한다.

한편 「결제통화」(settling currency)는 환시세의 변동으로 인한 「환위험」(exchange risk)이 심하지 않은 안정된 통화로서 국제통용성 및 공신력이 높은 통화를 채택해야 한다. 국제거래의 매매기준이 되는 기준통화로 미국 달러화(US$), 일본 엔화(JP¥), EU의 유로화(EURO) 등이 있다.

## 2. 결제장소

결제장소는 당사자 간의 특약이 없는 한 “매도인의 영업지”가 되는데, 이는 물품인도와 대금지급이 「동시이행조건」이라는 계약이론에 따르는 것이 일반적이기 때문이다. 협약(CISG) 제57조 1항에 의하면, “대금지급은 매도인의 영업장소에서 이루어지거나, 대금지급을 물품 또는 서류의 교부와 상환으로 하여야 하는 때에는 교부가 행해지는 장소에서 지급하여야 한다.”고 규정하고 있어 일반계약관행에도 부합하고 있다.

무역거래의 실무적 관행에서는 대금결제와 관련한 지급장소에 대하여 계약당사자간에 명시적 특약이 없으면 「FOB」조건에서는 “매도인의 소재지”가 곧 대금지급장소가 되며, 선적서류의 제공을 지급조건으로 하는 「CIF」조건에서는 선적서류의 제공장소인 “매수인의 소재지”가 대금지급장소가 되고, 또한 양륙지인도조건인 「DAP」조건에서는 물품이 인도되는 양륙지인 “매수인의 소재지”가 곧 대금지급장소가 된다.

## 3.4 포장조건

「포장조건」(terms of package)은 수출입물품을 수송도중 안전하게 보호하고 상품으로서의 가치를 유지하기 위해 산적화물(bulk cargo)이 아닌 개품운송인 경우 필수적으로 이루어지는 과정이다. 포장의 크기, 외장포장재, 화인 등을 포함한다. 여기서 포장의 크기는 과대하지 않도록 하며, 「포장방법」으로는 개장, 내장 및 외장이 있는데, 상품의 특성에 따라 외장재(outer packing) 사용에 유의하는 것이 중요하다.

특히 포장에서의 「화인」(cargo mark)은 계약물품을 쉽게 식별하거나 취급할 수 있도록 한 여러 가지 표시를 말한다. 화인에는 타화물과의 식별을 위해 그려지는 갖가지 도형이나 문자, 포장번호(case number),[37] 원산지, 목적지, 중량 및 주의표시(care mark)[38] 등이 있다.

---

37) 무역계약의 체결시 “shippppping marks”상에 “case number”는 미확정되어 기재하기 곤란하기 때문에 이 경우 “C/No. 1-up”과 같이 표기하면 “1, 2, 3 …” 순으로 연속번호가 부여된다.

38) 주의표시로는 “HANDLE WITH CARE”, “KEEP DRY”, “USE NO HOOKS”, “THIS SIDE UP”, “EXPLOSIVE”, “OPEN HERE” 등의 문자와 함께 관련 도형도 같이 표기되는 것이 일반적이다.

무역계약을 체결할 경우에 「화인」은 보통 매수인의 요청과 그 지시에 따라 이행하여야 하며, 매수인이 별도 요청이 없을 경우에는 매도인의 임의로 화인을 하면 된다. 일반적인 「화인」의 예는 [그림 5-3]과 같다.

[그림 5-3] 화인의 형태

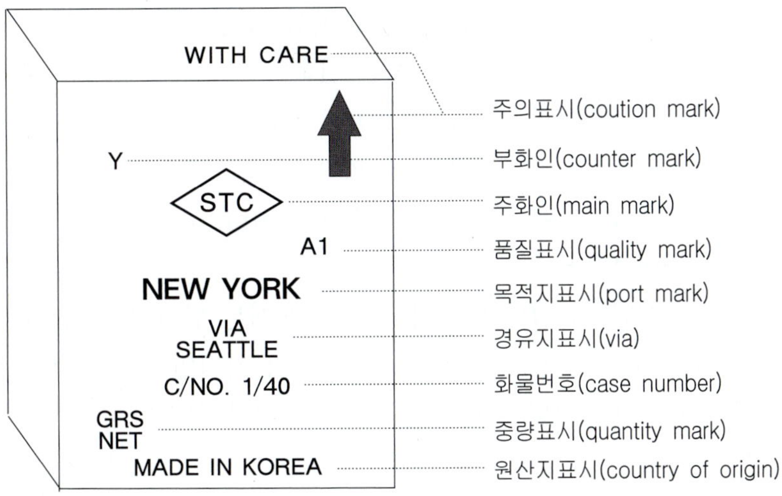


## 제4절 계약분쟁구제조항

거래당사자는 계약불이행에 따른 분쟁에 대비하여 미리 분쟁해결에 관한 약정, 즉 계약위반의 구제조항으로서 「불가항력조항」(force majeure clause), 「클레임조항」(claim clause), 「중재조항」(arbitration clause), 「준거법조항」(governing law clause), 「재판관할권조항」(jurisdiction) 및 「권리침해조항」(infringement clause) 등의 제조항을 계약서상에 명시해 둘 필요가 있다.

또한 무역클레임 중에는 여러 가지 이유로 「중재」에 의한 해결이 불가능한 경우에는 부득이 소송을 제기할 수밖에 없다. 이러한 소송을 대비하여 「재판관할권」조항(jurisdiction clause) 및 「준거법조항」(governing law clause) 등을 계약에 삽입해 두어야 한다.

## 4.1 「클레임」조항

「클레임조항」(claim clause)은 대개 클레임의 제기기한 및 방법 등을 계약서상에 약정해 두는 것으로서, 이는 수입상의 시장악화, 판매부진 등에 따른 악성 클레임의 제기를 사전에 방지하는 효과가 있다. 여기서 「클레임」(claim)이란 매매당사자가 계약불이행에 대하여 상대방에게 손해배상 등을 청구하는 것을 말한다.

이러한 「클레임」이 일단 제기되면 당사자들은 신속히 해결하고자 하는 자세를 가져야 한다. 통상 「클레임」의 해결방법으로는 ① 매매당사자간의 타협(compromise) 및 화해(amicable settlement), ② 「제3자」에 의한 것으로 조정인(mediator)이 개입한 조정(conciliation) 및 중재기관에 의한 중재(arbitration), ③ 국제사법에 의한 소송(litigation) 등이 있다.

무역거래실무상 「클레임」이 일단 발생하게 되면 대개는 당사자 간의 타협에 의해 신속하게 해결되는 것이 일반적인 경향이며 또한 장기적인 관점에서도 시장을 유지하는데 유리한 협상태도이며 바람직한 해결방식이라 하겠다.

그럼에도 당사자 간의 타협이 어려운 경우 「제3자」에 의한 해결로서 후술하는 중재와 소송이 이용되어 지는데, 이 경우 「중재」조항을 통해 비효율적인 소송보다는 중재를 활용하는 것이 바람직한 해결방식이라 하겠다.

「클레임조항」의 예를 보면 다음과 같다.

> "Claim shall be filed by cable within fourteen(14) days from the date of final discharge of the goods at destination. Claims after the elapse of fourteen days shall be considered as null and void."(분쟁이 있으면 목적지에서 화물을 양륙한 최종일로부터 14일 이내에 전신으로 제기한다. 14일 경과후의 분쟁제기는 무효로 한다.)

## 4.2 불가항력조항

「불가항력조항」은 당사자의 통제를 넘어서는 천재지변을 비롯한 전쟁, 동맹파업 등의 불가항력사태로 인해 계약당사자의 의무이행이 불가능하게 된 경우 그 책임을 면하게 하는 계약조항을 말한다.

이 조항은 불가항력적인 사태로 계약당사자의 의무의 불이행에 대한 책임을 면하게 하는 계약에 삽입되는 조항이다. 영국법에서는 계약의 당사자가 통제불능한 사태의 발생으로 계약의 이행이 불가능하게 되면 그 의무를 면제하는 「이행불능」(impossibility of performance)의 원칙을 발전시켰다.

「불가항력」(force majeure)이란 당사자의 통제를 넘어서는 모든 사건(every event beyond the control of the parties)을 말한다.[39] 즉, 불가항력적인 사태는 천재지변(Acts of God)의 의미로서 낙뢰, 폭풍우, 지진, 홍수 등 자연적인 사태를 의미하나 현재에는 파업(strike), 공장폐쇄(lock-out), 내란(insurrection), 전쟁(war) 및 정부간섭 등의 인위적인 것이 포함되며 또한 생산기계의 고장, 운송수단의 부족, 원재료의 부족 등의 돌발적인 사고(contingency)에 의하여 수출업자의 능력으로 통제불가능한 제 조건을 포함하는 개념으로 이해되고 있다.

무역거래에서 불가항력적인 사태로 인하여 수출업자가 적기에 선적이 불가능하게 되면 수출국 주재 상대방의 영사 또는 상업회의소의 증명에 따라 선적을 유예받거나 선적의무를 전면 면제받거나 때로는 계약해제를 하는 것이 보통이다.

「불가항력조항」의 구체적인 예를 보면 다음과 같다.

> "The seller shall not be responsible for the delay of shipment due to force majeure, including mobilization, war, riots, civil commotion, hostilities, blockade, requisition of vessels, prohibition of export, fires, floods, earthquakes, tempest, and any other contingencies, which prevent shipment within the stipulated period." (매도인은 약정기간내에 선적을 방해하는 군대의 출동, 전쟁, 소요, 폭동, 적대행위, 해상봉쇄, 선박징용, 수출금지, 화재, 홍수, 지진, 태풍, 기타의 우발사고 등을 포함하는 불가항력으로 인한 선적지연에 대하여 책임을 부담하지 아니한다.)

### 4.3 준거법조항

「준거법조항」(governing law clause ; applicable law clause)은 계약의 해석기준과 관련하여 어느 국가의 법률을 적용하느냐 하는 문제를 약정한 조항이다. 이러한 「준거법」(governing law)을 결정하는 데는 국가별로 법제의 해석기준이 다

39) Clive M. Schmitthoff, *Schmitthoff's Export Trade, op. cit.*, p. 199.

르기 때문에 어느 국가의 법을 준거법으로 결정할 것인가를 계약당사자간에 약정해 두어야 한다.[40]

특히 무역계약은 법역(jurisdiction)을 달리하는 당사자 간에 이루어지는 매매계약이기 때문에 국제적으로 통일된 물품매매법이 존재하고 있지 않으며, 따라서 계약의 성립, 이행 및 해석 등에 관하여 어느 법을 「준거법」으로 할 것인지에 관하여 계약서 작성시 삽입하는 것이 중요하다.

국제거래에서 통상 이용될 수 되는 「준거법」으로 국제적 통일매매법이라 할 수 있는 협약(CISG)은, 원칙적으로 동 협약에 비준한 체약국의 매매당사자간에 적용된다. 협약(CISG)이 국제매매계약에 적용되기 위해서는 매매가 「국제성」을 지니고 「체약국」간의 거래이면서 적용배제 선언이 없어야 한다.[41] 어느 한 당사자가 체약국이 아닌 경우에는 법정지의 법이 체약국의 법률을 「준거법」으로 지정하고 있어야 한다.

한편 협약(CISG)이 물품매매에 관해서 매도인과 매수인의 의무를 규정하고는 있으나 그 내용이 포괄적인 것이므로 일반적 국제관습인 「Incoterms」와 충돌이 생길 경우에는 「Incoterms」가 우선 적용된다.

「준거법조항」의 예는 다음과 같다.

> "This contract shall be governed, construed and performed by the laws of the Republic of Korea."

## 4.4 재판관할권조항

계약 중에 「중재조항」을 규정하지 않은 경우 그 계약을 둘러싼 분쟁은 최종적으로 국가가 행하는 재판에 의하여 해결하게 되며, 설혹 「중재조항」이 존재하여

---

40) 「준거법」에 관해서는 본서 제1장 무역계약의 기초 제2절 매매계약의 일반의 2.3 계약법의 법원과 「준거법」의 2. 「준거법」결정의 일반원칙 참조.

41) 협약(CISG)의 국제매매에의 적용가능성의 여부에 관하여 CISG는 세 가지의 요건, 즉 국제성, 체약국 및 당사자의 의사기준에 의하여 결정되어지는 바, 이에 관한 자세한 내용은 전술한 본서의 제2장 「무역계약의 기본개념」의 제3절 「국제적 통일매매법」의 3.3 「국제물품매매계약에 관한 UN협약(CISG)」 참조 : 보다 자세한 사항은 윤광운, "국제물품매매에 있어서의 1980년 비엔나협약의 발효에 따른 그 적용에 관한 연구", 「국제상학」, 제12권 2호, 1997. pp. 264~265 : Nina M. Calston & Hans Smit, *International Sales : The United Nations Convention Contracts for the International Sale of Goods*, New York, Matthew Bender, 1984, pp. 30~31 참조.

도 「중재」에 회부할 범위 외의 사항에 대하여는 마찬가지로 재판에 의하게 된다. 이러한 경우에 「소송」을 제기할 법원을 계약당사자간에 미리 약정하여 놓는 것이 이른바 「재판관할조항」(jurisdiction)이다.

법원의 지정은 한국 또는 미국법원이라고 막연히 규정하는 것은 장래 문제가 생길 소지가 있으므로 런던, 뉴욕 등 「특정지」의 법원을 지정하여야 한다. 또한 「중재판정」에 따른 집행을 관할법원에서 하는 것으로 규정할 경우에는 다음과 같이 약정할 수 있다.

> "The courts of the Republic of Korea shall have jurisdiction over all disputes which may arise between the parties with respect to the execution, interpretation and performance of this contract."

## 4.5 중재조항

「중재조항」(arbitration clause)은 분쟁해결을 중재제도의 특징인 단심제, 비공개 심리, 적은 비용과 중재판정(awards)의 효율성 등의 장점을 살려 무역분쟁의 원만한 해결을 위한 유용한 수단으로 활용하기 위한 것이다.

매매당사자간의 계약불이행에 대비하여 무역거래에서는 보통 클레임의 제기시한 및 그 입증에 관한 감정인의 감정보고서(surveyor's report)의 첨부에 관한 조항과 함께 이의 해결을 위해 이 「중재조항」을 약정해 두어야 한다.

클레임에 대하여 당사자 간에 타협이 이뤄지지 않을 때에는 소송에 의하는 것보다는 「중재」(arbitration)를 이용하는 것이 바람직하다.[42] 그 이유는 첫째, 단심제이므로 분쟁을 신속히 종결시킬 수 있고 둘째, 비용이 적게 들어 경제적이며 셋째, 무역전문가의 판정으로 보다 현실적이며 합리적 해결이 기대되고 넷째, 중재심리가 비공개되므로 당사자의 상업적 비밀이 보장되며 다섯째, 중재판정의 결과는 「뉴욕협약」(New York Convention)[43]에 의해 국제적으로 그 집행력을 보장

---

42) Clive M. Schmitthoff. *op. cit.*, p. 643.

43) 「뉴욕협약」이란 UN경제사회이사회에서 1958년에 채택한 「외국중재판정의 승인 및 집행에 관한 UN협약」(United Nations Convention on the Recognition and Enforcement of Foreign Arbitral Awards)으로 1959년 7월 7일부터 시행되었고 우리나라는 1973년 5월 9일 42번째 회원국으로 가입하였다. 이 협약에 따라 회원국간에는 국내외 중재판정의 상호집행의 보장을 받게 된다.

받기 때문이다.

무역분쟁을 해결하기 위하여 중재를 이용하고자 할 경우에는 매매당사자의 국적이 다르며, 거래자체도 여러 나라에 걸쳐 일어난다는 사실을 유념해야 한다. 따라서 중재조항은 거래의 국제적 성격에 적합한 분쟁해결수단을 제공해야 하며 「중재판정」(awards)의 국제적인 집행을 원활히 하는 길을 제공해야 한다.

우리나라의 「대한상사중재원」(The Korean Commercial Arbitration Board)은 무역거래에 따른 계약서상에 다음의 「표준중재조항」(standard arbitration clause)을 삽입할 것을 권장하고 있다.

> "All disputes, controversies, or differences which may arise between the Parties, out of or in relation to or in connection with this contract, or for the breach thereof, shall be finally settled by arbitration in Seoul, Korea in accordance with the Commercial Arbitration Rules of the Korean Commercial Arbitration Board and under the Laws of Korea. The award rendered by the arbitrator(s) shall be final and binding upon both parties concerned."(이 계약으로부터, 또는 이 계약의 불이행으로 인하여 당사자간에 발생하는 모든 분쟁, 논쟁 또는 의견차이는 대한민국 서울특별시에서 대한상사중재원의 상사중재규칙 및 대한민국법에 따라 중재에 의하여 최종적으로 해결한다. 중재인(들)에 의하여 내려지는 판정은 최종적인 것으로 당사자 쌍방에 대하여 구속력을 가진다.)

## 4.6 권리침해조항

「권리침해조항」(infringement clause)은 매도인이 지적재산권, 즉 특허권, 실용신안권, 디자인권, 상표권 등의 내용에 대한 사전정보 없이 매수인의 주문에 의하여 물품을 제조함으로써 발생할 수 있는 지적재산권의 침해와 관련된 모든 책임으로부터 매도인을 면책으로 하는 소위 「면책조항」으로서, 매수인이 이와 관련된 책임을 부담하겠다고 하는 조항을 말한다.

즉, 이 조항이 있는 경우에는 매수인은 「제3자」로부터 지적재산권의 침해를 받았다는 이유로 매도인에게 클레임을 제기할 수 없다. 따라서 미국 등의 선진국에 물품을 수출하는 경우에는 이 조항을 계약서에 삽입시킴으로써 매도인은 권리침해와 관련된 책임을 면할 수 있다.

"Buyer shall hold seller harmless from liability for any infringement with regard to patent, trade mark, design and / or copy right originated or chosen by Buyer."

# 제6장 무역계약과 정형거래조건

## 제1절 | 국제상관습과 「정형거래조건」

### 1.1 국제상관습과 국제물품매매

무역거래는 기본적으로 상관습에 바탕을 둔 「국제물품매매」(international sale of goods)로서, 다른 나라에 「영업소」(place of business)를 가지고 있는 당사자 간에 체결되는 계약에 의하여 운송인을 통해 물품이 국제적으로 이동되는 매매이며, 또한 그 물품의 「소유권」이 국제적으로 이전되는 매매이다.[1)]

이와 같이 국제물품매매는 전통적으로 상관습에 의해 생성·발전되어 온 「정형거래조건」(trade terms)과 함께 소유권의 이전을 위한 「물품매매계약」의 형식에 의해 이루어지고 있다. 다시 말해 상관습과 매매계약에 기초한 무역거래는 일반적으로 국내거래와는 다른 거래조건이 적용된다.[2)]

통상 「관습」(customs)은 사회의 구성원 간에 오랜 기간에 걸쳐 반복하여 일반적으로 인식된 사실적인 행위양식으로서, 「법」과 함께 일종의 사회적 규범을 형성한다. 이러한 「관습」에 대해서 규범적인 면보다는 행위의 관점에서 본 것을 「관행」(usage)이라 하고, 관습에는 아직 미치지 못하지만 계속 반복되는 사례를 「관례」(practice)라고 하여 이들을 각기 구분하고 있다. 그리고 관습이 사회 일반에 "법적 규범력"을 지닐 때 「관습법」(customary law)으로 되고 그 정도에 이르지 못한 것을 「사실적 거래관습」(factual trade usage)[3)]으로 보아 역시 구분하고 있다.

---

1) 柏木 昇, "國際物品賣買",「現代契約法大系」, 第8券, 有斐閣, 1983, p. 202 참조.

2) Clive. M. Schmitthoff, *Schmitthoff's Expoort Trade,* 9th ed., Stevens & Sons, 1990, p. 9 참조.

3) 「사실적 거래관습」은 단순한 사회적 습속에 불과한 일종의 관행(practices)으로서 아직 사회적

이러한 관습 가운데서 실무계에서 확립되어 온 매매 또는 거래행위양식을「상관습」(mercantile customs)이라 하고, 무역거래에서 적용되고 있는 상관습을「국제상관습」(international commercial customs) 또는「국제무역관습」(customs of international trade)이라고도 한다.4)

「국제상관습법」은 국제기관에 의해 제정된 통일규칙과 국제계약 중에 명확히 정형화된 국제상관습에 한하여 이 용어로 사용하고, 아직 국제기관에 의해 확립되지 않은 것을 사실로 한 것은「국제거래관습」으로 양자를 구분하고 있다.5)

「국제상관습」은 그 적용범위에 따라 특정의 장소 및 항구 등과 같이 특정지역에만 적용되는「지역관습」(local customs)과 몇 개의 지역을 포함하는 광역권 내지 일국의 모든 경제영역에 적용되는「일반관습」(general customs)으로 나눌 수 있다. 만약 거래관습이「일반관습」인 경우는 이 관습이 적용되는 것으로 인식되는 상황에서 계약을 체결하였던 당사자가 이 관습을 알고 있었거나 또는 알고 있었다고 보는 것이 일반적인 공평한 추정이다. 그렇지만 계약당사자가 각기 다른 장소에 영업소 또는 거소의 소재지에 있다고 하여도 그것이「지역관습」의 경우에는 이 같은 추정은 성립되지 않는다.6)

또한 특정 항구 또는 특정 업종의「관습」이라고 하면 특정의 항구나 업종에만 적용되는 관습으로서, 예를 들면 영국의 "리버풀"(Liverpool)항에 있어서 곡물의 양륙에 관한 관습7)이나 원양어획물의 무역8)에 관한 관습이 이에 해당된다.

실제 무역거래에서 상인들은「FOB」,「CIF」조건 등의 일반적으로 승인된「거래조건」으로 상품을 매매하고, 해외 매수인으로의 물품운송은 용선계약이나「선하증권」(B/L)을 이용하며, 대금결제는 화환신용장이나 송금 및 추심방식으로 처리하고「운송 중」인 물품에 대하여는 보험에 부보하는 것이 일반적이다.

---

법적 확신에 이르지 못한 법적 규범력이 없는 것을 말한다. 이는 단지 법률행위의 내용을 결정하는데 있어서 하나의 표준으로서 기능을 할 수 있는데 지나지 않는다. 오세창 · 박성호,「무역계약의 기초」, 두남, 2009, p. 98 이하 참조.

4) 상인 간에 거래된 규칙적인 상습행위가 상관습으로 또 나아가「상관습법」으로 발전되었다. 여기서 사실로서의 관습인 상관습에 대해 통상「상관습법」에서는 법률적 확신(legal recognition)이 주어질 때 성립된다. 朝岡良平,「貿易賣買と商慣習」, 東京布井出版社, 1976, p. 43.

5) Clive M. Schmitthoff, *The Sources of the Law of International Trade*, London, Stevwns & Sons, 1984, p. 16.

6) 朝岡良平,「貿易賣買と商慣習」[第3板], 東京布井出版社, 1982, p. 47.

7) 上揭書, p. 48.

8) 원양어획물의 무역에 관한 관습으로 "Cargo Receipt Base"가 있는데, 이는 현지에서 어획물을 매수인 또는 대리인에게 인도하는 일종의 양륙수량계약조건으로 동 물품수령증에 근거하여 일종의 신용장방식으로 무역대금이 결제되는 것과 같은 경우이다.

더욱이 무역거래의 계약내용은 그 통신수단에 의해 반복 사용되면서 점차 정형화되는 경향이 있다. 오랜 기간을 통해 상인 간에는 「표준적 거래조건」이 자연히 형성·발전되어 왔으며 「국제물품매매」를 단순화·표준화시켜 왔다. 이러한 「표준적 거래조건」은 「FOB」, 「CIF」 등 특정의 기호로써 표시되고 또한 정형화되어 국제간의 상거래가 보다 원활하게 이루어져 왔다. 실제에 있어 국제물품매매는 법리적·규범적 면보다는 상인들의 오랜 매매관행에 바탕을 둔 「정형거래조건」에 의해 그 대부분이 수행되어지는 한편으로 운송수단의 발달과 무역환경의 변화에 부응하여 새로운 「거래조건」이 생성되거나 기존의 조건이 변형되어 발달되어져 왔다.

무역거래에 적용되는 거래관습으로서 「국제상관습」이 통일화되고 성문화되어 항구적인 형식을 지니게 되었는데, 그 대표적인 예로는 1936년에 채택된 「무역거래조건의 해석에 관한 국제규칙」(International Rules for the Interpretation of Trade Terms, 1936)과 1933년에 채택된 「신용장통일규칙」(The Uniform Customs and Practice for Documentary Credit, 1933) 등을 들 수 있다.

또한 무역거래를 규율하는 것은 비단 국제상관습 외에도 「국제제정법률」이 있는데, 이 제정법률의 입법방식에는 다음 두 가지가 있다.[9] 하나는 「국제다자조약」(multilateral international convention)에 국가가 가입하는 방식이며 다른 하나는 「모델법」(model law)을 각국이 채택하는 방식이다. 전자의 예로서는 1968년 「선하증권에 관한 헤이그규칙」(The Hague Rules relating to Bill of Lading, 1968), 즉 「헤이그-비스비 규칙」(Hague-Vishy Rules)을 들 수 있다. 후자의 「모델법」의 예로서는 UN국제무역법위원회(UNCITRAL)에서 제정한 1996년 「전자상거래에 관한 모델법」(Model Law on Electronic Commerce, 1996)과 1992년 「전자자금이체에 관한 모델법」(Model Law on International Credit Transfer, 1992) 등을 들 수 있다.[10]

한편으로 물품의 국제매매를 그 본질로 하는 무역계약의 내용을 구성하는 것은

---

9) Clive M. Schmitthoff, *Commercial Law in a Changing Economic Climate*, 2nd ed., London, Sweet & Maxwell, 1981, pp. 22~23.

10) 「모델법」(model law)의 법적 성격으로는 첫째, 비록 법조문 형식으로 제정되긴 하였지만 다수의 국가가 체약국으로서 참가하는 조약법(convention)이 아니라 각국의 입법에 참고로 할 수 있는 규정의 형식을 모델법이라는 이른바 소프트법(soft law)의 형식을 취하고 있어, 그 자체로서는 구속력을 가지는 것이 아니고, 각국에서 국내 입법화되어야 하며 둘째, 모델법의 적용범위는 반드시 국제거래에 한정하는 것은 아니며 셋째, 소비자보호 또는 정부기관의 관여가 문제되지 않는 상사거래에 적용되는 것이 원칙이다.

매매당사자 간의 의사표시의 합치라고 하는 「명시조항」(express terms)에 의해 규율되지만, 이 외에도 계약에 명시되지는 않았지만 법 또는 관습에 의해 당사자가 당연히 따를 것이라고 하는 「묵시조항」(implied terms)과 그리고 정형거래조건과 같은 「상관습」에 의해서도 보완되며 동시에 그것은 계약내용의 일부를 구성한다. 결국 현대의 국제물품매매가 단순한 매매계약에 의해 대량의 물품을 해상운송으로 해외시장에 판매하는 국제상거래가 신속·안전하게 이루어질 수 있는 것은 국제상관습을 바탕으로 한 「묵시조항」에 의하여 국제물품매매계약이 보완되고 있기 때문이다.11)

## 1.2 「정형거래조건」의 의의 및 성격

「정형거래조건」(trade terms)이란 물품이 매도인으로부터 매수인에 이르기까지의 운송과 수출입통관을 비롯한 모든 비용과 위험부담의 당사자를 명확히 해주는 국제적으로 정형화(package)된 「표준적 거래조건」으로서, 무역거래조건의 또 다른 표현이다.

이러한 「정형거래조건」의 이용을 통하여 상인들은 다양한 계약상의 의무를 일일이 합의하는 번거로움과 정확히 합의를 도출하는 어려운 난제를 극복하여 왔다. 다시 말해 「정형거래조건」을 통해 당사자들은 물품이 매도인에게서 매수인에게로 이르는 동안에 그 물품에 관한 위험과 비용의 부담자는 누구이며, 물품이 국제적 운송과 보험부보를 비롯한 수출입통관 등에 이르는 일상적으로 반복되는 상거래 활동에 관해 「국제물품매매계약」에서 보편적이고 공통적인 기본적 문제들을 해결할 수 있었기 때문이다.

또한 「정형거래조건」이 무역계약의 당사자 간에 채택되면 매도인과 매수인의 의무와 비용은 대부분 자동적으로 분담된다. 왜냐하면 당사자 간에 특별히 반대되는 명시조항이 없는 한, 그러한 「정형거래조건」의 통상적인 모든 의무내용을 채택하였다고 추정할 수 있기 때문이다.12)

「정형거래조건」이 거래당사자 간의 계약상의 약정사항에 대한 「표준적 거래조건」을 구성하고 있는 점에서 그 기능상 다음과 같이 「가격조건」의 성격과 「계약조

11) 강이수, 「국제거래관습론」, 삼영사, 1980, p. 20.

12) D. M. Day and Bernardette Griffin, *The Law of International Trade,* 2nd ed., London, Butterworths, 1993. pp. 4~5.

건」의 두 가지 성격을 지니고 있다.

첫째, 「정형거래조건」은 무역가격을 산정하는 기초로서, 그 가격의 구성내용을 나타내며 「FOB」 또는 「CIF」라고 하는 가격에 부대해 있는 약호를 사용하고 있다. 예를 들면 “US$10.00 per case FOB Busan, Korea” 또는 “US$15.00 per bale CIF New York, U.S.A” 등과 같다.

둘째, 「정형거래조건」은 국제간의 물품매매에 따른 당사자 간의 계약상의 책임을 정하고 있다. 즉, 계약물품에 대한 「위험의 부담」이 매도인으로부터 매수인에게로 어느 시점에서 이전되는가 하는 「위험이전」의 시점, 즉 위험부담의 문제와 함께 「소유권」의 이전시점에 대해서도 규정하고 있다. 국제적 매매관습으로서의 「정형거래조건」이 거래상의 비용이라고 하는 단순한 「가격조건」만은 아니다. 즉, 매매당사자간의 위험과 비용부담을 계약책임으로 하는 「계약조건」의 측면도 지니고 있다. 수출입에 따른 각종 비용 및 위험을 누가 어느 정도로 부담하는가는 결국 「정형거래조건」의 문제이다. 계약당사자는 개정 「Incoterms, 2020」에 규정된 11가지 「거래조건」 중 어느 조건을 선택할 것인지를 결정함에 있어서 매도인과 매수인 간의 물품에 대한 위험과 비용부담의 한계 내지 그 범위 등을 고려하여 결정해야 한다.

그러나 「Incoterms」는 당사자들 사이에 명시적인 합의가 없으면 법적인 구속력을 갖지 못하므로 매매계약서상에 다음의 「준거문언」을 명시하는 것이 중요하다.

> “Unless otherwise specifically stated, the trade terms used in this contract shall be governed and interpreted by the provisions of Incoterms 2020 edition.”

## 제2절 「정형거래조건」에 관한 국제적 규칙

수출무역에 일반적으로 적용가능한 국제무역규칙은 매매당사자가 규칙의 내용을 계약조건에 포함하는 경우에만 적용되는 점에 유의하여야 한다. 일반적으로 「계약법」(contract law)은 임의법 분야로서 「사적자치의 원칙」이 인정되고 있는 분야이다.

물품의 매매(sale of goods)를 본질로 하는 국제무역거래는 상이한 국가간에 이루어지는 격지거래의 특성은 곧 상이한 상관습을 비롯하여 매매, 운송, 보험 등 제분야의 법적 장애를 극복하기 위한 시도로서 사법의 국제적 통일화의 진전을 통해 국제무역의 발전을 도모하고자 무역실무계를 중심으로 많은 노력들이 시도되어 왔다.[13)]

특히 국제매매의 분야를 중심으로 한 그 대표적인 예가 1936년 「국제상업회의소」(ICC)의 「무역거래조건의 해석에 관한 국제규칙」이라는 소위 「Incoterms 1936」을 미롯하여 1932년 「CIF계약에 관한 와르소-옥스포드 규칙」(WORCC 1932), 미국의 국내규칙인 1941년 「개정미국외국무역정의」(RAFTD)와 국내법으로서 1952년 미국 「통일상법전」(UCC 1952) 등이 있다. 이에 관하여는 이하에서 고찰한다.

## 2.1 「무역거래조건의 해석에 관한 국제규칙」(INCOTERMS 2020)

### 1. 「Incoterms 1936」의 의의

무역거래에 관한 관습과 용어의 통일화 운동이 제1차 세계대전 이후 주로 국제상업회의소(International Chamber of Commerce : ICC)와 국제법협회(International Law Association : ILA) 등에 의해서 활발히 전개되었으며, 이 가운데서도 가장 널리 이용되고 있는 것이 국제상업회의소의 「Incoterms」이다.

「국제상업회의소」는 1936년 1월 자체의 「무역거래조건위원회」(Trade Terms Committee)의 조사를 토대로 마련한 「무역거래조건의 해석에 관한 국제규칙」(International Rules for the Interpretation of Trade Terms : Incoterms, 1936)을 정식으로 채택·공표함으로써 11가지 조건과 각 거래조건별 당사자의 의무를 조항별로 규정하고 있는 「Incoterms 1936」이 채택되었다.[14)] 그러나 새로운 거래조건의 형성이나 기존 거래조건 자체가 변형됨에 따라 이러한 무역환경의 변화에 대응하기 위하여 이후 1953, 1967, 1976, 1980, 1990, 2000, 2010에 이르는 수차의 개정을 거쳐 최근 2020년에 개정을 본 현행 「Incoterms 2020」이 이용되고 있다.

---

13) *Ibid.*, p. 5.
14) 「Incoterms」는 "International Commercial Terms"의 고딕체부분을 조합한 용어이다.

이 「Incoterms 2020」은 ICC 「상사법무위원회」(Commission on Commercial Law and Practice)의 작업을 통하여 개정된 것으로, 2020년 1월 1일부터 시행하고 있다.

한편 「Incoterms」는 매매계약에 따른 소유권이전, 계약의 위반과 권리구제 또는 의무면제의 사유 등에 관해서는 다루지 않고 있다. 따라서 이러한 문제들은 매매계약상의 다른 규정과 「준거법」에 의하여 해결되어야 한다. 「Incoterms」는 「정형거래조건」의 해석을 위한 거래규칙으로서, 그 자체가 국제적인 통일법이나 조약과 같은 수준의 강제력을 갖지 못하지만, 범세계적인 매매계약과 상관습의 주요한 해석기준으로서 국제간의 무역거래를 보다 활성화하는데 크게 기여하고 있음은 주지의 사실이다.

「Incoterms」는 오직 계약당사자 간의 합의에 의하여 임의적으로 적용되는 것이므로, 계약당사자들은 「정형거래조건」으로 계약을 체결할 경우 이에 「Incoterms」를 적용하려면 반드시 이 계약에 대한 해석기준으로서 「Incoterms 2020」에 의하여 적용받는다는 사실을 명기해야 하는 한계점을 인식하는 것이 중요하다.

## 2. 「Incoterms 2020」 개정의 주요 특징

최근 2020년 1월 1일부터 시행되고 있는 개정 「Incoterms 2020」의 주요 특징을 보면 다음과 같다.[15)]

### 1) 각 규칙의 조항순서 변경

개정된 「Incoterms 2020」에서는 종래 「Incoterms 2010」과 마찬가지로 매도인의 의무와 매수인의 의무를 각각 (A)와 (B)로 대별하여 그 내용을 기술하고 있으며 그 내용에 근본적인 차이는 없다. 그러나 「Incoterms 2020」은 각 당사자 의무의 중요도에 따라 그 순서를 조정하여 재배열하였다. 각 항목의 배열은 다음과 같다.

15) ICC는 「Incoterms 2020」의 서문(foreword)에서, "세계경제의 성장에 따라 대부분의 기업들이 전 세계에 걸쳐 시장에 더 가까이 접근할 수 있게 되었다. ---. ICC가 1936년에 처음으로 일단의 표준거래조건을 성문화한 후 범세계적으로 수용되고 있는 계약표준은 국제거래의 진화를 반영하기 위하여 주기적으로 갱신하여 왔다. ---. ICC의 상사법에 대한 고도의 전문성은 「Incoterms 2020」이 어디에서든지 기업의 니즈에 부응하도록 보장한다."고 개정의 취지를 명백히 밝히고 있다(ICC, Introduction to Incoterms 2020).

**표 6-1** 「INCOTERMS 2010」과 「INCOTERMS 2020」 조항 비교

| 조항 | Incoterms 2010 | Incoterms 2020 |
|---|---|---|
| A1/B1 | General obligation of the seller/buyer(매도인/매수인의 일반의무) | General obligation of the seller/buyer (매도인/매수인의 일반의무) |
| A2/B2 | Licenses, authorizations, security clearances and other formalities (허가, 인가, 보안통관 및 기타 절차) | Delivery/Taking delivery(인도/인도의 수령) |
| A3/B3 | Contracts of carriage and insurance (운송계약과 보험계약) | Transfer of risks(위험이전) |
| A4/B4 | Delivery/Taking delivery (인도/인도의 수령) | Carriage(운송) |
| A5/B5 | Transfer of risks(위험이전) | Insurance(보험) |
| A6/B6 | Allocations of costs(비용분담) | Delivery/Transport document (인도/운송서류) |
| A7/B7 | Notices to the buyer/seller (매수인/매도인에 대한 통지) | Export/import clearance(수출/수입통관) |
| A8/B8 | Delivery document/Proof of delivery (인도서류/인도의 증거) | Checking-packing-marking (검사-포장-화인) |
| A9/B9 | Checking-packing-marking (검사-포장-화인) | Allocation of costs(비용분담) |
| A10/B10 | Assistance with information and related costs (정보에 관한 협조 및 관련 비용) | Notices(통지) |

위 표에서 보는 바와 같이, 「Incoterms 2020」에서는 「인도 및 위험이전」과 같은 중요한 조항을 앞으로 배치하였고 물품인도와 관련된 의무를 뒤에 배치하였다. 이에 따라 「인도」조항이 종래 A4/B4에서 현재 A2/B2로 이동하였고, 「위험이전」조항이 이전의 A5/B5에서 현재 A3/B3으로 이동하였다. 그러나 「비용분담」에 관한 조항은 이전 A6/B6에서 현재 A9/B9으로 이동하였는데, 이는 비용에 관한 「일람표」(one-stop list)를 제공하기 위하여 의도적으로 그렇게 하였다.[16] 한편, 운송과 보험조항은 기존에는 함께 규정되어 있었지만 현재는 A4/B4에 「운송」조항을 두고 A5/B5에 「보험」조항을 두어 각각 별도로 규정하고 있다.

16) ICC, Introduction to Incoterms 2020, para 69 ; 대한상공회의소, 인코텀즈 2020 한국어 공식 번역본(대한상공회의소, 2019), p. 27.

「인도 운송서류」조항은 기존 A8/B8에서 현재 A6/B6로 이동하였고, 「점검포장 화인」조항은 기존 A9/B9에서 현재 A8/B로 이동하였다. 이 외 「통지」조항은 기존 A7/B7에서 현재 A6/B6로 이동하였다.

### 2) 「FCA」조건에서 본선적재표기 선하증권(B/L) 규정의 신설

「FCA」 조건에서 물품은 본선적재 전에 운송인에게 인도되고, 운송계약상 법적으로 운송인으로서는 물품이 실제로 선적된 후에 비로서 「선적선하증권」을 발행할 의무와 권리가 있을 뿐이다.[17] 하지만 「FCA」거래에서 물품이 해상운송 되고 대금지급을 위하여 신용장이 개설되는 경우와 같이 매도인과 매수인의 「본선적재표기」(on-board notation)가 있는 선하증권이 필요한 경우가 있다. 이런 경우 「Incoterms 2020」에서는 「FCA」 A6/B6에 본선적재표기가 있는 선하증권에 대한 규정을 신설하여, 매수인은 운송인에게 「본선적재」 선하증권을 발행할 것을 지시할 수 있도록 하는 선택적 방식(optional mechanism)을 명시하고 있다.

### 3) 「CIP」조건에서 매도인의 최대부보의무 규정

「Incoterms 2010」은 운송되는 물품을 담보하기 위해 매도인이 매수인을 위하여 보험에 부보되는 규칙으로 「CIF」와 「CIP」 규칙을 규정하고 이 때 매도인에 대해 ICC(C)와 같은 최소부보조건 부보의무를 명시하고 있다. 이에 대해 「2020」에서는 부보수준을 강화하는 한편 「CIF」와 「CIP」의 부보수준을 차별화하였다. 다시 말해, 「CIF」 규칙의 경우에는 여전히 「최소부보의무」원칙을 유지하고 있지만, 「CIP」 규칙에 대해서는 매도인에게 「최대부보의무」를 부여하도록 변경되었다. 이는 컨테이너화물의 경우 대부분 「협회적하약관」(ICC)의 "A" 약관으로 부보되는 현실을 반영하기 위한 것이다.

### 4) 「DAT」에서 「DPU」로 변경

개정된 「Incoterms 2020」에서는 「Incoterms 2010」 상의 「DAT」(Delivered at Terminal, 터미널인도)가 「DPU」(Delivered at Palce Unloaded, 도착지양하인도)로 변경되었으며 그 위치도 DAP와 DDP 사이에 위치하게 되었다.[18]

「Incoterms 2010」에서 「DAT」 조건은 물품인도장소가 터미널인 경우에 사용할 수 있었는데, 개정 「DPU」조건은 이러한 인도장소에 대한 제한이 없어져서 종래

---

17) *Ibid*, para 64.
18) *Ibid.*, para 75.

「DAT」조건보다 그 적용범위가 확대되었다.

「DAP」조건과의 비교에 있어서도 그 의무범위가 넓은 것으로 구분된다. 다시 말해 「DAP」조건은 물품이 지정목적지에서 도착운송수단에 실린 채로 양하 준비된 상태에서 매수인의 처분 하에 놓일 때 매도인의 인도의무가 종료되지만 「DPU」조건은 물품을 도착운송수단으로부터 양하한 후 인도하여야 의무가 종료되는 것이다. 「DPU」가 DAP 뒤에 위치하는 이유도 여기에 있다.

#### 5) 매수인과 매도인의 자가운송 허용

「Incoterms 2020」에서는 「FCA」조건의 매수인과 "D"조건의 매도인은 「제3자」인 운송인을 이용하는 대신에 자신의 운송수단을 사용하여 운송을 할 수 있도록 규정하고 있다.[19] 이를 실현하기 위하여 「FCA」조건의 B4에서 "매수인은 자신의 비용으로 물품을 지정인도장소로부터의 운송계약을 체결하거나 그러한 운송을 마련하여야 한다."고 규정하였다. 그리고 「DAP」, 「DPU」, 「DDP」조건의 A4에서 각각 "매도인은 자신의 비용으로 물품을 지정목적지까지 또는 그 지정된 목적지에 합의한 장소가 있다면 그 지점까지의 운송계약을 체결하거나 그러한 운송을 마련하여야 한다."고 규정하고 있다.

## 3. 「Incoterms 2020」의 주요 내용

「Incoterms 2020」의 11가지 「거래조건」은 크게 「복합운송」 거래조건과 「해상운송 및 내수로운송」 조건으로 나누어 다음에서 살펴본다.

### 1) 「복합운송」에 관한 조건

「복합운송」에 이용되는 거래조건은 다음과 같이 7가지 조건이 있다.

#### (1) 「공장인도」조건(... 지정장소)〔EXW : EX WORKS(...named place)〕

「공장인도」(EXW)라 함은 매도인이 물품을 수출통관하지 아니하고 집화차량(collecting vehicle)에 적재하지 아니한 상태로 자신의 구내(premises), 기타 지정된 장소(예컨대 작업장, 공장, 창고 등)에서 매수인의 "임의처분상태로 둘 때" 인도하는 것을 의미한다.[20]

---

19) *Ibid.*, para 71.

20) 「EXW」조건에 해당하는 미국 「개정미국무역정의」(RAFTD, 1941)상의 "Ex(point of origin)" 조건에서는, 실제에 있어서는 계약체결 당시 매매목적물이 현존하는 공장(현장)에서 지정운송기관에 적재, 인도하는 것을 내용으로 하는 "FOB Factory"와 발송역에서 철도화차에 적재하

「EXW」조건은 매도인에 대한 최소의무(minimum obligation)를 나타내며, 또한 매수인은 매도인의 구내로부터 물품을 수령하는데 수반되는 모든 비용과 위험을 부담하여야 한다.[21] 그러나 당사자들이 매도인이 출발시 물품의 적재에 대한 책임을 지고 그러한 적재의 위험과 모든 비용을 부담할 것을 원하는 경우에는, 매매계약상에 이러한 취지의 명시적인 문언을 추가함으로써 이를 명확히 하여야 한다.

이 「EXW」조건은 매수인이 직접 또는 간접적으로 수출절차를 이행할 수 없을 경우에는 사용되어서는 아니된다. 그러한 상황에서는, 매도인이 자신의 비용과 위험으로 적재할 것을 합의하는 한 「운송인인도」(FCA)조건이 사용되어야 한다.

### (2) 「운송인인도」조건(...지정장소)〔FCA : FREE CARRIER (...named place)〕

「운송인인도」(FCA)라 함은 매도인이 물품을 수출통관하고, 지정된 장소에서 매수인이 지정한 「운송인」 또는 「제3자」에게 인도하는 것을 의미한다.

매도인의 「인도」는 지정장소가 매도인의 영업구내(seller's premises)인 경우, 물품이 매수인이 제공한 운송수단에 적재되는 때에 그리고 기타의 경우에는, 물품이 매도인의 운송수단에 실린 채 양하준비된 상태로 매수인이 지정한 「운송인」이나 「제3자」의 "처분하에 놓인 때"에 완료된다. 매도인은 물품이 인도되는 때까지 물품의 멸실·손상의 모든 위험과 비용을 부담하며 인도시점 이후의 모든 위험과 비용은 매수인이 부담한다.

「FCA」조건은 복합운송을 포함하여 운송방식에 관계없이 사용될 수 있다[22]. 「운송인」(carrier)이라 함은 운송계약에서 철도, 도로, 항공, 해상, 내수로 또는 이들의 복합방식에 의하여 운송을 이행하거나 또는 그 이행을 주선할 것을 약정하는 모든 자를 의미한다. 만약 매수인이 물품을 수령할 운송인 이외의 자를 지정한 경우에는, 매도인은 물품이 그러한 자에게 인도되는 때에 물품인도의무는 이행된 것

---

는 "FOB Cars"를 들 수 있다. 윤광운·김철수, 「무역실무」[제2판], 탑북스, 2016, p. 221 참조.

21) 「공장인도」(EXW)조건에서 매수인은 매도인의 영업구내로부터 물품을 수령하는데 수반되는 모든 비용과 위험을 부담하게 됨으로써, 매도인에게는 최소의무이지만 매수인에게는 최대의무(maximum obligation)를 부담시키는 조건이다.

22) 「인코텀즈 2020」 FCA에서는 본선적재표기가 있는 선하증권을 매도인에게 발행하도록 지시할 수 있도록 하고 있다. 물론 운송인으로서는 물품이 로스앤젤레스에서 본선적재된 때에만 그러한 선하증권을 발행할 의무가 있고 또 그렇게 할 권리가 있기 때문에 매수인의 요청에 응할 수도 응하지 않을 수도 있다. 그러나 운송인이 매수인의 비용과 위험으로 매도인에게 「선하증권」을 발행하는 경우에는 매도인은 바로 그 「선하증권」을 매수인에게 제공하여야 하고 매수인은 운송인으로부터 물품을 수령하기 위하여 그 선하증권이 필요하다. 물론 당사자들의 합의에 의하여 매도인이 매수인에게 물품의 본선적재 사실이 아니라 단지 물품이 선적을 위하여 수령되었다는 사실을 기재한 선하증권을 제시하는 경우에는 이러한 선택적 기제는 불필요하다.

으로 간주된다.

### (3) 「운송비지급인도」 조건(...지정목적지)〔CPT : CARRIAGE PAID TO(...named place of destination)〕

「운송비지급인도」(CPT)라 함은 매도인이 자신이 지정한 운송인에게 물품을 인도하되, 다만 지정된 목적지까지 물품을 운송하는데 필요한 운송비를 부담하여야 하는 것을 의미한다.

이 「CPT」조건을 비롯한 「CIP」, 「CFR」, 「CIF」의 경우에, 매도인은 물품이 목적지에 도착한 때가 아니라 「운송인」에게 물품을 교부한 때에 자신의 인도의무를 이행한 것으로 본다. 이 조건들은 위험과 비용이 상이한 장소에서 이전되기 때문에 위험과 비용의 「분기점」이 다르다.

「CPT」조건은 물품이 인도된 이후에 발생하는 모든 위험과 기타 모든 비용을 매수인이 부담한다는 것을 의미한다. 합의된 목적지까지의 운송을 위하여 후속운송인이 사용되는 경우에는, 위험은 물품이 「최초의 운송인」(the first carrier)에게 인도되었을 때에 이전된다. 그리고 매도인이 물품의 수출통관의 이행과 함께 목적지까지의 운임을 부담하여야 한다.

이 「CPT」조건은 복합운송을 포함하여 운송방식에 관계없이 사용될 수 있다.

### (4) 「운송비 · 보험료지급인도」 조건(...지정목적지)〔CIP : CARRIAGE AND INSURANCE PAID TO(...named place of destination)〕

「운송비 · 보험료지급인도」(CIP)라 함은 매도인이 자신이 지정한 「운송인」이나 「제3자」에게 물품을 인도하고 지정된 목적지까지 물품을 운송하는데 필요한 계약을 체결하고 그 운송비를 부담하여야 한다는 것을 의미한다.

이 「CIP」조건은 물품이 인도된 이후에 발생하는 모든 위험을 매수인이 부담한다는 것을 의미한다. 따라서 매도인은 자신의 비용으로 운송중 매수인이 부담할 물품의 멸실 또는 손상의 위험에 대한 「보험계약」을 체결하고 보험료를 지급한다. 「Incoterms 2010」과는 달리 「Incoterms 2020」에서는 매도인은 「협회적하약관」의 (C)약관에 의한 제한적인 담보조건이 아니라 「협회적하약관」의 (A)약관이나 그와 유사한 약관에 따른 광범위한 담보조건으로 부보하여야 한다는 것을 유의하여야 한다. 그러나 당사자들은 여전히 더 낮은 수준의 담보조건으로 부보하기로 합의할 수 있다.

이 「CIP」조건은 매도인이 물품의 수출통관의 이행과 함께 지정 목적지까지의 운임 및 보험료 등 비용을 부담하여야 한다. 이와 같이 「CIP」조건은 위험과 비용이 상이한 장소에서 이전되기 때문에 위험과 비용의 「분기점」이 다르다.

이 「CIP」조건은 복합운송을 포함하여 운송방식에 관계없이 사용될 수 있다.

### (5) 「도착지인도」조건(...지정목적지)〔DAP : DELIVERED AT PLACE(...named place of destination)〕

「도착지인도」(DAP)란 물품이 지정목적지에서 도착운송수단에 실린 채 양하준비된 상태로 매수인의 처분하에 놓이는 때에 매도인이 인도한 것으로 되는 것을 말한다. 매도인은 그러한 지정장소까지 물품을 운송하는데 수반하는 모든 위험과 수출통관 등 제비용을 부담한다.

「DAP」조건에서 매도인은 지정목적지에서 물품이 인도되는 때까지 물품의 멸실·손상의 위험비용을 부담하며, 또한 「운송계약」을 체결하여야 한다. 매수인은 지정목적지에서 자기가 임의로 처분할 수 있는 상태가 된 이후의 모든 위험과 비용을 부담한다.

이 「DAP」조건에서 물품의 「수입통관」은 매수인이 하여야 하는데 만약 당사자들이 수입통관 절차를 매도인이 밟기를 희망하는 경우에는 「DDP」조건을 사용하여야 한다.

### (6) 「도착지양하인도」조건(...지정목적지)〔DPU : DELIVERED AT PLACE UNLOADED (...named place of destination)〕

「도착지양하인도」(DPU)란 물품이 도착운송수단으로부터 양하된 상태로 지정목적지에서 매수인의 처분하에 놓이는 때에 매도인이 인도한 것으로 되는 것을 말한다.

매도인은 물품을 지정목적지까지 가져가서 그곳에서 물품을 양하하는 데 수반되는 모든 위험을 부담한다.

「DPU」조건은 매도인이 목적지에서 물품을 양하하도록 하는 유일한 「인코텀즈」 규칙이다. 따라서 매도인은 자신이 그러한 지정장소에서 양하를 할 수 있는 입장에 있는지를 확실히 하여야 한다. 당사자들은 양하의 위험과 비용을 부담하기를 원하지 않는 경우에는 「DPU」를 피하고 그 대신 「DAP」를 사용하여야 한다.

### (7) 「관세지급인도」조건(...지정목적지)〔DDP : DELIVERED DUTY PAID(...named place of destination)〕

「관세지급인도」(DDP)란 매도인이 지정된 목적지에서 수입통관을 이행하고, 도착된 운송수단으로부터 양륙되지 않은 상태로 매수인에게 물품을 인도하는 것을 의미한다. 매도인은 지정목적지까지 물품의 운송에 따른 모든 비용 및 위험을 부담하여야 한다.

그리고 매도인은 물품의 「수출통관」 및 「수입통관」을 수행하여야 하고, 수출 및 수입관세를 모두 부담하며, 모든 통관절차를 수행하여야 하는 의무를 부담한다. 「EXW」조건이 매도인의 「최소의무」를 나타내는데 비해, 「DDP」조건은 「최대의무」를 나타낸다.

이 「DDP」조건은 매도인이 직접 또는 간접적으로 「수입통관」을 수행할 수 없을 경우에는 사용되어서는 안된다. 그러나 당사자가 물품의 수입시에 지불해야 하는 비용의 일부, 예를 들면 「부가가치세」(VAT)를 매도인의 의무로부터 제외시키고자 하는 경우에는, 매매계약에서 이러한 취지에 관한 문언을 명시적으로 추가함으로써 이를 명확하게 하여야 한다.

당사자가 「수입통관」에 관한 모든 위험과 비용을 매도인 대신 매수인에게 부담시키고자 하는 경우에는 「DAP」조건을 사용하여야 한다. 이 조건은 운송수단에 관계없이 사용될 수 있다.

### 2) 해상운송에 관련 조건

해상운송과 내수로 운송에 적용가능한 「거래조건」에는 「FAS」, 「FOB」, 「CFR」, 「CIF」조건 등 4가지가 있다. 이 「거래조건」 가운데 가장 일반적인 것은 「FOB」와 「CIF」조건이다. 이들 「거래조건」은 해상운송의 발전과 더불어 국제적 관례와 상관습에 진전시켜 왔으며, 또한 거래관습의 정형화를 통해 해외와의 물품매매계약을 보다 용이하게 하고 있다.

이에 따라 우선 해상매매와 관련한 이들 4가지 거래조건을 살펴보고, 특히 「FOB」와 「CIF」 조건의 경우 오랜 해상매매관습을 통해 축적된 풍부한 관련사례와 함께 매매법과 관련하여 그 중요성과 국제매매에서의 비중을 고려하여 본 장의 제3절 「FOB계약」과 제4절 「CIF계약」에서 후술한다.

#### (1) 「선측인도」조건(...지적선적항)〔FAS : FREE ALONGSIDE SHIP(...named port of shipment)〕

「선측인도」(FAS)라 함은 지정선적항에서 매수인이 지정한 본선의 선측(예컨대, 부두 혹은 바지선)에 매도인이 물품을 인도하거나 또는 선적을 위해 이미 그렇게 인도된 물품을 조달(procure)함으로써 인도하는 것을 말한다. 이는 물품에 대한 멸실 또는 손상의 「위험」은 물품이 본선의 「선측」(alongside the vessel)에 놓인 때에[23] 매수인에게로 이전하며, 매수인은 그러한 시점 이후의 모든 비용을 부담하여야 한다는 것을 의미한다. 여기서 「조달」(procure)을 규정한 것은 특히 「1차 산품거래」(commodity trade)에서 보편적인 복복의 「연속적 매매」(즉, 「연속매매」)에 대응하기 위한 것이다. 물품이 컨테이너에 적입된 경우 매도인은 물품을 본선의 선측이 아니라 터미널에서 운송인에게 인도하는 것이 일반적이다. 이 경우 「FAS」조건 대신 「FCA」조건을 사용하여야 한다.

이 「FAS」조건은 매도인이 물품의 「수출통관」을 이행할 것을 요구하고 있다. 이는 매수인이 수출통관을 이행할 것을 요구하였던 2000년대 이전의 「Incoterms」와는 반대되는 것이다.

그러나 매수인이 물품의 「수출통관」을 이행할 것을 원하는 경우에는, 매매계약상에 이러한 취지의 명시적인 문언을 추가함으로써 이를 명확히 하여야 한다. 이 조건은 해상 또는 내수로 운송에만 사용될 수 있다.

### (2) 「본선인도」조건(...지적선적항)[FOB : FREE ON BOARD(...named port of shipment)]

「본선인도」(FOB)라 함은 물품이 지정된 선적항에서 「본선상」(on board the vessel)에 적재하여 인도하거나 또는 이미 그렇게 인도된 물품을 조달(procure)하는 것을 의미한다. 이는 물품이 「본선상」(on board)에 적재된 때부터 매수인이 물품에 대한 모든 비용과 그리고 물품의 멸실 또는 손상의 위험을 부담하여야 한다는 것을 의미한다.

이 「FOB」조건은 매도인이 물품의 「수출통관」을 이행할 것을 요구하고 있다. 이 조건은 해상 또는 내수로 운송에만 사용될 수 있다. 당사자들이 본선에 적재되기 전에 물품을 인도할 경우에는, 「운송인인도」(FCA)조건을 사용하여야 한다.[24]

---

23) 「본선 선측」(alongside the vessel)에 있어서 본선이 정박 중인 부두에 물품을 반입하였더라도 본선의 선적용구가 도달하지 못하는 지점에 물품을 두어서는 매도인이 책임을 다한 것이 되지 못한다.

24) 「FOB」조건은 다음의 「CIF」조건과는 해상운송조건이라는 점에서는 같으나 그 외 법적성격이나 거래실무상 상이한 점을 지니고 있다. 우선 「FOB」조건은 첫째, 현물인도조건이 특징이며 둘째, 비용과 위험의 분기점이 선적항 「본선상」(on board)을 기준으로 동일하다. 이에 반해 「CIF」조건은 첫째, 서류인도에 의한 상징적 인도이며 둘째, 위험과 비용의 분기점이 상이하며, 즉 위험은 「FOB」와 같이 선적항 「본선상」이자만, 비용은 선적항이 아닌 목적항까지의 운임(F) 및 보험료(I)를 포함하는 「복합가격」조건이라는 점에서 위험과 비용의 분기점이 자체적으로도 다르며 또 그러한 점에서 「FOB」와도 다르다.

그리고 이 「FOB」조건은 후술할 「CIF」조건과 더불어 선적항에 「선적지」를 인도장소로 하는 대표적인 거래조건으로서, 「CFR」조건과 함께 이들 조건이 「해상운송」에 주로 의존하는 우리나라의 경우 가장 널리 이용되는 거래조건이다.

### (3) 「운임포함인도」조건(...지정목적항)〔CFR : COST AND FREIGHT (...named port of destination)〕

「운임포함인도」(CFR)라 함은 매도인이 물품을 선적항에서 본선에 적재하여 인도하거나 또는 이미 그렇게 인도된 물품을 조달하는 것을 의미한다.

매도인은 지정된 목적항까지 물품을 운송하는데 필요한 계약을 체결하고 그에 따른 비용과 운임을 부담하여야 하고 물품의 멸실 또는 손상의 위험은 물품이 「본선상」에 적재되는 때에 매도인으로부터 매수인에게로 이전된다.

「CFR」조건은 매도인이 물품의 「수출통관」을 이행할 것을 요구하고 또한 해상 및 내수로 운송에만 사용될 수 있다. 이 「CFR」은 예컨대 전형적으로 터미널에서 인도되는 컨테이너화물과 같이 물품이 본선에 적재되기 전에 「운송인」에게 교부되는 경우에는 적절하지 않으며, 대신 「운송비지급인도」(CPT)조건을 사용하여야 한다.

### (4) 「운임 · 보험료포함인도」조건(...지정목적항)〔CIF : COST, INSURANCE AND FREIGHT (...named port of destination)〕

「운임 · 보험료포함인도」(CIF)라 함은 매도인이 물품을 선적항에서 본선에 적재하여 인도하거나 또는 이미 그렇게 인도된 물품을 조달하는 것을 의미한다.

매도인은 지정된 목적항까지 물품을 운송하는데 필요한 계약을 체결하고 그에 따른 비용 및 운임을 부담하여야 한다. 그리고 물품의 멸실 또는 손상의 「위험」은 물품이 「본선상」에 적재된 때에 매도인으로부터 매수인에게 이전된다. 그러나 「CIF」조건에서 매도인은 운송 중 물품의 멸실 또는 손상에 대한 매수인의 위험에 대한 「해상보험계약」을 체결하여야 한다. 결과적으로, 매도인은 「보험계약」을 체결하고 보험료를 지급한다. 매수인은 「CIF」조건하에서 매도인이 오직 최소의 담보조건으로 부보할 것을 요구하고 있다는 사실에 유의하여야 한다.

매수인이 보다 더 큰 담보조건으로 보호를 받고자 원하는 경우에는, 매수인은 매도인과 이에 상당하는 명시적인 합의를 하거나 또는 스스로 별도의 보험약정을 체결하여야 할 필요가 있다. 「CIF」조건은 매도인이 물품의 수출통관을 이행할 것을 요구하고 있다.

이 「CIF」조건은 해상 및 내수로운송에만 사용될 수 있다. 「CIF」조건은 터미널에서 인도되는 컨테이너화물과 같이 물품이 본선에 적재되기 전에 운송인에게 교부되는 경우에는 적절하지 않으며, 이 경우 「운송비 · 보험료지급인도」(CIP)조건을 사용하여야 한다.

이상에서의 「정형거래조건」은 거래당사자인 매도인과 매수인 중 어느 한 사람이 우월한 지위에서 일방적으로 선정하는 것이 보통이다. 그렇지만 거래조건의 선택은 당해물품, 운송형태 및 거래의 특성 등을 충분히 고려해야 한다.

첫째, 주로 해상운송조건인 「FOB」, 「CIF」조건의 경우이다. 이들 조건은 우리나라 전체 거래의 약 95% 이상 채택하고 있는 무역거래조건이며, 물품은 선적항에서 "본선상(on board the vessel)에 적재된 때"에 인도되는 점에서 상기의 「FOB」조건과 같다. 이와 같이 「FOB」와 「CIF」조건하의 매매당사자는 물품의 소유권을 비롯한 위험과 비용의 부담문제 등과 관련한 계약상의 책임문제가 뒤따르므로 이에 관해서는 후술할 「FOB계약」과 「CIF계약」에서 다루어진다. 그리고 만약 항공운송이나 컨테이너에 의한 복합운송의 경우는 「FCA」, 「CPT」, 「CIP」와 같은 복합운송조건을 이용하는 것이 바람직하다.

둘째, 「FOB」, 「DAP」 등 대부분의 무역거래조건들은 계약이행방법이 현물인도방식인데 반해, 「CIF」, 「CFR」조건은 서류인도방식에 의하여 계약을 이행한다. 그러므로 이 「CIF」 등 조건하에서는 매도인이 매수인에게 인도하는 선적서류에 하자가 없으면 정당하게 계약은 이행한 것으로 본다. 특히 중국의 경우처럼 「자국화자국선」주의를 취하고 있는 경우, 이들로부터 수입시는 대부분 「CIF」, 「CFR」을 요구하고, 수출시는 「FOB」조건을 요구하므로 특히 수입시 유의할 필요가 있다.

**표 6-2 「INCOTERMS 2020」 거래조건별 주요내용 비교**

| 거래조건 | 주요 내용 | 비용의 분기점 | 위험의 이전 (물품의 인도지점) | 수출통관 | 주운송비 (적재비) (하역비) | 보험료 | 수입통관 |
|---|---|---|---|---|---|---|---|
| EXW | 매도인의 영업장 기타지정장소에서 매수인의 임의처분상태에 둠 | 매도인영업장 · 기타지정장소 | 매도인영업장 · 기타지정장소에서 매수인의 임의처분상태에 둠 | 매수인 | 매수인 (매수인) (매수인) | – | 매수인 |
| FCA | 매도인의 영업장 기타 지정장소에서 매수인이 지정한 운송인(또는 타인)에게 수출통관된 물품 인도 | 매도인영업장 · 기타지정장소에서 운송인(또는 타인)에 인도 | 매도인영업장 · 기타지정장소에서 운송인(또는 타인)에 인도 | 매도인 | 매수인 ( – ) (매수인) | – | 매수인 |

| 거래 조건 | 주요 내용 | 비용의 분기점 | 위험의 이전 (물품의 인도지점) | 수출 통관 | 주운송비 (적재비) (하역비) | 보험료 | 수입 통관 |
|---|---|---|---|---|---|---|---|
| CPT | 합의된 장소에서 매도인은 자신이 지정한 운송인(또는 타인)에게 수출통관된 물품 인도 | 지정목적지 | 힙의된 장소에서 운송인에 인도 | 매도인 | 매도인 (매도인) ( – ) | – | 매수인 |
| CIP | 합의된 장소에서 매도인은 자신이 지정한 운송인에게 물품을 인도하며, 지정목적지까지 운송비 부담 | 지정목적지 | 힙의된 장소에서운송인에 인도 | 매도인 | 매도인 (매도인) | 매도인 | 매수인 |
| DAP | 수입통관 없이 지정목적지(또는 지정목적지의 합의지점)에서 도착운송수단의 하역준비상태로 매수인의 임의처분상태에 둠 | 지정목적지(또는 지정목적지의 합의지점) | 지정목적지(또는 지정목적지의 합의지점)에서 매수인의 임의처분에 둠 | 매도인 | 매도인 (매도인) ( – ) | – | 매수인 |
| DPU | 수입통관 없이 지정목적지(또는 지정목적지 합의지점)에서 도착운송수단으로부터 양하하여 매수인의 처분하에 둠 | 지정목적지(또는 지정목적지의 합의지점) | 지정목적지(또는 지정목적지의 합의지점)에서 양하 후 임의처분에 둠 | 매도인 | 매도인 (매도인) (매도인) | – | 매수인 |
| DDP | 매도인이 수입통관된 물품을 지정목적지(또는 지정목적지의 합의지점)에서 도착운송수단의 하역준비상태로 매수인의 임의처분상태에 둠 | 지정목적지(또는 지정목적지의 합의지점) | 지정목적지(또는 지정목적지의 합의지점)에서 매수인의 임의처분에 둠 | 매도인 | 매도인 (매도인) ( – ) | – | 매도인 |
| FAS | 지정선적항에서 본선의 선측에 물품을 놓을 때 인도(또는 본선의 선측에 놓인 물품을 제공) | 지정선적항 본선 선측 | 지정선적항 본선 선측에서 인도 | 매도인 | 매수인 (매수인) (매수인) | – | 매수인 |
| FOB | 매도인이 지정선적항에서 물품을 매수인이 지정한 본선에 적재하여 인도(또는 본선에 적재된 물품을 제공) | 지정선적항 본선 적재 | 지정선적항 본선 적재 | 매도인 | 매수인 (매도인) (매수인) | – | 매수인 |
| CFR | 매도인이 지정선적항에서 물품을 본선에 적재하여 인도(또는 본선에 적재된 물품을 제공)하며, 매도인은 지정목적항까지의 운임 부담 | 지정목적항 | 지정선적항 본선 적재 | 매도인 | 매도인 (매도인) ( – ) | – | 매수인 |

| 거래조건 | 주요 내용 | 비용의 분기점 | 위험의 이전 (물품의 인도지점) | 수출통관 | 주운송비 (적재비) (하역비) | 보험료 | 수입통관 |
|---|---|---|---|---|---|---|---|
| CIF | 매도인이 지정선적항에서 물품을 본선에 적재하여 인도(또는 본선에 적재된 물품을 제공)하며, 매도인은 지정목적항까지의 운임과 보험료 부담 | 지정목적항 | 지정선적항 본선 적재 | 매도인 | 매도인 (매도인) ( - ) | 매도인 | 매수인 |

주) · 보험료 : "CIP", "CIF"만 매도인의 의무로 규정하고 나머지는 매도인, 매수인 모두 의무없음
· "FCA" 적재비 : 1) 매도인의 영업장에서 인도하는 경우에는 매수인이 제공한 운송수단에 물품이 적재된 때, 인도완료(즉 적재비용은 매도인 부담) 2) 매도인의 영업장 이외의 장소에서 인도하는 경우에는 매도인의 운송수단에서 하역준비상태로 매수인이 지정한 운송인(또는 타인)의 임의처분 상태에 놓을 때, 인도완료(즉, 적재비용은 매수인 부담)
· 목적지하역비 : "CPT", "CIP", "CFR", "CIF"(운송계약에서 매도인의 부담으로 정한 경우는 매도인이 부담하고, 그렇지 않은 경우 매수인이 부담) ("DAP", "DDP"의 최종도착지 하역비도 동일)

**표 6-3** 「INCOTERMS 2020」 거래조건별 주된 비용의 부담자

| 거래조건 | 주된 운송비 | 보험료 | 수출통관 | 수입통관 |
|---|---|---|---|---|
| EXW | 매수인 | - | 매수인 | 매수인 |
| FCA | 매수인 | - | 매도인 | 매수인 |
| CPT | 매도인 | - | 매도인 | 매수인 |
| CIP | 매도인 | 매도인 | 매도인 | 매수인 |
| DAP | 매도인 | - | 매도인 | 매수인 |
| DPU | 매도인 | - | 매도인 | 매수인 |
| DDP | 매도인 | - | 매도인 | 매도인 |
| FAS | 매수인 | - | 매도인 | 매수인 |
| FOB | 매수인 | - | 매도인 | 매수인 |
| CFR | 매도인 | - | 매도인 | 매수인 |
| CIF | 매도인 | 매도인 | 매도인 | 매수인 |

주) · 주된 운송비 : 수출국 → 수입국으로의 운송비

[그림 6-1] 「INCOTERMS 2020」 거래조건별 비용과 위험의 분기점

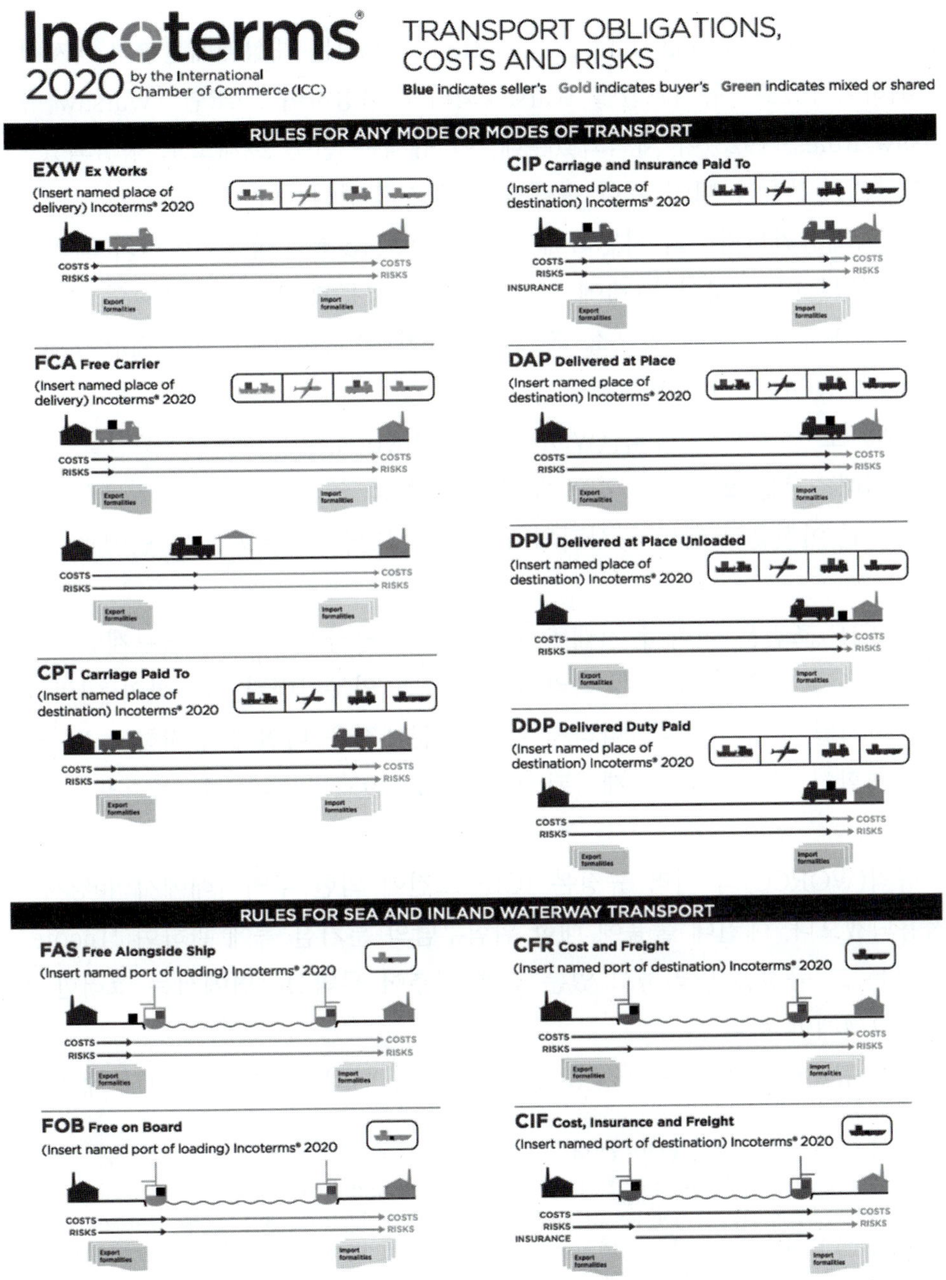


출처 : 국제상업회의소(ICC)

## 2.2 「CIF계약에 관한 와르소-옥스퍼드 규칙」(WORCC 1932)

국제법협회(International Law Association : ILA)는 해상매매관습의 국제적 통일을 위하여 1928년 규칙초안을 Warsaw회의에 상정하여 1928년 「Warsaw 규칙」(Warsaw Rules, 1928)이 채택되었는데, 이 규칙은 전문 22개조로 구성되었으며, 영국의 「CIF」관습과 이에 관한 판례를 토대로 작성되었다.

그 후 국제상업회의소의 지원하에 1932년 Oxford에서 국제법협회의 회의를 거쳐 개정되었는데 이것이 현재에 이르고 있는 서문과 21개 조문[25]으로 구성된 1932년 「CIF계약에 관한 와르소-옥스포드 규칙」(Warsaw-Oxford Rules for CIF Contract : WORCC 1932)이다.

이 「와르소-옥스포드 규칙」(WORCC)은 「Incoterms」가 「CIF」조건을 비롯한 11가지 거래조건을 포괄하고 있는 데에 비하여 동 규칙의 명칭대로 「CIF」조건에서의 소유권 이전을 포함한 당사자의 권리・의무만을 다루고 있는 단행법규인 셈이다.

원래 「CIF」조건은 여타의 거래조건과는 달리 당사자 간의 법률관계인 권리・의무의 내용이 매우 복잡하며, 따라서 당사자의 의무이행과 관련하여 여러 가지 문제가 야기될 소지가 많다. 따라서 이러한 문제점을 미연에 방지하고 당사자의 의무를 명확히 하기 위하여 제정된 것이 바로 1932년 「와르소-옥스포드 규칙」이다.

본 규칙(WORCC)의 여러 규정은 「CIF」조건에 의한 무역거래에서의 당사자에게 적용되겠으나, 예컨대 물품에 대한 위험부담의 분기점 등에 관하여 「Incoterms 2020」과는 그 규정을 달리하고 있는 점에 비추어 무역실무면에서는 그러한 점을 충분히 고려해야 한다.

한편 본 규칙(WORCC)도 「Incoterms」와 같이 매매당사자가 임의로 채택할 수

---

25) 「와르소-옥스포드 규칙」(WORCC)의 구성내용은 다음과 같다. ① Scheme of Rules, ② Duties of the Seller as to Shipment, ③ Time of Shipment and Evidence of Date, ④ Exceptions, ⑤ Risk, ⑥ Property, ⑦ Duties of Seller as to Bill of Lading, ⑧ Specific Vessel・Kind of Vessel, ⑨ Freight Payable at Destination, ⑩ Import Duties, etc., ⑪ Duties of the Seller as to Condition of Goods, ⑫ Duties of the Seller as to Insurance, ⑬ Notice of Shipment, ⑭ Import and Export Licence, Certificate of Origin, etc., ⑮ Certificate of Quality, etc., ⑯ Tender of Documents, ⑰ Loss or Damage after Shipment, ⑱ Duties of Buyer as to Payment of Price, ⑲ Rights of Buyer as to Inspection of Goods, ⑳ Rights and Remedies under Contract of Sale, ㉑ Notices.

있는 통일적 해석기준이므로 매매계약에서 당사자의 합의에 의하여 본 규칙에 따를 것이라는 취지의 조항을 명시적으로 규정하는 경우에 한하여 적용된다.[26]

## 2.3 「개정미국무역정의」(RAFTD 1941)와 통일상법전(UCC 1952)

미국은 무역거래조건의 해석에 관하여 해상국인 영국의 관습을 바탕으로 하면서도 「Incoterms」의 「FOB」와는 달리 미국식 「FOB」를 규정할 필요를 느꼈다. 왜냐하면 원래 「FOB」나 「CIF」조건은 해상운송을 전제로 한 조건인데 비해 대륙을 가진 미국은 그 지리적 특성으로 선박보다는 주로 육상운송수단의 이용에 적합한 거래조건의 이용을 필요로 하였기 때문이다.

이러한 배경하에서 미국은 다음의 「개정미국무역정의」(RAFTD)의 채택과 이후 제정된 국내법인 「통일상법전」(UCC)에 「정형거래조건」을 두게 되었다.

먼저 1941년 「개정미국무역정의」(RAFTD 1941)의 경우를 보면, 「전미무역협회」(National Foreign Trade Council)의 주창하에 개최된 「전미무역회의」(National Foreign Trade Convention)에서 1919년 「수출가격조건의 정의」(Definitions of Export Quotations)를 채택하였으며, 이 「정의」는 「FAS」, 「FOB」, 「CIF」 및 「C&F」 4종으로 분류하여 그 각 조건에 관하여 매매당사자의 권리・의무를 미국표준무역정의로 규정하였다.

그러나 이 1919년 「정의」는 그 내용이 매도인에게 유리한 방향의 해석기준이라는 수입업자의 불만과 그 후 미국이 세계무역의 지도적 위치를 가지게 됨에 따라 이 「정의」의 개정이 필요하게 되었다. 이에 따라 1940년에 개최된 「전미무역협회」, 「전미수입업자협회」(National Council of American Importers, Inc., 1921년 창립) 및 「미국상공회의소」의 합동위원회의 개정작업에 의하여 1941년의 「전미무역회의」에서 소위 「India House Rule」[27]으로 불리는 1941년 「개정미국무역정의」(Revised American Foreign Trade Definitions : RAFTD 1941)가 채택되었다.

1941년 「RAFTD 1841」는 1919년의 「정의」에다가 「Ex(point of origin)」 및 「Ex Dock」의 2종을 추가하여 모두 6종으로 늘어났다.

---

26) WORCC 1932, Rule 1. Scheme of Rules.

27) 「RAFTD」를 채택한 회의가 New York의 India House에서 개최되었으므로 이 1941년 「정의」를 「FOB에 관한 India House 규칙」(India House Rules for FOB)이라고도 한다. U.S. Dept. of Commerce, *Paper Work in Export Trade*, Washington. D.C., 1920, p. 14.

그리고 그 두 번째 조항인 「FOB」조건은 다시 6가지로 세분화되어 여전히 미국적인 해석기준을 채택하였으며, 특히 이 중에서 「본선인도」조건으로서의 해상운송에 이용되는 통상의 「FOB」조건은 이 「정의」상에서는 「FOB Vessel」조건이 이에 해당된다.

이런 가운데 미국은 종전의 「Incoterms 1980」의 개정 이후 1941년 「RAFTD」의 이용 대신에 「Incoterms」로 통일화되는 경향이 있다.[28]

다음으로, 이미 전술한 1952년에 제정된 미국 「통일상법전」(UCC 1952)은 미국의 국내매매법으로서 UCC의 「매매」(Sales)편에 무역거래조건에 관한 규정을 두고 있다. 즉, UCC §2-319에 「FOB」, 「FAS」를 그리고 §2-320, 321 그리고 322에는 「CIF」, 「CFR」 등의 거래조건에 관한 규정을 둠으로써,[29] 상관습으로서의 「정형거래조건」이 국내매매법에 명문의 규정을 도입한 의의는 특기할 만하다. 이에 관해서는 다음의 제3절 「FOB계약」의 「미국의 FOB계약」에서 후술한다.

# 제3절 「FOB계약」

## 3.1 「FOB계약」의 의의

「FOB」란 "free on board"의 약어를 의미하는 「본선인도」조건으로서, 「FOB」조건의 무역계약에서 매도인은 물품을 선적항에서 본선에 적입하지 않으면 안되고, 그 시점까지 물품에 관한 비용 및 위험을 부담하지 않으면 안된다고 하는 것이 원래 이 약어에 부여된 의미이다.[30] 다시 말해 계약물품을 지정된 선적항의 「본선상」(on board the vessel)에 인도하면 그 때부터 위험 및 비용부담의 책임으로부터 매도인이 해방 또는 면책(free)됨을 의미하는 것이다.

「FOB계약」은 일반적으로 계약물품을 지정된 선적항에서 매수인이 지정한 본

---

28) 미국의 무역기관(Trade Organizations)에서는 이 「정의」를 더는 사용하지 않기로 권고함에 따라 현재는 사용되지 않는다. 그럼에도 본서는 영미 양국의 거래관습의 특성에 대한 이해와 비교의 관점에서 다룬다.

29) 박정기 · 윤광운, 「미국통일상법전」, 법문사, 2007, pp. 33~36 참조.

30) 新堀 聰, 「貿易取引入門」, 日本經濟新聞社, 1992, p. 144.

선에 인도할 때까지의 위험과 제비용을 매도인이 부담하는 매매조건이다.

그러므로 「FOB계약」에서 매도인은 선적항의 본선 갑판상에 약정품을 인도할 때까지의 제비용을 부담하고, 매수인은 그 이후부터의 제비용, 즉 본선갑판 또는 갑판상에서 물품의 적부비용(stowage), 목적항에 도착할 때까지의 해상운임 및 해상보험료, 수입관세 및 기타 비용을 부담하는 조건이다.[31)]

「FOB계약」은 단순히 비용을 채산하는 「가격조건」만은 아니며, 매매당사자 간의 물품의 인도와 그에 따른 의무의 이행을 비롯하여 위험부담, 비용부담 등의 계약상의 의무에 대한 계약책임을 지는 계약조건이라는 사실이다.

데블린 판사(Delvin J.)는 「FOB계약」을 "융통성있는 도구"(a flexible instrument)라고 기술하였는데,[32)] 여기서 분명한 것은 확고한 정의를 내릴 수는 없는 것이지만 「FOB계약」의 기본적 개념은 명백하다는 점이다. 즉, 매도인에게 지급되는 대금에는 매수인에 의해 지명된 해외로 운항할 선박의 「본선상」에 물품이 적재될 때까지의 모든 비용이 포함된다. 그리고 통상적으로 이 시점에서 소유권과 위험이 매수인에게 이전되며, 그 이후의 모든 비용은 매수인의 부담이다.

이러한 「FOB계약」조건의 본질적인 성격을 유지하면서 계약의 부수적인 사항은 여러 가지 방법으로 변경될 수 있다. 이것은 계약의 명시 또는 묵시조항에 의해 매도인이 운송이나 보험계약을 준비하여야 하는 조항을 포함하여야 하는 경우가 있는데, 이때에도 「CIF」매매는 아니다. 또한 이러한 변경은 관련된 다른 항구에서 적용되는 조항이나 관습에 의해서도 가능하다.

「FOB계약」이 영국의 해상무역을 토대로 국내거래에서 비롯되어 「해상매매」조건으로 발전해 온 가운데, 매도인은 매수인이 지정한 「본선」에 적재하면 그 의무를 다하는 것으로 되었다. 이러한 영국에서의 엄격한 의미에서의 「FOB계약」이 변형되기 시작하면서 종래 매수인의 의무였던 것이 점차 매도인의 의무로 추가되는 이른바 「추가의무부 FOB계약」이 나타나게 되었다. 또한 대륙국이라는 특수성을 지닌 미국에서는 해상매매를 바탕으로 한 전통적인 영국의 매매관습을 확산시켜 내수로, 육상 및 항공운송에 이르기까지 광범위하게 적용할 수 있는 새로운 유형의 「FOB」로서, "free on board" 용어가 영국에서는 "free on board vessel"의 개념으로 이해되지만, 미국의 경우, "free on board vessel, car or other vehicle"

---

31) Clive M. Schmitthoff, *Schmitthoff's Export Trade, op. cit.,* pp. 16~17.

32) *Pyrene Co. Ltd v. Scindia Navigation Co. Ltd.*[1964] 2 QB 402 at 424, [1964] 2 All ER 158 at 167.

의 의미로 해석된다.[33] 「FOB계약」은 각국의 관습을 바탕으로 다양한 형태로 변형되는 경향을 가지므로 그 적용과 관련하여서는 이를 보다 명확히 하는 것이 중요하다.

그러므로 어떠한 계약이 「FOB계약」인지의 여부에 관한 문제는 단순히 학문적인 문제만은 아니다. 그 해답은 계약당사자들의 책임과 권리를 결정하게 되기 때문이다. 더구나 계약당사자들이 그들의 계약을 전술한 바와 같이 "FOB"라고 명시하였다는 사실만으로는 반드시 결정적인 것은 아니다. 법원은 당사자들이 체결한 계약을 검토해서 사실은 그것이 「FOB계약」이 아니라는 결론에 도달할 수도 있으며, 이에 관해서는 다음에서 살펴본다.

## 3.2 「FOB」 매매관습의 형성

해양을 통한 고대무역의 기원[34]에서 보듯이, 이집트와 「페니키아인」(Phoenician)에 의하여 해상무역이 활발히 전개된 이후 지중해를 중심으로 한 교역이 번성해 왔으며, 이러한 고대의 해양무역활동은 계속적으로 국제관례와 관습, 법규의 발전을 가져와 특히 B.C. 332년에 멸망한 「페니키아인」의 무역거래와 관련된 해상물자 수송을 비롯하여 「공동해손」 등에 관한 법률 규정은 오늘날에까지 국제무역과 해상운송 및 보험에 큰 영향을 미친다.[35]

해상무역은 주로 바람을 이용하는 「범선」에 의해 많은 비용과 위험을 부담하고 있었기 때문에 이에 종사하는 상인을 글자 그대로 「모험상인」(merchant adventurers)으로 불리웠다. 이러한 당시의 해상무역은 자신의 비용과 위험으로 선적지에서 물품을 구입하여 이를 용선한 선박에 선적하고 목적항까지 운송하여 현지에서 판매하고 현지의 특산물을 구입하여 막대한 이윤을 남기는 「양륙지매매」라고 하는 도착지조건이 발달하였다.

이후 19세기 초에 일어난 영국의 산업혁명(Industrial Revolution)을 거치면서 생산력의 획기적인 증대로 공업과 해운에 큰 변혁을 가져왔으며, 특히 해상운송

---

33) 上板酉三, 「貿易慣習」, 東洋經濟新報社, 1970, p. 112.

34) 고대 해상무역의 기원에 관한 기록으로 기원 전 2650년경 이집트의 스네프루 왕(Pharaoh Snefru)의 업적에 관한 다음의 글귀 즉, "이집트 왕이 페니키아로부터 삼목나무(cedar logs)를 40여척의 배에 실고 왔던 .... ."이라는 기록에서 찾을 수 있다. Lionel Casson, *The Ancient Mariners*, New York, Macmillan, 1959, p. 4.

35) *The Origins of Shipping*, pp. 1~20. : 윤광운, 「국제무역상무론」, pp. 22~24.

분야에서는 「증기선」(steamship)의 등장으로 종래 양륙항에서 물품을 인도하는 대신 매수인이 선적지에서 물품을 구매하는 「선적지매매」를 발전시키게 되는 동기가 되었다.

그러므로 해상무역에서 「양륙지매매」가 먼저 관행되었던 것으로 보아지고, 이후 「FOB」나 「CIF」조건과 같은 현재의 무역관습으로 이루어지고 있는 「선적지매매」의 무역계약조건은 화폐경제의 발달에 따라 범선시대의 양륙지조건에 의한 물물교환에서 「물품의 매매」(sale of goods)로 전환된 후에 생겨난 것으로써 현대의 무역관습에 속하는 것으로 보고 있다.[36)]

이와 같이 「기선」시대에 접어들면서 종래 지정선박에 의한 착선매매가 불특정매매에 의한 착선매매로 발전했고 이후 기선의 일반화에 따라 매수인이 직접 선적항에서 선적항 "본선상"(on board the vessel)에서 물품을 구입해가는 「FOB」라는 「선적지매매」를 발전시켰다. 종래의 「양륙지매매」라는 「도착지인도」조건은 매도인이 운송중의 위험과 비용을 부담하고 그 물품에 대한 대가는 양륙항에서 물품을 매각해야만이 얻을 수 있는 것이므로 매도인에게는 부담이 과중한 거래였다.

이렇게 생성된 「FOB」조건은 양륙지매매에서 「선적지매매」로 바뀌었기 때문에 종래와는 반대로 매수인의 부담이 가중하게 되는 결과를 가져와 결과적으로 무역물품에 항해중 화물의 위험을 담보하는 해상보험을 부보하는 관습 또한 일반화되었다.[37)]

「FOB」매매조건에 관한 영국 최초의 판례[38)]가 나타난 것이 19세기 초인데, 이 무렵은 아직 「정기선」운송이 정착되지 않았고, 운송중인 물품의 상징으로 선적서류가 인식되지 않았으며 통신수단마저 발달되지 않았다. 따라서 통상적으로 부정기선의 용선계약으로 물품을 구입하기 위하여 「본인」(또는 그 대리인)이 직접 항해에 참여하여 외국항구를 방문하였으며, 외국 현지에서 물품을 구입하게 되면 선박에 인도하여 본선상에서 최종 검사를 하고 대가를 지급하였다. 이는 결국 「선적지」를 이행지로 하는 한편 매수인이 운송수단을 수배하고 또 해상보험에 부보하는 「FOB」조건이 생성하게 된 것이다[39)].

---

36) 上板酉三, 前揭書, pp. 8~10.

37) 上揭書, p. 11.

38) *Weckerberth v. Masson*[1812] 3 Camp. 270 : *Carven v. Byder*[1816] 6 Taunt. 433 : *Ruck v. Hatfield*[1822] 5 B. & Ald 632 : David M. Sasson, *CIF and FOB Contracts*, 2nd ed., London, Stevens & Sons, 1975, p. 289.

39) 이에 대해 「CIF」조건은 19세기 중엽의 판례에서 볼 수 있는데, 기술진보와 통신수단의 발달과 「정기선」(liner)이 확립되고 선적서류의 우송이 가능해진 것 등이 「CIF」조건을 생성하게 된 배

한편 「FOB」조건의 특색으로는 국제거래 외에도 상당수의 국내거래가 이루어지고 있는 점이다. 「국내거래」는 수출상이 국내의 공급업자에게 물품을 주문하고, 국내 공급자는 수출상이 지정하는 본선에 물품을 인도적재하는 「FOB」조건의 거래가 많다. 이에 수출상은 계약상 매수인이 되고 공급자가 매도인이 되는 것이다.

「FOB」조건의 그 발달과정에서 나타난 또 하나의 특색은 「CIF」와 함께 「FOB」조건이 영국을 발상지로 하고 있으나, 「CIF」조건이 해양국인 영국에서 특수한 발달을 해왔기 때문에 순수한 해상매매조건으로 형성되어 왔는데 비해, 「FOB」조건은 대륙국인 미국에서 분화적인 발달을 거쳤기 때문에 해상무역과 육상무역에 병용할 수 있도록 여러 가지 유형이 생겼다.[40]

## 3.3 「FOB계약」의 특성

「FOB」는 매도인이 선적항에서 물품을 본선에 적재한 때에 인도하는 계약조건이기 때문에 「선적지」가 당사자의 위험 및 비용의 분기점이 되며, 따라서 본질적으로는 「선적지매매」조건인 동시에 「본선인도」조건이며 「현실인도」조건의 세 가지의 특성을 지닌다.

### 1. 「선적지매매」조건

「FOB」조건은 선적지에서 물품의 인도가 이루어지는 조건이다. 이 「FOB」조건의 본질적 성격은 매도인이 자신의 비용으로 매수인에 의해 지정된 선박의 「본선상」에 약정품을 적재하여야 하는 「선적지매매」이다.[41]

이와 같이 매매계약에 있어서 「선적지매매」냐 「양륙지매매」냐의 구분은 물품이 인도되는 장소에서 「소유권」 및 위험이 이전되는가, 그리고 이 장소에서 물품이동의 개시장소인가 종료장소인가에 따른 구분으로 보아야 할 것이다. 예컨대, “FOB Busan”이라고 표시할 경우 이 “Busan”이 약정품의 「소유권」이 이전되는

---

경으로 들 수 있다. 이 외에도 1855년 「선하증권법」(The Bill of Lading Act, 1855)의 제정과 함께 「신용장」(L/C)에 의한 새로운 대금결제수단을 통해 은행의 개입과 그리고 「선하증권」(B/L) 등 선적서류를 화환어음결제시 담보로 인정하는 관행이 확립됨으로써 상징적 인도조건으로서의 「CIF」조건이 생성되는 배경이 된 것이다.

40) 上板酉三, 前揭書, p. 108.

41) A. G. Guest, et. al., *Benjamin's Sale of Goods*, 3rd ed., London, Sweet & Maxwell, 1987, p. 1158.

선적지의 계약장소가 된다. 그러므로 계약당사자 간에 위험 및 비용부담의 분기점 역시 선적지 또는 선적항이며 또한 물품의 소유권 이전과 대금의 지급이 이루어지기 때문에 이 「FOB」조건은 「선적지매매」조건이다.

이 「FOB」조건에서 매수인은 선적지에서 물품의 인도를 수령하여야 하지만, 현실적으로는 선적지에서의 물품의 인도수령이 거의 불가능하므로 운송계약의 체결에 의하여 「운송인」이 수탁자로서 선적지에서 인도를 수령하게 된다. 물론 이 경우에 「운송인」은 매수인에 대해서 「이행보조자」의 지위에 서게 된다.

## 2. 「본선인도」조건

「FOB」조건에서 매도인은 선적항에서 지정된 "본선의 갑판상"에 물품을 적재하여 인도해야 하기 때문에 「본선인도」조건이라 한다.

그런데 「FOB」조건은 선적항 「본선상」(on board the vessel)에 계약물품을 적재함으로써 인도가 이루어지는데, 그 구체적인 인도장소와 시점에 관해 종래 「Incoterms」 등에서는 위험의 분기점을 본선상이 아닌 「본선의 난간」(ship's rail)을 통과한 때로 규정하고 있어 많은 논의를 불러왔었다.

즉, 물품이 지면을 떠나 본선상에 적재 전에 손상이 있었다면 그 손실은 보통 매도인이 부담한다. 예컨대 기중기 운전자가 부주의로 물품을 들어 올리다가 운전부주의로 이를 떨어 뜨렸다든지 물속에 빠뜨렸다면 그 손실은 매도인의 부담이다. 그러나 물품이 난간을 통과한 이후 안전하게 적재되기 이전에는 매수인이 그 손실을 부담하여야 한다.

그러나 1941년 「개정미국무역정의」(RAFTD 1941)의 「FOB vessel」조건에서는, 「본선의 난간」(ship's rail)[42] 대신에 물품이 "본선에 적재될 때까지"(until goods have been placed on board the vessel)로 명확히 표현하고 있다.[43] 또한 "물품이 아직 공중(空中)에 있는 시점"을 위험의 분기점으로 한 것은 비현실적인 것으로서 실제로도 해결방안이 되지 못하므로 찬성할 수 없으며, 이것은 일반적으로 "선창내 또는 갑판상에 놓였을 때"(placed the goods in hold or deck)로 해야 한다는 견해[44]도 있다.

---

42) 종래 위험의 분기점으로 "본선의 난간'(ship's rail)이 가지는 법적 문제에 대해 「Incoterms 2010」의 개정 시에 이를 「본선상」(on board the vessel) 적재시로 하여 이러한 문제를 해결하였다.

43) RAFTD 1941, (6)(Ⅱ-E) FOB vessel(named port of shipment), 매도인 의무 제3항 참조.

44) 浜谷 源藏, 「貿易賣買の研究」, 同文館, 1964, pp. 9~10.

이에 관해 종전의 「Incoterms 2010」에서는, "본선적재(on board)하여 인도된 물품을 제공한 때"로 하였다. 특히 「Incoterms」는 제조물매매에 대칭되는 「일차산품매매」(sale of commodity)의 경우에 흔히 운송 중에 "연속적으로"(down a string) 수차 전매되는 소위 「연속매매」(string sale, 「전매」)를 반영한 것으로 「연속매매」의 중간에 위치하고 있는 매도인은 이미 선적된 물품을 구입하여 당해계약에 충당할 수 있도록 규정하고 있다. 특히 「FOB」를 포함한 「FAS」, 「CFR」, 「CIF」와 같은 해상운송용 거래조건에서의 물품의 인도에는 모두 이 「연속매매」를 반영하는 문언을 두고 있다.45)

「FOB」조건하에서 인도는 매도인이 선적항에서 지정된 「본선상」에 물품을 적재함으로써 완성되는 것이다. 따라서 물품에 대한 위험과 비용부담의 책임은 물품을 "본선에 적재한 때"에 매수인에게 이전한다. 이에 따라 「본선상」에 인도하다가 물품이 멸실하거나 손상된 경우에는 매도인은 인도의무를 다하지 못한 것이 된다.

이와 같이 본선인도시점을 기준점으로 하여 산정된 가격이 「FOB가격」이며 실무적 관점에서 「FOB」조건이란 "Free on Board"라는 「본선인도」조건을 가격산정의 기초로 하여 「FOB가격」에 의해 체결된 「본선인도」계약이다.

### 3. 「현실적 인도」조건

「FOB」조건은 매도인이 매수인 또는 그 대리인(운송인)에게 현실적으로 물품의 점유를 이전시켜 계약을 이행하는 「현실적 인도」(actual delivery)조건이다.

「FOB」조건에서는 보통 운송인에게 물품을 인도하게 되는데, 이 경우 「운송인」은 매수인의 이행보조자이다. 따라서 매수인이 본선선박의 지정을 게을리하거나 또는 그 이행보조자인 「운송인」의 귀책사유에 의하여 선적이 불가능한 경우에는 매수인이 이에 대하여 책임을 지게 된다.

「현실적 인도」조건인 「FOB」조건에서는 선적과 동시에 인도가 완료되기 때문에 이에 대하여 매수인은 대금을 지급하여야 한다. 즉, 당사자 간에 다른 특약이 없는 한, 물품의 인도와 대금의 지급은 「동시이행조건」(concurrent condition)이다. 따라서 매수인의 물품검사권 또는 「물품인수거절권」(right of examination or rejection)과 관계없이 매수인이 물품을 "인수할 때"이미 대금지급의무가 발생한

---

45) 대한상공회의소, 전게서, p. 28.

다. 이러한 견해는 UCC에서도 동일한 취지를 규정하고 있다.[46]

그러나 「FOB」조건에서 매도인과 매수인은 격지거래의 특성상 물품인도와 대금지급의 「동시이행조건」은 실제 불가능하므로 매도인은 「CIF」조건에서와 같이 「신용장」 (L/C)에 따라 선적서류와 상환으로 대금을 회수하는 「화환특약부」 FOB조건을 택하는 것이 일반적인 무역관습이다.

즉, 「FOB」조건은 서류이전에 의한 「상징적 인도」조건인 「CIF」조건과는 달리 「현실적 인도」를 본질로 하고 있지만, 대부분의 경우 대금지급에 관한 조건으로 매도인이 선하증권(B/L)을 첨부하여 화환어음을 매입시키는 통상 「화환신용장」 방식 등을 사용하고 있는 관계로 약간의 혼동이 없지 않다. 이 경우 외관상으로 서류에 의한 「상징적 인도」방식을 쓰는 「CIF」조건과 거의 차이가 없고, 단지 「FOB」조건에서는 운임후불의 「선하증권」(B/L)이 발행되고 해상보험증권이 첨부되지 않는다는 점만 다를 뿐이기 때문이다.[47]

또한 「FOB」조건이나 「CIF」조건 모두 물품의 위험은 본선 적재시 이전되며 「소유권의 이전」도 매수인이 어음대금을 지급하거나 또는 인수할 때까지 유보할 수 있다는 점에서도 같다. 그러나 「FOB」조건은 이처럼 지급조건에 관한 특약이 있는 경우에도, 「현실적 인도」조건의 성격은 변하지 않는 것으로 보아야 한다. 왜냐하면 「FOB」조건에서는 매도인이 어음의 지급 또는 인수와 상환으로 배서한 「지시식 선하증권」(Order B/L)을 매수인 또는 그 대리인에게 교부하면 물품의 본선에 "선적된 때"로 소급하여 「소유권」이 이전되지만, 「CIF」조건의 경우는 소유권의 이전시기가 소급되지 않는다는 점에서 다르기 때문이다.

이러한 견해와는 달리 유통가능한 선하증권의 첨부를 조건으로 하는 「FOB」조건이 선적서류의 첨부로 인하여 「현실적 인도」가 상징적 인도의 성격으로 변했다고 보는 견해[48]도 있으나, 「FOB」조건은 여전히 「현실적 매매」조건으로서 선하증권(B/L)이 적법하게 배서되어 매도인으로부터 매수인에게 송부되었다고 하더라도 「현실적 인도」가 완료되지 않으면 「소유권」은 이전되지 않는다고 본다.

46) UCC §2-401(2) 참조.
47) 이용근, 「무역계약론」, 법문사, 1994, p. 255.
48) 中村 弘, "荷僞替決濟とFOB契約", 「貿易クレームと仲裁」, 1969, 5~7月號, 國際商事仲裁協會. 1969.

## 3.4 「FOB계약」의 유형

### 1. 「FOB계약」의 다양성

「FOB계약」의 매도인은 본선을 수배할 의무를 부담하지 않고, 단지 매수인이 지정한 선박에 물품을 적입하면 책임을 다하는 이른바 「고유의미」(strict or classic)의 FOB계약의 내용에 대해 최근에는 실무의 요청에 따라, "FOB"라고 하는 동일한 표현이 사용되어도, 당사자의 의무가 영국류의 엄격한 의미에서의 "FOB"의 범주에서 벗어나는 경우로서, 이것은 다음의 2가지의 방향에서 나타나고 있다.

그 하나는, 같은 「FOB」에서도 매도인이 스스로 본선의 수배를 하고, 선박회사로부터 운송서류를 취득하는 등의 의무를 부담하는 것으로서, 이것은 매도인이 「고유」의 FOB계약상의 의무 이외에, 「특약」에 의하여 추가의무를 부담하는 것이라고 해석되어진다. 말하자면, 「추가의무부」 FOB계약(FOB contract with additional duties)이다.

다른 하나는, 미국류의 「FOB계약」이다. 내륙이 넓은 미국에서는 본래 선적항에 있어서 선박의 「본선상」(on board) 적재에 따라야 할 「FOB계약」을 확장하여, 내륙지점에서 철도화차, 트럭 등의 내륙수송수단에의 적입에까지 적용할 수 있도록 되었다. 이러한 종류의 「FOB계약」에 대해서는 1941년 「개정미국외국무역정의」(RAFTD)에 상세하게 규정하고 있다. 더구나 미국에서는 본래 선적지에 있어서 적입과 동시에 물품의 위험이 매수인에게 이전하는 「FOB계약」과는 별도로, 수송수단이 목적지에 도착하여서부터 위험이 이전하는 것으로 하는 「FOB destination」이 있다. 이 「FOB destination」계약은 목적지에서 위험이 이전하는 「양륙지매매」의 일종으로서, 선적지에서 위험이 이전하는 본래의 「FOB계약」과는 전혀 별개의 것이므로 표현상 유의할 필요가 있다.

이와 같이 「FOB계약」이라고 하여도 여러 유형이 있기 때문에, 「CIF계약」과 같이 단순하지 않다. 이러한 혼란을 피하기 위하여 다양한 유형의 「FOB계약」을 정확히 이해할 필요가 있다. 현재에 와서는 각국의 국내규정에 비해 국제적 통일규칙으로서의 「Incoterms」규정이 보편성을 가지고 있으므로 이에 대한 충분한 이해가 요구된다.

**표 6-4 「FOB」조건의 유형별 분류**

| FOB의 유형 | | 주요내용 |
|---|---|---|
| 영국계 FOB | | 「고유의미」 FOB<br>「수출」 FOB |
| 미국계 FOB | 「통일상법전」 FOB | FOB Place of shipment<br>FOB place of destination<br>FOB vessel, car or other vehicle |
| | 「개정미국무역정의」FOB | A) FOB(named inland carrier at named inland point of departure) 지정국내출하지에서 지정국내운송인에의 인도조건<br>B) FOB(named inland carrier at named inland point of departure) Freight prepaid to (named point of exportation) 지정국내출하지에서 지정국내운송인에의 인도조건(지정 수출지까지의 운임 선급)<br>C) FOB(named inland carrier at named inland point of departure) Freight allowed to (named point exportation) 지정국내출하지에서 지정국내운송인에의 인도조건(지정 수출지까지의 운임 공제)<br>D) FOB(named inland carrier at named inland point of exportation) 지정수출지에서 지정국내운송인에의 인도조건<br>E) FOB vessel(named inland point of shipment) 지정 선적항 본선인도조건<br>F) FOB(named inland point in country of importation) 수입국내의 지정지점에서의 인도조건 |
| 「Incoterms 2020」FOB | | FOB(named port of shipment) |

이상에서 무역실무계에 가장 널리 이용되고 있는 「CIF」조건과 함께 우선 「FOB」조건을 그 발전과정의 특성에 따라 다음 세 가지 유형, 즉 영국유형의 「FOB」와 미국유형의 「FOB」 그리고 국제적 통일규범으로서의 「Incoterms」상의 「FOB」조건으로 크게 분류할 수 있다. 그리고 영국유형의 「FOB」는 다시 「고유의미」의 FOB와 「수출」 FOB로 나누어지고, 그리고 미국유형의 「FOB」는 미국 「통일상법전」(UCC)의 규정에 의한 것과 「개정미국외국무역정의」(RAFTD)상의 「FOB」규정으로 나누어진다.

이와 같이 「FOB계약」이라고 하여도 여러 유형이 있고 「CIF계약」과 같이 단순하지 않기 때문에 혼란을 피하기 위하여 다양한 이들 유형들의 「FOB계약」을 정리하여 이해하는 것이 필요하다.

## 2. 영국의 「FOB계약」

### 1) 「고유의미」의 FOB계약

여러 유형으로 발전된 「FOB」의 일반적인 분류방식은 아직 없으며 대부분의 판례는 적어도 「고유의미」(strict or classic)의 FOB계약이 존재하고 있다는 점을 인정하고는 있으나, 여기서도 다양한 견해가 있다.[49] 「FOB」의 분류는 약 1세기에 걸친 상관행의 변화, 특히 발전한 통신수단으로 인하여 복잡하게 전개되었다.[50]

영국의 판례에 「FOB」조건이 처음으로 나타난 1812년 당시의 「FOB」조건은, 영국 국내에서 물품공급자(제조업자 또는 매도인)와 국내의 수출업자(매수인) 사이에 이루어진 「국내거래용」 FOB조건으로서, 현재 국제거래에서 이용되는 「수출용」 FOB조건과는 다소 차이가 있다.

*J. Raymond Willison Co. Ltd., v. N. Scratchand Ltd.*사건[51]에서 Caldecore 판사는 「FOB」 조건은 매도인이 물품을 본선에 적재하는데 따른 비용을 부담하고 인도를 행하여 본선에 적재할 때 위험은 매수인에게 귀속되는 것이라고 판시하였다.

이에 따라 「FOB」에서 다음의 2가지 점이 명백해진다. 첫째는, 매도인은 물품을 본선에의 적입에 관한 비용과 책임을 부담하는 것과 둘째는, 본선에의 적입에 의하여 물품의 인도가 완료하고, 그것과 동시에 물품에 대한 위험부담이 매수인에게로 이전하는 것이다.

이것이 「FOB」의 기본적인 의미로서, 영국의 판례를 중심으로 무역매매관습으로서 발전한 「고유의미」 FOB계약(classic FOB contract)의 내용이다.[52] 다시 말해 이 「고유의미」의 FOB계약은 매도인이 본선의 수배를 할 의무를 부담하지 않고, 단지 매수인이 수배한 선박에 물품을 적입하면 되는 것이다.

이와 같이 영국의 판례를 중심으로 형성된 「고유의미」 FOB계약에서 매도인은 본선지정의 의무가 없고 오직 매수인이 지정한 「본선상」에 적재만 하면 되는 조건이었다. 즉, 「고유의미」 FOB계약에서는 매도인은 단지 수출의무가 아닌 「인도」 의무만 부담하는 것이며, 수출업자와 송하인(shipper)은 매도인이 아닌 매수인이라는 점이다.[53] 따라서 「고유의미의 FOB계약」은 「국내매매」를 전제로 한 것이다.

---

49) *The El Amria and the Minia*[1982] 2 Lloyd's Rep 28 at 32.
50) D. M. Day, *op. cit.*, p. 46.
51) [1944] 77 Li. L. Rep. 375.
52) 新堀 聰, 前掲書, p. 144.

1951년 영국의 수출협회(The Institute of Export)에서 규정한 「고유의미」의 FOB계약에 관한 매매당사자의 의무에서, 매도인은 물품이 「본선의 난간」(ship's rail)을 통과할 때까지의 모든 비용을 부담하고, 매수인은 필요한 선복을 확보하고, 수출통관수속과 이에 수반되는 수출통관제세 등의 비용을 부담하는 것으로 하였다.

이러한 경우, 매도인은 물품의 본선에 현실적 인도가 완료되었음을 증명하는 「본선수취증」(Mate's Receipt : M/R)을 제공하면 되고, 이 증서를 근거로 매수인은 선박회사로부터 선하증권(B/L)을 취득하게 된다. 이때 매수인은 「송하인」(수출업자)의 역할을 수행하게 되는 점이다.

### 2) 「국내」 FOB계약과 「수출」 FOB계약

수출계약으로서 현재 행해지고 있는 「FOB」의 내용은 「고유의미」의 FOB계약의 내용(당사자의 의무)과는 상당히 다른 것으로 되어 있다. 여기서 중요한 것은 모든 「FOB계약」이 고유의 의무를 상실하고 있다고 할 수는 없는 것이다.

그것은 똑같이 「FOB」라고 하더라도 수출국의 국내의 제조업자와 수출업자간에서 체결되어지는 「FOB」와 수출업자와 해외의 매수인간에서 체결되어지는 「FOB계약」이 있기 때문이다. 이 경우 수출업자는 제조업자로부터 「FOB」로서 물품을 매입하여, 그대로 해외의 매수인에게 FOB로서 판매하지만, 동일한 「FOB」에서도 전자는 국내의 공급거래(domestic supply transaction)로서, 후자는 수출거래(export transaction)로서의 「FOB계약」으로서의 그 실질적 의미가 다르게 된다.

이러한 「FOB」의 유형은 영국의 「FOB」에서 특히 물품의 수출계약과 마찬가지로 국내거래에서도 찾아볼 수 있다. 국내거래에서는 물품은 국내제조업자에 의해서 국내상인에게 판매되는 것이고, 수출계약에서는 외국의 매수인에게 즉시 「재매각」을 위하여 물품을 주문하게 되는 것이다. 「FOB」라도 수출국의 제조업자와 수출업자간에 체결된 「FOB계약」과 수출업자와 해외의 수입업자 사이에 체결되는 「FOB」가 있다. 즉, 국내 공급거래와 수출거래로 나누어진다.

국내거래로서의 「FOB」라고 하는 소위 「국내」 FOB계약의 경우, 매도인인 제조업자와 매수인인 수출업자는 같은 국내에 있고 제조업자가 매수인의 해외전매처를 설혹 알고 있어도 물품의 인도장소로서의 「본선」은 제조업자에게 있어서는 다른 국내시장의 인도장소와 실질적으로는 차이가 없다고 하겠다. 제조업자는 물

---

53) 강원진, 전게서, p. 157.

품을 단지 「본선」이라는 국내시장의 한 장소에서 인도할 의무를 지는 것은 틀림없지만 수출을 하기 위하여 수출허가를 취득한다든지 통관수속을 하는 것 등은 수출업자가 해외의 매수인과 체결한 별개의 「FOB계약」, 즉 「수출」 FOB계약이다. 따라서 「국내 FOB계약」은 「고유의미의 FOB계약」의 내용을 그대로 적용할 수 있고[54] 선적지인도가 아닌 「양륙지인도」로 볼 수 있다.

[그림 6-2] 「국내」 FOB계약과 「수출」 FOB계약

또한 「수출」 FOB계약에 있어서 「고유의미」의 FOB계약의 내용의 수정은 매도인에게 추가의무를 부담시키는 것으로서, 매수인의 의무로 되어 있는 것을 매도인에게 전가하는 것에 의하여 행해지는 것이라 하겠다. 이 경우의 예로는 ① 매도인을 송하인으로 하고, 선박회사로부터 운송서류를 취득시켜서 매수인에게 제공할 의무를 부담시키는 것. ② 매도인에게 통관수속을 행하게 하고, 통관에 부수하는 일체의 제비용을 지불시키는 것 등이다.

이같이 「추가의무」를 매도인이 부담하는 경우, 그의 법적지위는 매수인의 「대리인」(agent)으로서인가 그렇지 않으면 자기의 책임으로 되는가 하는 점이 문제로 된다. 예를 들어 매도인의 「추가부담의무」의 내용으로 통관수속과 통관에 부수하는 제비용의 부담의무나 본선의 선복예약을 부담지우는 경우, 매도인의 법적지위는 전자의 경우는, 매도인 자신이 「본인」(principal)으로서 행동하는 것이라 하겠다. 왜냐하면, 만일 매도인이 이 「추가의무」를 매수인의 대리인으로서 행하는 것으로 하면, 계약 그 자체가 「고유의미」의 FOB계약으로 되어지는 것이기 때문이다. 매도인은 본인으로서 행동하는 것이기 때문에, 결과에 대해서 책임을 부담하다. 예를 들면 수출허가가 거부되어진 경우, 사정에 따라서는 책임을 부담하지 않으면 안된다. 단지 불가항력으로서 「면책」되어진 경우는 별개이다.

---

54) 특히 「고유의미」의 FOB계약에 관한 영국 '수출협회'의 정의도 그 자신, 해상운송에 적합한 포장 등에 대해서 일체 규정하고 있지 않는 점에서 미루어 보건데, 국내거래로서의 FOB계약에 대해서 정한 것이라고 보아진다. 新堀 聰, 前揭書, p. 151.

후자의 「선복예약」의무의 경우, 매도인은 매수인의 「대리인」으로서 행동한 것이라고 해석되어진다. 이와 같이 해석하지 않으면, 「FOB계약」과 「CIF계약」과의 구별이 불가능한 것으로 되어지기 때문이다.55)

이상에서와 같이 국내의 공급업자인 매도인과 수출상인 매수인간에 「FOB」조건의 계약체결시에 해외의 수입업자인 매수인이 수출지에 지사 및 대리점이 없는 경우에는 매도인이 「선적의무」를 이행해야 하기 때문에 약정품의 수출허가를 취득하고 수출통관절차를 밟아야 한다.56)

「Incoterms」의 「FOB」조건에 관한 규정 역시 이와 같은 취지이지만, 매수인이 선복을 수배하고 그 선박명 등에 대해 매도인에게 통지하지 않으면 안된다, 그리고 매도인은 매수인이 지정한 선박에 약정품을 인도함으로써 그 의무가 완료되는 조건이다.

### 3. 미국의 「FOB계약」

상기의 FOB계약이 「고유의미의 FOB계약」에서든 또는 수정되어진 것이든 어느 것도 해양국인 영국을 중심으로 형성되고, 상관습의 발전에 수반하여 각국에 계수되어진 것이다.

「FOB」의 본질은 선적항에 있어서 물품을 본선에 적입하는 것을 전제로 하는 「선적지매매」이나, 미국에서의 「FOB」라고 불리는 것은 반드시 "본선"에의 적입에 의하여 계약이행을 전제로 하는 「선적지매매」는 아니라는 점이다. 따라서 미국계 「FOB」조건의 특징을 살펴보면 다음과 같다.

첫째, 미국은 광대한 육지를 가진 대륙국이기 때문에, 수출계약의 경우에서도, 선적항에 있어서 「본선」에의 적입뿐만 아니라, 내륙에서의 화차, 트럭 기타의 수송수단에의 적입에 의하여 계약을 이행하는 것이 가능하도록 할 필요가 생겨서, 「FOB」를 내륙에서의 여러 수송수단에의 적입의 경우에도 이용되는 것으로 하였다.

둘째, 「선적지매매」로서의 「FOB」 외에, 「목적지」까지의 위험과 운임을 매도인이 부담하는 「FOB destination」계약을 채용하고 있다는 점이다.

이에 따라 먼저 「개정미국외국무역정의」(RAFTD)에 의하면, 미국에서는 「FOB」는 [그림 6-3]과 같이 여섯 가지의 「FOB」조건으로 분류되고 있다.

---

55) 上掲書, pp. 156~157.

56) 이용근, 전게서, p. 263.

[그림 6-3] 「개정미국외국무역정의」(RAFTD)상의 FOB조건 분류

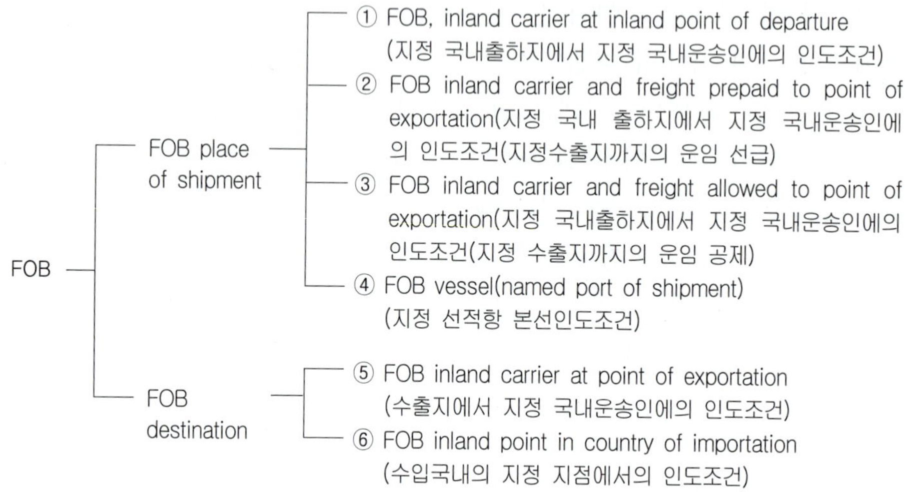


이 「RAFTD」상의 「FOB계약」조건으로는 우선 「FOB place of shipment」계약과 「FOB destination」계약으로 크게 분류되어진다. 전자는 수송수단에의 물품의 적입과 동시에 위험이 매수인에게 이전하는 「선적지매매」이며, 후자는 목적지에의 물품이 도착하는 때까지 매도인이 위험을 부담하는 「양륙지매매」이다.

먼저, 「FOB place of shipment」계약은 더욱이 내륙의 지점에서, 물품을 내륙수송수단에 적입하는 것을 매도인의 의무로 하는 「FOB inland carrier at inland point of departure」와 선적항에서 본선에 적입하는 것을 요구하는 「FOB vessel at port of shipment」로 나뉜다. 후자가 지금까지 해설한 영국계의 「FOB계약」에 해당한다. 전자에는 「RAFTD」에 의하면, 2개의 변형, 즉 「FOB inland carrier at inland point of departure, freight prepaid to point of exportation」과 「FOB inland carrier at inland point of departure, freight allowed to point of exportation」이라고 하는 것이 인정되어진다. 전자는 매도인이 수출지까지의 내륙운임을 선불하는 계약이고, 후자는 가격구성상 매도인이 마찬가지로 내륙운임을 부담하지만, 운임이 도착지불이기 때문에 송장면에서 운임만을 계약가격에서 공제한다는 취지의 「특약부」계약이다. 그리고 「FOB place of shipment」계약에서는 이상의 4종류의 계약 어느 것에 있어서도, 물품에 대한 위험은 물품이 운송수단에 적입되어진 때에 이전한다.

다음으로, 「FOB destination」계약은 매도인이 목적지까지의 운송중의 위험을 부담하고, 물품이 목적지에 도착하여 매수인에게 인도되어질 상태에 두어질 때 비로소 위험이 이전하는 「양륙지매매」이다. 「RAFTD」에서는 2종류의 「FOB destination」계약이 인정되어지고 있는데, 하나는 「FOB inland carrier at point of exportation」이고, 다른 하나는 「FOB inland point in country of importation」이다. 전자는 매도인이 내륙지점에서 수출지까지 자기의 비용과 위험으로 물품을 운송하고 수출지에 도착한 때, 물품을 인도하는 계약으로서, 통상 수출지에서의 화차인도, 트럭인도 등으로 된다. 이것은 수출지를 내륙운송의 종점이라고 생각하는 한 양륙지매매라고 보아도 좋을 것이지만, 물품은 이들로부터 본선에 적입되어서 수출되어지기 때문에, 수출거래의 견지에서 생각하면, 위험은 선적지에서 본선적입보다 이전에 육상에서 매수인에게 이전하는 것으로 된다.

이에 대해 후자의 「FOB inland point in country of importation」은 매도인이 매수인측의 수입국의 내륙지점까지 물품을 운송하는 비용과 위험을 부담하는 것으로, 매도인은 모든 「FOB계약」 중에서 가장 무거운 책임을 부담하는 것으로 되어 있다.

이상이 미국에서의 「FOB」의 분류로서, 약간 불투명한 점은 「FOB inland carrier」계약에서, 물품의 위험부담이 현실적으로 물건이 운송수단에 적입되어지지 않더라도, 단지 적입을 위해 운송업자에게 인도되어진 시점에 이전하는가 하는 점이다. 「RAFTD」는 위험에 대해서 매도인은 물품이 선적지에 있어서 운송수단 내에 또는 그 위에 놓여질 때까지 멸실 또는 손상에 대한 책임을 부담한다고 규정하는 한편, 매도인은 물품을 단지 적입하기 위하여 내륙운송인에게 인도하는 것만으로도 충분하다고 규정하고 있다.

한편 이러한 연유로 성문법상에 상관습으로서의 「정형거래조건」을 규정하고 있는 미국 「통일상법전」(UCC)은 「FOB」조건을 다음 세 가지로 분류하고 있다.57)

① 「FOB place of shipment」(선적지 본선인도)

② 「FOB place of destination」(도착지 본선인도)

③ 「FOB vessel, car or other vehicle」(선박, 차량 기타 운송용구 본선인도)

이에 따라 첫째, 상기의 「FOB(place of shipment)」조건은 「선적지매매」로서 위험은 매도인이 물품을 「운송인」의 점유하에 인도한 때 매수인에게 이전하는

---

57) 박정기 · 윤광운, 전게서, pp. 33~34 참조.

것으로서, 「RAFTD」상의 「FOB」조건 중 ①, ② 및 ③의 유형이 이에 속한다.

둘째, 「FOB(place of destination)」조건은 「양륙지매매」로서의 ⑤, ⑥이 이에 해당되어지며 셋째, 「FOB (vessel, car or other vehicle)」조건은 「적출지매매」로서 매도인은 현실적으로 물품을 본선·화차 등에 적입되어질 때까지 위험을 부담하는 것으로 하여 명확하게 구별하였으며, 「RAFTD」상의 ④의 유형이 여기에 속한다고 할 수 있다.

미국의 「FOB」는 「FOB place of shipment」와 「FOB destination」이 있기 때문에, 단지 "FOB New York"이라고 하더라도, 무엇을 의미하는가 판별하기 곤란하다. 따라서 계약상 적출지와 목적지를 명기하고서, 무엇을 의미하는가를 명확하게 하지 않으면 안된다.[58] 어떤 계약이 「FOB place of shipment」로 있는 경우에는 운송수단에의 적입의 위험과 비용의 부담을 명확하게 할 필요가 있다. 「UCC」 §2-319(1)의 규정에 따라, 만일 매도인이 적입비용과 그것에 부수하는 위험을 부담하는 경우 반드시 운송수단명을 부기해야 할 것이다. 예를 들면 "FOB Detroit"라고 하는 대신 "FOB truck Detroit"라고 해야 한다.

특히 수출지까지 내륙운송수단으로 운반되어지고 그곳에서 항(港)에 있는 본선에 적입되어진 경우에, 미국의 무역상사와 단지 「FOB place of exportation」으로 계약하면, 매도인은 수출지의 당해 운송수단의 종점에서 물품을 인도하여, 그 후 본선에 적입할 때까지의 비용과 위험은 매수인의 부담으로 되어질 우려가 있다. 이러한 오해를 피하기 위하여, 매도인에게 본선적입까지 책임지는 것으로 되면 계약상 반드시 「FOB vessel, place of shipment」라고 규정해야 할 것이다.[59] 예를 들면, "FOB New York"에서는 매도인은 뉴욕의 화차정차장까지의 비용과 위험 외에는 부담하지 않기 때문에, 뉴욕항에서의 본선적입을 필요로 하는 때에는 반드시 "FOB vessel New York"이라고 명기하는 것이 중요하다.

이상에 따라 미국기업과 「FOB」조건으로의 계약시에는 「Incoterms」에 의한 것인지, 또는 「UCC」에 의하는 것인지를 분명히 할 필요가 있으며, 또한 미국시장은 비중이 큰 지역임을 감안할 때 영미매매법 전반에 대한 기본적인 이해가 요구된다.

---

58) 新堀 聰, 前揭書, p. 166.
59) 上揭書, p. 167.

# 제4절 「CIF계약」

## 4.1 「CIF계약」의 의의

「CIF」조건이 영국의 판례를 통해 처음 나타난 것은 1862년의 일로서,[60] 초기에는 「CFI」(cost, freight and insurance)로 오랫동안 사용되었으나 이후 용어가 약어화되면서 발음상 모음의 중간배치를 고려하여 지금의 「CIF」로 변경된 것이다.[61]

이 「CIF계약」조건의 관습은 원래 「고유의미」의 FOB 계약관습에 매도인의 추가의무가 늘어나면서 변형되어 발전적으로 생성되어 왔다. 또한 선박의 발달에 따라 「표준항해일수」에 의한 운항이 가능하게 되고 무역거래 역시 확대되는 데에서도 연유하고 있다. 이러한 환경변화와 더불어 「FOB」조건이라 하더라도 특약에 의해 매도인이 정기선의 선복을 수배하고 경우에 따라서는 매수인의 조건으로 해상보험계약도 체결하여 운임과 보험료를 대납해주고 그 금액을 송장에 명기하여 매수인에게 청구하는 소위 수정된 「수출」 FOB조건이 이용되기 시작한 것이다.[62]

「CIF」매매는 선적서류에 의한 계약의 이행을 전제로 하고 있으므로 선하증권과 보험증권의 보급과도 연관되어[63] 이후 이들 서류가 하나의 「선적서류」로서 약정품의 인도나 대금의 지급에 이용되면서 관행화되고, 이러한 서류매매에 의한 무역관습이 일반화되면서 「선적서류」의 제공을 계약의 이행수단으로 하는 「CIF계약」이 확립되어지게 된 것이다.

우선 「CIF」(cost, insurance and freight)는 선적항에서 약정품의 선적원가(cost)에 목적항까지의 보험료(insurance) 및 해상운임(freight)으로 구성되는 「운임·보험료포함조건」이지만, 이는 단순히 「가격채산」조건만을 내용으로 하는 것은 아니다. 「CIF」조건은 매매당사자간의 위험부담의 한계를 정하고 또한 매매당

---

60) *Tregelles v. Sewell*[1862] 7 H. & N. 574.

61) S. Williston, *The Law governing Sale of Goods*, 4 Vols., New York, 1948, p. 103 : David M. Sassoon, *op cit.*, p. 20, 320.

62) 朝岡良平, 前揭書, p. 264.

63) 영국의 가장 오래된 선하증권은 1538년의 "Thomas호"에 의해 적재된 화물에 대한 것이며, 보험증권 역시 가장 오래된 것이 1613년의 것이고 현행의 Lloyd's 보험증권은 1779년에 작성된 것이다.

사자가 부담하는 의무도 정하는 복잡한 내용을 지닌 「계약」조건이다.[64]

즉, 「CIF계약」이란 "선적지의 본선인도의 원가와 목적항까지의 운임 및 보험료를 포함한 복합가격으로 결정하는 매매조건으로서, 매도인은 자기 위험하에 약정품의 선적과 서류의 제공에 의해 그리고 매수인은 선적 이후의 위험부담과 선적서류의 수령에 따른 대금의 지급에 의해 계약상의 의무를 이행하는 것"이라고 정의하고 있다.[65]

이 「CIF계약」에서 매매당사자 간의 「위험」의 분기점은 물품의 선적시이며, 비용부담의 분기는 「CIF」 뒤에 표시된 「목적항」까지 매도인이 운임 및 보험료를 부담하기 때문에 위험과 비용의 분기점이 다르다. 따라서 매도인은 목적항까지의 운송계약을 체결하고 운임을 지급해야 하고, 또한 운송 중인 물품의 멸실・손상의 위험에 대해 보험계약을 체결해야 한다.

여기서 매도인의 인도의무와 관련하여 "본선에 적재하여 인도된 물품을 조달한 때"는 종래 「Incoterms 2010」에 개정시 추가된 문언으로, 이는 소위 「연속매매」(string sale, 전매)를 반영한 것으로, 이는 「연속매매」라고 하는 계속적인 매매의 중간에 위치하고 있는 매도인의 경우 이미 선적되어 「운송중」에 있는 물품을 구입하여 당해 계약에 충당할 수 있도록 고려하여 규정한 것이다.[66]

「CIF계약」에 있어서 매도인의 물품인도의무와 관련하여, 물품의 「소유권」은 계약의 성립시에서 이행의 종료까지 기간의 어느 시점에서 매도인으로부터 매수인에게 이전된다. 그리고 이때 물품의 멸실이나 손상의 경우의 「위험」(risk)의 부담도 그 기간중에 소유권이전시기와 위험이전시기에 대해 규정하는 것은 유효하지만, 계약의 특약이 없을 경우에는 무역거래에 있어서 어떻게 해석하느냐가 문제가 된다.

이처럼 매도인에게 물품을 본선에 적재하여 인도할 것을 요구하고 있기 때문에 컨테이너운송처럼 통상 터미널에서 「운송인」에게 인도되는 경우 「CIF」조건 대신 「CIP」조건을 사용해야 한다. 이 「CIP」조건에서의 매도인은 「수출통관」의무가 있으며, 수입통관의무는 없다.

「CIF계약」은 법적 관점에서는 세 개의 계약요소로 구성되어 있다. 즉, 매매당사자간의 매매계약을 주계약으로 하되, 매도인은 그 자신이 계약조건상의 의무로

---

64) 中村 弘, 「貿易契約の基礎」, 東京, 東洋經濟新報社, 1983, p. 4.
65) 上坂酉三, 前揭書, p. 219.
66) 종래 「Incoterms 2010」, CIF, A3에서 현행 「Incoterms 2020」, CIF, A2로 변경 참조.

서 두 개의 종속계약, 즉 선박회사와의 「해상운송계약」(contract of carriage by sea) 및 보험회사와의 「해상보험계약」(contract of marine insurance)을 체결하여야 한다.[67] 이에 따라 선박회사는 선하증권(B/L)을 그리고 보험회사는 해상보험증권(Marine Insurance Policy)을 매도인에게 발행하고, 매도인은 이 선적서류에 자신이 작성한 상업송장(Commercial Invoice)을 첨부하여 매수인에게 제공하게 된다.

「CIF계약」은 「FOB」조건과는 달리 위험부담, 비용부담, 소유권의 이전시점이 상이한 복잡한 계약내용을 포함하지만, 선적서류를 담보로 화환결제에 의한 대금회수는 현행 무역관습과 일치하므로 많이 이용되고 있다.

즉, 「CIF계약」에서는 선적서류를 통하여 「운송중」인 물품을 자유로이 매매할 수 있기 때문에 매도인으로서는 「선적서류」와 상환으로 물품이 목적지에 도착하기 전이라도 대금을 지급받을 수 있는 이점이 있고, 매수인으로서는 선적서류를 통해 실제로 물품이 도착하기 전에 이를 「제3자」에게 전매할 수 있다는 이점이 있다. 특히 매도인의 주도로 운송계약과 보험계약을 체결하기 때문에 매매목적물에 가장 적합한 운송인과 보험자를 선택할 수 있을 뿐 아니라 매도인으로서는 해상운임(ocean freight)과 보험료(insurance premium)를 자국시장에 유보하면서 위험은 선적과 동시에 매수인에게 이전할 수 있기 때문에 매도인이 선호하는 거래조건이며, 오늘날 국제거래에서 「FOB」와 함께 가장 널리 이용되고 있는 거래조건이다.

이와 같이 「CIF」는 선적서류의 제공에 의해서 계약이 이행되는 「서류매매」(sale of documents)를 그 특징으로 하고 있다. 「CIF」조건의 매매는 특정장소를 중심으로 하는 「FOB」조건 등과는 달리 첫째, 위험은 선적항의 본선상에서 매수인에게 이전되고 둘째, 비용은 수입국의 목적항까지의 매도인부담으로 하며 셋째, 소유권의 이전에 관하여는 매도인이 「소유권」을 유보한 경우 외에는 「선하증권」을 매도인이 매수인에게 제공할 때에 이전되는 특성을 지니고 있으며, 이에 관해서는 후술할 것이다.

한편 「CIF」는 「FOB」조건이 무역환경의 변화에 부응하여 다양하게 변천을 하여 왔는데 비해, 「CIF계약」의 본질은 거의 큰 변화없이 그대로 유지되어 왔다. 물론 「CIF」조건도 법률과 관습이 다른 국가간의 거래상에 해석상의 차이로 인해 많은 분쟁이 발생하였던 것은 사실이지만, 오늘날 「CIF」조건에 관한 해석상의 국제적 통일을

---

67) D. M. Sassoon, *op. cit.*, p. 3 : 中村 弘, 前揭書, p. 31.

위해 제정된 것으로는 「Incoterms 2020」 외에도 「Warsaw-Oxford Rules」, 미국의 「통일상법전」(UCC) 등이 있는데, 이 중에 국제법협회(International Law Association : ILA)에 의해 채택된 1932년의 「CIF계약에 관한 와르소-옥스포드 규칙」(Warsaw-Oxford Rules : WORCC)은 매매당사자의 합의에 의하여 매매계약의 준거법이 될 수 있다. 소유권의 이전 등의 법리적 관계를 중시하는 동 규칙은 서문 및 21개 조항으로 구성되어, 「CIF계약」에 관한 해석기준이 정립되었다.

## 4.2 「CIF계약」의 특성

「CIF」의 본질적 내용은 첫째, 매수인의 대금지급에 대해서 반드시 매도인의 「선적서류」의 교부가 있어야 하고, 둘째, 운송계약과 보험계약의 최초 당사자인 매도인의 동 계약상의 제반 권리의무가 「선적서류」의 교부를 통해 매수인에게 양도됨으로써 매수인이 운송인 또는 보험자와의 직접적인 법률관계가 형성되어 「운송물」에 대한 멸실 · 손상이 생긴 경우 이들에 대하여 직접 보상청구를 할 수 있어야 한다. 셋째, 「CIF계약」은 매도인에게 해상운송계약과 해상보험계약을 체결할 의무를 부과하는 해상운송을 전제로 하는 매매계약이므로 해상매매계약에 속한다. 이 점에서 국내매매 및 육상매매에까지 사용되는 「FOB」와는 다르다.

이에 따라 「CIF」는 다음에서와 같이 「서류인도」조건이자 「선적지인도」조건이고 「복합가격」조건으로서의 특성을 지니고 있다.

### 1. 「서류인도」조건

「CIF」의 경우, 매도인에게 부과되어지는 의무는 통상의 형식의 해상보험증권과 대금을 나타내는 상업송장 그것은 보통 매수인이 도착항에서 인도에 앞서서 지불할 운임을 공제하고 있지만, 그 송장에 따른 매각된 약정품에 대한 「선하증권」의 제공을 포함한다. 이러한 「선적서류」의 제공에 대해서 매수인은 대금의 지불을 하지 않으면 안된다. 이 결과 매수인은 운송서류를 수취한 후 운송계약의 위반에 대한 손해배상을 선사에 대해서, 그리고 보험증권에 의해 담보된 손실을 보험자에 대해서 각기 청구할 수가 있다.[68]

---

68) *Ross T. Smyth & Co., Ltd. v. T. D. Bailey Son & Co.*[1940] 3 All E. R. 60참조.

「CIF」의 현저한 특징은 「선적서류」, 즉 선하증권, 보험증권, 송장에 대하여 당사자가 부여한 중대성에 있다. 매도인은 자기의 비용으로서 목적항까지 약정품의 운송계약 및 운송중인 물품에 대한 보험계약을 수배해야 할 뿐만 아니라, 이러한 선적서류를 매수인에게 인도하면, 매수인이 선하증권의 양수인으로서 선주에 대해서 그리고 보험증권의 양수인으로서 보험자에 대해서, 각기 물품에 대한 손해를 직접 청구할 수 있도록 선적서류를 제공하지 않으면 안된다.

「CIF」하에서 대금청구를 위한 매도인의 인도방식은 물품의 현실적 인도가 아닌 서류에 의한 「상징적 인도」(symbolic delivery)의 방식을 취한다. 즉, 당사자간의 별도의 합의가 없는 한, 매수인은 서류를 제공하였을 때에 설령 매도인이 그 때에 물품이 멸실한 것을 알고 있는 경우에도 대금을 지불하지 않으면 안된다.69) 반대로 매수인은 매도인이 약정의 서류를 제공할 수 없을 때에는 물품은 안전하게 도착하였을 경우에 있어서도 그 물품의 「인수거절」은 물론이고 대금의 지불도 거절할 수 있다.70)

다른 합의가 없는 한, 「선적서류」는 매수인의 주소에서 제공되지 않으면 안된다.71) 당사자가 「선적일부」(shipping date)를 계약의 요소로 한 때에는 「선하증권」은 선적일부에 대해서 허위를 기재해서는 안된다.72) 매수인은 서류의 인수 및 양도로 물품을 자유로이 처분할 수 있기 때문에 「운송 중」에도 계속적인 매매, 즉 「연속매매」(string sale, 「전매」)가 가능한 것이다.

그렇다고 하더라도 「CIF」조건은 단순한 「서류매매」계약이라고 할 수는 없다.73) 왜냐하면 매도인이 유효한 선적서류를 제시했다고 하더라도 매수인은 물품이 계약내용과 일치하지 않으면 물품을 거절할 권리를 가지기 때문이다. 따라서 엄격히 말하면 이는 “서류의 인도로 이행되는 물품매매계약”(contract for the sale of goods to be performed by the delivery of documents)이라고 보아야 한다.74)

---

69) *Manbre Saccharine Co. Ltd. v. Corn Products Co. Ltd.*[1919] 1 K B. 198.

70) *Orient Co. Ltd. v. Brekke & Howlid*[1913] 1 K.B. 531 ; *Diamond Alkali Export Corp. v. Fl. Bourgeois*[1921] 3 K.B. 443.

71) *Johnson v. Taylor Brothers and Co.*[1919] 36 T. L. R. 62, 63.

72) *James Finlay & Co. v. N.V. Kwik Hoo Tong H. M.*[1929] 1 K. B. 400.

73) *Arnhold Karberg & Co. v. Blythe, Green, Jourdain & Co.*[1915] 2 K.B. 379.

74) 상기 사건의 항소심 판결에서 Warrington 판사의 판시내용. [1916] 1 K.B. 495.

## 2. 「선적지인도」조건

「CIF계약」은 상술한 바와 같이 「서류인도」조건이지만 그 매매 자체는 물품의 매매이며, 따라서 「CIF」조건의 본질을 물품의 매매로 볼 때는 「선적지인도」조건으로 볼 수 있다. 왜냐하면 「CIF」조건을 「서류인도」조건으로 간주하는 경우, 「CIF계약」에서 계약의 이행장소로 어느 특정장소로 지정하지 않는 한, 선적서류를 제공하는 장소가 계약의 이행지가 되어, 그러한 장소는 매수인의 영업소나 거주지가 될 것이므로 「CIF계약」은 「양륙지매매」가 될 것이기 때문이다.

그러나 「CIF계약」이 목적항까지의 운임과 보험료와 추가적인 비용을 매도인이 부담하지만, 「FOB」조건과 마찬가지로 물품에 대한 「위험」은 선적항에서 본선에 「적재한 때」를 인도조건으로 하는 것이고, 그 후 목적항에서의 도착을 인도조건으로 하는 것이 아니기 때문에 「CIF계약」은 「선적지인도」조건으로 간주된다.

그러므로 매매계약 중에 「CIF」라는 용어가 있다는 이유만으로 이 계약을 「선적지매매」계약이라고 할 수는 없다. 즉, 매매계약 중에 「CIF계약」과 모순되는 명시조항이 있는 경우가 있는데, 이 경우는 「CIF」를 단순히 「가격조건」으로 취급하고 계약전체로는 목적항에서의 「양륙지매매」로 판단하여야 할 경우도 있다. 예컨대, 가격조건 중에 「CIF」라는 용어가 사용되었다고 하더라도 계약서에 "The goods are to be at the risk of seller until actual delivery to the buyer"라는 내용이 있다면, 이는 「양륙지인도」조건의 매매계약이 된다.

또한 "CIF New York"으로 표기된 경우, 이 "도착항(New York항)"의 표기는 계약의 이행지로 보아 「양륙지인도」조건으로 볼 수도 있으나, 매도인이 부담하는 도착항까지의 운임 및 보험료의 비용부담의 한계점을 명시한 것이지 계약의 「이행지」는 아니다.

이같이 「CIF」는 별도의 합의가 없는 한, 물품의 점유와 소유권은 선하증권이 매수인에게 인도되어진 때에 매수인에게 이전하지만, 이와는 달리 위험부담은 선적항에 있어서 운송인에게 물품이 인도되어진 때에 매수인에게 이전한다. 물품은 매수인의 위험부담 하에서 운송되어지는 것이기 때문에, 물품이 보험에 의해 담보되어지지 않고 사고로 멸실한 경우에 있어서도 약정된 「선적서류」가 제공되는 그 때에 매수인은 대금지불을 하지 않으면 안된다.[75]

이상에서와 같이 「CIF」에서 매도인의 「서류인도」의무는 물품매매의 본질상 선

---

75) *C. Groom Ltd. v. Barber*[1915] 1 K.B. 316.

적의무의 수행없이는 실현될 수 없는 2차적인 그리고 부수적 의무로 보아, 그 선행의무로서 선적의무에 중점을 두고 계약의 이행지를 "선적지"로 보는 「선적지매매」조건으로 간주하는 것이다.[76)]

## 3. 「복합가격」조건

「FOB계약」의 경우 지정선적항에서 "본선에 적재한 때", 즉 매수인의 임의처분상태로(at the disposal of the buyer) 물품이 급부되었을 때를 매매당사자 간의 위험 및 비용부담의 분기점으로 하여 위험부담과 비용부담이 서로 일치한다. 이에 대해 「CIF」조건은 본선에 적재한 때에 「위험」은 이전하지만 인도제공 후 목적항까지의 비용인 「운임」과 「보험료」는 물품가격 중에 포함되어 매도인이 부담한다.

즉, 「CIF」는 매도인의 비용구간인 선적시까지의 물품가격에 매수인의 비용구간인 목적항까지의 운임과 보험료가 합산되어 있는 「복합가격」으로 구성된 매매조건이라고 할 수 있다.

이처럼 「CIF계약」은 위험과 비용의 분기점이 서로 다른 「특수비용포함」조건이며 또한 「CIF」조건에 있어서 가격조건상 특이한 점은 매도인의 위험부담하에 선적할 때까지 발생하는 모든 비용, 즉 선적원가('C')와 물품에 대한 위험이 매수인에게 이전된 이후에 발생하는 특수비용, 즉 해상운임 및 해상보험료를 구분하고 있는 것이다. 따라서 매수인은 위험이 이전된 이후 정기선에 의해 부과된 것(해상운임)이 아닌 한, 물품이 양륙항에 도착할 때까지 운송 중 그 물품과 관련하여 발생하는 모든 비용 및 부과금을 지급해야 하며 부선료, 부두사용료를 포함하는 양륙비를 지급해야 한다. 또한 매수인은 선적에 관한 지시 등에 관한 권한이 있는 경우, 그에 따른 통지불이행시 추가비용도 부담하여야 한다.

그러므로 「CIF」가격의 "C"는 고유한 매매가격을 나타내고 있으며, 이후 양륙항까지 별도로 운임과 보험료만을 부담할 뿐이며, 위험이 이전된 이후의 기타비용 등을 부담하지는 않는다. 따라서 「CIF」조건의 "C"가격은 실무적으로는 「FOB」가격을 의미하는 것이 되어, 이 「FOB」가격에 운송 및 보험계약의 체결에 따른 제비용과 선적서류의 제공관련 비용이 추가되어 있는 것으로 볼 수 있다.

---

76) 이용근, 전게서, pp. 287~288.

## 4.3 「CIF계약」과 소유권 이전

「CIF」매매계약에 있어서 매도인의 인도의무와 관련하여 물품의 「소유권」이 계약의 성립시에서 이행의 종료까지의 기간중 어느 시점에서 매도인으로부터 매수인에게 이전된다. 또한 물품의 멸실·손상의 위험도 그 기간에 소유권이전시기와 위험이전시기에 대해 약정하는 것은 유효하지만, 이와 같은 계약의 특약이 없을 경우에는 무역계약에서 어떻게 해석하느냐가 문제된다.

「CIF계약」의 매매는 특정장소를 중심으로 하는 「FOB」조건과는 달리 첫째, 「위험」은 선적지의 「본선상」에서 매수인에게 이전되고 둘째, 「비용」은 해외의 「목적항」까지의 매도인의 부담으로 하며 셋째, 「소유권의 이전」에 관하여는 매도인이 「소유권」을 유보한 경우 외에는 「선하증권」(B/L)을 매도인으로부터 매수인에게 "제공할 때"에 이전되는 특성을 지니고 있다.

다음에서는 「CIF계약」의 본질과 관련한 「소유권」의 일반원칙과 그리고 영미의 「분할소유권이익설」 이론을 중심으로 고찰한다.

### 1. 「소유권 이전」의 일반원칙

「CIF계약」 역시 매매계약에 관한 일반원칙에 따라, 매도인이 계약물품을 인도하고 선적지에서 「소유권」이 매도인으로부터 매수인에게 이전되는 것이 원칙이다. 이것은 「CIF계약」이 통상 불특정물의 매매이고 「불특정물」의 매매에서 「소유권」의 이전시기는 매도인이 물품을 계약에 "충당한 때"라는 원칙에 따른 것이다.

이와 같이 「소유권 이전의 일반원칙」에 관해 SGA 제18조는 다음과 같이 규정[77]하고 있다.

> "계약에 따라 매도인이 매수인에게 물품을 인도하고 처분권을 유보하지 아니한 경우에 매도인은 무조건으로 물품을 계약에 충당한 것으로 본다."

여기서 「운송인」이나 그 수탁자에게의 인도는 매수인에게 인도한 것으로 추정[78]되기 때문에 「운송인」에게 "인도되었을 때"에 그 물품은 충당된 것으로 본다. 영국 「물품매매법」(SGA)에 따라 「CIF계약」에서도 물품이 계약에 "충당된 때" 소

77) SGA 1979, 제18조, Rules 5(2).
78) SGA 1979, 제32조 1항.

유권이 이전되는 것으로 간주하여, *Ross T. Smyth & Co. v. T. D. Bailey & Co. Ltd.*사건[79]의 상고심에서도 그러한 판결을 한 바가 있으나, 동 사건의 최종판결인 귀족원(House of Lords)에서는 「CIF계약」의 소유권이전은 양 당사자에 의해 이전하기로 "의도한 때", 즉 「선하증권」의 인도시에만 이루어진다고 하였다.

이와 같이 일반적으로 국제물품매매에 있어서 「소유권의 이전시기」는 당사자간의 약정에 의해 결정한다. 「CIF계약」에 있어서 「소유권의 이전」(passing of property)은 다음의 두 가지 사실, 즉 ① 물품매매에 관한 일반법과 ② 매매계약에 명시되거나 묵시된 조항 또는 계약이행에 나타난 「당사자의 의도」(intention)에 의해 결정된다.

먼저 영미 일반매매법의 「소유권의 이전원칙」은 「특정물」(specific or ascertained goods)의 「소유권」은 당사자들이 소유권을 이전하도록 "의도한 때"에 이전된다. 사실 「특정물」 매매계약은 「CIF」조건으로는 거의 체결되지 않는다. 그리고 「불특정물매매」(sale of unascertained goods)인 경우, 「소유권」은 그 물품이 "특정될 때"까지는 소유권은 이전되지 않는다.

그러므로 특정되지 아니한 일부의 미확정 운송품의 「소유권」 이전에 관해 *Re Wait* 사건[80]에서는, 밀 1,000톤의 매매에서 불특정을 이유로 그 물품에 관한 소유권이 매수인에게 이전되지 않았다고 판시하였다. 여기서 물품이 특정되었거나 특정되었다고 가정할 때 물품거래 중의 어느 단계에서 소유권이 이전되는지 그 「소유권의 이전시점」이 중요한 문제가 된다.

이에 관하여 *Stein, Forbes & Co. v. County Tailoring Co.*사건[81]에서는, 매매계약상 혹은 계약의 이행에 있어 「당사자의 의도」가 표현되었는지가 중요한 문제라고 판시하였다. *The Kronprinsessan Margareta* 사건[82]에서도, 「소유권의 이전」은 당사자간의 「의도의 문제」(a question of intention)인 까닭에 궁극적으로는 사실문제(a question of fact)라고 판시한 바 있다.

"선적시"에 「소유권」이 이전되는지의 여부를 결정함에 있어 선하증권(B/L)이 「매도인 지시식」(order of seller)」으로 발행되었는지 또는 「매수인 지시식」으로 발행되었는지의 문제는 매우 중요하다. 그리고 매도인이 선하증권을 유보하는 행

79) [1940] 3 AII E.R. 60.
80) [1927] ch. 606.
81) [1917] 86 LJKB. 448 at 449.
82) [1921] 1 AC 486 at 511.

위는 물품에 대한 「소유권」을 매수인에게 이전하려는 의도와는 직접적인 관계가 없다.

이와 같이 영미 판례상에서도 「CIF계약」에서의 정형화된 소유권의 이전시기가 없고 불명확함에도 불구하고 「소유권」은 물품의 선적시 또는 서류의 제공시에 이전된다는 견해가 있다.

이에 관하여 먼저 물품의 "선적시"에 「소유권」이 이전한다는 견해로는, *Comptoir d'Achat v. Luis de Ridder*사건83)에서, 물품에 대한 소유권은 "선적시" 혹은 "서류를 제시할 때" 이전된다고 판시한 바 있으며, *Biddell Bros v. E. Clemens Horst*사건84)에 있어서도 매도인은 보험증권 및 기타의 선적서류와 함께 선하증권을 매수인에게 인도하여 매수인에게는 "선적시"로부터 「소유권」이 이전되며 위험도 그에게 귀속된다. 그리고 물품에 대한 「위험」은 보험증권에 의해 커버된다고 판시하였다.

그 다음으로 「선적서류의 제공시」에 소유권이 이전된다는 견해로서는, *The Prinz Adalbert*사건85)에서는 물품이 운송중인 경우 배서된 선하증권을 제공하는 것은 물품을 인도한 것과 동일하며 또한 그러한 의도를 가지고 선하증권을 작성하였다면 선하증권의 양도에 의하여 소유권이 이전된다고 판시함으로써 선적서류 "제공시"에 「소유권」이 이전된다고 보고 있다.

그런데 물품의 인도에 의해서 다음과 같이 두 가지 법적인 문제가 발생한다. 즉, 물품에 대한 「소유권」은 조건부로 혹은 무조건적으로 매수인에게 이전된다. 만약 매수인과 그의 대리인 혹은 그의 대표의 명의로 선하증권이 발행된 경우 소유권은 무조건적으로 이전된다. 그리고 선하증권이 수하인으로서의 권리자를 매수인, 그의 대리인 혹은 그의 대표로 하여 발행된 경우에는 물품의 「소유권」은 무조건적으로 이전된다.

이러한 관점은 다음의 두 가지 요소를 근거로 하고 있는데, 「선하증권의 양식」(the form of the bill of lading)이 그것이다. 물품의 소유권이 "선적시"에 이전된다는 견해의 이론적인 근거는 「위험」이 선적시에 매수인에게 이전된다는 사실에 두고 있다. 이 견해는 「소유권」이 위험과 함께 이전되어야 한다는 의미가 아니라 「위험」이 「소유권」과 함께 이전되고 또 「위험」은 선적시에 이전되며 그 외에 다시 위험이 이전될 수 없으므로 「소유권」은 틀림없이 "선적시"에 이전된다는

83) [1949] AC 293. : [1949] 1 AII ER. 268.
84) [1911] 1 KB 934 at 959.
85) [1917] AC 586.

이론인 것이다.

그러나 「CIF계약」하에서 물품의 「소유권」이 "선적시" 이전된다는 견해는 그 유효성이 의문이다. 「소유권이전」의 시기에 관한 것은 「당사자의 의도」에 관한 문제인 까닭에, 당사자가 "선적시" 「소유권」이 이전되도록 의도하였다고 추론할 수 있으며, 이러한 추론을 내림에 있어서 선하증권이 매수인의 명의로 작성되었다는 것과 혹은 매도인이 선하증권을 유보하지 않았다는 사실이 중요하다는 것이다.

이에 대해 「소유권」이 "선적시" 이전된다는 견해에 대한 주요 반론으로서는 실제적인 면이 매우 강하다. 만일 「소유권」이 "선적시"에 매수인에게 이전된다면, 매도인이 대금지급과 관련하여 「대금을 지급받지 못한 매도인」의 유치권(an unpaid seller's lien) 외에 어떤 권리를 행사할 수 있는가가 문제가 된다. 더욱이 매도인이 선하증권을 담보물로서 사용하기를 원하는 경우에 있어서 선하증권이 「소유권」을 부여하는 기능을 할 수 없다면, 어떤 방식으로 매도인의 거래상의 자금을 조달할 수 있는가 하는 문제가 대두된다. 이에 관하여 *Ross T. Smyth & Co. Ltd. v. Baily, Son & Co.*사건[86]에서 이러한 점을 분명하게 지적하였다. 즉, 국제상거래의 일반적인 경우에는 선적시점과 서류의 제시에 의하여 대금지급을 받기까지의 중간기간을 연결하기 위하여 서류를 이용해서 금융상의 어려움을 해결하는 관습을 수반하고 있다. 이와 같은 신용수단은 중요한 문제의 하나로서 「소유권」의 발생문제가 명확하지 않다면 완전히 정착될 수 없다고 판시하였다. 실제에 있어서는 매도인이 은행에 서류를 제시한 때에 "선적시"로 소급하여 「소유권」이 이전된다.

이와 같이 「CIF계약」에 있어서는, 「소유권의 이전」이 물품의 "선적시"에 이루어지는가 아니면 대금의 "지급시"에 이전되는가의 문제가 여전히 남아있다.[87] 그러므로 「CIF계약」에서 「소유권 이전시기」의 문제는 「선하증권」(B/L)이 어떻게 발행되느냐에 따라 「소유권의 이전시기」가 달라진다는 점에 유의해야 한다.

이 문제와 관련하여 매도인은 대금의 지불을 확실히 하기 위하여 물품에 대해서 「담보이익」(security interest)을 유보하는 경우가 있다. 즉, 무역거래에서는 선적서류를 매수인에게 제공하여 대금을 회수하는 「CIF계약」에 있어서 매도인은 「신용장」(L/C)의 유무와 관계없이 통상적으로 선박회사로부터 「자기의 지시식」

86) [1940] 3 AII ER. 60 at 68.

87) 新堀 聰, 前揭書, pp. 358～360.

의 선하증권을 취득하여, 보험증권, 상업송장 등의 다른 서류와 함께 「환어음」을 첨부하고 은행경유하여 매수인에게 송부하고, 대금의 지불을 구하고 있다. 이 경우, 매도인이 선하증권을 「자기의 지시식」으로 하고 「매수인의 기명식」으로 하지 않는 것은, 만일 매수인이 계약한 바대로 대금을 지불하지 않는 경우에는 선하증권에 의하여 물품을 다른 「제3자」에게 전매하거나, 또는 자신이 선하증권을 선박회사에 제출하여 물품을 반환받기 위하여, 즉 매수인의 대금지급이 있을 때까지 물품 상에 「담보권」을 확보하기 위한 것이다.

이와 같이 「선하증권」은 후술하는 바와 같이 권리증권(document of title)으로서, 증권면에 표시되어진 물품의 인도청구권을 화체하고 있고, 선박회사는 「정당한 소지인」에게 증권을 제출한 때에만 물품을 인도할 의무를 부담하기 때문에, 매도인은 선하증권을 「자기의 지시식」으로 해두고서, 대금의 지불이 있을 때까지 「이서」하지 않고 자기의 수중에 유보하여 두면 매수인이 대금을 지불하지 않는 때에는 바로 물품을 반환받을 수 있으며 또한 물품위에 완전한 「담보권」을 확보할 수 있기 때문이다.

## 2. 「CIF계약」과 「분할소유권이익설」

앞에서와 같이 「CIF계약」에 있어서의 「소유권이전」이론은 영국의 판례에 의한 것으로, 매도인이 담보권을 유보한 경우와 그렇지 않은 경우를 체계적으로 파악하지 못함에 따라 「소유권」이 어떤 사건판결에서 "선적시"에 또 다른 사건에서는 "대금지급시"에 이전하는 것으로 이론화함으로써 모순을 드러내는 경향이 없지 않았다.

이에 대해 미국의 계약법과 매매법의 권위자인 Wiliston과 그리고 특히 Vold는 그의 저서 「*Handbook of the Law of Sale*」(1931)을 통해 명확히 지적하고서, 「CIF계약」의 「분할소유권이익이론」(Theory of Divided Property Interest)을 제시함으로써 「CIF소유권이론」에 있어서의 그 이전시기에 대한 이해를 용이하게 하였으며 또한 무역거래의 실제에도 부합되는 이론으로 높이 평가되고 있다.88)

이 「분할소유권이익설」에 의하면, 「소유권」은 계약이행의 과정에서 이전되지만 그 과정에 있어서의 당사자의 권리는 반드시 분할할 수 없는 것이라고 생각할 필요가 없다고 한다. 매매 전에 완전한 소유권자인 매도인의 지위는 후에 매수인에

88) 上揭書, p. 362.

게 대체되지만 그 중간의 과도기에는 매도인과 매수인의 양자가 물품의 완전한 「소유권」을 나누어지는 것으로 볼 수 있다는 것이다. 즉, 「소유권」(property)의 내용은 사용, 수익, 처분 등의 권리를 포함하는 광범한 것으로서, 그 일부는 어떤 자가 잔여권리는 타인이 갖는 예가 허다하게 실제로 존재한다는 것이다.

예를 들면 건물의 소유자가 타인에게 그 가옥을 임대할 경우에 「임차인」은 가옥의 사용권을 획득하지만 소유권 내용 중 사용권을 제한 잔여의 권리는 건물주가 여전히 갖고 있게 된다. 건물에 대한 권리가 건물주와 임차인에게 분리됨과 마찬가지로 「물품매매」에 있어서도 물품에 대한 「담보권」을 갖는 자가 있을 경우에는 그 담보권자는 자기의 채권이 약속대로 충족되지 않는 경우에 한해 그 물품을 처분하여 채권의 변제에 충당하는 권리를 보유하나 그 이외의 「소유권」의 내용은 여전히 소유자가 갖고 있다고 생각할 수 있다. 담보권자가 갖는 「채권」이 변제되지 않을 경우에 물품을 처분할 권리를 「담보이익」(security interest)이라 하고, 담보이익을 준 소유자가 갖는 「소유권」에서 그 담보이익을 공제한 잔여권리를 「수익이익」(beneficial interest)이라 한다.

**[그림 6-4] 소유권의 분할**

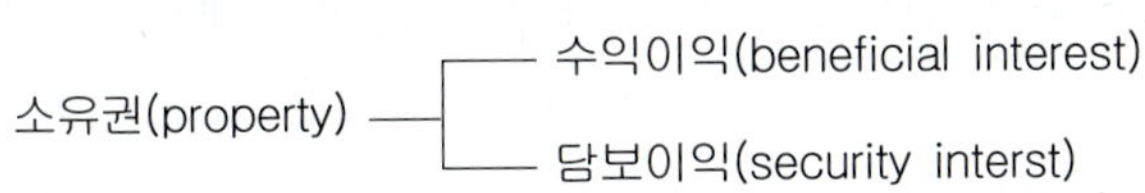


이와 같이 「소유권」의 내용에 물품상의 「담보권」을 갖는 자가 있을 경우에, 즉 담보이익과 수익이익으로 「소유권」이 분할되어 있을 때 이를 「분할소유권이익」(divided property interest)이라고 한다.

이러한 「분할소유권이익설」을 CIF계약에 있어서 「소유권 이전시기」와 관련하여 고찰하면, 전술한 바 「CIF계약」에 있어서의 일견 모순된 것과 같은 인상의 소유권이전이론을 용이하게 이해할 수가 있다. 즉, 매도인이 매수인 앞으로 운송하기 위해 선박회사에 물품을 인도(즉, 선적)하였을 때 소유권의 전내용 또는 적어도 소유권의 내용 중 「수익이익」은 매수인에게 이전한다. "선적시"에 「소유권」의 전내용이 매수인에게 이전된다고 하는 것은 매도인이 대금의 지급까지 담보권을 보유하고자 하는 아무런 표시를 하지 아니하였을 때이다. 만약 매도인이 「담보권」을 확보하기 위한 수단을 강구하였을 때는 「수익이익」만 매수인에게 이전하고 「담보이익」은 매도인에게 남아있게 되며 매수인이 대금을 지급하면 매도인의 「담보이익」은 소멸하고 비로소 매수인이 완전한 「소유권」을 취득하게 된다.

그러면 매도인이 선적을 하고 선적화물에 대한 「담보권」을 유보하고자 할 때 그 의사표시는 어떻게 나타나는가 하는 문제다. 그것은 선하증권(Bill of Lading : B/L)의 「발행형식」으로 나타나는데,89) 다음에서 이를 살펴본다.

첫째, 가장 일반적인 형태로 선박회사로부터 「매도인 지시식」(to order of seller)의 선하증권(B/L)을 취득하는 경우이다. 그 이유는 매도인은 선하증권을 자기의 지시식으로 해두고서, 대금의 지불이 있을 때까지 「배서」하지 않고 자기의 수중에 유보하여 두면 매수인이 대금을 지불하지 않는 때에는 바로 물품을 반환받을 수 있고, 물품상에 완전한 「담보권」을 확보하기 위한 것이다. 따라서 「매도인 지시식」의 선하증권 발행은 매도인에게 「물품처분권」(right of disposal)과 함께 「소유권 유보」에 대한 권리도 실질적으로 부여하는 것이다.

둘째, 「제3자」 예를 들면 대금추심을 신뢰할 「은행 지시식」(to order of bank)의 선하증권을 취득할 때도 매도인은 「담보이익」을 유보할 의사가 있는 것으로 해석된다.

셋째, 설혹 선하증권이 「매수인 지시식」(to order of buyer)으로 발행되었다 하더라도 매도인이 「선하증권」(B/L)을 보유하고 있는 한, 매도인은 물품상에 「담보이익」을 유보할 의사가 있는 것으로 해석된다. 그 이유는 전술한 바의 경우에 매수인 또는 피배서인 이외는 선하증권으로서 선박회사로부터 물품을 수령할 수는 없겠지만 매도인이 선하증권을 유보하고 있는 한, 매수인은 매도인에 대한 대금지급을 하지 않고서는 증권의 인도를 받을 수 없으므로 선하증권의 점유가 곧 「담보이익」 유보의 역할을 하게 되기 때문이다.

넷째, 매도인이 선하증권을 「매수인 지시식」으로 취득하고 이것을 매수인의 대금지급 전에 매수인에게 임의로 인도하였을 경우에는 매도인은 「담보이익」 유보의 의사가 없는 것으로 해석된다.

다섯째, 매도인이 「매수인 기명식」(to the buyer)의 선하증권을 취득하였을 때는, 이러한 「선하증권」은 비록 매수인이 제시를 하지 않더라도 선박회사로부터 「물품」을 수령할 수 있는 성격의 것이어서 매도인은 「담보이익」을 유보할 의사가 없는 것으로 해석된다.

---

89) 박성식, "CIF계약에 있어서의 소유권과 위험의 이전시기-분할소유권이익설을 중심으로", 「중재」 제108호, 대한상사중재원, 1980. 6. pp. 21~22.

결국 매도인이 자기 지시식 즉, 「매도인 지시식」 선하증권을 취득하고 대금결제상 환어음을 사용할 때의 「CIF계약」에 있어서의 「소유권 이전시기」는 다음과 같다. 즉, 먼저 ① 물품의 선적시에 「수익이익」이 우선 매수인으로 이전하고 「담보이익」은 매도인이 보유한다. 다음의 ② 매수인이 어음을 지급 또는 인수하였을 때 매도인의 「담보이익」은 소멸하고 전소유권은 매수인에게 이전한다.

한편 이 「CIF계약」에서 대금결제에 「은행」이 개입할 때의 「소유권이전」의 시기는 다음과 같다.[90]

즉, 선적지 또는 추심지의 「은행」이 매도인 발행의 어음을 "매입하지 아니할 때"는 「은행」은 매도인의 신뢰와 위임에 따라 단순한 대리인으로서 어음금액의 추심행위만 하게 되므로 「화환어음」이 매도인으로부터 매수인으로 직접 송부되는 경우와 다를 바가 없다. 그런데 선적지 또는 추심지의 「은행」이 매도인의 「환어음」(Bill of Exchange)을 "매입(negotiation)하였을 때"는 「수익이익」은 이 경우에도 선적과 동시에 매수인에게 이전하지만, 매도인은 선하증권을 자기지시식으로 함으로써 물품상에 「담보이익」을 유보한다. 그러나 선적지의 「은행」은 어음의 「매입」에 있어서 매도인에게 선하증권(B/L)상의 수하인을 「은행」의 지시인으로 하든가 또는 「백지배서」하도록 요구할 것이기 때문에 「담보이익」은 어음의 매입과 동시에 선적지의 「매입은행」에게 이전한다. 선적지의 은행은 화환어음을 추심지의 「은행」에 송부하게 되겠지만 그 추심지의 「은행」이 어음을 매입하면 「담보이익」은 추심지의 「은행」으로 이전되고 매수인이 어음의 제시를 받아 이를 지급 또는 인수하면 「담보이익」은 소멸하고 선하증권상의 완전한 「소유권」이 매수인에게로 이전된다.

만약 매수인이 어음의 지급 또는 인수를 거절하면 「담보권」의 발동문제가 발생한다. 은행이 「어음법」상의 「상환청구권」을 가질(with recourse L/C) 때는 「은행」은 어음발행인인 매도인에게 매입대금의 상환청구를 하게 되고, 그 매도인은 선하증권에 의한 수입지에서의 처분 또는 타인에의 「전매」를 하게 된다.

그러나 은행이 「상환청구권」을 갖지 못할 때[즉, 상환청구불능신용장(without recourse L/C)], 예를 들면 「은행」이 취소불능신용장(irrevocable L/C)을 발행 또는 이를 확인하고 있을 때에 매수인이 어음의 지급 또는 인수에 불응하면 은행스스로 「담보권」을 발동하여 물품의 처분 또는 전매를 하지 않으면 안된다. 어음이

---

90) 상게논문, p. 22.

「은행」에 의해 매입되었을 때는 「담보이익」의 이전은 취소불능신용장[91]의 유무에 불구하고 마찬가지이나 매수인이 어음의 지급에 불응할 때의 상환관계에 있어서는 「신용장」의 유무에 따라 전술한 바와 같은 차이점이 있다.

이상에서 물품의 「소유권이전」의 문제는 매매당사자 간의 이전의사를 기초로 「선하증권」상의 제조건을 감안하여 판단할 필요가 있다.

실제 「CIF」매매에서 소유권이전은 선하증권(B/L)의 「발행형식」, 즉 선하증권의 「수하인(consignee) 란」의 기재내용에 따라 배서 또는 교부에 의하여 이루어지는데, 전술한 바에 따라 「소유권」을 수익이익과 담보이익으로 나누어 「소유권」의 이전시기와 방법을 정리하면 다음 〈표 6-5〉와 같다.

**표 6-5 「CIF계약」의 소유권 이전시기(「분할소유권이익설」)**

| 선하증권의 발행형식 | 선적시 | 대금지급시 |
|---|---|---|
| ① 매도인 지시식(to order of shipper)<br>② 은행지시식(대금추심)(to order of bank)<br>③ 지참인식(to bearer)r | 수익이익만 이전<br>수익이익만 이전<br>수익이익만 이전 | 담보이익 소멸(전 소유권 매수인에게 이전) |
| ④ (A) 매수인 지시식+매도인 증권점유 (to order of buyer) | 수익이익만 이전 | 담보이익 소멸(전 소유권 매수인에게 이전) |
| (B) 매수인 지시식+매수인에의 증권인도 (to order of buyer) | 전 소유권 이전 | - |
| ⑤ 매수인 기명식(to the btyer) | 전 소유권 이전 | - |

## 4.4 「CIF계약」과 위험의 이전

「CIF」매매당사자 간에 소유권의 이전 외에도 빈번히 문제가 되는 것이 「위험의 이전」(transfer of risk)에 관한 것이다.

즉, 매매의 목적물이 매도인이나 매수인의 과실이 아닌 원인에 의해서 멸실·손상되었을 때 그 손해를 부담하는 자를 「위험부담자」라 한다. 매매계약성립 이전에 있어서의 「위험부담자」는 매도인이고 거래완료 후에는 매수인이 부담자가 된다는 것은 극히 자명한 것이지만, 문제는 이러한 「위험부담」이 어느 시점에 이

91) UCP 600, Article 6 : 신용장 상에 "irrevocable"(취소불능)의 명시가 있거나 또는 취소여부에 대한 아무런 명시가 없는 신용장의 경우 모두 「취소불능신용장」(irrevocable credit)에 속하는 것으로 하고 있다.

전하는가 하는 그 이전시기에 관한 것이다.

대부분의 물품매매에서 「위험」은 SGA 제20조에 따라 소유권과 함께 이전되는 것이 명백한데, 문제는 언제 위험이 매도인으로부터 매수인에게 이전하는가이다. 이 「위험이전시기」의 문제에 대해서 특히 「CIF계약」에서는 「위험」이 매도인으로부터 매수인에게 언제 이전하는가를 검토한다.

「CIF계약」에서는 위험은 "선적시"에 매도인으로부터 매수인에게 이전한다. 여기서 "선적시"(upon shipment)란 통상 본선에 인도할 때를 의미하여 보다 엄밀하게 말하여 위험이전시기가 문제로 되지만, 종래 「Incoterms」에서는 물품이 선적항에서 「본선의 난간」(ship's rail)을 유효하게 통과한 때[92]라고 하여 실무상 혼란이 없지 않았다.

앞서 언급한 바와 같이 영국의 1954년의 *Pyrene v. Sxindia Navigation Co., Ltd*사건에서 Devlin 판사가 "물품은 본선의 난간(ship's rail)을 통과하는 때에, 본선에 적입되어진 것으로 된다."고 피력하였다. 따라서 「CIF계약」에 있어서, 위험이 「선적시」에 이전한다고 하는 것은 물품이 "본선의 난간을 통과하는 때"에 이전한다고 이해하면 되고, 부선과 본선 사이의 바다에 떨어진 물품은 매도인의 손해로 또는 본선의 선창에 떨어진 물품은 매수인의 손해에 귀속한다고 해석되는 가운데 그에 따른 문제가 지적되어 왔다.[93]

이처럼 실무상의 문제와 상관습의 변화를 고려하여 종래 「Incoterms 2010」에서는 종래의 「본선의 난간」(ship's rail) 대신 「본선상」(on board) 적재로 하여 이 문제를 보다 명료하게 정리하였다.

한편 「위험이전시기」에 대해 우리나라 「민법」에서는, 「불특정물」매매에 있어서는 목적물이 "특정되었을 때"부터 매수인이 「위험」을 부담하는 것으로 규정하고 있다. 그러므로 「불특정물매매」의 목적물의 특정은 이미 언급한 바와 같이 매수인에게 직접 물품을 인도하였을 때 또는 매수인에게로 운송을 위하여 「운송인」에

---

92) CIF의 경우 "선적시"란 예를 들면, 본선의 기중기(derrick)가 물품을 들어서 싣는 때인지 아니면 물품이 선창(hatch)에 두어지는 때인가? 그것은 예컨대 본선에 부착되어 있는 부선에서 물품을 선적할 때, 부선과 본선간의 바다에 물품이 떨어지거나 또는 물품을 선창에 두는 때에 깨어지는 경우가 있고, 이들의 손해를 매도인이든 매수인이든 누가 부담하는가의 문제로 되기 때문이다.

93) 이 경우 「본선의 난간」(ship's rail)이 매도인과 매수인의 권리·의무의 경계라고 하는 것으로 된다. 요컨대 위험의 이전을 논하는데 있어서 「선적시」란 물품이 「본선의 난간」 위의 공간을 통과한 때를 의미한다고 해석되어 왔으나, 「본선의 난간」이 양 당사자간의 위험부담의 분기점으로 되는 것은 오늘날의 컨테이너시대에는 부적합한 것으로 문제가 지적되어 왔다.

게 인도되었을 때 정해지므로 「민법」상의 해석으로 보면 위험부담의 이전시기는 물품을 매수인 또는 운송인에게 "인도한 때"라고 할 수 있다.

「위험이전의 일반원칙」에 관한 SGA 제20조(위험이전의 동시성)에 따르면, "별도의 합의가 없는 한, 물품의 소유권이 매수인에게 이전하지 아니하였을 때는 그 물품에 관한 위험은 매도인이 부담한다."라고 되어 있어, 「위험」은 일응 「소유권」과 함께 이전한다는 원칙으로 이른바 「소유자주의」(res perdit domino)를 취하고 있다.

이 원칙을 「CIF계약」에 적용하면, 선적항에서 매수인을 위해 화물을 준비하고 선적하였을 때는 그 물품은 계약의 이행을 위해 매도인에 의해 「충당」된 것이 되며 또한 매수인에게 발송할 목적으로서의 발송인에 대한 물품의 인도는 매수인에 대한 인도가 된다고 추정되기 때문에 매도인의 선적으로서 그 물품이 매수인의 위험하에 놓이게 된다는 법적 결과가 된다.

전술한 일반원칙에 입각하면, 「CIF계약」에서도 위험은 운송인, 즉 본선에 화물을 인도하였을 때 매수인에게 이전하는 것이 되지만, 이것은 매도인이 선적에 있어서 물품에 대한 「담보권」을 유보하지 않는 경우, 즉 선적과 동시에 전소유권이 매도인으로부터 매수인에게 이전되는 경우에는 이러한 일반원칙의 적용에 의문의 여지가 없다.

그러나 매도인이 「담보권」을 유보하고 「소유권」의 내용이 분할되어 있어 선적과 동시에 「수익이익」만이 매수인에게 이전하고 「담보이익」은 매도인이 유보하고 있을 경우, 「위험」은 과연 「선적시」에 매수인에게 이전될 것인가. 환언하면 위험은 「수익이익」에 수반하는가 그렇지 않으면 「담보이익」과 함께 있게 되는가 하는 문제가 있게 된다.

이 점에 대해 미국 「통일매매법」(USA)은 명문으로서 위험은 「수익이익」에 수반한다는 취지의 규정을 하고 있으며, 일반적으로 각국의 법도 담보권자는 「위험」을 부담하지 않는 것으로 인정하고 있기는 하다.

그러나 「CIF계약」에 있어서 「위험」은 항상 "선적시"에 매도인으로부터 매수인에게 이전한다는 것은 영국 상관습의 발전에 따른 다른 법률적 차원에 기인한다고 보는 것이 타당할 것이다. 본래 「CIF」조건은 「FOB계약」을 기본으로 하여 발전된 것이며 선적으로서 매수인에게 이전된 「소유권」과 이에 수반하는 「위험부담」 중 매수인이 자기 소유의 선적화물에 대한 부보의 대가로서 지급하여야 할 보험료가 매도인에게 이전 부가된 그러한 의미에서의 "복합가격적 요소"인 것이다.

따라서 본래 매수인부담 부분인 「보험료」를 매도인의 부담으로 한 이질적 가격

요소로서의 「CIF」의 "I"(보험료)는 충분히 법률적 결과이며 특약이란 결과적 성격을 갖고 있는 것이다. 즉, 「보험료」를 매도인부담으로 전가함에 동의한 「CIF계약」의 매수인은 선적으로서 매수인에게 이전되는 해상위험으로 발생하게 될지도 모르는 손해를 예상하고 이에 대한 매수인의 피보험이익의 보호를 위하여 매도인이 적절한 부보를 위한 보험계약자가 되어 줄 것에 대한 "묵시적 동의"로 본다는 것이다.

영국 「물품매매법」(SGA 1979)에서도, "별도의 합의가 있는 경우를 제외하고는 물품의 소유권이 매수인에게 이전되지 아니한 동안은 그 물품에 관한 「위험」은 매도인의 부담으로 한다."는 규정[94)]은 물품매매에 있어서도 약정품의 「소유권」과 그 「위험」은 결코 불가분의 것이 아니고 설사 「위험」은 매수인에게 이전할지라도 「소유권」이 동시에 이전하지 않는 경우가 있으며, 그 대표적인 예가 「CIF」라고 할 수 있다.

「CIF계약」은 전술한 「FOB」에서 「CIF」로의 발전 중 "I", 즉 보험료라는 요소의 매매당사자 간의 추정관계에 따라 당사자가 매매목적물에 선적과 때를 같이 하여 해상보험을 부보하는 것을 필요조건으로 하기 때문에 물품매매에 있어서의 「위험이전」에 관한 일반원칙의 예외가 인정되어 피보험재산의 「소유권이전」이 실현되지 않더라도 약정물품의 「위험」은 선적과 동시에 매수인에게 이전하며, 매수인은 「피보험이익」을 양도받기 전에 「CIF」매매의 특수한 성격에 따라 약정품의 「위험부담자」가 될 것에 이미 동의하여 성약되었기 때문이다.

「CIF계약」은 전술한 바와 같이 「소유권의 이전」은 선적서류의 제공으로 하며 매도인의 계약이행은 이러한 제공의무의 수속의 완료로 이루어지기 때문에 매수인에게의 「위험이전」 후에도 피보험재산의 「소유권」이 매도인의 수중에 있을 동안은 그 「피보험이익」도 매도인 측에 있으므로 「CIF계약」의 매수인이 「위험부담자」라는 것과 「피보험자」라는 것은 동시적으로 실현이 되지 않는 것이 상례이다.

이와 같이 매매계약의 목적물이 일부 또는 전부 멸실한 경우, 그 물품의 「소유권」이 아직 매도인에게 있다면, 멸실한 부분을 인도할 의무가 없으므로 그 부분에 대한 대금의 지불을 청구할 수 없다. 그리고 그 물품의 「소유권」이 매수인에게 있다면, 멸실된 부분의 「현실적 인도」를 받을 수 없음에도 불구하고 매수인은 그 부분에 대하여 매도인에게 대금을 지불하지 않으면 안된다.

---

94) SGA 1979, 제20조 1항.

그러나 이것은 「임의규정」이므로 당사자는 다른 별도의 합의를 할 수 있으며, 그에 따라 종종 「위험부담」은 「소유권의 이전」과 독립하여 이전한다는 합의를 명시적 또는 묵시적으로도 할 수 있다. 예컨대, 대금의 지불 또는 물품의 인도시기에 관한 조항과 관련하여 「공장인도」(Ex Works)계약에 있어서는, 매도인이 소유권을 유보한 경우라고 하더라도 위험부담은 물품의 "인도시"에 이전하고, 보험계약체결의무자에 관한 조항도 포함된다. 왜냐하면, 「위험」을 부담하는 자가 원칙적으로 「보험계약」을 체결하지 않으면 안되는 까닭이다.[95] 그런데 매도인이 「자기 지시식」으로 선하증권(B/L)을 취득하여 양도배서를 하지 않고 그대로 보유하고 있다면 물품의 「소유권」이 이전되지 않으므로 「위험」 역시 이전되지 않는 결과가 되어 영미법상의 「소유자주의」와 배치된다.

「CIF계약」의 경우, 매도인은 약정품의 선적 후 통상 「자기의 지시식」 선하증권을 취득하고 화환어음에 의해 결제함으로써 매수인의 대금지급을 확실히 할 목적으로 「담보권」을 유보한다. 이러한 경우, 영국 「물품매매법」(SGA)에서는, 매도인이 처분권을 유보한 것으로 추정한다. 따라서 물품의 「소유권」은 선하증권이 매수인에게 제공된 때에 "선적시"로 소급하여 이전되는 것으로 간주하고 있다.[96] 그렇지만 「위험」은 당사자 간의 합의에 의거 「선적시」에 매수인에게 이전된다.[97]

그러나 SGA 제20조(위험이전의 동시성) 규정이 "별도의 합의가 없는 한"(unless otherwise agreed)이라는 「임의규정」의 관점에서 볼 때, 당사자의 의사에 따라 물품의 선적과 동시에 「위험」도 이전한다고 볼 수 있다. 이와 함께 미국 「통일상법전」(UCC) §22 역시 같은 규정을 두고 있으나, 그 단서 규정에 "매도인이 매수인의 계약이행을 위하여 「소유권」을 유보하고 있는 경우에는 인도가 있은 때부터 물품의 「위험」은 매수인이 부담한다."고 명시하여, 영국법에서와 같은 해석상의 문제는 없다. 그러나 영국법에는 이런 규정이 없음에도 불구하고, 영국의 법원은 이 같은 관습을 오래 전부터 인정해오고 있는 것이 사실이다.[98] 결국 「위험」은 「소유권」에 수반한다는 SGA의 규정은 일응(prima facie) 추정규정이므로 반대해석을 할 만한 근거가 있을 때에는 그 추정은 성립되지 않는다.

따라서 이 규정은 매도인이 오직 물품대금의 지불을 받기 위해서 「소유권」을

---

95) *Allison v. Bristol Marine Insurance Co.*[1876] 1 A.C. 209, 229 ; *The Kronprinsessan Margareta*[1921] 1 A.C. 486, 512 참조.

96) SGA 1979, 제18조 Rule 5 및 제19조 2항.

97) 윤광운 · 김철수, 「무역실무」, 탑북스, 2016, p. 230 참조.

98) 이용근, 전게서, p. 296.

유보하고 있는 경우, 즉 물품을 선적한 후 매도인 또는 「은행 지시식」으로 선하증권을 발급받은 경우에는 이 규정은 적용되지 아니한다.[99)]

이와 같이 「CIF계약」에서 「위험」은 선적과 동시에 이전된다. 따라서 선적 후에 물품이 멸실·손상된다면 이는 당연히 매수인이 부담하게 된다. 또한 이러한 사고가 선적 후 선적서류의 제공 전에 발생해도 매수인은 선적서류를 수령하고 대금을 지불하여야 한다.

그리고 매매계약의 어느 일방의 당사자가 과실(fault)에 의해서 인도가 지연된 경우에는, 물품에 대한 「위험」은 과실있는 당사자의 부담에 속한다.[100)]

그러나 "우연한 사고에 의하여 물품이 손상되는 위험"(risk of accidental loss)과 운송 중에 "물품고유의 성질에 의한 품질이 악화되는 위험"(risk of deterioration of goods)과는 혼동해서는 안된다. 「CIF계약」에 있어서 위험상품과 관련해서, 그리고 상품의 품질을 보장할 것을 계약상 「묵시조항」으로 하였을 경우,[101)] 매도인은 선적시부터 도착시까지 뿐만 아니라 "상당한 기간"(reasonable time)이 경과한 후에도 그 상품의 품질을 보장해야 한다. 그러나 이것은 운송 또는 물품의 처분이 매도인의 과실이 아닌 부당한 지연에 의한 경우에는 적용되지 않는다. 이에 대해 Diplock 판사는 다음과 같이 명확히 판시하였다.

> "매수인이 위험부담을 지는 운송 중에 상품자체의 비정상적 조건 때문에 일어난 특수한 경우의 상품악화, 다시 말해서 도착시에 상품가치가 소멸되었을 경우, 이러한 운송 중의 불가피한 악화는 통상 매도인이 책임을 져야 한다."

그러나 별도의 합의가 없는 한, 운송 중에 있어서 물품의 손상에 관한 「위험」은 매수인의 부담으로 하고, 이는 가령 부패하기 쉬운 물품의 매각시 또는 거래에 적합한 품질을 조건으로 계약에 묵시되어 있는 경우에서와 같이 매도인이 자기의 「위험부담」에 있어서 목적지에서 물품을 인도하는 것에 합의한 경우라도 동일하게 매수인이 부담하지 않으면 안된다.[102)] 그러므로 「FOB계약」은 물론 「CIF계약」에 있어서도, 「위험」은 물품이 "본선상"(on board)에 적입한 때 매수인에게 이전한다.

---

99) *Stock v. Inglis*[1884] 12 Q.B.D. 564.
100) SGA 1979, 제20조 2항.
101) SGA 1979, 제14조 2항.
102) SGA 1979, 제33조.

## 4.5 「CIF계약」과 선적서류

「CIF계약」하에서 매도인으로부터 매수인에게 인도되어져야 하는 「선적서류」로는, 선하증권(B/L), 해상보험증권(Marine Insurance Policy) 그리고 상업송장(Commercial Invoice)의 세 가지이고, 이 서류들은 「CIF계약」의 경우, 특히 계약상 지정되지 않더라도 당연하게 요구되어진다.

상기의 세 가지 서류에 더하여 주로 수입국측의 무역법이나 외국환거래법, 관세법 등의 규정에 의해 영사송장(Consular Invoice), 세관송장(Customs Invoice), 원산지증명서(Certificate of Origin) 등이 매수인측으로부터 선적서류의 일부로서 요구되어지는 경우가 있다. 그러나 이들은 모두 「CIF계약」에 본질적인 것은 아니기 때문에, 비용도 원칙적으로 「매수인부담」이라고 해석되어진다. 매수인과의 특약에 의하여 추가되어지는 수출국에 있어서 상품의 검사증명서(Inspection Certification) 등에 대해서도 마찬가지이다.

「CIF계약」에 있어서 제공되는 기본적 서류인 선하증권, 해상보험증권 및 상업송장은 이 계약에 있어서 각각 중요한 역할을 하고 있다.

### 1. 선하증권

먼저 「선하증권」(Bill of Lading : B/L)은 상품의 인도청구권을 화체한 권리증권(document of title)으로서, 상품을 대표한다. 이 의미에서의 선하증권은 상품의 상징(symbol)으로서 선적서류의 인도가 상품의 인도와 마찬가지 의미를 가진다. 매수인은 선하증권의 인도를 받는 것에 의하여, 현물을 자유로이 처분할 수 있기 때문에 선하증권의 인도는 현물의 인도와 동일한 효과를 가진다. 이 경우 물품은 선하증권의 양도에 의하여 본선의 항해중에도 「전매」(resale)가 가능하다. 이와 같이 화물이 운송중 자유롭게 유통될 수 있도록 「지시식」으로 선하증권(to order of B/L)을 발행하는 것은 현대의 신속한 유통제도에 부합하는 것이며, 특히 은행의 개입으로 결제가 이루어지는 「신용장」제도와도 조화를 이루는 것으로 볼 수 있다.

「CIF계약」에 있어서, 선하증권이 상품의 상징으로서의 기능에 대해서 영국의 판례도 일찍부터 인정하고 있다. 1870년의 *Barber v. Meyerstein*사건[103)]에서는

103) [1870] UKHLJ0222-1.

Hatherley경이 "일국에서 타국으로 해상운송되어진 물품의 경우에는 물품을 현실적으로 인도하는 것은 불가능하다. 따라서 선하증권은 물품의 상징으로 생각되어지고, 그 인도는 물품의 인도로 간주되어진다."고 피력하고, 또 1883년의 *Sanders v. Maclean*사건[104]에서도 Bowen 판사가 "운송인의 수중에서 해상운송중의 화물은 필연적으로 물리적 인도가 불가능하다. 이 운송기간 중에 있어서는 선하증권은 상관습법(law nerchant)에 의해 일반적으로 화물의 상징으로서 인정되어지고 있고, 선하증권의 배서 · 인도는 화물의 「상징적 인도」(symbolic delivery of the cargo)로서 작용한다."고 하는 견해를 피력하고 있다.

이와 같이 선적서류로서 선하증권이 사용되어지는 경우에는 물품의 상징으로서의 성격을 가지고 있기 때문에 「CIF계약」에서는 선적서류의 인도가 통상 매매에 있어서 현품의 인도와 동일한 역할을 하는 것으로 된다.[105]

그러므로 「CIF계약」이 「서류의 매매」로서 적용가능하기 위해서는 무엇보다도 선하증권이 다음과 같은 요건을 지니지 않으면 안된다.

첫째, 선하증권은 "양도가능성"(transferability)을 표시하는 문언이 있어야 한다. CIF매매에 있어서 증권이 유통성을 가지기 위해서 선하증권은 보통 「지시식」의 것이 사용되고 있다. 이에 대해 「기명식 선하증권」은 「보통법」(common law)상의 권리증권은 아니다.[106] 왜냐하면 그것은 운송품을 상징하는 것이 아니므로, 운송인은 지정된 수하인에 대해서 선하증권의 제시 내지 운송품을 인도할 권리와 의무를 갖기 때문이다. 「인도」에 관한 매도인의 제공방법에 관하여 미국 「통일상법전」(UCC)은 다음과 같은 규정을 두고 있다. 즉, 물품의 수탁자, 즉 매도인의 점유하에 있는 경우의 제공(tender)은 매도인이 그 물품에 대한 「유통권리증권」(a negotiable document of title)을 제공하여야 한다.[107] 특히 「CIF계약」의 경우 매도인은 특별한 합의가 없는 한, 물품이 적재되었음을 기재한 「유통선하증권」(a negotiable bill of lading)을 취득하지 않으면 안된다.[108]

둘째, 선하증권은 물품이 선적되었음을 나타내는 「선적선하증권」(shipped bill of lading)이어야 한다. 이때 당사자간에 명시의 합의가 없을 경우에, 수취선하

---

104) [1883] 11 QBD 327.
105) 新堀 聰, 前掲書, p. 124.
106) *Henderson & Co. v. The Comptoir d' Escommpte de Paris*[1893] L.R. 5 P.C. 253. : Benjamin, *op cit.*, p. 903.
107) UCC, §2-503(4)(a).
108) UCC, §2-323(1).

증권(received bill of lading) 또는 「화물인도지시서」(Delivery Order : D/O)가 선적선하증권에 대체될 수 있느냐 없느냐는 업계의 관습에 따르며, 만약 업계에 그러한 관습이 없는 경우에는 매수인은 「선적선하증권」의 제공을 받을 권리가 있다. 이에 대해 미국 「통일상법전」(UCC)은 「CIF」조건의 경우에 「수취선하증권」도 유효한 제공으로 인정하고 있다.109) 그리고 당사자간에 특히 매도인은 선하증권을 대신하여 「화물인도지시서」(D/O)를 제공할 수 있다는 취지의 특약이 있을 때는 다른 약정이 없는 한, 본선 앞 화물인도지시서를 매수인에게 제공하지 않으면 안된다. 매도인의 대리인 또는 창고업자 앞으로 한 「화물인도지시서」는 이것으로서 매도인이 운송인에게 직접적인 권리를 주장할 수가 없으므로 계약으로서는 이미 「CIF계약」이 아니라 「양륙지인도」조건의 계약이 된다.110) 또 *Colin & Shield v. Weddel & Co. Ltd.*사건111)에서와 같이 「화물인도지시서」는 선하증권을 대신할 수가 있으나, 법적으로는 전자가 후자보다는 그 지위가 낮다고 하겠다.

「CIF계약」에서의 매도인은 계약에 특정의 「항로」(航路)가 지정되어 있지 않은 경우, "관습적인 항로"를 선택하여 물품을 선적하지 않으면 안된다. 만약 관습적인 항로가 봉쇄된 경우에는 단지 그것만을 이유로 매도인은 계약상의 채무를 면하는 것이 아니라 다른 "합리적인 항로"에 따라 물품을 적출하지 않으면 안된다.

셋째, 선하증권은 「무고장」(clean)이 아니면 안된다. 즉, 선하증권의 이면조항으로서 보통 인쇄되어 있는 화물은 "외관상 양호한 상태로"(in apparent goods order and condition) 선적되었다는 것을 표시하는 「선적확인조항」에 제한적 문언이 붙어 있지 않은 것이다.112)

국제매매에서 매수인은 「무고장 선하증권」을 요구하는 것이 일반적이다. 특히 신용장조건에 의하여 대금지급을 약정하고 있는 경우에는 거의 불변의 관례로 받아들여지고 있다. 만약 운송계약이 「Hague-Visby 규칙」에 의하여 이루어졌을 경우 운송인은 목적항에서 인도시 물품에 손상이 발견되면 그것이 운송인의 면책범위에 포함되지 아니하는 한, 이에 대하여 책임을 지지 않으면 안된다. 이러한 경우 「CIF계약」에 있어서 「무고장 선하증권」은 매수인에게 운송인에 대한 일종의

---

109) UCC, §2-323(2).

110) 「CIF계약」의 성립과 관련한 판례로서, *Comptoir d'Achat et de Vente v. Boerebond S. A. v. Luis de Ridder Limitada*[1949] A.C.293 사건("Julia호"사건이라 약칭함)에서의 당사자간의 「CIF계약」은 실은 양륙지매매계약이지 법의 관점에서 적정한 「CIF계약」은 아니라고 판시하였다. Clive M. Schmitthoff, *op cit.*, p. 358 : D, M. Sassoon, *op cit.*, p. 17.

111) [1962] 1 All E.R. 337, 343.

112) 中村 弘, 前揭書, pp. 37~38.

보증의 기능을 하며, 또한 매수인이 「선하증권」을 양도하여 운송중인 물품을 매각하려 할 때에 「무고장 선하증권」은 더욱 중요한 조건이 된다.113)

넷째, 선하증권은 선적지에서 목적지까지의 전구간을 계속하여 커버하여야 한다. 매수인에게 선하증권을 양도하는 목적이 물품에 대한 「소유권」은 물론이고, 물품의 운송중 매수인의 위험하에 있을 전운송구간 동안의 운송계약에 따른 권리까지 부여하는 것이다.

상기에서 본 「CIF계약」에 적용할 수 있는 선하증권의 기능 내지 요건을 갖추었다 하더라도 *Hansson v. Hamel& Horley Ltd.*사건114)에서와 같이, 선적항에서 목적항까지의 전구간에 걸쳐 매수인을 보호하는 서류를 취득하여 매수인에게 제공하지 못하는 선하증권은 유효한 제시라고 할 수 없다.

한편으로 「CIF계약」은 해상운송에 대해서만 적용되어지고, 항공기에 의한 항공수송에는 적용되지 않는다. 이것은 「CIF계약」에서는 물품에 대한 「위험의 이전」이 본선적재되는 때에 발생하는 것으로 하고 있기 때문이다. 본선적재를 고집하고 있기 때문에 「CIF계약」은 해상운송 이외에 이용되는 것은 불가능하고, 바로 이 점이 장래 그 지위를 후술하는 「CIP」조건에 분명하게 넘겨주는 것인지도 모르는 커다란 원인으로 되고 있다.115)

다음으로 운송서류로서 「해상운송장」(Sea Waybill : SWB)이 이용되어지는 경우를 살펴본다. 「해상운송장」(SWB)은 통상 기명식으로서 권리증권은 아니기 때문에 담보가치는 없고, 또 본선의 항해 중에 「해상운송장」을 양도하는 것에 의하여 물품을 「전매」하는 것은 불가능하지만, 「해상운송장」에 수하인으로 기재되어져 있는 자가 선박회사에 대하여 전매인에의 인도를 지시하는 것에 의하여 물품을 양도하는 것은 가능하다.

그러나 운송서류로서 「해상운송장」(SWB)이 이용되어지는 것은 보통 자기들의 화물, 지점・자회사와의 거래, 매수인이 오랜 거래선에서 신용이 있는 경우 등에 한정되고, 더구나 항해중에 전매할 필요가 없는 경우에 한정되어지고 있다. 즉, 항해 중에 「전매」가 필요한 경우, 혹은 상대방을 신용할 수 없기 때문에 담보권을 유보할 필요가 있는 경우에는 「선하증권」을 사용해야 한다. 이와 같이 선적서류 중의 운송서류에 대해서는 상품의 성질이나 상대방의 신용상황에 의하여, 선

---

113) D. M. Day, *op cit.*, p. 65.

114) [1922] 2 A.C. 36.

115) 新堀 聰, 前揭書, p. 124.

하증권 또는 해상운송장 중 어느 것을 선택하는 것으로 된다. 그러나 어느 경우에 있어서도 「CIF계약」으로 있다는 것에는 변함은 없다.

이 외에도 항공화물에 대하여 발행되는 「항공운송장」(Air Waybill or Air Consignment Note)은 권리증권은 아니고, 일반적으로 양도가능한(negotiable) 것도 아니다. 이것 때문에 항공화물은 단지 수하인과 다르다는 취지의 증명이 없다면, 「항공운송장」(AWB)이 없더라도 항공회사로부터 인도를 받을 수 있다. 따라서 항공운송장은 물품의 상징으로 있는 것은 아니고, 「CIF계약」은 성립할 수 없는 것으로 되어 있다.

그러나 이것은 항공화물에 대해서 「CIF계약」이 사용되지 않는 본질적인 이유는 아니다. 「항공운송장」(AWB)의 법률적 성질은 「해상운송장」(SWB)과 거의 동일하기 때문에(항공운송장은 송하인이 발행하는 것도 있지만, 「해상운송장」은 선박회사가 발행한다), 권리증권은 아니기 때문에 사용할 수 없다면, 「해상운송장」도 「CIF계약」에는 사용할 수 없는 것이 되기 때문이다. 항공화물에 「CIF계약」이 사용되지 않는 것은 「CIF계약」계약의 경우, 위험이 본선상에 적재되는 때에 매도인으로부터 매수인에게 이전하는 것으로 되어 있기 때문이다. 그럼에도 불구하고, "CIF air London" 등과 항공화물에 「CIF」라고 하는 표현을 사용하는 경우 이것은 잘못이다. 항공화물의 경우에는 복합운송의 「CIP」조건을 사용해야 한다.

## 2. 해상보험증권

「CIF계약」의 기본원칙은 매도인이 물품의 운송중의 위험을 담보하는 「해상보험증권」(Marine Insurance Policy)을 매수인에게 제공하는 것이다.[116] 보험증권도 선하증권과 같이 목적물의 선적에서 인도까지의 전구간을 계속해서 담보하지 않으면 안된다.

「CIF계약」에 있어서는 「위험」(risk)은 "선적시"에, 엄밀하게 말하면 물품이 "본선상"에 적재된 때에 매도인으로부터 매수인에게 이전하는 것이기 때문에, 해상보험계약은 매도인에 의해 매수인의 이익을 위하여 체결되고, 그것에 기하여 「해상보험증권」이 발행되어진다. 그러나 해상보험계약이라고 하더라도, 물품의 멸실·손상의 모든 경우를 보상하는 것은 아니고, 약관의 종류에 의해 일정한 한계가 있다. 따라서 선적 후의 위험을 부담하는 매수인은 만일 사고가 「해상보험증권」에

116) Benjamin, *op cit.*, pp. 1068~1089.

서도 해상운송계약에 의하여도 구상될 수 없는 경우에는 결국, 스스로 손해를 부담하지 않으면 안된다.

무엇보다 매매계약상 어떠한 조건으로 보험을 부보할지 명시되어져 있는 경우에 매도인이 그것에 따라서 부보하지 않은 경우, 혹은 계약상 명시되어져 있지 아니하여도 거래의 관습으로부터 보아 불충분한 약관이라든가 부보하지 않은 경우에는, 매도인의 계약위반을 이유로서 위험은 "선적시"에 매도인으로부터 매수인에게 이전하지 않는 것으로 해석되어지고, 「손해」는 매도인의 부담으로 된다고 하겠다.[117)]

한편 영국 「물품매매법」(SGA)에 의하면, 매수인이 물품에 대한 보험에 부보할 수 있도록 매도인은 충분한 시간을 두고 통지하여야 한다.[118)] 또한 보험증권의 양도에 관하여 1906년 영국 「해상보험법」(MIA 1906)에서는 해상보험증권은 배서 또는 다른 관습적인 방법에 따라 이것을 양도할 수가 있다고 규정[119)]하여 대부분의 보험증권은 양도가 가능하다.[120)] 보험증권은 보험자에게 특정 중요사실을 고지하지 않았거나 잘못 고지하여 보험자가 보험계약의 효력을 취소할 권한이 있는 경우에는 무효가 된다. 그러나 보험자가 계약을 해제할 권리를 포기하였거나 포기한 것으로 간주되는 경우에는[121)] 그러한 보험증권의 제시는 유효하다. 만일 불법적인 보험증권이 제시된 경우에는 유효한 제시라고 볼 수 없다.

「CIF계약」의 매도인이 매수인에게 제공해야 하는 보험증권은 당해 화물 및 당해 항로에 대해서 업계에서 관습적으로 담보하고 있는 위험을 담보하고 있으면 충분하며, 반드시 「전위험」(All Risk)을 담보할 필요는 없다. 또한 「전쟁위험」을 담보하는 보험증권을 매도인이 제공하여야 하는가에 대해서는 *C. Groom Ltd. v. Barber*사건[122)]에서 필요없다고 판시하였는데, 이는 매매계약의 체결시점에서 「전쟁위험」을 보통 담보하지 않는 것을 그 이유로 하고 있다. 여기서 동 사건의 판결이 서류를 매수인에게 제공하는 시점을 문제로 하고 있지 않은 점은 명백하나, 매매계약의 체결시점을 취하는지 아니면 보험증권의 제공시점을 취하는가 하는 문

---

117) 新堀 聰, 前揭書, p. 126.

118) SGA 1979, 제32조 3항.

119) MIA 1906, 제50조.

120) 보험증권 이외의 다른 서류가 제시되는 경우에 문제가 된 사례로는, *Diamond Alkali Export Corp. v. FI Bourgeios*[1921] 3 KB 443 at 456이 있다.

121) *Cantiere Meccanico Brindisino v. Janson*[1912] 3 KB 452.

122) [1915] 1 KB 316 : Benjamin, *op cit.*, pp. 1050～1051.

제에 대해서는 논의의 여지가 있다. 왜냐하면 이 사건에서 매도인은 「기선적품」(goods afloat)을 매입해서 계약에 충당하였으므로, 매매계약의 성립 이후에 보험이 효력을 가지게 되었으며, 양자의 시차는 전혀 문제가 되지 않기 때문이다.

또한 「신용장통일규칙」(UCP 600)에서 부보최저액을 물품의 「CIF」가격에 10%를 가산한 금액이어야 하는 것으로 규정하고 있다.

그 다음으로 문제가 되는 것은 「CIF계약」에 있어서 보험증권 대신 「보험증명서」(Certificate of Insurance)를 제공할 수 있는가의 문제이다. 이에 대해 영국에서는 *MacLeod Ross & Co.Ltd. v. Cie d'Assurance Geneales L'Helvetia of St. Gall*사건[123]에서 보는 바와 같이 인정하지 않는다.

보험브로커가 발행하는 「보험인수증」(Broker's Cover Note)이나 매수인 자신이 발행하는 보험증명서가 인정되지 못하는 것은 당연하다. 매도인이 보험자와 포괄보험계약을 체결하였을 경우는 개개의 선적화물에 대해 보험자에게 확정통지를 하여 보험자로부터 「보험증명서」를 교부받는 것이 보통이므로 매매계약서에 매수인이 보험증권 대용으로 「보험증명서」를 수취한다는 취지를 명시하여 두는 것이 바람직하다.

한편 미국에서는 이와는 반대로 사실인 관습(usage)에 의해 「보험증명서」는 보험증권과 동등하게 취급되고 있으므로 보험증권 대신 「보험증명서」를 「CIF계약」의 매도인이 제공하는 것은 특약이 없이도 가능하지만, 「보험중개인」이 발행한 「보험인수증」은 영국과 마찬가지로 사용할 수 없다.[124]

### 3. 상업송장

「상업송장」(commercial invoice)은 매도인이 매수인에게 발송한 상품의 명세를 명확하게 하고, 대금을 명시하기 위하여 선적서류의 하나로 부가되어진다. 송장은 계약에 기하여 선적되어진 상품의 명세서겸 청구서이므로, 당연히 계약에 합치하고 있는 것이 아니면 안된다. 송장에는 매매계약의 전체명세를 기재할 필요는 없다.

그러나 때로는 계약상의 특정한 송장을 요구하는 경우도 있는데, 이는 주로 매수인이 자국에서의 세법 및 기타의 법적인 요구사항을 충족시키기 위한 것이

---

123) [1952] 1 All E R. 331.
124) UCC, §2-320(2)(c).

다.[125] 만일 그러한 요구조건이 충족되지 아니하는 경우, 매수인은 서류를 거절할 권리를 갖게 되는 경우도 있다. 계약의 내용과 다른 사항을 기재했을 경우, 예를 들어 계약수량과 다른 수량을 기재한 경우에는 송장은 하자가 있다. 그리고 송장이 계약상의 요구조건과 일치하는가 아닌가의 여부는 계약 해석상 어떤 요구사항이 본질적인 것[126]이 아니라고 하는 이유에서 매수인은 그로 인해 서류를 거절할 권리가 없는 경우도 있다.

특히 화환신용장에 의해 서류를 인수하는 은행은 당연히 거절권이 주어진다. 대금의 결제방법으로서 신용장을 이용할 경우에는 「신용장통일규칙」(UCP 600)에 따르지 않으면 안된다. 동 규칙에 의하면,[127] 「상업송장」은 수익자가 발행한 것으로 보아야 하고, 발행의뢰인 앞으로 발행되어야 하며 신용장과 같은 동일통화로 발행되어야 하지만 서명될 필요는 없다. 그리고 확인은행 또는 발행은행은 「신용장」에서 허용된 금액을 초과하여 발행된 「상업송장」을 수리할 수 있고 이러한 결정은 문제된 은행이 신용장에서 허용된 금액을 초과한 금액을 결제 또는 매입하지 않았던 경우에 한하여 모든 당사자를 구속한다. 또한 「상업송장」상의 물품, 서비스 또는 의무이행의 명세는 신용장상의 그것과 일치하여야 한다.[128]

「CIF계약」에서 매도인이 제공해야 하는 송장은 「선적송장」으로 실제로 선적된 화물의 명세와 가격을 명시한 송장이다. 따라서 매도인이 매수인의 요청에 따라 수입승인이나 외화배정 등을 목적으로 사전에 발행해주는 「견적송장」이나 「가송장」은 선적물품에 대한 증거서류가 될 수 없고 다만 사전 정보제공이나 선적물품에 대한 자료에 지나지 않는다.

한편 「CIF계약」의 당사자는 위의 세 가지 기본적인 선적서류 외에 다른 서류, 즉 「원산지증명서」(C/O) 등을 선적서류 중에 포함하기로 합의할 수가 있다. 이러한 경우 그 서류를 적정한 형식으로 제공할 수가 없게 된 때는 위의 세 가지 기본서류를 제공하지 못하게 된 경우와 같은 효과를 가져오게 된다.

---

125) Benjamin, *op cit.*, pp. 1068~1089.

126) D. M. Day, *op cit.*, p. 62.

127) UCP 600, Article 18.

128) 신용장거래가 물품의 매매가 아닌 서류의 거래라고 하는 성격을 가진 이상 당연한 규정이다. 이 엄격한 규칙은 송장 이외의 서류(선하증권, 보험증권 등)에 대해서는 완화되고 있으므로 신용장에 있어서 물품에 대해 일반용에 대한 기술이면 된다고 한다. 中村 弘, 前揭書, 註) 136, p. 43.

## 4.6 「CIF계약」 조건의 변형

### 1. 변형 「CIF계약」 조건의 의의

변형 「CIF계약」이란 CIF계약의 기본적인 특성을 지니고 있으면서 필요한 변경을 가하여 「CIF계약」의 변형으로 간주되는 계약들을 말한다. 예를 들면 매매계약은 운임을 계약금액에 포함시키지만 매수인을 위한 보험은 남겨 두는 「C&F」(cost and freight)라고 하는 「CFR」(「운임포함인도」)조건이 그 대표적 예다.

이와 같이 유사한 「CIF계약」 조건처럼 확립된 계약조건들과는 별도로 매매계약당사자들은 자신들의 요구를 충족시키기 위하여 「CIF계약」의 어떤 특성들을 변경시킬 수 있다. 그러나 매매계약당사자들은 전혀 「CIF계약」으로 되지 않을 정도로까지 계약의 특성을 변경시킬 수가 있는데, 당사자 간의 특약은 어떠한 것도 가능하지만, 한편에서 "CIF"라든가 "FOB"라는 「표준적 거래조건」의 약호를 사용하면서도 그 내용이 그것과 일치하지 않는다면 혼란이 생길 우려가 있다.

「변형」을 가한 CIF계약의 경우, 「CIF」라고 명기되어진 계약이 모두 「CIF계약」은 아니다.[129] 이러한 경우 당사자들이 그러한 계약을 설혹 「CIF계약」이라고 하더라도 법원은 다른 종류의 계약을 체결하였다고 볼 것이다. 왜냐하면 그러한 계약은 통상의 「CIF계약」에 관한 "본질적인 요소"들을 결여하고 있거나 또는 「CIF계약」의 특성과 모순된 조항을 포함하고 있기 때문이다.

그 예로 1918년 영국의 *The Parchim* 사건[130]에서, 계약에는 「CIF계약」조건의 내용과 "양립할 수 없는" 조항이 계약에 포함되어져 있는 경우도 있다. 따라서 매도인은 선하증권 대신에, 자기의 대리인에게로 「인도지시서」(본선에 대한 인도지시서는 아니다)를 인도하면 좋다고 하는 계약은 순수한 「CIF계약」은 아니고 「착선도」(Ex ship)계약이다.[131] 그 경우에 있어서, 약정의 서류와 상환으로 대금을 지불한 매수인은 물품이 도착하지 않은 때에는 대금의 반환을 청구할 수 있다.

한편 매매계약당사자들은 「CIF계약」의 본질적인 특징이 남아 있는 한, 「CIF계약」을 다른 종류의 계약으로 바꾸지 않고 「CIF계약」상의 의무를 변경할 수 있다.

---

129) 新堀 聰, 前揭書, p. 127.

130) [1918] A.C. 157.

131) 종래 「Incoterms 2000」상의 착선인도조건(Ex Ship : DES)은 「Incoterms 2010」에서는 다른 DEQ와 DAF조건과 함께 새로운 DAP조건으로 통합되었다. : *Re Denbigh Cowan & Co. and R. Atcherley & Co.*[1921] 90 L.J.K.B. 863.

*Karinjee Jivanjee & Co. v. William Malcolm & Co.*사건[132]에서 "사이잘 풀"(sisal)의 매매에 관한 「CIF계약」은 "만약 물품의 전부 또는 그 일부가 선박의 멸실 또는 다른 피할 수 없는 원인에 의하여 도착되지 않는다면 이 계약은 그 도착되지 않은 부분에 대해서는 무효가 된다."는 조항을 두었다. 이 조항은 물품의 현실적인 인도가 그 본질임을 의미하며 이 계약은 「CIF계약」으로 취급될 수 없다는 점이 주장되었다. 그러나 Roche 판사는 그 조항은 만약 물품이 목적지에 도착하기 전에 멸실된다면 매도인이 그에 대한 서류를 제공할 수 없다는 것만을 의미하는 것으로 해석될 수 있으며, 따라서 그 조항은 「CIF계약」의 통상적인 의무에 관한 단순한 변경에 불과하다는 점을 판시하였다.

반면에 「CIF계약」이 CIF계약의 진정한 성격에 반하는 조항을 포함하고 있다면 그 계약은 이러한 이유만으로 법원에 의해 「CIF계약」이 아닌 다른 종류의 계약으로 판시되는 것은 아니다. *Law & Bonar v. British American Tobacco Co. Ltd.*사건[133]에서 「CIF계약」으로 명시된 계약상의 한 조항은 물품은 인도될 때까지 매도인의 위험하에 있음을 규정하였다. 본건에서 이 조항은 「CIF계약」에는 그 적용이 없으며 그리고 문제의 계약은 「CIF계약」이었기 때문에 그 조항은 무시되었어야 함을 판시하였다. 실제로 법원은 그 모순되는 조항을 계약에서 삭제시키려고 하였다.

무역실무의 관점에서 「복합가격」조건으로서의 「변형 CIF」조건을 고려한다면 수수료(commission)가 포함된 「CIF&C」, 환어음(bill of exchange)이 포함된 「CIF&E」 그리고 이자(interest)를 포함하는 경우라면 「CIF&I」로 될 수 있을 것이다.

실무적으로는 「CIF계약」을 체결한 경우에는 그 본질과 명확하게 모순하는 조항이 같은 계약서 속에 존재하는 경우가 없도록 주의하는 것이 필요하다. 반대로 도착을 지불조건으로 하면 「CIF」라고 하는 표현을 사용해서는 아니된다. 특히 모순하는 이면약관은 삭제해야 한다.[134]

---

132) [1926] 25 Ll L Rep 28.
133) [1916] 2 KB 605, 85 LJKB 1714.
134) 上揭書, pp. 128~130.

## 2. 변형 「CIF계약」 조건의 유형

### 1) 「C&F」 조건

「변형된」 CIF계약의 한 유형으로서 실무상 빈번하게 이용되어지는 "C&F", 즉 "CFR" (운임포함)조건을 다루어 보자. 이 계약조건은 수입자가 보험을 자국의 보험회사에 부보하는 것이 많은 경우에 주로 이용되고 있다.

「C&F」에 있어서는 「CIF」의 'I'(보험료)가 빠져 있는 것에서 유추할 수 있는 바와 같이, 매도인은 매수인을 위하여 해상보험을 물품에 부보할 의무를 부담하지 않고, 따라서 선적서류로부터 보험증권이 없는 것으로 될 뿐이고, 기타의 당사자의 권리 · 의무, 법률관계는 모두 「CIF계약」과 동일하다.

「C&F」에서는 해상보험은 매수인측이 부보하기 때문에, 매도인은 물건을 본선에 선적하자마자, 그 취지를 지체없이 매수인에게 통지하지 않으면 안된다. 즉, 실무적으로는 매수인측의 통관절차의 편의를 위하여 지체없이 매수인에게 선적통지(shipping advice)를 하지 않으면 안된다. 즉, 「CFR계약」에서는 위험의 이전은 「CIF계약」과 마찬가지로 본선에의 선적시점에서 발생하지만, 매도인의 매수인에의 선적통지가 부당하게 지연된 경우에는 항해중의 위험은 예외적으로 매도인에게 남고, 매수인은 보험을 부보하지 않은 동안에 물건이 멸실 또는 손상된 경우에는 매도인은 손해배상의 책임을 부담해야 한다.

「CFR계약」이 이용되어지는 것은 수입자에게 있어서는, 자국의 보험회사에 부보하는 편이, 보험이 구상(求償)에 있어서 무언가 편리하다고 하는 이유 외에도, 정치적인 이유 또는 외화부족 때문에 수입국정부가 수입자에게 자국의 보험회사에의 부보를 요구하는 경우가 있다. 「CFR계약」은 해상운송의 수배와 부보의 수배를 인위적으로 분리하는 것으로서, 부보에 대해서 불필요한 문제가 발생할 우려가 있다.

### 2) 「C&I」 조건

「CFR계약」과 비교하여, 「C&I」이라는 것이 독립의 「표준적 거래조건」으로서 존재하고 있는가 아닌가가 종종 논의되어지고 있다.

「CIF계약」은 운송서류를 핵심으로 하는 선적서류의 인도에 의하여 이행되어지는 것을 특질로 하는 매매계약이기 때문에, 이러한 운송서류를 빼놓고서는 「CIF계약」과 본질을 동일시하는 「표준적 거래조건」으로서의 「C&I계약」은 존재하지 않는다. 그러나 실무상 「C&I」라고 불리는 것은 매수인과 운임착불의 특약을 체결하고, 송장면에서 CIF가격에서 해상운임(F)을 공제하고 있는 것에 불과하고,

실제로 매도인이 제공하는 선적서류에는 운송서류를 포함하고 있고, 운임후불을 제외하고 「CIF계약」과 실질적인 차이는 없는 것이다. 따라서 실질은 「CIF계약」 이기 때문에 「C&I계약」 등이라고 하는 유형을 별도로 인정할 필요는 없다고 할 수 있다. 운임후불이라는 점을 제외하고, 당사자간의 법률적 권리 · 의무는 「CIF 계약」과 동일하다.

실무상 실제로는 「C&L」조건이 사용되어지고 있는 사례로서, 예를 들면 미국에 수출한 기계가 반품되어 일본에 되돌아 온 경우 등에 이용되어지고 있다. 이 경우 선하증권은 미국에서 운임후불로서 발행되어져 있고, 보험은 미국에서 부보되어져 있다.[135]

이처럼 「C&I계약」을 「CIF계약」에서 'F'(운임)의 요소가 빠진 것으로 보는 것이 아니고, FOB계약의 발전이라고 보는 의미에서 보다 적극적인 해석이라고 할 수 있다. C&I조건은 실질적으로는 매도인이 부보의 추가의무를 부담하는 FOB계약으로 되어지는 것이기 때문에, 「FOB계약」의 다양성을 고려하면, 추가의무부의 FOB계약의 하나로 처리하는 것도 가능하다.

그러나 현재와 같이 「C&I」조건은 「Incoterms」에서도 인정되지 않고 있고 뿐만 아니라, 독립의 표준적 거래조건으로서의 조건을 가지고 있다고는 볼 수는 없다.

### 3) 기타의 「변형 CIF계약」 조건

이 외에도 「CIF& C」 및 「CIF& E」 등의 계약조건도 「변형」 CIF계약의 일종이라 할 수 있다.

「CIF & C」(운임 · 보험료 및 수수료포함인도)조건에서 CIF에 수수료(commission) "C"를 부기한 것으로, 매수인이 Commission Agent일 경우 선적완료 후 매도인이 매수인에게 송금해야 할 수수료("C")를 「CIF」가격에 가산한 것이다. 통상 "CIF & C, 5% Singapore"라고 하면 수수료에 %를 부기하여 사용한다.

「CIF & E」(운임 · 보험료 및 환어음포함인도)조건의 경우, CIF가격에 외환비용(cost of exchange) "E"을 가산한 가격으로, 매도인이 외국환은행을 통하여 수출대금을 결제할 경우 환어음의 결제수수료 등을 매도인이 부담하는 조건이다. 예컨대, 매매계약은 미국 Dollar화로 체결하였으나 수입업자가 미국 이외의 국가에 속할 경우, 수입업자는 자국통화와 미국 Dollar화의 교환이 필요하며 이때에 소요되는 환비용을 매도인이 부담하기로 특약한 조건이다. 이 조건도 현행 거래조건에서는 거의 이용되지 않는다.

---

135) 이에 대해 일본의 浜谷源藏 박사는, 「FOB조건」에서 매수인이 계약을 취소한 경우의 매도인의 손해를 고려하여, 매도인이 보험을 수배하는 것의 의의를 인정하고, 「C&I계약」을 「FOB조건」에서 발전한 독립의 무역계약으로서 정형화되어진 것이라고 주장한다. 新堀 聰, 前揭書, p. 143.

# 제7장 무역계약의 이행

## 제1절 개 설

무역계약은 청약과 승낙에 의해 합의로 성립되고, 유효하게 성립된 그 계약의 내용에 좇아 계약당사자는 「이행」(performance)하여야 한다. 그 「이행」으로 우선 매도인은 물품을 인도하고 「소유권」과 위험을 매수인에게 이전하게 되며, 경우에 따라서는 계약에서 정한 서류를 제공해야 한다. 이에 대해 매수인은 물품을 인수하고 그 대금을 지급하여야 하며 또한 매수인은 위험도 부담하여야 한다.

그러나 매매당사자들의 「계약이행」이 불완전하거나 그 이행이 지체되든지 또는 이행을 거절하는 경우는 계약의 종료 대신 계약의 불이행으로 인한 뒤에서 설명할 새로운 계약위반(breach of contract)의 문제와 함께 손해배상이라고 하는 구제의 문제가 발생하게 된다.

이와 같이 매매계약의 「이행」에 있어서 계약당사자 간에 중요한 부분은 물품의 인도와 그에 따른 「소유권」의 이전 및 위험의 이전인데, 특히 격지거래(distant trade)의 특성상 무역계약에서는 이러한 세 가지 상황이 일치하지 않는 경우가 많으므로 이를 명확히 하는 것이 중요하다.

국제무역에서 매매법을 비롯한 법적인 일반원칙들은 영국의 상관습이나 판례를 통해 확립되어 왔으며, 그 연장이라 볼 수 있는 미국의 법제를 근거로 판단하는 것이 일반적인 관례로 되어 있다.[1] 오늘날 세계의 주요시장이 미국과 영국 등 영미권을 주축으로 하고 있고 더욱이 영미 법정에서의 우리 기업들과 관련한 판례들이 최근 들어 나타나고 있는 점에 비추어 볼 때, 이들 영미권시장의 상관행

1) C. E. Fayle, *A History of the World's Shipping Industry*, London, 1933 : E. R. Johnson, *History of Domestic and Foreign Commerce of the United States*, Washington, 1915.

과 영미 매매법을 이해하는 것은 매우 중요하다.

그러므로 매매계약의 이행에 있어서 물품의 인도를 비롯한 소유권 및 점유권의 이전, 비용 및 위험부담 등의 권리이전, 물품의 인도와 대금의 지급 등의 문제에 대해 영미 매매법의 일반원칙과 함께 국제적 통일매매법으로서의 협약(CISG), 우리나라의 민·상법 등과의 비교를 통해 이하에서 고찰한다.

## 제2절 | 물품의 인도

### 2.1 물품인도의 개념

영국 「물품매매법」(SGA 1979)에 의하면, 매매계약의 조건과 일치하여 매수인에게 물품을 인도하는 것을 매도인의 의무로 하고 있다.[2] 또한 협약(CISG)에서도 "매도인은 계약과 이 협약(CISG)에 의하여 요구되는 바에 따라 물품을 인도하고 이 물품에 관련된 서류를 교부하며, 또한 그 물품에 대한 소유권을 이전할 의무가 있다."고 규정[3]하여 물품인도의무, 서류인도의무, 소유권이전의무를 부담하며, 이 외에도 물품인도에 수반하는 의무, 물품 및 권리의 계약합치의무 등을 부담한다.

이와 같이 물품매매계약에 의해 매도인은 물품을 인도하여야 하고 매수인은 이에 대해 대금을 지급하여야 한다. 매매당사자 쌍방 간의 인도와 지급의 의무는 동시에 이행해야 하는 「동시이행조건」(concurrent condition)이다.[4] 이러한 「인도」(delivery)는 물품의 점유를 매도인이 매수인에게로 이전시키는 것으로서, 이때의 「점유권」(possession)은 물품에 대한 현실적 지배권을 말한다.

「인도」는 다음의 여러 형태 중 하나를 취할 수 있다.

첫째, 실제 물품 그 자체의 물리적 이전이며, 가장 대표적인 방법이다.

둘째, 매도인은 물품에 대한 지배수단으로 예를 들어, 물품이 있는 창고의 열쇠

---

2) A. G. Guest, *Benjamin's Sale of Goods*, 3rd ed., London, Sweet & Maxwell, 1987, Para. 565.
3) CISG, 제30조.
4) SGA 1979, 제28조.

를 매수인에게 이전함으로써 점유를 넘겨줄 수 있다.[5)]

셋째, SGA 제29조(인도의 규칙) 4항에서 규정하고 있다. 즉, 매매당시에 물품이 「제3자」의 점유 하에 있는 경우에는 「제3자」가 매수인에게 그를 위하여 물품을 소지하고 있음을 통지하지 않는 한, 결코 매도인으로부터 매수인에게 인도가 있었다고 할 수 없다.

넷째, 물품은 「권리증서」의 인도에 의하여 인도될 수 있다. 「권리증서」의 특징은 승인이 없을지라도 필수적인 의도가 수반된다면 증서의 「배서 또는 교부」는 물품의 「소유권」 또는 점유를 이전하는데 충분하다. 권리증권의 가장 중요한 형태는 「선하증권」이다. 물품이 선적된 때에 선주 또는 그의 대리인은 화주에게 「선하증권」을 주며, 이 증서는 법률적으로, 사실상 물품을 대신하며, 「선하증권」의 점유는 구매자의 처분에 물품을 위탁한다.[6)]

다섯째, 매도인이 매수인의 대리인 또는 수탁자로서 물품을 점유할 수 있다고 당사자간에 합의할 수 있다.

여섯째, 매수인의 「대리인」에게 물품의 인도는 매수인에 대한 인도이다. 더 나아가 「운송인」에게 인도는 매수인에게 인도로 추정한다. SGA 제32조(운송인에의 인도) 1항에서는 이에 관하여 다음과 같이 규정하고 있다. 즉, "매매계약의 이행에 있어서 매도인이 물품을 매수인에게 송부할 권한 또는 의무를 갖고 있는 경우에 매도인이 매수인에게 전송할 목적으로 물품을 「운송인」에게 인도한 것은 곧 물품을 매수인에게 인도한 것으로 추정한다."

그러나 「운송인」이 매도인의 대리인인 경우에 있어, 운송인에 대한 인도는 매도인의 또 다른 자신에 대한 인도이기 때문에 매수인에 대한 인도가 되지 않는다.[7)] 다만 여기서 「인도」의 의미는 다음에서와 같이 서로 다른 세 가지의 의미를 가질 수 있다.

첫째, 「소유권」이 이미 이전된 물품을 매수인에게 인도할 의무이다. 이미 「소유권」이 이전되었다면 매수인의 동의없이 매도인이 다른 물품으로 대체하는 문제는 발생할 수 없다. 매도인은 「특정물」을 인도하여야 하고 다른 물품으로 대체할 수 없다.

---

5) *Hilton v. Tucker*[1888] 39 Ch D 669 ; *Dublin City Distillery Ltd v. Doherty*[1914] AC 823 ; *Wrightson v. Macarhur*[1921] 2 KB 807.

6) *Biddell Bros Ltd v. E Clemens Horst & Co Ltd.*[1911] 1 KB 934, 956-7.

7) *Galbraith & Grant Ltd v. Block*[1922] 2 KB 155, 156 ; *Badische Anilin und Soda Fabrik v. Basle Chemical Works*[1989] AC 200.

둘째, 「인도」에 관한 매도인의 의무는 계약에 따라 물품을 매수인에게 조달하여 공급하여야 할 의무이다. 다만 인도의무가 발생하는 시점에 의도되었던 물품이 존재하지 않은 경우에는 그러하지 않는다. 따라서 「종류물매매」계약[8]에서 매도인은 물품을 인도할 의무를 부담하며, 어떤 특별한 물품을 인도할 의무가 없다. 그러한 의무가 발생할 때까지 매도인은 자유롭게 계약의 설명에 따르는 물품의 특정한 양을 인도할 수 있다. 예를 들어, 매도인이 계약의 「설명서」(description)에 따르는 물품을 조달하여야 한다면, 그 물품으로 계약을 이행하기로 의도한 것이다. 그러나 추후 매도인의 마음이 변하여 그 물품을 다른 사람에게 판매하였다면 매수인은 매도인의 인도의무위반을 주장할 수 없다.[9] 그러한 경우에 매수인은 특별한 이행을 요구할 권리도 갖지 않는다.

셋째의 의미는, 상기 두 가지 의미의 중간적 개념이다. 즉, 아직 물품의 「소유권」이 매수인에게 이전되지 않았지만, "특정한" 물품을 인도하여야 할 개인적 의무를 매도인이 부담하는 경우이다. 이는 「특정물매매」에 대한 합의의 경우이며, 매도인이 물품을 재판매한 경우에는 계약위반이 된다. 심지어 불확정한 물품의 매매에서 「소유권」이 이전되기 전에 매도인의 인도의무에 "특정한" 물품을 정하는 것이 가능하다. 예를 들어 「소유권」이 이전되지 않았지만 인도하여야 할 물품이 정해진 경우의 「CIF계약」에서 계약목적물의 특정에 대한 고지의 효과이다. 매도인이 물품을 선적하였지만 보증으로서 「선하증권」을 가지고 있는 「FOB계약」에서 선적의 순간에 「소유권」이 매도인에게 있다고 하더라도 매도인은 선적된 물품의 매수인에게 인도할 의무를 부담한다.

무역거래에서 매도인은 매수인에게 물품을 이전할 목적으로 「운송업자」에게

---

8) 「종류물」이란 특정물의 반대되는 불특정물과 같은 개념으로서, 대체성 여부에 따라 판단한다. 예를 들어 불특정의 주택이나 자동차 또는 TV매매와 같은 종류를 표시하는 경우가 불특정물, 즉 종류물이 된다. 이와 같이 대체성이 있는 물품의 매매가 곧 「종류물매매」 또는 불특정물매매이다. 만약 자신이 보유하고 있는 시계의 경우는 특정물로서 그 특정의 시계를 분실한 경우는 대체성이 없기 때문에 「특정물매매」가 된다. 이때 특정물인지 종류물인지 여부의 판단기준은 1차적으로 당사자의 주관적 의사에 의한다. 이에 대해 대체물과 비대체물의 경우는 주관적 의사 대신에 거래관념에 따른 객관적 기준에 따라 판단한다. 특히 특정물과 불특정물의 판단에 있어 당사자의 의사가 불명확한 경우에는 비대체물을 특정물, 대체물을 종류물로 본다. 「종류물매매」에서 우리 「민법」 제581조(종류매매와 매도인의 담보책임)의 담보책임규정을 준용하는 이유는 「종류물」로 지정한 후에 특정이 되면 그때부터 그것은 종류물이 아닌 「특정물」이 되기 때문이다. 「종류물매매」는 하자 없는 목적물의 인도가 현실적으로 가능하며, 따라서 그 대표적인 경우로 수입자동차 제조회사의 구매자에 대한 책임, 즉 종류물매매와 완전물급부청구권에 있어서 「민법」 제581조 2항 규정상의 권리로 인정하였다. 서울고등법원 2012. 7. 24. 2011나47796 : 대판 2004. 7. 22, 2002다51586.

9) *Carlos Federspiel & Co SA v. Charles Twigg & Co Ltd* [1957] 1 Lloyd's Rep 255-6.

물품을 인도하는 것으로서 그의 의무를 이행하게 되는데, 이때 「선하증권」이 발급되지 않는 경우에도 그 효력은 동일하다.[10] 한편 「담보권」을 확보하기 위하여 물품이 매수인이 아닌 「은행」을 「수하인」으로 하여 선적이 이루어졌을 경우에도 매도인의 인도의무를 이행함에는 아무런 하자가 없는 것이다.

한편 협약(CISG)은 물품의 인도에서와 같이 매매계약의 이행과 관련한 계약당사자의 의무에 대해 상세한 규정을 두고 있다. 즉, 매도인과 매수인의 기본적 의무로서 매도인은 소유권이전의무, 물품인도의무, 서류인도의무 및 물품계약합치의무를 부담하고, 매수인은 대금지급의무, 인도수령의무, 물품검사 및 통지의무를 부담한다. 그리고 매도인과 매수인의 공통적인 의무로 손실경감의무(제77조), 면책사유통지의무(제79조), 계약해제로 인한 대금반환 시의 이자지급의무(제84조), 물품보관의무(제85조, 제86조) 등을 규정하고, 물품보관의무 이외 의무는 매매계약 자체에서 발생하는 의무가 아니고, 일방당사자의 계약위반 시 계약위반의 효과로서 상대방의 계약해제 및 손해배상청구 등에 부수되는 의무이다.[11]

**표 7-1 매매당사자 의무의 비교 : 협약(CISG)과 우리 민 · 상법**

| 구 분 | 비엔나 협약(CISG) | 우리나라 민·상법 |
|---|---|---|
| 매도인의 의무 | · 소유권이전의무<br>· 물품인도의무+부수적 의무<br>· 서류인도의무 | 소유권이전의무 |
| | 계약적합의무 | 하자담보책임 |
| 매수인의 의무 | 대금지급의무 | 대금지급의무 |
| | 인도수령의무 | 해석상 인정 |
| | 물품검사 · 계약부적합통지의무 | 물품검사 · 통지의무(상법) |
| 공통된 의무 | 손해배상의무 | |
| | 손해경감의무 | |
| | 면책사유통지의무 | |
| | 이자지급의무 | |
| | 물품보관의무 | |
| | 부가기간지정의무 | |

10) Clive M. Schmitthoff, *Schmitthoff's Export Trade*, 9th ed., Stevens & Sons, 1990, p. 116.

11) 최준선, 「국제거래법」, 삼영사, 2008, p. 130 : 그러나 CISG에서는 주된 의무와 부수적인 의무를 구별하지 않으므로 이들도 계약의무로 보는 것이 타당하다. 우리 「민법」에서는 다양한 의무를 특히 주된 의무와 부수적 의무로 나누고, 이에 따라 「채무불이행」의 유형과 구제수단까지 구별하는 경향이 있다. CISG에서도 다양한 계약의무들이 존재하지만 이들 간에 주종의 구별은 없고 어떤 의무를 위반하든 모두 일률적으로 계약(의무)위반이 되며 계약위반에 기한 구제수단이 주어질 뿐이다.

## 2.2 물품인도의 일반원칙

영국 물품매매법(SGA 1979)은 제29조(인도의 규칙)에 「인도」에 관한 규정을 두고 있다. 이 「인도」(delivery)에 관한 원칙은 당사자가 계약 중에 별도의 합의를 명시적으로도 묵시적으로도 하고 있지 않는 경우에 적용되어진다.

「인도」의 일반원칙은 다음의 인도장소 및 인도의 시기 등 4가지에 관한 것이다.12)

① 인도장소(제29조 1항)

② 인도의 시기(제29조 2항 및 제56조) 및 시각(제29조 4항) : 이 인도시기에 관한 조항이 「조건」인가 「담보」인가 하는 것은 당사자의 의사에 따르지만(제11조 1항 a호), 이것은 「조건」이라고 해석되어지는 경우가 많다.

③ 물품을 인도해야 할 상태로 하기 위한 비용(제29조 5항) : 이 원칙에 의해 매도인은 「포장」을 위한 지불을 해야 할 의무가 있다고 보아진다. 그러나 이 원칙에 의해 매도인이 운송에 대한 우발적인 비용까지 부담하는 것은 아니다.

④ 「제3자」의 점유 하에 있는 물품의 인도(제19조 3항)

한편 협약(CISG)에서도, 매도인은 계약과 이 「협약」에 의해 요구되는 바에 따라 물품을 인도하여야 한다. 소유권이전의무와는 별도의 물품인도의무는 「특정물」의 경우 계약에서 정한 특정물 그 자체를, 「불특정물」의 경우에는 계약에서 정한 물품과 같은 종류의 물품을 인도하면 된다.

협약(CISG)은 매도인의 의무 중 물품인도의무를 주요 의무로 하면서도, 「인도」의 개념에 대한 정의규정은 두고 있지 않다. 물품의 「인도장소」는 추심채무가 원칙이고, 「인도시기」는 다른 의사표시가 없는 한 원칙적으로 계약체결 후 "합리적인 기간 내"이다. 특히 무역거래에서 전형적으로 나타나는 계약에 물품운송을 포함하는 매매 시의 인도의무를 특별히 정하고 있다.13)

이와 같이 영미법과 협약(CISG)은 매도인의 물품인도와 관련 물품의 인도시기, 인도장소, 인도방식 등에 관하여 자세한 규정을 두고 있으므로 이하에서 살펴본다.

---

12) 윤광운 · 박정기 · 최영봉 · 조현숙, 「영국물품매매법」, 탑북스, 2011, pp. 147~148.

13) CISG, 제30조 이하 참조.

## 1. 물품의 인도시기

SGA는 물품의 인도시기에 관하여, 매매계약에 의하여 매도인이 매수인에게 물품을 송부할 의무가 있는 경우, 송부시기에 관한 별도의 합의가 없을 경우에는, 매도인은 "합리적인 기간 내"에 이를 송부하여야 한다.[14] 인도시기에 관하여 영국 법원은 이에 관하여 "일반적인 물품매매에 관한 상사계약에서 시기는 인도에 관하여 매우 중요하다."고 판시하였다.[15]

「인도시기」가 계약에 의하여 정하여진다면 "그 시기"에 인도되지 않은 것은 「조건위반」 또는 매수인이 물품의 수령을 거절하는 것을 정당화하는 「중대한 위반」(material breach)이 될 것이다. 이러한 법칙은 엄격한 법적 의미에서 인도시기에 적용되며, 매도인이 물품을 매수인에게 송부하여야 할 의무를 부담하는 경우뿐만 아니라 매수인이 매도인으로부터 물품을 수령하여야 하는 경우에도 적용된다. 귀족원은 이 법칙이 대부분의 「상사계약」에 있어서 인도시기 뿐만 아니라, 통지의무와 같은 다른 계약상의 의무이행에 대하여도 적용된다고 본다.[16] 특히 무역거래에서 자주 발생하는 것처럼[17] 매도인의 의무와 관련성을 가지는 경우에 이는 매수인의 의무에도 적용된다.

매도인은 최선을 다하여 정해진 시일까지 물품을 인도하여야 할 것을 "계약상 규정하고 있는" 경우, 매도인이 최선을 다하였지만 "정해진 시일 내"에 물품을 인도하지 못한 때에는 정해진 시일 후 「합리적인 시간 내」에 물품을 인도하여야 한다.[18] "정해진 시기가 없는" 경우에 매도인은 물품을 "상당한 기간 내"에 송부하여야 한다.

이는 매도인이 물품을 송부할 의무를 부담하지 않지만, 「조달」을 하여야 하는 경우에도 동일하다. 인도의 청구 또는 제공은 "상당한 시간 내"에 하지 않는 한 그 효력이 없는 것으로 볼 수 있고, 이 경우 "상당한 시간"은 「사실문제」(a question of fact)이다.[19] "상당한 시간 내"의 불인도는 매도인에 의한 「조건위반」(breach of condition)이 될 것이다.[20]

---

14) SGA 1979, 제29조 3항.

15) *Per McCardie J in Hartley v. Hymans*[1920] 3 K.B. 475, 484.

16) *Bunge Corpn v. Tradax SA*[1981] 1 W.L.R. 711.

17) *Gill & Duffus SA v. Société Pour L'Exportation des Sucres*[1986] 1 Lloyd's Rep. 322.

18) *McDougall v. Aeromarine of Emsworth Ltd*[1958] 1 W.L.R. 1126.

19) SGA 1979, 제29조 (5).

20) *Thomas Borthwick Ltd. v. Bunge & Co Ltd*[1969] 1 Lloyd's Rep. 17, 28.

한편 협약(CISG)에서는 매도인은 다음의 「시기」에 물품을 인도하여야 한다. 즉 인도기일이 계약에서 확정되었거나 계약에 근거하여 확정할 수 있는 경우는 「그 기일」(예컨대 10월 31일 혹은 X마스 3주 전)에, 그리고 인도기간이 계약에 의하여 기간으로 확정되었거나 계약에 근거하여 확정할 수 있는 경우에는 "그 기간 내"(예컨대 12월 31일까지 혹은 X마스 3주 전까지)에 인도하여야 한다.[21] 다만 매수인이 인도기일를 정해야 하는 사정이 있고 또한 매수인이 지정한 경우에는 "그 지정한 날"에 인도하여야 한다.

기타의 경우에는 계약체결 후 "합리적인 기간 내"에 목적물을 인도하여야 한다. 여기서 "합리적 기간내"(within a reasonable time)란 물품의 종류나 거래형태 등을 고려하여 정해야 할 「사실상의 문제」(question of fact)이다. 만약 매도인이 인도시기를 넘기게 되면 바로 인도의무 위반이 되어, 매수인은 구제수단을 행사할 수 있다. 이때 「최고」나 유예기간 또는 매도인의 과실을 요구하지 않는다.

매수인이 컨테이너 운송수단을 제공하는 것과 같은 행위의 이행에 따라 물품인도가 이루어지는 계약의 경우에 매도인은 매수인에 의하여 지정된 행위의 이행통지를 받을 때까지 인도불이행에 대한 책임이 없다. 또한 「인도시기」가 지정되어 있는 경우 「조기인도」(early delivery)에 대해서는 매수인에 의하여 지정되어질 수도 있으나, 이러한 권리포기에 대해서는 선택권을 갖는다.

통상 무역계약에서 「인도시기」의 약정은 적출지에서 매도인의 점유이탈시기를 정하는 관습이 행하여지고 있으므로 포괄적으로 인도의 용어보다는 「Incoterms」의 「FOB」, 「CIF」매매계약에서처럼 해상운송매매에서의 「선적일」(date of shipment) 또는 「본선적재일」(date of loading on board)이나 「FCA」, 「CPT」, 「CIP」매매에서의 복합운송의 경우에는 「수탁일」(date of taking charge) 또는 항공운송시의 「발송일」(dispatching date) 등과 같이 구체적으로 합의하는 것이 필요하다.[22]

## 2. 물품의 인도장소

물품의 「인도장소」는 매매당사자간의 명시적 또는 묵시적 계약에 의하여 결정된다. SGA에서는, 매매당사자간에 물품의 인도장소에 대하여 명시적 또는 묵시적 합의가 없을 경우에 물품인도의 장소는 「매도인의 영업장소」(place of business)

---

21) CISG, 제33조.
22) 강원진, 「무역계약론」[제4판], 박영사, 2012, p. 358.

가 되고, 그 영업장소가 없는 경우에는 매도인의 「주소」가 인도의 장소로 된다. 다만 「특정물」의 매매계약의 경우에는 계약의 성립시에 그 특정물이 다른 장소에 있음을 당사자가 안 때에는 「그 장소」가 인도의 장소로 된다.[23)]

협약(CISG)은 무역거래에 있어서 물품의 「인도장소」는 중요한 문제이므로, 당사자가 계약으로 인도장소를 정하는 경우에는, "그 지정한 장소"에서 인도해야 한다. 즉, 매도인이 물품을 다른 특정한 장소에서 인도할 의무가 있는 경우에는 "그 특정한" 장소에서 물품을 인도해야 한다.

특히 무역거래에서 물품의 「인도장소」는 매우 중요한 문제이다. 물론 당사자 간에 확립된 관습이 있다면 그에 따르면 되겠지만, 당사자 간의 약정이나 확립된 관습도 없는 경우를 대비하여 협약(CISG) 제31조에서는 아래에서와 같이 상세한 규정을 두고 있다. 즉, 계약에서 "인도장소를 정하지 않은" 경우에는 매매계약이 물품운송을 포함하고 있는지 여부에 따라 나누어 물품인도장소를 정하고 있다.[24)]

첫째, 매매계약이 물품의 "운송을 포함하고 있는" 경우(「송부매매」)에는, 매수인에게 전달하기 위하여 물품을 「최초의 운송인」(the first carrier)에게 인도함으로써 물품인도의무는 이행한 것이 된다.[25)] 이 경우 물품인도의 장소는 「최초의 운송인」이 이용가능한 상태에 두었을 때 매도인의 자신의 인도의무를 이행한 것이 되므로 그 구체적인 인도장소는 「최초의 운송인」의 창고, 터미널, 공항 등 어느 장소에서 인도하든 관계없다. 물품이 해상운송을 이용하는 경우 당해 물품을 지배하는 서류를 매수인에게 제공하면 그것으로 매도인의 의무는 다한 것이 된다. 여기서 계약에서 "운송을 포함하는" 경우란 「CIF」조건과 같이 매도인과 매수인 이외의 독립적인 「운송인」이 물품의 운송을 담당하는 것을 말한다.[26)]

둘째, 매매계약이 물품의 「운송을 포함하지 않는」 경우에는, 「특정물」은 그 물품이 있는 "현재 장소"가 인도장소가 되며, 매도인은 그 물품이 있는 장소에서 물품을 매수인이 "처분할 수 있는 상태에 두었을 때" 인도의무를 이행한 것으로 된다. 매매계약에 운송이 요구되지 아니한 경우로서 매매계약이 특정한 「재고품」에서 선정되는 「불특정물」이나 제조·생산되는 불특정물에 관련되어 있고, 당사자 쌍방이 계약체결시에 그 물품이 특정한 장소에 있거나 그 장소에서 제조 또는

23) SGA 1979, 제29조 (2).
24) 윤광운·박정기·김철호·박재홍, 「국제거래법」, 탑북스, 2013, p. 292.
25) CISG, 제31조 (a).
26) 윤광운 외, 「국제거래법」, 전게서, pp. 292~293.

생산되는 것을 알고 있었던 경우에는 "그 장소"에서 물품을 매수인의 처분하에(물품의 현재 장소) 두는 것이 매도인의 인도의무이다. 여기에는 「운송중의 매매」도 이 경우에 해당한다고 본다.

셋째, 위의 두 경우를 제외한 모든 「불특정물 매매」의 경우, 즉 매매계약의 내용에 "운송이 포함되어 있지 않은" 경우에는 계약체결 시의 매도인의 「영업소」(place of business)가 인도장소가 되며, "그 장소"에서 매수인의 처분하에 두었을 때 매도인은 의무를 다한 것으로 된다.27) 여기서 "물품을 매수인의 처분하에 둔다"(It placed the goods at the disposal of the buyer)는 것은 매수인이 물품점유를 취득할 수 있는 상태에 두는 것을 의미한다. 물품이 모두 창고업자나 운송인의 보관하에 있을 경우에 당해 물품을 지배하는 「서류」를 매수인에게 제공하는 것에 의해서도 물품을 매수인의 처분하에 두어지게 된다.

이와 같이 영미법과 협약(CISG)에서는 「인도장소」가 매매당사자 간에 합의된 경우에 그에 따르는 것은 동일한 취지이지만, 「인도장소」에 관하여 명시적 또는 묵시적 합의가 없었을 경우의 적용순위에서 「최초의 운송인」에게 인도하는 장소로 우선적으로 규정한 것은 무역거래의 관행을 반영한 것으로 보아진다.

특히 무역계약에서 물품의 「인도장소」는 통상 「선적지조건」인지 「양륙지조건」인지에 관해 표준화된 「정형거래조건」에 의해 정해진다. 즉, 매매당사자간에 합의한 물품의 인도장소가 물품이동의 개시장소인 경우 출하지 제공조건인 매매계약을 「적출지인도계약」이라 하고, 물품이동의 종료지인 목적지제공조건인 경우 이를 「양륙지인도계약」이라고 한다.

이러한 기준에 따른 구분은 매매당사자간에 위험 및 비용의 분기점을 명시하고 있는 「Incoterms」의 「정형거래조건」 중에 대표적인 「적출지인도」조건으로 EXW 조건을 비롯하여 FCA, FAS, FOB, CFR, CIF, CPT, CIP 조건이 있고, 「양륙지인도」조건으로는 DPU, DAP 및 DDP조건을 들 수 있다.

그러나 실제 무역거래는 대부분 운송을 포함하고 또 운송의 방법과 장소에 관해 합의를 하는 것이 보통이며, 또 그 합의는 대개 「Incoterms」에 따르므로 이러

27) CISG, 제31조 (c). : 우리 법제는 특정물의 경우에는 채권성립당시에 그 물건이 있었던 장소이지만, 「종류물」의 경우, 채권자인 매수인의 현주소(또는 인도시의 채권자의 현영업소)이다(「민법」 제467조 1항, 2항 : 상법, 제56조). 따라서 「종류물」의 경우에 매도인의 인도의무는 종국적으로 지참채무이다. 우리 「상법」에서는 채권자의 지점에서의 거래로 인한 채무이행의 장소가 그 행위의 성질 또는 당사자의 의사표시에 의하여 특정되지 아니 한 경우 특정물 인도 외의 채무이행은 그 지점을 이행장소로 본다(「상법」 제56조). 윤광운 외, 「국제거래법」, 전게서, p. 293. 주36).

한 경우 「Incoterms」가 협약(CISG)보다 우선 적용되며, 「Incoterms」에서는 물품인도장소에 대해 규정하고 있으므로 물품인도장소에 대한 CISG 규정의 적용은 크지 않을 것이다. 무역계약에서 가장 많이 이용되는 물품인도조건은 선적지에서의 「본선인도」조건이다. 「FOB」와 「CIF」조건 모두 이에 해당된다.

## 3. 물품의 인도방식

무역거래에서 물품의 「인도방식」은 그 인도물품이 현물인가, 서류와 같은 상징인가에 따라 현실적 인도와 추정적 인도 그리고 상징적 인도가 있다. 무역계약에 있어서의 물품의 인도방법은 일반적으로 「정형거래조건」에 의하여 정해진다. 특약이 없는 한, 「FOB」조건은 물리적 인도라고 하는 현실적 인도에 의해서 그리고 「CIF」조건은 서류인도방식에 의한 「상징적 인도」에 의한다.

[그림 7-1] 물품인도의 유형

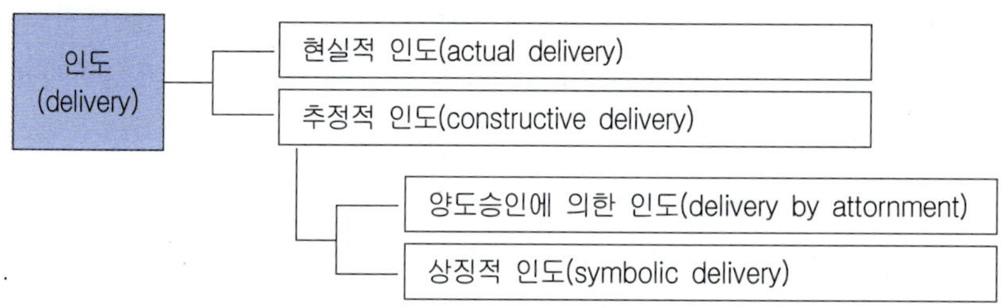


이를 분류하여 설명하면 다음에서와 같다.

첫째, 「현실적 인도」(actual delivery)는 매도인으로부터 매수인 또는 그 대리인에게 현실적으로 물품의 점유이전을 통해 계약을 이행하는 것으로서, 이를 「물리적 인도」(physical delivery)라고도 한다.

「현실적 인도」에는 「공장인도」조건(EXW)의 매매계약에서와 같이 매도인의 영업장소 또는 공장, 창고 등에서 매수인에게의 「직접인도」와 「본선인도」조건(FOB)에서와 같이 권리를 유보하고 매수인에게 송부할 목적으로 「제3자」인 운송인(shipper) 또는 운송주선인(freight forwarder)에게 인도하는 「간접인도」가 있다.

둘째, 「추정적 인도」(constructive delivery)는 실제로 물품을 수수함이 없이 인도가 이루어진 것으로 추정하는 것을 말하며, 여기에는 당사자의 「양도승인」에 의한 인도와 「상징적 인도」의 두 가지 형태가 있다.

먼저 「양도승인」(attornment)의 인도에는 우리나라 「민법」은 다음의 간이인도, 점유개정 및 목적물반환청구권 양도의 세 가지 형태를 규정하고 있다.

① 「간이인도」 : 「간이인도」는 매매 전에 이미 물품은 매수인(점유권의 양수인)이 점유하고 있고, 매매 후 실제의 수수는 일체없이 당사자 사이의 「점유이전」에 대한 의사표시만으로 인도를 받은 것이 되고 매수인은 이 물품을 자기의 것으로 보유하는 경우이다.[28)]

② 「점유개정」 : 매도인이 물품을 점유하고 있고, 매매후 점유권의 양도인인 매도인이 매수인의 수탁자로서 계속하여 물품을 점유하고 있는 경우이다.[29)]

③ 「목적물반환청구권의 양도」 : 물품은 매도인의 수탁자인 「제3자」가 점유하고 있고, 매매 후 매수인에게 물품을 양도하였다는 뜻을 매도인이 이 「제3자」에게 통지하면 이후 이 「제3자」가 매수인의 권리를 승인하고 그 수탁자로서 계속 물품을 보유하는 경우이다.[30)]

한편 영미법에서는, 매수인의 요청에 의해 매도인이 물품을 매수인의 「전매처」(sub purchaser)에 직접 인도하는 경우에도, 매매법상 물품을 수령한 것으로 되어, 이는 곧 매수인에게의 「추정적 인도」로 간주될 수 있다.[31)]

다음으로 「상징적 인도」(symbolic delivery)는 「CIF계약」에서와 같이 물품은 「수탁자」(bailee)의 점유하에 있고 매도인은 물품을 상징하는 「선하증권」(B/L)과 같은 권리증권을 매수인에게 양도하고 매수인은 이와 상환으로 대금을 지급함으로써 매매계약이 이행되는 것이다.[32)] 이 경우 「선하증권」의 인도는 물품 그 자체의 인도와 동일한 효과를 갖는다.[33)]

이상에서와 같이 물품의 현실적 인도를 「현물인도」라고도 하고, 상징적 인도를 「서류인도」라고도 하는데, 특히 무역거래에서 「인도」는 다음의 두 가지 관점에서 보면 첫째는, 「현실적 인도」의 측면에서 매도인으로부터 매수인에게 현실적으로 직접 인도하는 것은 「격지거래」라고 하는 무역거래의 특성상 거의 어려운 일이므

28) 우리나라 「민법」, 제188조 2항.
29) 우리나라 「민법」, 제189조.
30) 우리나라 「민법」, 제190조.
31) SGA 1979, 제35조 : UCC, §2-606.
32) 朝岡良平, 「貿易賣買と商慣習」[第3版], 東京, 布井出版, 1982, pp. 154~155
33) *Sanders v. Maclean*[1883] 11 Q.B.D. 327, at p. 341.

로 「운송인」에의 인도를 통해 매수인에게 인도한 것으로 추정되며,[34] 결국 「운송인」에의 물품의 물리적 인도를 매수인에 대한 인도로 간주하는 것이다. 이때의 「인도」는 점유권의 이전을 위한 것이다.

둘째는, 「CIF」조건하에서 매도인이 「선하증권」(B/L)을 입수한 경우, 물품은 선하증권이 매수인에게 인도된 때에 인도된 것으로 간주된다.

## 2.3 물품인도의 부수적 의무

매매계약의 당사자 간에는 물품의 인도와 대금의 지급을 비롯하여 소유권 및 점유의 이전 외에도 위험 및 비용의 부담과 그리고 서류의 제공 등에 관하여 상호 의무를 부담하여 계약을 이행하고 있다.

특히 무역거래에서는 종래 관습으로 인정되어 오던 것을 협약(CISG) 제32조에서는 물품인도에 수반하는 의무로서 물품특정의무, 운송주선의무, 운송보험계약을 체결하기 위해 필요한 정보제공의무 등을 두고 있는데 이에 관해 다음에서 살펴본다.

상기 규정은 매도인이 물품을 운송인에게 넘겨주는 경우에 발생하는 매도인의 추가적인 의무를 정하고 있으며, 매도인이 이들 부수적 의무를 위반하는 경우 역시 원칙적으로 협약(CISG)상의 계약위반에 해당하므로 제45조 이하의 모든 구제수단이 사용될 것이다.[35]

첫째, 「물품특정의무」이다. 즉, 매도인은 계약 또는 이 협약(CISG)에 의하여 운송인에게 물품을 인도함에 있어 그 물품이 물품의 화인(貨印, marking)[36]이나 선적서류 또는 기타의 방법에 의하여 매도인은 물품을 그 계약에 명확하게 특정(identification)한 뒤 「탁송통지」(notice of consignment)를 하여야 한다.[37] 이 경우 「탁송통지」의 시기는 인도를 한 후 "합리적인 기간 내"라고 해석된다. 그 통지는 구두든 서면이든 무방하며, 「발신주의」 원칙[38]이 적용된다. 이때 물품이 특정되지 않은 경우에는 매수인에게 위험이 이전하지 않는다[39]는 점에 유의할 필요

34) SGA 1979, 제32조 1항 : USA, 46(1).
35) 윤광운 외, 「국제거래법」, 전게서, p. 394.
36) 「화인」(marking)은 혼적되어 있던 곡물을 매수인이 표시한 포대자루에 넣어 따로 포장하는 것을 말한다.
37) CISG, 제32조 1항.
38) CISG, 제27조.

가 있다.

둘째, 「운송주선의무」이다. 즉, 매도인이 물품의 운송을 주선해야 하는 경우에는 매도인이 상황에 적합한 운송수단을 선택하여 통상적인 조건에 따라 「운송계약」을 체결하여야 한다.40) 매도인이 물품의 운송을 주선하여야 하는 경우에, 매도인은 상황에 맞는 적절한 운송수단 및 그 운송에서의 통상의 조건으로, 지정된 장소까지 운송하는데 필요한 계약을 체결하여야 한다.

셋째, 운송보험계약 체결을 위한 「정보제공의무」이다. 물품의 운송과 관련하여 매도인이 스스로 운송 및 보험계약을 체결할 의무가 없는 경우(예컨대, 「FOB」조건에도 매도인은 매수인의 요구가 있으면 운송보험의 체결을 위한 필요한 모든 정보를 매수인에게 제공하여야 한다.41) 무역계약에 부수하여 체결되는 운송계약과 보험계약에 관해서는 후술할 본서 제11장 「무역매매와 해상운송계약」 및 제12장 「무역매매와 해상보험계약」에서 다루어 진다.

## 2.4 서류교부의무

협약(CISG) 제34조에서 매도인이 물품에 관한 「서류」를 교부하여야 할 의무가 있는 경우에 매도인은 계약에서 정한 시기, 장소 및 방식에 따라 「서류」를 교부해야 한다.42) 이 물품에 관한 「서류」로는 선하증권(B/L) · 송장(Invoice) · 보험증권(Insurance Policy) · 원산지증명서(Certificate of Origin : C/O) · 포장명세서(Packing List) 등 매수인에게 필요한 모든 서류가 포함된다.43)

매도인이 교부하여야 할 시기 전에 서류를 교부한 경우에는, 매도인은 매수인에게 불합리한 불편 또는 비용을 초래하지 아니하는 한, 계약에서 정한 시기까지 서류상의 부적합을 치유(하자보완권)할 수 있다. 다만, 매수인은 이 협약(CISG)에

---

39) CISG, 제67조 4항.

40) CISG, 제32조 2항.

41) CISG, 제32조 3항.

42) CISG, 제34조.

43) 우리 법도 재산권이전의무에 소유권이전의무와 함께 서류교부의무가 포함되는 것으로 학설과 판례가 인정한다. 그러나 이 「서류교부의무」나 기타의 의무를 부수적 의무 또는 종된 의무로 그리고 「재산권이전」의무를 주된 의무로 불러 양자를 구별한다. 다만 우리 대법원판례(대판 1997.4.7, 97마575 ; 2001.11.13, 2001다20394, 20400)는 이 부수적 의무의 불이행의 경우에는 원칙적으로 계약해제를 인정하지 않고 있는 점이 다르다. 윤광운 외, 「국제거래법」, 전게서, p. 295. 주 40).

서 정한 손해배상을 청구할 권리를 보유한다. 이 조항은 선하증권을 이용하여 대금과 서류를 교환하는 거래(서류상환부지급거래로서 D/A · D/P, 신용장거래)에 적용되는 규정이다.

매도인이 서류를 기한 내에 교부하였으나 계약에 부적합한 서류를 교부한 경우에도 매도인에게 서류를 대체할 수 있는 기회를 부여함으로써 서류불일치가 있더라도 계약의 파기보다는 계약을 유지시키기 위한 취지의 규정이다. 매도인이 서류상의 부적합을 치유하는 경우에도 매수인은 손해배상을 청구할 수 있다.[44]

# 제3절 물품의 「계약적합성」

## 3.1 개 설

물품의 「계약적합성」(conformity of the contract)은 물품자체, 즉 물품의 수량 · 종류 · 품질 및 포장 등에 관한 계약의 요구에 일치하는(conforming) 물품을 매도인이 인도해야 하는 것을 말한다. 이 「계약적합성」의 개념은 매도인의 계약적합의무에 관한 CISG 제35조로부터 연유하는 것으로,[45] 인도된 물품 자체에 흠(하자)이 있는 경우, 예를 들어 매도인이 제공한 구두가 계약서상 정한 색상과 상이한 물품의 경우뿐만 아니라 수량의 상이나 종류가 다른 물품의 인도, 포장의 결함까지 포함하는 것이다.[46]

무역거래에서나 국내매매에서나 매도인에게 물품과 권리의 2가지 「계약적합성」 의무가 요구된다. 이에 따라 협약(CISG)은 물품의 「계약적합성」 개념에 「물품적합성」과 「권리적합성」이 포함된다.[47] 먼저 「물품적합성」(conformity of goods)

44) CISG, 제34조 및 제74조.

45) John O. Honnold, *Uniform Law for International Sale under the !980 United Nations Convention,* 2d ed., Deventer, 1991, p. 334.

46) CISG 제35조상의 물품의 「계약적합성」관련 분쟁건수가 논의된 전체 판례 중에서 상당한 비율을 점하는 것으로 나타나있다. UNCITRAL의 제정협약 및 모델법의 해석 및 적용관련 판례검색사이트 "Case Law on UNCITRAL Texts"(이하 "CLOUT"로 약칭함)의 http://www.uncitral..org/uncitral/en/case.law.html 참조.

47) 윤광운 외, 「국제거래법」, 전게서, p. 296 참조.

은 매도인이 물품의 수량·종류·품질 및 포장에 관하여 계약에 일치하는 물품을 인도해야 하는 것으로, CISG 제35조 1항에 의한 계약에서 명시한 경우와 제35조 2항에 의한 명시가 없는 경우의 적합성기준을 달리 제시하고 있다. 그리고 「권리적합성」(conformity of rights)은 권리적 측면에서 매도인은 그 권리행사에 지장이 없는 계약에 적합한 상태, 즉 그 물품에 대한 「제3자」의 권리주장이 없는 상태의 물품을 인도하여야 한다.[48)]

물품의 「계약적합성」 개념을 각국의 국내법은 다양하게 접근하고 있다. 즉, 대륙법계나 우리 「민법」상 매도인의 「하자담보책임」과 유사한 개념으로 보며,[49)] 영미의 경우는 매도인의 「보증책임」(warranty obligation)에 관한 UCC의 규정과도 많은 점에서 유사하며,[50)] 전술한 영국법의 「조건」(condition)도 포함하는 개념이다.

이에 대해 협약(CISG)은 「물품적합성」을 매도인의 순수한 계약책임 자체로 구성하여, 만일 매도인이 "하자있는 물품"을 인도하면 이는 계약과 별개의 「보증위반」(breach of warranty)[51)]이 되는 것이 아니라 계약위반이 된다.[52)] 결국 CISG 제35조상의 「물품적합성」에 관한 태도가 각국의 국내법률과 상이하다는 사실은, 「물품적합성」의 개념을 해석할 때 유의할 필요가 있다.[53)]

---

48) CISG, 제41조.

49) CISG상의 「물품적합성」 규정은 그 기본적 규정방식면에서는 UCC상의 보증 규정과 그리고 그 성격상으로는 우리 「민법」의 담보책임과 유사하다. UCC에서는 보증을 물건보증과 권리보증으로 나누고 있다(이태희, 「국제물품매매계약에 관한 UN협약상의 제문제」, 삼지원, 1991, pp. 117~118.). 한편 CISG상의 계약적합의무와 우리 「민법」상의 담보책임을 비교하면, 「민법」의 담보책임은 일반적으로 법정채무불이행책임으로 해석하는데, 비해 CISG의 계약적합의무는 계약책임인 점에서 차이가 있다. 「민법」은 담보책임을 특정물 중심으로 구성하고 있는데 CISG는 불특정물 중심으로 이를 구성한다. 「민법」은 매매를 특정물매매(제580조)와 불특정물매매(제581조)로 분류하고, 수량부족을 권리의 하자(제574조)로 파악하는데 비해 CISG은 특정물매매와 불특정물매매를 구분하지 않고 수량부족도 물건의 하자의 일종으로 본다. 최준선, 「국제거래법」, 전게서, p. 134.

50) UCC의 경우, "Warranty"나 "Guarantee"의 문구가 없이 그 내용이 상품의 어떤 사실에 대한 확약·약속이면 「명시적 보증」에 해당하며(Williston, "*What constitute an Express Warranty in the Law of Sale*", 21 Harv. L. Rev. 1908, p. 555.), 상품성(merchantability)의 「묵시보증」은 설명과 합치하는 매매적합성의 의미로서, 특정목적적합성은 매수인이 구입목적을 나타내서 매도인을 신뢰하여 매수한 경우, 매도인은 물품의 특정사용목적에 대해 「묵시적 보증」의 책임을 지며, 만약 상품이 매수인의 특정목적에 부적합한 경우는 매도인의 계약위반이 성립된다(UCC, §2-315).

51) UCC상의 보증위반의 경우 매수인은 ① 물품의 수령 대신 손해배상청구나 ② 물품을 보유한 채 대금감액 또는 손해배상청구나 ③ 계약해제의 권리를 선택할 수 있다. 그러나 당사자간의 계약상에 보증위반시 매도인이 매수인에게 지불해야 할 「손해배상액의 예정」(liquidated damages)은 합리적으로 정하지 않으면 안된다(UCC, §2-718).

52) 황적인, 「현대민법론Ⅳ」, 박영사, 1987, p. 262.

53) 윤광운, "국제물품매매계약상 물품적합성에 관한 고찰", 「국제상학」, 제20권 제4호, 한국국제

**표 7-2 물품의 「계약적합성」에 관한 CISG의 구성체계**

| 구분 | 적합성요건 | 적합성대상 | 적합성여부 |
|---|---|---|---|

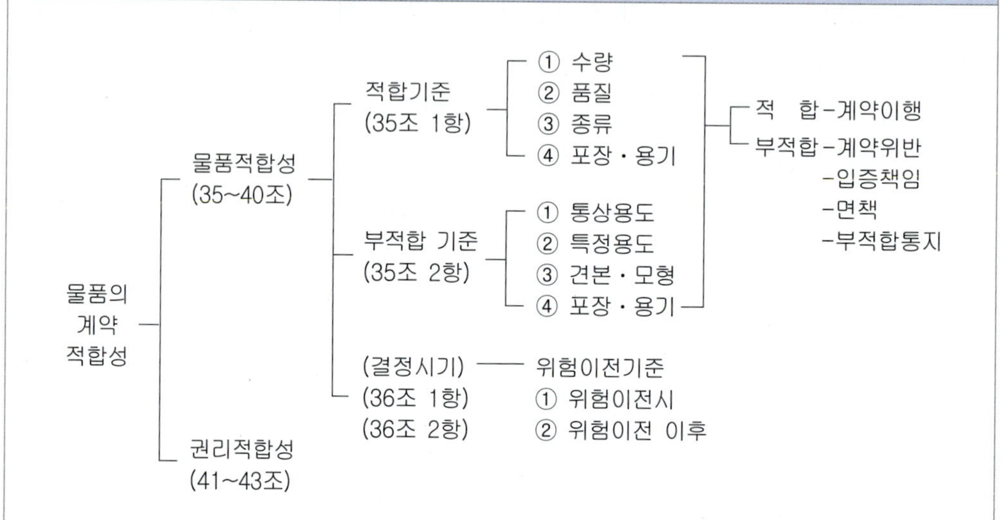


| 매매당사자 주요의무 | 매도인의 물품적합의무 (제35조) | 매수인의 부적합통지의무 (제39조) |
|---|---|---|

자료 : 윤광운, "국제물품매매계약상 물품적합성에 관한 고찰", 「국제상학」, 제29권 4호, 2015. p. 75.

협약(CISG) 제35조는 매도인의 인도의무를 구체화한 조항으로, 물품의 품질 등에 관한 명시의 경우나 명시가 없는 경우에 인도물품에 관한 "일치의 기준"을 규정함으로써, 계약에 일치한 물품을 인도해야 할 매도인의 의무의 범위를 정한 것이다.[54)]

따라서 물품의 「일치의 기준」에 어긋나는 매도인의 물품인도의 경우, 계약위반이 되어 매수인은 CISG 제45조 이하의 구제수단을 행사할 수 있고, 이 경우 매수인은 「부적합통지」의무를 진다. 그러나 매수인이 계약체결 시에 물품의 "부적합을 알았거나(악의) 알 수 있었던(중과실)" 경우 매도인은 책임이 없다. 이에 따라 CISG상의 물품의 「계약적합성」을 다시 「물품적합성」과 「권리의 적합성」으로 나누어 다음에서 각기 설명한다.

---

상학회, 2014, p. 76.

54) 오세창 · 박성호, 「무역계약의 기초」, 두남, 2009, pp. 222~223.

## 3.2 물품의 적합성

협약(CISG)은 「물품적합성」에 관하여 동법 제35조 1항은 계약이 「명시하는」 경우로서, 계약에서 요구하는 수량·종류·품질에 일치하고, 계약이 요구하는 방법으로 용기에 넣거나 포장된 물품을 인도하여야 한다. 그리고 제35조 2항은, 계약상 「명시가 없는」 경우로서 물품의 다음의 「적합성요건」, 즉 통상사용목적, 특별사용목적, 견본·모형 및 포장·용기에 일치하여야 계약에 적합한 것이 된다[55]고 하여 「물품적합성」의 요건을 구분하여 규정하고 있다.

이와 같이 당사자가 계약에서 달리 합의한 경우를 제외하고, 이 협약(CISG)의 「적합성 기준」이 충족되지 않으면 계약에 일치하지 않은 것이 되어 결국 물품의 「계약부적합」(non-conformity of the contract) 내지 「물품부적합」(non-conformity)으로 서의 법적구제수단과 함께 매수인의 「부적합통지」의무가 대두된다.

상기의 CISG 제35조상의 물품적합성의 기준과 함께 계약체결시 매수인이 물품이 계약에 부적합한 사실을 알았거나(악의) 알 수 있었던(중과실) 경우의 매도인의 면책문제 그리고 위험이전시를 기준으로 한 물품의 계약적합성의 결정시기, 부적합통지의무를 중심으로 이하에서 살펴본다

### 1. 「물품적합성」의 기준

#### 1) 계약상 「명시」가 있는 경우(CISG, 제35조 1항)

먼저 협약(CISG) 제35조 1항의 계약상 「명시가 있는」 경우, "매도인은 계약이 요구하는 물품의 수량·종류·품질에 일치하고, 계약이 요구하는 방법으로 용기에 넣거나 포장된 물품을 인도하여야 한다."고 규정하고 있다. 이에 따라 물품의 수량·종류·품질의 적합성과 용기 및 포장의 적합성을 중심으로 검토한다.

#### (1) 「수량」의 적합성 기준과 「하자있는 수량」의 인도

「수량 적합성」에 대한 협약(CISG)의 규정과 SGA 그리고 무역거래의 실무관행을 중심으로 다음에서 살펴본다.

---

55) 이 CISG 제35조 2항의 규정은 당사자간에 별도의 합의를 할 수 있으므로 물품의 계약적합성에 관한 내용은 임의규정으로 해석한다.

협약(CISG)은 그 구체적인 내용에 대해서는 「계약조항」에 위임하는 형식을 취하고 있다.56) 즉, 매도인은 계약과 일치하는 수량의 물품을 인도하여야 한다. 만약 부족수량이나 초과수량의 인도와 같은 계약과 다른 수량의 물품을 인도하게 되면 「물품의 적합성」에 대한 계약위반이 된다. SGA 제30조의 「하자있는 수량」(wrong quantity)에서는 부족수량의 물품인도와 초과수량의 경우를 규정하고, 또한 매도인은 물품의 정확한 수량을 인도해야 하며, 계약중의 약정수량은 물품의 품목의 일부를 구성한다.

무역실무상 계약당사자들은 화물의 성질 등을 고려하여 특약을 맺게 되는데, 특히 수량의 과부족이 생기기 쉬운 광물이나 곡물과 같은 살화물(bulk cargo)의 경우에는 전술한 수량조건에서와 같이, 일종의 수량표시방법으로 일정범위 내에서 수량의 과부족을 허용한다는 「과부족용인조항」(more or less clause : M/L clause)으로, 계약시 그 허용범위와 과부족 선택권자 등에 대하여 미리 약정해 놓는 것이 보통이다.

이러한 「과부족용인조항」(M/L clause)을 통해 그 허용범위 내에서 이행하면 매도인의 수량적합의무의 이행으로 본다.

### (2) 「종류」의 적합성 기준

매도인의 인도물품은 계약에서 명세한 「종류」(description)와도 일치하여야 하는데, CISG 제35조는 성질이 다른 물품이 인도된 경우를 명시적으로 언급은 하지 않았지만, 이 경우를 「물품부적합」으로 보지 않는 것을 의미하는 것은 아니다.57)

### (3) 「품질」의 적합성 기준

「품질적합성」에 관한 CISG 제35조 1항이 가리키는 인도물품의 품질은 물품의 물리적인 상태 외에 물품을 둘러싼 상황간의 관계를 규율하는 사실적, 법률적 환경을 통칭한다.58) SGA상의 「품질 또는 적격성」에 관한 묵시조건(implied terms about quality and fitness)은 실무상으로 매매당사자 간의 권리를 결정하는데 중

---

56) CISG 제35조 1항에서 수량부족을 물품의 하자로 다루고 있으며 우리나라 「민법」에서는 권리의 하자로 보고 있다. 강원진, 전게서, p. 365. 주 38) 참조.

57) Schlechtriem, P., *Uniform Sales Law-The UN Convention on Contracts for the International Sales of Goods*, Vienna, Manzsche, 1986. p. 67.

58) [Germany Landgericht], 7 O 147/94, 25 June 1996의 품질부적합에 관한 판결에 따르면, 구성요소 중 특정 물질의 함량이 계약상 정한 기준보다 낮은 플라스틱 자재를 매수인에게 인도하여 그 결과 그 자재로 만든 블라인드가 태양광을 충분히 가리지 못하게 된 경우, 매도인은 CISG 제35조 1항이 요구하는 계약적합의무를 다하지 못한 것이 된다.

요한 의미를 갖는다.

#### (4) 「용기 또는 포장」의 적합성 기준

협약(CISG)는 계약에서 요구하는 방법으로 용기에 넣거나 포장된 물품을 인도하여야 하는 것을 적합성의 기준으로 하고 있다. 따라서 매도인은 계약에 정해진 방식의 용기와 포장방법에 따라 물품을 용기에 넣거나 포장하여야 한다.

### 2) 계약상 「명시」가 없는 경우(CISG, 제35조 2항)

다음으로 협약(CISG) 제35조 2항은 계약상 「명시가 없는」 경우, 즉 당사자 간에 별도의 명시적 묵시적으로 합의한 바가 없는 경우에 물품은 다음의 요건, 즉 통상사용목적, 특별사용목적, 견본・모형, 용기・포장에 일치하여야 하는 적합성 기준을 검토한다.

#### (1) 「통상사용목적」의 적합성

물품의 종류와 품질은 「통상사용목적」에 합치해야 한다. 즉, 매수인이 사용목적을 명시하지 아니한 채 물품의 종류만을 지정한 경우, 매도인은 지정된 종류의 물품이 통상적으로 사용되는 목적에 적합한 물품을 인도하여야 한다.[59] 동종 물품의 「통상사용목적」은 일반적으로 매도인의 「영업소」 소재지를 기준으로 판단한다.

따라서 만일 매수인이 당해 물품을 사용 또는 전매하려는 지역을 매도인에게 고지하고 매도인이 그 지역에서의 「물품적합성」을 알거나 알 수 있었던 경우에는 그 지역을 기준으로 해야 할 것이다. "통상적인 사용목적"은 거래관념에 따라 정해질 것이지만 흔히 「중등품질」이 그 기준이 될 것이다.

#### (2) 「특별사용목적」의 적합성

매도인은 계약체결시에 명시적 또는 묵시적으로 알려진 「특별사용목적」에 합치하는 물품을 인도하여야 한다.[60]

그러나 매수인이 물품의 「특별사용목적」을 매도인에게 표시했다고 하더라도 상황으로 미루어 볼 때 매수인이 매도인의 기술과 판단에 신뢰(의존)하지 아니하였거나 또는 신뢰하는 것이 불합리하였다고 인정되는 경우에는, 부적합한 것이 아니므로 「특정 사용목적」에 합치하지 아니하는 물품을 인도했다고 하더라도 그에 대한 책임을 지지 아니한다.

---

59) CISG, 제35조 2항(a).

60) CISG, 제35조 2항(b)

### (3) 「견본 및 모형」의 적합성

인도물품은 「견본 및 모형」에 합치해야 한다. 매도인이 단순히 견본 또는 모형으로 제시한 것으로는 충분하지 않고, 매도인은 매수인에게 제시한 「견본 또는 모형」과 동일한 품질을 인도해야 한다.[61)]

「견본」(sample)은 당해 매매의 목적물인 물품 중에서 차출한 물품을 말하고, 「모형」(model)은 매매의 목적물이 아닌 물품으로서 검사를 위하여 제시된 것을 말한다.

### (4) 「포장」의 적합성

「포장적합성」의 경우, 매도인은 계약에 정해진 방법에 따라 포장을 해야 하지만, 포장방법에 관한 약정이 없는 경우 동일한 물품에 통상 사용되는 방법으로 「포장」하여야 한다. 다만 통상의 포장방법이 확립되지 않은 새로운 종류의 포장방법이 없는 경우 그 물품의 보존과 보호에 적절한 방법으로 용기에 담거나 포장하여야 한다.[62)]

## 2. 「물품적합성」의 결정시기와 「하자보완권」

매도인은 원칙적으로 물품에 관한 「위험의 이전시」를 기준으로 그 이전시까지 존재하였던 「물품부적합」에 대하여 책임을 진다. 이 경우 물품의 「위험이전시기」는 당사자의 합의에 의해 결정된다. 따라서 물품에 관한 「위험의 이전」 전에 부적합이 존재한 이상 그 부적합의 발견이 「위험의 이전」 후에 이루어진 때에도 매도인은 책임을 면치 못한다. 즉, 매도인은 위험이 매수인에게 이전하는 때에 존재하는 물품의 부적합에 대하여 책임을 진다.

무역거래시 대부분은 해상운송과 「정형거래조건」에 의해 물품의 품질결정시기와 위험이전시점이 결정되지만, 통상 선적시와 양륙시를 기준으로 하는 것이 일반적이며, 원거리 무역거래의 특성상 품질의 상이가 나타날 소지를 안고 있다.

협약(CISG)상 매도인은 「위험의 이전」 전에 위험이 이미 있거나 매수인에게 위험이 이전하기 전에 이미 존재하는 물품의 부적합이 「위험이전」 후에 판명된 경우라도, 계약과 협약(CISG)에 따라 책임을 진다.[63)]

---

61) CISG, 제35조 2항(c).

62) CISG, 제35조 2항(d).

63) CISG, 第36조 1항 : 매도인은 원칙적으로 물품의 "위험의 이전시"를 기준으로 그 이전까지 존재하였던 「물품부적합」에 대하여 책임을 진다. 이 경우 물품의 「위험이전」 시기는 당사자의 합의에 의해 결정된다.

예외적으로 「위험이전」 후에 부적합이 발생한 경우에는 매도인은 책임을 지지 않는 것이 원칙이지만, 「위험이전」 후에 부적합이 발생한 모든 경우에도 매도인이 책임을 면하는 것은 아니다. 즉, 「위험이전」 후에 부적합이 발생한 것이 매도인의 위반에 기인하는 경우에는 "그 부적합"에 대하여 책임을 진다.[64] 예컨대, 매도인이 포장을 잘못하여 운송되어 받은 물품이 훼손되어 있는 경우이다. 또한 물품이 일정기간 통상의 목적이나 특별한 목적에 맞는 상태를 유지한다는 보증 또는 특정한 품질이나 특성을 유지한다는 보증에 위반한 경우에도 "그 부적합"에 대하여 매도인이 책임을 진다.[65]

당사자 간에 약정한 인도시기 이전에 매도인이 불완전한 물품을 인도한 경우에, 매수인에게 불합리한 비용의 지출 등을 초래하지 않는 한, 매도인은 그 인도시기까지는 인도된 물품의 누락분의 인도, 수량부족분의 보충, 이미 인도된 불합치한 물품의 대체인도나 계약에 불합치한 「물품의 하자」를 보완할 수 있다.[66] 사전인도에 따른 매도인의 「하자보완권」을 인정하는 경우에도 매수인은 손해배상의 청구권을 가진다.[67]

매수인에게 불합리한 비용 등을 초래하는 경우에 매도인은 보완권을 행사할 수 없고, 매수인은 이를 거절할 수 있다.[68] 「하자보완비용」은 당연히 매도인의 부담이고, 매수인이 그 비용을 「선급」한 경우 그 상환을 청구할 수 있다.

매도인으로서는 약정한 인도시기까지는 「하자치유권」이 있으므로, 매수인은 계약위반을 구성한다는 이유로 계약을 해제할 수는 없다. 매도인이 「보완권」을 행사하는 한, 매수인은 CISG 제45조 이하의 구제수단을 주장할 수 없다. 전술한 매

64) CISG, 제36조 2항 전단.

65) CISG, 제36조 2항 후단.

66) CISG, 제37조 : 실무에서는 기계, 자동차, 기타 고도의 전자제품의 매매에서 보통거래약관을 이용하여 매도인의 「하자보완권」을 보장하는 예가 많다.

67) CISG는 하자물품이 인도된 경우, 계약의 「본질적 위반」에 이르지 아니할 경우 매도인에게 자기의 비용부담하에 다시 계약의 완전한 이행을 할 수 있는 권리를 인정하고 있다. 이를 매도인의 「하자보완권」이라 해서 매수인의 하자보완청구권에 상응되는 매도인의 권리이다. 이 권리는 의무를 위반한 매도인에게 부여하는 권리이므로 채권자인 매수인의 권리와 충돌할 가능성이 높다. 따라서 그 요건을 엄격히 제한하고 있으나 엄연히 매도인에게 인정되는 권리이다. 우리 「민법」에는 이에 대응하는 제도가 없지만, 이행지체시 급부에 갈음하는 손해배상이나 해제를 행사하기 위해서는 채무자(매도인)에게 상당한 기간을 정한 「최고」를 요구하고 있으므로(민법, 제395조, 제544조) 이 「최고」에 기해서 채무자가 이행할 수 있는 기회를 가지는 것은 사실이지만, 「최고」는 급부에 갈음하는 손해배상을 요구하거나 해제권을 발생시키는 요건에 해당할 뿐 채무자의 권리는 아니라는 점이다. 최준선, "매도인의 제2의 이행제공권", 「재산법연구」, 제9권 제1호, 1992, pp. 73~99.

68) CISG, 제52조 1항.

도인의 보완에도 불구하고 매수인은 CISG에서 정한 손해배상을 청구할 권리를 보유한다. 그러나 보완에도 불구하고 이행기 이전에 매도인의 「본질적 계약위반」이 명백한 경우 매수인은 계약을 해제할 수 있으며,[69] 또한 매도인의 명백한 「하자보완권」의 포기의 경우에도 계약을 해제할 수 있다

## 3.3 「물품부적합」과 매수인의 통지의무

협약(CISG)은 매도인이 전술한 물품의 「계약적합성의무」를 위반한 경우에 그 부적합에 따른 매수인의 의무로서 「부적합통지의무」를 지우고 있다. 바꾸어 말하면 매수인의 부적합통지를 요하는 「물품부적합」(lack of conformity)은 매도인의 적합의무를 위반한 불일치 내지 "적합성의 결여"로서,[70] 이는 CISG 제35조의 「물품적합의무」에서 비롯되어진다.

### 1. 「물품부적합」의 형태 및 내용

매도인의 계약적합의무에 관한 CISG 제35조 1항과 2항의 「적합성 기준」에 따른 그 각각의 부적합의 형태 및 그 내용을 다음에서 검토한다.

#### 1) CISG 제35조 1항에 의한 「부적합」의 경우

전술한 CISG 제35조 1항 규정에서 물품은 계약이 요구하는 수량, 품질 및 싱품명세에 일치해야 하고 또한 계약이 요구하는 방법으로 용기에 넣거나 포장된 물품을 인도하여야 하는데, 그 불일치한 경우가 「물품부적합」이다.

---

69) CISG, 제72조 1항.

70) CISG 제35조 1항에 따른 「물품부적합」(non-conformity of the goods)의 개념범위에서는 우리 「민법」과는 차이가 있다. 즉, 「물건자체」의 하자를 넘어 계약에 부적합한 물품인도까지를 넓게 물건하자의 범위에 넣고 있으며(CISG, 제35조), 사실상 인도된 물품이 계약에서 정한 것과 다르다면 모두 물품의 「계약부적합」한 것이 되기 때문에 CISG에서는 물건하자가 아니라 물품의 「계약부적합」이라는 넓은 용어를 사용한다. 반면 우리 「민법」에서는 물건하자에 대한 매도인의 담보책임이 적용되는 것은 원칙적으로 「물건 자체」에 흠이 있는 경우에 한한다. 다른 종류의 물건을 인도하거나 물건의 수량에 차이가 있게 인도한 경우 매도인의 담보책임이 적용되지 않고 일반적인 채무불이행책임(불완전이행책임)이 적용된다. 그러나 일부만 인도한 수량부족의 경우 우리 「민법」 제574조는 원칙적으로 「물건 자체」의 흠과 일부인도만을 매도인의 담보책임의 범주에 포함시키고 있음을 알 수 있다. 즉, 수량부족을 「민법」에서는 권리의 하자의 일종으로 파악하는 데(민법, 제574조) 비해, CISG는 특정물매매와 불특정물매매의 구분 없이 수량부족도 물품의 「계약부적합」의 일종으로 본다. 최준선, 전게서, p. 134.

인도된 물품이 계약상 적합한 것인가의 기준은 계약에서 양 당사자가 합의한 계약상의 수량, 품질 및 포장 등에 일치하는가의 여부이며, 이는 당사자의 계약에 명시적으로 또는 묵시적으로 표현될 수도 있다.[71] 이러한 「적합성 기준」을 위반한 「물품부적합」의 구체적인 형태별로 다음에서 검토한다.[72]

첫째, 「수량부적합」에서는 약정수량보다 많든가 또는 부족한 양의 물품인도의 경우[73]나 약정품목과 상이한 물품이 혼합된 물품을 제공하는 것은, SGA 제30조에 의해 모두 「하자있는 수량」의 인도(delivery of wrong quantity)로 간주된다.[74] 동법 제13조(명세서에 의한 매매)에 의해 「묵시조건」으로 되는 "물품은 품목에 합치한다."고 하는 「조건의 위반」으로 되어, 원칙적으로 매도인의 "부족수량" 인도의 경우에 매수인은 거절할 수 있고, 수량초과의 경우에는 약정수량만을 수령하고 나머지 잔량을 거절할 수도 있다.[75] 또 이 경우, 전술한 SGA 제11조(담보로 취급되는 조건)에 의해 매수인은 ① 계약을 해지된 것으로 것으로 간주하는 것이 가능하고, ② 「조건의 위반」을 담보위반으로 간주하고서, 손해배상을 청구하는 것도 가능하다.[76]

이러한 「수량부적합」의 경우 매수인은 CISG 제39조에 따라 지체없이 「부적합의 통지」를 해야 한다.

둘째, 「품질부적합」에서 약정품목과 상이한 물품이 혼합된 물품을 제공하는 것은, 전술한 SGA 제30조에 의해 「하자있는 수량」의 인도로서, 제13조(명세서 매매)에 의해 「묵시조건」으로 되는 "물품은 품목에 합치한다."고 하는 「조건의 위반」으로 되어, 원칙적으로 물품의 인도를 매수인은 거절할 수 있다. 이 「품질부적합」에

---

71) Schlechtriem & Schwenzer, *Commentary on the UN Convention on the International Sale of Goode,* 2nd ed., Oxford University Press, 2005, Art 35, para 7.

72) 윤광운, "CISG상 매수인의 부적합통지의무에 관한 고찰", 「무역학회지」, 제40권 1호, 2015, p. 188 참조.

73) "진 바지"(jeans)의 수량부족 등 매도인의 인도위반에 대해 매수인이 계약해제를 선언한 사건에서, 독일법원은 해제를 인정하고 CISG 제81조에 따라 매수인의 대금지급의무는 소멸된다고 판결하였다. 이는 수량부족 등 물품부적합의 정도가 일정기준을 넘어서면 본질적 위반으로 간주되며, 이때 일정기준의 정도는 개별사안에 따라 판단해야 하는 여건에 결정된다. CLOUT Case 348 // Germany : Oberlandesgericht Hamburg // 1 U 31/99 // 26 November 1999 // Original in German // Published in German in Oberlandesgerichts-Rechtsprechungsreport Hamburg 2000, 155.

74) SGA 1979, 제30조 1할, 2항.

75) 매수인이 인도물품 전체를 거절할 수 있다는 것은 본질적으로 이 경우 매도인이 계약상 부적합수량을 인도함으로써 조건위반으로 추정하는 것을 의미한다. P. S. Atiyah, John N. Adams and Hector Macqueen, *The Sale of Goods*, 11th ed., Pearson Longman, 2005, p. 143.

76) *Household Machines Ltd. v. Cosmos Exporter Ltd.*[1947] K.B. 217.

서 매수인의 계약해제를 인정한 경우[77]와 치즈구매사건[78]에서처럼 그 부적합의 정도가 심하지 않은 경우 해제를 부인하는 경우도 있다. 계약위반자는 조건 또는 담보의 위반이 그의 과실 또는 타인의 과실에 의한 것인가를 불문하고 책임을 진다.[79]

셋째, 「종류부적합」은 인도물품은 계약에서 명세한 「종류」(description)와 불일치한 경우[80]로서, CISG 제35조상의 적합의무의 위반을 구성하는 것이 되고, 제33조하의 물품인도의무의 위반은 아니다. 이때에도 매수인은 제39조상의 「부적합통지」의무를 진다.

넷째, 「포장 또는 용기부적합」의 경우로 예컨대 280파운드짜리 포대의 전분(澱粉) 매매계약에 있어서 매도인이 220파운드짜리의 것과 140파운드의 것을 제공한 경우, 「포장」에 관한 요건도 물품의 품목의 일부를 구성한다. 포대의 크기도, 전매 기타의 경우를 고려하면 매수인에게는 중요하다. 만약 포대의 크기가 중요하지 않으면, 계약 중에 새삼스럽게 특별히 명기할 이유가 없기 때문이다.[81]

상기에서의 물품이 계약에 적합한(즉, 일치하는) 것인가의 여부는 1차적으로 계약에 의해 정해진다. 협약(CISG)는 계약에서 정한 것과 다른 물품을 인도하는 것은 원칙적으로 「물품부적합」이 인정되므로 수량이 부족하거나 초과하는 인도, 나아가 다른 종류의 물품을 인도하는 것도 모두 계약에 「부적합」한 것이다.[82] 결국 「물품부적합」이 문제가 되는 데는 기본적으로는 이로 인한 당사자 간의 책임문제와 함께 적용법규의 해석과 관련되는 문제이기 때문이다(〈표 7-3〉 참조).

---

77) CLOUT Case 1127 // Spain : Navarra Provincial High Court // Previously heard by the Pamplona Court of First Instance No.7, 19 December 2007 30 July 2010 // Complete text : www.uc3m.es/cisg/sespan86.htm // Westlaw ES (2011/139178) // Abstract prepared by Maria del Pilar Perales Viscasillas, National Correspondent.

78) CLOUT Case 1134 // Australia : Supreme Court of Victoria // Delphic Wholesalers (Aust) Pty Ltd v Agrilex Co Limited [2010] VSC 328 // 6 August 2010 // Original in English : www.austlii.edu.au/au/cases/vic/VSC/2010/328.html // Abstract prepared by B. Zeller, national correspondent.

79) 윤광운 외, 「영국물품매매법」, 전게서, p. 100.

80) 매도인(피신청인)은 pig slat 제조용 대형기계 및 주물을 판매계약애서 매수인(신청인)에게 하자 기계류를 판매한 사건으로, 매도인은 계약서상의 자신의 책임배제조항을 근거로 매수인의 수리보완청구를 거절한 것은 본질적 계약위반이다. 덴마크 중재판정부는 매수인의 계약해제는 정당함을 확인하고 매도인에게 매수인의 수리관련 비용 및 이익 손실액의 배상을 판정하였다. CLOUT Case 999 : Denmark : Ad hoc Arbitral Tribunal, 10 November 2000, Construction Acton Vale Ltee(Canada) v. KVM Industrimaskiner A/S (Denmark).

81) *Manbre Saccharine Co. v. Corn Products Co.*[1919] 1 K.B. 198, 207.

82) 윤광운 외, 「국제거래법」, 전게서, p. 306.

**표 7-3 CISG상 물품적합성의 구성체계**

| (적합성 요건) | | (부적합 여부) | | (부적합 효과 및 구제) |
|---|---|---|---|---|
| | | 적합 | | -계약이행 |
| 물품적합성<br>(35조~36조) | → | 부적합 | → | -계약위반<br>· 원칙 : 통지의무(39조)<br>· 예외 : 악의 · 과실(40조)<br>합리적이유(44조) |
| · 계약적합의무<br>(매도인, 제35조) | | · 검사 · 통지의무<br>(매수인, 38조, 39조) | | · 하자담보책임<br>(한국 민법, 580조~582조) |

자료 : 윤광운, "CISG상 매수인의 부적합통지의무에 관한 고찰", 「무역학회지」, 제40권 1호, 2015, p. 195.

### 2) CISG 제35조 2항에 의한 「부적합」의 경우

당사자가 계약상 명시적으로 합의한 바가 없는, 즉 묵시적인[83] 「통상적 부적합」의 경우는 CISG 제35조 2항에 의해 4가지 유형이 적용된다. 그 중에 「통상목적」(a호)과 통상적이거나 적절한 「포장 혹은 용기」(d호)의 경우는 당사자가 달리 합의하지 않은 이상 모든 계약에 적용되고, 나머지 「특정목적」(b호)과 「견본 또는 모형」(c호)에 관한 것은 당해 조항에서 예상하는 사실이 있었던 경우에만 적용되어, 이 기준에 충족되지 않는 인도물품은 계약에 부적합한 것이 된다. 이 제35조 2항의 기준은 확정적인 합의가 없어도 매도인을 구속하는 묵시적 의무이다.[84]

상기의 4가지 유형에 의한 「물품부적합」에 대해 이하에서 살펴본다. 첫째, 「통상목적」(ordinary purpose)의 부적합에 관한 제35조 2항(a)호의 경우, 물품이 일반적으로 사용되는 통상용도에는 적절하나 간혹 사용되는 「특별목적」에는 부적합한 경우에, 만약 제35조 2항(b)의 경우가 충족되지 않는 한, 매도인은 그 부적합에 대해 책임을 지지 않는다.[85] 이 (a)호는 매도인이 매수인에게 인도한 "기술된 물품은

---

83) 실무에서는 계약이 요구하는 품질이 당사자간에 명시적으로 약정되지 않기 때문에 매도인의 계약적합의무를 알기 위해서는 계약의 해석이 필요하며, 계약의 해석에서 중요한 판단기준은 매수인이 물품을 구매하여 사용하고자 하는 목적이 가장 우선된다. 오원석, "국제물품매매계약에서 물품에 대한 매도인이 계약적합의무", 「무역학회지」, 제27권 3호, 2002, p. 5.

84) Harry M. Flechtner, "*Funkey Mussels, A Stolen Car, and Descript Used Shooes : Non-Conforming Goods and Notice thereof under the United Nations Sales Convention* ("*CISG*")", Boston University International Law Journal, Vol. 26, 2008, p. 6.

85) CLOUT Case 1134 // Australia : Supreme Court of Victoria // Delphic Wholesalers (Aust) Pty Ltd v Agrilex Co Limited [2010] VSC 328 // 6 August 2010 // Original in English : www.austlii.edu.au/au/cases/vic/VSC/2010/328.html // Abstract prepared by B. Zeller, national correspondent

통상 사용되는 목적에 적합"하여야 하는 바, 이는 미국법(UCC) §2-314(2)의 「상품성」(merchantability)[86]의 묵시보증과 같고,[87] 우리 「민법」은 담보책임에 관한 규정의 대부분 임의규정이므로 당사자가 특약으로 그 책임을 가중 또는 감면할 수 있다.[88]

이 (a)호의 기준은 일반적으로 사용되는 용도에 적합하면 되고,[89] 물품이 완전함을 의미하는 것은 아니라는 점에 유의해야 한다.[90]

또한 매수인 관할국가의 공법(公法)규정으로 소비자보호, 노동환경, 제조물 안전규정 등 국내 공법규정상 물품이 「통상적 용도」에 적합한지 여부가 문제될 수 있다. 즉, 매도인과 매수인의 양 국가가 동일한 공법규정을 갖고 있지 않는 한, 매도인이 매수인 국가의 기준을 인식하고 있을 것을 기대하는 것은 타당하지 않다.[91] 매수인이 물건을 어느 장소로 인도하라고 지시했다는 사실이 매도인이 그 장소에 적용되는 「공법규정의 기준」에 대해 조사해야 할 의무까지 창설하지는 않는다.[92] 또 매수인과 매도인의 관할국가 중 어느 기준이 물품의 통상용도에 적합한지를 판단할 것인가도 문제될 수 있는데, 매도인의 국가의 기준이 부과되지만, 물품이 사용될 국가의 기준이 부과될 것이라는 견해[93]도 있다. 결국 문제해결은

86) 영미 보통법의 원칙에서 평균적 품질을 가지는 의미로서의 「상품성」을 「매매적합성」 내지 「판매적격성」의 의미로도 파악된다. 並木俊秀, 「アメリカ統一商法典」, 東洋經濟新報社, 1971, p. 77.

87) 상품성 내지 판매적격성을 충족시키는 기준의 하나로 UCC §2-314(2)(c)에서 물품은 "통상적으로 사용되는 목적에 적합하여야 한다."고 규정하고 있다. 이 경우 통상적 물품의 매도인은 대개 물품에 대한 보증책임을 면하려고 하지만, 이에 대해 UCC는 여러 방법의 제한을 두고 있다. 예컨대 물품의 판매적격성에 대한 「묵시적 품질보증」(implied warranty of merchantability)을 명시적으로 면책받을 수 있다. 즉 「판매적격성」보증에 대한 면책이 유효하기 위해서는 가능한 한 문서로 눈에 띄는 큰 글씨체로 「판매적격성」을 언급해야 한다(UCC §2-316(2)).

88) 석광현, 「국제물품매매계약의 법리」, 박영사, 2010, p. 143.

89) CLOUT Case 732 : Spain : Audiencia Provincial de Palencia No. 227/2005 (Sala de lo Civil Seccion 1), Simancas Ediciones, S.A v. Miracle Press Inc., 26 September 2005.

90) 이우영 · 이양기, "국제물품매매계약에서 물품의 계약적합성에 관한 비교연구", 「국제상학」, 제24권 제3호, 2009. p. 45 : 한 중재사례에서, ICC 중재재판소는 서로 엉킨 화학물이 다시 결정체 형태로 되도릴 수 있다면 매도인은 계약적합의무를 위반한 것이 아니라고 판정하였다[ICC Court of Arbitration], 8247, June 1996).

91) 원고는 트럭 4대의 수입계약에서 피고가 CISG 제35조 2항을 위반한 사실에 관해, 퀸즐랜드(Queensland)에서 트럭을 도로용도(road use)로 사용하기 위해서는 호주의 디자인 규정에 따라 차량이 제조되었다는 증명서를 요구하는 퀸즐랜드의 등록요건을 피고가 알고 있었는지 또는 알고 있어야만 하였다는 것을 입증하지 못한 사례이다. CLOUT Case 1256 // New Zealand : Court of Appeal of New Zealand - [2011] NZCA 340, and [2011] NZCCLR 27, [2012] 2 NZLR 109 (CA) // RJ & AM Smallmon v Transport Sales Limited & anor // 22 July 2011 // Original in English // Abstract prepared by Petra Butler, national correspondent.

92) Schlechtriem & Schwenzer, *Commentary, op. cit.,* Art 35, para 17.

계약을 어떻게 해석하느냐에 따라 결정될 것이다.

둘째, 「특정목적」(particular purpose)의 부적합에 관한 제35조 2항(b)호의 경우, "계약체결 당시 매도인에 의하여 명시적 또는 묵시적으로 알려진 어떤 특정한 목적에 적합"하여야 하고, 이중 묵시적인 것은 미국 「통일상법전」(UCC) §2-315와 SGA 제14조 1항의 "특정목적에 적합하여야 하는 묵시의 담보"와도 차이가 없다. UCC §2-315 조항은 명시적으로 제한하고 있지는 않지만, 「특정목적」 적합성에 관한 묵시담보는 통상 상인이 아닌 당사자에게는 적용되지 않는다.94) 만약 매수인이 매도인에게 명시적 혹은 묵시적으로 물품의 「특정한 목적」의 존재를 알린 경우 매도인은 「특정목적」을 충족시키는 물품을 인도할 의무와 그 부적합에 대해서도 책임을 진다.95)

「특정목적 또는 용도」란 예컨대 특정 국가의 품질기준에 적합해야 한다든지 특정 기후조건에 적응할 것 등을 말한다. 매도인에게 「특정목적」에 대한 고지는 「계약체결시」에 해야 하고, 그 이후 고지하는 것은 본 규정의 목적상 불충분하다.96) 매수인이 매도인의 지식과 판단을 신뢰하지 않았을 경우 매도인이 「특정목적」의 물품을 인도하지 않았더라도 이에 대해 계약책임을 지지 않지만, 매수인이 매도인에게 자신이 신뢰에 대해 고지할 의무를 전제로 매도인이 「면책」되는 것은 아니다.97)

만약 매수인이 매도인에게 물품의 특정목적에 「필요한 기준」(requirement)을 알려주지 않았다면, 당해 물품에 대해 매수인 관할국가의 공법상 기준이나 행정적 관행을 매도인이 알 것이라고는 합리적으로 신뢰할 수 없다.98) 당사자간의 분

---

93) P. Schlechtriem, *"The Seller's Obligation under the United Nations Convention on Contracts for the International Sale of Goods"*, in Galston & Smit(ed.), International Sales, New York : Matthew Bender, 1984. pp. 6~21.

94) Robert Corley & William Robert, *Dillavouvou and Howard's Principles of Business Law,* Prentice-Hall, 2001, p. 439.

95) 매도된 물품은 자동차의 가솔린 소모를 감소시키는 특정한 목적에 부적합한 물품을 인도한 본건에 대해 스페인 항소법원은 매도인은 매수인에게 대금지급을 청구할 수 없고, 계약해제 후의 원상회복의무(제81조)에 따라 그 장치를 수거해 가야한다고 판시하였다. CLOUT Case 734 : Spain : Audiencia Provincial de Castellón (Sección 3), No. 138/2006 MOTORTRACCION CASTELLON, S.L. v. D. Evaristo, 21 March 2006 // Published in Spanish : http://www.ue3m.es/cisg/sespan53.htm // Abstract prepared by Pilar Perales Viscasillas, National Correspondent.

96) Schlechtriem & Schwenzer, *Commentary, op. cit.,* Art 35, para 22.

97) R. H. Polsom, M. W. Golden & J. A. Spongle, *International Business Transaction,* in a Nutshell, 3rd ed., West, 1988, p. 88.

98) 신뢰적 요소에 관해, 독일법원은 매수인이 매도인에게 독일의 위생규정을 알려준 증거가 없

쟁시 매수인은 매도인에게 계약체결시 「특정한 용도」를 명시적 또는 묵시적으로 고지했고 또 인도물품의 부적합에 대해 입증책임을 진다.[99] 이에 매도인은 자신의 「면책」을 주장하기 위해 매수인이 자신의 지식과 판단을 신뢰하지 않은 것을 입증하여야 한다. 본 조항은 매수인이 계약체결시 고지한 「특정목적」의 물품의 공급에 대해 신뢰하는 것이므로, 신뢰의 입증이 중요한 것을 명시하고 있는데 유의해야 한다.[100]

셋째, 「견본 또는 모형」(sample or model)의 부적합에 관한 CISG 제35조 2항(c)의 경우, 물품은 "매도인이 매수인에게 「견본 또는 모형」으로서 제시한 품질"을 갖추지 않은 것으로서, 이는 명시의 담보를 규정하는 UCC §2-313(1)(c)와 같다.

CISG 규정에서 명시적으로 알려진 기대는, UCC §2-313의 "확인, 약속, 설명, 견본에 의한 명시의 담보"(express warranties by affirmation, promise, description, sample)에 해당한다. 이는 당사자간의 계약상 합의된 기준이 「견본 또는 모형」으로 물품이 제시된 경우에 매도인은 인도되는 물품도 그러한 「견본 또는 모형」의 품질을 가지고 있음을 보증하는 것이 된다.[101] 실제로 매수인에게 인도된 물품이 「견본이나 모형」과 불일치한 경우 매도인은 CISG상의 계약적합의무의 위반이 된다. SGA 제15조 2항(a) 역시 물품이 견본과 일치할 것을 요구하고 있다.[102]

「견본 또는 모형」이 물품의 품질기준으로 계약의 명시적 내용이 되는 경우는[103] CISG 제35조 1항의 명시적 적합성에 해당되지만, 「견본 또는 모형」이 계

---

으므로, 이 규정상 홍합조개 내 카드뮴 기준수치를 초과하는 홍합을 인도하였다고 해서 매도인이 제35조 2항(b)의 의무를 위반한 것은 아니라 하였다[Germany Bundesgerichteshof], Ⅷ ZR 159/94, 8 March 1995.

99) CISG는 입증책임에 관한 명시적 규정이 없으므로 이 문제에 관해서는 국내법을 적용하여 해당 사실을 주장하는 당사자인 매수인에게 부적합사실의 입증책임이 있다고 판정하였다[ICC Court of Arbitration], *Maaden v. Thyssen*, 6653, 26 March 1993.

100) CLOUT Case 1256 // New Zealand : Court of Appeal of New Zealand - [2011] NZCA 340, and [2011] NZCCLR 27, [2012] 2 NZLR 109 (CA) // RJ & AM Smallmon v Transport Sales Limited & anor // 22 July 2011 // Original in English // Abstract prepared by Petra Butler, national correspondent.

101) Schlechtriem & Schwenzer, *Commentary, op. cit.,* Art 35, para 24.

102) *E & S Ruben v. Faire Bros Ltd.* (1949) 1 K.B. 254, 260.: 즉, 견본에 의해 매매하겠다는 당사자의 의도가 입증되는 경우에만 견본에 의한 매매(sale by sample)가 된다.

103) 인도된 "신발"이 계약명세에 불일치하여 매수인이 대금지급을 거절한 사건에서, 하자가 있음에도 동일한 합리적인 사용을 방해받지 않았다는 이유로 법원은 본질적 위반의 요건을 충족시티지 못했기 때문에 매수인은 지급의무를 이행해야 한다고 판시하였다. CLOUT Case 79 // Germany : Oberlandesgericht Frankfurt a.M.; 5 U 15/93 // 18 January 1994 // Published in German : Recht der Internationalen Wirtschaft (RIW) 1994, 240 // Commented on by Diedrich, RIW 1995, 11.

약내용으로 구성되지 않은 채로 제시된 경우가 바로 이 조항에 해당되는 점에 유의해야 한다.[104)]

넷째, 「포장 혹은 용기」 부적합에 관한 동조 (d)호의 경우, 불완전한 「포장」의 하자는 곧 물품의 하자로 간주되고 이 경우 매도인의 「포장적합성」을 포함한 물품에 대한 「품질적합성」의무를 위반한 것으로 보기 때문이다. UCC §2-314(2)(e)에서 「포장적합성」을 물품의 「상품적합성」에 대한 묵시적 담보(implied warranty of merchantability)의 일부로 보아, 통상적(usual)인 「포장」의 여부는 당해 분야의 거래관습 또는 물품의 성질, 운송기간이나 기후조건을 고려할 수 있다. 멕시코의 중재사례[105)]에서, 매도인이 판매된 과일 통조림이 선적 후에도 내용물이 부패하지 않도록 적절히 「포장」하지 않아 매도인은 제35조 2항(d)상의 의무를 위반한 것으로 판정하였다.

상기의 「물품부적합」의 개념에서 CISG는 UCC와 동일하게 일원적인 계약책임과 무과실책임이다.[106)] 그러나 「부적합」에 따른 그 효과상의 차이에서 CISG는 일부 국가의 국내법과는 다른 입장을 보이고 있다.[107)] 즉, CISG 제35조의 「물품부적합」은 계약에 부적합한 물품인도까지를 넓게 물건하자의 범위에 포함하는데[108)] 반해 「민법」은 물건하자에 대한 매도인의 담보책임이 적용되는 것은 원칙적으로 「물건자체」에 하자(「흠」)가 있는 경우에 한한다(〈표 7-4〉 참조). 결국 CISG 제35조의 부적합의 개념에 대한 태도가 각국의 국내법과 상이한 점은 국제통일법적 성격을 지닌 CISG의 입법취지가 퇴색될 수 있으므로[109)] 「물품부적합」의 개념을 해석함에 있어서 유의할 필요가 있다.

---

104) 임홍근 · 이태희, 「국제물품매매계약에 관한 UN협약상의 제문제」, 삼지원, 1991, pp. 122~123.

105) [Mexico Compromex Arbitration Award], Conservas La Costella S.A. de C.V. v. Lanin San Luis S.A. & Agroindustrial Santa Adela S.A., M/21/95, 29 April 1996.

106) 원칙적으로 채무자는 자기의 유책성과 상관없이 책임을 지며 채권자에게 구제수단이 부여된다. 물품부적합에 따른 무과실책임에 대하여 면책가능성이 인정되지만, 이는 매우 엄격하고 제한적으로 적용되는 점에서 CISG와 UCC는 유사하다. 이우영 · 이양기, 전게논문, pp. 48~49.

107) CISG상의 입법태도 등 제정과정에 관하여는 Ralph H. Folsom, Michael Wallace Gordon, John A. Spanogle, *International Business Transaction,* Fifth Edition, West Group, 2002, p. 27 이하 참조.

108) 만약 인도물품이 계약에서 정한 것과 다르다면 모두 물품의 계약부적합한 것이 되기 때문에, CISG에서는 물건하자가 아니라 물품의 계약부적합이라는 넓은 용어를 사용한다.

109) R. Hyland, *op. cit.,* p. 327 : Schlechtriem & Schwenzer, *op. cit.,* Art 35, para 4.

**표 7-4 우리나라 「민법」상 매도인의 하자담보책임**

| 물건의 하자담보책임 | 매수인의 선의 · 악의 | 책임의 내용(매수인의 권리) | |
|---|---|---|---|
| | | 해제권 | 손해배상청구권 |
| 하자(특정물의 경우, 제508조) | 선의 | 목적을 달성할 수 없는 경우 해제권 존재 | 있음 |
| | 악의 | - | 없음 |

자료 : 황적인, 「현대민법론Ⅳ」, 박영사, 1987, p. 220 참조.

## 2. 「부적합통지의무」

협약(CISG) 제39조는 물품의 계약내용 불합치를 이유로 매도인의 「하자담보책임」을 묻기 위한 매수인의 「부적합통지의무」를 규정하고 있다. 즉, 매도인이 물품의 불합치를 발견하였거나 발견할 수 있었던 때로부터 "합리적인 기간 내"(within reasonable time)에 불합치의 내용을 매도인에게 통지하여야 하고,110) 만일 그 통지를 하지 않으면 물품의 계약불일치에 따른 구제수단을 행사할 수 있는 권리를 상실하게 된다.

매수인의 「부적합통지의무」의 내용으로는 첫째, 그 통지의 기간과 내용 및 범위에서 매수인의 통지내용은 물품이 계약내용에 불합치한 부분이며, 통지의 범위(대상)는 물품의 수량·품질·포장 등의 불합치뿐 아니라 서류상의 불합치도 포함된다.

통지시기는 매도인이 물품의 불합치를 발견하였거나 발견할 수 있었던 때로부터 「합리적 기간내」에 통지하여야 하며, 그 기간은 물품이 매수인에게 현실로 「교부된 날」로부터 늦어도 "2년 내"로 하고 있다. 이 2년의 「제척기간」은 임의규정이므로 당사자간의 특약으로 이 기간보다 연장이나 단축하는 단기의 「보증기간」을 정할 수 있다.

매수인의 통지방법에 관해 CISG는 별도의 규정이 없고, 그 구체적 상황'에 적

110) 우리 「상법」은 매수인의 「하자통지의무」를 상인간의 매매에서 물건하자에 한정시켜 요구하고 있는데(상법, 제69조 1항) 반해, CISG에서는 물품의 계약부적합이든 권리의 계약부적합이든 매수인이 받은 물품이 계약이 요구하는 조건에 맞지 않는 경우에는 원칙적으로 언제나 「부적합통지」를 해야 한다고 정하고 있다(CISG, 제39조 1항, 제43조 1항). 한편, 우리 법에서는 그 물건하자에 관해 매도인이 악의인 경우에는 「하자통지의무」가 없다고 보고 있으나(상법, 제69조 2항), CISG에서는 물품의 계약부적합에 대해서는 매도인이 악의 또는 중과실로 모른 경우에 「부적합통지의무」가 없으며(CISG, 제40조) 권리의 계약부적합에 대해서는 매도인이 악의인 경우에만 「부적합통지의무」가 없다(CISG, 제43조 2항).

합한 방법(서면, 구두 불문)으로 통지를 발송함으로써 효력이 발생하지만, 통지발송에 대한 입증책임은 매수인이 부담한다.[111] 그 통지에는 물품의 계약 불합치의 특징과 성질을 명확히 지적해야 한다. CISG 제39조상의 통지를 발송한 이상 그 통지가 매수인의 귀책사유 없이 부도달하거나 연착한 경우라도 통지의무를 다한 것으로 본다.[112]

둘째, 매수인의 「통지의무」 불이행의 효과로는, 매수인은 물품이 자신에게 실제 「교부된 날」로부터 "2년 내"에 매도인에게 「통지의무」를 이행하지 않은 경우로서, 이 경우 물품의 계약 불합치에 관련된 제45조 이하의 청구권을 상실한다. 이 상실되는 청구권에는 손해배상청구권, 계약해제권, 대금감액청구권, 하자치유청구권 등이 있다.

그러나 「권리상실」의 원칙에 대한 예외가 있다.[113] 즉 부적합에 대해 매도인이 「악의」인 경우[114]와 매수인이 통지를 하지 못한 점에 정당한 "합리적인 이유"(reasonable excuse)가 있는 경우에는 설령 「부적합통지」가 없었다고 하더라도 매수인이 모든 권리를 상실하는 것은 아니다.[115] 전자의 매도인이 「악의」인 경우에는 매수인이 모든 구제수단을 행사할 수 있지만, 후자의 「합리적인 이유」가 있는 경우는 대금감액이나 제한된 손해배상에 한해서 주장할 수 있을 뿐이다.

특히 CISG 제44조상의 「합리적인 이유」의 기준 역시 이 취지에 따라 매수인의 주관적이고 특수화된 상황을 고려하여 결정되어야 하고,[116] 그럼에도 제44조의 취지는 매수인으로 하여금 주어진 상황하에서 주의를 가지고 신속히 행동할 것을 요구하는 것으로, 이 요건은 매수인의 입장을 고려하여 판단해야 한다.[117] 예컨대 개인적으로 비즈니스에 종사하는 매수인은 신속한 의사결정과 조치를 할 수 있는 전문적인 매수인보다 「합리적인 이유」를 가질 가능성이 크다고 본다.[118] 이 「통지의무」 불이행에 설령 "합리적인 이유"가 있다고 하더라도 동조가 제39조 2항을

111) 대판 1990. 12. 21. 90 다카 28498・28504(법공890, p. 597).

112) CISG, 제27조.

113) 매수인의 부적합통지의무 불이행에 따른 구제권 상실의 예외의 구체적인 내용에 관해서는 윤광운, "CISG상 매수인의 부적합통지의무에 관한 고찰", 전게논문, p. 205 이하 참조.

114) CISG, 제40조(매도인의 악의) : 물품의 부적합이 매도인이 알았거나 모를 수 없었던 사실에 관한 것이고, 매도인이 매수인에게 밝히지 아니한 경우에는 매도인은 제38조와 제39조를 원용할 수 없다.

115) CISG, 제44조.

116) CLOUT case No. 596 [Oberlandesgericht Zweibrücken, Germany, 2 February 2004].

117) CLOUT case No. 285 [Oberlandesgericht Koblenz, Germany, 11 September 1998].

118) CLOUT case No. 167 [Oberlandesgericht München, Germany, 8 February 1995].

포함하고 있지 않으므로 2년의 「제척기간」은 그대로 진행한다.

한편 계약불합치에 대한 통지는 후술하는 물품에 대한 권리의 내용이 계약에 불합치하는 경우에도 적용된다.[119]

### 3. 「계약적합의무」와 매도인 「면책」

협약(CISG)에서 매도인은 매수인이 "계약체결 시"에 물품이 계약에 합치하지 않은 사실을 알았거나(악의) 알 수 있었던(중과실) 경우에 물품의 「계약부적합」에 따른 전술한 「적합성 요건」(제35조 a호 내지 d호)상의 책임을 지지 않는다.[120] 매수인에게 다른 의사표시가 없는 한, 그 부적합한 물품을 매매의 목적물로 삼았기 때문이다.[121]

따라서 매수인은 선의·무과실이 구비되어야 매도인에게 책임을 물을 수 있고,[122] 만약 매도인이 매수인의 악의·과실을 알았다면 원칙적으로 매도인은 책임을 진다.

## 3.4 권리의 적합성

협약(CISG)은 매매의 목적물인 물품 자체에 대한 「물품적합성」 외에 물품의 권리상의 하자에 관한 물품의 「권리적합성」(conformity of rights)도 인도물품이 계약에 적합하여야 하는 물품의 「계약적합성」의 범주에 넣어 매도인의 의무로 하고 있다. 이에 따라 CISG상의 물품의 「권리적합성」에 관해 다음에서 살펴본다.

첫째, 협약(CISG)은 매도인이 「공업소유권」(industrial property) 또는 「지적재산권」(intellectual property) 이외의 「제3자」의 권리 또는 청구권에 구속되지 아니하는 물품을 매수인에게 인도하여야 한다. 이 제41조 규정은 일반적 원칙

119) CISG, 제43조 1항.

120) CISG, 제35조 3항.

121) 윤광운 외, 「국제거래법」, 전게서, p. 300.

122) 매수인에게 선의·무과실이 구비되어야 매도인의 하자담보책임이 인정되는 우리 「민법」(제580조 1항 단서)과 같다. 그러나 「민법」은 물건이 「특정물」인 경우(「민법」 제580조)와 「불특정물」인 종류매매인 경우(「민법」 제581조)로 규분하고 있다. 「특정물」의 경우 매수인이 계약체결시에 물건하자를 알았거나(악의) 과실로 모른 경우(중과실)에 매도인에게 담보책임을 물을 수 없다. 결국 「민법」도 물건하자에 대한 매수인의 인식(고의·과실)으로 매도인의 책임이 면제되는 문제는 「특정물」의 경우에만 요구되므로 CISG와 유사하게 해결되는 것으로 본다. 김대정, "매도인의 하자담보책임에 관한 판례의 동향", 「민사법학」 제15호, 1997, p. 279 이하 참조.

으로서 계약에서 별도로 약정하지 않는 한, 매도인은 「제3자」가 권리 또는 청구권을 주장할 수 없는 물품의 인도의무가 있다.[123)]

여기서 「권리」(right)라 함은 종국적인 구속력을 갖는 법적으로 확정된 「제3자」의 청구권을 의미하며, 소유권 · 점유권 · 질권과 같은 「물권」뿐 아니라 임차권 등의 「채권」도 포함하는 일반적인 「권리의 하자」를 말한다. 「제3자」가 물품에 대하여 적법한 권리를 가지고 있는 경우뿐만 아니라 적법한 권리없이 「제3자」가 물품에 관하여 주장을 제기한 경우에도 매수인의 방어가 필요한 경우라면 매도인은 제41조의 「권리의 계약불합치」에 해당된다. 이 경우 권리와 권리주장의 존재는 "인도시"를 기준으로 판단한다. 「제3자」의 권리나 권리주장의 대상이 된 물품의 수령에 매수인이 동의한 경우 매도인에게 그에 대한 책임이 없다. 이때의 동의는 묵시적으로도 가능하고 계약성립 이후에도 가능하지만, 매수인이 「권리의 하자」를 알고 있었다는 사실만으로는 부족하다. 「권리의 하자」가 있는 물품을 인도하는 것은 계약위반이므로, 제45조 이하의 구제수단으로 이행청구, 계약해제, 손해배상청구권을 행사할 수 있다.

SGA 제12조는 매매계약에는 매수인이 물품의 소유권에 대한 "평온향유에 관한 묵시담보"(implied warranty as to quiet possession)가 있다[124)]고 하여 매도인이 굳이 소유자일 것을 반드시 요구하는 것은 아니다.

둘째, 「제3자」의 공업소유권 또는 기타의 지적소유권에 구속되지 아니하는 물품을 매수인에게 인도하여야 한다. 이 CISG 제42조는 지적재산권에 근거한 하자는 앞의 제41조의 일반적인 권리하자의 특칙으로서, 「지적재산권」과 관련한 「제3자」의 권리나 주장에 대해서 별도로 규정한 것이다. 이는 「지적재산권」이 "영토적 제한"을 갖고 있어서 모든 국가에서 「제3자」의 권리나 주장으로부터 자유로운 물품을 인도하는 것이 가능하지 않다는 점에서 앞의 물품의 「소유권」과 근본적으로 다르다는 점이 고려되었기 때문이다.

따라서 매도인은 "계약체결시"에 자신이 알았거나 모를 수 없었던 공업소유권 그 밖의 지적재산권에 기초한 「제3자」의 권리나 권리주장의 대상이 아닌 물품을 인도하여야 한다.[125)] 「지적재산권」은 특허권, 저작권, 실용신안권, 상표권, 디자인권 등을 포함한다. 「제3자」가 정당한 지적재산권자인 경우뿐만 아니라 단순한 지

123) 강원진, 전게서, p. 371.
124) SGA 1979, 제12조 2항(b).
125) CISG, 제42조 1항.

적재산권 주장에 대해서도 매도인이 책임을 진다. "모를 수 없었던 경우"란 중과실로 알지 못한 경우를 말한다. 권리 또는 권리주장의 존재는 "인도시", 매도인의 악의·중과실은 "계약체결시"를 기준으로 판단한다. 다만 「제3자」의 권리나 권리주장이 다음 국가의 법[126]에 의한 「공업소유권」 그 밖의 「지적재산권」에 기초한 경우에 한한다.[127]

만약 매도인이 권리에 "하자가 있는" 물품, 예를 들어 「제3자」가 등록한 「상표권」을 침해한 물품을 매수인에게 인도한 결과로서 매수인이 인도된 물품에 대한 「제3자」의 정당한 손해배상청구로 인하여 금전적 손실을 입게 되는 경우에 매도인은 이러한 손해를 보상하여야 한다.

협약(CISG)에서는 매수인이 「제3자」의 권리 등에 대한 침해사실을 알면서도 "합리적 기간내"에 매도인에게 통지하지 않았을 경우에는 매수인이 원용할 수 있는 권리가 상실됨을 명시하고,[128] 「악의」의 매수인에게 「권리 적합성」에 대한 권리가 배제되는 것을 명확히 하고 있다. 또한 매도인의 법적 적합성의 의무는 매수인이 제공한 기술도면(drawing), 의장도안(design), 명세서(specification) 및 기타 지시에 매도인이 따름으로서 권리 또는 청구가 발생한 경우에는 적용되지 아니한다.

## 제4절 | 소유권 및 점유권의 이전

### 4.1 소유권과 점유권의 개념

「소유권」(property)이란 그 물품을 사용·수익·처분할 수 있는 소유권자의 권리를 말한다.[129] 이러한 소유권 개념에 대한 미국의 해석접근은 소유권을 「수

---

126) 여기서 "다음 국가의 법"이라 함은 당사자 쌍방이 계약체결시에 물품이 어느 국가에서 전매되거나 그 밖의 방법으로 사용될 것을 예상하였던 경우에는 물품이 전매되거나 그 밖의 방법으로 사용될 국가의 법 또는 그 밖의 경우는 매수인이 영업소를 가지는 국가의 법을 말한다(CISG, 제42조 1항(a)(b)호).

127) CISG, 제42조 1항 단서.

128) CISG, 제42조 2항(a).

129) 물품에 대한 완전한 지배권으로서의 소유권(ownership)의 개념과 관련하여 「재산권」(property)

익권」(beneficial right)과 「담보권」(security eight)으로 구분하고 있다. 「수익권」은 물품을 매각해서 이익을 얻을 수 있는 권리이고, 「담보권」은 물품을 담보로 제공하여 자금을 융통하거나 보증용으로 이용할 수 있는 권리이다.

이에 대해 「점유권」(possession)은 계약물품에 대한 현실적 지배권을 말한다. 다시 말해 물품의 사용, 수익 및 처분할 수 있는 권리를 포함하는 「소유권」 중의 일부 또는 일시적 권리만 부여된 것이 곧 「점유권」이다.

통상 「소유권」과 「점유권」은 동일인에게 속하는 것이 보통이지만, 때로는 분리되는 경우도 있다. 예를 들어, 미국행 선박에 화물이 적재된 경우, 화물이 선장의 관리하에 놓여 있어도 그 화물의 「소유자」는 여전히 수출업자가 가지는 반면 그 선장 내지 선사는 「점유자」(possessor)로서, 법적으로 엄밀히 말하면 수탁자(bailee)로서의 지위를 가진다.

이와 같이 「소유권」과 「점유권」이 동일인에게 귀속되어 있지 아니한 경우의 예는 「부동산임대차계약」의 경우에서와 같이 주택의 소유자는 현실적으로 점유하고 있지 아니하여도 여전히 처분권을 포함한 「소유권」을 지니는데 대해 임차인인 전세권자는 현실적으로 점유하고 있어도 처분권이 없는 점유권자로서의 사용권만 가질 뿐이다. 이는 무역거래의 경우에서도 점유와 소유의 개념이 양분되어지는 경우가 적지 않다.

이처럼 소유와 점유의 개념은 분명히 다르지만 그 「소유권」과 「점유권」이 동일인에게 귀속될 수도 있고, 분리될 수도 있는 것이다.

매매계약은 본질적으로 물품의 「소유권」과 「점유권」이 매도인으로부터 매수인에게 이전되는 것이므로, 수출무역에서는 다음 두 가지로 나눌 수 있다. 그 하나는 「CIF계약」이나 「수출」 FOB계약과 같이 「선하증권」(B/L)이 사용되는 경우, 「선하증권」이 권리증권으로서 특별한 기능을 가지는데 반해 다른 하나는, 「EXW」조건이나 「고유의미」의 FOB계약의 경우처럼 선하증권이 사용되지 않는 경우, 일반매매법이나 관습이 적용되어진다는 사실이다.

---

은 소유권보다 더 넓은 개념이라 할 수 있다. 그러나 이 재산권도 물품에 대한 수익적 권리라는 점에서 보면 양자는 차이가 없다고 하겠다.

## 4.2 권리증권의 특성

「권리증권」(document of title)이란 법률적으로 인정된 상관습에 의하여 그 물품에 관한 「법적 상징」(legal symbol)으로서, 증권의 인도는 곧 물품의 인도와 동일한 효과가 있으며,130) 대표적인 권리증권으로 「선하증권」을 들 수 있다.

「선하증권」(Bill of Lading : B/L)은 물품의 인도청구권을 화체한 권리증권이다.131) 통상 송하인이 본선에 화물을 선적하고 본선으로부터 본선수취증(mate's receipt : M/R)을 발급받아 선박회사에 제출하면 선박회사가 발행하는 서류이다. 「선하증권」은 화주와 선박회사간의 해상운송계약에 의해 선박회사가 발행하는 유가증권으로서, 선박회사가 화주로부터 위탁받은 화물을 선적 또는 선적을 목적으로 수취한 사실과, 화물을 목적항까지 운송하여 이 증권의 「소지인」에게 증권과 상환으로 화물을 인도할 것을 약정한 화물의 수취증이다

이같이 운송중의 물품을 「선하증권」의 인도에 의하여 매각하는 관습은 이미 1550년경부터 권리증권으로서의 역할을 수행하는 「선하증권」이 존재하였다. 이후 창고업자의 수령증인 「창고증권」도 마찬가지로 사용하게 되었고, 이 외에도 영국에서는 부두창고증권, 부두수령증 등도 마찬가지의 권리증권으로 사용되게 되었다.

미국에서는, 「선하증권」과 「창고증권」이 권리증권으로서 보통 사용되고 있다. 「부두창고증권」(dock warrant)은 선박회사가 부두근처에서 화물을 인수받거나 인도하기 위하여 경영하고 있는 창고에서 발행된 「창고증권」의 일종이라고 하겠지만, 최근의 실무에서는, 「부두수취증」(Dock Receipt)과 함께, 「선하증권」 발행전의 단계에서 화주에 대하여 발행된 수령증으로서 기능하고 있고, 거의 언제나 「기명식」이기 때문에, 권리증권은 아니라고 보아진다. 만일 예외적으로서 권리증

---

130) 권리증권을 정의한 영국 「중개인법」(Factors Act) 제4조에서는, "The expression 'document of title' shall include any bill of lading, dock warrant, warehouse-keeper's certificate, and warrant or order for the delivery of goods, and any other document wsed in the ordinary course of business as proof of the possession or control of goods, or authorising or purporting to authorise, either by endorsement or by delivery, the possessor of the document to transfer or receive goods thereby represented."('권리증권'이라고 하는 표현은, 통상의 거래과정에 있어서 물품의 점유 또는 지배의 증거로서 사용되거나 혹은 이서 또는 인도에 의해 증권의 소지인에게 그 대표하는 물품의 이전 또는 수령의 권한을 주거나 또는 주고자 하는 선하증권, 부두창고증권, 창고업자의 증명서, 물품의 인도를 위한 보증서 또는 지시서 및 기타의 증권을 포함한다.). SGA 1979, 제61조 ; UCC §1-201 (b)(15) 참조.

131) 新掘 總, 「貿易取引入門」, 日本經濟新報社, 1992, p. 186.

권이라고 말하는 것이 있다면, 명칭의 여하를 불문하고, 실무적으로는 선박회사가 물품의 보관책임을 부담하고 있는 「창고증권」뿐이다.[132)]

권리증권으로서 역사적으로도 확고한 지위를 가진 것은 「선하증권」과 「창고증권」뿐이며, 기타의 증권의 경우는 권리증권으로서의 요건의 구비여부에 대해 사실관계, 상관습성 등의 검토가 필요하다.

우리나라 「상법」에서는 화물상환증, 선하증권, 창고증권의 세 가지가 법률상 「지시증권」[133)]으로 되어 있고, 권리증권의 성격을 지니고 있다.[134)] 「화물상환증」은 국내의 육상화물 운송 시에, 해상운송에 있어서 선하증권과 마찬가지의 역할을 하고 있으므로, 미국에서 이 양자를 일괄하여 “Bill of Lading”(B/L)으로 부르고 있는 것에서 알 수 있듯이 그 법률상 성격도 유사하다 하겠다.

「선하증권」에 있어서 “To order of Mr. A”(지시식) 혹은 “To bearer”(지참인식)에서와 같이 물품이 특정인의 「지시인」 또는 「지참인」에 대하여 인도되는 것으로 되어 있는 경우에는 이 선하증권은 「유통가능한」(negotiable) 선하증권이다.

「선하증권」이 유통가능한 방식으로 발행된 경우에는, 증권은 「배서 또는 인도」에 의하여 유통되는 것이기 때문에, 운송인은 증권의 제출없이 물품을 인도하는 것은 불가능하다. 만일 증권의 제출없이 물품을 인도한 경우에는 「운송인」은 증권의 소지인에 대해 「횡령」의 책임을 부담한다. 여기서 「횡령」(conversion)이란 이 경우, 타인의 동산을 기탁에 의해 합법적으로 점유하고 있는 자가 고의적이고 불법적으로 그 동산을 처분하는 것을 말하며, 불법행위로 된다. 또 「운송인」은 물품의 인도를 할 즈음에는 증권을 단순히 보는 것뿐만 아니라, 증권의 인도를 요구하고 그것을 회수하지 않으면 안된다. 단순히 증권을 보는 것만으로 물품을 증권의 「소지인」에게 인도하고, 증권의 회수를 해태한 「운송인」은, 그 후 증권을 매입한 「선의의 제3자」에 대해서 횡령의 책임을 부담한다.

무역실무에서는, 「선하증권」은 매도인의 「지시식」 또는 대금결제에 개재하는 어음매입 또는 「신용장발행은행」의 지시식으로 발행되는 것이 보통이다. 이는 「기명식」의 경우 유통불능으로서 은행에 대해 담보로서의 가치가 없고, 지참인식은 위험이 있고, 한편, 「매수인의 지시식」으로 된 경우에는 매수인의 배서없이는 물

132) 上揭書, pp. 189~190.

133) 예컨대, 선하증권은 선하증권 발행인이 배서금지의 뜻을 기재하지 않는 한, 배서에 의해 양도될 수 있으므로 지시증권의 성질을 가진다.

134) 김종엽, 「상법강의」, 세종출판사, 2001, pp. 238~239 참조.

품의 인도를 받을 수 없기 때문에 담보가치에 문제가 있기 때문이다.

수출무역에 있어서 권리증권으로서의 「선하증권」과 관련한 물품의 「소유권」 및 점유권의 이전문제에 대해 다음의 두 가지를 유의할 필요가 있다.[135]

첫째, 「선하증권」이 사용되는 경우, 「선하증권」의 인도시 「소유권」을 이전할 의사가 없으면 단순히 물품의 「점유권」만 실질적으로 이전할 뿐이다. 예를 들어 화물의 인도를 하도록 하기 위해서 목적항의 대리인에게 「선하증권」을 송부하거나 또는 차입금의 담보로서 은행에 「선하증권」을 교부하는 경우인데, 그 어느 경우에도 인도인이 그 물품의 「소유권」을 양수인에게 이전할 의사는 없는 것이다.

둘째, 어떠한 권리증권도 이용하지 않는 수출무역의 경우에는, 예를 들어 「운송인인도」(FCA)조건이나 「고유의미」의 FOB조건에서처럼 매도인이 물품을 인도한 증거로서 통례적인 서류, 즉 운송서류가 아닌 단순한 화물의 수취증에 지나지 않는 "Cargo Receipt" 혹은 "Mate's Receipt"가 제공되는 경우로서, 이 서류들은 단지 물품의 「점유권」만을 이전시킬 뿐이다.

## 4.3 「소유권 이전」의 일반적 원칙

협약(CISG)은 매매계약에서 매도인의 가장 기본적이고 또 핵심적인 의무로 「소유권이전」의무를 들고 있다. 즉, 매도인은 계약과 이 CISG 제30조에 따라 그 물품에 대한 「소유권」을 이전하여야 한다. 따라서 매도인의 「소유권이전」의무를 위반한 경우에 매수인은 CISG상의 모든 구제수단을 행사할 수 있다.

그런데 「소유권이전」에 관해서는 각국마다 이를 규율하는 법체계나 법이론이 서로 다르기 때문에 「소유권」의 이전방식, 예컨대 매매계약만으로 소유권이 이전되는가, 그렇지 않으면 매매계약 외에 다른 절차가 있어야 「소유권」이 이전되는가와 같은 소유권이전의 구체적 내용을 통일하여 규정하는 것은 어려운 것이다. 협약(CISG)은 소유권이전의무를 매도인의 기본적 의무로 규정하면서도 「소유권의 이전」방식에 관해서는 이를 규율하지 않고 있는데, 이는 결국 국제사법이 지정하는 「준거법」에 따라야 할 것이다.

135) 이용근, 「무역계약론」 법문사, 1994, pp. 138~139.

## 1. 소유권의 이전시기

통상 물품에 대한 「소유권」은 매매계약의 성립 전에는 매도인에게 있고, 계약이 종료된 이후에는 매수인에게 이전되는 것은 분명한 사실이지만, 문제는 그 「소유권」이 언제 매도인으로부터 매수인에게 이전되는가이다. 이 문제는 국가마다 학설 및 판례가 반드시 일치하는 것은 아니다.

이처럼 「소유권의 이전시기」에 대해 SGA 제16조(불특정물의 확정) 이하에서 다음 두 가지 기본원칙을 두고 있다.

> "불특정물의 매매계약의 경우는, 물품이 특정될 때 소유권은 매수인에게 이전된다."(제16조)
>
> "특정물의 매매계약인 경우 물품의 소유권은 당사자가 그 이전의 의사표시를 한 때 이전한다."(제17조 1항)

이 SGA 제16조와 제17조는 불특정물매매의 「소유권」의 이전을 고려하는데 그 출발점을 제공하고 있다. 이 조항은 「소유권」은 물품이 특정되기 전까지 이전되지 않는다는 동법 제20A조(살화물)에 부수하는 근본적인 법칙을 규정하고 있으며, 「당사자의 의사」에 우선하는 「강행규정」이다.136)

「소유권의 이전」 문제는, 우선 특정물과 불특정물의 구별이 중요하다.137) 여기서 「특정물」(specific or ascertained goods)이라 함은 매매계약이 작성될 때 "확정되고 합의된"(identified and agreed) 물품으로서, 매매의 대상으로서 계약의 목적물이 미리 특정되어 있는 경우를 말하며, 국내거래의 점두거래는 통상 「특정물」 매매가 된다. 이에 비해 「불특정물」(unascertained goods)은 종류 및 품질에 따라 일반적으로 표시되는 물품으로서, 무역거래에서는 이러한 「불특정물」의 매매가 거의 대부분이다.138)

이러한 「소유권이전」의 2대 원칙에 대해 영미법은 당사자의 의사확정에 유용할 목적으로, 일응의 추정으로서 5개조의 해석원칙(SGA, 제18조)을 두고 있는데, 이 중 「당사자의 의사」가 분명하지 않은 경우 다음과 같이 해석하고 있다.

---

136) 윤광운 외, 「영국물품매매법」, 전게서, p. 107 참조.

137) *The Kronpronsessan Margateta*[1921] 1 A.C. 486.

138) Clive M. Schmitthoff, *Legal Aspects of Export Sales*, London, Stevens & Sons, 1969, p. 31.

"인도가능한 상태에 있는 특정물의 무조건적 매매계약인 경우 물품의 소유권은 계약체결시에 이전하며, 대금지급시기 또는 인도시기의 연기 여부는 중요하지 않다."(동조 규칙1)

"불특정물의 매매계약인 경우 물품의 소유권은 불특정물이 무조건 계약에 충당된 때에, 즉 계약의 목적물로 특정된 때에 이전한다."(동조 규칙5).

「불특정물매매」에서 물품이 계약에 「무조건 충당」(unconditional appropriation) 되어진 때란, 이를 구체적으로 보면 ① 매도인이 매수인에게 물품을 직접 인도하도록 요구하고 있는 경우는 매수인에게 인도할 때, ② 매수인에게 송부할 목적으로 물품을 운송인 등의 수탁자(bailee)에게 인도하도록 요구하고 있는 경우는 이러한 수탁자에게 인도할 때를 말한다. 즉, 이러한 때가 "특정되는 때"이며, 따라서 이러한 매도인의 인도행위가 곧 충당행위로 추정되는 것이다. 예컨대, 조선용 재료는 그것이 매수인측 검사자의 검사를 완료한 때에 「무조건적으로 충당」되어진 것이 아니고, 그 검사를 필한 조선용 재료가 선체에 부가되어져야 비로소 「무조건 충당」된 것으로 된다.139)

따라서 「불특정물매매」에 있어서 「소유권」의 이전은, "매도인의 매수인에 대한 인도나 혹은 운송인에게 인도할 때에 매도인으로부터 매수인에게 이전된다."고 하겠다.

그런데 매도인이 매수인에게로 충당하였다는 취지를 통지하고서 매수인이 신속한 회답을 하지 않는 경우, 매수인은 묵시적으로 동의한 것으로 간주되어140) 그 때 「소유권」이 이전된다는 것이다. 「묵시의 합의」는 충당이 행해지기 전에 이루어지는 것이라도 좋다. 예를 들면, 서점이 특정의 책을 주문한 경우 그 책이 적당하게 포장되어져 받는 사람의 주소명이 기재되어 철도회사에 인도되어지면, 매도인에 의해 "무조건으로 충당된" 것으로 간주되어(동법 제5칙 (2)), 매수인은 주문했을 때에 그 충당에 대한 「묵시의 합의」를 한 것이므로 그 때에 소유권은 이전된다.

## 2. 「소유권 유보조항」

소유권 이전문제에 대해서 별도로 분리해서 고려해야 할 다음 두 가지가 있다. 그 첫째는, 매도인이 특정조건이 성취될 때까지 물품의 「소유권」을 유보할 수 있

139) *Re Blyth Shipbuilding & Dry Docks Co.*[1926] Ch.494.
140) *Pigbataro v. Gilroy*[1919] 1 K.B. 459.

다는 것이고 둘째는, 물품의 소유권이전을 조건부로 하지 않을 수도 있다는 것이다.

그 첫째의 경우는, SGA 제19조 1항에 의하면 다음과 같다.

> "매도인에 의해 일정한 조건이 충족되기까지는 매수인에게 그 물품의 '처분권'[141]을 유보할 수 있다. 그리고 물품이 매수인 또는 그의 대리인에게 인도되었거나, 매수인에게 소유권을 이전할 목적으로 운송인에게 인도했을 경우에도, 물품의 소유권은 매도인에 의하여 정하여진 조건이 충족되기까지는 매수인에게 이전하지 아니한다."

상기 규정에서와 같이, 특정된 물품의 「소유권」은 당사자가 이전을 의도한 때에 이전한다는 동법의 원칙에 의해 물품의 인도 중에 있는 매도인은, 예를 들면 대금의 지불이라는 조건을 성취하기까지는, 「소유권」을 유보할 수 있다. 그러한 계약의 경우 약정의 사항이 일어나기까지는, 물품의 「소유권」은 매수인에게 이전하지 않는다.

그러므로 매도인이 「소유권」을 유보하는 방법에는 두 가지 경우가 있는데, 그 법적 근거로는 다음의 SGA 제19조 2항과 3항이 그것이다.

> "물품이 선적되고, 또 선하증권에 의하여 물품이 매도인 또는 그 대리인의 지시인에게 인도되는 경우에는, 매도인은 물품의 소유권을 유보할 수 있는 것으로 추정한다."(동조 2항).
>
> "물품의 매도인이 대금의 회수를 위하여 매수인 앞으로 환어음을 발행하고, 또 환어음의 인수 또는 지급을 위하여 매수인에게 「선하증권」과 함께 이를 송부한 경우에는, 매수인은 「환어음」을 수리하지 아니한 때에는 그 「선하증권」을 반송하여야 한다. 매수인이 불법으로 선하증권을 유치하더라도, 물품의 소유권은 매수인에게 이전하지 아니한다."(동조 3항).

상기의 제2항과 3항은 물품이 선적되어 「선하증권」이 발행되는 모든 수출거래

---

141) 「처분권」(right of disposal)이란 "물품의 소유권의 처분을 할 권리이다."라고 *Mirabita v. Imperial Ottoman Bank* [1878] 3 Ex D.164, 172.에서 Cotton 판사는 말했다. 법원은 "종전부터 매도인이 「소유권」을 유보할 수 있고, 매수인은 실제의 인도전에 물품의 소유권(property)을 획득할 수 없다."고 인정하였다. 또 다른 사례로, *Shipton Anderson & Co Ltd and Harrison Bros & Co Ltd* [1915] 3 K.B. 676.사건에서 창고내 밀 중 특정부분의 소유자는 상환증서에 대하여 7일 내에 현금지불이라는 조건을 부가하여 판매하였다. 하지만 매수인에게 인도되기 전에 긴급권에 의하여 정부가 밀을 수용하였다. 항소법원은 상기의 명시적 조항에 따라 매도인은 처분권은 유보하며, 지불이 될 때까지 상환증서에 기속되지 않는다고 판시하였다. 결론적으로 소유권은 아직 이전되지 않았으며, 계약은 물품의 압류에 의하여 무효로 되었다.

에 적용되며, 또 「소유권 이전시기」에 관한 당사자의 의사를 확정하기 위한 우선의 추정이다. 이러한 추정은 선박 등에 있어 선하증권에 표창되는 물품에 대해서 적용된다.[142)]

위 제2항은 「선하증권」이 매도인 또는 그 대리인의 지시식일 때는, 「소유권」을 유보할려고 하는 매도인의 의사를 지지하는 추정이다. 그 경우에는, 매도인이 이서를 해서 매수인 또는 그 대리인에게 선하증권을 주었을 때 「소유권」은 이전한다.[143)] 법원은 이 원칙을 매도인이 매수인 또는 그 대리인의 「지시식」으로 선하증권을 작성해서 어떤 조건이 성취할 때까지(예를 들면, 은행이 상업신용장하에 매도인의 어음·수표를 인수할 때까지) 「선하증권」을 보유하고 있을 경우에까지 넓혀 적용해왔다. 왜냐하면 매도인에 의한 「선하증권」의 보유는 소유권이전의 의사와 "양립될 수 없는" 까닭이기 때문이다.[144)]

결론적으로는, 「선하증권」 하에서 물품이 선적되어진 경우, 물품의 「소유권」을 매도인이 매수인에게 무조건으로 선하증권을 인도한 때에 이전시킬 의사가 있다고 하는, 거의 번복할 수 없는 추정이 존재하고, 이 추정은 「매도인의 지시식」 선하증권(Order B/L) 및 「매수인의 지시식」 선하증권에 동일하게 적용된다. 특히 「CIF」조건에 의한 매매나 물품을 선적할 채무를 매도인이 부담하는 「FOB」조항에 의한 매매에 대해서 이 추정은 적용되어진다.

그 두 번째 경우는, 매도인이 「소유권이전」을 조건부로 하지 못했을 경우와 SGA 제19조 2항과 3항이 제공해주는 규정이 적용되지 않는 경우이다. 예를 들어, 매도인이 「선하증권」을 매수인 지시식 또는 그의 대리인의 지시식으로 발행한 경우, 매도인이 그 「선하증권」을 매수인에게 인도했는지의 여부에 따라 「소유권」이 이전여부의 문제를 추정할 수 있다. 매수인의 이름으로 선하증권을 발행했다는 것 자체만 가지고는 매도인이 매수인에게 "소유권이전의 의도"를 나타냈다고 할 수는 없는 것이다. 그러나 이 「선하증권」이 매수인 또는 그의 대리인에게 인도되었을 경우, 매도인이 물품의 「소유권」을 매수인에게 이전할 의도가 있는 것으로 추정된다.

이상에서의 논의를 정리하면, 「소유권의 이전」은 점유의 이전, 즉 물품의 인도와 분리될 수 있다. 다시 말해 물품의 인도로 「점유권」이 이전되었어도, 「소유권」

---

142) *Prinz Adalbert* [1917] A.C. 586, 590.
143) *Prinz Adalbert* [1917] A.C. 586, 590.
144) *The Kronprinsessan Nargareta*[1921] 1 A.C.486사건 517면에 있어서 Sumner경의 말.

은 매도인에게 있는 경우도 있고 물품이 인도되지 않았어도 「소유권」은 매수인에게 이전되는 경우도 있는 것이다.

SGA 第28조(지급과 인도의 동시이행조건)에 의하면, 다른 약정이 없는 한 물품의 인도와 대금의 지급은 「동시이행조건」(concurrent condition)으로 인정하고 있으나, 「소유권」은 대금이 지급되기 전에도 매수인에게 이전될 수 있다.

만약 대금의 수령시까지 물품의 「소유권」을 유보하려는 매도인이라면 매수인이 「환어음」의 지급 또는 인수에 의해 대금을 지급하도록 하거나, 혹은 현금으로 대금을 지급할 때까지는 명시적으로 「소유권」을 유보할 것이다. 수출업자의 경우 그 취지를 매매계약서에 명시적으로 약정하거나 「일반거래조건」에 명시하는 것이 필요하다.

마찬가지로 「소유권이전」의 일반원칙에 따라 매수인도 조건부로 「소유권」이 이전된다고 하겠다. 만약 매도인이 「소유권이전」을 유보하지 않았다고 한다면, 매수인은 아직 인도도 받지 아니하고, 또 검사도 받지 아니한 상태에서 「소유권」이 이전되어 물품의 소유자가 된 경우, 이후 검사결과 물품이 계약내용과 불일치할 수도 있다. 이 경우의 소유권이전은 「해제조건부」로 소유권이 이전된 것이며, 인도된 물품이 계약과 불일치하면 이전된 「소유권」의 효력이 소멸하게 되어 매도인에게 다시 귀속되는 것으로 해석된다. 계약과 일치하지 않은 물품의 인수여부는 매수인의 「거절권」에 달려 있다고 본다. 매수인이 상당한 이유로 「물품거절권」을 행사한다면 「해제조건」에 따라 매수인이 물품을 거절하는 즉시 「소유권」은 다시 매도인에게 귀속된다.[145]

「선하증권」을 인도하는 것이 매도인의 의무인 「CIF」와 「CFR계약」의 경우와 또는 「FOB계약」에서는 매도인이 배서된 「선하증권」을 매수인에게 인도할 때 「소유권」이 이전되는 것이다.

또한 「선하증권」의 인도가 매도인의 의무가 아닌 수출무역, 특히 「공장인도」(EXW)조건의 경우에는 매수인에게 또는 운송을 위해 「운송인」에게 물품의 인도가 이루어 질 때 「소유권」의 이전이 있는 것으로 본다. 그러나 이 추정은 사정에 의해 당사자의 의사에 반한다면 반증될 수 있다.

한편 「소유권의 이전」 자체가 물품의 처분권을 포함하는 광범위한 것이지만, 「소유권」의 내용이 되는 사용 · 수익 · 처분의 권리 중에서 일부를 특정인이 가지고

145) 이용근, 전게서, p. 144.

나머지 권리는 타인이 갖는 경우를 고려하면 앞서 말한 바와 같이 「소유권」을 수익권과 담보권으로 나눌 수 있다.

### 4.4 「점유권 이전」의 일반적 원칙

전술한 바와 같이 SGA 제61조에 의해, 매매될 물품에 대한 점유의 양도를 「물품의 인도」(delivery of goods)라고 한다. 통상의 수출거래의 경우 물품은 매수인 또는 그의 대리인의 보관 또는 통제(custody or control)하에 둘 때에 물품이 인도되었다고 한다.

따라서 물품의 「점유」는 곧 물품에 대한 현실적 지배로서 법적 청구권을 수반하는 것이므로, 매수인으로 하여금 이러한 지배권을 행사할 수 있는 것을 「물품의 인도」라 하겠다. 예를 들어 「Ex Works」(공장인도)계약의 경우, 「현물인도」조건이므로 계약물품에 대한 점유가 물품급부에 의하여 매도인으로부터 매수인에게로 직접 이전된다. 그러나 물품이 살화물(bulk cargo)일 때는 현실적 인도 대신에 「추정적」(constructive) 인도로 수행하게 되는데, 즉 물품 보관창고의 열쇠를 인도함으로써 수행하든지, 또는 매수인이 물품을 인도받기 위해 「양도승인」(attornment)된 창고업자의 화물인도지시서(D/O)를 교부받거나, 물품이 선하증권에 의하여 대표되는 경우, 「선하증권」의 인도에 의하여 「물품의 점유」가 이전되기도 한다.

「CIF」조건에서와 같이 매도인이 「선하증권」을 입수한 경우, 물품은 「선하증권」이 매수인에게 인도된 때에 매수인에게 인도된 것으로 본다. 따라서 당사자간에 특약이 없는 한, 물품매매에 있어서 매도인은 「점유권」을 이전하지 않고는 대금청구를 할 수 없다. 그리고 「대금을 지급받지 못한」 매도인(unpaid seller)은 물품에 대한 유치권과 운송정지권 그리고 재매각권의 권리를 갖는다.

이에 관해 SGA 제28조(지급과 인도의 동시이행조건) 및 제39조(대금을 지급받지 못한 매도인의 권리), 제43조(유치권의 소멸)의 원칙에 의하면, 두 가지 유형의 「인도」를 구별할 필요가 있는데, 즉 대금의 청구를 위해서 하는 SGA 제28조상의 인도는 「선하증권」의 인도를 의미하지만, 그 밖의 인도는 특히 「유치권」의 소멸에 관하여는 동법 제32조(운송인에의 인도)의 추정이 적용되어 매도인은 물품을 운송인에게 "인도한 때"에 물품을 인도한(delivered) 것으로 본다.

이같이 두 가지 형태의 「인도」의 구별과 관련된 사례의 하나인 *E. Clemens Horet Co. v. Biddell Brothers*사건[146]에 의하면, 매도인에게 대금청구권을 부여하는 물품의 인도는 매수인이 완전한 점유의 지배를 할 수 있도록 하는 인도가 아니면 안된다는 것이다. 또한 법원은 그러한 인도는 「선하증권」의 제공에 의해서만 가능하며, SGA 제32조(운송인에의 인도)가 추정하는 바와 같이 송부할 목적으로 「운송인」에게 인도함으로써 이루어지는 것은 아니라고 판시하였다.

# 제5절 「위험의 이전」 및 비용부담

## 5.1 「위험이전」의 일반원칙

### 1. 위험부담의 문제

매매계약에서 「위험의 이전」은 소유권의 이전과 더불어 계약당사자의 권리·의무에 매우 중요한 의미를 가진다.

여기서 「위험」(risk)이란 당사자에게 책임이 없는 우발적인 멸실 또는 손상(accidental loss or damages)을 뜻한다. 이 「위험의 이전」(transfer of risk)은 매매당사자의 어느 일방이 자신의 과실도 아닌 원인으로 그 물품의 멸실·손상을 부담하는 경우를 「위험부담」 또는 「위험부담자」라 하여 결국 위험부담의 문제이다. 특히 무역운송 중의 본선의 침몰, 하역중의 사고 등 여러 이유에서 물품의 멸실 또는 손상을 입게 되는 경우가 적지 않으며, 이러한 경우 그 손해를 매도인과 매수인 중 누가 부담하게 되는가에 관한 문제가 바로 「위험부담」의 문제이다.

그러므로 「위험의 이전」이란 위험부담자가 바뀌는 것을 의미하며, 매매계약의 경우에는 계약 전에 위험을 부담하고 있던 매도인으로부터 매수인으로 거래과정의 어느 시점에서 위험부담자가 바뀌는 것, 즉 매도인으로부터 매수인으로 위험이 이전하는 것이다.

한편 「위험부담」의 일반원칙에 대해서는 협약(CISG)에 의하면 다음과 같다. 즉.

146) [1912] A.C 18.

① 당사자의 합의가 있으면, 그에 따른다(제6조). 예를 들면, 당사자가 「Incoterms」에 정해져 있는 「표준거래조건」의 어느 것을 채용한 경우에는, 위험은 「Incoterms」의 규정에 의하여 이전한다.

② 멸실 또는 손상이 당사자의 일방의 「작위 또는 부작위」(act or omission)에 의하여 야기된 경우, 그 「작위 또는 부작위」에 책임이 있는 당사자가 부담한다(제66조).

③ 당사자의 합의가 존재하지 않고, 또 멸실 또는 손상이 당사자의 일방의 책임에 의한 것이 아닌 경우에는, 법률의 규정에서 손해를 어느 당사자에게 부담시키는 것으로 되는가, 협약(CISG)에서는 동 제67조(운송조건부 계약품의 위험), 제68조(운송 중 매매물의 위험) 및 제69조(기타 경우의 위험)의 규정에 의해 「위험부담자」를 결정한다.

상기의 「위험부담」에 관한 원칙 중에 ①과 ②의 경우에는 「위험부담자」가 확실하지만, 문제는 ③의 경우에 있어서는 매도인 또는 매수인 중 누가 손해를 부담하는가 혹은 어느 시점에서 매도인으로부터 매수인에게로 「위험의 이전」을 인정하는가이다.

이것에 대해서는 각국에서 다양한 입법주의가 보여지지만, 협약(CISG)에서 위험배분의 기초가 되는 고려 방법으로는 첫째, 위험부담자를 소유권의 소재에 의하여 결정하지 않고, 개개의 상황에 따라서 개별적으로 정하는 「문제해결형」 접근방식을 채용하고 있다. 둘째, 무역거래 실무상 보험구상의 실제적 편의를 고려하여 「위험부담자」를 정하는 위험분배의 방식은 종래의 각국 법에서 볼 수 없었던 것이고, 당사자의 누군가가 위험을 부담하는 편이 편의에 의해 「위험부담자」를 결정하는 것으로 된다.[147)]

SGA의 입장을 제외하고는 대부분의 경우에 「소유권이전」과 위험은 달리 취급된다. 즉, 「위험의 이전」은 소유권 대신 「물품의 이전」을 기준으로 한다. 협약(CISG)에서는 「위험」이 매수인에게 이전된 후 물품이 멸실 또는 손상될 경우 매수인은 대금을 지급하여야 함을 원칙으로 한다.[148)] 즉, 그 위험이전시점 전에 이미 물품이 변질되었다면 이는 매도인의 책임이다.

그러나 예외적으로 그 멸실 또는 손상이 매도인의 「작위 또는 부작위」에 기인하는 경우에는 매수인은 그 대금지급의무를 면할 수 있다고 규정하고 있다.[149)] 따라

147) 新堀 聰, 前揭書, p. 107.
148) CISG, 제66조.

서 위험이 매수인에게 이전된 후 물품이 멸실 · 손상되더라도 그 멸실 · 손상의 사유가 매도인의 「작위 또는 부작위」에 기인하는 경우에는 위험이 매도인에게 전가되어 매도인은 매수인에게 대금지급청구를 하지 못한다. 이 경우 「작위 또는 부작위」는 통상 계약위반에 해당하겠지만, 반드시 계약위반행위일 것을 요하지 않는다. 만일 매도인의 「작위 또는 부작위」가 「본질적 계약위반」에 해당하는 경우에는 위험이전과 무관하게 매수인은 계약을 해제하여 대금지급의무를 면할 수 있게 된다.

「FOB」에서는, 통상 「위험」은 물품이 「본선상」(on board)에 적재되는 시점에 이전하지만, 매도인이 목적항에서 컨테이너를 회수함으로써 물품에 손상을 입히는 경우, 물품의 손상은 계약위반은 아니고 불법행위(tort)이지만 매수인은 대금의 전액을 지불할 의무는 없고, 「불법행위법」에 의하여 계산된 손해배상액을 대금에서 공제할 수 있다고 보아진다.

## 2. 위험의 이전시기

### 1) 「위험이전시기」의 일반원칙

「위험의 이전」은 곧 「위험」을 부담할 책임이 매도인으로부터 매수인에게 이전하는 것으로써, 「소유권이전」과 함께 매매계약의 당사자 간에 문제가 되는 부분이며, 「위험」이 가장 많은 해상운송계약에서 특히 당사자 간에 이해가 대립되는 것과도 관련을 가지는 부분이다.

여기서는 그 「위험」이 언제 매도인으로부터 매수인에게 이전되는가 하는 것이 문제이다. 원칙적으로 「위험」은 물품의 소유자가 부담하며, 물품에 대한 「소유권」이 매도인으로부터 매수인에게 양도될 때에 이전한다. 이 원칙은 라틴어 '*res perit domino*'(물건의 손해는 소유자의 손해이다)에서 유래되는 것처럼 영미법에서는, 오래 전부터 소유자가 「위험」을 부담한다는 소위 「소유자주의」를 취하고 있다.

SGA 제20조(위험이전의 동시성)는 다음과 같이 규정하고 있다.

> "당사자 간에 별도의 합의가 없는 한, 물품의 우발적 멸실은 소유권자의 부담으로 된다. 물품의 소유권이 이전한 때에 위험부담은 매도인에 의해 매수인에게 이전한다."(동조 1항)
>
> "매매계약의 어느 일방 당사자의 과실(fault)에 의해서 인도가 지연된 경우에는, 과실있는 당사자가 위험을 부담한다."(동조 2항).

---

149) CISG, 제66조 단서.

따라서 매매계약의 목적물이 일부 또는 전부 멸실한 경우에는, 그 물품의 「소유권」이 아직 매도인에게 있다면, 멸실한 부분을 인도할 의무는 없지만, 그 부분에 대한 대금의 지불을 청구할 수 없다. 또 그 물품의 「소유권」이 매수인에게 있다면, 멸실된 부분의 「현실적 인도」를 받을 수 없음에도 불구하고, 매수인은 그 부분에 대하여도 매도인에게 대금을 지불하지 않으면 안된다.

「운송 중」(in transit)[150]에 있어서 물품의 손상에 관한 「위험」은 별도의 합의가 없는 한 매수인의 부담으로 있고, 이것은 가령 매도인이 자기의 위험부담에 있어서 목적지에서 물품을 인도하는 것에 합의한 경우라도 마찬가지이다.[151] 예컨대, 부패하기 쉬운 물품이 매각되어진 경우, 또는 거래에 적당한 품질이라는 조건이 계약 중에 묵시되어지는 것과 같이 기타의 상황에 있어서 물품이 매각되어진 경우에는 그 물품은 발송 시에 있어서 거래에 적당한 품질을 가져야 할 뿐만 아니라, 운송이 정당하고 통상적으로 행해진 한 그 도착 시에서도 거래에 적당한 품질을 구비하고 있는 것과 같이 발송 후 "상당기간" 그러한 품질을 지속하는 것이어야 한다.[152]

그러나 이것은 「임의규정」이므로 당사자는 다른 별도의 합의를 할 수 있으며, 그에 따라 종종 「위험부담」은 소유권의 이전과 독립하여 이전한다는 합의를 명시적 또는 묵시적으로도 할 수 있다. 예컨대, 대금의 지불 또는 물품의 인도시기에 관한 조항과 관련하여 「공장인도」(EXW)계약에 있어서는, 매도인이 소유권을 유보한 경우라고 하더라도 「위험부담」은 물품의 인도 시에 이전하고, 「보험계약체결의무자」에 관한 조항도 포함된다. 왜냐하면 「위험」을 부담하는 자가 원칙적으로 「보험계약」을 체결하지 않으면 안되는 까닭이다.[153]

다음으로 상기의 SGA 제19조 2항에 의한 매도인 또는 매수인의 과실에 의해 인도가 지체된 경우에 물품의 우발적 손실위험을 부담하는 자를 규정하고 있다. 여기서 「인도」는 소유권의 이전 없이 「점유의 이전」을 의미하고, 「과실」(fault)은

---

150) 「운송 중」(in transit)이란 물품이 매도인(그 대리인)이 점유를 이탈하여 아직 매수인(혹은 그 대리인)의 점유에 도착하지 않은 경우로서, 예컨대, 매수인에게 이전하기 위한 운송인 또는 기타의 수탁자와 같은 중간적인(neutral) 중개자의 보관하에 있다고 하는 중간적 단계를 말한다. 이는 「운송정지권」의 기본적 요건으로서 관련을 가지는 개념이다. 윤광운 외, 「영국물품매매법」, 전게서, p. 189.

151) SGA 1979, 제33조.

152) *Broome v. Pardess Co-operative Society*[1939] 3 All E. R. 978. 985 ; *Ollett v. Jordan* 918(1) 2 K.B. 41. 47.

153) *Allison v. Bristol Marine Insurance Co.*[1876] 1 A.C. 209, 229 ; *The Kronprinsessan Margareta*[1921] 1 A.C. 486, 512 참조.

SGA 제62조에 있어서 권리침해행위 또는 해태를 의미한다.

물품의 인도지체시 「위험부담」에 대해, 제1의 요건은 매수인 또는 매도인의 「과실」에 의한 「인도지체」의 경우이고, 제2의 요건은 발생한 손실이 「인도의 지체」에 의한 것이라는 점이다. 유의해야 할 점은 매도인은 합리적으로 행동하며, 가능한 "손실을 경감"하지 않으면 안되는 의무가 있다. 따라서 예를 들면 매수인의 수령불이행의 경우, 물품을 그대로 두면 한층 손실이 크게 될 것 같을 때에는 「제3자」에게 전매(resale)할 수 있으며 전매해야 할 의무를 매수인은 지게 된다.154)

*Demby Hamilton & Co. Ltd. v. Barden* 사건155)에서, 피고는 견본에 의해 "사과주스" 30톤을 원고에게 구입했고, 20.5톤의 "사과주스"를 인도받았지만 나머지의 인도에 대한 지시를 하지 않았다. 그 결과 나머지 "사과주스"는 결국 부패하였다. Sellers 판사는 SGA 제20조 단서에 의해 "사과주스"에 대한 「위험」은 피고의 부담이므로, 원고는 손해배상을 청구할 수 있다고 판결했다.

미국 「통일상법전」(UCC)는 계약의 과정을 분석하여 위험이전시기를 결정하는 새로운 접근으로서 「위험부담」절차를 보면 첫째, 당사자의 「특약」에 따르고 둘째, 특약이 없는 한 원칙적으로 「물품소유자」가 부담하며 셋째, 계약을 위반한 경우 「위반당사자」가 부담하며, 그 밖에는 경우는 상황에 따라 부담한다.

한편으로 협약(CISG)은 「위험의 이전시기」에 대하여 상세한 규정을 두고 있는바, 매수인이 목적물을 수령했을 때 또는 매수인이 이를 수령하지 아니할 경우에 매도인이 목적물을 매수인의 「영업소」에서 매수인의 처분에 맡겨, 즉 매수인의 계약위반이 있을 때 매수인에게 이전한다. 목적물의 수령이 매수인의 「영업소」 이외에서 이루어 질 경우에는 목적물이 그 장소에서 매수인이 처분에 의한다는 것을 매수인이 "알았을 때"에 위험이 이전된다.

또 「특정물」의 매매에는 목적물이 "특정되었을 때"에 매수인의 처분에 의한 것으로 본다.156) 목적물의 운송이 예정되어 있을 경우에는 목적물이 특정되어 「운송인」에게 "인도된 때"에 위험이 이전되는157) 소위 「선적지조건」이다. 「운송중」인 물품의 매매에는 "계약체결시"에 위험이 이전된다.158)

---

154) *Demby Hamilton & Co. Ltd. v. Barden*[1949] 1 All E.R. 435 사건 437면 내지 438면에서 Sellers 판사의 말.
155) [1949] 1 All E.R. 435.
156) CISG, 제69조.
157) CISG, 제67조.
158) CISG, 제68조.

### 2) 협약(CISG)상의 위험이전시기

협약(CISG)상의 「위험의 이전시기」에 관하여 살펴본다. 협약(CISG)은 「운송」의 여부를 기준으로, ① 「운송」을 포함하는 매매의 위험이전과, ② 「운송」을 포함하지 않는 매매의 위험이전으로 나누고 있다.

#### (1) 「운송계약」을 포함하는 매매의 위험이전시기

협약(CISG)은 「운송」을 포함하는 매매의 「위험이전시기」에 대해, 다시 ① 매매계약에 운송을 포함하고 특정장소에서 매도인이 물품을 교부할 의무가 없는 경우와 ② 매도인이 특정장소에서 물품을 「운송인」에게 교부해야 하는 경우와 그리고 ③ 불특정물의 위험이전시기와 그리고 이외에도 ④ 「운송 중」에 매도된 물품의 위험이전까지 포함하여 구분하고 있다.[159]

먼저, 「운송계약」을 포함하는 매매(즉, 「송부매매」)의 경우의 위험이전시기에서 첫째, 상기의 ① 매매계약에 물품의 「운송」이 포함되어 있고, 매도인이 특정한 장소에서 물품을 교부할 의무가 없는 경우에는, 「위험」은 매매계약에 따라 매수인에게 전달하기 위하여 물품을 「최초의 운송인」(first carrier)에게 "교부할 때" 매수인에게 이전한다.[160] 여기서의 「교부」(hand over)란, 물품의 물리적인 「점유의 이전」을 말한다. 따라서 우리 「민법」상 인도보다는 좁은 개념이다. 예컨대, 반환청구권의 양도에 의한 인도(민법, 제198조)와 같이 관념화된 인도는 포함하지 않는 개념이다. 물품이 「최초의 운송인」에게 "교부된 때"에 위험이전시기와 매도인의 의무이행인 물품의 인도시기가 일치하게 되지만,[161] 이는 인도의 효과로써 「위험」이 이전한다는 것을 의미하는 것은 아니며, 급부위험은 CISG 제31조 이하의 인도의무에 따라 결정될 것이다. 결과적으로 협약(CISG)에서 「인도의무」는 위험의 이전과 똑같지는 않으나 상당부분 일치한다고 할 수 있다.

또한 「최초의 운송인」의 확정과 관련하여, 매매계약에 물품의 「운송」이 포함되어 있는 경우에 매도인에 의한 운송은 포함되지 않으므로, 매매계약이 육상운송과 해상운송을 동시에 포함하고 있는 이른바 「복합운송」의 경우, 최초의 육상운송인이 매도인으로부터 독립한 운송인이라면 그가 「제1운송인」이 될 것이지만, 매도인이 자기 소유의 트럭을 사용하여 물품을 부두까지 운송한 후 이를 해상운송인에게 인도한 경우에는 매도인의 피용자에 지나지 아니하는 육상운송인은 「제1

159) 윤광운 외, 「국제거래법」, 전게서, p. 354 이하 참조.
160) CISG, 제67조 1항 전단.
161) CISG, 제31조.

운송인」이 되지 못하고, 그로부터 물품을 인수한 「해상운송인」이 「제1운송인」이 된다.

둘째, 상기의 ②는 그 특칙으로서, 매도인이 특정한 장소에서 물품을 운송인에게 교부하여야 하는 경우에는 「위험」은 물품이 특정한 장소에서 운송인에게 "교부될 때"에 매수인에게 이전한다. 예컨대, "FOB Busan"인 경우 매도인이 육상운송인에게 물품을 인도한 시점이 아니라 「부산항」에서 「해상운송인」에게 인도한 시점에 위험이 이전된다. 이 경우는 「운송인」(carrier)에게 교부하기로 한 경우에 한정되며, 만일 특정한 장소에서 매수인에게 교부하기로 합의했다면 CISG 제69조(기타 경우의 위험)가 적용된다.

그리고 선적서류와 관련하여 매도인이 물품의 처분을 지배하는 서류를 보유할 권한이 있다는 사실은 「위험의 이전」에 영향을 미치지 아니한다.[162] 즉, 「위험」은 매수인에게 이전한다. 이는 「소유권이전」과 「위험이전」은 달리 취급되는 것으로 권리증서(선하증권)의 교부를 통해 「소유권」을 이전하는 경우 「위험이전」과 하등의 관계가 없으며 위험이전시기에 영향이 없다. 특히 무역거래에서 선하증권 기타 운송증권 등의 서류를 통해서 물품의 처분에 대한 지배를 하는데, 이는 대금확보를 위한 담보수단으로 이용된다는 현실을 반영한 것이지, 물품의 이전은 아니라는 점에서 선적서류의 교부는 「위험이전」과 무관하다.[163]

이러한 「특정」은 일반적으로 물품에 매수인의 이름을 기재하거나, 운송인이 매도인을 지시인으로 하는 선하증권을 발행하거나, 또는 매수인에 대해서 선적의 통지를 발송하는 방법으로 이루어진다.

셋째, 상기 ③의 「불특정물」(「종류물」)의 경우 「위험」은 물품이 화인, 선적서류, 매수인에 대한 통지나 그 밖의 방법에 의하여 계약상 명확히 "특정될 때"까지 매수인에게 이전하지 않으며,[164] 「특정」(identification)의 통지는 "발송"으로 효력이 발생한다.[165]

넷째, 이외에도 상기의 ④ 「운송 중」에 매도된 물품에 관한 「위험」은 원칙적으로 "계약체결시"에 매수인에게 이전된다.[166]

그리고 "운송 중"(in transit) 물품의 매매가 있는 경우에도 일반원칙에 따라 「최

162) CISG, 제67조 1항 후단.
163) 윤광운 외, 「국제거래법」, 전게서, p. 354.
164) CISG, 제67조 2항.
165) CISG, 제27조.
166) CISG, 제68조.

초의 운송인」에게 물품이 인도된 때 위험이 매수인에게 이전한다고 한다면 「운송 중」 물품의 매수인은 자신의 매매계약체결 이전의 위험까지도 부담하는 것으로 되어 타당하지 않기 때문에, 「운송 중」 물품의 매수인은 매매계약 체결시에 「위험」을 부담하는 것으로 한 것이다.

그런데 「특별한 사정」이 있는 경우에는, 운송계약에 관한 서류를 발행한 「운송인」에게 물품이 "교부된 때"로부터 매수인이 「위험」을 부담한다. 여기서 「특별한 사정」이란 예컨대, 계약체결시에 매도인이 보험에 가입하고 양도성을 갖는 「지시식 보험증권」을 매수인에게 이를 양도(배서·교부)함으로써 매수인이 계약체결 이전에도 보험의 보호를 받을 수 있는 경우를 가리킨다. 그 전형적인 예로는 「CIF계약」이 있다.167)

한편 위의 규정에도 불구하고, 예외적으로 매도인이 매매계약체결 시에 물품이 멸실 또는 훼손되었다는 사실을 알았거나(악의) 알 수 있었고(과실), 또한 이를 매수인에게 통지하지 아니한 때에는 그 멸실·손상에 관해 매도인이 「위험」을 부담한다.168)

### (2) 「운송」을 포함하지 않는 매매의 위험이전시기

다음으로 「운송을 포함하지 않는」 매매, 즉 CISG 제69조는 앞에서 언급한 제67조(송부매매) 및 제68조(운송 중의 매매)에 해당하지 아니하는 현지매매의 경우로서, "동 제67조 및 제68조가 적용되지 않는" 경우란 운송인에 의한 물품의 운송과는 무관한 나머지 모든 계약이 해당된다.

협약(CISG) 제69조는 매수인이 매도인의 「영업소」(place of business)에서 물품을 수령하는지의 여부에 따라 구분하고 있다. 즉, 매매계약에 따라 매수인이 매도인의 「영업소」에서 물품을 수령하거나(예컨대, 「EXW」조건), 「운송 중」의 매매가 아닌 경우 등을 들 수 있다. 이 경우에는 매도인의 「영업소」에서 물품을 "수령한 때"에 「위험」이 매수인에게 이전한다.169) 또한 매수인이 매도인의 「영업소」에서 적시에 물품을 수령하지 아니한 경우 물품이 매수인의 처분가능한 상태에 놓이고 매수인이 인도를 수령하지 아니하여 "계약위반을 한 때"로부터 「위험」은 매수인에게 이전한다.170) 여기서의 물품이 매수인 자신의 처분에 맡겨져 있다는 것을 매

---

167) 여기서 운송계약을 표창하는 서류는 물품의 처분권한을 가진 서류뿐만 아니라 운송계약이 체결되었음을 증명하는 서류이면 모두 가능하다.

168) CISG, 제68조 후단.

169) CISG, 제69조 1항 전단.

수인이 알기 위해서는 선적서류를 교부 받거나 매도인의 통지가 매수인에게 도달해야 할 것이다.[171]

한편, 매수인이 매도인의 「영업소」(place of business) 이외의 장소에서 물품을 수령해야 하는 경우(「도착지매매」)[172]에는 그 「위험」은 인도기일이 도래하고 물품이 그 장소에서 매수인의 처분하에 놓인 사실을 매수인이 "안 때"에 매수인에게 이전한다.[173] 여기서 물품이 매수인의 처분에 맡겨져 있다는 것을 매수인이 알기 위해서는 선적서류를 교부받거나 매도인의 통지가 매수인에게 도달해야 할 것이다. 다만 매수인이 매도인의 「영업소」 이외의 장소에서 물품을 수령해야 하는 경우, 계약에서 물품이 아직 특정되지 않은 경우(「불특정물」, 「종류채권」)에는 물품이 계약에 명확히 "특정될 때"까지는 물품은 매수인의 처분하에 놓이지 아니한 것으로 본다.[174]

### 3) 위험이전과 우리나라 「민법」

우리나라 「민법」은 쌍무계약에서의 「위험부담」에 관하여 당사자 일방의 채무가 당사자들의 책임없는 사유로 이행할 수 없게 된 때에는 채무자는 상대방에게 이행청구를 하지 못한다[175]고 규정하고 있으므로, 일본 「민법」과 같이 「채무자주의」를 채택하고 있지만, 이것은 「임의규정」이므로 당사자가 다른 특약을 하면 그에 따르게 된다.

우리 「민법」은 통상의 무역계약과 같이 「불특정물」의 매매의 경우에는, 제534조에서 목적물이 "특정된 때"에 「위험」이 매수인에게 이전한다는 취지를 규정하고 있다.

그러나 실무적으로는 당사자는 제534조와 다른 특약에 의해 물품의 인도시에 위험이 이전하는 취지의 합의를 하는 것이 보통이다. 우리 「민법」 제534조는 「임의규정」이기 때문에 당사자가 이것과 다른 특약을 하는 것이 가능하다. 불특정물 매매의 경우에는 목적물 "특정 시"에 「위험」이 이전하는 것을 정하고 있는 「민법」의 규정은 실무적으로 받아들이기 어렵기 때문에, 당사자가 특약에 의하여 물품의

170) CISG, 제69조 1항 후단.
171) 윤광운 외, 「국제거래법」, 전게서, p. 356.
172) 예컨대 창고업자가 보관 중인 물품을 매매하거나 물품이 매도인의 트럭이나 다른 운송수단으로 매수인의 영업소까지 운송되어야 하는 경우이다.
173) CISG, 제69조 2항.
174) CISG, 제69조 3항.
175) 우리나라 「민법」, 제537조 1항.

"인도시"에 「위험」이 이전한다는 취지의 합의를 하고 있는 것이 상거래의 실상이다.

이와 같이 우리나라에서의 거래현상을 고려하면서, 전술한 협약(CISG)의 위험 이전에 관한 규정, 즉 「운송 중」의 물품의 매매라고 하는 특수한 경우를 제외하고, 계약이 운송을 포함하는가 아닌가에 의하여, 물품의 운송인에의 인도 시에, 혹은 매수인의 거래시 또는 매수인이 수령지체로 된 때, 혹은 물품이 납기에 매수인의 처분에 맡겨진 것을 매수인이 "안 때"에 「위험」이 이전하는 것으로 되어, 지극히 합리적으로 거래의 실정에도 합치하는 것이다.

그러므로 무역거래의 계약당사자는 본 협약(CISG)의 규정을 기본으로 하고 더욱이 Incoterms의 채용 등에 의해 한층 엄밀한 「위험이전의 시기」를 특약하는 것에 의하여 상거래를 원활하게 수행하는 것이 가능하게 된다.

## 5.2 비용부담의 원칙

SGA 제29조(인도의 규칙) 6항에서는 매도인의 「비용부담」에 관하여 다음과 같이 규정하고 있다.

> "당사자 간에 별도의 합의가 없는 한, 물품을 인도가능한 상태로 하기 위한 비용 및 기타 부수되는 비용은 매도인이 부담하여야 한다."

매매계약에 있어서 약정품을 「인도가능한 상태」(a deliverable state)로 두는데 필요한 비용을 매도인이 지불하여야 한다는 것은 매도인의 「물품인도의무」의 일부를 구성하며, 이는 매수인의 대금지급과 물품수령의 청구에 대한 매도인의 「정지조건」(conditions precedent)의 하나이다.[176] 따라서 만일 매도인이 이 비용을 지급하지 않을 때에는 물품인도의 준비와 의사가 있었다고 추정할 수 없으며, 매수인은 물품을 수령할 의무가 없는 것이다.

물품이 "인도가능한 상태"에 있다는 것은, 이때까지의 모든 비용을 매도인이 부담하였다는 의미이며, 이 경우 매수인은 물품을 인수하기 위한 모든 조치를 다하여야 한다.[177] 이때 매수인이 물품을 인수하지 못하여 발생한 모든 비용은 매수인에게 귀속됨은 물론이다. 일반적으로 별도의 합의가 없는 경우 약정품의 "인도가

---

176) SGA 1979, 제28조 : UCC, §2-310, §2-507.

177) *Acme Woodflooring Co. v. Sutherland Imes Co.*[1904] 9 Com. Cas. 170.

능한 상태"로 급부되는 때에 「소유권」도 이전되므로 「비용」과 「위험」은 동시에 이전되는 경우가 많다.

## 제6절 물품의 검사 및 인수

매매계약에 있어서 매도인은 물품의 인도와 소유권의 이전, 위험의 이전의 세 가지 권리이전의 경로를 통해 수행되며, 매수인은 우선 물품을 검사하고 계약에 일치하는 물품에 대해 이를 인수하고 대금지급을 함으로써 계약은 종료되지만, 이 과정에서 약정품이 계약과 「불일치」하는 때에는 물품의 인수거절과 함께 계약 위반의 정도에 따라 손해배상의 청구 또는 계약해제를 하게 된다.

이와 같이 무역계약의 이행에서 가볍게 다룰 수 없는 「물품검사」와 「물품의 인수」부분은 매수인의 입장에서는 그 거래의 성공여부가 달려있다 해도 과언이 아닐 만큼 중요성을 지니는 문제로서, 이는 곧 대금의 지급여부가 결정되는 동시에 클레임의 제기로 거래상의 분쟁의 시초가 제공되는 점이기도 하기 때문이다.

이하에서 물품검사와 물품의 인수에 관한 일반적 원칙을 중심으로 살펴보고자 한다.

### 6.1 물품의 검사

일반적으로 무역거래에서 「물품의 검사」(examination of goods)는 물품이 최종 목적지에 도착한 뒤 수입업자 또는 그의 대리인에 의해 행해지는 것이 보통이다.

이 「검사」는 선적시기에 따라 선적전 검사와 선적후 검사로 나누고 검사주체에 따라 정부검사, 수입업자 또는 그의 대리인의 검사, 국제검사기관에 의한 검사로 구분할 수 있다. 먼저 「선적전검사」(pre shipment inspection : PSI)[178]는 수입업자 또는 수입국정부가 선적지에서 행하는 것으로 세계적인 검사기관으로 SGS에 의해 선적물품이 계약물품에 적합한지 여부를 선적지에서 검사하는 것이고, 이에 대해 「선적후검사」는 수입국 세관에서 수입신고물품의 일치여부를 확인하는 제도

178) 「WTO 선적전검사에 관한 협정」은 전문 및 본문 9개 조항으로 구성되어 있으며, 우리나라 무역법에서는 선적전검사기관은 동 협정의 준수의무와 선적전검사가 무역장벽으로서 적용하는 것을 금지하는 규정을 두고 있다. 윤광운, 「국제통상법」, 삼영사, 2009, pp. 66~67.

이다.

그리고 「정부검사」는 당해 국가의 수출상품의 품질 및 대외성가의 유지를 목적으로 하는 검사이며, 「국제검사기관 검사」는 세계적인 국제검사기관에 의뢰하는 검사이다. 통상적으로 「물품의 검사」는 물품이 최종 목적지에 도착한 후 수입업자 또는 그의 대리인에 의해 검사하는 것이 보통이다.

이에 대해 SGA 제34조(매수인의 물품검사권)는 다음의 원칙을 규정하고 있다.

> "별도의 합의가 없는 한, 매도인이 매수인에게 물품의 인도를 제공한 경우에는, 매도인은 매수인의 청구에 의하여 물품이 계약과 일치하는가의 여부(견본에 의한 매매계약의 경우, 견본과 살화물을 비교하여)[179]를 확인하기 위한 검사의 상당한 기회를 매수인에게 부여하여야 한다."

이와 같이 국제물품매매에서 매도인이 물품을 인도하는 경우, 매수인은 달리 약정이 없는 한, 물품이 계약과 일치하는지의 여부를 확인하기 위하여 물품을 검사할 「합리적인 기회」를 갖는다고 규정하고 있다. 따라서 물품의 인수 또는 거절을 결정하기 전에 「물품의 검사」를 하는데 필요한 상당한 기회를 요구할 권리를 매수인에게 인정하고 있다. 또 매수인은 그러한 기회를 가질 때까지는 물품을 「인수」한 것으로 보지 않는다고 규정하고 있다. 그러나 이러한 원칙은 당사자들의 협정, 매매의 상황 또는 거래의 관습에 의해 변경될 수가 있다.[180]

특히 수출거래에서 「FOB」와 「CIF」에서와 같이 선하증권을 이용하는 경우의 물품의 인도가 「추정적 인도」에 의해 이루어지지만 「Ex Works」와 「FCA」, 「FAS」 고유의미의 「FOB계약」에서처럼 선하증권을 사용하지 않는 조건의 경우는 「현실적 인도」로 이루어지는데, 이 모든 계약조건상의 인도장소가 검사장소로 되기에는 적합하지 않을 수 있다. 그러므로 수출무역에서 물품의 목적지에 도착시까지 「물품의 검사」는 연기되는 것이 당사자들의 묵시적인 의사이며, 검사장소도 실제적이고 적절한 장소이어야 한다.

SGA에서, 「검사」는 물품인수를 위한 「정지조건」이 아니라는 점이다. 즉, 물품을 인수하기 전에 반드시 「검사」를 받아야 한다는 것은 아니며, 다만 매수인으로 하여금 물품의 「검사」를 실질적으로 합리적인 기회를 제공하는 것으로 족하

---

179) 본 내용은 1994 c. 35. ss. 2(2)(b). 8(2) (with s. 8(3))에 의해 삽입되었다.(1995.3.1).

180) *Saunt v. Belcher and Gibbons*[1920] 26 Com. Cas. 115. 119 : *Perkins v. Bell*[1893] 1 Q.B. 193.

다. 따라서 매수인이 검사기회의 이용여부에 관해서는 매수인의 의사이며, 「검사권」을 포기하는 경우는 물품에 대한 「거절권」 또한 상실하게 된다.

물품의 검사 시에 상당한 주의와 기술을 가지고 「검사」를 했음에도 불구하고 발견되지 않은 「숨은 하자」가 있는 경우, 그러한 「물품의 하자」와 관련하여 검사 장소는 검사가 효과적으로 수행될 수 있는 장소까지로 연장이 필요하다.

한편 협약(CISG)에서도 매도인의 「물품부적합」에 대한 부적합책임, 즉 「하자담보책임」을 묻기 위한 전제로서 매수인에게 수령한 물품의 「계약적합성」의 여부를 「검사」하고 그 결과를 매도인에게 통지하도록 규정하고 있다. 이는 매수인이 이 의무를 위반했다고 하더라도 매도인에게 손해배상책임을 부담하는 것은 아니고, 단지 매도인에게 담보책임을 물을 수 없다는 것을 의미하므로 진정한 의무가 아닌 자신의 권리유지를 위한 의무, 이른바 「간접의무」 또는 「책무」에 해당하는 것이다.[181] 따라서 매수인의 검사의무에 대해 매도인은 「검사」를 청구할 권리가 없으며, 검사를 하지 않았다 하더라도 매수인에게 손해배상을 청구할 수도 없다는 점이다.[182]

먼저 「물품검사」의무와 관련하여 매수인은 "당해 상황에 비추어 실행 가능한 한 단시간 내에 물품을 「검사」하거나 또는 하게 해야 한다."[183] "실행가능한 단시간 내"라는 것은 "지체없이"와 같은 의미이고,[184] 매수인이 물품을 수령한 후 이를 「검사」하는 것이 실제적으로 가능한 것을 전제로 하며, 물품의 종류에 따라 다르다고 본다.

그리고 계약에 물품의 「운송」을 포함(송부매매)하는 경우 매수인은 물품이 목적

---

181) 우리 「상법」에서 정한 매수인의 검사·통지의무와 그 성질 및 내용이 같다. 또한 「민법」상 매매목적물에 하자 또는 수량부족(제574조)이 있는 경우 매수인의 담보책임 추궁기간은 6개월(제582조) 또는 1년이어서 장기간으로, 상법에서는 특칙을 두고 있다. 「상법」에 의하면 매수인이 물품의 수령 후 지체 없이 검사하고 하자 또는 수량의 부족을 발견한 때에는 "즉시" 그에 관한 통지를 매도인에게 발송하여야 하며 이를 행하지 않았다면 매수인은 구제수단을 행사할 수 없다. 그러나 검사에 의해서도 발견할 수 없는 하자가 있었더라도 매수인은 물품의 수령 후 "6개월"이 지나면 더 이상 구제수단을 주장할 수 없다(상법, 제69조 1항). 다만, 하자통지가 없더라도 매수인이 구제수단을 행사할 수 있는 예외로는 매도인이 하자나 수량부족에 대해 「악의」인 경우이다(상법, 제69조 2항). 그러나 상인간의 매매가 아닌 경우는 「민법」이 적용되므로(민법, 제580조, 제581조) 비록 매수인이 상인이라고 하여도 원칙적으로 물품에 대한 검사 및 하자통지의 의무는 매수인의 간접의무이기 때문에 없다고 본다. 윤광운 외, 「국제거래법」, 전게서, p. 303, 주 47).

182) 상게서, pp. 303~304.

183) CISG, 제38조 1항.

184) 우리 「상법」상 매수인의 검사·통지의무를 해태한 경우로서, 대법원 제1부 1987.7.21 선고. 86다카2446 판결 참조.

지에 도착한 후가 아니면 실질적인 「검사」를 할 합리적인 기회를 가질 수 없는 것이 일반적이므로 이러한 경우의 「검사」를 대비하여, 협약(CISG)에서는 "물품이 목적지에 도착한 후까지 연기할 수 있다."고 하고 있다.[185] 따라서 「송부매매」시 매도인의 인도의무는 「제1운송인」에게 교부하면 끝나지만, 매수인의 검사의무는 그 물품이 목적지에 도착할 때까지 연기된다고 하여 SGA 규정과도 관련성을 가진다.

또한 「검사장소」와 관련해서는, 먼저 물품의 운송이 특정 목적지로 예정되어 있는 경우에는 "그 목적지"에서, 그리고 「운송 중」에 물품의 목적지를 변경하거나 재발송되는 경우에는 "새로운 도착지"가 검사장소로 된다.[186] 물품의 「검사방법」에 대해서는 명문의 규정이 없으므로 통상의 적당한 방법으로 하면 된다. 다만 매수인의 검사의무는 통상적인 검사에 한하고, 전문적인 기술을 동원하여 「검사」할 것을 요구하는 것은 아니다.

한편 우리 「민법」에 의하면, 인도한 매매목적물에 하자(흠)가 있거나 수량부족이 있는 때에는 매수인이 이를 적극적으로 발견해야 할 의무는 없으나, 매수인이 하자 또는 수량부족을 발견하면 매도인에게 「하자담보책임」, 즉 대금감액을 청구할 수 있으며, 또 "선의의 매수인"은 이 밖에 계약해제 또는 손해배상을 청구할 수 있다. 그리고 이러한 권리는 매수인이 "악의인 때"에는 계약 시부터 1년 내에, "선의인 때"에는 사실을 안 날로부터 1년(수량부족) 또는 6월(물건의 하자) 내에 행사하여야 하는 것으로 되어 있다.[187]

이에 대해 우리 「상법」은, 위의 경우에 특칙을 두어 매수인에게 일정한 의무를 가하고 있다. 즉, 상인간의 매매에 있어서 매수인이 목적물을 수령한 때에는 지체없이 이를 검사하여야 하며, 하자 또는 수량부족을 발견한 경우에는 즉시 매도인에게 "그 통지"[188]를 발송하지 아니하면 매도인에게 「담보책임」(대금감액 또는 손해배상)을 물을 수 없는 것으로 하고, 다만 "즉시" 발견할 수 없는 하자(숨은 하자)가 있을 경우에는 「검사기간」을 6월로 연장하고 있다.[189] 또 매도인이 「악의」인 경우에는 이 특칙의 적용이 없는

---

185) CISG, 제38조 2항.

186) CISG, 제38조 3항.

187) 우리나라 「민법」, 제370조 내지 제373조, 제380조 내지 제382조.

188) 우리 「상법」이 「민법」과 달리 매수인에게 검사통지의무를 부과한 이유는 첫째, 상인간에 담보책임을 장기간 존속시키는 것은 상거래의 신속을 요하는 취지에 어긋나고 둘째, 매수인이 목적물의 가격변동을 고려한 유리한 시기에 매도인의 하자담보책임을 주장함으로써 매도인의 손실증가로 전가시키는 부작용이 있게되고 셋째, 하자있는 물건의 처분기회를 상실하게 되는 매도인을 보호하기 위한 것이다. 김종엽, 「상법강의」, 전게서, pp. 189~190.

것으로 한다.190)

## 6.2 물품의 인수와 「인수거절권」

물품의 인도에 관한한 가장 중요한 규칙은, 「물품의 인수」(acceptance of the goods)에 관한 것이다. SGA에 있어서 「인수」는 매우 의미심장한 술어로서, 물품의 수령 또는 승인(receipt or approval of the goods)과는 구별이 필요하다. 여기서 「물품의 수령」은 물품의 인수보다는 좁은 개념으로서 SGA 제35조(물품의 인수)에는 단순한 수령은 「물품의 인수」로 본다고 하는 별도의 규정이 없다. 또한 「물품의 승인」에 있어서도 설혹 물품을 승인하지 않았더라도 물품을 인수한 것으로 간주되는 경우도 있다. 어떤 경우에는 물품에 대한 품질을 수령하지 않았다 할지라도 물품에 대한 권리는 수령할 수 있다.191)

「물품의 인수」에 해당하는 행위의 특징은 당사자에게 별도의 합의가 없는 한, 물품을 인수한 또는 물품의 일부를 인수한 매수인은 물품이 계약에 합치하지 않는 것을 이유로 거절할 권리를 상실한다는 것이다. 즉, 그 매수인은 물품에 대한 하자(흠)를 「조건의 위반」으로 하는 것이 가능하지 않지만, 아직 그것을 「담보의 위반」으로 하여 손해배상을 청구할 권리는 있다.192) 또한 반드시 그렇지는 아니하나 보통 그 전단계로 물품이 매수인에게 제출되어진 때에 물품의 「검사」가 행해지는 것을 요구한다.193)

한편 협약(CISG)은 매수인은 물품을 수령할 의무가 있다고 규정하고 있다.194) 매수인의 「물품수령」의무를 인정하는 이유는 매수인이 물품을 수령함으로써 매도인의 계속적인 이행의 제공으로 인한 비용지출 예컨대, 운송료, 체선료 등을 방지하기 위함이다. 수령시기와 관련해서는 명문의 규정은 없으나 「신의칙」상 적절

189) 우리나라 「상법」, 제69조 1항.

190) 우리나라 「상법」, 제69조 2항.

191) 이용근, 전게서, pp. 154～155.

192) SGA 1979, 제11조 2항.

193) SGA 1979, 제34조.

194) CISG, 제60조 : 우리 「민법」에는 매수인의 목적물 수령의무를 인정하는 명시적인 규정이 없으나 물론 다수설인 채무불이행설에 따른다면 채권관계를 단순한 권리 · 의무의 대립관계로 볼 것이 아니라 공동목적의 달성을 위하여 서로 협력해야 할 유기적 관계로 보아 매수인의 수령의무를 인정한다. 이 협약(CISG)은 매수인의 수령의무를 명시적으로 규정하고 있는데, 이 점이 특징적이다. 윤광운 외, 「국제거래법」, 전게서, p. 340. 주 83).

한 기간 내에 이를 수령해야 한다.

매수인의 물품을 실제로 수령하는 의무는 물론, 매도인에게 인도를 가능하게 하기 위하여 매수인에게 합리적으로 기대될 수 있는 모든 행위, 즉 매도인의 물품인도에 관련한 협력의무를 포함한다.[195] 이러한 수령을 위한 사전준비행위는 매수인의 협력행위의 일종이라 할 것이다. 매수인의 「협력행위」의 예로서는 매도인이 물품을 발송해야 할 정확한 목적지를 지정하는 행위, 목적지에서 물품을 수령할 매수인의 대리인의 대기, 수입통관서류의 준비, 물품의 보관을 위한 준비 등을 들 수 있다.[196]

또한 수령의 시기·장소에 관하여 특별한 규정이 없으나, 인도의 장소(CISG, 제31조)와 시기(CISG, 제33조)에 따라 정해지는 것이 보통이다. 그러나 「송부매매」의 경우에 매도인의 인도장소는 「최초의 운송인」에게 물품을 교부하는 곳[197]이지만, 매수인의 수령 장소는 물품의 목적지가 된다.

이와 함께 SGA는 매수인이 계약의 이행으로서 물품을 인수하고 물품의 「거절권」을 상실한 경우를 규정하고 있다. 이미 앞에서 설명한 「물품의 검사」는 인수 또는 거절의 전제로 하는 것이고, 일반적으로 매수인은 물품의 검사에 앞서서 결정할 필요는 없다. 그런데 매수인은 물품을 명시적으로 승낙하든가, 또는 물품의 수령으로 볼 수 있는 기타의 행위를 하는 것에 의해 「검사」에 앞서서 또는 「검사」를 하지 않고 물품을 수령하는 경우도 있을 수 있다. 그러나 이 경우에는, 매수인이 「위험」을 부담하고 있는 것이다. 즉, 나중에 물품이 약정의 품질을 갖고 있지 않다는 것이 판명되어도, 매수인은 계약을 해제할 수 없으며, 그 「조건의 위반」을 담보위반으로 하여 손해배상을 청구할 수 있을 뿐이다.[198]

매수인이 물품이 계약의 조건에 불합치한 것을 이유로 물품을 정당하게 「거절」(rejection)한 경우에는, 매수인은 SGA 제51조(인도거절의 손해배상액)에 의한 손해배상 외에도 특정이행 및 물품반환청구소송 등의 구제를 받을 수 있다.

또한 물품의 수령을 거절할 권리를 가지는 매수인은 「거절의 통지」를 하지 않으면 안된다. 그 이유는, 즉 ① 거절의 통지를 한 경우, 매수인이 물품을 보유하고 있더라도, 그것은 「수령」이라고 해석하지 않기 때문이며, ② 매수인이 물품을 보유하지 않는 경우, 그 물품의 소유권자인 매도인에게 물품을 보관 또는 처분할 기

195) CISG, 제60조(a)(b).

196) 윤광운 외, 「국제거래법」, 전게서, p. 340.

197) CISG, 제31조(a).

198) *William Barker(Junior) and Co. Ltd. v. Ed. T, Aguis Ltd.* [1927] 43 T.L.R. 751. 754.

회를 주지 않으면 안되기 때문이다.

SGA 제36조(반송의 의무가 없는 매수인의 거절물품)에 의해 매수인은 매도인에게 「거절의 통지」를 할 의무가 있으며, 매수인이 그 의무를 이행하지 않음으로써, 상당한 기간의 경과 전에[199] 물품이 훼손 또는 멸실한 경우 매수인은 매도인에 대하여 손해배상의 책임이 있다고 보아진다. 「거절의 통지」는 정식의(formal) 것일 필요는 없고, 구두 또는 서면에 의해 물품거절의 비공식의 통지로도 충분하지만, 그 통지는 애매해서는 안되며, 확정되어진 것이지 않으면 안된다. 매수인이 물품을 거절할 권리를 가지는 경우, 물품을 매도인에게 반환할 의무는 없고, 「거절의 통지」를 할 의무가 있을 뿐이다. 또한 매도인이 거절을 승낙한 때에는 「소유권」은 매도인에게 반환된다.[200]

이 「거절권」은 당사자 간의 합의 또는 상관습에 의해 배제할 수 있다. 예를 들어 「런던 곡물거래소」에서의 상관습에 의하면, 품질이 상이한 것만으로는 거절할 이유로 되지 않고, 계약에 의한 「중재」에 의해 그 차이가 과도하게 있든가 또는 부적당하다고 판단되어지면 비로소, 매수인은 물품을 거절할 권리를 취득한다. 이 관습은 유효하다.[201]

그러나 협약(CISG)은, 물품에 부적합한 점이 있더라도 매수인의 「수령의무」는 영향을 받지 않는다.[202] 따라서 매수인은 일단 물품을 수령한 후 상황에 맞는 구제수단을 강구해야 한다. 다만, 매도인의 사전인도(제52조), 초과인도(제52조) 시에는 수령을 거절할 수 있고, 이때에는 매도인이 수령의무위반에 기한 구제수단을 행사할 수 없다. 또한 매도인의 「본질적 계약위반」으로 매수인이 계약을 해제하거나 대체물인도를 청구하는 경우에도 수령을 거절할 수 있다고 본다. 다만, 이러한 경우에도 매수인에게는 물품의 「보관의무」가 있을 수 있다. 「본질적 계약위반」이 아닌 경우에는 매수인은 물품을 수령하고 부적합보완이나 대금감액 또는 손해배상의 구제수단을 행사하는 것으로 만족하여야 할 것이다.

---

199) 상당한 기간의 경과 후에는 SGA 1979, 제35조에 의해, 수령으로 간주된다.
200) *J. L. Lyons & Co. v. May & Baker Ltd.*[1923] 1 K.B. 685, 688.
201) *Re Walkers, Winsers & Hamm and Shaw, Son & Co.*[1904] 2 K.B. 152, 157.
202) CISG, 제86조 참조.

## 6.3 「물품인수」의 일반적 원칙

### 1. 「인수」로 간주되는 행위

SGA 제35조(물품의 인수)에 의하면, 매매계약에 있어서 매도인의 인도 물품을 매수인이 「인수」(acceptance)로 간주되는 행위로는 다음 세 가지의 경우이다. 즉,

① 매수인이 물품을 인수할 의사를 매도인에게 통지한 경우

② 매수인에게 물품이 인도되었을 때 매수인이 그 물품에 대하여 "매도인의 소유권과 양립할 수 없는 행위"를 한 경우

③ 물품인도 후 상당한 기간의 경과 후에도 그 물품의 거절을 통지하지 아니하고 그 물품을 보유하고 있는 경우이다.

상기와 같은 매수인의 「인수」행위는 물품이 매수인에게 "인도되어진 후"에 행해진 경우[203]에만 인수로 간주되어진다. 그렇지만 물리적인 인도가 행해져 있는 것이 필요한 것은 아니다. 매도인이 매수인의 수탁자로서 그리고 매도인으로서의 자기의 능력에 있어서가 아니고, 물품을 보유하는 것에 합의하는 것 또는 매수인이 전매한 상대방에 대하여 매수인을 위하여 물품을 매도인이 송부하는 것, 또는 매수인에게 이송할 목적에서 하는 운송인에 대한 물품의 인도는, 여기서 말하는 인도에 해당한다.[204]

따라서 위의 세 가지 경우 중 그 ①의 경우는, 매수인이 물품을 인수할 뜻을 매도인에게 통지할 경우에는 문제가 없으나, 후술하는 ②의 경우가 중요한 의미를 가진다.

### 2. 매도인의 「소유권」과 양립할 수 없는 행위

매수인의 인수로 간주되는 상기 ②의 경우, 즉 매수인에게 물품검사에 대한 합리적인 기회가 주어진 후에 반드시 물품이 매수인에게 인도되고 매수인에 의해 물품에 대한 매도인의 "소유권과 양립할 수 없는 행위"가 발생해야 한다는 것이다.

여기서 매도인의 "소유권과 양립할 수 없는 행위"(any act in relation to the goods which is inconsistent with the ownership of the seller)라 함은 매수인

---

203) *Hardy & Co. v. Hillerns & Fowler*[1923] 2 K. B. 490, 498.

204) *E. & S. Ruben Ltd. v. Faire Bros. & Co. Ltd.*[1949] 1 K.B. 254사건 259면에 있어서 Hilbery 판사의 말.

이 마치 물품의 소유권자인 것처럼 행동하는 모든 행위를 말한다. 예를 들면, 재판매하거나 발송 또는 인도하는 경우(a resale and dispatch or delivery of the goods)와 같이 물품을 처분하는(any disposal of the goods) 행위, 또는 물품을 담보물로 제공하는 행위 등이다. 이는 매수인의 이러한 행위에 의해 설혹 물품을 수령하지 않았다 하더라도 물품에 대한 권리를 수령했기 때문이다.

이와 같이 매수인에게 물품의 인도가 이루어진 경우, 매수인에 의해 물품에 대한 매도인의 "소유권과 양립할 수 없는 행위"는 어느 것도, 그 행위자체는 매수인에 의한 물품의 인수를 나타내는 의사로서 한 것이 아니더라도, 「물품의 인수」로 인정하는 것이다. 그러한 행위의 전형적인 예는 전매와 전매의 상대방에 대한 물품의 인도이다. 그와 같은 물품의 처분은 그것이 이미 행해진 것이든 합의된 만큼의 것이든 보통 매수인에 의한 「인수」(acceptance)에 해당하여 매수인에게서 전매를 받은 전매의 상대방은 그 영업소의 물품이 도착한 때에 검사하여 물품을 거절할 수 있는 권리를 가짐에도 불구하고, 매수인 자신은 물품을 반환할 권리를 상실하는 것이다. 왜냐하면 매수인은 이러한 행위에 의해 비록 물품의 품질을 수령하지 않았다 할지라도 물품에 대한 「권리」를 수령했기 때문이다.[205] 따라서 「전매」(resale)의 경우에 물품을 거절하는 권리의 유보를 바라는 매수인은 물품의 처분을 하기에 앞서서 매도인의 「동의」를 얻어 두지 않으면 안된다.[206]

이에 대한 사례로 *Perkins v. Bell* 사건[207]에서 "대맥"(大麥)을 판매하는 매매계약으로 조건은 견본매매로서 인도는 지정 역(驛)에서 이행하는 것으로 되어있었다. 곡물상은 계약체결 당일에 대맥을 맥주양조업자에게 전매하였다. 매도인의 착오에 의하여 품질이 열악한 대맥이 역에 송부되었기 때문에, 그 맥주양조업자는 가능하면 좋은 품질의 대맥과 교환할 것을 신청하였다. 그 서류를 수취한 곡물상은 역에 있는 대맥 중에서 견본을 꺼내서 자기에게 송부해주도록 역장에게 의뢰하였다. 현물에서 꺼낸 견본을 검사한 곡물상은 그 대맥을 맥주양조업자에게 보내도록 역장에게 지시했으나, 맥주양조업자는 그 대맥을 거절하였다. 항소법원은 인도의 장소가 검사의 장소로 추정되므로 매수인이 거기서 물품을 검사하고 전매의 상대방에게 그것을 양도했다고 하는 것은 "그 물품을 수령한 것"으로 된

---

205) Clive M. Schmitthoff, *Schmitthoff's Export Trade, op. cit.*, p. 141.

206) *Heibutt v. Hickson*[1872] L.R. 7c.p. 438 ; *Saunt v. Belcher and Gibbons*[1920] 26 Com. Cas. 115 ; *Hardy & Co. v. Hillerns & Fowler* [1923] 2 K.B. 490 ; *E. & S. Ruben Ltd. v. Faire Bros. & Co. Ltd.*[1949] 1 K.B. 254 ; *Benaim & Co. v. Debono*[1924] A.C. 514.

207) [1893] 1 Q.B. 193.

다고 판결하였다.

또 다른 사례로, *E. & S. Ruben Ltd. v. Faire Bros. & Co. Ltd.*[208]에서 매수인은 신발의 밑바닥을 만드는 재료로서 "경화(硬化)고무"를 견본을 바탕으로 구입하였다. 그 고무를 구두회사에 판매하였기 때문에, 매수인은 매도인에 대하여 자신을 위해 고무를 직접 구두회사로 송부하도록 의뢰하였다. 매도인은 그 지시를 실행하였지만, 구두회사는 견본에 합치하지 않는 것을 이유로 그 고무를 거절하였다. 이어서 매수인도 매도인에 대하여 물품을 거절하고서, 대금의 지불을 거절하였다. Hilbery 판사는, "인도의 장소는 매도인이 그 계약을 위하여 물품을 선별한 매도인의 주소지이다. 구두회사에 송부한 때, 매도인은 매수인의 대리인으로서 행동하였다. 따라서 매수인은 물품을 거절할 권리를 상실하고, 매수인은 담보위반에 대하여 손해배상을 청구하여 매도인의 청구에 대항할 수 있을 뿐이다"고 판결하였다.

## 3. 「상당한 기간」 경과 후의 물품의 보유

매수인의 「인수」로 간주되는 상기의 ③의 경우, 매수인이 물품의 「거절의 통지」를 하지 않고, 부당한 기간 동안 물품을 보유하여(retain) 물품을 거절할 권리가 인정되지 않는 경우에는, 매도인이 「선의부실표시」를 하였기 때문에 계약의 체결에 따른 계약해제의 주장도 같이 인정되지 않는다.[209]

SGA은 매수인이 물품의 거절을 위한 통지기간을 별도로 규정하지 않고 다만, "합리적인 기간 내"(within a reasonable time)만 규정하여 매 거래의 상황에 따라 다양하게 판단할 수 있으므로, 여기서 "상당한 기간"이 무엇인지는 「사실문제」이다.[210]

그러나 일반적으로 신중한 매수인이라면 물품이 검사장소에 도착하는 즉시 물품을 검사하고 그 인수 또는 거절의 여부를 결정해야 할 것이다. 따라서 매수인이 정당한 사유에 의하여 「물품의 거절」을 결정하였다면 이를 "즉시" 매도인에게 통지하는 것이 중요하다.

---

208) [1949] 1 K.B. 254.
209) *Leaf v. International Galleries*[1950] 2 K.B. 86사건 90-91면에 있어서 Denning 판사의 말.
210) SGA 1979, 제59조.

## 6.4 「계약수량」 위반 시의 물품의 인수

### 1. 「하자있는 수량」의 인수

전술한 바에서와 같이, 매도인이 약정수량과 다른 수량을 제공하거나 또는 약정물품과 다른 종류의 물품이 혼합된 물품을 제공한 경우는 「하자있는 수량」의 인도(delivery of wrong quantity)가 되어, 이 경우 매수인은 물품의 「전부의 거절」도 할 수 있으며, 또한 계약에 일치하는 물품만 인수하고 나머지 잔여수량을 거절하는 「부분적 거절」도 할 수 있다.[211]

#### 1) 물품 「전부의 거절」

수량에 하자(defect, 흠)가 있는 인도 또는 제공이 이루어지고, 매수인이 그 전부를 정당하게 거절한 경우에는, 매수인은 계약이 「조건의 위반」을 이유로 계약을 해제한다.[212]

대표적 사례로 *Re Moore & Co. v. Landauer & Co.*사건[213]에서, 매수인은 한 상자에 30캔이 들어있는 호주산 "과일캔 통조림"을 3,100상자 구입하였다. 제공된 상자의 약 절반에는 24캔만이 들어 있었고, 나머지의 상자에는 30캔이 들어 있었다. 매수인은 전부를 거절하였다. 중재인은 1상자에 24캔으로도 30캔으로도 물품의 시장가치에 변화가 없다는 취지를 주장하였고, 이러한 사실은 인정되었으나 항소법원은 제30조 3항에 의해 매수인은 명백히 전부의 물품을 거절할 권리가 있다고 판결하였다.

이와 같이 매수인은 예컨대 SGA 제35조(물품의 인수)의 의의에 있어서, 계약에 따라서 물품의 일부를 수령하여도, 또는 수령하고 있다고 간주되어도 물품전부를 거절하는 권리가 있다.[214]

#### 2) 「부분적 거절」

「부분적 거절」의 경우로, 계약이 「분할가능한」 것으로 있는 경우, 매수인은 계약에 합치하는 수량 또는 부분을 보유하고서, 나머지 부분을 거절할 권리가 있

211) 윤광운 외, 「영국물품매매법」, 전게서, p. 152.
212) SGA 1979, 제49조 참조.
213) [1921] 2 K.B. 519.
214) *London Plywood & Timber Co. v. Nasic Oak Extract Factory*[1939] 2 K.B. 343.

다[215]는 것은 분명하다. SGA 제30조(하자있는 수량의 인도)는 더욱이 계약이 분할가능하지 않는 경우와 마찬가지 권리를 매수인에게 부여하고 있는 것이다.

이것은 「분할불능」의 계약에 있어서는, 「부분적 수령」은 전체의 수령과 동일한 효력을 가진다고 하는 원칙의 예외이다.

그리고 매수인이 여러 종류의 물품을 구매하였으나 한 종류의 물품만 제공된 경우에는 매수인은 제공된 물품 중에서 계약과 일치하는 물품만 인수하고 그 나머지는 거절할 수 있다.

## 2. 「분할인도」 시의 인수

당사자 간의 계약에는 「분할인도」(instalment deliveries)를 규정하고 있지 않는데도, 매도인이 「분할인도」를 신청한 경우 그것은 수량에 하자가 있는 제공이고, SGA 제30조(하자있는 수량의 인도)가 적용되어진다.[216]

*Gill & Duffus SA v. Berger & Co. Inc* 사건[217]에서, 매도인은 "콩" 500톤을 판매하기로 합의하고 두 개의 화물 또는 선적으로, 즉 처음에는 445톤을 두 번째는 55톤을 인도하였다. 하지만 매수인은 계약상 표시와 일치하지 않는다는 것을 이유로 화물의 수령을 거절하였다. 처음 법원은 두 번째 인도에 대한 매수인의 주장을 인정하였지만, 첫 인도에 대한 주장에 대하여는 부정하였다. 하지만 「항소법원」에서는, SGA 제30조에 비추어 55톤에 대한 제한된 거절권은 법률상 가능하지 않다는 이유로 매수인에게 양 화물의 「수령거절권」을 인정하였다.

한편 계약내용의 성질상 일시에 이행하는 것이 무리인 경우, 예를 들면 일정기간 내에 다량의 물품을 공급하는 경우에는, 「분할인도」가 묵시되어진다.[218] 반대로, 별도의 합의가 없는 한 매수인은 「분할인도」를 요구하는 것이 불가능하다.[219] 즉, 계약상 「분할인도」를 규정하지 않은 경우, 매수인은 「분할인도」된 물품 또는 일부 인도된 물품에 대해 인수할 의무는 없는 것이다.

---

215) *William Barker(Junior) and Co., Ltd. v. Ed. T. Aguis. Ltd.*[1927] 43 T.L.R. 751사건 754면에서 Salter 판사가 피력한 바와 같다.

216) *Behrend & Co. Ltd. v. Produce Brokers Co. Ltd.*[1920] 3 K.B. 530.

217) [1983] 1 Lloyd's Rep. 622.

218) *Colonial Ins. Co. of New Zealand v. Adelaide Ins. Co.*[1886] 12 App. Cas.128.

219) *Kingdon v. Cox*[1848] 5 C. B. 522.

### 1) 「가분계약」 및 「불가분계약」하의 인수

「가분계약」(divisible contract)은 계약물품의 수량을 몇 회로 나누어 인도하는 약정으로서, 이 경우 약정된 기간 내에 약정된 수량을 인도함으로써 매도인의 인도의무는 이행되지만, 만약 매도인이 약정된 인도시기를 위반하거나 또는 일 회나 수 회에 걸쳐 "하자있는 물품"을 인도하였다면 매수인은 위반된 할부부분에 대해서만 인수거절할 수 있는지 아니면 계약전체를 인수거절할 수 있는가의 문제이다.

SGA에서는 각각의 계약내용 및 상황에 따라 판단할 문제로 규정하고 있다.[220] 그러나 계약상 「분할인도」를 규정하고 있지 않은 경우, 매수인은 분할인도된 물품 또는 일부만 인도된 물품을 인수할 의무는 없다.

한편 계약수량 전체를 한 번에 인도 또는 선적하기로 약정하는 「불가분계약」(indivisible contract)은 "특정수량의 물품의 매매계약은 일응(prima facie) 불가분계약으로 추정되어지고, 그 물품 전부의 인도 및 수령에 의하여만 그 계약은 이행되어진다."[221] 「불가분계약」에 있어서는 그 「부분적 위반」(partial breach)이 있더라도, SGA 제30조(하자있는 수량의 인도)가 적용되지 않는 한, 「전체의 위반」이 있다고 간주되어진다. 따라서 「불가분계약」에서, 약정된 수량보다 적게 인도된 경우 매수인은 이를 인수거절할 수 있으며, 그러나 매수인이 적게 인도된 수량을 인수한다면 계약비율대로 대금을 지불해야 한다.[222]

그러나 매도인의 계약위반이 있음에도 불구하고 매수인이 인도된 물품을 「전부 또는 일부」를 인수했을 경우, 매수인은 매도인의 계약위반을 「담보」의 위반으로 간주한 것이므로, 단지 손해배상을 청구할 수 있을 뿐이다. 또한 「불가분계약」에서 분할인도된 물품, 즉 "일부만 인도된" 물품을 인수한 경우, 매수인은 남아있는 다른 부분의 물품을 거절할 수 없다.[223]

### 2) 각각 지불되는 「분할인도」의 인수

「각각 지불되는 분할인도」의 경우, 계약은 분할가능하며, SGA 제31조(분할인도) 2항이 적용되어진다. 이 경우 두 가지의 문제가 생긴다. 즉, 그것들은 「하나의」

---

220) SGA 1979, 제31조 2항.

221) *Longbottom & Co. Ltd. v. Bass Walker & Co.*[1922] W. N. 245사건 246면에서 Atkin 판사의 말.

222) SGA 1979, 제30조 1항.

223) SGA 1979, 제11조 4항.

계약인가 또는 인도 때마다의 「하나의 계약」이 존재하는 것인가 하는 문제와 하나의 분할인도에 관한 위반은 당사자 간의 합의전체에 어떠한 효력을 미치는가 하는 문제이다.

### (1) 「하나의 계약」

「각각 지불되는 분할인도」의 경우, 그 계약은 "한 개의 계약이고, 그 계약 하에서 행해지는 분할인도의 수와 같은 수의 계약이 복합한 것은 아니다."[224] 특히 "각 인도는 각각의 별개의 계약으로 간주한다."고 하는 약관이 부가되어 있는 경우에 있어서도, 그것에 의해 「계약」은 별개의 계약으로 분할되어지는 것은 아니다.

그러한 약관은 통상 이행의 문제에 효력을 미치는 「종속적 약관」(subsidiary clause)이다. 즉, "특정의 목적을 위하여, 이행의 과정에 있어서 특정의 분할인도 또는 선적이 다른 분할인도 또는 선적과 별개로 간주되어지는 경우라고 하더라도, 「계약」은 유일한 것이고, 「하나의 약정수량」이 존재할 뿐이다."[225]

무역거래에서 「매 선적」은 별도의 「독립적 계약」으로 간주[226]되고는 있으나, 분쟁의 소지는 이 경우에도 발생할 수 있으므로 계약에서 이를 명백히 하는 것이 바람직하다. 이에 관한 *J. Rothental & Sons Ltd. v. Esmail* 사례[227]에서 동일 일자 동일 선박에 선적된 물품에 대하여 두 장의 다른 선하증권(B/L)이 발행되어 제시되었다. 매수인은 한 장의 선하증권에 표시된 절반의 물품을 「인수」하고 나머지는 「인수거절」하였다. 그러나 이것은 분할할 수 없는 「하나의 계약」이므로 매수인이 계약물품의 일부를 인수하게 되면 다른 나머지 물품에 대한 「거절권」을 상실한다고 판시함으로써, 「매 선적분」의 독립적 계약의 의미를 명백히 하고 있다.

### (2) 「계약전체」의 이행거절 및 부분위반

일회 또는 수회의 「분할인도」에 관하여 위반이 행해진 경우, 그 위반이 계약전체의 이행거절이라고 하는 계약의 근본에 관한 것인가,[228] 또는 그 분할인도에 한

---

224) *Maple Flock co. Ltd. v. Universal Furuiture Products(Wembley) Ltd.*[1934] 1 K. B. 148사건 154면에서 Hewart경의 말.

225) *Ross T. Smyth & Co. v. T. D. Bailey Son & Co.*[1940] 3 All E. R. 60사건 73면에서 Wright경의 말.

226) Clive M. Schmitthoff & David A. G. Sarre, *Charlesworth's Mercantile Law.*, 14th ed., Stevens,1984, p. 314. : 「매 선적분」을 독립적 계약으로 간주한다는 문언이 계약에 규정되어 있으면, 매도인은 그 계약을 분할불능의 것으로 처리하거나 또는 계약이 분할될 수 있는 경우 이를 분할하여 「독립적 인도」(separate delivery)를 할 수 있는 선택권을 가진다.

227) [1965]1 W.L.R.117.

228) 위의 사건 73면에서 Wright경의 말.

정되어지는 독립한 위반으로 되어, 「보상금」(compensation)229)만을 청구할 수 있는데 불과한 것인가의 문제가 생긴다.

당사자가 이 문제에 대해서 명시 또는 묵시의 약정을 하는 것은 자유이다. 예를 들면 「하나의 위반」이 행해진 경우에도 상대방은 계약을 해제할 권리가 있다고 하는 것도 가능하고, 「하나의 위반」은 원칙적으로 그 분할인도에 관계할 뿐이라고 하는 것도 가능하다. 당사자가 「하나의 위반」의 효과에 대해서 아무런 규정을 설정하지 않은 경우, 그 위반이 계약전의 이행거절을 구성하는가 「하나의 위반」에 불과한가의 문제에 대한 답은 SGA 제31조(분할인도) 2항에 따라 계약의 조항, 사안의 정황을 고려하여 결정하지 않으면 안된다. 이 조항의 원칙은 매도인 또는 매수인에 의한 계약의 이행이 확정적이고, 명시적으로 거절되어진 경우와 완전 동일한 원리를 살리는 유일한 방법이다.230)

그러나 위반한 당사자가 계약의 이행을 거절할 의사였다는 것을 증명할 필요는 없으나, 그 당사자의 심리상태와 의사는 정황의 심리에 있어서 중요한 요소로서 고려하지 않으면 안된다. 어떤 이유에 기하여 계약을 해제하였으나 「해제」가 되지 못한 경우, 이로 인하여 다른 이유에 의한 해제까지도 할 수 없게 되는 것은 아니다.231)

## 6.5 「물품인수」를 해태 또는 거절한 매수인의 책임

인수거절에 따른 매수인의 책임으로, SGA 제37조(물품인수거절의 매수인의 책임)에서는, "매도인이 물품을 인도할 준비를 완료하고 인도받을 것을 요구한 경우, 매수인이 그 요구를 "상당한 기간 내"에 인수하지 아니한 때에는 매수인은 자신의 태만 또는 거절로 인하여 발생한 손해와 물품의 보관에 소요된 상당한 비용을 보상할 책임이 있다."고 규정하고 있다.

따라서 매수인이 「물품의 인수」를 불법적으로 해태하거나 거절한 경우에 매도

229) 보통 위반(breach)에 대응하는 손해(damages)라는 용어 대신에, SGA 제31조(분할인도) 2항에 있어서는 「보상금」(compensation)이란 용어가 사용되어지고 있는데, 그 이유는 손해배상을 청구할 수 있는 경우와 위반이 분할인도대금의 지급을 하지 않는 경우를 포함하고자 하는 의도이다. *Workman, Clark & Co. Ltd. v. Lloyd Brazileno*[1908] 1 K. B. 968, 979 ; SGA 1979, 제49조, 제50조 참조

230) *Robert A. Munro & Co. v. Meyer*[1930] 2 K. B. 312사건 332면에서 Wright경의 말.

231) *British and Beningtons Ltd. v. N. W. Cashar Tea Co.*[1923] A.C. 48, 71-72.

인은 그 물품의 인수불이행에 대한 손해배상소송을 제기하는 것이 가능하며, 물품의 「소유권」이 매수인에게 이전하지 아니한 경우, 매도인이 가지는 유일한 구제방법이며, 이 외에 물품의 보관에 소요된 상당한 비용의 청구권이 있다.

이때 만약 물품의 「소유권」이 매수인에게 이전한 경우에는, 매도인은 자기의 선택에 의해 이 소송을 제기하거나 대금청구소송을 제기할 수 있다. 또한 이때 물품에 대한 「위험부담」도 매수인이 인수를 하지 못함으로써 계약을 "위반했을 때" 매수인에게 이전된다. 매수인이 인수의무를 이행하지 못한 경우에는 「계약위반」으로 간주하며, 매도인으로 하여금 계약을 해제할 법적 근거를 제공해 주는 것이다.[232] 「FOB계약」 또는 「CIF계약」에 있어서 매수인이 물품의 인도를 받는 것을 거절한 경우에 매도인이 가지는 유일한 구제방법은 인수불이행에 대한 「손해배상청구」소송이다.

또한 다음의 경우, 즉 ① 당사자가 「인도일」을 약정한 경우 또는 ② 매수인이 계약의 「이행거절」을 한 경우에는 매도인이 매수인에 대한 인도수령의 청구를 할 필요는 없다. 다만 상기 ①에서와 같이 당사자가 「인도일」을 약정한 경우에도 매도인의 청구가 필요한 경우와 마찬가지로, 매도인은 「약정일」에 인도할 수 있는 것을 나타내지 않으면 안된다.[233]

## 제7절 | 대금의 지급

### 7.1 대금지급의 의의

일반적으로 물품매매계약에 있어서 매수인은 물품의 인도와 상환으로 매도인에게 대금을 지급할 의무를 진다. 따라서 매수인은 별도의 약정이 없는 한, 물품의 인도 및 대금의 지급은 「동시이행조건」(concurrent condition)이다.

무역계약은 격지자간의 거래의 특성상 대부분의 경우 현실적으로 매매당사자간의 「동시이행조건」은 불가능하다. 그러므로 무역거래의 당사자들은 대금지급과

232) John Honnold, *Uniform Law fot International Sales under the 1980 UN Convention*, Kluwer Law and Taxation Publishing, 1982, p. 353.

233) *Forrestt and Son Ltd. v. Aramayo*[1900] 9 Asp. Mar. Cas. 134.

관련한 실제적인 다양한 대금결제방법을 발전시켜 왔는데, 이 중 대표적인 결제수단으로 등장한 것이 「화환어음결제」 방식이다. 이 「화환어음결제」 방식은 물품을 선적한 후 이 선적화물을 증권화하여 이를 담보로 매도인은 선적지에서 사전에 외국환은행을 통하여 선하증권 등 선적서류가 첨부된 「화환어음」의 매입 또는 추심을 의뢰하여 대금을 회수하는 방식을 이용하게 되는 것이다.

또한 매수인은 수입지에서 선적서류가 첨부된 「화환어음」(documentary bill of exchange)이 은행을 통해 제시되면 이 「환어음」에 대해 지급 또는 인수하여 이 수취된 증권과 상환으로 화물을 인수하게 되는 매우 실제적인 제도를 통해서 국제거래가 수행되어진다. 따라서 이 「화환어음」 결제방식에서의 「환어음」(bill of exchange)은 국제간의 대차관계를 결제하기 위한 유용한 결제수단으로서의 기능을 가진다.

이와 같이 수출무역에서 주로 사용되는 「화환어음」에 의한 대금결제방식에는 「신용장결제」 방식, 「추심결제」 방식의 D/A(「어음인수서류인도」) 및 D/P(「어음지급서류인도」)방식 그리고 「송금결제」 방식이 주로 활용되며,[234] 그 외 무역거래에서의 대금결제방법과 결제장소, 결제시기 및 지급통화 등의 무역계약체결시의 대금결제조건은 앞의 장에서 상술한 바 있으며, 여기서는 「환어음」의 법적측면을 주로 살펴본다.

## 7.2 대금지급의 일반적 원칙

협약(CISG) 제3장은 매수인의 의무로 대금지급의무를 비롯하여 물품인도수령의무, 검사 및 통지의무, 매수인의 계약위반에 대한 구제 등을 동 제53조 이하에서 규정하고 있다. 따라서 매수인은 계약 및 CISG의 규정에 따라서 매매대금을 지급하고 물품을 수령할 의무가 있다고 규정하고 있다.[235]

이러한 매수인의 「대금지급」 의무는 매도인의 「소유권이전」 의무에 상응하는 것

234) 윤광운 · 최영봉 · 손성문, 「무역결제론」[제3판], 탑북스, 2014, pp. 30~33 참조.

235) CISG, 제53조 : 우리 「민법」 역시 매수인의 대금지급의무를 규정하고 있다(민법, 제563조와 제568조 1항). 그러나 이 의무는 주된 의무로 인정되며 원칙적으로 대금지급 자체에 한정된다. 대금지급의 준비행위는 그것이 직접 대금지급의 문제로 되지 않는 한 부수적 의무의 문제로 처리되는 것이 원칙이다. 우리 「민법」의 대금지급의무는 금전채무이므로 CISG와 마찬가지로 무과실책임이다(민법, 제397조). 다만 CISG와 달리 법정이자액 이외에 추가적인 손해배상은 허용되지 않는다. 윤광운 외, 「국제거래법」, 전게서, p. 335. 주 76).

으로서 매수인의 의무 중 가장 기본적인 의무이다. 협약(CISG)은 대금결정방법, 대금의 지급장소 및 지급시기에 관한 규정을 두고 있으나, 구체적인 대금의 지급방법에 관해서는 아무런 규정이 없다.

매수인의 「대금지급」의무에는 그 지급을 위하여 계약 또는 법령에서 정한 조치를 취하고 절차를 따르는 것이 포함된다.[236] 따라서 대금지급을 위한 「조치와 절차」는 대금지급의 준비행위 및 기타의 의무도 존재할 수 있지만, 이들 역시 매수인의 계약의무와 동일하게 취급하여 대금지급의무에 포함한다고 규정하고 있다.

이러한 대금지급을 위한 「조치와 절차」는 무역거래에서 일반적인 관행으로서 인정되어 온 의무로서 신용장 발행, 수입허가신청, 해외송금을 위한 정부의 허가신청 등이 포함된다. 만일 매수인이 외환규제가 심한 개도국에 소재하는 경우에는 중요한 사항이다. 매수인이 대금지급의 준비의무를 위반하는 경우에도 과실없이 책임을 지게 되므로 자신의 「위험부담」으로 대외지급에 관한 필요한 절차를 완료해야 한다. 만약 이러한 조치가 미비하면 매도인은 제61조 이하의 구제수단을 모두 행사할 수 있다.

그러나 매수인이 「대금지급」의 준비의무를 위반하였다면 과실 없이도 책임을 지며(무과실책임), 매수인에게 불가항력에 해당하는 책임의 면제(CISG, 제79조)의 사유가 있는 경우에는 「면책」(indemnity of impossibility)이 가능하다.[237]

## 1. 대금의 결정

매매거래상의 물품대금은 일반적으로 당사자 간의 합의로 결정된다. 그러나 계약은 유효하게 성립하였지만 계약상 명시적 또는 묵시적으로 대금을 약정하지 아니하거나 대금확정조항을 두지 아니한 경우, 당사자는 반대의 표시가 없는 한 계약체결 시에 당해 거래계의 유사한 상황에서 매도되는 물품에 대하여 일반적으로 청구되는 대금을 묵시적으로 물품대금으로 정한 것으로 본다.[238]

여기서 "반대의 표시가 있는" 경우로는 가격폭등이 극심한 시장에 있어서 당사자 간에 대금에 대한 합의가 없는 경우로서, 이때의 물품대금결정을 계약체결시가 아닌 인도시점으로 하는 "반대의 표시가 있는" 경우이다. 그리고 계약체결 시

236) CISG, 제54조(대금지급을 위한 조치) : 매수인의 대금지급의무에는 그 지급을 위하여 계약 또는 법령에서 정한 조치를 취하고 절차를 따르는 것이 포함된다.

237) 윤광운 외, 「국제거래법」, 전게서, p. 335.

238) CISG, 제55조.

에 당해 거래와 유사한 상황에서 매도되는 그러한 종류의 물품에 대하여 일반적으로 청구되는 대금은 "계약체결 시"에 객관적으로 통용되는 가격을 말하며, 다만, 관행이나 관례가 별도의 사정을 구성할 수 있다.239)

한편 대금이 물품의 「중량」에 따라 정하여지는 경우에, 의심이 있을 때에는 「순중량」에 의하여 대금을 결정하는 것으로 한다.240) 대금이 물품의 「중량」에 따라 정하여지는 경우란, 곡물, 철광석 등 대량 원자재로서 대개는 따로 포장하지 않고 산물(bulk cargo)로서 거래되는 경우를 말한다. 또 대금지급 연체 시에 법정이자액 이외에 추가적인 손해배상도 허용한다.241)

## 2. 대금지급장소

무역거래의 실무관행에서는 대금결제와 관련한 지급장소에 대하여 계약당사자 간에 명시적 특약이 있으면 합의한 장소로 하고, 이러한 합의가 없는 경우에 협약(CISG)은 대금지급시기(제58조, 제59조)와 다음의 지급장소(제57조)를 각각 규정하고 있다.

첫째, 당사자 간에 합의한 특정한 장소가 있으면 "그 특정 장소"에서 지급해야 한다.

둘째, 특정한 장소가 없고 대금지급이 물품 또는 서류의 교부와 상환으로 지급되어야 할 경우가 아닌 경우에는, 원칙적으로 매도인의 「영업소」(place of business)에서 지급하여야 한다.242) 「FOB」조건에서는 매도인의 「영업소」 또는 선적이 이루어지는 장소가 곧 대금지급장소가 된다. 계약체결 후에 매도인이 「영업소」를 변경함으로써 발생하는 대금지급에 대한 부수비용의 증가액을 매도인이 부담하여야 한다.243)

셋째, 대금지급이 물품 또는 서류의 교부와 상환으로 지급되어야 하는 경우에는 예외적으로 그 물품 또는 "서류의 교부가 이루어지는 장소"가 대금지급장소가 된다.244) 이는 물품인도와 대금지급이 「동시이행조건」의 계약이론에 따르는 것이

---

239) 윤광운 외, 「영국물품매매법」, 전게서, p. 82 참조.

240) CISG, 제56조.

241) CISG, 제78조.

242) CISG, 제57조 1항(a) : 무역거래에서는 「외환관리규칙」 등과의 관계상, 매수인의 영업소에서의 지급이 매도인의 입장에서 거의 의미가 없는 경우가 많다.

243) CISG, 제57조 2항.

244) CISG, 제57조 1항(b) : 우리 법제에서의 대금지급장소는 특정물 이외의 채무에 대해서는 지참채무를 원칙(CISG, 제57조 1항(a), 민법, 제467조 2항)으로 하며, 목적물의 인도와 동시에

일반적이기 때문이다. 선적서류의 제공을 지급조건으로 하는 「CIF」조건에서는 선적서류의 교부와 상환으로 신용장대금이 지급되는 "신용장발행은행의 영업소"가 대금지급장소가 된다.

따라서 협약(CISG)에서 규정한 매수인의 「대금지급장소」의 순서는 ① 당사자 간에 합의한 특정한 장소, ② 물품 또는 서류의 교부가 이루어지는 장소 그리고 마지막으로 ③ 매도인의 「영업소」의 순이다.

### 3. 대금지급시기

협약(CISG)은 「대금지급시기」와 관련하여, 우선 계약상 당사자 간의 합의가 있으면 합의한 시기에 대금을 지급해야 하지만 대급지급시기에 관한 당사자 간의 합의가 없는 경우에는 원칙적으로 매수인은 매도인이 계약과 CISG에 따라 물품이나 물품의 처분을 지배하는 서류(예컨대 「선하증권」)를 매수인의 처분 하에 두는 때에 대금을 지급하여야 한다[245] 여기서 "물품의 처분을 지배하는 서류"란 영미법상으로는 권리증권(document of title), 우리 법상으로는 인도증권을 가리키는데 대부분 선하증권과 보험증권 등으로 구성된 「선적서류」를 가리킨다.

예외적으로 매도인은 그 대금지급을 물품 또는 서류의 교부를 위한 조건으로 할 수 있으며, 계약이 물품의 「운송」을 포함하는 경우(「송부매매」)에는, 매도인은 "대금의 지급과 상환으로 물품이나 물품의 처분을 지배하는 서류를 매수인에게 교부한다."는 조건을 붙여 물품을 발송할 수 있다.[246] 이 경우에는 매도인은 동시이행의 항변권 또는 채권적 유치권을 가지게 될 것이다. 따라서 대금이 지급될 때까지는 물품의 처분권이 매도인에게 유보된다.

당사자 간에 합의한 인도절차나 지급절차가 물품을 검사할 기회를 부여하고 있는 경우에는 매수인은 물품을 검사할 기회를 "가질 때"까지는 대금을 지급할

---

대금을 지급할 경우에는 그 목적물의 인도장소(매도인의 주소지)이다(민법, 제586조).

245) CISG, 제58조 1항 : 지급시기는 다른 의사표시가 없는 한 물품인도시에 하는 것이 원칙이다(민법 제585조). 다만, CISG에서는 매수인이 물품검사의 기회를 가질 때까지는 원칙적으로 대금지급의 의무가 없다(CISG, 제58조 3항). 한편, 매수인의 수령지체시에 우리 민법에서는 채권자지체(민법 제400조 내지 제403조)제도에 의해 CISG와 유사하게 해결할 수 있겠으나, 다만 유책사유의 여부 문제에서 CISG와 차이가 있을 것이다. 즉, 매수인이 수령을 지체하는 경우에 매도인은 물건을 공탁하거나 경매할 수 있으며, 물건의 하자 등으로 인해 매수인이 계약을 해제한 때에는 받은 물건을 매수인이 보관하거나 공탁해야하며 멸실 또는 훼손될 염려가 있으면 법원의 허가를 얻어 경매하여야 한다. 윤광운 외, 「국제거래법」, 전게서, p. 338, 주 80).

246) CISG, 제58조 2항.

의무가 없다.[247] CISG 제38조(물품의 검사기간)와 달리 반드시 엄격할 필요는 없고, 간단하고 피상적인 검사로도 충분하다. 다만, 당사자 간에 합의된 인도 또는 지급절차가 매수인이 검사 기회를 가지는 것과 "양립하지 아니하는" 경우에는 그러하지 아니하다. 이러한 전형적인 예로는 선적서류의 교부와 대금지급이 「동시이행」관계에 있는 「CIF」매매와 신용장부매매가 있다.

매수인은 매도인의 청구나 어떠한 형식의 준수에 관계없이 계약 또는 협약(CISG)에 의하여 「지정」되거나 확정될 수 있는 기일에 바로 대금을 지급하여야 하며, 이 경우 매도인의 입장에서는 어떠한 요구를 하거나 절차를 따를 필요가 없다(즉시이행의 원칙).[248] 따라서 「지급기일」이 도래하면 매도인의 지급청구나 지급을 위한 통지가 없더라도 자발적으로 대금을 지급해야 한다. 즉, 대금지급은 계약에서 정한 때에 바로 지급해야 하며 매도인의 지급요구 또는 최고(催告) 등을 별도로 필요로 하지 않는다는 의미이다. 따라서 지급시기가 지나면 바로 「계약위반」이 되고, 매도인은 CISG 제61조 이하의 구제수단을 행사할 수 있으며, CISG 제78조에 따른 이자도 발생한다.

## 7.3 대금지급과 「환어음」

### 1. 「환어음」의 법적 성격

통상 어음(draft)으로 불리는 「환어음」은 오랜 전에 확립된 소위 환(換)의 이전 방식이다. 이에 관해 1882년 제정된 영국 「환어음법」(The Bill of Exchange Act, 1882) 제1조에서, 「환어음」(bill of exchange)이란 "1인으로부터 타인 앞으로 이를 제공하는 자가 서명하고, 요구 시 또는 장래의 확정된 시기 또는 결정할 수 있는 시기에 특정인 또는 그 지시인, 또는 소지인에 대하여 금전상의 일정한 금액을 지급하도록 요구하는 서면상의 무조건적 명령"으로 정의하고 있다.

「환어음」에 관한 규범으로는 현재 1882년 제정된 영국 「환어음법」(The Bill of Exchange Act, 1882) 외에 무역거래에서는 국제상업회의소(ICC)에서 1956년에 제정되고 이후 2차의 개정을 거쳐 1995년 다시 개정된 「추심에 관한 통일규칙」(Uniform Rules for Collection, 1995 Revision, URC)에 의해서도 규율된다.[249]

247) CISG, 제58조 3항.
248) CISG, 제59조.

무역거래에서 「환어음」은 채권자(어음발행인 : drawer)가 채무자(어음지급인 : drawee) 앞으로 발행하여 약정된 시기와 장소에서 어음발행인이나 그의 지시인에게 어음금액을 지급할 것을 무조건 위탁하는 요식의 유가증권이다. 따라서 「환어음」은 반드시 서면으로 작성되어야 하고 「발행인」이 서명하여야 한다.

통상 무역거래에서 사용되는 대금지급수단으로 현금과 수표, 전신환이나 우편환 그리고 환어음 등이 사용되나 이 중 「환어음」이 가장 일반적이다. 이 「환어음」은 국내거래에서 사용되는 채무자가 발행하는 「약속어음」과는 달리, 채권자인 수출업자가 채무자 앞으로 발행하는 「역환」(逆換)의 기능을 지니며, 어음발행인은 물품을 인도한 매도인이나 수출업자 또는 신용장의 수익자(beneficiary)인데 반해 어음지급인은 어음을 인수·지급해야 하는 매수인, 수입업자 또는 지급을 확약한 「신용장발행은행」 및 확인은행이다. 그리고 「환어음」의 매입을 의뢰하는 수출업자인 「어음발행인」과 매입은행과의 관계는 특약이 없는 한, 수출업자는 배서인으로서 어음상의 의무만 부담하며, 그 매입은행은 「환어음」의 수취인(payee)이 된다.

또한 「환어음」은 유통증권이다. 즉, 「환어음」은 배서와 인도에 의해 양도될 수 있으며 또는 그것이 「소지인식」이라면 단순한 인도에 의해서도 양도될 수 있다. 「환어음」의 「소지인」은 이에 근거해서 자신의 이름으로 제소할 수 있고, 인수인에 대한 양도의 통지는 요구되지 않으며, 중요한 것은 「환어음」의 정당한 「소지인」은 「제3자」에 의한 권리 또는 청구에 영향을 받지 않는다는 점 등에서 「선하증권」과는 다르다.

## 2. 「환어음」의 종류

무역거래의 대금결제에서 사용되고 있는 「환어음」은 그 성격에 따라서 다음과 같이 구분된다.

### 1) 「화환」어음과 「무담보」어음

「환어음」이 운송서류와 함께 발행되면 「화환어음」(Documentary Bill of Exchange)이라고 하며, 반면 운송서류가 첨부되지 않고 「환어음」만으로도 결제가 가능할 경우에는 「무담보어음」(Clean Bill of Exchange)이라고 한다.

대부분의 수출대금결제에는 상품을 대표하는 선하증권 등을 비롯한 부대서류가 첨부되며 이때 발행되는 어음은 「화환어음」이 된다. 그러나 수수료, 보험료, 운

249) 윤광운 외, 「무역결제론」[제3판], 전게서, p 261 참조.

임 등의 지급에는 이러한 운송서류가 필요로 하지 않기 때문에 환어음 하나만 가지고도 결제가 가능한 「무담보어음」이 이용된다.

### 2) 「일람불」어음과 「기한부」어음

「환어음」은 어음상에 기재된 「만기일」(tenor)에 따라서 「일람불어음」(Sight Draft, Demand Draft)과 「기한부어음」(Usance Bill, Time Draft)으로 구별되는데, 전자는 어음이 제시(present)되면 즉시 지불되는 조건이며, 후자는 제시된 후 일정기간 후에 지불되는 어음으로서, 기한부어음은 다시 다음과 같이 구별할 수 있다.[250]

① 「일람후 정기불」(After Sight, d/s) : 어음이 수입업자에게 제시되고 난 후 일정 기간 후, 즉 30일 또는 60일 후에 지급되는 것으로, 보통 “30 days after sight(30 d/s)”, “60 days after sight(60 d/s)”로 표시된다.

② 「일부후 정기불」(After Date, d/d) : 어음이 발행되고 난 후 일정기일이 경과 후 지불되는 어음, 예를 들면 “30 days after date(30 d/d)”, “60 days after date(60 d/d)”로 표기되며, 여기서 “Date”는 어음발행일자를 말한다. 그러므로 같은 30일 「기한부어음」이라도 After Sight(d/s)어음보다 운송서류가 전달되는데 소요되는 우편일수만큼 빨리 결제가 되어진다. 다시 말해 일부후 어음은 어음발행시에 이미 결제일이 확정되지만, 일람후 어음은 당해 어음이 수입업자에게 제시된 후에야 비로소 결제일이 확정될 수 있다.[251]

한편 「기한부어음」에서는 어음의 인수(acceptance)행위가 수반되는데, 「어음의 인수」는 곧 기한부어음이 지급인에게 제시되었을 때 만기일에 지급할 것을 약속하는 서명행위이다. 대부분의 경우 「어음인수인」은 만기일에 가서 「어음지급인」이 된다.

### 3) 「은행」어음과 「개인」어음

이는 「환어음」상에 기재된 「지급인」(drawee)이 누구냐에 따른 구분이다. 지급인이 은행명으로 기재되어 있는 어음을 「은행어음」(Bank Bill)이라고 하며, 반면 수입업자를 비롯한 일반 개인이 지급인으로 되어 있으면 「개인어음」[252](Private

---

250) 기한부어음도 그 만기일이 3개월 이상인 경우를 Long Bill이라고 하며, 3개월 미만의 어음은 Short Bill로서 통용된다.

251) Usance에서 어음이 제시된다는 것은 엄격히 말하면 수출업자가 발행한 환어음이 Nego은행을 거쳐 개설은행에 도착하여 개설은행이 수입업자에게 당해 환어음을 제출한 날로부터 운송서류가 항공우편으로 개설은행에 도착하는 날까지의 기일에 다시 30일을 추가한 날이 된다.

252) 개인어음과 유사한 어음으로서, Trade Bill과 Accommodation Bill이 있다. 전자는 이름있는

Bill)이라고 한다. 지급인은 「환어음」에 대한 지급을 위탁받은 자로서 어음의 부도여부는 이 지급인에 의해 전적으로 좌우된다. 통상적으로 「은행어음」이 일반 개인어음보다 안전성이 높기 때문에 금융할인시장에서 우대를 받는다.

### 4) 「상환청구가능」어음과 「상환청구불능」어음

「환어음」에 대한 지급거절이 있을 경우, 「환어음」을 매입한 「선의의 소지인」(bona fide holder)이 어음발행인에게 대금의 상환을 청구할 수 있느냐 없느냐에 따라 환어음은 「상환청구가능」(With Recourse)어음과 「상환청구불능」(Without Recourse)어음으로 구분된다.

우리나라 「어음법」 제9조는 어음소지인은 항상 「상환청구권」(소구권)을 행사할 수 있도록 규정하고 있다. 이에 따라 외국에서 발행된 「상환청구불능어음」의 경우 우리나라에서는 그 효력을 인정하지 않고 있다.[253]

## 3. 「환어음」의 기재사항

어음은 「요식증권」이므로 그 형식은 기재사항에 의하여 결정된다. 이 기재사항에는 필수기재사항과 임의기재사항으로 구분할 수 있는데, 우리나라 「어음법」 제2조 1항에 의하면 「필수기재사항」의 어느 하나가 누락되어도 「환어음」으로서의 법적 효력이나 구속력을 갖지 못하게 된다.

우리나라 「어음법」 제1조(환어음의 요건)는 「환어음」에는 다음의 필수기재사항, 즉 ① 환어음의 표시글자, ② 조건 없이 일정금액을 지급할 것을 위탁하는 곳, ③ 지급인의 명칭, ④ 만기, ⑤ 지급지, ⑥ 지급받을 자, ⑦ 발행일자 및 발행지, ⑧ 발행인의 기명날인 또는 서명을 적어야 한다.

다음으로 「환어음」의 「임의기재사항」은 편의상 당사자 간의 합의나 관습에 따라 추가되는 것으로 어음 자체의 효력에는 아무런 영향을 미치지 않으나, 이를 기재함으로써 어음의 성격 및 내용을 보다 명확히 표시하게 된다. 「임의기재사항」으로는 어음번호, 신용장번호, 어음발행수, 환율 및 이자문언, D/A · D/P어음의 표시 등이 있다.

---

상사(commercial firm)가 인수한 어음을 말하며 후자는 유명한 회사가 그 회사 명의를 지급인으로 해서 인수한 어음이다.

253) 이 밖에 환어음은 대금결제방법에 따라 「신용장부 화환어음」(documentary bill of exchange with letter of credit)과 화환추심어음(bill of documentary collection)으로 구분되는데, 전자는 신용장하에서 발행되는 어음이며 후자는 D/A 또는 D/P 등 무신용장 방식으로 대금결제를 할 경우에 발행되는 어음이다.

(예시 7-1) 환어음 양식

## 환어음(제1권, 제2권)

### BILL OF EXCHANGE

No. 1234 Date July 1, 20××

For US$100,000 Place Seoul, KOREA

At · · · · · · · sight of this FIRST Bill of Exchange (Second of the same tenor and date being unpaid) pay to the order of BANK OF SEOUL the sum of U.S. DOLLARS ONE HUNDRED THOUSAND ONLY

value received and charge the same to account of X & Y Inc., 350 Fifth Avenue New York, NY10118, U.S.A.

Drawn under Bank of America, New York

L/C No. 78910 dated May 15, 19××

To Bank of America
P. O. Box 466, Church Street Stations
New York, NY10015, U.S.A.

A & B Co. Ltd.
*Kildong Hong*
Kil-dong-Hong
President

### BILL OF EXCHANGE

No. 1234 Date July 1, 20××

For US$100,000 Place Seoul, KOREA

At · · · · · · · sight of this SECOND Bill of Exchange (First of the same tenor and date being unpaid) pay to the order of BANK OF SEOUL the sum of U.S. DOLLARS ONE HUNDRED THOUSAND ONLY value received and charge the same to account of X & Y Inc., 350 Fifth Avenue New York, NY10118, U.S.A.

Drawn under Bank of America, New York

L/C No. 78910 dated May 15, 19××

To Bank of America
P. O. Box 466, Church Street Stations
New York, NY10015, U.S.A.

A & B Co. Ltd.
*Kildong Hong*
Kil-dong-Hong
President

## 4. 「환어음」의 배서

「환어음」의 권리는 「지시식 어음」의 경우, 「배서」(이서 : endorsement)에 의해 유통성이 보장된다.

환어음의 「배서인」(endorser)이 배서하면, 그 권리가 피배서인(endorsee)에게 이전되며, 「배서인」은 피배서인에게 어음지급인의 지급 또는 인수를 담보하게 된다. 예컨대 신용장방식에서 수익자인 어음발행인이 어음의 「선의의 소지자」가 되는 「매입은행」 등에 배서하고 또 매입은행은 발행은행에게, 발행은행은 어음지급인인 신용장 발행의뢰인에게 「배서」함으로써 환어음이 유통될 수 있다.

이러한 「배서의 방법」은 보통 기명식과 백지식이 있다. 「기명식 배서」는 연속배서에 의해 유통되며, 그 형식은 "payable to the order of … (name of endorsee), (signature of endorser)"로 한다. 그리고 「백지배서」는 배서인만 배서하고 피배서인은 "공란"으로 처리하며 이 경우 형식은 "payable to the order of …"와 같이 지시문구는 기입하고 피배서인은 공백으로 남겨두는 경우와 배서인이 서명만 하는 두 가지가 있다.

# 제3부

# 무역계약의 종료 및 불이행

# 제 8 장 계약위반과 구제의 일반론

## 제 1 절 계약의 종료

### 1.1 계약종료의 개념

무역계약의 당사자는 계약이 성립되면 그 내용에 좇은 완전한 이행을 수행하지 않으면 안되며, 그 「이행」은 매도인의 물품의 인도와 그 소유권을 이전하는 것이고 매수인은 물품의 수령과 대금지급에 의해 비로소 계약은 종료되어진다.[1)]

그러나 국제거래의 특성상 무역계약을 둘러싼 분쟁(dispute)이 종종 발생된다. 다시 말해 계약내용에 따른 이행이 불완전하거나 이행 자체가 불능한 경우 등의 문제발생이 적지 않으며, 이에 따라 당사자 간에 계약위반(breach of contract)과 그 구제(remedy)의 문제, 즉 손해배상 등의 클레임(claim)이 제기되는 경우가 적지 않다.

여기서 「계약의 종료」(termination of contract)라 함은 매매계약의 체결로 당사자 간에 성립된 계약이 「이행」 등의 여러 가지 사유에 의해 그 효력이 소멸(discharge)되고, 결국 계약이 없었던 상태로 되는 것을 말한다.

일반적으로 매매계약은 당사자의 의사의 합치에 의하여 계약이 성립되는 한편으로 매매계약은 당사자의 의무의 이행 등을 통하여 그 목적을 달성하고 계약은 소멸된다. 「계약의 소멸」(discharge of contract)은 다음 사유에 의해 계약을 종료시킨다. 즉,

1) 계약의 이행(performance)은 채무자가 채무의 내용에 좇아 이를 실현하는 것으로, 우리 「민법」에서는 이를 「변제」라 한다(우리나라 「민법」, 제460조 참조).

① 계약당사자의 합의(agreement)
② 당사자의 계약상 의무의 이행(performance)
③ 계약의 위반(breach of contract)
④ 「계약목적달성불능」(frustration)에 의해 계약은 소멸된다.

상기의 계약의 「소멸사유」 중 합의와 이행에 의해 계약이 소멸되는 경우는 그것으로 계약이 종료되고 특별한 문제를 야기하지 않지만, 나머지의 계약위반과 「계약목적달성불능」의 경우는 계약의 종료 대신 계약의 해제와 함께 새로운 법적 문제를 야기하게 되는 한편 「계약조항」 중에서 클레임조항을 비롯하여 중재조항, 재판관할권조항 등은 다른 「계약조항」이 설혹 「소멸」되었다 하여 동시에 소멸되는 것이 아니다.[2)]

이와 같이 계약이 소멸되는 것을 우리 「민법」에서는 「채권의 소멸」이라 하고 그 계약을 소멸시키는 「채권소멸」의 원인으로는, 우선 「채권」에 특유한 원인으로 당사자의 합의, 이행 등과 함께 우리 「민법」상에서는 「변제」와 「대물변제」 등을 포함하고 있고[3)] 이 외에 「법률규정」의 적용에 의해서도 계약이 소멸한다.

그러므로 본 장에서는 계약의 소멸사유와 함께 계약불이행에 따른 계약위반과 그 구제에 관한 기초적 법적문제를 검토한다.

## 1.2 계약의 소멸사유

전술한 바에 따라 「계약의 소멸사유」에 관하여 다음과 같이 통상적 「계약」에 의한 소멸과 「법률규정의 적용」에 의한 소멸사유로 나누어 고찰한다.

### 1. 통상적 「계약」에 의한 소멸

계약에 의해서 발생한 모든 권리·의무가 소멸되는 「계약의 소멸」(discharge of contract)으 경우, 상기에서 언급한 합의, 이행, 계약위반 및 「계약목적달성불능」을 중심으로 검토한다.

---

2) 이용근, 「무역계약론」, 법문사, 1994, p. 166.

3) 우리 「민법」상 채권의 소멸원인에는 전술한 변제·대물변제 외에도 공탁·상계·갱개·면제 및 혼동의 7가지를 두고 있다. 이 외에도 법률규정의 적용에 의한 것으로는 그 법률행위의 취소, 해제조건의 성취, 종기의 도래, 계약의 해지나 해제 등에 의해서도 소멸한다. 김준호, 「민법사례연구」, 법문사, 1986, p. 450.

### 1) 「날인」 등 합의에 의한 소멸

계약은 매매당사자 간의 합의에 의해 성립되는 반면에 그 「합의」에 의해 계약이 소멸할 수도 있다.4) 이러한 계약소멸에 관한 「합의」는 다음과 같은 세 가지 형태, 즉 서명날인에 의한 계약해제, 상호해제 및 계약자체의 소멸규정에 의한다.

첫째, 「서명날인」에 의한 해제이다. 즉, 「날인에 의한 해제」(release under seal)에 의해 포기될 수 있다. 매매당사자가 채무의 이행의 여부에 관계없이 서로 자신의 권리를 「날인」에 의해 포기함으로써 계약은 소멸된다. 이 경우 계약이 완전히 미이행된 경우나 당사자의 일방은 이행했고 상대방의 채무는 설혹 남아 있다 할지라도 「날인증서」(sealed instrument)에 의해 계약을 소멸키로 합의를 한 이상 계약은 소멸된다.

일반적으로 계약당사자가 자신의 권리를 포기할 때에는 그에 대한 대가, 즉 「약인」(consideration, 「대가」)을 제공받으려고 하겠지만, 이 경우에는 그러한 날인이 「약인」(「대가」)을 요구하지 않는 것이 보통이다. 따라서 계약상의 의무해제가 「날인증서」(deed)에 의해 이루어진 때에는 이러한 「날인증서」는 「약인」의 유무에도 불구하고 「계약해제」의 구속력을 갖는다.5)

둘째, 「상호해제」(mutual rescission)이다. 매매당사자의 의무가 이행될 수 있는, 즉 「미이행계약」인 경우 당사자 간의 「합의」에 의해 계약을 해제할 수 있다. 이러한 「합의」는 소위 「상호해제」를 형성함으로써 양당사자의 의무를 면제시키는 효력을 갖는다. 그와 같은 「합의」는 상호 약속(mutual promises)으로 이루어지고, 각 당사자의 각각의 약속에 대한 「약인」(「대가」)이 상대방 당사자에 의해 포기될 때 성립한다.

셋째, 계약 자체의 「소멸규정」(「해제조건부」, 「정지조건부 해제」)이다. 계약 자체에 계약소멸에 관한 규정이 있는 경우, 그 규정이 적용되는 상황이 발생하면 계약이 소멸될 수 있다. 이 경우로는 당사자의 특약에 의하여 발생하는 「약정해제권」에 의한 것이며, 법률의 규정에 의해 당연히 해제할 수 있는 「법정해제권」에 대립되는 개념이다. 예를 들어 계약서에 "물품이 5월 10일까지 선적되지 않으면 매도인은 계약을 해제할 수 있다."고 명시한 경우, 물품이 인도기일까지 선적되지 않는다면 매도인은 계약서 자체의 규정에 의해 계약을 해제할 수 있다.

---

4) A. G. Guest, *Anson's Law of Contract,* 26th ed., Oxford, Clarendon Press, 1984, pp. 428~430.

5) 영국법에서, 「날인증서」(deed)에 의하지 아니한 액속은 「약인」의 뒷받침을 얻은 경우에만 계약으로 된다. 여기서 약속 그 자체만으로는 법적 효력이 없다. 윤광운 · 박정기 · 최영봉 · 조현숙, 「영국물품매매법」, 탑북스, 2011, p. 64.

### 2) 「대물변제」 등 이행에 의한 소멸

계약당사자가 계약상 명시된 의무를 완전히 「이행」하면 계약은 소멸된다. 그러나 그 이행이 계약상 어떻게 달성되었는가의 여부는 계약의 가분성 여부, 실질적 이행의 여부 그리고 우리 「민법」상의 대물변제 등을 중심으로 검토한다.

첫째, 불가분계약과 가분계약의 경우이다. 먼저 「불가분계약」(indivisible contract)의 경우, 전술한 바와 같이 만일 계약조건과 조금이라도 차이가 있는 이행을 할 경우 피해당사자는 그 위반으로 인한 손해배상의 청구와 계약의 해제까지 요구하는 문제가 생기게 되므로 주의를 요한다. 왜냐하면 「불가분계약」에서 「부분적인 이행」(partial performance)을 한 당사자는 어떤 보상도 요구할 수 없으며, 상대방에게 어떠한 「이의」도 제기할 수 없는 것이 일반원칙이기 때문이다. 그러나 「부분적인 이행」을 상대방이 용인할 수 있으며, 그러한 경우 「부분적 이행」에 대한 보상을 받을 수 있다.

SGA에서, 매도인은 약정된 수량보다 적은 수량을 인도한 경우 매수인은 거절할 수 있지만, 만일 인수하기로 했다면 인도된 수량만큼의 비율로 계약가격을 지불해야만 한다.[6] 즉, 「부분적 이행」에 의해 제공받은 이익에 대해서는 합당한 금액만큼을 지불해야 한다는 「제공물 상당금액의 청구」(quantum valebant)의 원리가 적용된다. 이 원칙은 채무를 이행하지 않은 경우, 예를 들어 아직 "대금을 지급하지 않은" 매수인이 그러한 「부분적 이행」을 인수할 것인지 거절할 것인지의 재량권을 가질 때만 적용된다. 따라서 「부분적 이행」을 인수한 경우, 당사자들은 원계약을 포기하고 새로운 계약을 합의한 것으로 "묵시적으로" 간주되는 것이 일반원칙이다.

다음으로 「가분계약」(divisible contract)의 경우, 계약상 분할인도나 분할대금지급 등을 명시적으로 하고 있지만 그 시기나 방법이 명확하지 않은 경우에 당사자 간에 분쟁이 일어난다. 예를 들어 "US$1,000에 매월 10톤씩 1년간 120톤의 석탄을 공급"하기로 계약을 하였다면, 그 대금지급의 시기는 매달 10톤을 인도할 때마다 US$1,000을 청구할 수 있다는 견해와 120톤 전체가 인도된 후에 대금지급을 청구할 수 있다는 견해가 있을 수 있다.

이러한 「가분계약」의 경우에, SGA에서는 "각각의 인도분에 대해 각각의 대금지급을 해야 한다."고 규정하고 있다.[7]

---

6) SGA 1979, 제30조 1항.

7) SGA 1979, 제31조 2항 ; 윤광운 외, 「영국물품매매법」, 전게서, p. 155 이하 참조.

둘째, 「실질적 이행」(substantial performance)의 경우이다. 계약의 「이행」이 불완전하였지만 실질적으로 이행이 된 경우 계약위반자의 불완전한 이행으로 인해 피해당사자는 자신이 입은 손해에 대해 보상을 청구할 수는 있지만 대금의 지급의무가 소멸되지는 않는다.

이 「실질적 이행의 원리」에 의해 계약이 완전히 정확하게 이행되어야 하는지 또는 「실질적 이행」으로 가능한지의 여부에 대해서는, 일반적으로 그 기준은 「계약조항」이 「조건」인 경우는 완전이행이 요구되지만, 「담보책임」인 경우는 「실질적 이행」으로도 충분하다고 본다.[8)]

셋째, 「대물변제」에 의한 소멸이다. 이 「대물변제」(accord and satisfaction)란 당사자 일방의 계약상 원래의 의무이행에 갈음하여 다른 만족할 만한 「약인」(「대가」)을 제공함으로써 그 당사자의 채무를 소멸시키는 것을 말한다.[9)] 이 경우 「약인이 없는 합의」(second without satisfaction)는 계약을 소멸시키지 못한다.[10)]

우리 「민법」에서 규정하고 있는 「대물변제」도 「변제」와 동일한 효과를 가지며,[11)] 그 성질은 「유상계약」이고 「요물계약」이다. 왜냐하면 다른 급부로 대신하기로 당사자 간에 약속만 되어서는 안되고 그 급부가 「변제」와 같이 현실로 행해져야하기 때문이다.[12)] 이 「대물변제」는 그 자체보다는 그 「예약」이 현실적으로 많이 이용된다. 예컨대 채무결제를 이행기 전에 미리 약속해주는 「대물변제의 예약」은 주로 채권담보의 수단으로 이용되면서 자연 폭리성을 지니기 쉬우므로 규제가 중심문제를 이룬다.[13)]

이와 같이 우리 「민법」 상에서 계약을 소멸시키는 「채권의 소멸」의 원인으로 변제와 대물변제 등을 규정하고 있는데. 여기서 「변제」란 채무의 내용에 좇은 이행으로서, 무엇보다 유효한 「변제」가 중요하다. 「변제」에서 당사자 간에 복수의 채권채무관계의 경우 일부 변제시 어느 채무의 「변제」에 충당하는가의 문제는 「변제의 충당」[14)]이고, 채무의 「변제」시에 채권자의 협력을 요하는 경우에 채무자의

---

8) 이용근, 전게서, p. 173.

9) 여기서 "accord"는 그러한 의무가 면제된다는 합의이고, "satisfaction"은 그러한 합의를 유효하게 하는 「약인」을 말하는 것이다. 이것은 매매계약 또는 이행계약이건간에 그리고 날인증서에 의한 것이라 할지라도 계약의 소멸을 유효하게 한다. 상게서, p. 167.

10) 김준호, 전게서, p. 450.

11) 우리나라 「민법」, 제466조

12) 김준호, 전게서, p. 452.

13) 우리나라 「민법」, 제607조, 제608조.

14) 우리나라 「민법」, 제476조.

이행행위를 어느 정도로 하여야 하는가는 「변제의 제공」[15]의 문제이다.

### 3) 「계약위반」에 의한 소멸

계약이 그 이행과정에서 「위반」이 발생하면 그 피해당사자는 계약을 소멸시킬 수 있고 또한 그 손해에 대해 손해배상을 청구할 수 있다.

영미법에서는 「계약위반」의 유형으로, 「이행기 전」 계약위반, 「이행기도래 후」 계약위반 그리고 「이행불능」의 세 가지로 나누고 있다. 이에 대해 우리 「민법」은 계약위반을 「채무불이행」의 개념으로 보아 그 위반의 유형을 이행지체, 이행불능 및 불완전이행으로 분류하여 대체로 영미법과 유사하다. 즉, 「이행지체」는 이행기가 도래했음에도 불구하고 이행을 해태한 경우로 선적지연, 선적불이행, 대금지급의 지연 등이 이에 속하며, 「이행불능」의 경우는 당사자 일방의 "귀책사유로 인해" 이행이 불가능해진 경우와 귀책사유가 없는 「이행불능」이 있는데, 「계약위반」으로 간주되는 것은 전자의 경우에 한한다. 그리고 「불완전이행」의 경우는 계약은 이행했으나 그 이행에 하자가 있는 경우로 통상 품질불량, 수량부족, 대금의 일부지급 등의 경우이다.

한편 이러한 계약의 위반시 모두 계약을 소멸시키는 것은 아니다. 이에 대해 영국 「물품매매법」(SGA)에서는 「담보위반」의 경우는 계약의 해제는 할 수 없는 대신 손해배상의 청구는 인정한다. 또한 협약(CISG)도 마찬가지로 계약의 중대한 「본질적 계약위반」의 경우는 계약을 해제할 수 있으나 "사소한" 계약위반의 경우는 계약을 소멸시킬 수 없는 것이 일반적 법리이다.

### 4) 「계약목적달성불능」에 의한 소멸

계약의 체결 후 예상 밖의 사태변화로 인하여 계약의 목적달성이 불가능하게 되면 그 즉시 당사자의 의무가 면제되고 계약은 자동 소멸하게 되는데, 이러한 원리를 「계약목적달성불능」(frustration of contract)의 법리라고 한다. 따라서 계약을 이행불능하게 만든 일련의 후발적 사태가 어느 당사자의 "귀책사유 없이" 계약을 소멸시키는 것이다.

무역계약에서 계약목적달성이 불능으로 된 때에는 원칙적으로는 그 구제권도 소멸되지만, 「계약목적달성불능」이 채무자의 "귀책사유에 의한 것"일 때에는 구제권은 그 내용이 손해배상으로서 존속하므로, 채무자에게 "책임없는 사유"에 의

15) 우리나라 「민법」, 제460조.

한 「이행불능」만이 구제권의 소멸원인이 된다.

영미법상의 「계약목적달성불능」은 계약당사자들이 고의나 과실없이 발생한 「후발적 사정」(supervening circumstance)으로 계약이 해제됨으로써 당사자가 추구했던 계약의 목적이 좌절되는 법리(doctrine)로서,[16] 우리나라를 비롯한 대륙법계의 「사정변경의 원칙」과 같은 기능을 한다. 그런데 우리 「민법」에는 전술한 바와 같이 「사정변경의 원칙」을 직접 규정하는 일반규정이 없으며, 이러한 이유로 판례에서도 동 원칙을 인정하지 않는 경향이 있다.[17] 이 「계약목적달성불능」의 기본원리에 관해서는 후술한다.

## 2. 일반적 「법률」적용에 의한 소멸

전술한 계약의 소멸, 즉 「채권의 소멸」의 또 다른 원인으로 일반적 「법률의 적용」(operation of law)[18]에 의해서도 계약이 소멸한다.[19]

즉, 법률행위에 의하여 발생한 「채권」은 그 법률행위의 취소, 해제조건의 성취, 종기의 도래, 계약의 해지나 해제 등에 의해 소멸한다. 「채권」도 역시 하나의 권리이므로 그 밖의 권리의 일반적 소멸원인의 발생으로 소멸하게 됨은 물론이며, 목적의 소멸, 소멸시효의 완성, 권리 존속기한의 도래 등에 의해서도 소멸한다.[20]

특히 「소멸시효」에 의해서도 계약상의 「채권」이 소멸한다. 「소멸시효」는 권리의 불행사로 인한 권리소멸의 효과를 가져 오는 것을 말한다. 「채권」의 소멸에 영미법상 현행법인 「출소기한법」(The Limitation Act, 1980)에 의하면, 계약위반에 따른 소송은 "출소기한내"에 하여야 한다는 특별조항이 있다.[21] 이 특별조항에 의하면 「단순계약」에 의한 소송은 "6년 이내"에 그리고 「날인계약」(contract under

---

16) G. W. Patton, *Textbook of Jurisprudence*, 3rd ed., London, Oxford, 1964, p. 449.

17) 김학동, "영미법상의 Frustration법리", 「계약법의 특수문제」, 사법연구회, 삼영사, 1983, p. 87.

18) PWD Redimond, *Introduction to Business Law*, Sixth ed., Pitman Publishing, 1991, pp. 72 ~88.

19) P. S Atiyah, *An Introduction to The Law of Contract*, 3rd ed., Oxford, Clarenden Press, 1981, pp 288~293 : C. Hamblin and F. B. Wright, *Introduction to Commercial Law*, 2nd ed., London, Sweet & Maxwell, 1982, pp. 100~111.

20) 김준호, 전게서, 450.

21) 이 「출소기한」은 원래 소송절차본위의 영미법계통에서 발달된 제도이며 「소멸시효」(우리나라 「민법」, 제476조)는 실체법본위의 대륙법계통에서 유래된 것으로 이에는 근본적으로 상이한 법계통을 전제로 한 원칙문제가 개재되어 있어 그 어느 하나를 임의로 택일할 본질의 것이 아니며, 양자 중 어느 관점을 택하느냐에 따라 국제사법에 있어서의 준거법규정을 위한 법률관계의 본질도 달라진다.

seal)[22]이면 "12년 이내"에 소를 제기하여야 한다.[23]

이에 대해 우리나라에서는 「민법」 제7장 「소멸시효」에서 물품매매에 관한 「시효제도」를 두고 있는데, 「소멸시효」에 걸리는 권리를 실체법상의 권리로 보는 것이 원칙이며 채권적 청구권뿐만 아니라 소유권 이외의 물권에 대해서도 「소멸시효」의 제도를 인정하는 것이 특징이다.[24]

특히 무역계약에서 발생하는 계약위반 등에 관한 「소멸시효」에 있어서 나라별로 상이한 소멸시효제도를 통일하기 위하여 전술한 「UN국제무역법위원회」(UNCITRAL)가 1974년 채택한 「국제물품매매에 있어서의 소멸시효조약」(Convention on the Limitation Period in the International Sale of Goods : LPIS)은 동 조약의 적용이 배제되는 경우[25]를 제외하고는 국제물품매매계약에 의한 계약의 위반을 비롯한 모든 청구권의 소멸시효에 적용된다. 물론 계약해제로 인한 원상회복도 포함된다.

## 제2절 계약위반과 구제의 법적 성격

### 2.1 계약위반의 개념

「계약위반」(breach of contract)은 계약내용의 불이행(non-performance)으로서 주로 영미법에서 사용되는 개념으로, 대륙법계인 우리나라에서는 「채무불이행」의 개념에 해당한다.

---

22) 「날인계약」이란 약속자에 의하여 날인되고, 교부되는 서면에 표시한 미국 제2차 「계약법」(Restatement of the Law, Contract, 2d.) 제8조를 말한다. 종래에는 계약법에 의하여 서면에 날인한 계약(contract in writing and under seal)만이 구속력을 가지고 있었지만, 최근에는 계약에 있어서의 날인(seal)의 중요성이 대부분 상실되었다. 並木俊守, 「アメリカ契約法」, 東京, 東洋經濟新報社, 1982, p. 40.

23) 「출소기한법」(The Limitation Act, 1980)은 형평법상의 구제를 위하여 Claim에는 적용하지 않는다. 동법 제36조(1)에서는 특정이행, 금지명령에 대한 Claim을 적용하지 않으며 기타 형평법적 구제에는 기간을 유추하여 적용하는 한 제외된다고 규정하고 있다. C. H. Hamblin, and F. B. Weight, *op cit.*, p. 123.

24) 장강학, 「민법총칙」, 법문사, 1986, p. 699.

25) 「소멸시효조약」(LPIS), 제41조, 제5조 및 제6조 참조.

「계약위반」이라 함은 당사자 일방의 계약상의 의무이행을 면하는 정당한 이유 없이(without lawful excuse) 그의 이행을 지체하든지, 거절하든지 불완전하게 하든지 혹은 해태하는 것을 말한다.[26] 그 위반은 전부 또는 일부라도 가능하며 또한 약속의 목적인 행위의 불이행, 저지, 방해 혹은 이행의 거절로 발생하여도 된다는 것이다.[27]

영미법에서의 「계약위반」의 개념에는 이행지체, 이행불능 및 이행거절을 포함하는 것이다. 그러므로 매매계약의 위반과 그 이행을 규정하는 계약내용과는 상호 밀접한 관계가 있으므로,[28] 즉 "이행과 위반의 관계는 동전의 양면과 같다."[29]

한편 계약위반의 개념은 우리 「민법」상의 「채무불이행」의 개념과 유사하다. 즉, 우리 「민법」 규정[30]에서의 「채무불이행」은 채무자가 채무의 내용에 따른 이행이 없는 경우를 총칭하여 말하는 것이다. 따라서 「채무불이행」의 형태를 우리 「민법」상에서는 이행지체, 이행불능, 불완전이행 및 수령지체(즉, 「채권자지체」)를 포함하고 있다.[31]

통상 무역계약에서 「계약위반」의 문제는 계약이행의 문제와 관련하여 발생하게 되는바, 즉 당사자 일방이 계약상의 협력의무에 위반하든지 또는 상대방의 의무이행을 방해하였을 경우에 실질적으로 계약의 위반이 성립하게 된다. 그러므로 특히 계약당사자의 일방이 상대방에 대해 계약상의 권리와 의무에 대한 위반이 있음을 주장하는 경우에 두 가지의 기본적인 문제가 발생한다.[32] 그 하나는 계약의 위반이 발생하는 경우이고, 다른 하나는 위반의 결과가 확정된 경우로서, 이 경우 후자가 문제된다.

---

26) G. H. Treitel, *The Law of Contract*, 6th ed., London, Stevens & Sons, 1983, p. 626.

27) 並木俊守, 前揭書, p. 151.

28) John Tillotson, *Contract Law in Perspective*, London, Butterworths, 1981, p. 67.

29) G. H. Treitel, *An Outline of the Law of Contract*, 3rd ed., London, Butterworths, 1984, p. 258.

30) 우리나라 「민법」, 제389조 및 제390조 : 일본 「민법」, 제415조, 채무자가 그 채무의 본지에 따르는 이행을 하지 않는 경우를 채무불이행으로 규정하고 있어, 우리 「민법」과 같은 범주에 속한다 하겠다. 곽윤직, 「채권총론」, 법문사, 1974, p. 119 : 鈴木祿彌・高木多喜男 編, 「動産賣買法」, 東京, 有斐閣, 1976, p. 208 : 我妻 榮, 「債權總論」, 東京, 岩波書店, 1975, p. 99 참조.

31) 우리 「민법」은 「채무불이행」의 전형적인 형태로 이행지체와 이행불능을 규정하고 이외의 불완전이행과 채권자지체(즉, 수령지체)의 경우는 채권관계의 법률적 성질에 따라 결정되는 바, 채권관계를 유기적 관계로 이해하면 「채무불이행」을 주된 급부의무의 불이행과 부수적 의무위반 또는 불이행으로 파악하고, 주된 급부의무를 중심으로 이행지체와 이행불능을 그리고 부수적 의무를 중심으로 불완전이행과 채권자지체로 집약된다. 곽윤직, 「채권총론」, 전게서, p. 119 : 박종두, 「채권법총론」, 삼영사, 2010, p. 74 참조.

32) J. W. Carter, *Breach of Contract*, Sydney, The Law Book Company, 1984, p. 3.

「계약위반」은 다음과 같은 경우, 그 「입증」(proof)에 의해 성립된다.[33] 즉, 계약당사자 일방이 의무이행에 대해 약정된 기간 내에 의무를 적용할 수 있는 책임의 기준에 따라 계약상의 의무를 이행하지 못하는 것이 입증되는 「이행지체」(failure of performance) 또는 「이행기전 계약위반」(anticipatory breach of contract)을 한 경우이다. 예를 들어 매도인 A는 B에게 3월 1일 이전에 판매물품을 인도할 것으로 계약했다. A는 2월 1일에 물품을 제공하였음에도 불구하고 B는 계약의 요청에 따른 이행을 하지 않았다는 이유로 그 물품을 거절하였다. 이 경우 B가 옳다 할지라도 A는 적합물품의 인도에 대해 자신의 계약상의 책임을 현실적으로 위반하였다고 말할 수는 없는 것이다. 왜냐하면 A는 3월 1일까지 B가 인수할 책임을 질 수 있는 적합물품을 새로운 물품의 제공으로 이행할 수 있기 때문이다.[34]

이에 대해 「이행기전 계약위반」의 경우는 3월 1일 이전에 발생할 수 있는데, 만일 A가 2월 1일에 일치하지 않는 물품을 제공하고, 그가 다른 물품을 인도할 의사가 없다고 한다면 B는 이를 「이행기전 계약위반」으로 볼 수 있다. 어떠한 경우에도 「입증책임」(the onus of proof)은 채권자에게 있다.

「계약위반」의 성립에 관한 "책임있는 사유", 즉 「귀책사유」에 대해 대륙법에 의하면, 「채무불이행」에 대한 구제수단을 행사하려면 채무의 내용에 따른 이행을 하지 않고 있다는 사실 이외에 채무자에게 「채무불이행」에 대한 "책임있는 사유"(즉, 「귀책사유」)가 요구된다.[35] 우리나라 「민법」에 있어서도 「귀책사유」가 필요함을 명시하고 있는 「이행불능」뿐만 아니라 「이행지체」와 「불완전이행」에도 「귀책사유」가 요구된다는 학설·판례가 일치하고 있다.[36]

협약(CISG)에서는, 계약위반자에게 상당한 불이익을 초래하는 계약해제권과 대체품인도청구권의 행사에는 「본질적인 계약위반」이 요구되는 바, 이는 계약위반자가 계약의 위반으로 상대방에게 실질적인 손해를 초래하게 된다는 결과를 예견하거나 동일한 부류의 "합리적 인간"이 동일한 상황에서 이를 예견할 수 있어야 한다는 「주관적 요소」를 그 요건으로 하고 있다.[37] 이 규정을 영미법 및 대륙법상의 원칙에 비추어 볼 때, 협약(CISG)상의 「계약위반」의 성립에 있어서도 일

33) *Ibid.*
34) *Borrowman v. Free*[1878] 4 Q.B.D. 500.
35) 長尾治助, 「債務不履行の歸責事由」, 東京, 有斐閣, 1975, pp. 2~5.
36) 곽윤직, 「채권총론」, 전게서, p. 124.
37) CISG, 제25조.

반적으로 「귀책사유」가 필요한 것으로 보아진다.[38)]

그러므로 무역계약에 있어서 당사자 일방에게 책임있는 사유(「귀책사유」)에 의한 선적의 지체와 수령의 지체나 거절과 같은 경우에 「계약위반」이 성립하게 되고, 이에 따라 성립된 「계약위반」은 다음의 법률적 효과, 즉 계약의 내용을 강제적으로 이행시키는 이행의 강제, 계약을 소멸시키는 계약의 해제, 그리고 손해배상청구권 등의 일반적인 구제의 효과를 피해당사자(injured party)에게 선택적으로 발생시킨다.

한편 「계약위반」에 관한 각국의 개별 제정법의 규정체계를 보면, 영국 「물품매매법」(SGA)[39)]과 협약(CISG)은 물품매매당사자의 「계약위반」과 구제에 관한 명문규정을 두고 있고, 미국 「통일상법전」(UCC)에서도 제2편 「매매」(Sales)편의 제6장 「계약위반」과 제7장 「구제방법」에서 물품매매계약위반과 구제에 관한 법률체계를 두고 있다.[40)]

이에 대해 우리나라 「민법」의 경우는 제3편 「채권」편(소위 「채권법」) 제1장 「총칙」의 제2절 「채권의 효력」에서 다루고 있는 바,[41)] 특히 물품매매에서의 계약위반의 문제를 우리 「민법」은 「채무불이행」과 그 구제에 관하여 이행지체시의 기한이익의 상실,[42)] 강제이행,[43)] 손해배상[44)] 및 계약해제[45)]에 관한 규정을 두고 있다.

## 2.2 계약위반에 대한 구제의 개념

### 1. 구제의 의의

매매계약에 의하여 계약당사자간에 채권관계가 성립하게 되면 채권자는 채무자에 대하여 채무의 이행을 요구할 수 있다. 만일 그 이행을 하지 않는다면 불이

---

38) 귀책사유에 관한 논의로는, Eric Bergsten & Anthony J. Miller, "*The Reduction of Price*", The American Journal of Comparative Law, Vol. XXVII, No. 2 & 3, 1979, p. 258.

39) W. H. Thomas, *The Sale of Goods Act 1979*, London, Sweet & Maxwell, 1980 참조.

40) UCC 제2편 매매(Sale)편의 제6장 계약위반에 관한 조항은 UCC §2-601에서 §2-616, 그리고 제7장 구제방법에서는 §2-701 내지 §2-725에서 각각 규정하고 있다.

41) 우리나라 채무불이행법의 기본구조에 관하여는 「민법」 제387조에서 규정하고 있다. 김형배, 「채권총론」(상), 일신사, p. 114 참조.

42) 우리나라 「민법」, 제387조(이행전의 이행지체) 및 제388조(기간의 이익의 상실) 참조.

43) 우리나라 「민법」, 제389조.

44) 우리나라 「민법」, 제390조.

45) 우리나라 「민법」, 제542조 내지 제552조.

행으로서 「계약위반」이 발생하게 되며, 이때 피해당사자(injured party)의 「구제」가 있게 된다.

계약위반에 대한 「구제」(remedy)라 함은 당사자 일방이 매매계약상의 의무를 불이행함에 따라 피해당사자의 손실에 대하여 보충하여 주는 것을 말한다.[46] 즉, 일정한 권리가 침해당하게 되는 경우에 그러한 침해를 방지(prevent)하거나 시정(redress) 또는 보상(compensate)하게 하거나, 할 수 있는 것을 말하고,[47] 그 수단을 「구제방법」 또는 「구제수단」이라고 한다.

무역거래에 있어서 매매계약을 맺은 당사자는 어떤 경제적 이익을 추구하는 것이 일반적이며,[48] 따라서 계약위반에 있어서 「구제」에 대한 법의 목적은 채권자로 하여금 계약이 완전히 이행된 것과 같은 지위에 두는 것이다.

한편 계약위반에 대한 「구제」는 재판상의 구제와 비재판상의 구제로 구분할 수 있다. 「재판상의 구제」에는 법정소송절차나 형사구제(criminal remedies)와 민사구제(civil remedies)로 나눌 수 있으며, 「비재판상의 구제」에는 자력구제(self-help)를 통한 것이다. 계약위반에 대한 재판상의 구제만이 유일한 구제방법은 아니며, 일정한 경우에는 자력구제도 허용된다.[49]

그러나 통상의 구제방법에 대하여 영미법과 협약(CISG)에서는, 매도인의 계약위반에 대한 「매수인의 구제방법」(buyer's remedy)과 매수인의 위반에 대한 「매도인의 구제방법」(seller's remedy)이라고 하는 매매당사자를 중심으로 하는 형식을 취하고 있다.

SGA 제6편 「매매계약위반에 대한 소송」(Actions for Breach of the Contract)에 있어서 「매도인의 구제」에 관하여 계약해제권, 재매각권 등의 구제권 외에도 동법 제49조와 제50조에서 대금청구소송 및 수령의무위반에 대한 손해배상을 규정하고, 특히 「대금을 지급받지 못한 매도인」(unpaid seller)의 경우에는 일정한 경우에 소송수단에 의하지 않고 「물품」에 대하여 행사할 수 있는 유치권[50] 등의 유가적인 권리가 인정된다. 그리고 「매수인의 구제방법」으로 SGA 제61조 이하에서 인도의무위반으로 인한 손해배상청구, 특정이행 등을 각기 규정하고 있다.[51]

---

46) Hugh Collins, *The Law of Contract*, London, Weidenfeld and Nicolson, 1986, p. 178.
47) 고범준, "매도인의 하자담보책임에 관한 연구", 대한상사중재협회, 1972, p. 7.
48) 並木俊手, 前揭書, p. 177.
49) G. H. Treitel, *op cit.*, p. 304.
50) SGA 1979, 제41조
51) W. H. Thomas, *op cit.*, Part Ⅳ 참조.

협약(CISG) 역시 계약위반에 대한 구제(제2장, 제3장)편에서 구제방법을 당사자별로 총괄적으로 규정하는 특색을 보이고 있다. 예컨대, 매도인의 계약위반에 대한 매수인의 구제로서 부족부분의 추가, 대체성있는 물품의 경우는 대체품의 인도, 하자보수대금의 감액, 손해배상의 청구 및 계약해제를 부여하는 형식을 취하고 있다.[52] UCC의 제2편 「매매」(Sale)의 제7장 「매매계약위반에 대한 구제방법」에 있어서도 매도인의 구제방법을 동법 제2-708조 이하에, 그리고 매수인이 활용할 수 있는 구제방법을 제2-711조 이하에서 각기 규정하고 있다.

우리나라 「민법」은 매매당사자의 채무불이행에 대한 「구제」에 관하여, 계약의 이행을 법률적으로 확보하는 것을 「책임」이라고 하여, 「채무불이행」(즉, 「계약위반」)에 대한 「구제」는 책임의 종류 내지 책임을 실현하는 방법의 문제로 보고,[53] 채무불이행에 대한 「구제방법」으로 강제이행[54]과 손해배상의 두 가지 방법을 인정하고 있다.

한편 이러한 「구제권」 역시도 계약과 법률의 규정 등 일정한 경우 전술한 「계약의 소멸」에 따라 소멸하는 경우도 있게 된다. 무역계약에서 그 불이행이 「본질적 위반」(fundamental breach)에 해당되는 경우에는 계약을 소멸시킨다. 계약위반에 대한 「구제」는 일정한 계약상의 목적을 달성하기 위한 수단이므로 그 목적의 소멸로 「구제권」도 소멸한다.

## 2. 구제방법의 선택

대륙법계에 있어서 특히 우리나라의 경우, 채무불이행에 의한 구제방법으로 「손해배상청구권」의 성립요건을 보면, 채무자의 채무내용에 따른 이행이 없는 것을 정당한 것이 되도록 하는 특별한 사유가 존재하지 않는다라고 하는 「객관적 요건」과 채무불이행에 대해서 고의·과실이라는 채무자의 귀책사유가 존재한다는 「주관적 요건」이 필요하다.

이에 대하여 영미법의 계약위반체계는 그 기초에 있어서 「엄격책임」(strict liability)으로서, 이에 따르는 「구제」의 체계에 있어서도 고의·과실의 유무에 관

52) CISG, 제46조 참조 : 예컨대 수량부족의 경우 우리 「민법」에서는 대금감액을 청구할 수 있으나, 하자의 경우에서는 손해배상을 청구할 수 있어도 대금감액을 청구할 수는 없다. 고범준, 전게논문, p. 14.

53) 곽윤직, 전게서, pp. 156~157.

54) 「강제이행」은 채권자의 권리이며 의무는 아니므로 채권자는 강제이행을 요구하지 않고 불이행으로 인한 손해배상만을 청구하는 것도 무방하다. 상게서, p. 157.

계없이 계약책임을 물을 수 있다는 것이다.[55] 우리나라 「민법」과 일본 「민법」에 의하면, 채무불이행이 있을 경우에는 원칙적으로 채무의 강제이행을 법원에 청구할 수 있다.[56]

그러므로 대륙법계에서는 현실적 이행, 즉 영미법계의 「특정이행」(specific performance)이 제1차적 구제수단이다. 그러나 영미법계에서는 반대로 「손해배상」(damage)이 제1차적 구제로 하고 있는 점이다. 즉, 영미법계의 계약위반의 경우, 채무의 내용 그 자체의 급부를 청구할 수 있는 것은 「금전채무」에 한해서만 인정된다. 그 이외의 경우에는 원칙적으로 「보통법」상의 구제방법인 손해배상만 청구할 수 있는 것으로 되어 있다.

그리고 예외적으로 손해배상만으로 충분한 구제가 되지 않는 경우에 「형평법」상의 구제수단인 「특정이행」이 인정되고 있다.[57] 즉, 계약위반의 경우에 적용할 수 있는 「형평법」상의 구제수단으로는 특정이행, 금지명령(injunction), 계약해제(rescission) 및 원상회복(restitution)이다.

여기서 「특정이행」과 「금지명령」은 모두 채무자에 대해서 채무의 내용자체의 급부를 명하는 것이다. 여기서 「특정이행」은 채무의 내용이 적극적으로 어떤 행위를 하여야 하는 경우에 그 내용대로 이행해야 할 것을 명하는 것이며, 이에 반해 「금지명령」은 채무의 내용이 소극적으로 어떤 행위를 해서는 안되는 경우에 그 내용대로 어떤 행위를 해서는 안되는 것을 명하는 것이다.

한편 「계약위반」으로 손해를 입은 자에게는 구제수단의 선택의 문제가 발생하게 된다. 영미법상의 「구제수단」에 있어서, 피해당사자가 「손해배상」을 청구하였을 경우에는 「원상회복」을 청구할 수 없으며, 마찬가지로 「특정이행」과 「원상회복」도 서로 병용할 수 없다. 그러나 원칙으로 원고(plaintiff)는 금전배상과 함께 「형평법」상의 구제방법 중의 「특정이행」을 동일소송에 있어서 구할 수가 있다.

「계약위반」에 의해서 손해를 입은 당사자가, 금전배상과 원상회복 중 하나의 구제방법을 선택할 수 있을 경우, 소송 기타의 방법에 의해서 「구제수단」 중 어느 하나를 선택한 것을 표시한 것이 된다. 따라서 계약당사자 상대방이 그 선택을 신뢰한 결과로 자신의 지위에 중대한 변경을 가져오게 되었을 때는 그것에 의해서 피해당사자는 다른 구제방법을 선택할 수 없게 된다. 각 구제수단은 별개의 구

55) E. A. Fansworth, *Contracts*, Boston, Little Brown & Co, 1982, p. 842.
56) 우리나라 「민법」, 제389조 : 日本 「民法」, 제414조.
57) Restatement of the Law, Contracts, 2d., 제359조(f).

제방법이다.[58]

협약(CISG)상에서의 「계약위반」에 대한 최종적인 구제수단이 손해배상청구이다.[59] 즉, 「손해배상청구」는 다른 구제수단을 행사한 후에도 존속하며, 따라서 다른 구제수단과 "양립하는" 권리이다. 매도인 또는 매수인의 의무가 이행되지 않았다는 객관적 사실이 존재하면 충분하며, 손해에 대한 「예견가능성」만을 요구할 뿐이다. 따라서 과실 및 귀책사유의 유무는 직접적으로는 문제되지 않는다. CISG는 「계약해제」와 관련한 특수한 경우로서 매도인·매수인 양자의 공통적 의무인 손해배상의무에서 「손해배상액 산정」(제74조 내지 제76조), 「손해경감의무」(제77조), 이자(제78조), 면책(제79조·제80조)을 규정하고 있다.

한편 우리나라 「민법」에서는, 「강제이행」의 청구는 「손해배상」의 청구에 영향을 미치지 아니한다고 규정하고 있다.[60] 이에 따라 이행의 강제와 손해배상은 별개의 효력이며, 서로 "양립할 수 있는 것"이므로 「강제이행」이 있어도 채무불이행에 의한 손해, 즉 이행지체에 의한 손해 등과 같은 경우가 있으면 그 배상을 청구할 수 있다.[61]

여기서 구제권의 선택은 「강제이행」과 「계약해제」는 원칙적으로 양립할 수 있으며, 단지 「손해배상청구」는 「강제이행」 혹은 「계약해제」와 함께 청구가 가능하다. 우리 「민법」에서도 강제이행과 손해배상청구권을 채권의 효력으로서 그리고 그 외의 구제수단은 「하자담보책임」으로서 취급하고 있다.[62]

### 3. 구제수단의 내용 및 계약해제 등

계약위반에 대한 구제수단으로 계약해제를 포함하는 주요 내용을 국제적 통일매매법인 협약(CISG)은 매도인과 매수인 각각의 구제수단을 중심으로 규정하고 있다. 또한 손해배상의 산정방법(제74조 내지 제77조)을 비롯하여 면책(제79조 내지 제80조), 계약해제의 효과(제81조, 제84조) 등에 대해서는 협약(CISG)은 매도인 및 매수인의 의무의 공통규정에 일괄하여 정하고 있다. 이하에서 협약(CISG)의 규정을 중심으로 살펴본다.

---

58) Restatement of the Law, Contract 2d., 제326조(a).
59) CISG, 제45조, 제61조 참조.
60) 우리나라 「민법」, 제389조 제4항.
61) 곽윤직, 전게서, p. 167.
62) 우리나라 「민법」, 제551조.

### 1) 매도인의 구제수단

매수인이 계약 또는 이 협약(CISG)에 따른 의무를 이행하지 아니하는 경우 「매도인의 구제수단」(seller's remedy)으로서는 이행청구권(제62조), 부가기간지정(제63조), 계약해제(제64조), 물품명세지정(제655조) 등의 권리행사와 함께 손해배상청구(제61조 1항 b)도 할 수 있다.

매도인이 구제수단을 행사하기 위해서는 매수인의 객관적 「계약위반」의 사실만 존재하면 되고, 「무과실책임」에 입각하여 매수인의 과실 등을 증명할 필요가 없다.[63] 그리고 손해배상청구권은 다른 구제수단과 양립할 수 있다(제61조 2항).

또한 계약위반의 경우 매도인이 구제수단을 행사하는 경우에는 법원 또는 중재기관은 매수인에게 유예기간(period of grace)을 허용할 수 없다(제61조 3항). 반면 매도인은 스스로 유예기간을 부여할 수 있으므로(제63조), 이 규정은 「임의규정」이다. 이 외에도 매도인은 하자보완권(제37조와 제48조), 이행정지권(제71조), 자조매각권(제88조) 등이 매도인의 구제수단으로 규정되어 있다.

#### (1) 「계약이행청구권」(제62조)

매수인이 의무를 이행하지 않는 경우에 매도인은 매수인에 대하여 물품대금의 지급, 물품의 인도수령, 그 밖의 의무 등의 이행을 청구할 수 있다. 다만 매도인이 「이행청구권」을 행사하려면 「계약해제권」의 행사 등과 같이 이행청구와 서로 모순되는 구제수단을 행사하지 않아야 한다(제62조 단서).[64]

매수인이 물품을 수령하고 나아가 이를 인수한 경우에는 협약(CISG) 제62조가 적용되어 매도인은 매수인에게 대금지급을 청구할 수 있음은 의문의 여지가 없으나, 문제는 매수인이 아직 물품을 수령하고 있지 않거나, 수령을 거절함으로써 매도인이 물품을 계속 점유하고 있는 때에도 매수인으로 하여금 물품을 수령하고 대금지급을 강제할 수 있는가가 문제이다.

협약(CISG) 제62조는 매수인이 매도인에게 이행을 청구하는 제46조 규정에 대응하는 규정이다. 이들 구제는 모두 제28조에 따라 국내법에 양보해야 한다. 비록 이 협약(CISG)의 규정에 따라 어느 일방이 상대방에게 그 의무의 이행을 청구할

---

63) 협약(CISG)상의 「무과실책임원칙」에 관하여는 본서 제1장 「계약의 일반론」의 「과실책임의 원칙」의 주 57) 참조.

64) 대륙법계에 따라 원칙적으로 「이행청구권」을 구제수단으로 인정하는 한편, 영미법계를 고려하여 CISG 제28조에서 그 적용배제를 허용하고 있다. 양립하지 아니하는 구제를 구한 경우의 예로는 매도인이 계약을 해제한 경우를 들 수 있다.

수 있는 경우라 하더라도 이러한 구제에 대한 「법정지」의 국내법의 제한이 결정적이다. 따라서 자국의 「국내법」하에서 이행을 명하는 판결을 내리게 될 경우가 아니라면 이행을 명하는 판결을 내릴 의무는 없는 것이다.

**표 8-1 협약(CISG)상의 계약당사자의 구제권 비교**

| 매수인의 구제권 | 매도인의 구제권 | 공통 구제방법 |
|---|---|---|
| 대체물인도청구권 | 물품명세확정권 | 계약이행청구권 |
| 대금감액청구권 | | 부적합치유청구권(하자보완청구권) |
| 이행기 전 인도·초과인도 거절권 | | 이행정지권 |
| | | 부가기간지정권 |
| | | 계약해제권 |
| | | 손해배상청구권 |
| | | 이자청구권 |
| | | 자조매각권 |

### (2) 부가기간의 지정(제63조)

매수인이 대금지급이나 물품수령의무를 이행하지 아니하는 경우에 곧 바로 그 불이행을 이유로 계약해제 또는 손해배상 등의 구제수단을 행사하는 것 보다는 계약유지의 이념을 살려 매수인에게 자기의 의무를 이행할 수 있는 기회를 제공하는 것이 바람직할 것이다. 따라서 협약(CISG) 제63조는 제47조가 매수인에게 부여하는 구제수단, 즉 매도인은 매수인의 의무이행을 위하여 합리적인 「부가기간」을 정할 수 있다.[65] 만약 매수인이 "부가기간 내"에 그 이행을 하지 않는 경우에 매도인은 매수인의 계약위반이 중대한 본질적인 것임을 입증하지 않고서도 계약을 해제할 수 있다.

한편 매도인은 매수인으로부터 "부가기간 내"에 이행하지 않겠다는 통지를 받지 않은 한, 매도인은 그 「부가기간」 중에는 계약위반에 대한 어떠한 구제도 구할 수 없다. 그러나 매도인은 이로 인하여 이행지체에 대한 「손해배상청구권」의 행사에는 아무런 영향을 미치지 않는다.[66]

---

65) CISG, 제63조 1항.
66) CISG, 제63조 2항.

### (3) 계약해제권(제64조, 제65조)

우선 「계약의 해제」라 함은 유효하게 성립된 물품매매계약을 당사자 일방의 의사표시에 의해서 계약을 처음부터 존재하지 않았던 것과 같은 효과가 생기게 하는 것을 말한다.67) 「계약의 해제」는 계약을 해제할 수 있는 권리, 즉 「해제권」의 행사는 계약당사자 또는 당사자의 지위를 승계한 자만이 할 수 있으며, 만약 당사자가 여러 명인 경우 당사자 모두가 해제의 의사표시를 하여야 한다.68) 이것을 「해제권 불가분의 원칙」이라고 하여, 해제의 의사표시는 이것을 표시한 이상 철회할 수 없다.69)

「해제권」은 법이 정한 사유가 발생하거나 계약에서 정한 「해제사유」가 발생한 경우에 한하여 행사할 수 있으며,70) 계약이 해제되면 이미 이행된 사항에 대하여 원상으로 회복할 의무가 있게 된다.71)

이에 대해 협약(CISG) 제64조에서 매도인의 「계약해제권」을 규정하고 있는데, 해제의 요건으로는 계약 또는 CISG상 매수인에게 부과되는 의무불이행이 「본질적인 계약위반」에 해당하는 경우72)와 매수인이 제63조 1항에 따라 매도인이 정한 "부가기간 내"에 대금지급 또는 물품수령의무를 이행하지 아니하거나 "그 기간 내"에 그러한 의무를 이행하지 아니하겠다고 선언한 경우에 매도인은 계약을 「해제」할 수 있다.73) 따라서 대금지급의무나 물품수령의무의 위반은 단순한 이행지체에 해당하는 경우로 대부분을 차지한다.74) 협약(CISG)에서 대금지급의무는 대

---

67) 계약의 해제는 해지와 구별되는데, 「계약의 해제」는 소급효가 인정되는데 반하여, 「해지」는 장래에 향하여만 효력이 인정되는 점이 다르다.

68) 우리나라 「민법」, 제547조.

69) 우리나라 「민법」, 제543조 2항.

70) 원래 「해제」는 채무불이행의 사유가 있는 때나 또는 그 밖의 특수한 경우, 즉 「법정해제권」이나 「약정해제권」에 의해 일방적으로 행하는 「단독행위」라는 점에서 합동행위와는 구별된다. 당사자간의 「합의해제」는 일종의 계약이므로 당초 해제권이 없더라도 쌍방이 자유롭게 할 수 있다는 특색이 있으며 위에서와 같은 「상호해제」는 여기에 해당된다. 박승수 편저, 「민법」, 에듀비, 2016, p. 614.

71) 매매계약의 「해제건」에 관한 판례에서, 원상화복의무와 관련 매도인은 「민법」 제548조 2항에 의하여 반환할 금전에 그 받은 말로부터 이자를 가하여 반환해야 하고 매수인도 역시 반환할 물건에 의 사용이익을 반환해야 한다고 판시하여 원상회복의 무를 인정하고 있다. 대판 1976. 3. 23, 74다1383 : 대판 2006. 9. 8, 2006다26328 · 26335.

72) CISG, 제64조 1항(a).

73) CISG, 제64조 1항(b).

74) 이때에는 채권자인 매도인이 바로 계약을 해제할 수 있다. 예컨대 대금지급을 명백히 거부하는 경우, 대금지급을 위해 신용장을 개설하였으나 이를 이행하지 않은 경우이나, 「수령의무위반」은 단순한 이행지체에 해당하므로 비본질적인 계약위반에 해당한다. 심종석, "국제통일계약규

금지급의 준비의무까지 포함하며,[75] 매수인의 물품수령의무에는 물품수령 외에 물품의 인도를 가능케 하는 매수인의 모든 행위가 포함되므로[76] 그 범위는 넓다.

한편 「해제권의 상실」에 관하여, 매수인이 대금을 지급한 경우에는 매도인은 다음의 기간 내에 계약을 해제하지 아니하는 한 「계약해제권」을 상실한다. 이 기간은 제척기간의 성질을 가지며, 「해제권」을 상실하였다 하더라도 매도인은 「손해배상청구」 등 다른 구제수단을 여전히 행사할 수 있다.

먼저 매수인이 「이행지체」의 경우, 매도인이 이행이 이루어진 것을 "알기 전"에 계약을 해제하지 아니하는 한 「계약해제권」을 상실한다.[77] 즉, 매수인이 「이행지체」 후에 이행한 경우 매도인은 매수인의 이행사실을 알게 된 후는 계약해제를 할 수 없다.

그리고 매수인의 「이행지체」 이외의 위반의 경우, ① 매도인이 그 위반을 알았거나 또는 알 수 있었던 때, ② 매도인이 제63조(부가기간의 부여)에 따라 정한 부가기간이 경과한 때 또는 매수인이 그 부가기간 내에 의무를 이행하지 아니하겠다고 선언한 때로부터 "합리적인 기간 내"(제척기간) 매도인은 계약을 해제할 수 있으며, 합리적인 기간이 경과한 후에는 계약해제를 할 수 없다.[78]

우리 「민법」에서는 물품매매계약이 유효하게 성립된 후에 당사자가 약정한 사유 또는 법정의 사유가 발생한 경우,[79] 매수인은 당해 계약을 해제 또는 해지할 수 있고,[80] 해제권의 법정 발생원인으로는 이행지체, 이행불능이 있으며, 불완전

---

범하에서 계약해제의 효과에 관한 비교법적 고찰", 「경영법률」, 2005, p. 481.

75) CISG, 제54조.

76) CISG, 제60조.

77) CISG, 제64조 2항(a).

78) CISG, 제64조 2항(b).

79) 우리 「민법」상의 계약해제사유로는, 약정해제와 법정해제의 두 가지 경우뿐인데, 먼저 「약정해제사유」로서는 ① 계약금(해약금)지급에 의한 해제, ② 합의해제계약(쌍방의 합의해제), ③ 해제조건=실권약관(「채무불이행이 있으면 채권자의 의사가 필요 없이 곧 해제한다.」 이때 해제의 효과로는 소급효가 없다) 등은 약정해제사유에 해당한다. 그리고 「법정해제사유」는 채무불이행(제544조~제546조, 효과로는 제387조~제396조, 제548조~제551조)인데, 이행지체(제544조)나 이행불능(제546조), 채권수령지체, 불완전이행(다수설), 사정변경(통설은 해제 긍정, 판례는 부정) 등으로 인한 해제이다. 부수적 채무의 불이행(예: 공과세의 지급의무)은 해제사유로 부정하는 입장이 통설·판례이다. 즉, 「최고」가 필요 없이 해제권이 발생하는 경우로는 정기행위의 이행지체(제545조), 이행불능(제546조), 상대방(채무자)의 이행거절의사표시가 있을 때(제544조 2문) 또는 상호신뢰관계가 붕괴된 경우, 완전이행이 불가능한 경우, 통설에 의한 「사정변경」의 원칙, 매도인에게 담보책임추궁시 해제(제570조~제582조), 약정해제권의 유보사실이 발생한 때 등의 해제의사표시를 할 때이다.

80) 우리나라 「민법」, 제543조 1항.

이행[81]도 인정하고 있다.[82]

### (4) 손해배상청구권(第61條)

협약(CISG)에서는 손해배상이 기본원칙이며 「손해배상」의 청구는 매도인과 매수인 모두에게 인정되는 가장 기본적인 구제수단이다. 매수인이 자신의 의무를 이행하지 않은 결과, 매도인은 이로 인해 발생한 손해의 배상을, 협약(CISG) 제74조 내지 제77조의 규정에 따라 청구할 수 있다[83]고 규정하고 있다.

협약(CISG) 제74조 내지 제77조 규정의 손해배상의 범위, 산정기준 등의 내용에 관해서는 후술한다. 한편 「손해배상청구권」은 다른 구제수단과 병존하므로 함께 청구할 수 있다.[84] 따라서 계약해제시, 대체물인도청구시, 하자보완시, 대금감액시에도 여전히 손해가 남아 있다면 그 손해를 함께 배상청구할 수 있다. 심지어 이자를 청구한 후에도 남아 있는 손해가 있으면 별도로 배상청구가 가능하다.[85]

### (5) 「물품명세지정권」(第65條)

협약(CISG)은 계약상 매수인이 물품의 형태, 규격 그 밖의 특징을 지정(specification)해야 함에도 불구하고 매수인이 의도적으로 그 지정을 하지 않는 일이 일어날 수 있다. 이러한 경우를 대비하여 계약상 매수인이 물품의 형태, 규격 그 밖의 특징을 지정하여야 하는 경우에, 매수인이 합의된 기일 또는 매도인으로부터 요구를 수령한 후 「합리적인 기간내」에 그 지정을 하지 아니한 경우 매도인의 구제수단으로 「물품명세확정(지정)권」을 행사할 수 있도록 하고 있다.[86]

따라서 가격이나 물품의 수량을 추후에 매수인이 정하도록 남겨 놓은 경우에는 원칙적으로 이 규정이 적용되지 않는다. 매도인이 스스로 물품명세를 지정하는 경우에, 매도인은 매수인에게 이에 관한 명세사항을 통지해야 하고, 또한 매수인이 상이한 물품명세를 지정할 수 있는 적절한 기간을 지정해야 한다. 매수인은 이

---

81) 우리 「민법」은 불완전이행 또는 적극적 채권침해에 의한 해제권 발생에 대하여는 명문의 규정은 없지만, 학설과 판례는 이를 인정하고 있다. 즉 매도인이 귀책사유로 인하여 물품을 매수인에게 제공하였으나 계약의 내용에 따라 이행하지 않는 경우에 매수인은 완전한 채무의 이행이 가능한 경우에 일정한 기간을 정하여 「최고」한 후에 해제권을 행사할 수 있으며, 완전한 채무의 이행이 불가능한 경우에는 당해 계약을 해제할 수 있다. 이은영, 「채권각론」, 박영사, 1999, pp. 236~237 : 대판 1996. 7. 9, 96다14364·14371 : 대판 1994. 12. 22, 93다2766.

82) 우리나라 「민법」, 제544조 내지 제546조.

83) CISG, 제45조 1항(b).

84) CISG, 제45조 2항.

85) CISG, 제78조.

86) CISG, 제65조 1항.

러한 통지를 받은 후 "적절한 기간 내"에 상이한 물품명세를 지정하지 아니하면 매도인이 한 지정이 구속력을 가진다.87)

지정권 행사의 효력으로는, 매도인이 지정한 내용이 구속력을 갖는다. 그러나 지정권 행사는 매도인의 의무는 아니다. 매도인은 「물품명세지정권」 행사와 함께 또는 단독으로 매수인의 지정의무 위반을 이유로 손해배상을 청구할 수 있다.

### (6) 매도인의 「하자보완권」 또는 「재이행권」(또는 추완권)(제48조)

협약(CISG)에서는 서류88)를 비롯하여 물품이나, 이행기 이전이든, 이행기 이후이든89) 간에 "그 이행하지 않은 부분"(또는 누락된 부분, 부족한 부분, 부적합한 부분)에 대해, 특히 하자있는 물건이 인도된 경우, 계약의 「본질적 위반」에 이르지 아니할 경우에 매도인에게 자기의 비용부담 하에 다시 한번 계약의 완전한 이행을 할 수 있는 권리를 제한적으로 인정해주고 있다. 이를 매도인의 「재이행권」 또는 「하자보완권」이라 해서 매수인의 「하자보완청구권」에 상응되는 매도인의 권리이다.

실무에서는 기계, 자동차, 기타 고도의 전자제품의 매매에서 보통거래약관을 이용하여 매도인에게 「하자보완권」을 보장하는 예가 많다.90) 인정취지는 국제매매에서는 계약을 해제하고, 그 결과 물품과 매매대금을 「원상회복」하는 것은 상품을 수출하는 것과 마찬가지로 복잡하고 비용 및 위험이 따르기 때문에 협약의 계약유지의 원칙상 인정된 것이다.91) 이 권리는 의무위반을 행한 매도인에게 부여하는 권리이므로 채권자인 매수인의 권리와 충돌할 가능성이 높다. 따라서 그 요건을 엄격하게 제한하고 있기는 하지만 엄연히 매도인에게 인정되는 권리이다.

매도인의 「하자보완권」(또는 하자치유권)에 관한 규정인 제48조 1항은 제46조 3항(매

---

87) CISG, 제65조 2항.

88) 서류의 하자보완권(CISG, 제34조) : 매도인이 교부하여야 할 시기 전에 서류를 교부한 경우에는, 매도인은 매수인에게 불합리한 불편 또는 비용을 초래하지 아니하는 한, 계약에서 정한 시기까지 서류상의 부적합을 치유(하자보완권)할 수 있다.

89) 매도인의 「하자보완권」은 이행기 전과 이행기 후로 나누어지는데, 이행기 후의 매도인 자신의 비용으로 불이행을 치유할 수 있는 추완권으로는 부적합물인도, 일부인도, 인도불이행, 권리하자가 있는 물품인도, 서류교부가 없었던 경우 등 모든 계약위반에 적용된다. 윤광운 · 박정기 · 김철호 · 박재홍, 「국제거래법」, 탑북스, 2013, p. 365.

90) 우리 「민법」에는 이에 대응하는 제도가 없다. 물론, 이행지체시 급부에 갈음하는 손해배상이나 해제를 행사하기 위해서는 채무자(매도인)에게 상당한 기간을 정한 「최고」를 요구하고 있으므로(민법, 제395조와 제544조), 이 「최고」에 기해서 채무자가 이행할 수 있는 기회를 다시 한번 갖는 것은 사실이다. 그러나 최고는 급부에 갈음하는 손해배상을 요구하거나 해제권을 발생시키는 요건에 해당할 뿐이며 더구나 채무자의 권리는 더더욱 아니다. 최준선, 「국제거래법」, 전게서, p. 157.

91) 최준선, "매도인의 제2의 이행제공권", 「재산법연구」, 제9권 1호, 1992, pp. 73~99.

수인의 이행청구)에 상응하는 규정이다. 즉, 협약(CISG)은 제49조(매수인의 계약해제권)에 따를 것을 조건으로, 매수인이 계약을 해제하지 않는 한 매도인은 인도기일 후에도 불합리하게 지체하지 아니하고 그러한 하자의 치유가 매수인에게 불합리한 불편을 초래하거나 매수인의 선급비용을 매도인으로부터 상환받는데 불안을 초래하지 아니하는 경우에는 매도인의 비용으로 의무의 불이행을 치유할 수 있다. CISG 제49조를 따를 것을 조건으로 한다는 것의 의미는 「본질적 계약위반」을 이유로 매수인이 계약을 해제하는 경우에는 매도인은 대체물인도, 부적합보완, 부족분보충, 권리하자의 제거 등을 선택할 수 있다. 이 경우 매수인은 보완으로 발생하는 손해의 배상을 청구할 수 있다.[92)]

### 2) 매수인의 구제수단

다음으로 협약(CISG) 제45조 이하에서 매도인의 계약위반에 대한 「매수인의 구제수단」으로, 즉 ① 계약대로의 의무이행(특정이행)청구권, ② 대체물인도청구권, ③ 부적합치유청구권(하자보완청구권), ④ 부가기간지정권, ⑤ 계약해제권, ⑥ 대금감액청구권, ⑦ 손해배상청구권 등의 권리를 행사할 수 있다(제45조 1항). 여기에 열거된 수단 이외에도 이행정지청구(제71조), 이행 전 계약해제권(제72조), 분할인도계약의 해제권(제73조)에서도 매수인의 구제수단이 별도로 허용된다.

이러한 구제수단 중에서 「손해배상청구권」은 다른 구제수단과 중복하여 행사할 수 있다.[93)] 따라서 매수인은 매도인에 대하여 의무의 이행을 요구함과 동시에 이행의 지연이나 그 이행과정에서의 결함 등으로 인하여 발생한 손해의 배상을 청구할 수 있고, 계약을 해제하면서 계약위반으로 발생한 손해배상도 함께 청구할 수 있다.

그리고 협약(CISG) 제45조에서는 매수인이 계약위반에 대한 구제를 행사하는 경우에는 「법원 또는 중재기관」은 매도인에게 유예기간을 허용할 수 없다고 규정하고 있는데,[94)] 이는 유예기간의 허용이 국제거래의 현실에 적합하지 않을 뿐 아니라 특정 국가의 법원이 자국민에게 편파적인 결정을 할 수 있는 소지가 있기 때문이다.

---

92) CISG, 제48조 1항.
93) CISG, 제45조 2항.
94) CISG, 제45조 3항.

### (1) 매수인의 「이행청구권」(제46조)

매도인이 이행기 후에 여전히 계약을 이행하지 않는 경우에 매수인은 원칙적으로 계약대로의 이행(특정이행, specific performance)을 청구할 수 있다고 규정하여,[95] 매수인의 「이행청구권」(예컨대, 매도인에 대한 물품인도 등)을 일반적으로 인정하고 있다.

이 「이행청구권」에는 물품의 인도가 없는 경우에는 매도인에 대한 물품인도청구, 부적합물품의 인도의 경우에는 대체물인도청구(제48조 2항) 또는 하자수리청구(제46조 3항), 일부인도의 경우에는 부족부분의 인도청구(제37조, 제48조), 그 밖에 계약에 따른 이행을 완료함에 필요한 일체의 이행청구가 포함된다. 다만 「이행청구권」(즉, 물품인도청구권, 대체물인도청구권, 부적합보완청구권)은 매수인이 그 요구와 양립할 수 없는 구제수단(예로 「계약해제」)을 이미 사용한 경우에는 「이행청구권」을 행사할 수 없다.

본 규정은 대륙법과 영미법의 타협규정으로 평가된다.[96] 그러나 「이행청구권」은 제28조의 제한을 받는다. 따라서 각국의 법원이 이 협약(CISG)가 적용되지 아니하는 유사한 매매계약에 대하여 "그 국내법"에서 이행을 명하는 판결을 하게 될 경우가 아니면, 법원은 이행을 명하는 판결을 할 의무가 없다.[97] 따라서 각국 법원은 자국의 국내법에 따라 이행을 명하는 판결을 해야 할 경우가 아닌 이상 반드시 이행을 명하는 판결을 할 필요가 없다.

이러한 매수인의 「이행청구권」은 매수인의 이행청구권과 양립할 수 없는 구제수단을 사용(매수인이 계약을 해제한 경우)한 경우에는 「이행청구권」을 행사할 수 없다.[98] 예컨대, 매수인이 CISG 제49조 1항에 따라 계약을 해제한 경우에는 매수인의 매도인에 대한 「이행청구권」은 상실된다. 따라서 「이행청구권」은 제28조의 제한을 받는다.

---

95) CISG, 제46조 1항, 제62조

96) 대륙법계인 우리 법도 계약대로의 「이행청구권」을 인정(민법, 제389조)하나, 영미법은 다르다. 우리 「민법」에서는, 채무불이행과 담보책임에 따라 이행청구의 내용이 다르다. 일반적인 채무불이행책임에서는 완전물 급부의무이므로 그것이 합리적인 한 대체물인도청구나 부적합보완청구(하자보수청구권)도 인정된다. 그러나 담보책임의 경우에는 특별규정에 의한 법정책임이기 때문에 원칙적으로 법률에 규정된 경우에 한해서, 대체물인도청구권(하자없는 완전물급부청구권)만 인정되고, 부적합보완청구권(즉, 하자보수청구권)은 허용되지 않는다(민법, 제581조 2항 참조). 윤광운 외, 「국제거래법」, 전게서, p. 320. 주 61).

97) CISG, 제28조.

98) CISG, 제46조 1항 참조.

### (2) 「물품의 하자」로 인한 매수인의 구제권

#### (가) 「대체품인도청구권」(제46조)

물품의 인도가 계약에 부적합하게 이루어진 경우에 협약(CISG)에서는 그것이 「본질적 계약위반」인 경우에 한해서 매수인에게 「대체물인도청구권」을 인정하며 또한 협약(CISG) 제39조에 정한 「계약부적합 통지」와 동시에 또는 그 후 "합리적인 기간내"에 「대체물인도청구권」을 행사하지 않으면 매수인이 이 권리를 상실하도록 하고 있다(제46조 2항).[99]

따라서 중대한 「본질적 계약위반」이 존재하는 경우에는 「대체물인도청구권」과 「계약해제권」을 선택적으로 행사할 수 있게 된다. 그러나 국제거래의 특성상 대체물인도청구는 계약해제의 경우보다 매도인에게 더 큰 부담을 주게 되므로 그 요건과 효과를 엄격히 제한하고 있는 것이다. 더구나 「계약해제권」과 마찬가지로, 다만 매수인이 물품을 수령한 상태와 실질적으로 동등한 상태대로 반환할 수 없을 때에는 원칙적으로 「대체물인도청구권」을 상실한다.[100]

#### (나) 「부적합보완청구권」(제46조)

인도물품의 계약 불합치의 정도가 그다지 심하지 않은 경우는 대체물품의 청구 등의 구제수단보다는 물품을 보완(수리)하여 바로 사용할 수 있는 것이 효율적이다.[101]

따라서 협약(CISG)은 물품이 계약에 불합치한 경우에 제반 상황을 고려하여 불합리하지 않는 한 매수인은 매도인에 대하여 하자의 치유를 청구할 수 있도록 규정하고 있다.[102] 다만 그러한 하자의 치유가 매도인에게 불합리한 불편을 초래하거나 또는 매수인이 쉽게 수선할 수 있는 위치에 있는 경우 및 매도인은 그 수선시설이 외국에 있는 사정 등 수선에 어려움이 있는 경우에는 매수인은 수선을 요구할 수 없도록 하고 있다. 매수인의 수리청구는 협약(CISG) 제39조에 정한 「계약부적합 통지」와 동시에 또는 그 후 "합리적인 기간내"에 행해져야 한다.

---

99) 우리 「민법」은 불특정물의 하자라면 원칙적으로 매수인이 대체물인도청구(하자 없는 완전물 급부청구권)를 할 수 있도록 되어 있다(「민법」, 제581조 2항).

100) CISG, 제82조 2항.

101) 우리나라 민·상법의 담보책임에는 전혀 언급이 없다. 우리의 해석상 사실 하자있는 물건이 인도된 경우에 하자의 정도가 그다지 심하지 않은 경우에 매수인은 대체물품을 요구하는 것보다는 수선·수리 등의 하자보완청구가 가능하다면 그것을 매수인에게 인정하는 것이 합리적일 것이다. 그래서 법률상 규정이 없더라도 해석상 매수인에게 하자보완청구권을 인정하려는 견해도 있다(남효순, 「민법주해」(XIV), 제580조, p. 538 이하). 윤광운 외, 「국제거래법」, 전게서, p. 322. 주 65).

102) CISG, 제46조 3항.

### (다) 「부가기간지정권」(제47조)

매수인은 매도인의 의무이행을 위하여 합리적인 「부가기간」을 정할 수 있다. 부가기간의 설정은 계약의 이행을 완료하는데 필요한 모든 행위에 대해서 가능하다.103)

매도인으로부터 그 "부가기간 내"에 이행을 하지 아니하겠다는 통지를 수령한 경우를 제외하고 매수인은 그 기간 중 계약위반에 대한 구제를 구할 수 없다.104) 우리 「민법」은 정기행위 내지 확정기매매의 경우는 최고 없이 해제를 인정하고,105) 그렇지 않은 경우는 상당기간을 정해 이행을 최고한 후가 아니면 해제를 인정하지 않는다.106) 즉, 「최고」가 그 요건이 된다. 그러나 협약(CISG)에서의 부가기간은 「최고」와 달리 매수인의 재량사항이라 할 수 있다. 하지만 매수인이 계약을 바로 해제할 수 있는 것은 원칙적으로 매도인의 불이행이 「본질적 계약위반」으로 되는 경우뿐이다.107) 따라서 그 불이행이 「본질적 계약위반」이 아닌 경우에는 이행을 위한 부가기간조항을 통해서 해제를 할 수 있게 된다.

따라서 인도의 지체 시 부여된 「부가기간」의 경과는 그것을 이어 받은 해제를 정당화시키는 전제가 된다는데 의의가 있다. 다만, 부가기간의 지정이 매수인의 이행지체에 대한 손해배상을 청구할 권리를 상실시키지는 않는다.108)

### (라) 「대금감액청구권」(제50조)

협약(CISG)은 매수인의 「대금감액청구권」을 형성권으로 이해하면서 물품의 '계약부적합'의 경우에 인정하고 있다.109) 물품이 계약에 「부적합한」 경우 매도인의 귀책사유나 대금이 이미 지급되었는지 여부에 관계없이 매수인은 실제 인도된 물품의 「인도시」의 가액이 계약에 적합한 물품이라면 그때 가졌을 가액에 대하여 가지는 비율에 따라 대금을 감액할 수 있다.110) 다만 매도인이 물품의 하자를 치

---

103) CISG, 제47조 1항.

104) CISG, 제47조 2항 전단.

105) 우리나라 「민법」, 제545조.

106) 우리나라 「민법」, 제545조.

107) CISG, 제49조.

108) CISG, 제47조 2항 후단.

109) 우리 「민법」 역시 대금감액을 형성권으로 이해하고 있다, 곽윤직, 전게서, p. 99.

110) 우리 「상법」에서는 상인간의 매매에 적용되는 「상법」 제69조에서 매수인의 대금감액청구권을 명시하고 있다(오호철, "국제물품매매법상 하자담보책임의 효과와 민법개정안의 비교", 「법학연구」, 제19집, p. 204 이하). 이러한 측면에서 볼 때, 협약(CISG)과 우리 「민법」은 대금감액청구에 관한 한 원칙적으로 동일한 태도를 취하고 있다고 할 수 있다. 그러나 상인간의 매매가 아닌 경우에 적용되는 「민법」상의 매매규정에서는 매수인의 대금감액청구권이 권리하자(민법 제572조 제1항)와 수량부족(민법, 제574조)의 경우에는 인정되어 있지만, 물건하자의

유하였거나 매수인이 매도인의 치유를 거절한 경우에는 대금의 감액은 인정되지 않는다.111)

이 「대금감액청구권」은 손해배상청구권의 특별한 형태로 이해할 수 있을 것이다. 따라서 매수인은 이들 청구권 중에서 보다 유리한 하나의 구제수단을 선택하여 행사할 수 있으나, 매도인의 불이행이 매도인의 귀책사유가 아닌 「불가항력」으로 인한 경우에 특히 유용하다. 즉 손해배상에서와 같은 「면책사유」(제79조)가 허용되지 않는다. 따라서 매도인이 「불가항력」으로 자신의 의무를 이행하지 못한 경우 협약(CISG) 제79조에 따라 매도인이 「면책」되어 매수인은 매도인에게 손해배상청구권을 행사할 수 없으나, CISG 제50조에 따라 「대금감액청구권」은 행사할 수 있을 것이다. 이는 대륙법계에서만 인정되고, 「보통법」에서는 찾아볼 수 없는 구제수단이다. 권리의 하자에도 대금감액이 인정되는지 논란이 있다. 대금감액은 매수인의 일방적인 의사표시에 의해 이루어지는 형성권이며, 이때 그 의사표시는 발신주의원칙에 따른다.

한편, 협약(CISG) 제50조는 감액의 제한을 규정하고 있다. 즉, ① 매도인이 제37조(인도만기전의 매도인의 보완권)나 제48조(인도기일후의 추완권)에 따라 의무의 불이행을 "치유한" 경우와, ② 매수인이 제37조나 제48조에 따라 매도인의 이행의 수령을 "거절한" 경우에는 대금을 감액할 수 없다. 즉, 매도인이 물품의 하자를 보완하였거나 매수인이 매도인의 보완 제의를 부당하게 거절한 경우 대금의 감액은 인정되지 않는다. 매수인의 대금감액권보다는 매도인의 사전적 또는 사후적 추완권이 앞선다.

### (마) 「일부인도」 및 「일부부적합」 시의 구제권(제51조)

매도인이 물품의 일부만을 인도하거나 인도된 물품 중 일부가 계약내용과 불합치한 경우 부족한 부분이나 계약에 불합치한 부분에 대해서는 협약(CISG) 제46조 내지 제50조를 준용한다고 규정하고 있다. 따라서 매수인은 불이행부분에 대하여는 이행청구권(제46조 1항), 부적합부분에 대하여는 대체물품인도청구권(제46조 2항)과 부적합치유청구권, 부가기간지정권(제47조), 대금감액청구권(제50조)을 행사할 수 있다. 이와 병행하여 「손해배상청구」도 할 수 있다.112)

---

경우에는 언급이 없다. 그래서 이때에는 대금감액이 인정되지 않고 대신 손해배상으로 해결해야 한다는 것이 일반적인 견해이다. 그러나 대금감액으로 해결하든 손해배상으로 해결하든 결과적으로는 큰 차이가 없다. 윤광운 외, 「국제거래법」, 전게서, p. 328. 주 73).

111) CISG, 제50조 단서.

그리고 「일부인도」 및 일부불합치가 「본질적 계약위반」에 해당하는 경우에 한하여 "계약 전체"를 「해제」할 수 있다(제51조 2항). 「본질적 계약위반」이라는 판단 여부에 대한 위험은 매수인이 부담한다. 매도인에게는 「불이행치유권」(제48조)이 인정된다.

### (바) 「이행기전 인도」 및 「과다인도」시의 구제권(제52조)

매도인이 합의된 이행기 전에 물품을 인도한 경우에는 매수인은 자유로 그 물품을 수령할 수도 있고, 수령을 거절할 선택권을 가진다.[113] 사안에 따라서는 매수인이 수령을 거절하더라도 물품의 보존의무를 지는 경우가 있다.[114] 다만 매수인은 이를 이유로 계약을 해제할 수는 없으므로 매도인은 계약에서 합의된 기일에 다시 인도할 수 있다.

매도인이 합의한 수량보다 많은 수량을 인도하는 경우에 매수인은 초과하여 인도된 수량을 수령하거나 수령을 거절할 수 있다. 매수인이 초과하여 인도된 수량의 전부 또는 일부를 수령하는 경우에는 매수인은 계약상의 가격에 따라서 그 대금을 지급하여야 한다. 특별한 사정이 없는 한 매수인은 적어도 계약에서 정한 양은 수령하지 않으면 안된다. 그러나 초과량의 인도가 「본질적 계약위반」을 구성하는 때에는 매수인은 그 수령를 거절하고 계약을 「해제」할 수 있다.

한편 이외에도 매수인의 계약해제권(제49조) 및 손해배상청구권(제45조)을 들 수 있는데, 이들 구제수단은 매도인과 매수인의 「공통적 구제수단」으로서,[115] 전술한 매도인의 구제수단의 내용 및 〈표 8-1〉을 참조 바란다.

112) CISG, 제45조 2항.
113) CISG, 제52조 1항.
114) CISG, 제86조.
115) 이 외에도 협약(CISG)에서 매도인과 매수인에게 공통적으로 인정되는 구제수단으로는 이행정지권(제71조 1항), 이자청구권(제78조), 자조매각권(제88조)이 있다.

# 제3절 | 무역계약위반의 유형 및 내용

## 3.1 개 설

전술한 바와 같이 영국 「물품매매법」(SGA 1979)상의 계약위반의 분류는 크게 「조건위반」(breach of condition)과 「담보위반」(breach of warranty)으로 나누어서 계약위반에 따른 구제를 구분하고 있다. 미국의 경우 제2차 「계약법 리스테이트먼트」(Restatement of the Law, Contract, 2d.)에서는, 이행기 도래전의 계약위반과 이행불능, 이행기 도래후의 이행해태의 세 가지로 나누는데,[116] 이는 일반 영미법상의 계약위반의 분류와 크게 다르지 않다.

협약(CISG)에서는, 계약위반의 유형과 그에 대한 구제수단을 제45조와 제61조에서 규정하고 있는데, 즉 이행지체, 이행불능, 불완전이행, 채권자지체(「수령지체」) 및 이행거절 등으로 분류할 수 있다. 이러한 분류는 협약(CISG) 자체가 영미법과 대륙법을 모두 포괄하여 그 조화를 도모하고 있는 데서도 알 수 있다. 또한 협약(CISG)은 「본질적 계약위반」(fundamental breach of contract)과 「비본질적 계약위반」(non-fundamental breach of contract)으로 구분하고, 여기서 CISG 제25조의 「본질적 계약위반」은 중대한 계약위반이 있는 경우에 성립되며, 특히 무역계약의 경우에 매도인의 물품인도의무의 해태나 매수인의 대금지급의무해태 등이 이에 해당된다. 이에 대해 「비본질적 계약위반」은 본질적 계약위반이 아닌 경우로서, 영국 「물품매매법」(SGA 1979)상의 담보위반(warranty)이나 미국 「리스테이트먼트」(Restatement)상의 「일부위반」(partial breach)이 이에 해당된다.

이에 반해 우리나라 「민법」은, 일본[117]을 비롯한 대륙법계 국가의 경우와 같이 계약위반을 「채무불이행」으로 파악하고 그 「채무불이행」의 태양으로 전술한 이행지체, 이행불능, 불완전이행 및 채권자 수령지체[118]도 포함하고 있다. 이 중에 불완전이행을 영미법에서는 주로 "defective performance"로 또는 경우에 따라서

116) Restatement of the Law, Contract, 2d., Vol. 2, pp. 235~257.

117) 我妻 榮, 「債權總論」, 東京, 岩波書店, 1975, p. 99.

118) 「채권자지체」(즉, 「수령지체」)는 채무이행이 없어도 채권자의 협력이 없이 주로 매수인에게 생기는 인수지체를 말한다.

"breach of warranty", "partial breach"로도 표현되기도 한다.

우리나라 「민법」상의 「채무불이행」, 즉 계약위반의 유형중 이행지체와 이행불능은 영미법에서도 분류되고 있지만 영미법에서 분류되고 있지 않은 「불완전이행」을 독립적인 계약위반의 유형으로 분류하고 있는 점이 특징이라 하겠다.

이상에서 협약(CISG)의 규정은 계약위반 시 피해당사자는 구제수단을 통해 손해를 회복하는 것이 무엇보다 중요하므로 계약위반의 경중을 가려 해결하고자 계약위반이 본질적 위반인가의 여부를 고려한 것으로 보아진다. 따라서 우리나라 「민법」의 취지도 별반 다르지 않다. 즉, 물품의 하자로 계약의 목적을 달성할 수 없게 되면 「본질적 위반」으로 간주하여 선의의 피해당사자인 매수인은 계약을 해제할 수 있고, "사소한" 위반에 불과한 경우는 「하자담보책임」으로 손해배상을 청구할 수 있는 것으로 하고 있다.[119]

## 3.2 「이행지체」

### 1. 「이행지체」의 개념

「이행지체」(failure of performance)라 함은 계약상의 이행자체가 가능함에도 불구하고 약정된 이행기에 고의 또는 과실로 이행을 하지 않는 것으로서,[120] 이를 「이행해태」라고도 한다.

계약상의 「채무」는 이행기에 이행되어져야 하므로 「이행의 지체」는 곧 계약위반이 된다. 영미법에서는 「이행지체」를 「전부 이행지체」와 「일부 이행지체」로 구분하는 경우도 있으며, 또 「쌍무계약」에 있어서 각 당사자의 채무가 서로 독립적인 것이냐 혹은 연관성이 있는 것이냐의 기준에 따라 「가분계약」과 「불가분계약」으로 나누어진다.

만일 계약위반이 독립적인 「가분계약」일 때에는 일방의 채무의 불이행은 상대방의 이행을 면제하지 않는다. 따라서 채무자가 채무를 이행하지 않을 때에는 「이행지체」의 책임을 면하지 못하게 된다. 그것이 만일 연관성이 있는(mutually dependent) 「불가분계약」이라면 일방의 채무불이행은 상대방의 불이행을 용인하지 않으면 안된다.

---

119) 우리나라 「민법」, 제580조 1항 및 제575조 1항.

120) 我妻 榮, 前揭書, p. 102 : 未川 博, 「民法」(上), 東京, 千倉書房, 1976, p. 219.

## 2. 「이행지체」의 성립

협약(CISG)에 있어서 「이행지체」의 요건을 보면 다음과 같다. 먼저 매도인의 경우에, ① 매도인은 계약상 기일이 정하여지거나 확정할 수 있을 경우에는 그 기일에, 기간이 계약상 정하여 지거나 확정될 수 있는 경우에는 매수인이 상황 상 기일을 선택해야 할 때를 제외하고는 "그 기간 내"에, 그 밖의 경우에는 계약체결 후 "상당한 기간 내"에 각각 물품을 인도하여야 하며,[121] 그 기일이나 기간을 경과함으로써 지체의 책임을 진다. ② 매도인이 물품에 관한 서류를 교부함을 요하는 경우에는 계약상 요구되는 기간에 이를 교부하여야 하며,[122] 그 시기를 경과함으로써 지체의 책임을 지게 된다. ③ 매도인은 대금지급을 물품 또는 서류교부의 조건으로 할 수 있는 때,[123] 이 경우 매도인은 매수인이 대금지급을 완료한 때로부터 지체의 책임을 진다.

다음으로 매수인의 경우에는, ① 매수인은 기일이 계약 및 본 협약에 정하여 지거나 확정될 수 있는 경우에는 매도인의 청구를 요하지 아니하고 그 기일에 대금을 지급하여야 하며, 그 기일을 경과하면 지체의 책임을 지게 된다. ② 대금지급 시기에 대한 다른 약정이 없는 경우, 매수인은 매도인이 계약 및 협약(CISG)에 따라 물품 또는 그 처분을 지배하는 서류를 매수인의 처분에 맡기는 때에 대금을 지급하여야 하며, 이 경우 "그 시기"를 경과하면 지체의 책임을 지게 된다. ③ 계약이 물품의 「운송」을 포함하는 경우에는, 매도인은 물품 또는 그 처분을 지배하는 서류를 대금지급과 상환하지 아니하면 매수인에게 교부하지 못한다는 조건으로 물품을 발송할 수 있는데, 이 경우 매도인이 물품 등을 매수인에게 제공할 때에 매수인은 지체의 책임을 지게 된다.

한편 우리나라 「민법」에 의하면 이행기의 도래와 관련하여 「이행지체」의 성립요건을 보면 다음과 같다. 즉 ① 「확정기부」 채무인 경우에는 그 지정된 기한이 지나면 당연히 이행지체가 성립되고 이때 채권자는 그 이행을 「최고」[124]할 필요는 없다.[125] ② 「불확정기부」 채무의 경우에는 채무자는 기한이 연장하였음을 안

---

121) CISG, 제33조.

122) CISG, 제34조.

123) CISG, 제58조 1항 후단.

124) 「최고」(催告)란, 채무자에 대하여 채무의 이행을 청구하는 채권자의 의사통지를 말한다. 우리 「민법」 제387조 2항에 있어서 이행지체에 빠지게 하는 요건으로서의 이행청구권과 그 본질은 같다. 그 최고의 기간 내에 이행하지 않으면 계약을 해제할 수 있으며, 최고의 방법에는 제한이 없다. 황적인, 「현대민법론Ⅳ」, 박영사, 1987, p. 154 참조.

때로부터 지체의 책임을 진다.[126] ③ 「기한」이 없는 채무는 이행청구를 받은 때, 즉 채권자의 최고를 받은 때로부터 지체가 된다.[127]

### 3. 「이행지체」의 효과

「이행지체」의 효과로는, CISG는 채무자가 「이행지체」에 빠진 경우 채권자는 ① 그 지체가 계약의 본질적 위반으로 되거나, ② 채권자가 일정한 부가기간을 정하여 이행의 최고를 하여도 채무자가 이행을 하지 않거나 또는 이행을 하지 않을 의사를 표시한 때에는 계약을 해제할 수 있다.[128] 또 지체로 인한 손해가 있으면 그 배상도 청구할 수 있다. 이러한 협약(CISG)의 규정은 우리나라 「민법」과 대체로 부합되고 있다.

한편 우리 「민법」은, 「이행지체」의 경우에는 원칙적으로 이행이 가능하므로 채권자는 그 「강제이행」을 법원에 청구할 수 있고,[129] 또한 이행의 강제에도 채무자의 「이행지체」에 의해 채권자가 입은 손해, 즉 「지연배상」을 아울러 청구할 수 있으며, 그리고 지체후 채권자는 상당한 기간을 정하여 그 이행을 「최고」하고 그 기간내 이행을 하지 아니하면 채권자는 계약을 해제할 수가 있다.[130] 더욱이 채무자가 자기의 책임없는 사유에 의해 「이행지체」가 된 것을 입증하면 「면책」된다.[131]

이러한 「이행지체」는 채권의 소멸, 채권자의 지체면제, 이행제공, 지체 후 이행불능에 의해 종료된다.[132]

결국 쌍무계약의 특질을 지닌 「매매계약」에 있어서 당사자 일방이 자신의 채무를 이행하는 것은 상대방의 의무의 이행을 청구하기 위한 것이라고 하는 「법정조건의 원칙」(doctrine of constructive condition)이 확립된 것은 *Kingston v. Preston*사건[133]에서이다.

---

125) 우리나라 「민법」, 387조 1항 : 대법 1993. 6. 25. 93다11821.
126) 우리나라 「민법」, 387조 1항 후단 : 대법 1972. 8. 22. 72다1066.
127) 우리나라 「민법」, 387조 2항 : 대법 1988. 88다3253 : 대판 1975. 5. 27. 74다1393 : 대법 1966. 10.21. 64다1102.
128) CISG, 제49조 1항, 제64조 1항.
129) 우리나라 「민법, 제389조.
130) 우리나라 「민법」, 제544조 : 대판 2007. 9. 20. 2005다63337.
131) 末川 博, 「民法」(上), 前揭書, p. 219.
132) 박종두, 전게서, p. 103.
133) [1773] 2. Dougl. 689.

## 3.3 「이행거절」

### 1. 「이행거절」의 개념

「이행거절」(repudiation, renunciation)이란 계약당사자의 일방이 이행기전에 계약에 의해서 정해진 이행기가 도래하여도 자기가 이행할 의사가 없는 것과 이행할 수가 없는 것을 명시한 것을 말한다.[134)] 「이행거절」은 이행기 도래전의 계약위반, 즉 이행기가 도래하더라도 이행할 의사가 없음을 표시하는 경우로서, 영미법은 이것을 계약위반의 한 형태로 보고, 이때에는 상대방은 이행기의 도래를 기다리지 않고 계약을 해제하여 곧 손해배상을 청구할 수 있도록 하고 있다.[135)]

「이행거절」의 특징으로는, ① 당사자의 의사표시에 의하여 이행기가 도래하기 전에 계약위반이 되는 「이행기전 계약위반」(anticipatory breach)으로서 또한 반대채무의 제공이 무의미한 까닭에 이행의 제공 없이도 「계약해제」나 「전보배상」[136)]의 청구권을 행사할 수 있는 점에서, 이행기가 도래하였을 때 위반이 확인될 수 있는 현실적 계약위반(actual and present breach)이면서 동시에 계약해제를 위해서는 이행최고나 이행제공이 필요한 「이행지체」와 구별된다. ② 「이행거절」은 채무자의 채무이행이 가능하다는 점에서, 그것이 불가능한 「이행불능」과도 구별되며, 또 ③ 「이행거절」은 채무자의 채무이행이 없다는 점에서도, 그것이 있는 「불완전이행」과도 구별되어진다.[137)]

이와 같이 「이행거절」은 이행기 도래 전에 자신의 의무를 이행하지 않겠다는 것을 명시적인 의사표시나 적극적인 행위로 표시할 때 성립되며, 이때 묵시적인 행위로도 표시할 수 있는데 이 경우 당사자가 더 이상 계약을 이행하지 않을 것이라는 사실을 그의 행위로부터 합리적으로 추정할 수 있는 경우를 뜻한다.[138)]

---

134) G. H. Treitel, *The Law of Contract*, 6th ed., *op. cit.*, p. 642.

135) M. P. Furmston, *Cheshire, Fifoot and Furmston's Law of Contract*, 10th ed., London, Betterworths, 1981, p. 483.

136) 「전보배상」(塡補賠償)이란, 이행에 갈음하는 손해의 배상을 뜻하는 것으로, 채무가 이행되었다면 체권자가 얻었을 이익의 전부를 배상하는 것을 말한다. 우리 「민법」 제505조에서는, 지체 후의 이행이 채권자에게 이익이 없게 되는 경우 채권자는 계약을 해제함이 없이 이러한 「전보배상」을 청구할 수 있다. 예를 들면 1억 상당의 건물을 임대하였는데 그 후 화재로 손해를 입은 채권자에게 채무자인 임차인이 1억원을 배상하는 경우이다. 곽윤직, 「채권총론」, 법문사, 1974, p. 131 이하 참조.

137) 박승수 편저, 「민법」, 에듀비, 2015, p. 360.

138) M. P. Furmston, *op. cit.*, p. 535.

초기 영국에서는 「이행거절」이 있어도 그것을 즉시 현재의 계약위반으로 취급하지는 않았다. 그 이유는 ① 「이행기전 위반」은 이론적으로 현재의 매매계약위반은 아니며, ② 「이행기전 위반」에 의해서 채권자에게 원상회복청구권을 인정하는 것은 채권자를 부당히 유리하게 하는 것이며, ③ 이 경우의 손해배상액의 산정이 곤란한 경우가 있기 때문이다.[139)]

그러나 *Hochestar v. De la tour*사건[140)] 이후 본건에서 법원은 이행기 도래 전에 이행거절을 계약위반으로 인정하고 그 피해당사자로 하여금 이행기의 도래를 기다릴 것 없이 즉시 계약을 해제하여 손해배상을 청구할 수 있다는 원칙이 확립되었으며, 이후 미국에 계승되어 현재 대부분의 경우에서 채용되고 있다.[141)]

미국의 제2차 「계약법 리스테이트먼트」(Restatement)에서는,[142)] 이행기를 전후하여 「계약위반」의 유형을 분류하고 있는 바, 즉 이행기전 이행거절 외에 이행불능, 이행기 도래 후 이행지체의 세 가지를 들고 있다.

한편 우리 「민법」이 이행기전 위반을 「이행거절」로 인정하는 데는, 우선 동법 제390조가 채무불이행의 범주에 반드시 이행지체, 이행불능, 불완전이행으로 한정하지 않는 일반적 규정이라는 점과 특히 「이행기전 이행거절」의 경우 이를 인정함으로써 채권자는 이행기 도래 전에 계약을 해제하거나 「전보배상」을 청구할 수 있게 되므로 이를 인정할 실익과 필요성의 논거[143)] 외에 판례[144)]에서도 나타나고 있다.

## 2. 「이행거절」의 성립

「이행거절」의 요건으로는, 일반적으로 「이행기전 위반」이 발생하였을 때 위반의 상대방은 계약에 의해서 정해진 이행기가 도래하지 아니하더라도 즉시 계약을

139) 並木俊守, 前揭書, pp. 153～154.

140) [1853] EWHC J72(QB) 본건에서 피고는 1952년 4월 12일에 원고를 6월 1일부터 2개월간 피고의 해외여행에 종복으로서 고용되는 계약을 체결하였고, 5월 11일에 피고가 서신으로 고용거절의 의사표시를 하자 원고는 5월 22일 계약의 이행기를 기다리지 않고 즉시 계약을 해제시키고 손해배상을 청구한 경우이다.

141) Restatement of the Law, Contract, 2d., 제318조.

142) Restatement of the Law, Contract, 2d., Vol. 2. 제235조～제257조.

143) 박승수 편저, 전게서, p. 369.

144) 계약상 채무자가 계약을 이행하지 아니할 의사를 명백히 표시한 경우에 채권자는 「신의칙」상 이행기 전이라도 이행의 최고 없이 채무자의 「이행거절」을 이유로 계약을 해제하거나 채무자에게 손해배상을 청구할 수 있다."고 판례에서도 이행거절을 인정하고 있다. 대판 2005. 8. 19. 2004다53173 : 대판 2009. 3. 12. 2008다29635.

해제할 수도 있고, 손해배상을 청구할 수가 있다.[145] 그러나 그러지 아니하고 ① 「이행거절」을 합의해제(mutual rescission)의 신청으로 보아, 이것을 승낙하여 계약을 소멸시킬 수도 있으며, ② 「이행거절」에 의해서 자기의 이행의무를 면하고, 이행기가 오고부터 계약위반으로서 손해배상을 청구할 수도 있으며, ③ 이행거절을 무시하고 그 기한에 이행을 청구할 수도 있다.

그리고 「이행기전 위반」에 의한 소송을 제기하기 위해서는 그 위반사실이 명확하지 않으면 안된다. 장래 이행하는 것이 불가능하다고 표시하는 것과 또한 성실히 채무를 부인하는 것으로는 「이행거절」이 되지 않는다.[146] 또한 「이행거절」은 행동에서 명백한 것이어야 되며 매도인이 매매계약의 목적물을 「제3자」에게 매각하면 「이행기전 위반」으로 된다.[147] 이행을 거절한 당사자는 이행청구권을 갖는 당사자가 계약을 해제하든지 혹은 자기의 지위를 변경하는 것에 의해서 「이행기전 위반」이 행해진 것을 전제로 하지 않는 한, 언제든지 거절을 철회할 수 있다.[148]

그러나 이 경우에도 당사자의 의사표시로서의 어떤 행위나 의도가 「이행거절」에 해당되는가 하는 것이 문제이다. 따라서 계약의 제반 상황이나 성질 등을 고려해야 하는 것은 「사실상의 문제」인 것이다.

「이행거절」의 성립이 문제가 되는 경우로는, 주로 「분할인도」와 「분할지급」에 관한 물품매매계약으로 소위 「가분계약」의 경우에서 볼 수 있다. 예컨대 「가분계약」에서 매도인이 「부족인도」(short delivery) 또는 어느 할부분이 인도지체된 경우나 매수인이 어느 할부분에 대해 대금지급을 하지 아니한 경우이다. 이 경우 피해당사자는 그 「일부 위반」에 대해 계약 전체의 「이행거절」로 간주하고 계약을 소멸시킬 수 있는가 아니면 위반한 일부에 대해서만 자신의 채무를 소멸시키고 손해배상청구가 가능한가. 그것도 아니면 계약해제는 할 수 없고 단지 손해배상청구만 가능한가의 문제이다

SGA 제31조 2항에서는, 이러한 경우에 계약전체의 「이행거절」에 해당하는지 또는 단지 손해배상만 할 수 있는 위반인지의 여부에 대해서는 계약조항과 특정상황에 의해 결정할 문제라고 규정하고 있다. 따라서 이 경우에 대한 기본원칙은 다음 두 가지 관련 요소를 고려하여 결정된다. 첫째는, 그 위반이 계약전체에서

145) 대판 1993. 6. 25. 93다11821 : 대판 2007. 9. 20. 2005다63337.
146) *Bannister v. Victoria Coal Co.*[1908] 63 W. Va. 502. 61 S.E. 338.
147) *Harper v. Bronson*[1932] 104 Pla. 75. 139 So. 203.
148) UCC, §2-611.

차지하는 양적인 비율이고 둘째는, 그 위반이 반복될 가능성 또는 불가능성의 정도에 판단기준을 두어야 할 것이다.[149]

특히 신용장거래에서 「신용장」(L/C)에 지정된 기간 내에 일정한 수량을 수회에 걸쳐 「할부선적」(installment shipment) 또는 할부청구를 명시하고 있는 경우, 어느 할부분이 배정된 기간 내에 선적되지 않는다면 당해 할부분과 그 이후의 모든 할부분에 대하여 그 「신용장」은 더 이상 이용될 수 없다.[150] 따라서 수출업자인 신용장의 수익자는 신용장에 명시되어 있는 배정된 기간 내에 할부분의 선적을 못했을 경우 당해분과 그 잔여 할부분이 무효로 처리되는 점에 유의해야 한다. 이는 결국 「가분계약」에서의 「부분적 위반」을 사실상의 문제로 간주하는 일반매매계약의 원칙으로부터 야기되는 분쟁의 방지를 고려한 것이라 하겠다.

### 3. 「이행거절」의 효과

당사자 일방이 부당하게 고의로 계약의 「이행거절」을 한 경우에 계약이 자동적으로 소멸되지 않는다. 즉 계약상 「이행거절」의 효과는 이행거절의 피해당사자가 그러한 「이행거절」에도 불구하고 계약이 존속되는 경우로도 할 수 있고, 아니면 계약위반으로 간주하여 계약을 소멸시킬 수도 있는 것이므로 그 「이행거절」의 피해당사자는 「계약」의 존속여부에 대한 선택권을 가진다.[151]

이에 따라 먼저 “계약을 존속시키는” 경우로서, 「이행거절」의 피해당사자는 상대방의 「이행거절」이 있음에도 불구하고 계약을 존속시키고자 하는 것은 「이행거절」을 「계약위반」으로 간주하여 손해배상을 받는 것보다는 계약의 이행을 통하여 “실질적인 이익”을 확보하는 것이 유익하다고 판단하기 때문이다. 그러한 반면에 경우에 따라서는 이행기 도래시까지의 기간에 이행거절자에게 자신의 귀책사유가 아닌 불가항력적 사태의 발생으로 그 이행이 「면책」될 수도 있으므로 피해당사자가 이러한 위험을 감수해야 하는 측면도 없지 않다는 점이다.[152]

다음으로 “계약을 소멸시키는” 경우로, 「이행거절」의 피해당사자는 그 「이행거절」에 대해 지체없이 「계약위반」으로 간주하여 계약을 해제하고 손해배상을 청구할 수 있다. 이 경우 계약소멸의 선택권의 행사는 피해당사자의 것이므로 계약소

149) M. P. Furmston, *op cit.*, p. 539.
150) UCP 600, Article 32.
151) M. P. Furmston, *op cit.*, p. 541.
152) *Ibid.*, p. 542.

별의 결정을 지체없이 이행거절자에게 통지하여야 하고, 그 통지가 상대방에게 "도달한 때"에 계약이 종료되며 또한 이행거절자에게 통지된 이상 철회는 불가능하다.

이와 같이 피해당사자가 통상적으로 상대방에 대해 손해배상청구의 소를 제기하거나 계약위반의 의사표시를 통지하는 행위는 곧 「이행거절」을 계약위반으로 다루겠다는 의사표시가 된다. 그러므로 상대방의 「이행거절」을 계약위반으로 간주하는 것이 되고 따라서 피해당사자는 「계약해제권」 및 손해배상청구권을 가지며, 계약을 위반한 이행거절자의 이행의무도 면제되는 것[153]과 같은 법적 효력을 가진다.

결국 「이행거절」의 피해당사자에게 「계약」의 존속여부에 대한 선택권을 부여하고 한편으로 계약의 「해제권」을 인정하는 것 등은 분쟁을 신속히 해결하고 더 이상의 손해를 방지한다는 입장에서는 합리적인 법제라고 하겠다.

한편 협약(CISG)에서도 「이행거절」이라고 하는 「이행기전의 계약위반」에 대해 상세한 규정을 두고 있다. 즉, 「이행거절」의 위반으로서 계약을 해제할 수 있을 경우는 상대방의 이행능력(공장폐쇄) 또는 그 신용의 중대한 결함(파산신청) 또는 상대방의 이행의 준비 또는 계약이행에 관한 상대방의 행위(상대방이 원료를 공급해 주지 않거나 허가를 얻어 주지 않는 경우 등)에 따라 상대방이 의무의 중요한 부분을 이행하지 아니한 것이 명백한 경우에는 자신의 의무이행을 정지할 수 있다[154]고 하여, 「이행거절」의 목적물의 인도정지[155]와 계약해제[156]를 규정하고 있다. 협약(CISG)의 이 규정은 매도인이든 매수인이든 관계없이 어느 쪽의 의무불이행이든 적용되는 공통의 규정이며 또한 채권자를 보호하는 규정이다.

또한 영미법에서는 계약당사자 일방의 「이행거절」을 「이행기전 계약위반」으로 파악하여 이행의 보증요구나 계약해제를 인정하고, 우리 「민법」 또한 채권자가

153) *Boston Deep Sea Fishing and Ice Co. v. Ansell*[1889] 39 Ch. D 339 at 365, per Bowen L.J. : *R. V. Ward Ltd. v. Bignall*[1967] 1 Q.B. 534 at 548, [1967] 2 All E.R. 449, per Diplock L.J.

154) CISG, 제71조 1항 : 이 조항은 CISG 제30조 내지 제34조에서 규정하고 있는 물품의 인도나 제54조 내지 제59조의 대금지급과 같은 의무의 이행정지를 상대방에게 인정하고 있으나, 본 제71조 1항은 보다 광범위한 적용범위를 가진다. John O. Honnold, *Uniform Lae for International Sales under the 1980 United Nations*, Deventer, Kluwer Law and Taxation Publication, 1982, p. 393.

155) 협약(CISG)에서는, 이외에도 운송도중 물품의 인도중지(제71조 1항), 운송정지권(제71조 2항), 이행정지의 통지와 충분한 보증 후의 이행계속(제71조 3항)도 함께 규정하고 있다.

156) CISG, 제72조.

이행기전 이행거절의 의사를 밝히는 경우에는 이행기의 도래여부에 관계없이 「계약해제」를 할 수 있고,[157] 채권자는 「신의성실의 원칙」상 이행기전이라도 이행의 「최고」 없이 채무자의 이행거절을 이유로 채무자를 상대로 손해배상청구도 가능하며[158] 손해배상의 산정은 이행기전 당시의 시가로 해야 할 것이며,[159] 그리고 이행기를 기다려 강제이행 또는 손해배상청구를 선택적으로 할 수도 있다.

한편 「이행거절」은 채권자가 거절을 이유로 계약을 해제하기 전에 이행거절의사를 철회하면 「이행거절」은 종료된다.[160]

## 3.4 「이행불능」

### 1. 「이행불능」의 개념 및 요건

「이행불능」(impossibility of performance)이란 계약 또는 채무가 성립 당시에는 이행이 가능하였으나 이후에 채무자의 고의 또는 과실에 의하여 이행이 불가능하게 된 것을 말한다.[161] 이처럼 계약 또는 채무가 이행불능하게 되는 경우로는 어느 한 당사자의 책임있는 사유, 즉 「귀책사유」로 인한 경우와 어느 당사자에게도 귀책사유가 없는 불가항력적인 경우를 들 수 있는데, 이 중 어느 한 당사자의 고의나 과실로 인해 이행이 불가능하게 된 경우이므로, 전자의 「귀책사유」로 인한 경우가 이에 해당한다.

「이행불능」에는 계약 또는 채무가 성립할 당시에 이미 불능한 상태, 즉 「원시적 불능」(existing impossibility)과 계약 성립 당시에는 가능했으나 그 후에 불능으로 된 「후발적 불능」(subsequent impossibility)이 있다. 그러나 전자의 경우는 계약 자체가 성립되지 않으므로 여기서 말하는 이행불능으로는 볼 수 없으며. 따라서 「이행불능」이라고 하면 이 「후발적 불능」을 말하는 것이다.

「후발적 불능」의 경우 그 예로 건물이 매매계약 당시에는 존재하였으나 계약체

---

157) 대판 1993. 6. 25, 93다11821 : 대판 2007. 9. 20, 2005다63337.

158) 대판 2005. 8. 19, 2004다53173 : 대판 2009. 3. 12, 2008다29635.

159) 대판 2007. 9. 20, 2005다63337.

160) 이 경우와 같이 이행거절의사의 철회가 있으면, 이제 채권자는 이행최고나 자기채무의 이행제공이 없으면 그 계약을 해제하지 못한다(대판 1988. 3. 14. 88다1516 : 대판 2003. 2. 26. 2000다40995). 그러나 이행거절로 인한 전보배상청구권은 영향을 받지 않는다. 박승수 편저, 전게서, p. 371.

161) A. G. Guest, *op. cit.*, p. 475

결 후 소유권을 이전하기 전에 화재로 소실된 경우이다. 이때에는 계약은 일단 유효하게 성립하였으므로 계약의 그 후의 결과가 문제가 된다. 이 경우 미국의 Restatement of Contract 제457조에 의하면, 「후발적 불능」의 경우에는 계약은 소멸하며, 약속자의 의무는 해소된다.

[그림 8-1] 한국 「민법」상의 이행불능의 분류

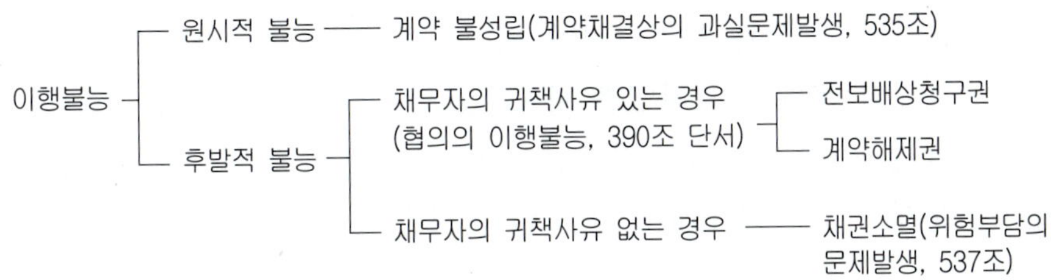


자료 : 황적인, 「현대민법론Ⅲ」, 박영사, 1987, p. 84 참조.

협약(CISG)에서는, 「원시적 불능」에 대한 언급이 없다. 또 본래 원시적 불능과 후발적 불능의 문제를 구별하지도 않는다. 이 두 가지 불능의 문제는 모두 유효한 것으로 보며, 단지 「계약위반」에 해당할 뿐이다. 즉, 매도인이 계약상 물품을 인도하기로 약속하였는데 이행기에 불능이 되어 인도하지 못하게 되었으므로 「계약위반」인 것이다. 따라서 이러한 「계약위반」이 본질적인 것이라면 매수인은 계약을 해제할 수 있고, 협약(CISG) 제74조 이하의 손해배상규정에 따라 면책[162]이 아닌 한 손해배상을 청구할 수 있다. 특히 「원시적 급부불능」인 경우에 CISG은 계약이 유효한 것으로 보고 일반적인 계약의무의 위반으로 취급하며 일반적인 손해배상의 원칙(제74조 이하)에 따라 손해배상도 허용하는데 반해, 우리 「민법」은 그 계약을 무효로 하고 손해배상도 제한적인 「신뢰이익」[163]의 손해에 한정시킨다.[164]

162) CISG 제79조의 면책사유에 해당하면 매도인은 손해배상을 면제받을 수 있기 때문이다.

163) 「신뢰이익」이란 계약이 유효하다고 믿은 것으로 인하여 얻을 수 있었던 이익으로서, 곧 「신뢰이익의 손해」를 의미한다. 다시 말해 「신뢰이익의 손해」란 상대방의 과실없이 계약을 유효하다고 믿은 것으로 인하여 입은 손해를 말한다. 「신뢰이익」에 대비되는 「이행이익의 손해」는 급부의무의 불이행으로 생긴 손해, 즉 계약이 올바르게 이행되었더라면 있을 수 있는 재산의 상태에서 현재의 재산상태를 뺀 차액을 말하며, 계약이 유효하였더라면 얻었을 수 있었던 이익의 손해이다. 양자의 구별은 이행지체, 적극적 채권침해, 불법행위에서는 문제가 되지 않는다. 황적인, 「현대민법론Ⅲ」, 박영사, 1987, pp. 135~136.

164) 우리나라 「민법」, 제535조.

한편 「이행불능」의 성립요건을 보면, ① 계약 또는 채무가 성립한 후에 이행불능이 되어야 한다. 따라서 「후발적 불능」의 경우가 이에 해당된다. ② 「이행불능」은 어느 한 당사자의 「귀책사유」에 의해 발생해야만 계약위반이 성립된다. 즉, 「후발적 불능」의 경우에는 그 불능의 요건으로서 채권의 성립 후에 이행이 불능으로 되어야 하며 또한 그 「이행불능」이 위법한 것이어야 한다.

이같이 「이행불능」도 채권의 침해이므로 이론상 역시 「위법성」을 요건으로 하며,[165] 또한 채무자의 "책임있는 사유", 즉 「귀책사유」가 있어야 한다.[166] 이러한 채무자의 "책임있는 사유"는 불가항력에 의한 「이행불능」의 경우에도 그것이 일단 「이행지체」가 된 후에 발생하였을 때도 있다는 사실에 유의해야 한다.

또한 「후발적 불능」에서 채무자의 「귀책사유」에 의한 경우 계약위반이 성립되므로, 여기서 문제가 되는 채무자의 "책임없는 사유"에 의한 「후발적 불능」의 경우이다.

따라서 「후발적 불능」의 경우에 어느 당사자에게도 책임이 없는 경우에는 계약 또는 채무는 자동적으로 소멸된다. 이러한 경우 영미법에 있어서 계약이 이행불능으로 채무자의 "귀책사유가 없는" 경우, 즉 목적물의 멸실인 경우에도 계약상의 채무를 면할 수가 있다.[167] 이 경우는 영미법상의 소위 「계약목적달성불능」의 문제와도 관련을 가지므로 이에 관해서는 후술할 영미법상의 「Frustration의 법적 성격」에서 다루어 진다.

## 2. 「이행불능」의 효과

「이행불능」의 효과에 관해 협약(CISG)에서는, 채무자의 「이행불능」이 성립하면 채권자는 채무자에 대하여 계약위반으로 인한 손해배상을 청구할 수 있다.[168] 이때의 손해배상은 성질상 「전보배상」에 해당된다. 여기서 「전보배상」이란 채무자의 과실로 「이행불능」이 되거나 「이행지체」가 되는 경우 원래의 급부를 받는다고 해도 이미 채권자에게 이익이 없는 때에는 그 이행에 대신한 손해배상을 받을 수 있는 것을 말한다. 즉, 계약의 이행에 갈음한 배상이다.[169] 「이행지체」에서의

165) 대판 2003.1.24. 2000다22850 : 대판 1999. 7. 26. 96다14616 : 대판 1991. 7. 26. 91다8104.
166) 대판 2006. 4. 28. 2004다16976 : 대판 1990. 5. 8. 88다카4574.
167) 일본 「민법」의 경우, 채무자가 귀책사유가 없이 「이행불능」으로 된 것을 입증하는 경우에는 「면책」이 된다. 我妻 榮, 前揭書, p. 140 : 末川 博, 前揭書, p. 220.
168) CISG, 제45조 1항 및 제61조 1항 ; 우리나라 「민법」, 제390조.
169) 박종두, 전게서, p. 109.

「지연배상」을 원칙으로 하고, 계약을 해제한 경우에도 이행배상을 내용으로 하는 것과는 구별된다.

그리고 「손해배상의 산정시기」는 「이행불능」으로 된 때를 기준으로 한다.170) 통상 계약목적물의 실제 가격과 약정한 대금과의 차액이 된다. 예를 들어 물품의 멸실로 그 이행이 불능으로 되거나 지체되는 경우에 시가 100만원의 물품을 80만원에 구입하기로 하였다면, 매수인은 대금을 지급하지 않아도 되며, 그리고 시가 100만원과 구매대금 80만원의 차액인 20만원이 손해배상액이 되는 것이다.171)

또한 채무가 「이행불능」이 되면 이는 계약의 「본질적 위반」에 해당하기 때문에 채권자는 특별한 사정이 없는 한, 계약을 해제할 수 있다.172) 이 경우 「일부불능」과 일시적 불능의 경우가 문제된다. 먼저 「일부불능」의 경우, 채권자는 원칙적으로 그 불능부분에 관하여만 계약을 해제할 수 있으며, 예외적으로 일부불능이 계약 전체의 「본질적 위반」으로 될 경우에 한하여 계약전체를 해제할 수 있다.173)

다음으로 「일시적 불능」(temporary impossibility)이란 불능이 계속적인 것이 아니라 일시적으로 머물러 있고 앞으로 제거될 수 있는 경우를 말한다. 예컨대 채권자에게 적재된 물품이 교통기관의 파업 또는 수송중단으로 운반할 수 없는 경우 또는 그림을 그려줄 의무를 진 사람이 작업 중 일정한 기간 와병인 경우 등이다. 이러한 경우에 채무자는 계속 급부할 의무는 존속하고, 채권자는 가능할 때까지 기다려야 한다. 이 경우 채권자는 급부가 지체되어 입는 손해의 배상을 청구할 수 있는지의 여부는 「이행지체」의 규정에 따른다. 따라서 채권자에게 지체로 인한 「지연배상」을 하여야 한다. 이와 같이 계약의 성질 또는 내용에 따라 오직 일정한 기일 또는 기간 내에 급부(행위)를 이행하지 않으면 계약의 목적을 달성할 수 없는 경우,174) 이것을 「절대적 정기행위」라고 한다. 예를 들면 가수가 음악회에 출연을 약속했으나 그 출연시간에 오지 않으면 그의 급부는 확정적으로 불가능하게 되는 경우이다.

그러나 보통의 「정기행위」에서는 정해진 일정한 기간의 경과 후에도 급부를 만

---

170) 대판 1994. 1. 11. 93다17638. : 대판 1973. 12. 26. 73다1516.

171) 우리 판례에 의하면, 환지토지의 이후 가격등귀와 관련하여 그 배상금 지급이 제체되고 있다고 하여도 그 배상금에 대한 법정이자 상당의 지연손해금을 청구하는 외에 사실상 변론종결시의 시가에 의한 손해배상을 청구할 수 있게 되는 것은 아니라고 한다. 대판 1996. 6. 14. 94다61359.

172) CISG, 제49조 1항, 제64조 1항 : 우리나라 「민법」, 제546조.

173) CISG, 제51조 2항.

174) 우리나라 「민법」, 제545조.

회할 수 있으나, 이때에도 급부가 행하여지지 않으면 「쌍무계약」의 경우 우리 「민법」 제545조는 채권자에게 해제권을 주고, 만약 채권자가 해제를 하지 않으면 채무자는 여전히 급부를 할 수 있다. 이 경우에도 역시 "이행의 기간"이 제한되며, 이를 넘기면 우리 「민법」 제527조(「채무자위험부담」주의)에 의해 쌍방 모두 채무를 면한다.

이와 같이 「이행불능」의 성질상 계약의 해제없이 이행에 갈음한 배상을 청구하는 것인데, 그러나 채무자가 계약을 해제하고 손해배상을 청구할 수 있고, 그 실익은 「신뢰이익」의 포함 여부에 있다. 따라서 「이행불능」으로 계약을 해제하고 손해배상을 청구하는 경우에는 그 계약의 해제로 인한 「신뢰이익」의 배상을 아울러 청구할 수 있게 된다.[175]

## 3. 영미법상의 「Frustration」의 법적 성격

### 1) 「Frustration」과 「사정변경의 원칙」

「Frustration」을 「계약목적달성불능」 또는 「계약의 좌절」 또는 「이행불능」 등과 같이 다양하게 부르는데, 여기서는 「계약목적달성불능」의 의미로 파악한다. 왜냐하면 이 「Frustration」은 적법하게 계약은 성립되었지만 이후 매매당사자의 귀책사유가 없이 예견할 수 없는 사유로 인하여 계약목적을 달성할 수 없는 경우를 말하고 있기 때문이다.

「이행불능」에 대해 19세기 중엽까지만 해도 "계약은 이행되어야 한다."(Pacta Sunt Servanda)는 로마법의 원칙에 따라 영미법에 있어서 「보통법」 역시 엄격한 입장을 지켰다. 그 대표적인 판례로 *Paradine v. Jane* 사건[176]에서 임차인이 토지를 빌렸으나 외국군대가 점령하였기 때문에 임차료지급을 거절한 사안에 있어서 「후발적 불능」은 계약에 하등 효과를 미치지 않는다고 하여 임차료지급을 명하였다.

그러나 이후 종전의 엄격한 「약인의 원리」가 점차 완화되는 경향을 보이는 가운데서 「계약목적물의 멸실」(supervening destruction of subject matter)로 계약이행이 물리적으로 불가능하게 된 대표적 사례로 *Taylor v. Caldwell*사건[177]에서, 계약당사자 쌍방에 귀책할 수 없는 사유로 계약목적물이 멸실하면 계약은 해제된다고 하였다.

---

175) 박종두, 전게서, p. 110 : 우리나라 「민법」, 제551조 참조.
176) [1647] Aleyn 26.
177) [1863] 3 B & S 826.

따라서 영국법에서의 「계약목적달성불능」(frustration)이란 계약당사자의 고의 또는 과실없이 발생한 "후발적 사정"(supervening circumstances)으로 계약이 해제됨으로써 당사자들이 추구했던 계약목적이 좌절되는 법리를 말하는 것이다. 즉, 계약이 성립된 후 물품의 소유권이 매수인에게 이전되기 전에 어느 당사자에게도 채무불이행이 없이 계약의 법적 이행이 불가능하게 되든지 또는 이행이 요구되어진 상황이 계약체결 시 예상하였던 것과는 현저하게 변하였기 때문에 이행할 수 없게 되는 경우 매매계약은 좌절된다는 것이다.[178] 영국에서의 「계약목적달성불능」은 「이행의 불능」(impossibility of performance)까지 포함하고 있는 것이다.[179]

영국법에서 「Frustration」은 계약목적물의 물리적 멸실의 경우 외에도 계약목적의 달성불능까지도 포함하는 개념으로, 그럼에도 영국의 판례를 통해 형성된 「Frustration」의 법저 개념을 통일적으로 규율하는 규정은 없는 대신 「Frustration」의 효과로서의 「신뢰이익」의 배상을 인정하는 「Law Reform(frustrated contracts) Act, 1943」을 두고 있다.

미국의 경우에서는 본래의 「이행불능」과 「Frustration」을 구별한다. 왜냐하면 「Frustration」을 이행불능의 한 유형으로는 보지 않기 때문이다. 그것은 계약의 목적이 달성불능이 되어도 채무자는 그의 채무를 이행할 수도 있기 때문이다. 미국에서의 「이행불능」에는 크게 「Impossibility of Performance」(이행불능)와 계약자체의 달성불능으로 나누고 전자에는 객관적 불능과 주관적 불능으로 그리고 「실행불능」의 경우는 주관적 불능 그 자체 내지는 한 태양으로 본다.[180]

그러므로 미국법에서 「후발적 이행불능」을 정리하면 다음 세 가지, 즉 ① 채무자에 귀책사유 없는 후발적 이행불능을 대상으로 하는 「Impossibility of Performance」(「이행불능」), ② 주관적 불능 그 자체 내지는 한 태양으로 보는 「Impracticability」(「실행불능」)과 그리고 ③ 「Frustration of Contract」 또는 「Frustration」(「계약목적의 달성불능」)으로 구분된다.[181]

이와 같이 미국의 경우도 그 엄격성을 완화하면서 이행이 「절대적 불능」

---

178) A. G. Guest, et. al., *Benjamin's Sale of Goods*, 3rd ed., Sweet & Maxwell, 1987, p. 256.

179) 영국에서는 원래 이행불능이론에서 출발하여 제1차 세계대전 이후에 와서는 점차 「Frustration」으로 통일적인 제도가 성립되었다. 즉, 라이트 경(Lord Wright)은 *Joseph Constantine Steamship Line Ltd. v. Imperial Smelting Corp* [1942] A. C. 154. 사건에 있어서 "Impossibility of Performance"를 최근에 와서는 "Frustration of Contract"으로 다루고자 하였다.

180) 황적인, 「현대민법론 Ⅲ」, 박영사, 1987, p. 85.

181) 상게서, p. 86.

(impossibility)의 경우뿐만 아니라 계약이행이 매우 "비현실성"(impracticability)인 경우 및 계약목적의 달성불능(frustration)의 경우까지도 계약당사자의 「면책」을 인정하는 것으로 미국의 제2차 「계약법 리스테이트먼트」(Restatement)와 「통일상법전」(UCC)에서도 규정하게 되었다.[182] 여기서 "비현실성"의 용어를 통해 「Frustration」의 법원리를 보다 포괄적으로 그리고 융통성있게 수용할 수 있게 하고 있는데, 이 원칙에 의하여 매매당사자들은 이행상의 「면책」을 위하여 명시적 「계약조항」에 의존하려는 경향을 보이고 있다. 여기서 "impossibility"나 "impracticability", "frustration" 그 모두의 본질은 의미상에서나 기능상에서 아무런 차이가 없고 동일하다고 보아진다.

또한 협약(CISG)에서는, 당사자는 의무불이행이 자기의 지배를 벗어나는 장해에 기인한 것으로서 계약체결 당시 그 장해를 고려하거나 또는 그 결과를 회피 및 극복하는 것이 합리적인 견지에서 보아 기대할 수 없었음을 입증하는 경우에는 그 의무불이행에 대하여 책임을 부담하지 아니한다[183]라고 규정하고 있다.

이에 대해 대륙법계에서는, 영미의 「Frustration」 개념과 유사성을 지닌 것으로 「계약해제권」과 관련하여 본서 제1장 「계약의 일반론」에서 전술한 바 있는 「사정변경의 원칙」이 인정되고 있다. 여기서 「사정변경의 원칙」은 모든 계약은 암묵리에 그 계약이 체결된 때의 사정이 그대로 존속하는 한에 있어서만 효력을 가지는 것으로, 그 사정이 변경된 때에는 구속력을 가지지 않는다는 것이다.

우리나라 「민법」에서는 「사정변경의 원칙」을 직접 규정한 일반적 규정은 없으나, 이 원칙에 입각한 규정은 산재해 있다. 즉, 「신의칙」에서 파생된 것이라고 하겠으며 그리고 판례의 경우는 「해제권」의 효력에 대한 「사정변경의 원칙」의 채택에 대하여 아직 부정적 입장을 취하고 있다.[184]

「사정변경의 원칙」의 일반적 요건으로는, ① 당사자가 예상하지 않았고 예상할 수도 없었던 현저한 사정의 변경이 발생하였어야 한다. 그리고 그 변경은 계약을 체결한 후 해제할 때까지의 사이에 생긴 사정을 고려하여 결정하여야 한다. ② 사정의 변경이 「해제권」을 취득하는 당사자에게 "책임없는 사유"로 생겼어야 한다. ③ 계약 본래의 구속력을 인정하기 위해서는 「신의칙」에 반하는 결과가 되어야

182) Restatement of the Law, Contract, 2d., 제2-615조.

183) CISG, 제79조 1항.

184) 우리나라 대법원은 이 「사정변경의 원칙」을 채택하고 있지 않고 있다. 즉 "현행법의 해석으로는 금전채무불이행에 경우에 사정변경의 원칙을 적용할 수 없다."고 하고 있다. 대판 1955. 9. 22. [1955 민상 161] : 황적인, 전게서, p. 14 참조.

한다. ④ 「최고」를 요하지 않는다.

그러나 이상에서와 같이 매매계약에서 흔히 발생하는 계약분쟁에 대비하는 노력의 일환으로서 무역계약 실무에서는 통상적으로 「계약목적달성불능」 등에 의하기 보다는 의무불이행에 관한 「면책」규정을 적극적으로 원용하는 것이 보통이다.

### 2) 「Frustration」의 성립 및 적용배제

계약이 체결된 후 그 이행이 완료되기 전에 매매당사자의 귀책사유 없이 목적물의 멸실 · 손상이나 또는 불가항력적인 사건발생에 기인하여 계약목적달성이 불가능한 경우 계약은 자동적으로 소멸되고 당사자는 계약상의 이행의무로부터 면제된다.

「Frustration」의 성립요건을 다음에서 살펴보면, 우선 영국의 「물품매매법」(SGA)에서는 "특정물에 관한 매매의 합의가 성립된 후 매수인에게 위험이 이전하기 전에 물품이 매도인 또는 매수인의 과실에 의하지 아니하고 멸실한 때 그 합의는 효력을 상실한다."고 규정[185]하고, 또한 미국 「통일상법전」(UCC)에서도 후발적 사건발생이 그 이행상 비현실성(impracticable)이 있어야 하며,[186] 협약(CISG)에서는 당사자의 의무불이행이 "자기의 지배를 초월하는 침해"(impediment)로 기인한 의무불이행에는 「면책」이 된다.[187]

일반적으로 무역거래에서 실제 「Frustration」으로 성립되는 경우를 보면 다음의 경우이다.

첫째, 「목적물의 멸실」(destruction of subject matter)이 되는 경우이다. 이는 가장 기본적인 「Frustration」의 성립요건에 해당된다. 이에 관한 판례로 전술한 1863년 *Taylor v. Caldwell*사건을 보면, 목적물이 실질적인 멸실 · 손상되는 경우로서 선주의 과실이 아닌 폭발사고로 선적불이행이 되는 경우이다. 또 다른 예로, 목적물인 음악홀이 당사자의 귀책사유가 아닌 천재지변(화재) 때문에 실질적인 멸실로 인정되어 Frustration이 성립된 것이다.

이러한 계약목적물의 멸실에는 「물리적 멸실」과 「상업적 멸실」(목적물의 상업상의 이용불능)로 구분할 수 있다. 후자의 경우는 계약의 이행을 위한 목적물이 물리적으로는 멸실되지 않았다고 하더라도 이용이 불가능한 경우에 상업상의 멸실

185) SGA 1979, 제7조 : 전쟁발발시는 특정물에만 한정하지 않고 불특정물에도 「Frustration」 법원리가 적용된다.

186) UCC, §2-615.

187) CISG, 제79조 참조.

로 인정되어 「Frustration」이 성립된다. 계약상의 목적물은 상업상의 목적을 위해 존재해야만 그 가치가 인정되는데서 비롯된다. 예를 들면 목적물과 함께 선박이 징발(requisition of ship)된 경우 목적물과 선박이 계약의 상업상의 목적에 이용할 수 없기 때문에 「Frustration」의 성립이 인정된다.188) 다만 이 경우 그 멸실기간이 일시적인가 영구적인가에 따라 「Frustration」의 성립여부가 결정된다는 사실에 유의할 필요가 있다. 따라서 계약이 장기간에 걸쳐서 상업상의 멸실이 계속되는 경우 「Frustration」은 명확하게 성립될 것이다.189)

둘째, 「후발적 위법」(supervening illegality)의 경우이다. 계약성립 후에 발생한 사건으로 계약의 이행이 위법이 되면 「Frustration」이 성립된다. 후발적 위법행위는 「후발적 이행불능」과 구분하여 하나의 독립된 계약소멸의 근거가 되고 있으며, 어느 정도 특별한 규칙들에 의한 지배를 받는다.190) 예를 들면 전쟁의 발발, 법률의 변경, 정부의 수출입금지조치와 간섭, 수출입허가나 수입할당제 등의 제한조치가 실시되는 경우이다.

셋째, 주변사정의 "본질적 변화"(fundamental change in circumstances)의 경우이다. 주변사정이 예상 밖으로 변화됨으로써 묵시적 계약내용을 합리적으로 판단할 때 계약의 근본이 상실되었거나 만일 계약이 유효한 경우 계약당사자가 원래 체결한 것과 근본적으로 다른 새로운 계약으로 변경되었다는 결론에 달했을 때와 같은 경우로, 선박이 나포된 경우가 이에 해당한다.

넷째, 「당사자의 사망」(death of party)이나 「파산」(bankruptcy)의 경우이다. 예를 들어 「용선계약」에서 당사자 일방의 사망시 「특정이행」을 영원히 하지 못하는 경우나 또는 「파산」 등과 같은 우발적 상황의 발생이 이에 해당되는 것이다.

한편 「Frustration」과 관련한 「보통법」상의 원칙은 SGA 제62조(단서규정) 3항에 의해 물품매매계약에도 적용된다. 또한 SGA 제7조(매매합의 후 소멸된 물품)에서는 「Frustration」과 관련하여, "특정물품을 매매하기로 계약이 체결되고 매도인이나 매수인 중 어느 한 당사자의 과실없이 위험이 매수인에게 이전되기 이전에 계약물품이 멸실된 경우 그 계약은 소멸된다."고 규정하고 있다.

그러므로 이 규정이 적용되기 위한 요건으로서는, ① 당사자가 합의한 물품은 특정물품이어야 하며, ② 계약물품이 멸실되어야 하고, ③ 위험이 매수인에게 이

188) A. G. Guest, *op. cot.*, p. 445.
189) G. H. Treitel, *op. cit.*, p. 655.
190) *Ibid.*, p. 667.

전되지 않았어야 하며, ④ 계약물품은 매도인이나 매수인 중 어느 한 당사자의 과실없이 소멸되어야 한다.

이에 대해 특수한 경우, 계약물품이 완전히 멸실될 필요는 없고, 특히 소유권이 매도인에게 있음에도 계약물품이 매수인의 위험하에 있는 경우 또는 양 당사자중에 과실이 있는 경우에는, 이 규정은 적용되지 않는다. 그러나 SGA 제7조 규정은 「임의규정」이므로 당사자 간의 합의로 또는 계약당사자를 구속하는 관행[191] 등에 의해 (매매합의 후에 소멸된 물품) 배제될 수도 있다.[192]

그러나 다음의 경우에는 「Frustration」의 적용이 배제되는 경우이다. 즉, 자신이 스스로 「이행불능」을 자초한 경우, 계약서상에 명시적 규정이 있을 경우, 예측된 사건의 경우, 단기간의 이행불능, 이행상의 비용증가, 당사자 일방에 의해 의도된 「계약목적달성불능」과 그리고 다른 대안이 존재할 경우 등이 이에 해당된다.

### 3) 「Frustration」의 효과

「계약목적달성불능」, 즉 「Frustration」이 성립하게 되면 이를 야기한 사건의 발생시점으로부터 계약을 자동적으로 소멸된다.[193] 「보통법」 아래에서의 일반원칙은 당해 계약이 소급하여 처음부터 무효화되는 것이 아니라 "사건발생시점" 이후부터 계약의무가 면제된다.[194]

여기서 「Frustration」의 효과는 다음의 두 가지로 들 수 있다.

첫째, 「Frustration」이 일단 성립되면 「계약」은 즉시 자동적으로 소멸한다. 그러므로 「Frustration」은 매매당사자에 의해 계약의 소멸여부가 결정되는 「계약위반」의 문제와는 다르다. 또한 「Frustration」은 그 성립과 동시에 이미 계약이 자동적으로 소멸되었기 때문에 그 후 어떠한 행위도 무효가 된다.

둘째, 「계약」을 소급하여 소멸시키는 것이 아니라 발생과 동시에 소멸하고, 장래의 「계약이행」만을 면제시키는 것이다. 결국 「Frustration」의 법적 효과로서는 단지 장래를 향해서만 소멸되고, 「착오」에 의해서 계약이 무효로 되는 것과는 달리, 처음에는 유효한 계약이었지만 「Frustration」의 성립과 동시에 자동적으로 소멸된다.

예를 들어, 「수출입금지조치」(prohibitions)의 경우 곧 바로 「Frustration」이 되

191) SGA 1979, 제55조 (2).
192) A. G. Guest, et. al., *op. cit.*, p. 257.
193) John Tillotson, *op. cit.*, p. 145.
194) A. G. Guest, et. al., *Chitty on Contracts*, 24th ed., Sweet & Macwell, 1977, p. 686.

는 것은 아니다. 조치의 초기에는 그것이 일시적인가 영구적인 것인가 확정되기까지 유보될 수 있다. 계약체결 후 그 이행 전에 수출입에 대한 단순한 제한조치(restrictions)가 시행된 경우에는 대개 주변 사정에 달려있으며, 특히 주변사정에 영향을 받은 당사자가 허가를 취득할 입장에 있는가 없는가의 문제이다. 만약 당사자가 허가를 취득할 수 있음에도 상당한 노력을 다하지 않았다면 그는 「계약위반」을 면치 못하지만, 최선을 다하고도 「금지조치」로 인해 허가를 받지 못하였다면 이는 결국 「Frustration」으로 될 것이다.[195]

그러나 이 경우에 문제는 「Frustration」이 발생하기 전에 어느 한 당사자에 의해 부분적으로 계약이 이행된 경우, 예를 들어 매도인이 계약이행을 위해 비용을 지출했다거나 매수인이 「선급금」을 지불한 경우 이에 대한 처리문제이다.

이 문제에 대한 대표적 판례로, *Chandler v. Webeter*사건[196]에서의 확립된 원칙의 부당성에 대해 *Fibrose Spolke Akeyjna v. Fairbeim Lawson Combe Barbour, Ltd.*사건[197]에서 일부 시정되었다. 이 Fibrose사건은, 1939년 7월 영국의 수출업자인 Fairbeim은 4,000파운드로 "직물기계"를 제작하여 폴란드의 Fibrose에게 인도하는 계약을 체결하였다. 그러나 Fibrose는 계약상 「선급금」 1,600파운드 선급조건에 대해 실제는 1,000파운드만 선급하였다. 그리고 동년 9월 3일에 영국은 독일에 선전포고와 그로 인해 동 기계의 인도는 불가능하였고 결국 Frustration이 성립되었다.

본건에서 원고 Fibrose는 「선급금」의 반환청구와 이에 피고는 기계제작에 비용지출을 이유로 이를 거절하였다. 이에 대해 귀족원(House of Lords)은 「약인」의 전면적인 불성취를 이유로 원고의 「선급금」 반환청구를 인정하였고 따라서 수출업자는 선급금 1,000파운드를 반환하여야 했다.[198]

본건에서 「선급금」의 반환을 인정한 귀족원의 논거는, 계약이 처음부터 무효가 아닌 한 「약인」의 전면적인 불성취는 없다는 가정을 좌절시켰다는 것과 동 「선급

195) Clive M. Schmitthoff, *Schmitthoff's Export Trade*, 9th ed., London, Stevrns & Sons, 1990, pp. 89~90.

196) [1904] 1. K.B. 493 ; 본건은 토지임대차에 관한 사건으로 법원은 차주의 선급금반환청구소송을 기각하고 오히려 미지급금을 피고에게 지불하라고 판결하였다. 따라서 「Frustration」은 장래의 계약이행만을 면제시켜주는 효과가 있다는 원칙을 세웠다. 그럼에도 이 판결은 매도인의 비용지출보다 선급금이 초과할 경우 매수인에게는 매우 불합리한 판결로 비판받았으며 이후 1942년 사건에 이해 본건의 원칙이 새로이 확립되기에 이르렀다.

197) [1943] A,C, 32.

198) A. G. Guest, *op. cit.*, p. 462.

금반환청구」소송은 이미 소멸된 계약에 근거한 소송이 아니라 「약인」의 전면적 불성취에 의거한 「선급금」의 원상회복소송이기 때문이다.[199]

결론적으로, 「부당이득반환」에 관한 일반적 원칙의 확립이라는 발전적 측면에도 불구하고 본건 Fibrose에서 실제로 매도인은 "기계제작"에 소요된 상당한 비용지출에 대해 매수인으로부터 하등의 보상도 받지 않았다는 사실이다.

한편 「Frustration」의 적용에 있어서 상기에서와 같은 불공평한 점을 시정하기 위해서 영국에서는 1942년 이후부터 전술한 「법률개정(계약목적달성불능계약)법」[The Law Reform (frustrated Contracts) Act, 1943]에 의하여 적용되고 있다. 동법의 적용시 당사자는 법원에 대하여 당사자 간의 책임을 공평하게 조정해 주도록 요구하고 법원은 매도인에 대하여 선지급의 일부를 보유하거나 그 비용의 일부를 회수하거나 계약상 이익을 받는 당사자는 상대방에 대하여 보상을 요구할 수가 있다.[200]

### 4) 「Frustration」과 계약실무상의 적용

통상적으로 무역계약의 당사자들은 상이한 국내법체계로 인해 특정한 국가의 법에 의존하는 대신 자신들의 계약조건에 의존하려는 경향이 있으며, 실제로 당사자 자치에 의해 약정된 「계약조항」이 특정국의 법률상의 원칙에 우선할 수 있는 가장 안전한 방어수단으로 활용될 수 있다.

따라서 일반적으로 계약을 소멸시킬 수 있는 후발적 사태에 대해 계약상 명시적 규정이 전쟁의 발발과 같이 후발적 위법이 되지 않는 한, 「Frustration」법리의 적용이 배제되는 것과 같이 계약에 불가항력적 사태에 의해 당사자의 책임을 면제시키는 약관, 즉 「불가항력조항」을 삽입함으로써, 당사자 간에 「Frustration」에 대한 자율적 규제가 필요한 것이다.

무역거래에서 계약당사자가 원용하는 「Frustration」과 「불가항력」의 관계를 「Frustration」법리의 형성과정과 관련하여 볼 때, 「불가항력」(force majeure)[201]은 「Frustration」을 성립하게 하는 예상치 못한 사태 중 가장 일반적이고 중요한 요인이라고 볼 수 있다. 따라서 「Frustration」과 「불가항력」은 계약이행이 불가능한

---

199) *Ibid.*

200) Clive M. Schmitthoff, *op. cit.*, p. 91.

201) 「불가항력」(force majeure)이란 용어는 프랑스의 나폴레옹 민법전의 기초자가 이 법 제1184조에서 처음으로 사용한 'Superior force'에 해당되는 프랑스어에서 유래되었다고 한다. 불가항력은 "Acts of God"이라는 용어로도 자주 쓰이지만 엄밀히 말하면 이는 인간이 통제할 수 없는 모든 자연현상, 즉 천재지변이므로 "force majeure"보다는 좁은 개념이다.

점에는 공통점이 있는 일종의 보완관계에 있으나 본질적으로 「Frustration」은 일반 계약법에 의해 형성되는 법리이고 「불가항력조항」은 「당사자 자치의 원칙」에 의하여 계약의 한 조항으로 삽입되어 그 계약의 당사자를 구속하는 「명시조항」이라는데 큰 차이가 있다.

계약에 「불가항력조항」(force majeure clause)을 삽입하는 이유는, 계약상의 의무이행을 불가능하게 만드는 예기치 못한 사건이 발생한 경우에 일반 「계약법」에 의한 「Frustration」으로 처리하는 데는 우선 법원의 결정이 필요하고 그리고 당사자의 면책여부가 판례상 반드시 확립되어 있다고 확신할 수 없고 그 적용도 국가에 따라 상이하기 때문에 계약당사자는 사전에 당사자의 「면책」을 약정한 「불가항력조항」을 계약에 삽입하여 법에 의존하기 이전에 자율적으로 해결하는 것이 보통이기 때문이다.

더욱이 「불가항력조항」을 계약에 삽입하였다고 해서 「Frustration」의 성립여부와 마찬가지로 반드시 적용되는 것도 아니라는 사실이다. 왜냐하면 「불가항력」 자체도 그 의미가 다양하고 「사실의 문제」(a question of fact)이기 때문에, 이에 대한 분쟁시 어떠한 사태발생이 「불가항력」에 해당되는지의 여부는 결국 법에 의존하게 되는 점이다. 이러한 제문제에도 불구하고 실무상 무역계약의 당사자는 「Frustration」이 성립되는 경우를 고려하여 계약을 체결할 때 「불가항력조항」을 명시적으로 삽입하여 이에 대비하여야 한다.

## 3.5 「불완전이행」

### 1. 「불완전이행」의 개념

「불완전이행」(incomplete performance)은 채무자가 일단 이행은 하였으나 그 이행이 채무의 내용을 따른 완전한 것이 아닌 경우로서, 즉 하자있는 불완전한 이행의 경우를 말한다.[202] 예를 들어 정량 50kg의 "쌀"을 샀는데 실제는 44kg으로 부족한 경우나 그림 1점을 구입하였는데 그 일부가 파손된 경우이다.

우리나라 「민법」은 명문으로 「채무불이행」의 유형으로 이행지체, 이행불능만을

202) 「불완전이행」은 이행지체, 이행불능이 아닌 채무불이행의 「제3의 유형」(我妻 榮, 前揭書, p. 150 : 末川 博, 前揭書, p. 220) 또는 「적극적 채권침해」(박종두, 전게서, p. 120)로 규정하지만, 학설・판례는 이행지체 등과 더불어 채무불이행의 범주로 인정하는데는 별다른 이의가 없다 하겠다.

전제로 하고 있기 때문에 동법 제390조 본문에 포함되어 있는 것처럼 해석할 이유는 없지만, 「불완전이행」에 대해 우리 「민법」에 명문규정은 없으므로 따라서 구체적인 계약상의 채무를 그 내용에 따라 이행하지 않는 것을 「불완전이행」으로 본다면 이러한 불이행의 유형도, 그것이 급부의무·부수적 주의의무에 위반된 것이건 간에, 제390조 본문에 포섭되는 것으로 판단할 수 있을 것이다.[203)]

협약(CISG)에서 「불완전이행」의 기본적 요건으로, 우선 이행행위가 있어야 한다. 이행행위가 전혀 없는 경우는 「이행지체」나 「이행불능」이 되며,[204)] 「불완전이행」의 문제는 일어나지 않는다.

「불완전이행」의 요건에서, 이행이 불완전하다는 것은 채무의 내용에 따른 것이 되지 못한다는 것을 의미한다. 급부행위의 내용뿐만 아니라 방법·시기·장소 등의 어느 점에서든지 채무의 내용에 반하는 경우는 모두 포함된다. 또한 채무자의 책임 있는 사유에 기인한 것이어야 하고,[205)] 위법한 것이어야 한다.

그리고 채무의 일부에 관하여 「이행지체」 또는 「이행불능」이 있는 때에는 그것이 채무의 내용에 따른 이행은 아니므로 「불완전이행」이라 할 수 있다. 특히 「일부지체」나 「일부불능」의 문제를 해결하기 위한 방안으로 「채무불이행」의 한 유형으로서의 「불완전이행」의 문제로 처리할 필요성은 없으므로 「불완전이행」이 인정되는 것은 「전부의 이행」이 있는 경우라 할 것이다.

협약(CISG)은 우리 「민법」과는 달리 특정물과 불특정물을 구별하여 규율하지 않고, 다만 매도인은 계약 및 CISG상 요구로 일정한 성질을 가진 물품을 인도할 채무를 부담하므로 현실적으로 인도된 물품이 그러한 성질을 갖추지 못하고 있으면 그것은 계약, 즉 채무의 내용에 적당한 이행이라고 할 수 없는 「불완전이행」의 문제가 된다.

---

203) 김형배, "우리 민법의 채무불이행법 체계", 「민법학연구」, 박영사, 1986, pp. 161~162.

204) 「이행지체」와 「이행불능」은 주로 이행행위의 유무와 여부라는 관점에서 논하여지는 것이나, 불완전이행에서는 행하여진 그 이행의 내용·방법 등이 문제되는 데에 그 목적이 있다.

205) 대판 1997. 5. 7 96다39455 : 1995. 6. 30. 95다2616에서. 「불완전이행」의 경우 매도인에게 배상책임을 묻기 위해서는 하자없는 목적물을 인도하지 못한 의무위반사실 외에 그 의무위반에 대하여 매도인에게 귀책사유가 인정될 수 있어야만 하는 것이다. 또한 매도인이 불량부품을 사용하여 공급하면서도 어떠한 품질과 성능을 보증하였다고 할 수 없는 경우, 그 하자부품이 손해발생의 원인이 되었다고는 볼 수 없는 것이라고 하여 「불완전이행」을 배척한 경우의 판례이다.

## 2. 「불완전이행」의 효과

「불완전이행」의 효과를 살펴보면, 불완전한 이행의 경우는 채무의 내용에 따른 이행이 아니므로 비록 채권자가 일단 그 이행을 수령하였더라도 그로 인하여 채권이 소멸하지는 않으며 채권자는 「완전이행청구권」을 가진다.206)

「불완전이행」이 있는 경우, 상대방 당사자(「채권자」)는 다음의 조치를 할 수 있다. 즉,

① 추가적으로 완전한 이행이 가능한 경우, 채권자는 완전한 이행을 청구할 수 있다. 품질이 불량한 제품은 완전한 제품으로 다시 공급받을 수 있고, 수량이 부족한 때에는 그 부족분의 추가를 요구할 수 있는데, 이를 「추완권」(追完權)이라 한다.

② 이 경우에도 완전한 이행이 되지 않으면 손해배상청구를 할 수 있다. 인도물품의 계약부적합이 계약의 「본질적 위반」으로 간주되지 않을 경우 매수인은 「부적합보수청구권」을 행사할 수 있을 뿐이며, 이러한 「완전이행청구권」 또는 「부적합보수청구권」 외에도 그로 인한 이행지연에 대한 「손해배상청구」가 가능하다. 즉, 불완전한 이행으로 채권자에게 적극적 손해를 주는207) 동시에 급부의 목적물도 멸실케 하거나 완전이행이 가능하더라도 새로운 이행이 채권자에게 아무런 이익을 주지 않는 경우에는 이행불능에 의한 「전보배상」을 청구할 수 있다.

③ 추가적으로도 완전한 이행이 불가능한 경우, 계약을 해제할 수 있다. 「불완전이행」의 경우라도 채권자가 바로 수령을 거절할 수 있는 것은 아니다. 매수인은 인도된 물품의 계약부적합성이 계약의 「본질적 위반」으로 되는 경우에 물품의 수령을 거절하고 계약을 해제하거나208) 매도인에게 「대체물인도청구」를 할 수 있다. 계약을 해제한 채권자는 그로 인한 손해에 대해 배상청구를 할 수 있음은 물론이다.

---

206) CISG 제46조 및 제62조에 의하면, "매매당사자는 이행을 하지 아니한 상대방에게 채무의 이행을 청구할 수 있다."고 규정하고, 여기서 말하는 「채무불이행」에는 불완전이행의 경우도 포함된다고 해석되므로 완전이행청구권은 CISG상 그 근거를 갖고 있다고 할 수 있다.

207) 「불완전이행」의 결과로 채권자의 다른 재산에 손해를 줄 경우이다. 예를 들면 병이든 특정경마를 인도하여 매수인의 다른 경마(競馬)에 전염되어 죽게한 경우이다.

208) CISG, 제49조 1항.

## 3.6「수령지체」

### 1.「수령지체」의 개념 및 요건

「수령지체」라 함은 채무자(매도인)가 채무의 내용에 따른(즉, 올바른 때와 장소) 이행의 제공을 하였는데도 채권자(매수인)가 그것을 수령하지 않거나, 채권자의 협력 없이는 채무자가 급부를 할 수 없는 경우에, 채권자가 협력을 하지 않음으로써 급부의 효과를 제때에 가져 올 수 없는 것을 말하며,[209] 이를 우리나라「민법」에서는「채권자지체」(본서에서는「수령지체」라 함)라고 한다.

전자의 예로는 매매의 목적물을 매도인이 가지고 있는데도 매수인이 이를 받지 않는 경우이며, 후자의 예로 채권자의 협력을 요하지 않는 채무는 예컨대 매일 오후 10시 이후에는 운동을 하지 않을 부작위의 채무이다. 금전을 지급하는 채무조차 다소 채권자의 협력을 요하나 채권자가 공급하는 재료를 가공하는 채무는 채권자의 협력을 요한다. 이러한 경우 채무자가 협력하지 않아서 채무이행을 이행기에 할 수 없는 경우에는「수령지체」가 된다.[210] 이러한「수령지체」는 원래 채무자(매도인)를 보호하기 위한 제도이다.[211]

「수령지체」에 대한 요건으로, 협약(CISG)은, ① 채권의 성질상 이행에 있어서 채권자의 협력을 필요로 하며, ② 채무내용에 좇은「이행의 제공」이 있어야 한다. 이 경우 우리나라「민법」에서는「이행의 제공」이 채무의 내용에 따른 것이 요구되고 있어[212] CISG의 내용과는 약간 다르다. 즉, 이행기전의 이행이나 초과수량의 물품인도는 매수인이 자유로이 거절할 수 있으므로[213] 그 한도 내에서는「이행의 제공」이 계약에 적합하여야 한다는 요건이 요구되나, "하자있는 물품"의 인도시에는 매수인이 그 하자를 이유로 계약을 해제하지 않는 한, 매수인은 물품의「수령의무」를 면할 수 없으므로「계약적합성」의 요건은 요구되지 않는 것이 일반적

---

209) 鈴木綠彌・高木多喜男 編, 前揭書, p. 89.

210) 대판 1958. 5. 8. 4290민상372에서, "맥주"를 구입하여 대금을 지급한 후 인도를 받지 않고 있는 사이에 화재로 목적물이 소실된 사건에서 채권자는 채무자의 이행의 제공을 수령할 의무가 있고, 만약 채무자가 이 채무에 위배하여 그 수령을 지체한 경우에는 그 이후 불가항력에 의한「이행불능」에 대하여도 채권자에게도 책임이 있는 것이라고 하여「수령지체」를 인정하고 있다.

211) 황적인,「현대민법론 Ⅲ」, 전게서, p. 119.

212) 우리나라「민법」, 제460조 참조 : 대판 2004. 3. 12 2001다79013.

213) CISG, 제52조.

이다. ③ 채권자가 「이행의 제공」을 수령거절하거나 또는 수령불능이어야 한다. 채권자의 수령거절 또는 수령불능의 이유는 이를 묻지 않는다. 또한 「수령지체」가 성립하려면 채무자에게 「귀책사유」가 있을 것이 요구된다. 다만, 채권자는 CISG 제79조 및 제80조의 「면책사유」가 있음을 입증하여 「채권자지체」, 즉 「수령지체」의 책임을 면할 수 있다.

## 2. 「수령지체」의 효과

「수령지체」의 효과로서는, 채무자가 채권자(메수인)의 「수령지체」로 인하여 생긴 손해의 배상을 청구할 수 있다.[214]

영미판례에 의하면, 당사자의 일방이 「이행의 제공」을 하지 않을 경우에는 이미 이행을 제공한 상대방 당사자는 그 이상의 의무의 이행을 면해, 상대방에 대해 손해의 배상을 청구할 수가 있다.[215] 무역거래에서 특히 물품의 「수령지체」로서는 주로 물품의 보관비용 또는 결제비용의 증가가 문제로 된다.

「수령지체」의 경우 채권자는 그것이 계약의 「본질적 위반」으로 되거나 또는 채무자가 일정한 부가기간을 정하여 채권자에게 수령의무 기타 협력의무의 이행을 「최고」하여도 채권자가 이행을 하지 않든지 또는 이행을 하지 아니할 의사를 표시한 때에는 계약을 해제할 수 있다.[216] 매수인이 물품인수의 수령을 지체하는 경우 매도인은 물품을 보관하기 위하여 상황에 비추어 "합리적인 조치"를 취해야 하며, 이때 매도인은 매수인으로 부터 상당한 비용보상을 받을 때까지 물품을 유치할 권리가 있다.[217]

매수인의 「수령지체」로 인하여 물품을 보관하는 매도인은 매수인이 물품점유의 취득, 보관비용의 지출을 불합리하게 지체하는 경우에는 적당한 방법에 의해 물품을 매각할 수 있다. 다만 상대방에게 매각의사를 미리 통지하여야 한다.[218] 물품을 매각한 매도인은 매각대금에서 물품보관 및 물품매각에 소요된 합리적 비용 상당액을 유보할 수 있으며 잔액은 매수인에게 정산해야 한다.

우리나라 「민법」상의 「채권자지체」(즉, 「수령지체」)의 효과에는 「채권자지체」 중

---

214) CISG, 제45조 1항, 제61조 1항.
215) *Schmoll Fils & Co. v. Wheeler* 242 Max. 464. 136[1922].
216) CISG, 제49조 1항, 제64조 1항.
217) CISG, 제85조.
218) CISG, 제88조 1항.

채무자의 주의의무는 경감되며, 고의 또는 중대한 과실에 대하여서만 책임을 진다. 그리고 채무자는 「채권자지체」 중에는 채권이 이자있는 것이라도 그 이자를 지급할 의무가 없다. 「채권자지체」로 인하여 목적물의 보관 또는 변제의 비용이 증가된 때에는 채무자는 그 증가액을 채권자에게 청구할 수 있다.[219]

그리고 쌍무계약에서는 「위험부담」이 채권자(매수인)에게 이전한다. 우리 「민법」은 위험부담에 관하여 이른바 「채무자부담주의」를 원칙으로 삼고 있으나, 다만 채권자에게 책임있는 사유로 「이행불능」으로 된 때에는 채권자가 위험을 부담한다.[220] 그리고 「채권자지체」가 생긴 후에 「이행불능」으로 된 때에 비록 그것이 「불가항력」에 의한 것일지라도 채권자가 위험을 부담하게 되는 것이다.[221]

이상에서의 「수령지체」(채권자지체)는 채무변제 · 변제수령 · 공탁 등으로 채권이 소멸하면 「수령지체」도 종료한다. 이 외에도 ① 수령치체의 면제나 ② 채무불이행의 발생 또는 ③ 수령의 의사표시에 의해서도 「수령지체」는 종료한다.[222] 여기서 「수령지체의 면제」는 채무자가 채권자에 대하여 지체를 면제하는 경우로서, 상기의 「채무면제」가 채권자의 일방적 의사표시로 하는 것과 같이 「수령지체」의 면제 역시 일방적 의사표시로 할 수 있다고 해석된다. 「채무불이행」의 발생의 경우는 수령지체 후에는 주의의무가 경감되나 이 경우에도 채무자의 귀책사유로 「이행불능」은 발생하므로, 이로써 「지체」는 종료된다. 마지막으로 「수령의 의사표시」는 채권자가 수령에 필요한 준비를 하고, 지체 중의 모든 효과를 승인하여 "수령의 의사표시를 한 때" 「지체」는 종료된다.

---

219) 우리나라 「민법」, 제403조.
220) 우리나라 「민법」, 제538조 전단 참조.
221) 우리나라 「민법」, 제538조 후단 참조.
222) 박종두, 전게서, p. 136.

# 제9장 매수인의 계약위반에 대한 매도인의 구제방법

## 제1절 개 설

계약은 그 목적달성을 위해 계약당사자 간의 의무가 이행됨으로써 종료되지만, 만약 계약불이행으로 계약위반이 발생하는 경우 「피해당사자」(injured party)의 법적 권리는 무엇이며 구체적으로 어떠한 구제방법을 가지는지는 중요한 문제이다.

매매계약의 위반에 따른 피해당사자의 구제방법은 곧 계약위반의 법적 효과와 관련을 가지는 문제이다. 따라서 그 피해당사자를 중심으로 「매도인의 구제방법」(seller's remedy)과 「매수인의 구제방법」(buyer's remedy)으로 접근하고 있다.

우선 본장에서의 매수인의 계약위반에 의한 「매도인의 구제방법」으로는 일반적으로 「대물구제」(real remedy)와 「대인구제」(personal remedy)가 있다. 먼저 「대물구제」방법은 본질적으로 물품의 점유나 「소유권」을 회복할 수 있는 물품자체에 관한 것으로서 영미법에서는 유치권, 운송정지권 및 재매각권을 들 수 있고, 「대인구제」방법으로는 대금지급청구권, 손해배상청구권과 같은 금전적 구제방법이 있다.[1)]

매매계약상 매수인이 정당한 사유없이 자신의 기본적 의무인 물품인수 및 대금지급의무를 불이행하는 경우, 매도인은 물품의 「소유권」이 이전된 경우에는 대금지급청구권을 「소유권」이 이전되지 않은 경우에는 손해배상청구의 소를 제기할 수 있다.

---

1) Atiyah에 의하면, 매도인의 구제방법을 물품을 점유하고 있는 경우의 유치권 등을 포함하는 「실질적 구제」 또는 「대물구제」(real remedies)와 대금지급 및 손해배상청구에 관한 「사적구제」 또는 「대인구제」(personal remedies)로 나누고 있다. P. S. Atiyah, John N. Adams and Hector Macqueen, *The Sale of Goods*, 11th ed., Longman, 2005, pp. 449, 481 참조.

협약(CISG)에서는 매수인이 대금지급의무를 이행하지 아니하는 경우, 매도인은 CISG 제62조 내지 제65조에서 규정하는 권리(즉, 이행청구 · 부가기간부여 · 계약해제 · 물품명세확정) 등을 행사할 수 있고, 또한 제74조 내지 제77조에 따라 손해배상을 청구할 수 있다.[2] 매도인이 손해배상을 청구하는 권리는 다른 구제를 구하는 권리를 행사함으로써 상실되지 아니하며, 이 외에도 매도인은 협약(CISG)상의 하자보완권(제37조, 제48조), 이행정지권(제71조), 자조매각권(제88조) 등이 매도인의 구제수단으로 인정된다.

또한, 협약(CISG)에서 계약위반책임에 대해 매도인과 매수인에게 "공통적"으로 인정되는 구제수단으로는, 이행청구권(제46조, 제62조), 이행정지권(제71조 1항), 이자청구권(제78조), 부가기간지정권(제47조, 제63조), 계약해제권(제49조, 제64조), 손해배상청구권(제81조 이하)을 규정하고 있다.

그러나 이와 같은 법률적 구제방법은 때로는 피해당사자의 이익보호 측면에서 볼 때 특히 매도인에게 만족스럽지 못한 결과를 초래하는 경우도 있게 된다. 예를 들어 매수인의 파산이나 지급불능상태하의 경우는 대금지급청구나 손해배상청구와 같은 금전적 보상은 불가능하므로 별다른 의미가 없다.

이같이 계약물품을 인도한 후 매수인이 지급불능상태하에 놓인 경우, 매도인은 법률적 구제 대신에 상관습적으로 매도인에게 부여되고 있는 계약물품 자체에 대한 권리를 행사하는 것이 합리적인 방법일 수도 있다. 즉, 「대금을 지급받지 못한 매도인」(unpaid seller)은 매수인의 대금지급에 대한 일종의 담보로서 작용하고 있는 물품을 유치 또는 재매각을 통해 자신을 보호할 수 있게 된다.

국내의 점두거래와 달리 원격지거래인 「무역계약」에서는 대금을 지급받기 전에 대부분 「운송인」에게 물품의 점유권을 이전하고 선적물품의 「소유권」은 계약내용에 의해 또는 상관습에 따라 이전되기 때문에 매도인은 대금지급의 확보를 위해 법률상 매도인의 구제방법보다는 미리 「소유권유보조항」(reservation of title clause)을 계약에 삽입하거나 「화환어음결제」방식 등을 채용하여 자신을 보호하는 것이 일반적이다.

이러한 관점에서 먼저 영미법과 협약(CISG)상의 매도인의 물품에 대한 권리와 함께 매도인의 「소유권유보조항」 등을 통한 구제방법을 다음에서 살펴본다.

---

2) CISG, 제61조 1항(a), (b) : 손해배상청구권의 행사요건으로 매수인의 객관적 계약위반사실만 존재하면 되고, 매수인의 과실 등을 증명할 필요가 없다(「무과실책임」).

# 제2절 「대금을 지급받지 못한 매도인」의 물품에 대한 권리

## 2.1 「대금을 지급받지 못한 매도인」(unpaid seller)의 정의

영국 「물품매매법」(SGA 1979) 제61조는 매도인을 물품을 매각하거나 매각하는 것에 동의한 자로 「정의」하지만, 동법 제38조(「대금을 지급받지 못한 매도인」의 정의) 2항에서는 선하증권의 피배서인인 매도인의 대리인 또는 대금을 지불 또는 지불 의무를 가지는 송하인 또는 그 대리인을 매도인에 포함시키고 있다. 이 제38조 2항의 「정의」는 매우 광범위하기 때문에 매도인과 동일한 지위에 있는 모든 자, 즉 매수인에 의해 대금의 지불에 대하여 개인적인 권리를 가지는 모든 자를 포함한다.

계약이 "불가분"인 경우에 지불시기에 대금이 일부라도 지급되지 않았다면, 매도인은 "지불받지 못한 매도인"이 되며, 대금이 지불되지 않으면 물품의 어떤 부분에 대하여도 SGA 제39조에서 규정하고 있는 「유치권」(lien) 등의 권리를 매도인이 행사할 수 있다.[3)]

그리고 여기서 "대금을 지급받지 못한" 경우는 곧 대금의 미지불이므로, 이러한 대금의 미지불의 경우로는, ① 대금의 전부가 지불되지 않은 경우, 예컨대 대금의 일부의 지불을 받은 매도인이라 하더라도, 적어도 전부의 지불을 받지 못하는 한 「대금을 지급받지 못한 매도인」이다. ② 조건부 지불의 경우, 만기일에 있어서 어음 금액이 지불되어질 것이라는 「조건」이 붙어 있는 것이다. ③ 조건부 지불의 「조건」이 성취되지 않는 경우, 즉 매각품의 인도가 이루어지기 전에 어음이 부도로 된 경우에는, 매도인의 「유치권」은 부활한다. 또 인도가 현실적으로 행해지기 전에 매수인이 「지불불능」(insolvency)으로 된 것이 공포된 경우에는, "법은 매도인이 지불불능의 매수인에게 인도하는 것을 강제하는 것은 아니다."(… the law does not compel the vender to deliver to an insolvent purchaser).[4)]

---

3) *Longbotton & Co. Ltd. v. Bass Walker & Co.*[1922] W.N. 245.

4) *Gunn v. Bolckow, Vaughan & Co.*[1875] 10 Ch. App. 491사건 501면에서 Mellish 판사의 말.

## 2.2 「대금을 지급받지 못한 매도인」의 대물청구권

### 1. 개 설

SGA에 의하면, 물품을 점유하고 있으면서 「대금을 지급받지 못한 매도인」(unpaid seller)은 다음의 권리를 가진다.

첫째, 물품을 "점유하는 때"에는, 물품에 대한 「유치권」을 가진다. 따라서 물품의 「소유권」이 이미 매수인에게 이전한 경우라도, 대금의 지불이 있을 때까지는 매도인이 물품을 보유하는 것이 가능하다. 다음의 「운송정지권」과 달리, 매수인이 지불의무를 해태하고 있는 것이 문제이고, 지불불능인가 아닌가는 문제가 되지 않는다.

둘째, 물품이 매도인의 "점유를 이탈한 때"는 「운송정지권」을 가진다. 매도인은 매수인이 「지불불능」인 경우에만 이 권리를 가진다. 이 권리에 의해 매도인은 「운송 중」인 물품의 점유를 회복하여, 대금의 지불이 있을 때까지 보유하는 것이 가능하다.

셋째, 매도인이 그 「유치권」 또는 「운송정지권」에 의하여 물품을 지배하고 있고, 매수인이 대금의 지불 또는 제공을 하지 않는 경우, 물품을 「전매」하는 것이 가능한 「재매각권」(right of resale)을 가진다.

그러나 「대금을 지급받지 못한 매도인」의 권리가 이미 행사된 경우의 물품의 「소유권」은 누구에게 귀속되는가가 문제이다. SGA에서는, 「지급받지 못한 매도인」의 권리가 행사되어진 경우의 물품의 「소유권」은 매도인에게 귀속하는가 매수인에게 귀속하는가는 명확하지 않다. 즉, 그들의 권리의 행사의 요건인 본법에 규정되어진 조건이 만족되어지는가 아닌가 그 자체가 불명확하다. SGA 第39조(「대금을 지급받지 못한 매도인의 권리」) 1항에는, "물품의 소유권은 매수인에게 이전한 후라고 하더라도 그 권리를 행사할 수 있다."고 규정하고 있고, 2항에는 "물품의 소유권이 매수인에게 이전하지 않은 경우에는, 「지불받지 못한」 매도인은 소유권이 매수인에게 이전한 후의 「유치권」 및 「운송정지권」과 유사하고 같은 효력이 있는 인도유보의 권리를 가진다."고 규정하고 있다.

「보통법」에 있어서는, 물품의 「소유권」이 이미 매수인에게 귀속하고 있는 경우에만 매도인은 이들의 권리를 행사하는 것이 가능하다. 즉, 자기의 소유물에 대해

「유치권」을 가진다고 하든가, 「운송 중」의 자기의 물품을 반환한다는 것은 말 그 자체에 모순이 있다. 만일 물품이 매도인의 소유물로 있다면, 그 물품이 「운송 중」에 있는가 아닌가에 관계없이 그 물품을 점유하는 권리를 매도인은 가지고, 타인의 선택과는 무관하게 자신이 원하는 곳에 물품을 매각 또는 처분하는 권리를 가진다.

그러나 물품에 대한 「유치권」만을 가지는 경우에는 매각 또는 처분할 권리는 없고, 대금이 지불되어질 때까지 물품을 보유하는 것이 가능할 뿐이다.[5)]

이상과 같이, 「대금을 지급받지 못한 매도인」이 물품에 대하여 그 권리를 행사할 수 있는 것은 물품의 「소유권」이 매수인에게 이전하지 않은 경우에는 자기가 가지는 「소유권」에 기한 보유권으로서(CISG, 제39조 2항) 그리고 「소유권」이 이전한 후에는 「유치권」 및 「운송정지권」으로서(CISG, 제39조 1항) 행사하는 것이 가능하다.

## 2. 「유치권」

### 1) 「유치권」의 행사

SGA 제41조(매도인의 유치권)는, 물품을 점유하고 있는 상태에서 「대금을 지급받지 못한 매도인」은 매수인이 지급불능한(insolvent)인 경우에 대금이 지급될 때까지 물품에 대한 「유치권」(lien)을 갖는다.

「유치권」은 매도인이 비록 매수인의 대리인 또는 수탁자(bailee) 또는 보관인(custodier)으로서 물품을 점유하고 있는 경우에도 행사할 수 있다. 그리고 매도인이 매수인에 대하여 물품에 대한 지배를 어느 정도 허용하고 있어도 매도인의 지배가 자신의 유치권과 상반되지 않는 한 매도인은 그 「유치권」을 가진다.

「보통법」에서 「유치권」이란 타인의 소유권에 속하는 물품을 점유하고 있는 자가 어떤 종류의 자기의 요구가 만족될 때까지 그 물품의 점유를 유지할 권리가 있다.[6)] 즉, 물품의 「소유권」이 매도인에게 속해 있고, 매수인에게 이전하지 않은 경우에는 매도인은 대금의 지불 또는 제공이 있을 때까지 자기의 소유권으로부터 생기는 권리에 의해, 그 물품을 보유하는 것이 가능하다.

이같이 「보통법」에서 「유치권」은 그 권리를 행사하는 자에게 법원의 명령없이 물품을 매각할 권한을 부여하는 것은 보통 없으나, 「지불을 받지 못한 매도인」은

---

5) *Lickbarrow v. Mason*[1793] 6 East 21 n.27사건 27면에서 Buller 판사의 말.

6) *Hammonds v. Barclay*[1802] 2 East 227사건 235면에서 Grose 판사의 말. 본 판례는 *Dyson v. Peat*[1917] 1 Ch. 99사건 103면에서 Eve 판사에 의해 확인되었다.

법원의 명령없이 물품을 매각할 제정법상의 권리를 가진다.[7)]

### 2) 매도인에 의한 「점유」의 상태

유치권에 있어서의 「점유」(possession)란 그것을 타인에 대해서 자기의 이름으로 주장하거나 행사하는 것이 가능한 권리를 수반하는 사실상의 지배를 말한다. 「유치권」을 보유하고자 하는 매도인은 물품을 배타적으로 지배할 것을 필요로 하지 않고, 매도인이 매수인에 대하여 물품에 가까이 하는 것과 어느 정도의 지배를 허용하고 있어도, 그의 지배가 자기의 「유치권」과 상용하지 않은 것이 아닌 한, 매도인은 그 「유치권」을 보유한다. 즉, "매도인은 그 유치권을 행사할 수 있는 권한을 포기하는 것에 해당하는 행위를 해서는 안된다."[8)]

예컨대, 차고의 소유자가 매각 당시 그 자의 집에 있는 차고(車庫)에 격납하고 있는 중고자동차를 매각하고, 매수인이 수리를 위하여 들어내도록 차고의 열쇠를 매수인에게 건네주었을 경우라도, 매수인이 그것에서 자동차를 자유로이 꺼내는 것을 인정할 때까지는 매도인은 그 점유를 보유한다. 이와 같이 매도인이 물품에 대해서 충분한 지배를 행사하고 있는가 아닌가는 사실과 의사의 문제이다.

*Great Eastern Railway v. Lord's Trustee* 사건[9)]에서, 이 철도회사는 석탄상인 Lord를 위해, 철도운임은 월말에 그 달 분을 집계해서 지불하는 것에 동의하였다. 그 계약은 그 회사의 차량상 및 Lord가 그 회사에서 빌린 토지 위에 있는 Lord의 석탄에 대해서는 회사의 운임을 위하여 계속적 「유치권」(a continual lien)을 규정하고 있었다. 다른 계약에 의해, 이 회사는 Lord에 대하여 석탄을 산적하는 장소를 빌려주었으나 이후 Lord는 파산하였다. 철도회사는 철도운임의 지연분에 대하여 역구내의 석탄에 대해 「유치권」을 주장하였다. 이에 귀족원은 회사가 석탄을 점유하고 있기 때문에 「유치권」이 있다고 판시하였다.

그리고 매도인이 매수인의 대리인 또는 수탁자로서 「점유」하고 있는 경우에도, 매도인은 그 「유치권」을 행사하는 것이 가능하다.[10)] SGA의 시행에 앞서 효력을 가지고 있었던 「보통법」상의 원칙에 반하는 이 단서는, 「유치권」에 관해서는 지배를 행사하는 법률상의 권리보다도 현실적 지배를 「점유」의 결정적 요소로 한다

---

7) SGA 1979, 제47조 내지 제48조.

8) *Lord's Trustee v. Great Eastern Railway*[1908] 2 K.B. 54사건 64면에서 Fletcher Moulton 판사의 말. : *Wrights v. McArthur and Hutchisons*[1921] 2 K.B. 807, 816 ; *Albemarle Supply Co., v. Hind & Co.*[1928] 1 K.B. 307, 314, 318.

9) [1909] A.C. 109 ; [1908] 2 K.B. 54.

10) SGA 1979, 제41조 2항.

는 법원의 견해와 합치된다.

또한 매도인이, 매수인의 대리인 또는 기탁자로서 물품을 보유하는 것을 약속한 「제3자」에게 물품을 기탁한 경우, 매도인은 그 「제3자」가 매수인에게 물품을 인도하든가 또는 매수인에 대하여 「양도승인」[11]을 하지 않는다면, 그 물품의 점유를 계속하고 있어 「유치권」을 행사하는 것이 가능하다.[12] 예를 들면, 모피상이 창고에 예치하고 있는 모피를 매각한 경우 그 물품이 창고업자의 보관 하에 있는 한, 지불을 받지 못한 매도인의 「유치권」을 취득하는 것이 가능하다. 그렇지만 기탁계약의 약관에 기탁자는 그 물품을 다른 물품과 혼합하는 것에 따라서 그 동일성이 상실되는 것이 가능하다는 취지의 규정이 포함되어 있는 경우(소비 기탁의 경우), 그 「유치권」을 행사할 수 없다.[13]

SGA는 약정된 물품의 일부를 인도한 경우에도 나머지 잔여물품에 대하여 「유치권」을 행사할 수 있다.[14] 그러나 매도인이 물품의 일부를 인도하고서 나머지 물품 전부에 대한 대금의 일부만을 수취한 경우에, 대금전액이 지불될 때까지 물품의 "나머지 부분"에 대해 그 「유치권」을 행사하는 것이 가능한가 하는 문제가 생긴다.

계약이 "불가분"으로 있는 경우에는 SGA 제42조(일부인도시의 유치권)에 따라 매도인은 「유치권」을 행사하는 것이 가능하지만,[15] 계약이 "분할가능한" 경우, 즉 물품의 분할인도에 대한 「분할지불」을 규정하고 있는 경우에는, 각 분할대금에 대해서만 적용된다. 예를 들어, 3회로 분할하여 인도하기로 한 경우 제1회의 인도가 행해지고 지불도 행해졌으나, 제2회의 인도는 행해졌지만 지불이 행해지지 않은 경우에는, 그 지불불이행이 계약의 「이행거절」에 해당하거나 또는 매도인이 「지불불능」(insolvency)으로 된 경우를 제외하고, 제2회와 제3회의 인도에 대한 지불이 행해질 때까지 제3회의 인도분을 보유하는 것은 가능하지 않다. 이같이 매도인은 현실적으로 지불이 이루어진 물품의 부분에 대해서는 「유치권」을 행사

11) 물품의 인도에 있어서 일반적으로 활용되고 있는 「점유권 이전」에 관한 동의의 의사표시를 의미하는 「양도승인」(attornment)에 대해, 우리 「민법」은 제188조 내지 제190조에서 간이인도, 점유개정 및 목적물반환청구권의 양도와 같은 3가지 형태를 규정하고 있다. 이 양도승인에 관한 자세한 것은 제7장 「무역계약의 이행」 제2절 「물품인도의 개념」, 2.2 「물품인도의 일반원칙」의 3. 「물품이 인도방식」 참조.

12) *Ancona v. Rogers*[1876] 1 Ex. p. 285, 292 ; *Imperial Bank v. London and St. Katharine Docks Co.*[1877] 5 Ch. D. 195.

13) *Dollfus Mieg et Cie v. Bank of England*[1950] Ch. 333.

14) SGA 1979, 제42조.

15) *Longbottom & Co. Ltd. v. Bass. Walker & Co.*[1922] W. N. 245사건 246면에서 Atkin 판사의 말.

하는 것이 불가능하다.

### 3) 「유치권」 행사의 효과 및 소멸

「유치권」의 행사에 있어 매도인이 「유치권」을 행사한 경우라고 해도 이미 이전된 「소유권」이 매도인에게 환원되는 것은 아니라는 점이다. 이같이 「소유권」이 매도인에게 환원되지 않으므로 물품의 「매각권」 역시 부여되지 않으며, 따라서 「유치권」은 단지 「재매각권」을 행사하기 위한 예비적 단계에 지나지 않는다는 것이다.

매도인이 「유치권」을 행사한 경우라도 계약은 자동 소멸되지 않는다는 사실이다. 계약의 기본원칙은 매수인이 "약정기간 내"에 대금을 지급하지 않는다는 이유로 매도인에게 계약의 「이행거절」 및 계약해제권을 부여하지 않는다. 따라서 매수인이 대금지급을 "지연한" 경우, 이러한 사실을 계약의 「이행거절」로 간주할 수 없고, 다만 매수인의 「담보위반」을 들어 그로 인한 손해배상만을 청구할 수 있다. 그러나 매수인이 대금지급을 "거절한" 경우 그 「이행거절」을 매도인이 「계약위반」으로 인정했을 때는 계약을 해제하고 그 물품을 「제3자」에게 재매각할 권리를 가지는 것은 분명하다.

이러한 매도인의 「유치권」은 다음의 경우에 소멸되며, 「유치권」을 행사할 수 없다.[16] 즉, ① 매도인이 「유치권」을 포기한 경우이다. 즉, 매도인이 물품을 매수인의 배타적 점유에 속하는 것을 인정한 경우에 포기한 것으로 추정된다. ② 물품을 단순히 점유할 권리와 사용할 수 없는 방법으로 물품을 처분하는 것이 불법행위를 구성하는 경우 또는 불법적으로 「전매」하거나 소비한 경우에도 동일하게 「유치권」은 소멸한다. ③ 물품을 인도하였을 경우에도 「유치권」은 소멸한다. 물품의 인도는 무조건적이고 절대적이어야 한다. 즉, 물품의 「처분권」을 유보하는 것 없이 매수인에게 이전할 목적으로 물품을 「운송인」 또는 기타의 수탁자에게 인도한 경우에 「유치권」은 소멸한다. 이에 관해 우리 「민법」 제324조 이하에서 유치권자의 의무위반에 대한 채무자의 소멸청구에 의해 소멸하는 「유치권」의 소멸사유를 규정하고 있다.

16) SGA 1979, 제43조 1항.

## 3. 「운송정지권」

### 1) 「운송정지권」의 의의

「운송정지권」(rights of stopping in transit)이라 함은 매수인에게 이전할 목적으로 「운송인」 또는 기타의 수탁자에게 물품을 인도한 경우에 「유치권」을 상실한 매도인에게 그 「유치권」을 회복시키는 것을 말한다. 매도인은 「운송정지권」의 행사에 의하여 「지불불능」이 된 매수인에게 물품을 인도하지 않아도 된다. 이는 매수인에 대한 인도를 취소할 수 있는 권리일 뿐만 아니라 매도인에게 인도할 것을 지시하는 권리이기도 하다.17) 또한 「운송정지권」은 물품 그 자체에 대한 권리이다.18)

매수인의 「지불불능」(imsolvency)의 상태는 현실적이어야 하며, 그러한 우려가 있다는 것만으로는 충분하지 않다. 하지만 선적 시에는 「지불불능」이 아니었지만, 도착한 시기에 「지불불능」이 된 경우에 있어 사전의 「운송정지권」의 행사가 부당한 것은 아니다. 하지만 「지불불능」의 선언은 계약을 이행거절된 것으로 하지 않는다. 즉, 계약당사자가 「지불불능」의 선언만으로 상대방이 계약을 해제하는 것은 불가능하다. 하지만 「지불불능」의 선언이 지불할 수 없거나 또는 지불할 의사가 없다는 것을 표시하는 경우에 상대방은 계약을 해제할 수 있다.19)

### 2) 「운송정지권」의 요건

「운송정지권」을 행사하기 위한 요건으로, ① 매도인이 「대금을 지급받지 못한 매도인」이어야 하고, ② 물품이 매도인의 점유를 벗어나 「운송 중」(in transit)에 있어야 하며, ③ 매수인이 「지불불능」의 상태에 있어야 한다. 이 중에 「운송 중」의 문제와 「지불불능」의 두 가지 요건에 대해 SGA와 협약(CISG)을 중심으로 다음에서 살펴본다.

#### (1) 「운송 중」(in transit)의 의미와 운송의 종료

물품이 매도인(또는 그 대리인)의 점유를 이탈하여 아직 매수인(또는 그 대리인)의 점유에 도착하지 않은 경우에 「운송 중」이라고 할 수 있다. 여기서 「운송 중」(in transit)이란 물품이 예컨대, 매수인에게 이전하기 위한 운송인 또는 기타의 수탁자와 같은 중간적인 중개자의 보관 하에 있다는 한 중간적 단계를 말하는 것이다.

---

17) *Booth Steamship Co. v. Cargo Fleet Iron Co.*[1916] 2 K.B. 570.
18) SGA 1979, 제44조.
19) *Mess v. Duffus*[1901] 6 Com. Cas. 165.

「운송정지권」의 기본적 요건은 물품이 「중개자」(middle man)의 점유 하에 있다고 하는 것이다.[20]

그러므로 물품은 이동하고 있지 않아도 「운송 중」이라고 말한다. 예를 들면, 물품이 목적지에 도착한 후 창고에 보관되어져 있고, 관리자가 매수인에게 「양도승인」을 하지 아니한 경우[21]가 그것이다. 한편 물품은 이동하고 있어도 「운송 중」이라고 말할 수 없는 경우도 있는데, 예를 들면 「공장인도」(EXW) 매매계약에 있어서 매수인이 매도인의 공장에서 물품의 인도를 받아 매수인 자신이 목적지로의 운송계약을 체결한 경우[22]이다. 어떤 경우에 있어서 운송은 종료하는가 또는 계속하는가라는 것은 종종 재판상 시비가 되기도 하는 것이다.[23]

한편 물품이 「운송 중」인 것으로 보는 시간은, 물품이 매수인에게 수송할 목적으로 운송인 또는 기타 수탁자(또는 보관인)에게 인도된 때부터 매수인 또는 그 대리인이 운송인 또는 기타 수탁자(또는 보관인)로부터 물품의 인도를 수령한 때까지이다.[24]

그리고 「운송」은 다음의 경우에 종료된다. 즉, 이전의 목적으로 「운송인」 또는 기타 수탁자가 ① 물품을 매수인 또는 매수인의 대리인에게 인도한 경우, ② 물품을 매수인 또는 매수인의 유권대리인에게 인도하는 것을 불법으로 거절한 경우에 종료한다.[25]

특히 상기의 ①의 경우 물품이 지정되어진 목적지에 도착하기 전이더라도, 매수인의 인도지시를 「운송인」이 승인하든가 또는 그에 따라서 행동하는 경우, 「운송인」은 통상 인도를 위한 매수인의 대리인으로 되고, 매수인의 지시가 최초로 예정된 목적지에로의 물품을 이송하는 것을 용이하게 하기 위한 것이 아닌 한 운송은 그 때에 종료한다.

또한 매수인 자신의 선박에 대한 인도에 의해서도 운송은 종료한다. *Plischke v. Allison Bros., Ltd*사건[26]에서, 런던의 매수인은 함부르크(Hamburg)의 매도인으로부터 물품을 "free house Hamburg"(함부르크에서 창고도)로 구입하였다. 물

---

20) *Schotsmans v. Lanes and Yorks Railway*[1867] *2 Ch. App.* 332사건 338면에서 Cairns 판사의 말.
21) SGA 1979, 제45조 3항.
22) SGA 1979, 제45조 2항.
23) 윤광운 · 박정기 · 최영봉 · 조현숙, 「영국물품매매법」, 탑북스, 2011, pp. 189~102 참조.
24) SGA 1979, 제45조 1항.
25) SGA 1979, 제45조 2항 및 6항.
26) [1936] 2 All E.R. 1009.

품이 런던에 도착한 때에 「운송인」은 매수인에 대하여 물품을 어디에 인도해야 할 것인가를 문의했다. 매수인은 관세의 지불액 미정인 동안에 넣어두는 특정의 창고에 넣도록 지시하였다. 그 수일 후 매수인은 지불불능으로 되어 매도인은 운송인에 대하여 「운송정지권」의 행사의 통지를 하였다. Branson 판사는 운송인이 매수인의 지시에 기하여 물품을 특정의 창고에 입고한 때에 운송은 종료한 것이기 때문에, 그 후에 매도인은 「운송정지권」을 행사하는 것은 불가능하다고 판결하였다.

그러나 「운송」은 다음과 같은 이유에 의하여 종료하지 않는다.[27] 즉, ① 매수인이 물품을 거절하고서, 「운송인」이 물품의 점유를 보유하고 있는 것으로, 이때 거절이 정당한가는 관련이 없는 것이다. ② 매수인에 의해서 운송계약이 체결된 것, 예를 들면 「FOB계약」에 있어서 매수인이 「운송인」에 대하여 선적항에서 물품을 수취하도록 지시한 경우이다. 물품의 목적지가 매도인에게 통지되지 않은 경우에도 마찬가지이다.[28] 다만, 매수인 자신의 선박에 대하여 인도가 행해진다면 「운송」은 종료한다. ③ 「선하증권」이 매수인에게 인도되어진 것, ④ 물품이 매수인에 의해 「전매」되어진 것 또는 선하증권이 매수인에 의해 「전매」의 상대방에게 이전한 것, 그리고 매수인에 의한 「선의의 제3자」에 대한 「전매」의 효력과 관련하여서, ⑤ 매수인에 의하여 도중에 지시를 하는 것 없이, 「운송」이 계속해서 이루어진 것을 말한다.

### (2) 「연속된 운송」(transit in stages)

특히 「연속된 운송」(transit in stages)의 경우, 최초의 운송이 매수인에 의해 중개되어진 경우에는, 물품이 매수인으로 부터 다른 지시를 받는 것 없이 다시 이동하는 상태로 되는가 어떤가가 문제이다. 다시 이동하는데 매수인으로 부터의 지시가 있었다면, 거기서 「운송」은 종료하고 「운송정지권」도 상실된다고 한다.

*Reddall v. Union Castle Mail Steamship Co.* 사건[29]에서, 매수인은 남아프리카로 수출할 물품을 구입하고서 「운송인」의 선박에 가장 빠른 방법으로 물품을 보낼 것을 의뢰하고서 매도인에게 선적을 지시하였다. 수일 후, 「지불불능」으로 될 우려가 있는 상태로 되었던 매수인은 「운송인」에게 물품의 선적을 중지하도록 지시하였다. 그래서 「운송인」은 그 물품을 창고에 보관하였다. 그 후 1개월 이상

27) SGA 1979, 제45조 4항.
28) *Re Cock*[1879] 11 Ch. D. 560.
29) [1914] 84 L.J.K.B. 360.

지나서 매도인이 「운송정지권」을 행사하였으므로 그에게 물품을 인도하고, 그 동안의 창고료를 매수인에게 청구하였다. 매수인의 양도증서에 기하여, 관재인이 제기한 「운송인」의 횡령에 대한 손해배상청구소송에 있어서 Bailhache 판사는 「운송」은 종료한 것이고 이러한 상태에 있어서 「운송정지권」을 행사하여도 늦기 때문에, 「운송인」이 매도인의 물품을 인도한 것은 불법이었다고 판결하였다.

한편 「용선」에 대하여 이루어진 인도와 관련하여, 매수인에 의한 「용선」에 대한 물품의 인도에 의해 운송이 종료하는가 아닌가는 사안의 상황 및 「용선계약」의 성질에 따른다. 통상의 「용선계약」(charter party)에 의해 선박이 용선되어진 경우에는 선장은 선주의 대리인 겸 사용인이기 때문에 선장은 운송인으로서 물품을 수취할 뿐이고 운송은 종료하지 않지만,[30] 「선박임대차계약」에 의한 용선의 경우에는 선장은 용선자의 대리인이기 때문에, 「운송」은 종료한다.[31]

하지만 「운송 중」(in transit)인 물품의 손상에 관해, 「운송정지권」을 행사한 매도인은 그때의 상태의 물품에 대한 권리를 가지는 것으로서, 물품에 대한 손상을 보상할 「보험금」에 대해서는 권리는 없다. "운송정지권은 물품이 어떠한 상태에 있든 그 상태의 물품에 대한 권리이다. 물품이 그 양 또는 질에 있어서 손상되어서 도착하였다면 「운송정지권」은 그만큼 손실을 받은 것이다. 도착한 때의 상태에 있는 물품을 초과해서, 「보험자」가 매수인에 대하여 구입품이 도착하지 않은 것에 의하여 생긴 손실을 보상하기 위해 지불할 금액에 대하여 매도인은 이를 청구할 권리가 없다."[32]

그리고 「부분인도」(partial delivery)의 경우에, 물품의 일부를 인도한 매도인은, 「대금을 지불받지 못한 매도인」이 인도하지 않은 부분에 대해서 「유치권」을 행사할 수 있을 때의 조건과 동일한 조건인 경우, 나머지 부분에 대해 「운송품반환권」을 행사할 수 있다.

### (3) 「지불불능」(insolvency)

매수인의 「지불불능」(insolvency)의 상태는 현실적이어야 하며, 그러한 우려가 있다는 것만으로는 충분하지 않다. 그러나 선적된 때에는 「지불불능」이 아니었지

30) *Re Cock*[1879] 11 Ch. D. 560사건 571면에 있어서 Cotton 판사의 말.

31) *Fowler v. M'Taggert, referred to in Inglis v. Usherwood*[1801] 1 East 515, 522 ; Charterparty by demise는 bare boat Charter라고 불리는 것도 있다. *Susan v. Luckenbach* [1951] 1 All E.R. 753.

32) *Berndtson v. Strang*[1868] 3 Ch. A. 588사건 591면에서 Cairns경의 말.

만, 도착한 시기에 「지불불능」이 된 경우에 있어 사전의 「운송정지권」의 행사가 부당한 것은 아니다.

하지만 「지불불능」의 선언은 계약을 이행거절된 것으로 하지 않는다. 즉, 계약당사자가 「지불불능」의 선언만으로 상대방이 계약을 해제하는 것은 불가능하다. 그러나 「지불불능」의 선언이 지불불가능 또는 지불할 의사가 없다는 것을 표시하는 경우에 상대방은 계약을 해제할 수 있다.[33]

### 3) 「운송정지권」의 행사 및 효력

「운송정지권」(stopping in transit)의 행사방법에 관해 SGA 제46조 규정은, 현실적 점유를 취득하는 것과 행사의 통지를 하는 것이 있다.[34]

매수인에게의 인도중지의 통지는 현실적으로 물품을 점유하는 자, 예를 들어 선장에게 또는 선박회사에게 할 수 있지만, 후자의 선박회사의 경우에는 물품을 현실적으로 점유하는 자에게 그 통지가 이루어진 경우에만 유효하다. 「운송인」(carrier)은 매수인과 운송계약을 체결하였다고 하더라도 그 통지에 따라 행위를 하여야 한다.

그러나 이미 「소유권」이 매수인에게 이전된 물품에 대하여 매도인이 불법적으로 「운송정지권」을 행사한 경우, 매도인은 물품반환청구소송에 있어서 책임 또는 횡령에 의한 책임을 부담한다. 하지만 「소유권」이 이전되지 않은 경우에 매도인의 「운송정지권」의 불법행사에 대하여 인도불이행에 대한 손해배상청구소송을 할 수 있다.

한편 「운송정지권」의 효력은, ① 매매계약에 대한 효력으로서, 「운송정지권」을 적법하게 행사한 매도인은 물품의 점유를 회복하고, 대금의 지불이 있을 때까지 물품을 유치하는 것이 가능하다. 하지만 「운송정지권」의 행사에 의하여 매매계약이 당연히 해제되는 것은 아니다. ② 소유권이전에 대한 효력으로서, 매도인은 「운송정지권」을 행사하였다고 하더라도 운송물의 소유권을 회복하는 것은 아니다.[35] ③ 운송계약에 대한 효력으로, 「운송정지권」에 의하여 매도인은 매수인에게의 인도를 취소할 수 있을 뿐만 아니라, 물품을 자기 또는 자신이 지시하는 자에게 인도할 것을 명령할 수 있다. 반면에 매도인은 「운송정지권」의 행사에 의하여 물품의 인도를 받을 의무가 있고, 이를 이행할 수 없는 경우 「운송인」에 대한 손해배

---

33) *Mess v. Duffus*[1901] 6 Com Cas 165.

34) *Booth Steamship Co. v. Cargo Fleet Iron Co.*[1916] 2 K.B. 570.

35) *United States Steel Products Co. v. Great Westrn Railway* [1916] 1 A.C. 189.

상책임을 진다. 그 손해액은 「운송정지권」의 행사에 의해 「운송인」이 취득할 수 없었던 운임 등과 동일하며, 또한 매도인은 물품의 재인도에 대한 비용을 지불하여야 한다. 「운송인」(carrier)은 물품을 점유하는 동안에 「유치권」을 가지며, 운임 또는 기타의 운송비용 및 재인도에 대한 비용의 지불을 받을 때까지 물품을 점유하는 것이 가능하다.[36)]

한편 협약(CISG) 제71조 1항은, 「운송정지권」에 대해 의무의 실질적 부분을 이행하지 못할 것이 계약체결 후 이행하기 전에 분명해졌다면 자기의무의 이행을 정지할 수 있다는 「이행정지권」을 규정하고 있다. 즉, 「이행정지권」의 사유가 명백해지기 전에 이미 물품을 발송한 경우에는 매수인이 「선하증권」 등과 같은 물품의 취득권을 부여하는 증권를 소지하고 있더라도 매도인은 물품이 매수인에게 교부되는 것을 저지할 수 있다고 하여 협약(CISG)에서도 「운송정지권」에 관한 규정[37)]을 두고 있다.

그러나 물품이 이미 매수인에게 교부된 경우에는 「운송정지권」은 소멸된다. 그리고 그 이행을 정지한 당사자는 물품의 발송전후를 불문하고 즉시 상대방에게 "그 정지의 통지"(notice of the suspension)를 해야 한다. 이때 상대방이 그 이행을 위한 "적절한 보장"을 제공하는 경우에는 이행을 계속해야 한다.[38)] 여기서의 "적절한 보장"(adequate assurance)이란, 예를 들면 대금지급의 재개 또는 신용있는 은행이 발행한 취소불능신용장의 발행, 은행의 지급보증(bank guarantee), 매수인 자산에 대한 담보권설정, 원자재 구입선의 확보 또는 이행을 어렵게 한 노사분쟁의 타결 등이다. 그러나 계약상의 의무를 다시 서술한 것에 지나지 않는 확약서는 적절한 보장이라고 할 수 없다. 또한 이행을 정지한 당사자가 이 「통지의무」를 해태한 경우 만일 상대방이 즉시 통지받았다면 적절한 보장을 제공할 수 있었음을 입증하여 계약해제 및 손해배상을 청구할 수 있다.

## 4. 「재매각권」

### 1) 「재매각권」의 의의 및 요건

SGA에 의하면, 매도인의 「재매각권」(right of resale by seller)이란 「대금을 지급받지 못한 매도인」이 재매각의 의사를 매수인에게 표시했음에도 불구하고 매수

36) P. S. Atiyah, *op cit*, p. 465.
37) CISG, 제71조 2항.
38) CISG, 제71조 3항.

인이 "상당한 기간 내"에 대금을 지급하지 않는 경우에 물품을 재매각할 수 있는 매도인의 권리를 말한다.

다시 말해 「유치권」이나 「운송정지권」을 행사하는 「대금을 지급받지 못한 매도인」은 매수인이 대금의 지불 또는 제공을 할 때까지 물품을 보유하는 것이 가능할 뿐이지만, 매수인이 대금의 지불 또는 제공을 하지 않는 경우의 「재매각권」은 매도인의 「유치권」 또는 「운송정지권」에 대한 일종의 보충하는 권리로서, 매도인은 그 보유하는 물품을 「전매」하는 것에 의해 처분을 할 수 있는 것이다.

그리고 매도인이 매수인에게 판매한 물품을 "재판매하기 위한" 요건[39]으로는, ① 물품이 "부패하기 쉬운 성질"(perishable nature)의 것이어야 하며, 이 경우에는 재판매의 의사를 매수인에게 통지할 필요가 없다. ② 물품이 부패하기 쉬운 성질의 것이 아닌 경우에 매도인은 재판매의 의사를 매수인에게 「통지」하여야 하며, 매수인이 "상당한 기간 내"에 대금을 지불하지 않는 경우에 비로소 「재판매」를 할 수 있다.

### 2) 「재매각권」의 효과

매도인의 「재매각권」(right of resale)의 효과에 대해 SGA 제48조(매도인의 재매각의 효과)에 의하면 다음과 같다.

첫째, 매도인의 「유치권」 또는 「운송정지권」의 행사의 경우, 원매매가 해제되는 것이 아니라는 명문의 규정을 두고 있지만, 재매각이 원래의 매매계약에 어떠한 효력을 미치는지에 관해서는 별도의 규정이 없다. 하지만 SGA 제48조 3항과 4항의 비교를 통해 「재매각」이 "원래의 매매계약"에 미치는 효과에 관하여 다음과 같이 정리할 수 있다. 즉, 매도인이 명시적으로 매수인의 의무지연이 있을 경우, 「재매각권」을 유보한 경우에 계약은 해제되며, 당사자 간의 계약을 해제하고자 하는 합의가 존재하는 것으로 인정되는 상황에서 「재판매」가 행하여진 경우에도 계약은 해제된다. 따라서 매도인이 물품을 재매각하게 되면 "원래의 매매계약"은 소멸되지만 매수인이 「계약위반」으로 인해 야기된 손해에 대해서 매도인은 「손해배상」을 받을 수 있음은 물론이다. 이 경우의 「손해배상액 산정」의 문제는 후술하는 「매도인의 구제방법」(손해배상청구)에서 논한다.

둘째, 매도인의 「전매」가 소유권이전에 어떤 효과를 미치는지에 대해 SGA 제48조 3항에 의하면, 매도인이 행한 「전매」의 의사의 통지는 이미 매수인에게 이전하

39) SGA 1979, 제48조 3항.

고 있는 물품의 「소유권」을 매도인에게 회복시키는 것은 아니다. 즉, 계약의 해제가 이루어진 것은 아니기 때문에, 매도인에 대하여 「소유권」의 완전한 복귀가 행해지는 것은 아니다.

이와 같이 매수인의 채무불이행시 매도인이 「전매」(sub-sale)한 경우 "원래의 매매계약"은 해제되고,[40] 매도인에게 「소유권」은 복귀한다고 생각되어진다. 따라서 매수인의 「이행거절」 등으로 계약위반의 경우에 매도인이 소유권이전 여부와 관계없이 물품을 「재매각」할 수 있으며 또한 그로 인한 손해배상청구를 할 수 있다.

다른 한편으로 「재매각」으로 인하여 매도인에게 "손익이 발생한" 경우 먼저, 매도인이 물품을 「재매각」하여 "손해가 발생한" 경우에는, 매도인은 매수인의 대금의 미지급에 의하여 발생한 손해를 매수인에게 청구할 수 있다. 이들 손해의 최소액은 통상 약정가격과 재판매가격과의 차액이다. 매도인은 이들의 손해배상을 그 「전매」가 성문법상의 권리에 의한 것이든 또는 계약상의 권리에 관계없이 청구할 수 있다.

이와 반대로 「재매각」으로 인하여 매도인이 "이익을 얻은" 경우, 물품의 「소유권」이 매수인에게 귀속된 경우와 매도인에게 있는 경우로 구분하여 살펴보아야 한다. 전자의 경우에 매도인의 지위는 「질권자」[41]와 유사하다. 따라서 매도인은 대금과 기타의 손해배상액을 초과하는 액을 매수인에게 지불하여야 한다. 그 대표적 사례인 *Gallagher v. Shilcock*사건[42]에서, 매수인은 665파운드로 "모터보트"를 구입하기로 계약을 체결하고 계약금으로 200파운드를 지불하였으나 약정일에 잔금을 지불하지 않았다. 이후 매도인의 변호사가 7월 16일에 7월 31일까지 대금을 지불하지 않으면 타인에게 물품을 판매하고 계약금은 반환하지 않는다고 통지하였다. 이후 매수인은 대금을 지급하지 않았으며, 8월 7일에 보트는 700파운드에 재판매되었다. 매수인은 차액 35파운드뿐만 아니라 계약금의 반환을 청구하였다. 이에 법원은 물품의 「소유권」은 매수인에게 이전되었기 때문에 매도인은 200파운드를 반환하여야 한다고 판시하였다.

이와는 반대로 후자의 물품의 「소유권」이 매도인에게 있는 경우에는, 「재매각」

40) SGA 1979, 제48조 4항.

41) 「질권」이란, 우리 「민법」에서는 채권자가 그 채권을 담보하기 위하여 채무자 또는 제3자 소유의 동산 또는 권리를 채무가 변제될 때까지 자기의 지배하에 옮김으로써, 채무자의 변제를 간접적으로 강제하는 동시에 변제가 없는 경우에는 그 동산 또는 권리로부터 우선 변제를 받는 「약정담보물권」을 말한다. 우리 「민법」은 「질권」으로 「동산질권」과 「권리질권」의 둘을 인정하면서, 「동산질권」에 관한 규정을 「권리질권」에 준용하고 있다(우리 「민법」, 제355조).

42) [1949] 2 K.B. 765.

에 의한 이익을 매수인에게 반환할 필요가 없다.

이상에서 매도인의 권리로서의 「대물구제」 방법에 대해 SGA를 중심으로 살펴 보았지만, 무역실무에서는 매도인의 대금수령위험을 회피하기 위한 수단으로서의 「신용장」 제도에 의해 매도인이 물품의 선적과 동시에 신용장조건에 일치하는 서류를 제시하면 매수인이 지급거절 또는 파산 등의 경우에도 매도인이 신용장발행 은행을 통해 대금을 수령할 수 있으므로, 물품에 대한 권리의 행사는 매도인의 구제방법으로서 그 의미가 종래처럼 크지는 않다.

## 제3절 「대금을 지급받지 못한 매도인」의 금전적 구제방법

### 3.1 개 설

매매계약에 따른 매수인의 의무불이행으로 계약위반을 한 경우, 매도인이 가지는 구제방법에는 앞에서 언급한 물품에 대한 실체적 권리의 행사라는 「대물구제」 외에도 「대인구제」로서의 금전적 구제방법도 있다. 매도인의 「금전적 구제방법」에는 「대금청구의 소」(action for the price)와 「손해배상청구의 소」(action for damages)의 두 가지 형태가 있다.

그러므로 특정한 경우에 이 두 가지 구제방법 중 어느 것을 취해야 하는가의 선택이 문제가 되는 것은 특히 「대금지급청구」와 「손해배상청구」는 금전적 측면에서 양자는 상당한 차이가 있기 때문이다.

일반원칙에 의하면, 「소유권」이 매수인에게 이전되어 매도인이 「대금지급청구권」을 가지는 경우, 매도인은 물품의 재매각으로 손해를 경감할 의무가 없으나, 만일 이때 물품의 소유권자가 매수인인 경우 물품을 인수하거나 처분할 책임은 매수인에게 있는 것이다. 실제로 매도인의 입장에서는 「대금지급청구」가 물품의 인수불이행에 따른 손해배상청구보다 유리하다 하겠다.

어떠한 경우에 어떤 구제방법이 선택되는가에 관해 SGA의 일반원칙에 의하면, 「소유권」의 이전을 기준으로 하여, 이미 소유권이 이전되었을 때는 「대금지급청구」를 그리고 아직 이전되지 않았을 때는 「손해배상청구」의 구제방법을 규정하고

있다.[43)]

## 3.2 대금지급의 청구

SGA 제49조(대금청구의 소송)에서는, 매수인의 계약위반에 대한 매도인이 대금지급청구를 할 수 있는 경우로 다음의 두 가지로 규정하고 있다. 즉, ① 매수인에게 물품의 「소유권」이 이전된 후 매수인이 대금지급을 불법으로 해태 또는 거절한 경우이고, ② 물품의 인도여부에 관계없이 "일정한 일자"에 대금지급을 약정하였는데 매수인이 "그 일정 일자"(日字)의 대금지급을 해태 또는 거절한 경우이다.

상기 ①의 경우는, 물품의 「소유권이전」을 전제로 한 경우에 매도인은 매수인에게 「대금지급청구」를 할 수 있다는 의미로서, 이 원칙이 그 적용상 문제로 될 수 있는 점은 매수인의 「물품인수」의 여부에 대해 별도의 언급이 없다는 것이다. 왜냐하면 매매계약을 비롯한 무역거래에서는 통상 물품이 인도되기 전에 「소유권」이 이전되는 경우가 허다하고 따라서 소유권이전 후 물품이 인도되지 않는 경우에 대금지급청구의 소를 제기한다는 것은 법적으로 곤란하다. 또한 「소유권」이 이전된 후 매수인이 물품인수거절을 한 경우 그것이 부당한 인수거절이라면 몰라도 매도인의 계약위반에 대한 매수인의 정당한 인수거절인 경우에는 오히려 매수인이 구제받아야 할 것이기 때문이다.

이와 같은 「대금지급청구의 소」에서 나타나는 문제점은 결국 매도인에 의한 대금지급청구의 가능성을 「소유권」의 이전여부를 중심으로 접근하려는 SGA의 규정에서 비롯된 것으로 보아진다.[44)]

이에 반해 UCC에서는, 매도인이 대금지급청구를 할 것인지 아니면 손해배상청구를 할 것인지를 결정하는데 고려해야 할 주요한 요소로는 「소유권」의 이전여부가 아니라 현실적으로 물품의 「재매각」 처분을 어느 당사자가 해야 합리적인가에 두고 있는 점이다. 예를 들어 매수인이 물품을 인수하고 대금지급거절을 한 경우에는 물품의 「재매각」의무가 매수인에게 있으므로 매도인이 「대금지급청구의 소」를 제기하는 것은 당연하다. 이와 반대로 물품인수를 거절하고 대금지급도 거절한 경우라면 물품의 「재매각」의무가 매도인에게 있으므로, 이 경우 매도인은 대

43) P. S. Atiyah, *op. cit.*, p. 481.
44) 이용근, 「무역계약론」, 법문사, 1994, p. 523.

금지급청구 대신 물품의 인수불이행에 따른 「손해배상청구」를 하는 것이 합리적일 것이다.

수출무역에 있어서 예컨대 「CIF계약」의 경우, 「소유권」은 이전했는데 매수인이 물품인수를 거절하였다면 매도인이 목적항에서 물품을 양륙하고 처분하는 것이 곤란하므로 매수인에게 물품의 「처분권」을 행사할 수 있도록 하고, 매도인은 「대금지급청구의 소」를 제기하는 것이 상거래상 오히려 합리적일 것이다.

이상에서 「대금을 지급받지 못한 매도인」의 「금전적 구제방법」으로는 다음의 세 가지 경우로 정리할 수 있다.[45] 즉,

① 물품의 「소유권」이 이전되고, 매수인이 물품을 인수한 때 → 대금지급청구의 소

② 물품의 「소유권」은 이전되었지만, 물품의 인수를 거절한 경우 → 대금지급청구의 소 또는 손해배상청구의 소 중에서 매도인의 선택권 보유

③ 「소유권」은 이전되지 않았지만, 물품의 인수를 거절한 때 → 손해배상청구의 소

상기의 경우에 특히 물품의 「소유권」이 이전되지 않은 경우 그것이 매수인의 불법적인 행위에 의해 발생한 것이면 매도인이 대금청구소송을 제기하는 것은, 후술할 특정 기일의 대금지급에 관한 대금청구소송을 인정하고 있는 SGA 제49조 2항의 예외적인 경우를 제외하고는 불가능한 일이다.[46]

이 경우는 결국 「소유권」이 이전되지 않았기 때문에 대금지급청구를 할 수 없는 것이다. 예컨대 수출무역의 「FOB계약」의 경우에 매수인이 유효한 본선선박을 지정하지 않았다면 그로 인해 매도인의 선적 역시 할 수 없게 되므로 매도인의 구제방법은 「손해배상청구」이며,[47] 그리고 「CIF계약」에서 적법한 선적서류를 거절한 매수인에 대해 매도인의 구제방법은 「소유권」이 이전되지 않았으므로 대금지급청구를 할 수 없는 대신 「손해배상청구」를 할 것이다.[48]

한편 협약(CISG)에서는 매수인이 대금지급기일에 대금의 지급을 이행하지 않는 경우에 매도인은 매수인에 대하여 물품대금지급의 이행을 청구할 수 있는 「계약이행청구권」을 부여하고 있다.[49] 즉, 매도인의 「이행청구권」에는 이 「대금지급

45) P. S. Atiyah, *op cit.*, p. 482.

46) *Mediterranean and Eastern Export Co. v. Fortress Fabrics Ltd.* [1948] 1 All E.R. 186.

47) *Colley v. Overseas Exporters Ltd.*[1912] 3 K.B. 302.

48) *Stein, Forbes & Co. Ltd. v. County Tailoring Co. Ltd.*[1916] 86 L.J.K.B. 448.

49) CISG, 제62조 : CISG상의 「이행청구권」의 규정은 대륙법과 영미법의 타협으로 마련되었지만

청구권」과 「물품수령청구권」이 주된 것으로 인정되고 있다.50) 다만, 법정지국이 이행청구를 허용하지 않는 경우에는 이행청구가 인정되지 않을 수 있다.51) 예컨대, 영미법국가에서는 원칙적으로 「손해배상청구」가 인정되고 「이행청구권」은 예외적으로만 인정하고 있으므로 매매계약에서는 보통 이행청구권보다는 「손해배상」이 허용될 것이다.52)

그리고 매도인이 「이행청구권」을 행사하려면 「계약해제권」의 행사 등과 같이 이행청구와 서로 모순되는 구제수단을 행사하지 않아야 한다.53)

## 3.3 손해배상의 청구

### 1. 손해배상의 원칙

전술한 바와 같이 물품이 「소유권」이 이전되지 않은 상황에서 인도된 물품을 매수인이 「인수거절」한 경우에 매도인은 「손해배상청구」가 유일한 구제방법이 되지만, 「소유권」은 이전되었으나 매수인이 물품을 인수거절한 경우에 매도인은 매수인의 인수불이행에 따른 「대금청구」소송을 제기하거나 손해배상청구를 선택적으로 행사할 수 있다.

통상 무역거래에서 「FOB」 또는 「CIF계약」에 있어서 매수인이 물품의 인수를 거절한 경우에 매도인이 가지는 유일한 구제방법은 그 인수불이행에 대한 「손해배상청구」소송에서 잘 나타나고 있다.

일반적으로 「손해배상청구」는 계약당사자 일방의 「계약위반」으로 그 피해당사

---

그 차이는 크지 않다. 왜냐하면 무역거래가 격지거래이고 또한 계약목적물이 대부분 대체재이므로 이행지체의 경우에 이행을 청구하는 것보다는 계약을 해제하여 목적물을 제3자로부터 조달하고 그로 인한 손해배상을 청구하는 편이 신속한 처리에 적합하기 때문이다. 박영복, "CISG상의 계약책임구조에 대한 비교법적 분석", 「국제거래법연구」, 2005, p. 31.

50) CISG에서 매도인과 매수인에게 각기 인정된 이행청구의 내용은 상이하다. 예컨대, 매수인에게 인정되는 이행청구로는 물품인도청구권 외에 대체물인도청구권(제46조 2항)과 계약부적합보완청구권(제46조 3항)이다. 윤광운·박정기·김철호·박재홍, 「국제거래법」, 탑북스, 2013, p. 319 참조.

51) CISG, 제28조.

52) 신창섭, "국제물품매매계약에 관한 UN협약에서 특정이행청구권에 관한 연구", 「경영법률」, 2006, p. 70.

53) CISG, 제62조 단서 : 대륙법계에 따라 원칙적으로 「이행청구권」을 구제수단으로 인정하는 한편, 영미법계를 고려하여 제28조에서 그 적용배제를 허용하고 있다. 양립하지 아니하는 구제를 구한 경우의 예로는 매도인이 계약을 해제한 경우를 들 수 있다.

자에게 계약이 이행된 것과 같은 위치를 가지는 데에 그 목적이 있다. 그러므로 손해배상에서 중요한 사항은 후술할 손해배상을 지배하는 원칙과 손해배상의 범위를 파악하는 것이 필요하며 또한 「손해배상액의 산정」과 그에 따른 「손해경감의무」 등이 문제가 된다.

그 중에 특히 「손해배상액 산정」의 경우, 그 산정을 어떻게 하는 것이 매도인에게 계약이 이행된 것과 동일한 위치를 가지도록 하는가에 있다. 「손해배상액 산정」에서 원고의 손해는 금전으로 환산되지 않으면 안된다.

영국법에서는 매수인의 계약위반의 경우, 즉 「물품인수거절」(repudiation of acceptance) 또는 불인수(non-acceptance) 시 매도인이 매수인에게 청구할 수 있는 기본적인 「손해배상액의 산정」은 인수거절 물품의 「재매각시장」의 존재여부에 따라 나누어 접근하고 있다.

이상에서의 손해배상의 일반원칙과 손해배상액의 산정원칙 그리고 손해경감의무를 중심으로 다음에서 살펴본다.

### 1) 손해배상의 일반원칙

매매계약의 피해당사자는 상대방의 계약위반에 의하여 입은 손해에 대하여 언제나 「손해배상」(compensation)을 청구할 수 있는 권리를 가진다. 피해당사자가 손실을 입증하지 못하는 경우에도 「명목적 손해배상」(nominal damages)을 받을 권리가 인정되지만, 이하에서는 「실질적 손해배상」(substantial damages)에 기초하여 접근하고, 손해배상은 금전배상의 방법을 원칙으로 한다.

손해배상에서 우선 손해배상을 지배하는 원칙은 무엇인가의 문제이다. 여기서 손해배상의 「제1원칙」은, 손해배상의 목적은 "손해를 입은 원고의 손해를 전보하여 준다."(the purpose of damages is to compensate the plaintiff)는 것이 기본원칙으로 되어 있다.

**[그림 9-1] 손해배상의 원칙**

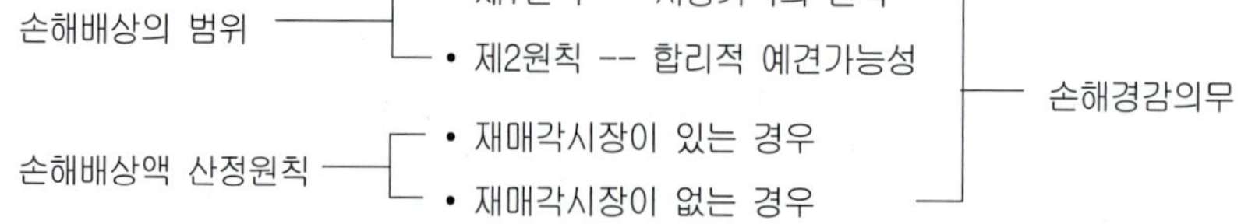

이에 따라 영국법은 이른바 "profit or gain based damages"(계약을 위반한 피고가 그의 계약위반에 의하여 얻은 이득에 기초한 배상)을 원칙적으로 인정하지 않고 있다.54) 여기서 「손해」(loss)라고 함은 재산에 대한 손해로서, 계약위반의 결과로 부(富, wealth)의 감소한 양을 의미한다.

### 2) 손해배상의 범위

앞에서와 같이, 영미법상의 「손해배상의 범위」는 「상당인과관계설」55)에 입각하고 있어 계약위반자는 「근인」(proximate, 近因)으로 인한 손해에 대해서만 책임을 지며, 원인(遠因, remoteness)의 결과에 대해서는 책임을 지지 않는다. 이것은 그 유명한 1854년의 *Hadley v. Baxendale* 사건56)에서 Alderson 판사의 다음 판시에 잘 나타나 있다.

> "어느 한 당사자의 계약위반에 따른 손해배상액은, ① 그러한 계약위반 자체로부터 자연적으로 발생하는, 즉 사물의 통상의 경과에 따라서 발생하였다고 합리적으로 고려되어지는 손해이거나 또는 ② 계약체결 시에 양 당사자가 계약위반의 개연적 결과(probable result)라고 예견되는 합리적으로 추측할 수 있는 손해가 아니면 안 된다."

이에 따라 *Hadley v. Baxendale* 사건의 두 가지 원칙, 즉 「제1원칙」은 「통상손해」의 회복에 관한 것으로 SGA 제50조(인수거절의 손해배상) 2항, 제51조(인도거절의 손해배상) 2항, 제53조(담보위반의 구제방법) 2항에 명시되어 있고, 그리고 「제2원칙」은 「특별손해」(special damages)의 회복에 관한 것으로, 완전하게 재현되어 진 것은 아니나, 동법 제54조(이자 등) 등에서와 같이 SGA상에 여러 조항으로 나

---

54) *Surrey Country Council v. Bredero Homes Ltd*[1993] 1 WLR 1361 참조.

55) 우리 「민법」에서는 채무불이행 및 불법행위로 인한 「손해배상의 범위」에 대해, 일반적인 「통상손해」를 그 한도로 한다. 그러나 "특별한 사정"으로 인한 「특별손해」는 채무자가 그 사정을 "알았거나 알 수 있었을 때"에 한하여 배상의 책임이 있다고 규정하고 있다. 그러므로 이를 「절충적 상당인과관계설」을 취하고 있는 것으로 해석된다(민법, 제393조 및 제763조). 여기서 「상당인과관계」라 함은 어떤 원인이 있으면 그러한 결과가 발생하리라고 보통 인정되는 관계로서, 이를 「인과관계」의 문제로 법률에서 다루어지는데, 이 「상당인과관계」의 이론이 대륙법계를 비롯한 우리나라에서도 「민법」상의 통설·판례가 되어 있다. 그러나 「상당인과관계」의 범위를 행위자로 아니면 일반인(평균인)을 표준으로 하여 결정할 것인가에 따라 주관설과 객관설 및 절충적 상당인과솬계설로 나누어지며, 이 중 「인과관계」는 객관적 기준으로 판단하는 것을 원칙으로 하되, 행위자의 주관적인 사정도 참작하는 절충적 상당인과관계설이 타당하며 또한 통설로 받아들여지고 있다. 대판 2006. 4. 13, 2005다75897 : 대판 2002. 10. 25, 2002다23598.

56) [1854] 9 Exch. 341.

뉘어 규정되어 있다.[57)]

이 두 개의 원칙은, ① 원인(遠因)관계에 있는 손해는 배제한다는 것이며 ② 매수인이 입은 손실이 계약체결 시 매도인에 의해 합리적으로 예견될 수 있었느냐의 여부에 따라 손해배상의 여부를 결정해야 한다는 것이다.[58)] 따라서 「제1원칙」은 손해배상의 일반원칙인 「시장가격의 원칙」에 따라 손해배상이 산정될 것이고, 「제2원칙」은 합리적인 「예견가능성」(즉, 알았거나 알 수 있었을 경우)이 있을 경우에 한해 일반원칙을 적용하지 않고 있다.

이에 따라 계약위반의 경우에, 침해를 받은 당사자는 현실적으로 생긴 손해 중 계약체결당시에 이 계약의 위반이 있다면 그 위반으로부터 개연적으로 생기는 것이라고 "합리적으로 예견된" 부분만을 청구하는 것이 가능하다. 그 때에 "합리적으로 예견할 수 있은 것"은 무엇인가 하는 것은 당시의 당사자, 특히 나중에 위반을 침해한 당사자가 가지고 있었던 지식에 의하는 것이다. 여기서 "당사자가 가지고 있었던 지식"은 2종류로 나뉘어지는데, 즉 「알고 있었어야 할」(imputed) 지식과 「현실적」(actual)인 지식이다. 전자의 경우 사물의 「통상의 행위」를 알고 있었던 것이라고 간주되어지기 때문에, 계약위반으로부터 「통상의 행위」로서 생기는 손해에 대해서는 책임을 부담하지 않으면 안된다.

한편으로 협약(CISG)은 각국의 법에서 손해배상 범위에 대한 제한기준으로 인정되는 직접손해와 간접손해의 구별,[59)] 통상손해와 특별손해의 구별, 상당인과관계[60)] 등은 문제되지 않는다.

협약(CISG)은 「손해배상범위」에서 손해에 대한 「예견가능성」(foreseeability)만으로 충분하며, 과실 및 귀책사유의 유무를 요구하지 않는다. 그러나 소위 「간접의

---

57) 이 사건에서 2개의 원칙으로 나뉘어져 있는 것을 오해하여서는 안된다. 즉, 계약위반의 개연적 결과로서 피고에 의해 합리적으로 예견되어지는 것이라고 정의되어지는 "고려해야 할 보상금액은 유일한 것이다."라고 하는 것이다. *Biggin & Co, v. Permanite Ltd.*[1950] 2 All E.R. 859 사건 869면에서 Devlin 판사의 말.

58) P. S. Atiyah, *op. cit.*, p. 418.

59) 「직접손해」라 함은 재산 그 자체에 직접 손해가 생겨 불이익한 변경이 생기는 경우, 예를 들면 집이 타거나, 건강이나 노동력에 손해를 가하는 것을 말하며, 주로 현실적 손해가 된다. 이에 대해 「간접손해」는 직접손해의 객체에 대한 것이 아니라, 피해자의 재산만에 대한 손해, 예컨대 노동력에 가해하여 가동능력이 없어진 등과 같이 얻을 수 있는 「이익의 상실」이 있는 경우를 말하며, 이것은 항상 수치적 손해로 나타난다. 이러한 직접손해와 간접손해는 손해의 객체에 대한 구분이다. 우리 「민법」에서는 양자의 손해가 발생하면 배상시킬 수가 있고, 이러한 양자의 구별은 원상회복을 할 때와 가정적(假定的) 손해원인을 밝힐 때에 의미를 갖는다. 황적인, 「현대민법론Ⅲ」, 전게서, p. 135.

60) 상당인과관계설에 관해서는 후술하는 본 장의 주 67) 참조.

무」(또는 「책무」)의 위반인 경우에는 손해배상을 청구할 수 없다. 즉, 물품의 검사의무(제38조 1항), 하자통지의무(제39조 1항, 제43조 1항) 또는 손해경감의무(제77조)는 「간접의무」이므로 그 위반에 대해서는 단지 위반자가 불이익을 받을 뿐이다.

### 3) 일반손해와 특별손해

앞에서와 같이 실제의 손해배상청구 시에 피해자의 승소여부의 문제는, 그 손해배상청구가 상기의 *Hadley v. Baxendale*사건에서의 「제1원칙」에 의하는 것이며, 「제2원칙」에 의하는 것은 아니라는 것을 법원에 납득시킬 수 있느냐에 달렸다. 왜냐하면, 계약체결당시에 계약위반자가 통상적인 경우에 생기는 그러한 손해 이상의 손해를 발생시킬지도 모르는 「특별한 사정」을 현실적으로 알고 있었다고 하는 것을 입증하는 것이 용이한 것은 아니기 때문이다.[61)]

다만 이 이후 "특별한 사정"에 의해서 발생한 손해에 대하여 책임을 지우게 하기 위해서는 그 "특별한 사정"을 단순히 피고에게 통지하거나 또는 알고 있었다는 것만으로는 불충분하며 피고가 그 「특별한 사정」에 의해서 발생한 손해에 대해서도 책임을 지겠다는 조건하에 계약을 체결함을 요한다는 견해가 점점 유력해졌다.

즉, *Horne v. Midland Railway Co.*사건[62)]에서는, Kettering에서 제화업(製鞾業)을 하는 원고인 Horne회사는 2월 3일 London에서 인도하는 조건으로 London의 상인인 매수인에게 대량의 "군화"(軍靴) 납품계약을 체결하였다. 그 군화는 프랑스군이 사용하는 것이었으며, 그 대금은 1족당 4S라고 하는 아주 고가였다. 원고는 기한 맞추어서 London으로 군화를 적출하고서 Kettering의 역장(驛長)에게 3일에 인도할 의무가 있다는 것을 피력하였지만, 그 계약의 예외적인 사정에 대하여는 아무것도 기술하지 않았다. 운송인인 피고의 매수인에 대한 인도가 지체되었기 때문에 군화가 London에 도착한 때에는 이미 보불전쟁은 종료하였고, 매수인은 그 수령을 거절하였다. 따라서 원고는 그 군화를 1족에 2S 9d로 매각하지 않으면 안되었다. 법원은 원고가 역장에게 알려준 내용에서는 피고는 계약의 특수 사정을 알리는 것으로는 불충분하고, 따라서 원고의 손해배상청구는 구할 수 없다고 판결하였다.

---

61) *Collins v. Howard*[1949] 2 All E. R.324 ; *Bunting v. Tory*[1948] 64 T.L.R. 353.

62) [1873] L.R.8C. p. 131 : G. H. Treitel, *The Law of Contract*, 6th ed., London, Stevens & Sons, 1983, p. 730.

그러나 이후 판례에서는, 「특별한 사정」이 있음을 통지받고 계약을 체결한 자는 그 「특별한 사정」으로 인하여 발생한 손해에 대해서도 배상책임을 진다는 것을 양해하고 있었음이 틀림없다고 판시하였다.[63)]

*Victoria Laundry(Windsor) Ltd. v. Newman Industries Ltd.*사건[64)]에서, 세탁능력이 수주(受注)를 못 따라 감으로, 세탁업 및 염색업(染色業)을 하는 매수인은 기계판매회사에서 "중고보일러"를 구입했다. 매도인은 그 보일러를 즉시 사용할 생각이라는 것을 알고 있었으나, 매수인이 현재 사용하고 있은 용량이 적은 보일러와 바꾼다는 것을 알지 못했다. 보일러의 인도가 약 5개월 지체하였기 때문에 매수인은 용량이 큰 보일러와 바꾸었으면 수주할 수 있었을 것이라고 생각되는 그 동안의 영업상의 손실에 대한 손해배상을 청구했다. 그 청구의 내용은 2가지로 나누어져 있다. 즉, 세탁업상의 「일반손실」에 대한 청구와 공급자와의 사이에 염색물(染色物)계약을 체결할 수 없었던 것에 의해 생긴 「특별손해」에 대한 청구이다. 항소법원은 최초의 청구 및 합리적으로 기대할 수 있는 「염물」계약을 수주할 수 없었던 것에 대해서 얼마간의 일반(또는 필시 추정상의) 손해는 *Hadley v. Baxendale* 사건의 「제1원칙」에서 회복청구를 할 수 있지만, 공급자와의 염물(染物)계약에서 생길 것이었던 특수한 이익은 「제2원칙」의 문제이며, 매도인은 그것을 현실적으로 알지 못했으므로, 회복청구할 수 없다고 판결했다.

한편 협약(CISG)에서는, 「손해배상의 범위」에 관한 일반원칙은 동 제74조에서 그리고 특수한 경우의 손해배상의 산정기준은 제74조 및 제75조에서 각기 규정하고 있다. 이에 따르면 "손해배상의 범위는 계약위반자가 원칙적으로 모든 손해를 배상해야 하지만 그 범위가 계약위반자의 「예견가능성」원칙에 의하여 제한된다."고 하여 영미법의 취지와 동일하다.

이와 같이 협약(CISG)은 배상범위가 「예견가능성」의 개념으로서 이루어지기 때문이다. 따라서 적극적 채권침해에 의한 손해 중에서 물적 손해에 대해서는 「예견가능성」인 경우에는 CISG 제74조에 의해 청구가 가능하다. 즉, 당사자 일방의 계약위반으로 인한 손해배상액은 「이익의 상실」을 포함하여 계약위반의 결과 상대방이 입은 「손실과 동등한 금액」(a sum equal to the loss)으로 한다. 따라서 「신뢰이익」뿐 아니라 「이행이익」의 배상도 포함되며[65)], "손실과 동등한 금

63) *Hydrauli Engineering Co. v. Mchaffie* [1878] 4 Q.B.D. 670, 674.

64) [1949] 2 K.B. 528.

65) 「신뢰이익」과 「이행이익」의 손해는 계약상의 급부의무를 지키지 않았을 때 생기는 손해의 구

액"이므로 완전배상인 금전배상만 해당한다.

이에 따라 「손해배상액」은 매도인의 「이익의 상실」(loss of profit)을 포함하여 매매당사자가 계약위반의 결과로 입은 "손실에 상당하는 동등한 액수"가 되어야 하는 것을 내용으로 하고 있다.

그러나 통상적인 손해 또는 직접손해를 초과하는 손해가 계약불이행으로 발생할 수도 있으므로, 협약(CISG) 제74조는 이러한 경우를 상정하여, 「결과적 손해」 또는 「특별손해」는 계약위반 당사자가 "알았거나 알 수 있었던" 사실과 사정에 비추어 보아 그 위반 당사자가 "계약체결 시"에 계약위반의 가능한 결과로 예상했거나 예상할 수 있었던 손실을 초과할 수 없다. 이 규정은 무역거래의 현실상 거래당사자들의 대부분이 상인이고, 이들은 재매매 등 연속적인 거래를 통해서 이익을 추구하는 이들로 계약위반의 경우 단순한 손해배상만으로는 불충분한 배상이 될 것이라는 점을 고려하여, 영미법상의 「결과적 손해」를 일반적으로 받아들인 것이지만, 그러나 영미법의 고도의 연관성을 가지는 예견과는 양자의 개념이 같은 것은 아니다. 또한 「결과적 손해」를 인정하기 위한 기준을 정함으로써 일정한 제한을 가하고 있다.

우리나라 「민법」 제393조는 ① 채무불이행으로 인한 손해배상은 통상의 손해를 그 한도로 하며(통상손해), ② 「특별한 사정」으로 인한 손해는 채무자가 그 사정을 "알았거나 알 수 있었을 때"에 한하여 손해배상의 책임이 있다(특별손해)고 명시하고 있다.

우리 「민법」상의 「통상손해」는 특별한 사정이 없는 한 그와 같은 계약위반이 있으면 사회일반의 통념에 따라 보통 발생할 수 있는 손해이며, 「특별손해」란 당사자 간에 개별적 구체적 사정에 의하여 발생하는 손해를 말한다. 따라서 전자의 「통상손해」의 경우는 채무자의 예견유무는 묻지 않고 채권자는 채무불이행과 통상의 손해액을 입증하면 되며,[66] 이 역시 영미의 「상당인과관계설」[67]을 기초로 한 것이

별이다. 「신뢰이익의 손해」라 함은 상대방이 과실없이 계약을 유효하다고 믿은 것으로 인하여 입은 손해를 말한다. 그리고 「이행이익의 손해」란 급부의무의 불이행으로 생긴 손해, 즉 계약상의 올바르게 이행되었더라면 있을 수 있는 재산의 상태에서 현재의 재산상태를 뺀 차액을 말하며, 이것은 바꾸어 말하면 계약이 유효하였더라면 얻을 수 있었던 이익의 손해이다. 양자의 구별은 이행지체, 적극적 채권침해, 불법행위에서는 문제가 되지 않는다. 황적인, 「현대민법론Ⅲ」, 전게서, pp. 135~136.

66) 대판 2006. 4. 13, 2005다75897.

67) 손해배상은 실제로 발생한 손해를 전보하여 손해가 없었던 것과 같게 만드는데 있고, 배상하여야 할 손해의 범위는 「인과관계」 이론에 의하여 정해진다. 그런데 이 「인과관계」를 어떻게 이해하여야 하는가에 관하여는 조건설과 「상당인과관계설」로 대별되며 「상당인과관계설」은 다

다. 그리고 후자의 「특별손해」의 경우는 채무자가 "알았거나 알 수 있었음"을 채권자가 입증해야만 손해배상을 받을 수 있는 「절충설」에 기반을 두고 있다.[68)]

이상에서 특히 영미법과 우리 「민법」을 대비해 보면, 우리나라 「민법」은 「예견가능성」의 개념을 도입하여 일반적으로 "통상의 손해"를 그 한도로 하고, "특별한 사정"으로 인한 손해는 계약위반자가 그 사정을 "알았거나 알 수 있었을 때"로 한정하여 배상청구할 수 있는데, 이러한 원칙은 영미법과 차이가 없다. 다만 「예견가능성」의 유무를 판단하는 시기적 기준이 우리나라의 경우는 채무불이행이 있는, 즉 "계약위반시점"인데[69)] 반해 영미법은 "계약체결시점"으로 하고 있는 점에 차이가 있을 뿐이다.

## 2. 「손해배상액 산정」의 일반적 원칙

계약위반이 발생하는 상황은 무수하기 때문에 법률도 이러한 모든 경우를 예상하여 손해액을 산정하는 원칙을 상세하게 규정할 수는 없는 대신 계약위반에 대한 「손해액 산정」의 일반적 원칙을 추상적으로 규정하는데 그친다.

SGA 제50조(인수거절의 손해배상액)에서, 매수인의 「물품인수거절」(repudiation of acceptance) 또는 불인수(non-acceptance)와 같은 계약의 위반시 매도인의 손해배상청구의 소송권을 인정하고, 「손해배상액」의 한도는 통상적인 경우에 있어서 매수인의 위반으로부터 직접적으로 또한 당연히 발생할 수 있는 「예견된 손해액」으로 한다.[70)] 이 때 매도인이 매수인에게 청구할 수 있는 「손해배상액 산정」

---

시 주관설, 객관설 및 절충설로 나누어진다. 「상당인과관계설」은 어떤 결과가 발생하는 데에 불가결의 조건이 되었던 것 중에서 "상당한 조건"만을 원인으로 간주하는 것으로서, 여기서 "상당한 조건"은 원인이 되는 특정한 사실이 어떤 결과의 발생에 필요조건이 되고 나아가 일반적인 경우에서도 같은 결과를 낳게 하였으리라고 간주될 때에는 그 사실이 그 결과의 "상당한 조건"으로 인정되는 설을 말한다. 따라서 「인과관계」는 손해의 원인뿐만 아니라 보상해야 할 손해의 범위에 대해서도 관련을 가진다. 상기 본문에서 우리 「민법」 제393조 1항의 「통상손해」는 채무불이행에 있어서의 불이행과 손해 간에 있어서의 「상당인과관계설」을 취하여 그 손해를 배상하도록 하고 있다. 동조 2항의 「특별손해」의 경우 채무자가 알았거나 알 수 있었을 때에, 즉 채무자에 「예견가능성」이 있었을 때에 한하여 매상하는 규정은 「예견가능성」이 유무에 관계없이 배상을 넓게 인정하는 독일법에 비해 손해배상범위를 좁게 취하고 있다. 김준호, 「민법사례연구」, 법문사, 1986, pp. 365~366 : 황적인, 「현대민법론Ⅳ」, 전게서, p. 392 참조.

68) 대판 2002. 10. 25, 2002다23598 : 대판 1985. 9. 10, 84다카1532.

69) 채무자가 그 사정의 「예견가능성」(알았거나 알 수 있었음 경우) 판단의 기준시점을 채무의 이행기(채무불이행이 있는, 즉 「계약위반시점」)까지 기준으로 판단하여야 한다는 것이다. 대판 1985. 9. 10, 84다카1532.

70) SGA 1979, 제50조 1항, 2항.

은 아래와 같이 인수거절된 물품의 「재매각시장」이 있는 경우와 없는 경우로 나누어 접근하고 있다.

한편 협약(CISG) 제74조(손해배상액 산정의 원칙)는 「손해액 산정」의 일반적인 원칙을 규정하고 있다. 즉, 당사자 일방의 계약위반으로 인한 「손해배상액」은 「이익의 상실」을 포함하여 계약위반의 결과 상대방이 입은 “손실과 동등한 금액”으로 한다. 따라서 「신뢰이익」뿐 아니라 이행이익의 배상도 포함되며, “손실과 동등한 금액”이므로 완전배상인 금전배상만 해당한다. 그러므로 CISG의 「손해액 산정」에 관한 일반원칙은 마치 상대방이 계약을 정상적으로 이행한 경우와 같이 피해당사자를 이와 동일한 입장에 두기 위함이다. 계약위반의 결과로 생긴 손해이어야 하므로 계약위반과 손해 간에 「인과관계」가 필요하다. 다만, 「사실적 인과관계」로 족하며, 상당인과관계까지 요구하지는 않는다.[71)]

협약(CISG)에서는 피해당사자가 계약을 해제하는 경우, 계약의 해제뿐 아니라 계약위반으로 발생한 손해의 배상을 청구할 수 있는 특칙을 두고 있다. 이 경우 「손해액 산정방법」과 관련하여, 매수인의 대체물품을 매도인의 재매각을 기초로 손해액을 산정(제75조)하는 반면, 시장이 없는 경우는 「시가」(제76조)를 기준으로 하고 있다. 이 외에도 「이익의 상실」에 대한 매도인의 손해배상액 문제는 아래에서 다룬다.

이에 따라 매도인의 손해배상청구 시의 「손해배상액의 산정」은 다음에서와 같이 물품의 「재매각시장」이 있는 경우와 없는 경우로 나누어 설명한다.

### 1) 물품의 「재매각시장」이 있는 경우

매수인의 계약위반에 의해 야기되는 직접적인 손해배상액을 산정하는 일반적인 방법을 규정하고 있는 SGA 제50조(인수거절의 손해배상액) 3항 및 제51조(인도거절의 손해배상액) 3항은 *Rodocanachi v. Milburn* 사건[72)]과 그리고 *Williams Bros v. Ed. T. Agius Ltd.* 사건[73)]에서 귀족원에 의해 승인되고, *Brading v. F. Mc Neil & Co., Ltd.* 사건[74)]에서 부동산의 매매계약에까지 확장되어지는 원칙을 성문화한 것이다. 영국 「물품매매법」(SGA 1979) 제50조 3항은 다음과 같다.

---

71) 윤광운 외, 「국제거래법」, 전게서, pp. 372~373.
72) [1886] 18 Q.B.D. 67.
73) [1914] A.C. 510.
74) [1946] 1 Ch. 145.

"문제의 물품을 거래하는 시장이 존재하는 경우, 손해배상액은 일응(prima facie) 물품의 계약가격과 시장 또는 유통가격과의 차액에 의하여 확정되어지는 것으로 추정한다. 시장 또는 유통가격은 물품을 인수하였어야 할 당시 또는 인수의 시기를 정하지 아니한 경우에는 인수를 거절한 당시의 가격으로 한다."

여기서 문제는 판매가능한 「재매각시장」(available market)은 어떤 시장을 말하는 것인지와 재매각시장에서의 「시장가격」(market value or price)은 어떠한 가격을 말하는 것인가 하는 것이다. 이에 따라 「재매각시장」과 함께 「시장가격」에 대하여 그 의미를 다음에서 살펴본다.

### (1) 「재매각시장」(available market)

상기의 영국법에서의 판매에 「이용가능한 시장」(available market), 즉 「재매각시장」이란 「대체구매인」(substitute purchaser)을 합리적으로 찾을 수 있는가의 여부와 함께 시간적으로 공간적으로도 여러 시장의 존재가 가능하므로 이 중의 어느 시장을 재매각시장으로 볼 것인가 하는 것이다.

이에 대해 매매계약상 물품의 「재매각시장」은 매도인의 시장 이용가능성을 고려하여 확정하는 것이 일반적이며, 물품의 「재매각시장」이 여러 장소에 존재하는 경우 일응(prima facie) 계약상 물품이 인도되는 장소의 시장이 「손해배상액 산정」의 기준이 되는 시장이라고 추정된다.75)

이러한 경우에 수출무역에서는 「FOB」 또는 「CIF계약」에서처럼 매도인의 현실적 측면을 고려하여 화환어음결제방식에 의해 선하증권 등 권리증권의 인도에 따른 상징적 인도가 이루어지는 경우는 「목적지 시장」이 「재매각시장」으로 간주될 것이며 「고유의미의 FOB」조건과 같은 현물에 의한 현실적 인도가 이루어지는 계약에서의 「재매각시장」은 물품이 인도되는 「선적지 시장」을 재매각시장으로 간주할 것이다.

### (2) 「시장가격」(market value)

어느 시점에서 어떤 가격을 「시장가격」(market value or price)으로 간주할 것인가를 적용의 중요 요소로 하는 「시장가격원칙」은 당해 물품을 매각할 시장이 존재하는 경우에만 사용된다.76) 더구나 그와 같은 물품을 매각할 시장이 있는 경

75) *Hasell v. Bagot, Shakes & Lewis Lfd.*[1911] 13 C.L.R. 374.

76) 「시장가격의 원칙」은 Esher경의 다음의 말 중에 설명되어 있다. "물품의 인도불이행 또는 수령불이행에 대한 소송에 있어서, 법은 그 손해배상액의 산정에 있어서, 원고와 피고간의 우발적

우에서도 추정에 지나지 않는 「시장가격의 원칙」은 상업상의 편의를 위한 규정이며, 「손해배상액 산정」을 위한 객관적 기준이다. 예컨대, 매수인이 물품의 불인수 시 매도인은 그 물품을 매각가능한 시장에서 매각하는 것이 가능하고, 반대로 매도인이 물품의 불인도(non-delivery) 시는 매수인은 그 시장에서 구입하는 것이 가능하다. 따라서 어느 경우에도, 침해받은 당사자는 약정가격과 「시장가격」과의 차액을 계약위반자로부터 청구할 수 있으며, 그 손해는 충분히 보상할 수 있는 것이다. 침해받은 당사자가 하등의 손해도 받지 않고, 오히려 매각 또는 구입에 의해 이익을 얻는 경우에는, 각 목적별 손해배상액을 청구할 수 있을 뿐이다.77)

이러한 「시장가격의 원칙」은 매도인 또는 매수인이 물품에 관하여 재계약을 한 경우, 예를 들면 매도인이 그 계약을 이행하기 위해서 물품을 구입하였는데도 매수인의 수령불이행에 의해 손해를 받은 경우와, 매수인이 전매하고 난 후 매도인의 인도불이행에 의해 「전매」의 이행이 불가능하게 된 경우에 대해서도 같이 추정된다. 이 추정원칙의 적용효과는 그와 같은 재계약은 우발적인 것으로서 손해배상액에서 제외해야 될 것이 아니라는 것이며, 또 "원고가 그것에 대해서 손해를 결국 청구할 수 없는 원고의 특수한 사정"78)은 아니라고 하는 것이다. 이 추정원칙의 적용에 의해 청구할 수 있는 손해배상액이 원계약 또는 재계약이 이행되어진다면 피해자인 당사자가 얻을 수 있었을 것이라고 생각되는 현실의 이익보다도 많거나 또는 적다고 하는 것은 그 적용을 방해하는 것은 아니다. 「시장가격의 원칙」은 재계약의 개연성을 원계약의 체결당시 당사자가 의도하고 있었던 것과 다르지 않는 경우에는 적용되지 않는다.79)

당해물품을 매매할 수 있은 시장의 존재여부는 「사실문제」이다. 여기서 「시장」(market)이란 매수인과 매도인을 의미하고, 그곳에 가면 자신이 원하는 물건을 매입 또는 판매하는 것이 가능한 장소이다.80) 이 목적을 위한 「시장」이란 특정의 장소 이상의 것을 의미하며, 또한 특정의 매매의 표준을 의미한다. 소매가격은 대

---

사건, 예컨대, 물품의 구입 또는 매각을 위하여 제3자와의 사이에서 체결한 중간계약 등은 일체 계정에 넣지 않는다고 하는 것은 확립되어 있다. 본인은 Mayne의 손해배상론에 기술되어져 있는 원칙, 즉 원고의 특수한 사정에서 독립하여 또 물품의 매각을 위하여 원고가 한 여하한 계약에서도 독립해서 물품에 가격을 산정하는 기준으로서 시장가격을 취하는 원칙에 찬성한다." 윤광운 외, 「영국물품매매법」, 전게서, p. 211.

77) *Erie County Natural Gas and Fuel Co. v. Carroll*[1911] A.C. 105. 117.

78) *Slater v. Hoyle & Smith*[1920] 2 K.B. 11사건 23면에서 Scrutton 판사의 말.

79) *Slater v. Hoyle & Smith*[1920] 2 K.B. 11 ; *James Finlay & Co. v. N.V. Kwik Hoo Tong H. M.*[1929] 1 K.B. 400.

80) *The Arpad*[1934] 189사건 191면에서 Bateson 판사의 말.

체적으로 도매가격과는 다르고, 도매가격 자체도 경우에 따라 다르다.81) 이「시장」은 그 물품을 매매할 수 있는 곳이지 않으면 안되지만, 침해받은 당사자는 세계 어느 곳에서 그 물품을 거래할 수 있는 시장이 있는가에 대해 찾을 필요는 없다.82)

특정 항(港)에 도착할 예정의 물품이 매각되어진 경우, 그 항에 있어서 그 물품의「시장가격」에서 미지불한「운임」은 공제하지 않으면 안되지만,「선불운임」은 계산에 넣을 필요는 없다.83)

SGA 제50조(인수거절의 손해배상액) 3항에서「시장가격원칙」에 적당한「시장가격」은 인도시기에 있어서 지배적인 가격이다. 예컨대「CIF계약」의 경우는 통상 권리증권으로서의 선적서류가 인도되어질 시기가 기준이 되며 물품이 도착해야 할 시기는 아니다.84)

### (3) 계약가격과「시장가격」과의 차액에 대한 추정

SGA 제50조(인수거절의 손해배상액) 3항 및 제51조(인도거절의 손해배상액) 3항에서는「시장가격의 원칙」을 명문화한 것이다.

즉, 당해물품을 "매각할 시장이 존재하는" 경우에만 사용되고, 더구나 그 경우에서도 추정에 지나지 않는「시장가격의 원칙」은 상업상의 편의를 위한 규정이며「손해배상액 산정」을 위한 객관적 기준이다. 이것에 의해 법원은 피고가 당연히 알고 있어야 할 지식뿐만 아니라 현실적으로 지식을 가졌는가를 아주 세밀하게 광범위하게 조사할 필요는 없다.

「시장가격의 원칙」에 적당한「시장가격」은, 인도시기에 있어서 지배적인 가격이다.85)「CIF계약」에 있어서는 이것은 통상 선적서류가 인도되어질 시기에 있어서 물품이 도착해야 할 시기는 아니다.86)

이에 대해 협약(CISG)는 계약해제 후 합리적인 방법으로 합리적인 기간 내에 매도인이 대체물품의「재매각이 있는」경우, 원계약의 대금과 대체계약의 대금과의 차액으로 손해를 산정하도록 규정하고 있다.87) 또한 대체거래로 인한 차액 이

---

81) *Heskell v. Continental Express Ltd.*[1950] 1 All E.R. 1033사건 1050면에서 Devlin 판사의 말.

82) *Lesters Leather and Skin Co. v. Home and Overseas Brokers Ltd.*[1948] 64 T.L.R. 569.

83) *Rodocanachi v. Milburn*[1886] 18 Q.B.D., 67. 77.

84) *C. Sharpe & Co. v. Nasawa & Co.*[1917] 2 K. B.814, 821 ; *Produce Brokers Co. v. Weis & Co.*[1918] 87 L. J. K. B.472, 478.

85) SGA 1979, 제50조 3항, 제51조 3항.

86) *C. Sharpe & Co. v. Nasawa & Co*[1917] 2 K. B. 814, 821 ; *Produce Brokers Co. v. Weis & Co.*[1918] 87 L. J. K. B.472, 478.

상의 손해(예컨대 대체거래를 함으로써 수송비 등 기타 비용이 증가)가 있는 경우에는 손해배상청구를 할 수 있다고 규정하고 있다. 여기서 「합리적인 방법」이란 매수인이 가능한 한 매도인이 가능한 한 최고가격으로 재매각하는 것을 의미하고, 「합리적 기간」은 계약해제시점부터 진행한다.

### (4) 특별한 경우에의 「시장가격원칙」의 불적용

당해물품을 매매하는 것이 가능한 시장이 존재함에도 불구하고, 「시장가격」의 원칙으로 추정하는 것이 불가능한 경우까지 포함하는 것은 불가능하다. 이 추정 자체는 전술한 *Hadley v. Baxendale*사건의 「제1원칙」에서 파생된 것이기 때문에, 이 추정원칙을 적용할 수 없는 특별한 사정은 「제1원칙」에 포함된 일반원칙을 확정한 「제2원칙」 하에서 생긴다.

침해받은 당사자가 체결한 「재계약」에 대해서 이들 원칙을 적용하면 다음과 같은 결론이 나온다. 즉, 일반적으로 재계약은 무시되어지고 「시장가격의 원칙」의 추정이 적용되지만, 침해받은 당사자가 "계약체결 시"에 계약위반을 한 당사자는 만약 "합리적인 인간"으로서 이 문제를 고려하였다면 「재계약」의 가능성을 예견했을 것이다. 또 더욱이 "이 계약에 위반하면 통상의 손해 이상의 손해가 생길 것이라고 하는 것에 대해서 현실적으로 알고 있었거나 또는 알고 있어야 할 것이다."[88]라고 하는 것을 법원에 납득시킬 수 있은 경우에는, 그 「손해배상액」은 약정가격과 「재계약가격」과의 차액이고, 약정가격과 「시장가격」과의 차액은 아니다.[89]

이것이 적용되어지는 것은 소위 「연속계약」(string contracts), 즉 매도인이 매수인은 자신으로부터 구입한 물품을 전매할 의사가 있다는 것을 알고 있는 경우에 매수인이 행한 「전매계약」 등의 경우에 적용되어지는 것이다. 「연속계약」은 특히 상품거래에 있어서 종종 행해지는 것이다. 예를 들면 "London Corn Trade Association"규칙에 의한 「곡물매매」 등이다.[90]

그렇지만 그 일련의 계약은 「동일의 조항」에 기인하지 않으면 안된다.[91] 예컨대, 물품의 품목이 다르면 그 원칙은 적용되지 않는다.[92] 매수인이 전매의 상대방

---

87) CISG, 제75조.

88) *Heskell v. Continental Express Ltd.*[1950] 1 All E.R. 1033사건 1049면에서 Devlin 판사의 말.

89) *R. H. Hall Ltd. v. W. H. Pim(Junior) & Co. Ltd.*[1928] 33 Com. Cas. 324 ; The Arpad [1934] 189, 215.

90) *Ibid.*

91) *Dexters Ltd. v. Hill Creat Oil Co.(Bradford)*[1926] 1 K.B. 348, 359.

에 의해 자신에 대한 소송에 있어서 패소한 경우에는, 매수인은 매도인에 대한 자기의 손해배상청구액 중에 자기가 「전매」의 상대방과의 소송에 패한 것에서 생긴 비용을 포함시킬 수 있다.[93] 또 매수인이 「전매」(sub-sale)의 상대방으로부터 제기당한 소송에서 「화해」[94]를 한 경우에도, 그 사안에 비추어서 화해가 합리적이었다면 그 지불한 그 금액을 매도인에 대한 손해배상청구액에 더하는 것이 가능하다.[95]

「시장가격의 원칙」은 당사자가 앞서서 손해배상액에 대해서 합의를 하고, 「확정손해배상액」(liquidated damages)의 지불에 관한 조항을 계약 중에 삽입한 경우에는 적용하는 것은 불가능하다.[96]

### (5) 「기한전 계약위반」에의 「시장가격원칙」의 적용

「기한전 계약위반」(anticipatory breach of contract)은 계약이행의 기한 전에 일방 당사자가 그 채무의 이행을 거절하고, 그 상대방이 이 거절을 계약위반으로서 수취한 경우에 생긴다.[97]

원칙적으로 「기한전 계약위반」에 대한 손해배상액은 기한에 있어서 위반에 대한 방법과 마찬가지의 방법으로서 확정된다. 따라서 그 계약이 이행되어져야 할 기한에 위반이 행해진 경우에 「시장가격의 원칙」이 적용되는 것이라면, 그 계약이 기한 전에 위반되어진 경우에 있어서도 마찬가지로 「시장가격의 원칙」이 적용된다. 또 기한에 계약이 위반되어진 경우에 특별한 사정이 있기 위해 「시장가격의 원칙」이 적용되지 않는다면 "기한전의 위반"에 대해서도 마찬가지이다.

이 원칙의 적용은 계약에 있어서 「채무이행의 기한」이 예컨대 물품의 인도의 시기가, 정해져 있는 경우에는 간단하다. *Frost v. Knight* 사건[98]의 원칙에 의해,

---

92) *Biggin & Co. v. Permanite Ltd.*[1950] 2 All E.R. 859, 867.

93) *Patrick v. Russo-British Grain Export Co.*[1927] 2 K.B. 535사건 540면에서 Salter 판사의 방론을 요약 ; *Kasler v. Slavouski*[1928] 1 K. B.78 ; *Bruce(W) Ltd. v. J. Strong*[1951] 1 All E.R. 1021, 1026(연속계약에 대해서의 중재).

94) 「화해」는 분쟁당사자가 양보하여 분쟁을 종료시키는 행위, 즉 소송 중인 당사자 쌍방이 재판과정에서 합의하여 재판이 종결되는 것을 말한다. 재판 당사자 간에 합의가 되지 않을 경우 판사가 화해를 권고하는 결정을 내리는데 이를 「화해권고 결정」이라 한다. 「화해」는 당사자가 직접 분쟁해결에 나서지 않고 「제3자」에게 맡기는 제14장에서 후술할 「중재」와는 다르다.

95) *Biggin & Co. v. Permanite Ltd*[1951] 2 All E.R. 191.

96) *Diestal v. Stevenson*[1906] 2 K. B.345 ; 확정손해배상액일반에 대해서는, *Dunlop Pneumatic Tyre Co. v. New Garage and Motor Co.*[1915] A.C. 79 ; *Imperial Tabacco Co. v. Parslay* [1936] 52 T.L.R. 585.

97) G. H. Treitel, *The Law of Contract*, 6th ed., London, Stevens & Dons, 1983, p. 642.

기한 전의 계약위반이 행해지면 바로 매수인은 제소하는 것이 가능하다. "만일 그가 그렇게 한다면, 그의 손해배상청구액은 계약에 기하여 물품이 인도되어져야 했던 기일의 당해물품의 「시장가격」을 기초로 확정되어진다. 만약에 인도가 행해져야 할 약정일 이전에 소송이 제기된 경우에는, 법원은 최선을 다해 그 「시장가격」을 확정하지 않으면 안된다."[99]

그러나 이 경우에는, 일반적으로 말하면, 침해를 받은 당사자는 손해를 합리적으로 "경감해야 할" 의무를 부담하고 있다. 따라서 「시장가격」이 상승하는 것은 불합리하고, 매수인은 매도인이 기간에 그 채무를 이행하지 않는 것에 대비해서 「선물매매」를 해둘 의무가 있다고 해도 좋다. "그 경우, 「손해배상액」은 재구입시의 시장가격을 기초로 하여 확정되어진다."

### 2) 물품의 「재매각시장」이 없는 경우

SGA 제50조(인수거절의 손해배상액) 3항의 「시장가격원칙」은 매수인의 물품 불인수 등 계약위반으로 인한 직접적인 손해액 산정 시 물품의 「재매각시장」이 없는 경우에는 적용될 수 없는 원칙이다. 다시 말해 물품의 "재매각시장이 없다"는 의미는 곧 그 물품의 「시장가격」이 형성될 수 없다는 것이다. 그러므로 「시장가격원칙」을 적용할 수 없는 경우에는 매수인의 계약위반으로 인해 매도인의 「이익의 상실」(profit loss)에 근거하여 「손해배상액」을 산정하는 별도의 방법이 필요하다.

이와 같이 물품의 「재매각시장」이 없는 경우, 매수인의 계약위반으로 인한 매도인의 「손해배상액 산정」은 통상 매도인이 인도하기로 약정된 물품을 이미 조달 또는 제조되었는가의 여부에 따라 다음과 같이 달라진다.

첫째, 약정물품을 이미 "조달 또는 제조하여" 인도하였으나 매수인이 이를 「인수거절」한 경우, 그 「손해배상」은 일응 계약가격과 계약위반시점 또는 인수거절한 시점에서의 물품의 「현실적 가치」와의 차액이 된다. 여기서 우선 물품의 가치를 측정하는데 기준이 되는 증거가 요구되는데, 이때 「재매각가격」이 그 증거로 간주될 수 있다.[100]

또 다른 문제는 매수인의 「특별 주문」에 의해 이미 제조된 물품의 경우, 매도인이 다른 사람에게는 쓸모없어 「재매각」이 "불가능한 사실"을 증명하는 경우에 한해서 전 계약금액에 대한 손해배상청구가 가능하다. 만약 당해물품에 변형 내지

98) [1872] L. R. 7 Exch. 111, 113.

99) *Melachrino v. Nickoll*[1920] 1 K.B.693사건 699면에 있어서 Bailhache 판사의 말.

100) 이용근, 전게서, pp. 548~549.

용도의 변경 등을 통해 「재매각」이 가능한 경우에 매도인은 「손해경감의무」로서 그러한 조치를 취하여야 한다. 이 경우 매도인의 「손해배상액」에는 원계약상의 「이익의 상실」뿐만 아니라 「재매각물품」의 변경에 소요된 비용도 포함된다.

둘째, 약정물품을 아직 "조달 또는 제조하지 않은" 경우, 매도인이 청구할 수 있는 「손해배상액」은 일응 물품을 조달 또는 제조하는데 소요되는 비용(즉, 예상원가)과 계약가격과의 차액(즉, 매도인의 예상이익)이 곧 매도인의 이익이 된다.

이 경우 매도인이 다른 계약을 통해 이익을 얻은 경우라도 매수인이 이를 입증하기가 곤란하기 때문에 매수인의 손실과 매도인의 이익이 상쇄되는 것이 용이하지 않을 것이다. 그럼에도 매수인이 매도인의 다른 계약을 통해 얻은 이익에 대해 이를 증명할 수 있다면 자신으로 인해 야기된 손실과의 상쇄 요구가 수용될 수도 있을 것이다. 예를 들어 매도인이 원계약에 충당하려던 물품으로 이중의 이익을 취했다는 사실을 매수인이 증명한다면 상기의 주장은 수용될 것이고, 이 경우의 「손해배상액」은 원계약에서 매도인이 얻었을 이익과 다른 계약에서 실제로 얻은 이익과의 차액이 될 것이다.

수출무역의 경우, 물품을 인수한 목적지 시장에서 "재매각이 불가능한" 경우, 매도인의 기본적인 「손해배상액」은 물품의 계약가격과 물품인수시점의 그 물품의 「현실적 가치」와의 차액이 되겠지만, 격지거래의 특성으로 인한 추가비용들이 발생하게 된다. 「추가비용」에는 양륙항에서의 보관비, 보험료, 터미널운영비(terminal handling charge : THC) 외에 목적지시장에서의 재매각에 드는 비용, 목적지에서의 재매각을 못하고 반송되는 경우의 선적항까지의 반송비용으로 반송운임과 해상보험료 등이 포함될 수도 있다.

특히 수출거래의 「FOB계약」에서 선적 후 매수인이 부담하는 해상운임과 보험료 외에 추가로 드는 부두관련비용과 반송운임 등을 매도인이 지급하였다면 매수인에게 보상을 청구할 수 있으며 또한 「CIF계약」의 경우에도 이러한 비용에 대해서는 매수인이 보상을 하여야 할 것이다.

이 경우 「상실이익」도 포함하여 「손해배상액」은, *Hadley v. Baxendale*사건에 있어서 2개의 원칙에서 직접 출발하여 확정한다. 이것은 특히 당해물품이 매수인의 주문에 의해 제작된 것이며, 더욱이 시장에서 매각할 수가 없는 선물의 경우이다. 그 물품을 주문한 사람 이외에는 누구에게도 전혀 쓸모가 없는 물품의 주문에 대해서, 그 경우 계약이 이행되어지지 않을 경우에 「손해배상액」은 어떻게 될 것인가. 그것은 「상실이익」 뿐만 아니라 처분할 수 없는 물품의 원가도 포함한다.[101]

당해물품에 대해서 그것을 매매할 수 있는 "시장이 존재하지 않는" 경우에, 재계약도 고려하는가는 전술한 *Hadley v. Baxendale*사건에 있어서 「제2원칙」에 의하는 것이다. 그렇지만 당해 물품에 대해 그것을 매매할 수 있는 시장은 존재하지만 「시장가격의 원칙」에 의한 추정이 적용될 수 없어, 법원이 계약체결 시에 있어서 합리적인 인간은 무엇을 생각했느냐고 하는 점에서 당사자가 현실적으로 알고 있는 지식 또는 알고 있어야 하는 지식을 확정하지 않으면 안되는 경우 그 사정은 다르다. 이 제약을 받으면서 먼저 검토한 재계약에서 생기는 이익의 회복청구에 관한 원칙은 이 경우에도 적용되어진다.

이것은 다음의 예에 의하여 설명되어진다. 매도인은 어떤 자에게 다량의 "건초"(乾草)를 매각하였지만, 그것을 인도하지 않았다. 매수인은 보통 이상의 고가로서 그 "건초"를 주민들에게 「전매」하였다. 매도인은 매수인의 「전매」에 의한 이익에 대해서는 책임이 없다. 왜냐하면 매도인은 합리적인 인간으로서 오히려 자신의 사용에 그 건초를 제공받는 것으로 고려하였던 것이라고 생각되기 때문이다. 그렇지만 "건초"의 매수인이 농산물의 판매업자라는 것을 매도인이 알고 있고, 또 그러한 건초는 적다는 것을 알고 있었던 경우에는, 매도인은 매수인의 「전매」에 있어서 이익에 대해서도 책임이 있다.[102]

한편 협약(CISG)은 이러한 「재매각시장」이 없는 경우는, 물품에 시가(市價)가 있는 경우(즉, 대체거래가 없었던 경우)이다. 그런데 손해배상을 청구하는 당사자가 「대체거래」가 있는 경우에는, 협약(CISG) 제75조(대체거래가 이루어진 경우)에 따라 재매각하지 아니하였다면 "계약대금과 계약해제시의 시가와의 차액 및 그 외에 제74조(손해배상액의 범위)에 따른 손해액"을 배상받을 수 있다.[103]

그러나 「대체거래」가 없는 경우에는, 계약해제 시 손해산정에 관한 특별규정으로서 물품의 「시가」로서 대체거래가 있었다고 가정하는 것이다.[104] 매도인에게는 계약가격보다 시가가 낮을 때 의미가 있고, 매수인에게는 계약가격보다 시가가 높을 때 의미가 있다. 다만, 손해배상을 청구하는 당사자가 물품을 수령한 후에 계약을 해제한 경우는 해제 시의 「시가」에 갈음하여 물품수령시의 「시가」를 적용한다.[105]

---

101) *Re Vic Mill Ltd.*[1913] 1 Ch. 183사건 187면에서 Neville 판사의 말. 본 사건은 *Swift & Co. v. Board of Trade*[1925] A.C. 520사건 542면에서 귀족원에 의해 승인되었다.

102) *G. C. Dobell & Co. v. Barber and Garratt*[1931] 1 K.B. 219.

103) CISG, 제76조 1항.

104) 윤광운 외, 「국제거래법」, 전게서, p. 376.

이는 매수인이 일단 물품은 수령한 후 「시장가격」이 상승한 때를 기다려 계약을 해제함으로써 매도인의 비용으로 투기를 하는 가능성을 막기 위한 규정이다. 여기서 「시가」(current price)라 함은 물품이 인도되었어야 했던 장소에서의 지배적인 가격을 의미하고, 만일 그 장소에 「시가」가 없는 경우에는 물품운송비용의 차액을 적절히 고려하여 합리적으로 대체할 수 있는 다른 장소에서의 가격을 말한다.[106)]

협약(CISG)상 「대체거래」와의 차액을 손실로 청구하기 위해서는 「대체거래」가 그 방법과 기간에 있어서 "합리적"이어야 한다. 여기서 "합리적인 방법"이란 매수인은 가능한 한 최저가격으로 다른 곳에서 대체물품을 구입(cover)하거나 매도인은 가능한 한 최고가격으로 다른 곳에 「재매각」(resale)하는 것을 의미한다.[107)] 그리고 「합리적 기간」은 계약해제시점부터 진행한다. "합리적 기간"에는 대체거래 여부 및 대체거래의 장소에 대해 대체거래자가 판단할 시간적 여유가 포함된다.

### 3) 이익의 상실

매수인의 인수거절에 대한 매도인의 손해배상액 청구에 있어서 앞에서와 같이 당해 상품의 「재매각시장」이 있는 경우에는, 「이익의 상실」(loss of profit)은 일반적인 손해배상액의 산정의 경우와 마찬가지로 계약위반 일자에 있어서 시장가액과 약정가액의 차이에 의하여 계산되어지는 것이라고 추정되지만,[108)] 특수한 사정에 있어서는 「시장가액의 원칙」이 적용되지 않고 전술한 *Hadley v. Baxendale*사건에 있어서 일반원칙에 의존하지 않으면 안된다.

당해물품의 「재매각시장」이 없는 경우에는, 「이익의 상실」은 언제나 배상액산정의 일반원칙을 적용하는 것에 의해 확정된다. 청구되어진 손해배상액이 「이익의 상실」, 기타의 비용의 항목을 포함하든 않든, 손해배상을 청구하는 매도인은 계약위반에 의해 생긴 손해를 경감하기 위한 합리적인 모든 조치를 강구할 의무가 있다.

## 3. 「손해배상액의 예정」과 위약금

매매계약상 피해당사자는 계약위반으로 인한 피해에 대하여 상대방에게 일정금액의 지급을 청구할 수 있는 「계약조항」을 두는 경우[109)]가 있는데, 이 경우 금

105) CISG, 제76조 1항 후단.
106) CISG, 제76조 2항.
107) 서헌제, 「국제거래법」, 법문사, 2006, p. 225.
108) SGA 1979, 제50조 3항, 제51조 3항.

액은 상환청구가 불가능한(without recourse) 「위약금」이나 아니면 상환청구가 가능한 「손해배상액의 예정」의 어느 하나에 해당한다.

「손해배상액의 예정」(liquidated damages)에 관한 당사자 간의 합의는 법률상 유효하다. 현실적으로 계약위반이 있을 경우에는 그 금액을 「손해배상액」으로 청구할 수 있다. 이에 대해 우리나라 「민법」에서는 소위 「위약금」(penalty)의 약정을 「손해배상의 예정액」으로 추정[110]하고, 그것이 부당히 과다한 경우에만 법원이 적당히 이를 감액할 수 있도록 규정하고 있다. 그러나 영미법에서는 그것이 「위약금」의 예정으로 인정될 경우에는 이에 관한 계약조항을 무효로 하고 있다.[111] 따라서 현실적으로 계약위반이 있을 경우에는 「손해배상액」은 통상의 방법에 의해서 산정된다.

이에 대해 영미법과 우리 「민법」을 중심으로 다음에서 살펴본다. 먼저 영미법에서는 계약을 위반한 당사자가 일정금액을 지급하기로 하는 합의 또는 약정을 할 경우, 우리 「민법」에서와 같이 당연히 「손해배상액의 예정」으로 하는 것은 아니다. 즉, 계약위반시 일정금액을 지급하기로 하는 합의 또는 약정이 「손해배상액의 예정」으로 간주되는가 「위약금」으로 간주되는가에 따라 그 법적 효과에 상당한 차이가 있다.

「손해배상액의 예정」과 「위약금」 간의 구분이나 그 법적효과에 있어서 상당히 어려운 문제를 보이고 있음은 사실이다. 즉, 그러한 합의 또는 약정이 「손해배상액의 예정」인지 아니면 「위약금」인지의 여부에 관한 판정시점은 계약위반시가 아니라 "계약체결시점"을 기준으로 판단해야 하며 또한 개별계약의 특수한 상황과 계약조건의 해석에 따라 결정해해야 할 「사실문제」인 것이다.

「손해배상액의 예정」과 「위약금」의 차이를 보면 다음과 같다.

우선 계약위반 시 피해당사자가 입을 손해액을 「계약체결시」에 양 당사자가 미리 합의하여 산정한 손해액이면 「손해배상액의 예정」(liquidated damages)으로 간주된다. 계약상 약정금액이 「손해배상액의 예정」으로 간주되면 피해당사자 또는 원고는 실제 손해액을 입증할 필요없이 즉시 「약정금액」을 보상청구할 수 있고, 이 때 피해당사자가 입은 실손해액이 약정금액보다 크든 작든 관계없이 피해당사자

109) 손해배상금액을 정하는 계약조항을 「손해배상의 예정」조항(liquidated damages provision)이라 한다.

110) 우리나라 「민법」, 제398조.

111) Restatement of Law, Contracts, 2d., 제580조 : UCC, §2-718.

는 「약정금액」만 청구할 수 있다. 법원은 이러한 약정금액의 산정방법에 간섭하지 않으며 「손해배상액의 예정」 그 자체를 유효한 것으로 인정한다.

반면 「위약금」(penalty)은 계약위반을 방지하기 위한 일종의 보증으로서 일정금액의 지불에 관한 약정이다. 이러한 금액이 계약위반자에 대해 약정된 금액이라면 「위약금」이다. 「위약금」의 경우 특정의 경우에 무효가 될 수 있으며, 위약금 외에 별도로 손해배상을 청구할 수 있는 점에서, 예정된 손해배상액만 청구할 수 있는 「손해배상액의 예정」과는 차이가 있다. 그러나 일단 약정금액이 「위약금」으로 간주되면 보상청구가 불가능하며 계약위반으로 야기된 「손해액」은 통상적 방법으로 산정해야 한다.[112] 즉, 피해당사자가 입은 실손해액이 충분히 보상되도록 형평법원(court of equity)은 「위약금」으로 약정된 금액이 피해보상에 부당하다고 간주되면 그러한 금액을 무효로 할 수 있다.

이러한 「손해배상액 예정」 및 「위약금」의 유효성 여부는 협약(CISG)의 적용대상이 아니므로(제4조) 그 해결은 국제사법에 의해 결정되는 「준거법」(제7조 2항)에 의하므로,[113] 「손해배상액 예정」 및 「위약금」의 문제는 「국내법」의 규정을 중심으로 이하에서 살펴본다.

영국법에서는 피해당사자가 입은 「실손해액」을 초과하는 「위약금」은 실손해액으로 감액하도록 하는 「공평구제」(equitable relief)를 적용하고 있다.[114] 그리고 약정된 「위약금」이 실손해액보다 적은 경우 동일한 원리로 피해당사자는 「실손해액」을 보상받을 수 있다.

계약상 약정금액이 「손해배상액의 예정」인지 아니면 「위약금」인지의 문제는 계약체결 시에 양 당사자의 의도에 따라 판단해야 할 「사실문제」이므로 그 구분이 쉽지 않으나, 일반적으로 양자를 구분하는 것은 양 당사자가 계약위반으로 야기될 수 있는 「손해액」을 미리 예측했는가의 여부를 합리적으로 추론할 것이다.

이에 대해 계약상 약정된 금액이 「손해배상액의 예정」인지 또는 「위약금」인가의 구분에 대한 일반원칙이 법원에 의해 확립되어져 왔는데, 여기서 「위약금」의 경우[115]로 정리해보면 다음에서와 같다. 즉,

① 약정된 금액이 계약위반으로 야기된 최고손해액과 비교하여 매우 부당한 경

---

112) A. G. Guest, *Anson's Law pf Contract* 26th ed., Oxford, Clarenden Press, 1984, p. 511.
113) 윤광운 외, 「국제거래법」, 전게서, p. 378.
114) A. G. Guest, *op cit.,* p. 511.
115) *Dunlop Pneumatic Tyre Co. Ltd. v. New Gerage and Motor Co. Ltd.*[1915] A.C. 79 at 86, 88.

우 이는 「위약금」이다.

② 채무자가 대금지급에 실패한다면 그러한 대금보다 더 큰 금액을 지급하기로 약정한 경우 더 큰 금액은 「위약금」이다. 그 이유는 더 큰 금액의 약정을 예상손해에 대한 예측으로 볼 수 없기 때문이다.

③ 계약위반자가 계약조항을 위반해도 「단일금액」만 지급하기로 약정한 경우 이는 「위약금」이라는 추정이 있다. 각 계약조항에 따라 위반시 손해발생의 정도가 다른 경우에도 위반시 하나의 「단일금액」만 보상하기로 약정한다면 「위약금」으로 간주될 수 있다.

한편 계약의 당사자는 계약위반 시 청구가능한 「손해배상액」의 한도를 약정할 수 있다. 이 약정은 계약체결 시 예상되는 「실손해액」이 그러한 한도액을 초과할 수도 있다는 것을 양 당사자가 예상했다고 하더라도 법원에 의해 유효한 약정으로 간주된다. 또한 계약당사자는 계약위반 시 피해당사자의 손해배상청구권을 배제 또는 제한하는 명시적인 약정을 둘 수 있다. 그러나 이 약정은 「위약금」에 관한 법과 1977년 「불공정계약법」(Unfair Contract Terms Act, 1977)에 저촉되지 않을 것을 전제로 하여 유효하다.

다음으로, 우리나라 「민법」 제398조 1항에 의하면, 「손해배상액의 예정」이란 채무불이행시 채무자가 지급하여야 할 「손해배상액」을 당사자 간에 미리 약정하여 두는 것을 말한다.[116] 이것은 채권자가 상대방의 채무불이행으로 인한 손해배상액을 청구하려면 손해의 발생을 입증해야 하는데 사실상 그 입증이 용이하지 않을뿐더러 또한 분쟁을 예방하기 위해서 사전에 그러한 손해액을 약정함으로써 채무이행을 간편하게 확보하려는데 그 목적이 있다.[117] 그러므로 「손해배상액의 예정」시 채권자는 채무자의 채무불이행의 사실을 증명하면 구체적인 손해를 증명하지 않고도 즉시 예정된 「손해배상액」을 청구할 수 있다.[118]

「손해배상액의 예정」은 공서양속에 위반하지 않는 한 유효하지만, 예정액이 부당하게 과다한 경우 법원은 적절하게 감액할 수 있으나, 실손해가 예정액보다 많

116) 「손해배상액의 예정」에 관한 당사자 간의 합의는 채무불이행 전에 이루어져야 하고, 그 이후에 이루어진 경우는 배상액의 합의로서 「무명계약」이거나 「화해계약」에 해당한다. 대판 2008. 10. 23, 2006다37274.

117) 「손해배상액의 예정」은 채무불이행시에 채무자가 지급해야 할 손해배상액을 당사자간에 계약으로 미리 정해두는 것으로 이는 채무를 이행하도록 하는 기능을 가지며, 주된 계약(도급계약)에 대한 종된 계약(지체상금)으로서 주된 계약의 채무불이행을 정지조건부로 하는 조건부계약의 성질을 지닌다. 박승수 편저, 「민법」, 에듀비, 2016, p. 387.

118) 대판 2007. 12. 27, 2006다9408 : 대판 1975. 3. 25, 74다296 : 대판 1972. 3. 31, 72다108.

을 경우라도 초과분을 청구할 수 없다.119) 당사자가 금전이 아닌 것으로써 손해배상액을 충당한 것을 예정한 경우에는 「손해배상액의 예정」으로 추정한다.

이에 대해 「위약금」은 계약체결 시 계약을 위반한 당사자가 상대방인 채권자에게 지급하기로 미리 약정한 일정금액을 말한다. 예를 들어 이행이 지체된 경우 1일 얼마씩 지급한다든가 채무를 전혀 이행하지 않을 경우 총액 얼마를 지급하겠다고 하는 것과 같은 약속의 경우이다.

이러한 「위약금」의 성질은 그 결정방법에 따라 어떤 경우에는 「제재금」으로서 채무불이행에 의한 손해배상과는 별도로 제공하기도 하며, 또 어떤 때는 「위약금」 이외에는 어떠한 손해배상도 받을 수 없고 「위약금」을 「손해배상액의 예정」으로 추정하는 경우도 있다.120) 따라서 「위약금」의 성질이 어떻게 결정되는가는 구체적으로 검토하여 판단할 수밖에 없는 「사실상의 문제」이지만, 우리나라 「민법」에서는 명확하게 판단할 수 없는 경우 「위약금」은 「손해배상액의 예정」으로 추정하고 있다.121)

## 4. 「손해경감의무」

매매계약상의 피해당사자는 그의 손해를 경감시켜야 하는 의무를 진다. 이는 피해자에게도 위반으로 인해 발생한 피해의 범위를 경감시키는 모든 "합리적인 조치"(resonable steps)를 취할 의무를 부과하고, 이러한 「손해경감」(mitigation of damages)의무를 게을리 함으로써 야기된 손해에 대해서는 손해배상을 청구할 수 없는 것이 원칙이다.122) 만일 그러한 조치를 취하지 아니한 경우에는 계약위반을 한 당사자는 상대방이 주장하는 손해액에서 그러한 조치를 취하였다면 경감되었을 손실액만큼 감액할 것을 청구할 수 있다.123)

---

119) 대판 2009. 2. 26, 2007다19051 : 대판 2000. 12. 8, 2000다50350 : 대판 1993. 4. 23, 92다41719.

120) 「위약금」의 성질을 가지는 「계약금」은 유상계약을 체결하면서 이를 위약금으로 한다는 특약이 있는 경우에 한하여 우리 「민법」 제398조 4항에 의한 「손해배상액의 예정」으로서의 성질을 가질 뿐이고, 그러한 특약이 없는 경우에는 그 「계약금」은 「손해배상액의 예정」으로 볼 수 없는 것이다(대판 1996. 6. 13, 95다11429 : 대판 2006. 1. 27, 2005다52078 · 52086).

121) 당사자 간의 「위약금약정」의 의사표시의 내용이 어떠한 성질의 것인지 분명하지 아니할 때에는, 「손해배상액의 예정」으로 추정된다(우리 「민법」, 제398조 4항). 따라서 「위약금약정」이 「손해배상액의 예정」이 아니라는 것은 그것을 주장하는 자가 증명해야 한다. 박승수 편저, 전게서, p. 390.

122) A. G. Guest, *op. cit.*, p. 517.

123) CISG, 제77조.

「손해경감의무」의 불이행에 대한 판례로, *British Westinghouse Electric and Manufacturing Co. v. Underground Electric Railways Co.*사건[124]에서, Haldane 경은 손해배상의 본질은, 금전으로 가능한 범위에 있어서 침해당한 당사자를 계약이 이행되어진 것과 같은 지위에 두는 것이라는 원칙, 즉 이러한 「제1원칙」은 다음과 같은 「제2원칙」(손해경감의무)에 의해 수정된다고 하였다. 즉,

> "원고에게 계약위반으로부터 생기는 손해를 합리적으로 경감하는 모든 조치를 취할 의무를 부과하고, 원고가 그 조치를 취하는 것을 해태한 것에서 생긴 손해는 이것을 일체 청구할 수 없다고 하는 「제2원칙」에 의해 제한된다. 이 「제2원칙」은 합리적인 사고를 가진 인간이 그 거래에 있어서는 통상 취할 수 없을 것 같은 조치를 취해야 할 의무를 원고에게 부과하는 것은 아니다. 그렇지만 원고의 업무의 과정에 있어서 그 거래와 관련하여 어떤 행위를 하고 나서 그 행위에 의해 그가 입은 손해가 소멸했을 경우, 가령 원고에게 그 행위를 해야 할 의무가 없는 경우에 있어서도 손해배상액의 산정에 영향을 미친다."

따라서 「손해경감의무」를 위반한 경우의 효과는, 배상청구할 수 있는 손해액의 감액이고, 대금청구권은 물론 부적합물품을 수령한 경우의 「대금감액권」과는 하등의 관계가 없다. 이것은 영미법에서 유래한 규정인데 대륙법에서도 손해배상의 결정에 있어서 「상당인과관계」의 판단이나 후술하는 「과실상계」[125] 등의 조작에 의하여 실제로는 동일한 결과에 도달하고 있다.

「손해경감의무」의 위반효과에 관한 *Payze Ltd. v. Saunders*사건[126]에서 L. J. Scrutton은, 피해당사자는 그가 합리적으로 행동하였을 경우 입게 되었을지도 모르는 손해액 이상은 구상할 수 없다. 그 이상의 어떤 손해도 피고의 위반으로부터 합리적으로 유래하는 것이 아니기 때문이라고 언급하였다.

침해당한 당사자는 「손해경감」을 위하여 합리적으로 행동하는 것만이 요구되어지는 것이기 때문에, 시장에 판매되지 않는 약정품을 대신해서 이를 얻기 위해 알지 못하는 매도인에게서 원격지에 있어서도 그 물품을 구입해야 할 의무는 없으며,[127] 또 그는 법률상 성공할 것 같아도 소송에 도입하는 것은 명성 있는 영국

---

124) [1912] A.C. 673. ; *Re Vic Mill Ltd* [1913] 1 Ch. 465, 473 ; *Payze Ltd. v. Saunders* [1919] 2 K.B. 581, 586 ; *Demby Hamilton & Co. Ltd. v. Barden* [1949] 1 All E.R. 435.

125) 우리 「민법」상의 과실상계에 관해서는 후술하는 본장의 주 131) 참조.

126) [1919] 2 K.B. 581.

기업에 불가분적인 윤리에 반하는 경우에는 전매의 상대방을 제소할 의무는 없다.[128] 또 그는 손해를 경감하기 위하여 위험한 투기에 그 비용을 사용해서 손해를 입을 의무는 없으며,[129] 또한 자신에 대한 손해배상의 청구에 타협할 의무도 없다.[130]

결국 「손해경감」을 위한 피해당사자의 "합리적인 조치"의 실행여부는 「사실상의 문제」이며, 각각의 특수한 사정에 의존할 수밖에 없지만, 피해당사자가 손해경감을 위하여 「합리적인 조치」를 취하지 않았다는 사실이 상대방에 의하여 입증이 된다면 「손해경감의무」의 위반에 의해 야기된 손해는 보상받을 수 없게 된다.

한편 「손해경감의무」와 관련하여, 손해배상책임을 인정하기 위해서는 "과실이 있을 것"을 요구하는 대륙법계에서의 「과실상계」[131]의 법리에 의해서 통상적 손해의 경감이 이루어지지만, 계약위반책임에 "과실을 요하지 않는" 영미법계에서는 채권자에게 「손해경감의무」를 부담시키는데 대해 협약(CISG)에서는, 계약위반에 있어서 「과실상계」라는 방식을 취하지 않고 위반당사자에게 손해배상책임을 부담지우므로 형평의 원칙상 피해당사자(손해배상청구권자)에게 「손해경감의무」를 지우고 있다.[132]

협약(CISG) 제77조의 「손해경감의무」는 동 제7조의 「신의칙」을 구체화한 것으로, 경감되었을 손해만큼 배상범위가 감축될 뿐이라는 점에서 일종의 「간접의무」이다. 따라서 손해배상청구권자는 자신의 손실을 경감시킬 의무만 질뿐이고, 달리 손해배상청구에 있어서 가장 저렴한 산정기준을 택하거나 대체품인도청구 대신에 손해배상청구를 하는 등 위반자에게 가장 유리한 구제방법을 선택하여야 하

127) *Lesters Leather and Skin Co. v. Home and Overseas Brokers Ltd.*[1948] 64 T.L.R. 569.

128) *James Finlay & Co. v. N.V. Kwik Hoo Tong H.M.*[1929] 1 K.B. 400사건 410면에서 Scrutton 판사의 말.

129) *Jewelowski v. Propp*[1944] 1 K.B. 510.

130) *Biggin & Co. v. Permanite Ltd*[1950] 2 All E.R. 859사건 864면 : 그렇지만 상당한 다툼의 종결(settlement)을 한 경우에는, 그가 전매의 상대방에게 지불한 금액을 원래의 매매계약의 상대방으로부터 회수하는 것은 가능한 것도 있다. *Ibid.*,[1951] 2 All E.R. 191(C.A.)

131) 우리 「민법」 제396조에서, 「과실상계」는 채무불이행에 관하여 채권자에게 과실이 있는 때에는 법원은 손해배상의 책임 및 그 금액을 정함에 있어서 그 과실을 참작하도록 하고 있으며, 이는 불법행위에 관하여도 준용된다(「민법」, 제763조). 이 「과실상계」를 하기 위하여는 채무불이행이나 불법행위가 있어야 하며, 그에 관하여 채권자의 과실이 있어야 한다. 채권자의 과실은 채무불이행이나 불법행위 자체에 관한 것뿐만 아니라, 일단 채무불이행이나 불법행위가 성립한 후에 손해의 발생이나 그 확대에 관한 것도 포함되는 것으로 보며, 또한 채권자 자신의 과실 이외에 수령보조자의 과실에도 적용되는 것으로 본다.

132) 윤광운 외, 「국제거래법」, 전게서, p. 378 이하 참조.

는 것은 아니다.[133)]

또한 CISG는 피해당사자가 「손해경감의무」를 다하지 않은 경우에 위반당사자는 손해금액의 감액을 청구할 수 있다는 동 규정의 문언에 비추어, 「손해경감의무」의 취지가 설령 계약위반이 있다고 할지라도 불필요한 낭비까지도 손해로서 배상받도록 하는 것은 위반당사자에게 지나치게 가혹하여 이를 방지하는데 있다고 할 것이므로 「손해경감의무」를 손해배상의 경우에만 인정할 논리적인 이유는 없을 것이다. 따라서 대금청구권(제62조)이나 대금감액권(제59조)은 물론, 「이행기전의 계약위반」에도 「손해경감의무」는 적용된다.

133) 최준선, 「국제거래법」, 삼영사, 2008, p. 165.

# 제10장 매도인의 계약위반에 대한 매수인의 구제방법

## 제1절 개 설

계약위반에 대한 「구제」(remedy)는 매매계약상의 이행의무의 불이행으로 인한 피해당사자의 손실을 보충하여 주는 데에 있다.[1] 「구제」(remedy)에 대한 법의 목적은 피해자로 하여금 가능한 한 계약이 완전히 이행된 것과 같은 지위에 두는 것이다.[2]

무역거래의 실무상 매수인은 사전적으로 물품에 대한 검사권을 통해 물품의 「계약적합성」 여부를 면밀히 검토하여 당해물품의 인수 여부를 결정하는 것이 통례이다. 특히 견본이나 명세서에 불일치한 물품이나 수량부족, 상이한 포장 등 「계약조건」과 다른 물품의 인도에다가 그 위반이 본질적으로 중대한 경우에, 매수인이 행사할 수 있는 구제수단 중의 하나가 이 「물품인수거절권」이다.

영국 「물품매매법」(SGA 1979)에 의하면, 매도인이 불법적으로 물품의 인도를 하지 않는 경우에 매수인은 다음과 같은 구제방법을 가진다. 즉,

① 인도불이행에 대한 「손해배상청구」소송(제51조),

② 물품이 확정되어 있는 경우에는 「특정이행청구」소송(제52조),

③ 물품의 「소유권」이 이미 매수인에게 이전한 경우는 「물품반환청구」소송(detinue) 또는 「횡령물반환청구」소송,

④ 대금은 선불이지만, 물품의 「소유권」이 아직 매수인에게 이전하지 아니한 경우에는, 「부당이득금반환청구」소송에 의한 대금의 반환청구 등이다.

그러나 매도인의 계약불이행, 즉 「계약위반」에 대해 매수인이 취할 수 있는 가장

1) Hugh Collins, *The Law of Contract*, London, Weidenfeld and Nicolson, 1986, p. 178.
2) 並木俊守, 「アメリカ契約法」, 東洋經濟新報社, 1982, p. 177.

우선적인 구제방법으로 계약의 「이행거절」이나 「물품인수거절권」의 행사이다.[3] 즉, 매수인의 「물품인수거절」이 정당하게 행사되면 당연히 대금지급을 할 이유가 없어지기 때문이다. 이러한 매수인의 「물품인수거절권」은 매도인의 모든 위반에 대해 행사할 수 있는 것은 아니며 단지 「조건의 위반」의 경우에만 가능한 구제수단이다. 또한 매수인이 「인수거절권」을 행사하는 경우에도 그 위반으로 손해가 발생한 경우에는 금전적 구제로서 「손해배상청구」도 할 수 있음은 이미 언급한 바와 같다.

한편 협약(CISG)상의 권리구제의 특징을 보면 첫째, 대륙법과 영미법의 타협[4]과 둘째, 의무불이행의 객관적 사실의 존재만으로 충분하고[5] 고의・과실의 유무를 필요로 하지 않으며[6] 셋째, 구제에 관한 규정을 당사자별로 별도로 규정하여 이해를 용이하게 하고 상이한 해석을 방지하기 위한 권리구제의 개별규정화 등을 들 수 있다.

협약(CISG)에서는 매수인의 구제방법으로 대체물인도청구권(계약부적합 물품의 인도), 대금감액청구권(계약부적합 물품인도시)과 그리고 이행기전 인도 및 초과인도시의 거절권의 행사 외에도 매도인과 매수인에게 공통적으로 인정되는 구제수단으로 이행청구권(매도인에 대한 물품인도, 제46조와 제62조), 이행정지권(상대방이 원료를 공급해 주지 않는 경우 자신의 의무이행의 정지, 제71조 1항), 계약해제권(제49조, 제64

3) P. S. Atiyah, John N. Adams and Hector Macqueen, *The Sale of Goods*, 11th ed., Longman, 2005, p. 499 이하 참조.

4) 계약위반 시의 가장 중요한 권리구제수단으로 현실적 「이행강제」와 「손해배상」인데, 대륙법계는 본래 계약에서 정한 급부의 내용을 그대로 이행하도록 하는 것이 채권자에게 유리하며 계약의 본래 취지에도 부합한다는 이유로 현실적 「이행강제」를 원칙으로 한다. 다만 계약의 이행이 불가능한 경우 예외적으로 「손해배상」의 권리를 허용한다. 한편 영미법계에서는 계약위반의 보상적 구제, 즉 금전의 「손해배상」을 원칙으로 하고, 다만 예외적으로 현실적 「이행강제」를 인정하고 있다. 이러한 차이를 고려하여 협약(CISG)은 현실적 「이행강제」를 원칙으로 하되, 영미법계의 경우 자국의 국내법에 따라 「이행강제」를 허용할 수 없는 경우에 이를 허용하지 않을 수 있도록 타협하고 있다(CISG, 제28조).

5) 협약(CISG)은 의무위반이 고의나 과실에 의한 것임을 요구하지 아니한다(제45조 1항). 대륙법계 국가의 매매법에서는 「과실책임주의」원칙에 따라 채무불이행의 요건으로서 채무자의 귀책사유가 있을 것을 요구하지만, CISG는 의무불이행의 객관적 사실 존재로 충분하고 상대방의 고의・과실의 유무를 묻지 않는다(무과실책임). 이는 「과실책임주의」원칙이 변질되고 있는 오늘날의 일반적인 경향을 수용한 것이라고 볼 수 있다. 윤광운・박정기・김철호・박재홍, 「국제거래법」, 탑북스, 2013, p. 316.

6) 우리 「민법」은 채무불이행의 일반책임과 특별책임인 담보책임이라는 이원적 책임체계를 가지고 있다. 이때 일반책임은 「과실책임」을 원칙으로 하지만, 특별책임은 「무과실책임」이다. 이에 반해, 협약(CISG)의 책임체계는 계약위반책임으로서 일원적이며 원칙적으로 「무과실책임」이다. 상게서, p. 316, 주 59).

조), 손해배상청구권(제81조 이하) 및 이자청구권(제78조) 등을 두고 있다.[7]

이하에서는 매수인의 「물품인수거절권」의 행사문제를 비롯하여 매도인의 물품 불인도와 인도지연, 품질불이행 등에 대한 「손해배상의 청구」와 특정이행 및 금지명령 그리고 선급금에 대한 구제 등을 중심으로 고찰한다.

## 제2절 | 「물품인수거절권」

### 2.1 물품검사와 「물품인수거절권」

매매계약에서 매수인은 수령하는 물품을 검사할 권리가 있다. 이에 대해 영국 「물품매매법」(SGA 1979) 제34조(매도인의 물품검사권)는 다음과 같이 규정하고 있다.

> "당사자 간에 별도의 약정이 없는 한, 매도인이 매수인에게 물품을 인도할 때 매도인은 그 물품이 계약과 일치하는지의 여부를 확인하기 위하여 물품검사의 상당한 기회(a reasonable opportunity)를 매수인에게 부여하여야 한다."

SGA상 매수인이 「물품인수거절권」을 행사하기 위해서는 물품이 계약과 불일치한 경우이다. 즉, 물품이 계약의 본질적 내용과 불일치하여야 하며 단순한 「담보위반」으로는 「물품거절권」을 행사할 수 없다. 이러한 사실이 「물품검사」를 통하여 증명되어야 한다. 물품의 검사장소와 검사시기에 관해서는 동법(SGA)상의 규정이 없으나, 당사자 간 별도의 약정이 없는 한 인도장소와 인도시기를 검사장소와 시기로 추정한다. 인도장소에 관해서는 당사자 간 별도의 약정이나 명시 또는 묵시의 계약이 존재하지 않는 한, 「매도인의 영업소」(the seller's place of business)가 되고, 영업소가 없는 경우에는 「매도인의 주소」가 인도장소가 된다.[8]

무역계약에서는 통상 인도장소와 인도방법이 「정형거래조건」(trade terms)에 따라 결정되고 그곳에서 「검사」가 행하여지는 것이 합리적이다. 예컨대 「EXW」

7) 협약(CISG)상의 매도인의 구제수단에 관해서는, 전술한 본서 제8장 「계약위반과 구제의 일반론」, 제2절 「계약위반과 구제의 개념」의 「구제방법이 내용 및 계약해제 등」과 그리고 제9장 「매수인의 계약위반에 대한 매도인의 구제방법」 참조.

8) SGA 1979, 제29조 2항.

(「공장인도」조건)나 「FAS」조건과 같이 매도인이 선하증권을 인도할 의무가 없는 「현실적 인도」에서는 인도장소에서 검사가 행하여 질 수 있으나, 「CIF」나 「특약부 FOB계약」에서와 같이 「상징적 인도」조건에서는 인도장소에서 검사를 행하는 것이 적절하지 않기 때문에 물품의 검사시기와 장소가 물품의 도착 시까지 연기되어, 결국 물품의 「도착장소」를 검사장소로 본다.[9]

SGA에서는, 물품검사를 인수(acceptance)의 「정지조건」으로 규정하고 있지 않지만, 통상 무역계약에서 매도인이 물품을 인도하는 경우, 매수인은 달리 약정이 없는 한, 물품이 계약과 일치하는지의 여부를 확인하기 위하여 물품을 검사할 "합리적인 기회"를 갖는다[10]고 규정하고 있다. 따라서 물품의 인수 또는 거절을 결정하기 전에 물품을 「검사」하는데 필요한 상당한 기회를 요구할 권리를 매수인에게 인정하고 있다. 또 매수인은 그러한 기회를 가질 때까지는 물품을 수령한 것으로 보지 않는다.

그러나 이러한 원칙은 당사자들의 협정, 매매의 상황 또는 거래의 관습에 의해 변경될 수 있다. 매수인은 그러한 기회를 이용할 수도 있고 「물품검사권」을 포기할 수도 있다. 물품이 도착한 후에 매수인이 물품을 검사하지 않고 자신의 창고로 운반한 경우 여러 달 지난 후 물품에 하자가 발견되었다 해도 이를 거절할 수 없다. 왜냐하면 물품을 거절할 것을 통지하지 않고 상당한 기간동안 물품을 보유한 것은 물품을 수령한 것으로 볼 수 있기 때문이다.[11] 따라서 물품이 「검사장소」에 도착하면 그곳이 인도장소든 최종목적지든 가능한 속히 물품을 검사하는 것이 바람직하다.

그러나 실무적으로는 선적 전에 「제3자」기관이나 매수인의 대리인의 검사를 받아 합격증을 선적서류에 첨부하도록 약정하는 경우가 일반적이다. 도착지에서 매수인의 검사는 매도인에게 너무 많은 「위험」이 따르므로 매도인이 이를 피하려고 할 것이다. 그 이유는 「물품검사」 후 계약과 불일치가 발견되면 선적지에서는 매도인이 그 하자를 보완하기 쉬우나, 수입지에서 하자가 발견되면 매수인은 수령을 거절하고 계약을 해제할 가능성이 높기 때문이다.

물품의 거절권이 바로 「계약해제」를 의미하지는 않는다. 매수인이 수령을 거절한 경우는 매도인이 계약상의 인도일까지 그 하자를 보완하여 인도함으로써 계약

9) *Molling v. Dean*[1902] 18 T.L.R. 217.
10) SGA 1979, 제34조 참조.
11) SGA 1979, 제35조 4항.

을 이행할 수 있다.

협약(CISG)에서는 매수인이 물품을 거절할 수 있는 경우에 관하여 「기일전 인도」와 「초과수량인도」에 대한 규정[12]을 두고 있다.

## 2.2 「물품인수거절권」의 행사

### 1. 일반적 원칙

전술한 바와 같이 매도인의 모든 계약위반에 대해 「물품인수거절권」을 매수인이 행사할 수 있는 것은 아니다. 즉, 매도인의 「조건위반」시에 한해서 「인수거절권」을 행사할 수 있다.

매도인의 계약위반에 대한 매수인의 구제방법으로 「물품인수거절권」의 행사에는 다음의 사항, 즉 ① 인도된 물품의 계약과의 일치여부, ② 계약상 불일치물품의 인도시 그 위반의 정도, ③ 「물품인수거절권」의 상실여부에 대해 고려하는 것이 필요하다.

상기에서 ①의 경우, 매수인은 별도의 합의가 없는 한 물품이 계약과 일치하는지의 여부를 확인하기 위하여 물품을 검사할 "합리적인 기회"를 가진다. 일반적으로 국내거래의 경우에 물품의 「검사장소와 시기」는 물품의 인도장소와 인도시기가 될 것이지만, 무역거래에서는 검사장소가 불합리한 인도장소 대신에 수입국 목적지에 도착할 때까지 물품의 검사는 연기되는 것이 당사자 간의 묵시적인 의사이며, 또한 실질적이고도 적절한 「검사장소」이어야 한다. 따라서 물품의 합리적인 검사기회를 통해 매수인은 물품이 계약과 일치하는지의 여부를 확인하고 인수여부를 결정하게 된다.

상기 ②의 경우, 매수인은 물품의 검사결과 계약과 불일치하는 것이 확인되면 계약위반의 정도를 검토해야 한다. 여기서 판단의 핵심은 물품의 계약불일치 내

---

12) CISG, 제52조(기일전 인도 및 초과수량) : 매도인의 이행기일 전에 인도나 초과수량의 인도시 매수인은 매수인은 그 물품을 수령할 수도 있고 거절할 선택권을 가진다. 이 경우 매수인이 수령을 거절하더라도 물품의 보존의무를 지는 경우가 있으므로 이를 이유로 계약해제를 할 수 없으며 그 보존에 따른 추가비용에 대해 매도인에게 손해배상청구가 가능하다. 또한 매도인은 약정된 이행기일에 다시 인도가 가능하다. 그리고 초과된 인도수량의 경우 역시 매수인이 수령 또는 거절이 가능하며, 만약 수령하는 경우 매수인은 계약상의 가격으로 대금지급을 해야 하며, 그리고 적어도 계약된 수량은 수령해야 한다. 그러나 초과수량의 인도가 본질적 위반시 메수인은 그 수령을 거절하고 계약을 해제할 수 있다. 윤광운 외, 「국제거래법」, 전게서, p. 330.

용이 「조건위반」 또는 중대한 「본질적 계약위반」에 해당하는 때에는 매수인은 「물품인수거절권」을 행사할 수 있지만, 단지 「담보위반」 또는 사소한 위반의 경우는 「인수거절권」을 행사할 수 없고, 다만 그로 인한 「손해배상」의 청구만 가능하다. 따라서 매수인은 자신이나 그의 대리인에 의해 계약위반의 정도를 신속히 판단하고 유효한 기간 내에 이를 매도인에게 신속히 통지해야 한다.

상기 ③의 경우, 매수인은 매도인의 계약위반에 의해 인수거절할 권리가 있음에도 불구하고 특정의 경우에 그러한 「인수거절권」이 상실될 수도 있음을 유의해야 한다. 그러한 경우 조건위반이 「담보위반」으로 간주되어 「손해배상청구」만 할 수 있음은 전술한 바와 같다. 여기서 매수인의 「인수거절권」이 상실되는 경우로는 매수인이 물품을 인수한 것으로 인정되는 경우이고, 인수된 이상 대금지급의 의무가 있게 됨은 당연하다. 이 「거절권의 상실」에 관해서는 후술한다.

그리고 「인수거절권」의 행사에 대해 SGA 제36조(반송의무가 없는 매수인의 거절물품)는 매수인의 「물품거절권」의 행사는 통지만으로 충분하며 물품을 반환할 의무는 없다. 매수인은 또 물품대금을 지급할 의무가 없으며, 이미 지급한 대금에 대하여는 반환을 요청할 수 있다. 매수인은 물품을 거절하고 매도인의 계약위반으로 손해를 입었다면 「손해배상」을 청구할 수 있다.

그러나 계약위반을 원용하는 당사자는 그 위반으로 인한 손실을 경감하기 위하여 그 물품에 "합리적인 조치"를 취하여야 한다.[13] 즉, 상대방의 계약위반을 원용하는 당사자에게는 「손해경감의무」가 있다. 「거절권」의 통지에는 특별한 방식이 없으나 그 통지가 매도인에게 "도달"하여야 한다. 물품을 거절한 매수인은 합의가 없는 한 물품을 반송할 필요는 없으며, 매수인은 물품의 「수탁자」로 물품에 관하여 상당한 주의를 기울여야 한다. 물품이 정당한 이유와 시간 내에 거절된 경우 물품에 대한 손해는 매도인이 부담한다.

## 2. 할부 및 「불가분계약」하의 거절권

매수인의 「물품인수거절권」의 행사와 관련하여, 우선 「할부방식」(installment)에 의한 매매계약에서 어느 할부분의 「조건위반」 시 매수인은 그 약정품의 전부에 대해 「거절권」의 행사가 가능한가 또는 위반한 부분에 대해서만 거절할 수 있는 것인지 아니면 손해배상청구만 가능한 것인지의 문제이다.

13) CISG, 제77조 참조.

「할부계약」은 일종의 「가분계약」(divisible contract)으로서 불가분계약과는 그 성격을 달리하고 있다. 따라서 「불가분계약」에서 매도인이 물품을 분할인도나 또는 계약수량과 불일치한 수량의 인도나 인도물품의 품질불량이나 다른 종류의 물품이 포함된 등의 경우가 문제이다.

전자의 「할부매매」의 경우, SGA에서는 계약의 조항과 거래의 상황에 따라 결정된다고 규정하고, 계약에 별도의 약정이 없으면 두 개의 원칙, 즉 전체 계약수량에 대한 양적인 비율과 그 위반의 반복 가능성 또는 불가능성의 정도에 의해 판단한다. 이 원칙을 수용하기 위한 것으로서 「실질적 이행의 법리」(doctrine of substantial performance)는, 매도인에 의해 계약의 이행이 실질적으로 달성되었다고 간주되면 매수인은 전 계약을 거절할 수 없고, 다만 그로 인한 「손해배상청구」만 가능하다. 즉, 「할부매매」에서 전 약정품의 「인수거절」을 할 수 있는 매수인의 권리는 제반 요소를 모두 고려하여 "실질적인 이행"이 아니라고 간주된 경우에만 행사가 가능하다는 것이다.

그러나 「할부매매」와 대금지급이 「신용장방식」에 의한 경우에는, 「신용장」(L/C)에 별도의 약정이 없는 한, 어느 할부분이 지정된 기간 내에 선적되지 않는다면 당해 할부분은 물론이고 그 이후의 모든 할부분에 대하여 신용장의 효력은 상실된다. 그러므로 신용장거래에서 매도인이 이러한 원칙을 위반하였을 때는 매수인에게 위반된 할부분과 이후 모든 할부분에 대해서 「물품인수거절권」을 가지는 것은 물론이다.

후자의 「불가분계약」(indivisible contract)의 경우, 상기에서와 같은 매도인의 「부분적 위반」(partial breach) 시에는 매수인은 원칙적으로 이러한 위반을 「전부위반」으로 간주하여 전 약정품 모두를 「인수거절」할 수 있다.

## 2.3 「물품인수거절」의 효과

매수인이 물품이 계약조건에 일치하지 않는 것을 이유로 물품을 정당하게 「인수거절권」을 행사하는 경우, 매수인은 앞에서 설명되어진 손해배상, 특정이행 및 물품반환청구권소송 등의 구제를 받을 수 있다.

매수인이 「인수거절권」을 행사하고 계약을 거절하게 되면 「대금지급」도 거절할 수 있다. 그리고 나서 매도인의 계약위반으로 인한 「손해배상」을 청구할 수 있는데 그 이유는 물품을 적법하게 인수거절한 매수인의 권리에는 매도인의 계약위반을 물품의 인도불이행(non-delivery)으로 취급할 수 있는 권리도 포함하고 있기 때문이다.

이에 대해 계약상 약정기간 내에 매수인이 인수거절 후 매도인이 전량 새로운 물품으로 「재인도」함으로써 자신의 의무를 이행하는 것이 가능하며 또한 「하자있는 서류」를 매도인이 제공하여 계약위반한 경우 매수인이 인수거절한 경우에도 매도인은 유효기간 내에 정당한 서류를 다시 제공하여 이행할 수도 있는 것이다.

물품이 "인수거절되는" 경우, 매수인은 그 물품을 매도인에게 반송할 의무가 없으며,[14] 매수인의 「인수거절」을 매도인이 받아들이면 이미 이전된 「소유권」은 즉시 복귀한다. 따라서 매도인은 매수인의 「거절통지」를 받는 즉시 자신의 「소유권」이 복귀되어 물품을 처분할 수 있는 권리를 가지게 된다.

그러나 매수인의 「인수거절」이 있으면 물품의 「위험부담」도 즉시 매도인에게로 복귀되는지의 여부는 명백하지 않다. 실무상으로 이것은 보험문제와 관련되어 복잡한 면이 없지 않으나 원칙적으로는 「소유권」의 복귀와 함께 「위험」도 매도인에게로 다시 이전된다고 볼 수 있다.[15] 이 점에 대하여 영국에서는 "하자있는 물품"이 인도되어 매수인이 이를 거절한 경우 물품에 대한 「위험」은 이전되지 않은 것으로 간주하여 매도인이 계속 부담하고 있는 것으로 하고 있다.

## 2.4 「물품인수거절」의 통지 및 제외

### 1. 「인수거절」의 통지

「물품인수거절권」을 가지는 매수인은 다음 두 가지 이유로 「인수거절의 통지」를 하여야 한다. 즉, ① 거절의 통지를 한 경우, 매수인이 물품을 보유하고 있더라도 그것은 수령이라고는 해석하지 않기 때문이며, ② 매수인이 물품을 보유하지 않는 경우, 그 물품의 소유권자인 매도인이 물품을 보관 또는 처분할 기회를 가져야하기 때문이다.

14) SGA 1979, 第36조.

15) 「FOB」와 「CIF계약」에서의 「위험」은 "선적시"에 이전되지만, 해상보험에 부보되어 있는 경우 보험기간이 종료되지 않는 한 위험부담자가 누구인가는 중요하지 않으며, 다만 보험기간의 종료시에는 인수거절 즉시 매도인에게 「위험」이 이전되는 점에 유의해야 한다.

「거절의 통지」는 "상당한 기간 내"(within a reasonable time)에 그 취지를 매수인이 매도인에게 통지하여야 하고, 그 통지는 구두나 문서로 명확히 확정되어진 것이어야 하며, 또한 거절의 의사표시가 매도인에게 「도달」하여야 한다.

SGA 제36조(반송의무가 없는 매수인의 거절물품)에 의해 매수인은 매도인에게 「거절의 통지」를 할 의무가 있으며, 매수인이 그 의무를 이행하지 않음으로써, 상당한 기간의 경과 전에[16] 물품이 훼손 또는 멸실한 경우 매수인은 매도인에 대하여 손해배상의 책임을 지게 된다.

한편 매수인이 물품을 거절할 권리를 가지는 경우, 물품을 매도인에게 반환해야 할 의무는 없고, 「거절의 통지」를 할 의무가 있을 뿐이다. 또한 매도인이 매수인의 물품거절을 승낙한 때에는 「소유권」은 매도인에게 반환된다.[17]

### 2. 「인수거절권」의 제외

이 인수거절의 권리는 당사자 간의 "합의 또는 상관습"에 의해 제외할 수 있다. 예컨대 「런던곡물거래소」(London Corn Trade Association)에서의 "곡물매매"에 관한 상관습에 의하면, 품질이 상이한 것만으로는 거절할 이유로 되지 않고, 계약에 의한 중재에 의해 그 차이가 과도하게 있든가 또는 부적당하다고 판단되어야만 비로소 매수인은 물품을 거절할 권리를 취득한다. 따라서 이외의 경우에는 「거절권」이 제외되며, 이러한 「관습」은 유효하다.[18]

## 2.5 「물품인수거절권」의 상실

매수인이 「물품인수거절권」을 상실하는 경우는 대부분 매수인이 물품을 인수한 것으로 간주되는 경우이다. 그러면 어떠한 경우에 매수인이 "물품인수로 간주되는" 경우인가 하는 것이 문제인데,[19] 이에 관해서는 이미 언급한 바와 같다.

그러므로 이하에서는 이외의 특수한 경우로서 「소유권이전」에 의한 거절권의

---

16) 상당한 기간의 경과 후에는 영국 매매법(SGA 1979) 제35조(물품이 인수)에 의해, 수령으로 간주된다.

17) *J. L. Lyons & Co. v. May & Baker Ltd.*[1923] 1 K.B. 685, 688.

18) *Re Walkers, Winsers & Hamm and Shaw, Son & Co.*[1904] 2 K.B. 152, 157.

19) 매수인의 「물품인수」로 간주되는 경우에 관해서는, 전술한 본서 제7장 「무역계약의 이행」의 「물품의 인수」 참조.

상실과 약정품의 「일부인수」 등의 경우를 중심으로 살펴본다.

## 1. 특정물매매에서 「소유권 이전」에 의한 거절권의 상실

「특정물」을 인도하기로 계약한 경우, 매수인에게 소유권이 이전되면 매수인의 「인수거절권」은 상실된다. 왜냐하면 「특정물의 매매」에서 반대의 규정이 없는 한, 「소유권」은 계약이 체결되는 즉시 이전하는 것이 일반적이며, 특정물의 구입여부를 결정하는 순간과 거의 동시에 거절권이 생기고 또한 소멸하기 때문이다.

협약(CISG)에서는 소유권이전의무와는 별도의 의무로서, 매도인이 인도해야 하는 물품으로 「특정물」의 경우는 계약에서 정한 특정물 그 자체를 말하고, 그리고 계약에서 정한 물품과 "같은 종류"의 물품을 「불특정물」이라 하여, 통상 무역거래의 경우는 「불특정물」의 매매에 속한다.[20] 이러한 「불특정물」의 매매에서는 매수인의 「물품인수거절권」이 소유권이전 여부에 의해 어떠한 영향도 받지 않는다.

## 2. 불가분계약 하의 「일부 인수」에 의한 거절권의 상실

매수인이 인도된 물품의 일부는 인수하고 일부는 거절할 수 있는가의 문제이다. SGA 제11조(담보로 취급되는 조건) 4항은 다음과 같이 규정하고 있다.

> "매매계약이 분리가능하지 아니하고 또한 매수인이 물품을 전부 또는 일부를 인수한 경우에는(Where a contract of sale is not severable, and the buyer has accepted the goods or part of them …) 매도인이 조건위반을 담보위반으로 간주할 것이므로 계약을 해제하거나 물품을 거절할 수 없다."

이 규정은 「불가분」의 매매계약에만 적용되는 것으로 간주되며, 따라서 가분계약이든 불가분계약이든 간에 물품을 인수한 매수인은 「물품인수거절권」이 상실되는 것은 분명하며, 특히 「불가분계약」인 경우에 "물품의 일부를 인수한" 매수인은 "나머지 부분"에 대해서 인수를 거절할 수 없다.

그러나 「가분계약」에서는, 원칙적으로 일부는 인수하고, 나머지 일부는 거절할 수 있으므로, 그러면 어떤 계약이 「가분계약」이며 그리고 「불가분계약」에서도 일부는 인수하고 일부는 거절할 수 있는지 하는 문제로서 다음에서 본다.

20) CISG, 제30조(매도인의 인도의무) 참조.

### 1) 「가분계약」 하의 문제

「가분계약」(divisible contract)에서는 원칙적으로 일부 인수, 일부 거절이 가능하므로 어느 일부가 불량품이거나 다른 명세의 물품이라면 매도인의 「일부 위반」(partial breach)으로 간주하여, 그 부분을 거절할 수 있다. 예를 들어 500포대를 5회 분할하여 1회당 100포대씩 인도하기로 약정한 경우, 4회까지는 계약과 일치하는 물품을 인수하였으나 5회분 100포대가 불량품인 경우 "인수거절"할 수 있고, 그 5회분 100포대가 다른 명세의 물품이라도 이 5회분을 "인수거절"할 수 있다.

그러나 이미 인도된 400포대가 아무런 하자가 없는데도 나머지 100포대가 불량품 또는 다른 명세의 물품이라 하여 500포대 모두를 인수거절할 수 있는가 하는 문제는 「실질적 이행의 법리」의 추세에 비추어, 일응(prima facie) "인수거절" 할 수 없을 것으로 보이나, 일률적으로 취할 수 없는 「사실상의 문제」이다. 따라서 분쟁이 발생한 경우에는 법원 등의 판단에 의존할 수밖에 없을 것이다. 이러한 판단기준은 앞에서 설명한 두 가지 원칙, 즉 위반한 수량이 전체수량에서 차지하는 「양적인 비율」과 위반의 「반복가능성」 등에 의한다.

SGA 제31조(분할인도) 2항에서는, 물품의 「할부인도」를 약정하고 "각 할부분"에 대해 대금지급을 약정한 경우를 「가분계약」으로 규정하고 있으나 반드시 그러한 것만은 아니다. 예를 들어 「분할인도」를 약정하고 있지만 대금지급은 "각 할부분"에 대한 것이 아니라, "매월 일정액"을 지급하기로 약정한 경우나,[21] 계약상 요구하는 대로 인도하기로 약정한 경우도 「가분계약」으로 볼 수 있기 때문이다.

실제 수출무역에서도 「분할선적」(partial shipment)을 약정하고도 각각의 선적은 개별계약이라고 규정하는 경우가 있으며, 또한 매도인에게 전량을 한 번에 선적함으로써 「불가분계약」으로 취급될 수도 있고, 분할선적하여 「가분계약」으로 취급될 수 있는 선택권이 부여되는 계약도 있다.[22] 또 다른 경우에는 매수인이 수입물품을 두 사람에게 재판매하기 위하여 "각각의 다른 선적서류"를 요구하기도 하는데, 이 경우, 「재구매인」 "A"는 물품을 거절하고 다른 「재구매인」 "B"는 물품을 인수할 수도 있기 때문에 「제1의 매수인」은 물품의 일부를 인수하고 일부는 거절할 수 있는 권리를 계약에 삽입하는 경우도 있다.[23]

21) *Longbottom & Co. Ltd. v. Bass Walker & Co.*[1922] W. N. 245.
22) *Jackson v. Rotax Motor & Cycle Co. Ltd.* [1910] 2 K.B. 937.
23) *Esmail v. J. Rosenthal & Sons Ltd.*[1965] 2 All E. R. 860.

### 2) 「불가분계약」 하의 「일부 인수」

SGA 제11조(담보로 취급되는 조건) 4항은, 「불가분계약」하에서는 매수인이 물품의 일부만 인수하고 나머지는 거절할 수 없다. 다만 그 효력에 대하여 명시적 또는 묵시적인 「계약의 조항」이 존재하는 경우에는 예외를 규정하고 있으므로, 이 조항에 의해 「불가분계약」하에서도 매수인은 「일부」는 인수하고 「일부」는 거절할 수 있다. 예를 들어 *Ebrahim Dawood Ltd. v. Heath Ltd.*사건[24]에서 매도인은 여러 가지 길이의 "철강판"(steel sheet) 50톤의 매매계약을 체결하였으나 실제로는 전량 6피트 길이의 "철강판"을 인도하였다. 분명 「불가분계약」임에도 법원은 매수인이 계약과 일치하는 부분만 인수하고 나머지는 거절할 수 있다고 판결하였다.

이같이 「불가분계약」하에서 매수인이 인도된 물품의 일부는 인수하고 일부는 거절하는 예외적인 경우에 해당한다. 그럼에도 매도인이 약정수량보다 적은 수량을 인도한 경우 매수인은 이를 거절할 수 있으며, 반면 약정수량을 초과하여 제공된 경우 약정된 수량만 인수하고 나머지는 거절할 수 있다.[25]

여기서 「불가분계약」(indivisible contracts)이란 물품의 인도 또는 대금의 지불은 소정의 방법에 의해 분할하여 이행되어지는 경우라 하더라도, 대금의 어떤 부분이 물품의 특정부분에 대응하는 것으로 규정되어 있지 않은 경우의 계약을 말한다.[26] 예를 들어 500포대의 밀을 매매한 경우 인도된 400포대는 정상이고 나머지 100포대는 불량품인 경우 매수인은 400포대는 인수하고 나머지 100포대는 거절하는 것이 불가능하다. 즉, SGA 제11조(담보로 취급되는 조건) 4항이 적용되어 「일부 인수, 일부 거절」은 불가능하며, 따라서 500포대 모두를 "인수거절"하거나 또는 500포대 모두를 인수하고 100포대에 대한 "손해배상청구"를 할 수 있다.

따라서 "특정 수량의 물품"의 매매계약은 일응 「불가분계약」으로 추정되어지고, 그 물품 전부의 인도 및 수령에 의하여만 그 계약은 이행되어진다.[27] 「불가분계약」에 있어서는 그 「부분적 위반」이 있더라도, SGA 제30조(하자있는 수량의 인도)가 적용되지 않는 한, "전체의 위반"이 있다고 간주되어질 것이다. 법원은 명시적으로도 묵시적으로도 분할할 의사가 없는 대금 또는 상관습에 의하면, 분할될

24) [1961] 2 Lloyd's Rep. 512.
25) SGA 1979, 제30조 1항, 2항.
26) 윤광운 · 박정기 · 최영봉 · 조현숙, 「영국물품매매법」, 탑북스, 2011, p. 155.
27) *Longbottom & Co. Ltd. v. Bass Walker & Co.*[1922] W. N. 245사건 246면에서 Atkin 판사의 말.

것이 없는 대금을 분할할 권한은 없으나, 분할하는 것이 상당한 경우에는, 「제공물 상당금액의 청구」(quantum valebant)28)에 대해서는 분할하는 것이 인정되어진다.

## 제3절 | 금전적 청구의 구제방법

매도인의 계약위반에 대한 매수인의 구제방법으로 앞서 살펴 본 「물품인수거절권」 외에도 「손해배상」을 통해 금전적으로 원상회복을 하는 것이다. 이와 같이 매수인의 구제방법에는 원상회복 외에도 금전적 청구로서의 손해배상청구가 있지만, 이 중 「원상회복」29)은 강제집행이 요구되는 불편한 이유로 인해, 대부분의 경우 실질적인 매수인의 구제방법으로는 「손해배상청구」에 주로 의존하고 있는 것이 보통이다.

다음에서 매수인의 「손해배상청구」를 검토함에 있어서 이미 앞에서 언급한 「손해배상의 일반원칙」 하에서 물품의 인도불이행과 인도지연, 품질불이행 등의 매도인의 계약위반의 유형에 따라 인도불이행시와 조건 및 담보위반에 따른 경우의 손해배상청구에 대한 기본원리 및 관련 사례 등을 검토하고 그 밖에 매수인의 구제방법에 대하여도 살펴본다.

### 3.1 「인도불이행」에 의한 손해배상청구

매도인이 물품의 인도를 불법적으로 해태하거나 또는 거절한 경우에 매수인은

28) 물품의 매매계약이 체결되고, 매도인이 잘못하여 계약의 목적과는 다른 종류의 물품을 급부한 경우, 매수인은 그 물품의 수령을 거절하는 것도 물론이지만, 거절하지 않은 때에는 매도인은 대금의 청구는 허용하지 않지만, 현재 급부된 물품가액에 상당하는 금액의 회수를 목적으로 하는 소송이 제기되어진 때, 「제공물 상당금액의 청구」(quantum valebant)에 기하여 소송을 제기하는 것으로 한다.

29) 「원상회복」은 계약의 전부 또는 일부를 이미 이행한 당사자는 상대방에게 자기가 그 계약에 의해 이미 제공 또는 지급한 것의 반환을 청구할 수 있고(원상회복의무), 이때 양 당사자가 모두 반환의무를 부담하는 경우에는 동시에 반환해야 한다(동시이행의무)고 규정하여(CISG, 제81조) 양 당사자간의 원상회복의무는 동시이행의 관계라고 하여 우리 「민법」의 규정(「민법」, 제548조, 제549조)과 궤를 같이 하고 있다. 매도인은 매매대금 및 그 받은 날로부터의 이자를 반환해야 하며, 매수인은 수령한 물품 및 그 물품으로부터 생긴 모든 이익을 반환해야 한다(CISG, 제84조). 동 이자의 이율에 관해서는 아무런 규정이 없으므로 국제사법상의 일반원칙에 의해 준거법 국가의 국내법이 적용될 것이다. 윤광운 외, 「국제거래법」, 전게서, p. 393 이하 참조.

소를 제기할 수 있다. 이때 물품은 「특정물」을 의미하기 때문에, 매수인이 거절할 수 있는 그러한 물품을 제공 또는 인도한 경우에는, 그것은 "약정물 인도의 불법해태"에 해당하고, 매수인이 SGA 제35조(물품의 인수)에서 말하는 "인수로 간주되는 행위"에 의하여 그 거절권을 상실하지 않는 한, 인도불이행에 대한 손해배상청구소송을 제기할 수 있다.[30)]

이 경우에 문제는 어느 시점을 기준으로 「손해배상액」을 산정하는 것이 피해당사자에게 적절한 것인가이다. 즉, 「손해배상액의 산정시기」는 손해배상액의 결정에 중요한 요소로서 이에 대한 원칙을 검토할 필요가 있다.

## 1. 손해배상액의 산정원칙

「손해배상액의 산정시기」는 다음의 세 가지 원칙, 즉 ① 계약위반의 시점, ② 계약위반의 발견시점 및 ③ 인도일을 연장한 경우 최종 불인도 시점 중의 어느 하나에 의해 결정되어진다.

### 1) 계약의 「위반시점」

영미법의 일반원칙에 의하면, 매도인의 「인도불이행」에 따른 손해배상액은 계약을 「위반한 시점」, 즉 물품이 인도되었어야 할 시점을 기준으로 산정된다. 이 원칙은 계약위반시점 이후의 시장변화에 의하여 야기되는 손해라기보다는 피해당사자가 「대체계약」을 체결하지 못함으로써 「손해경감의무」를 위반한 결과 발생된 손해로 간주해야 한다는 측면에서 비롯된 것이다.

그러나 「계약위반시점」을 손해배상액의 산정기준으로 하는 것은, 매수인측에 불리한 결과를 초래할 수 있는데, 그것은 매도인이 인도를 불이행한 그 시점에 매수인이 「대체물품」을 즉시 구매하는 것이 사실상 불가능하다는 점에서 비합리적인 산정기준으로 볼 수 있기 때문이다.

그렇지만 이 원칙이 영미법계에서는 적용되고 있는 점을 고려할 때, 적용에 따른 분쟁의 방지를 위해서 계약상 이 원칙의 적용에 대한 명시적인 규정을 두는 것이 필요하다.

### 2) 계약위반의 「발견시점」

손해배상액의 산정시점을 매수인이 매도인의 계약위반을 매수인이 「발견한 시

---

30) *Millar's Machinery Co. v. David Way & son*[1934] 40 Com. Cas.204.

점」을 기준으로 산정하는 것이다. 그러나 이 기준은 예외적으로 적용되는 기준이지 일반적으로 적용되는 기준은 아니다.

#### 3) 인도일 연장 시의 「최종 불인도시점」

위의 두 가지 원칙 외에 재인도의 약정 시에 「최종 불인도시점」도 있을 수 있는데, 즉 매도인의 계약위반으로 인해 매도인이 재인도하기로 새로이 약정한 경우, 그 「재인도시점」이 약정되고 그 재인도일이 도래했음에도 불구하고 매도인의 불인도가 있게 되면 그 「최종 불인도시점」이 「손해배상액」의 산정지준이 된다.

이에 대해 *Barnett v. Javeri & Co.*사건[31]에서, 매도인이 물품인도일 후에 물품의 「재인도」를 보장하였으나 최종적으로 인도할 수 없음을 선언한 시점, 즉 「재인도일 시점」에서 「손해배상액」이 산정되어야 한다고 판시되었다.

### 2. 손해배상액의 산정방법

매도인의 물품의 인도불이행에 따른 「손해배상액의 산정」은 계약의 상황에 따라 그 기준이 서로 다르므로 여기서 제시하는 산정방법은 일반적으로 고려되어야 할 요소들을 중심으로 제시하는 것에 머무르고 있는 점에서, 실제적인 「손해배상액의 산정」은 그 각각의 계약에 따라 개별적으로 고려해야 할 「사실문제」이다.

이에 따라 「손해배상액의 산정」은 「대체품시장」의 존재여부에 따라 다음과 같이 「대체품시장」이 있는 경우와 없는 경우로 나누어 살펴본다.

#### 1) 「대체품시장」이 있는 경우

여기서 「대체품시장」(an available market or relevant market)이란 매도인이 인도불이행한 물품과 동종의 물품을 구입할 수 있는 시장 또는 그러한 물품이 거래되는 시장을 말한다.

이러한 「대체품시장」의 존재여부는 「사실상의 문제」로서, 통상 법원에 의해 결정되어지며 또한 정도의 문제로 취급되기도 한다. 「손해배상액의 산정」에 있어서 「대체품시장」의 존재여부가 중요한 이유는 「대체품시장」이 존재하지 않는다면 「시장가격의 원칙」을 적용할 수 없기 때문이다.

일반적으로 「대체품시장」으로 충족되기 위해서는, 다음 두 가지 요건이 필요하다.[32] 첫째는, 「대체품」을 용이하게 "구매할 수 있는" 여건이 필요하다. 즉, 매수

---

31) [1916] 2 KB. 390.

인이 대체물품을 「대체품시장」에서 매도인들로부터 쉽게 구입할 수 있는가의 문제인데, 매수인의 입장에서는 "예상된 매도인들"(willing sellers)로부터 충분한 물품의 공급여부에 의해 결정된다. 예를 들어 대체물품을 구매할 수 없을 정도로 초과수요가 있다거나 또는 대체품의 가격이 과도하게 높은 경우는 「대체품시장」이 존재한다고 보기 어려운 경우이다.

둘째는, 대체품시장의 「이용가능성」이 있어야 한다. 매수인의 입장에서 시간적으로나 지리적으로나 대체품시장의 「이용가능성」이 있어야 하는 것으로, 다시 말해 매수인이 시장에 접근 가능해야 하며 또한 계약상의 약정된 인도장소와 합리적인 위치 내에 있어야 한다. 여기서 합리적인 시간과 거리는 「사실상의 문제」이다. 예를 들어 계약상 인도장소가 영국의 어떤 항구인 경우 매수인의 입장에서는 미국에서 대체품의 구매가 가능한 경우에 미국의 시장이 「대체품시장」으로 간주된 경우[33]가 있는 반면, 또 다른 사건[34]에서는 매도인이 영국에서 인도하기로 하였으나 이에 위반한 경우, 매수인은 인도(India)로부터 「대체품」을 구매하였다 할지라도 인도로부터 그러한 물품을 구매함으로써 「손해경감의무」를 이행할 의무가 없다고 판시하였는데, 그 이유는 인도하는데 드는 시간이 8개월 걸려 너무 늦다는 것이었다.[35]

또한 대체품시장의 "이용가능성" 문제에 있어서 고려해야 할 사항은, 「대체품시장」이 설혹 있다고 하여도 그러한 거래가 극히 소량인 경우나 특수한 제조물품의 약정인 경우는 「대체품시장」을 찾는 것이 곤란하든지 아니면 불가능할 수도 있는 것이다.

### (1) 「시장가격의 원칙」

SGA 제51조(인도거절의 손해배상액) 3항에서는 「대체품시장」이 있는 경우, 손해배상액의 산정기준은 「시장가격규칙」(market price rule)에 의한다. 즉, 매도인의 물품인도불이행시 「대체품시장」이 존재하는 경우, 「손해배상액」은 물품의 계약가격과 인도되었어야 할 시점의 시장가격과의 차액이 된다는 것이 곧 「시장가격의 원칙」이다. 이때 「시장가격」이 계약가격보다 낮은 경우에는 「통상의 손해」(nominal

32) 이용근, 「무역계약론」, 법문사, 1994, p. 364.

33) *Gamac Grain Co. Inc. v. H.M.P. Faure and Fairelough Ltd.*,[1968] A,C, 1130, 1138.

34) *Lesters Leether and Skin Co. Ltd., v. Home and Overseas Brokers Ltd.*[1948] 64 T.L.R. 569.

35) A. G. Guest, *Benjamin's Law of Contract, 3rd ed.,* London, Sweet & Maxwell, 1987, p. 808.

damages)만 배상 청구할 수 있을 뿐이다.

이러한 문제에 대해, UCC는 매수인이 대체물품의 구매에 실질적으로 지급한 가격, 즉 「대체물품가격」과 「계약가격」의 차액을 손해배상액의 기준으로 하고 있다.[36] 여기서 실질적으로 지급된 「대체물품가격」은 인도되었어야 할 시점의 시장가격과 시간이 경과되어 체결된 「대체물품계약가격」의 차이가 있게 된다면 미국의 규정이 보다 합리적일 수 있다.

한편 「시장가격의 원칙」에서는 계약상 약정된 인도일의 시장가격이 기준이 되지만, 다음의 인도전의 인도거절이나 확정인도일이 없는 등의 "특수한" 경우에 어느 시점의 「시장가격」을 적용해야 하는가의 문제가 된다.

첫째, 매도인이 "인도예정일 전에 인도거절"(anticipatory breach of seller)한 경우, 매수인은 인도거절을 계약위반으로 즉시 손해배상청구하거나 아니면 인도예정일에 가서 불인도시에 손해배상을 청구하는 것도 가능하다. 그러나 전자의 인도 전에 인도거절의 경우는 매수인에게 「손해경감의무」가 주어지므로, 「대체품시장」에서 그 물품을 구매하는 것이 필요하며 만약 물품의 가격이 상승하고 있으면 더욱 그렇게 하는 것이 필요할 것이다. 이때 「손해배상액」의 산정기준일은 일응 당사자 간의 "약정된 인도일"이 된다. 만일 매수인이 약정된 인도일 전에 손해배상청구를 한다면 법원은 현 시점의 추세를 고려하여 "인도예정일의 시장가격"을 추측하여 정해야 할 것이다.

후자의 인도예정일에 "불인도"의 경우에는, 계약법의 일반원칙에 의거 매도인의 인도의무는 인도예정일까지 계속 존재하고, 매도인의 인도거절을 인정할 때까지는 매수인에게 「손해경감의무」가 없으므로 인도예정일의 "시장가격"이 기준이 된다.

둘째, 계약상 "확정된 인도일이 없는" 경우, 이는 「사실상의 문제」이지만, SGA 제51조(인도거절의 손해배상액) 3항에 따라 매도인이 "인도거절시점의 시장가격"이 기준이 된다. 이 규정은 확정인도일이 없이 "합리적 기간 내"에 인도하는 것이 매도인의 의무인 경우에 적용되는 규정임에 유의할 필요가 있다.

셋째, 일정기간 동안 인도하기로 약정한 경우에는 "그 기간의 마지막 날"의 「시장가격」이 기준이 된다.

넷째, 무역관습으로서의 「FOB계약」에서 인도예정일은 선적일이므로 "선적일

---

36) UCC, §2-712 (2).

의 시장가격"이 기준이 되지만, 실제 무역거래 시 「FOB계약」은 통상 신용장 등 화환어음결제방식을 특약으로 적용되는 경우가 많으므로 이 경우에는 계약에 특약된 선적서류 등을 "제공해야 할 일자"가 기준이 될 것이다.

이러한 점은 「CIF계약」의 경우도 동일한테, 「CIF계약」의 경우, 인도예정일은 선적서류가 "제공되었어야 할 일자"가 된다. 「CIF계약」은 선적서류 등에 의한 「상징적 인도」조건을 적용하기 때문이다.

#### (2) 「시장가격」이 적용되지 않는 경우

「대체물품시장」이 있는 경우에도 예외적인 몇 가지의 경우에 매수인은 매도인의 인도불이행으로 인해 이행할 수 없었던 「전매계약」으로부터 자신이 입은 손실을 「손해배상액」으로 청구할 수 있다.

예를 들어 어떤 물품을 톤당 10파운드에 계약하고 이를 톤당 12파운드에 재판매하기로 「전매계약」을 체결한 경우, "인도예정일"의 「시장가격」이 11파운드였다면 이 경우의 「손해배상액」은 계약가격과 「시장가격」과의 차액(11파운드-10파운드)인 1파운드로 할 것인지 아니면 계약가격과 「전매가격」의 차액(12파운드-10파운드)인 2파운드로 할 것인가가 문제이다.

이 경우 일반원칙에서는 「전매가격」이 무시되지만 SGA 제51조하에 매도인의 계약위반 자체로부터 자연적으로 야기되는, 즉 사물의 통상의 경과에 따라서 발생하는 것과 공정하고 합리적으로 고려되어지는 손해에만 적용된다는 점이다. 그러므로 동법 제54조(이자 등)에 규정된 양 당사자가 인지하고 있는 특별한 상황에서 야기되는 「특별손해」 등이 있다면 일반원칙인 「시장가격의 원칙」이 배제될 수 있다.

「시장가격의 원칙」은 당사자가 사전에 손해배상액에 대해 합의를 하고, 이러한 「확정손해배상액」(liquidated damages)의 지불에 관한 조항을 계약 중에 삽입한 경우에는 적용하는 것은 불가능하다.[37)]

### 2) 「대체품시장」이 없는 경우

매도인이 계약물품을 불인도하였고 그 약정품의 「대체품시장」이 없는 경우, 매수인의 「손해배상액」은 SGA 제51조(인도거절의 손해배상액) 2항에 따라, 계약위반의 시점 및 장소에 있어서 "계약물품의 가치"를 기준으로 산정하는 것이 일반적

---

37) *Diestal v. Stevenson*[1906] 2 K. B.345 ; 확정손해배상액일반에 대해서는, *Dunlop Pneumatic Tyre Co. v. New Garage and Motor Co.*[1915] A.C. 79 ; *Imperial Tabacco Co. v. Parslay*[1936] 52 T.L.R. 585.

이다.

이 경우 그 가치의 산정기준이 되는 「대체품시장」이 존재하지 않으므로 다소 주관적인 기준에 의해 「손해배상액」을 산정하게 된다. 이에 법원은 통상 다음과 같이 ① 전매가격, ② 계약물품과 가장 유사한 "동등물(同等物)의 가치" 그리고 ③ 그 물품을 획득하여 다른 종류로 제조했더라면 매수인이 얻을 수 있었던 이익 등 관련 증거에 의해 판정하고 있다.

이에 따라 다음에서 보다 자세히 설명하면 첫째, 매수인이 「전매업자」인 경우, 매수인의 「손해배상액」은 인도되었어야 할 시점의 물품의 가치를 「전매가격」으로 간주하여 계약가격과의 차액을 기준으로 하여 산정하는 경우이다.

실제로 매수인이 계약물품을 「전매」한 경우에는, 비록 매도인이 전매사실을 알지 못했다 하더라도 「전매가격」이 물품이 실질적인 가치판단의 근거가 되는 것이며, 그리고 매도인이 전매사실을 인지하고 있음을 매수인이 입증할 수 있다면, 매수인은 「제2의 매수인」에게 지불해야 할 「손해배상액」을 매수인 자신의 손해에 덧붙여 매도인으로부터 보상받을 수 있다.

둘째, 매수인이 자신의 「전매계약」을 이행하기 위해 계약명세와 가장 유사한 「동등물」을 구매하는 경우, 그 「동등물」의 구입비용으로 그 가격 및 구매비용 등과 「계약가격」과의 차액을 매도인에게 배상청구할 수 있다. 이때 「대체품시장」이 없음에도 불구하고 매수인이 「손해경감의무」를 지는가가 문제가 되지만 그럼에도 매수인은 「손해경감」을 위한 합리적인 조치를 다한다는 사실이다. 이러한 경우 매수인은 그러한 물품을 취득하는데 드는 합리적인 「추가비용」에 대해 매도인에게 손해배상을 구할 수가 있는 것이다.

이 경우의 "가장 유사한 동등물"(the nearest equivalent)과 대체물품과는 의미상의 차이가 있는데, 즉 「동등물」이 계약물품보다 우수한 품질과 더 비싼 가격을 지니고 있다 하여도 상관없다. 예를 들어 매도인이 다이아몬드를 캐럿당 24실링 5펜스에 인도하기로 한 경우, 매수인이 「동등물」을 캐럿당 40실링에 구매한 것은 불합리한 행동이 아니었다고 판결한 경우도 있다.[38)]

셋째, 매수인이 「자가사용」을 위해 계약물품을 구입하는 경우에는, 계약물품에 가장 가까운 「동등물」을 구매하는데 드는 비용, 즉 계약가격과 그러한 「동등물」의 구매가격과의 차액을 보상받을 수 있다. 그리고 이러한 「동등물」을 구매할 수

---

38) *Diamond Cutting Works v. Treifus*[1956] 1 Lloyd's Rep. 216.

없다면 계약물품을 구매하여 다른 물품의 제조에 사용하였더라면 얻을 수 있었던 「이익」을 보상받을 수 있다.

## 3.2 「인도지체」에 의한 손해배상청구

매도인이 약정된 물품의 인도일을 위반하여 「인도지체」(delayed delivery)가 되는 경우 이를 「조건위반」이나 중대한 위반으로 간주하여 물품인수를 거절할 수도 있고, 아니면 인도지체된 물품을 인수하고 그 지연으로 인한 손해에 대해 배상을 청구할 수 있다.

그러나 매수인은 그 계약위반을 「담보위반」으로 간주할 수도 있고, 어떤 경우에는 간주하지 않으면 안된다. 이같이 "인도기일"이 「담보」로 되는 경우, 매수인의 구제방법은 SGA 제53조(담보위반의 구제방법)에 의해 손해배상을 청구할 수 있을 뿐이다. SGA는 「인도지체」의 경우에 있어서 손해배상액에 대해서는 아무런 조문상의 규정을 두고 있지 않다.

「인도지체」와 「인도거절」의 경우와의 차이가 강조되는 이유는, *Williams Bros. v. Ed. T. Agius*사건[39]에서 Dunedin경에 의해 다음과 같이 설명되었다.

> "Wertheim사건은 인도거절의 경우는 아니고, 인도지체의 경우이다. 따라서 매수인은 물품을 취득하고, 그가 입은 손해는 인도지체에 의한 것뿐이었다. 이 경우 지체에 의해 매수인은 손해를 입었을지도 모르지만 매수인의 손해액은 이미 추측의 문제는 아니고, 물품을 현실적으로 매각하는 것에 의해서 명확하게 된다. 그렇지만 물품의 인도가 없는 경우에는 말은 전혀 달라진다. 매수인은 물품을 취득하는 것은 불가능하고, 인도해야 할 날에 물품을 그가 취득하고 있으면 그렇게 될 것이라고 생각되는 지위에 자기를 둘 것을 청구할 수 있는 것이다. 그 지위란 그 날의 시장가격에서 물품을 취득한 사람의 지위이다."

이처럼 매수인이 선택권을 가지는 이유는, 「인도지체」가 너무 늦을 경우는 매수인이 「대체품」을 구매하는 것이 합리적일 것이며, 반면에 「인도지체」가 수 일 내에 지나지 않는다면 「대체품」의 구매보다는 인도예정물품을 오히려 인수하는

39) [1914] A.C. 510, 522.

것이 합리적일 수도 있기 때문이다. 아니면 당해물품 이외에는 「대체품」이 없어서 「인도지체」된 물품을 인수할 수밖에 없는 경우도 있을 수 있다.

「인도지체」에 의한 손해배상청구는 매수인의 선택권에 따라 그 효과를 달리하지만, 「인도지체」된 물품의 인수여부에 따라 각기 그 손해배상청구 문제를 이하에서 살펴본다.

## 1. 「인수거절」 시의 손해배상

약정된 인도기일은 물품의 품목의 일부를 구성하지만 그 경우에 「인도지체」가 발생한 경우 「조건위반」이나[40] 계약상 「중대한 위반」으로 간주하여 「물품인수」를 거절할 수 있다. 이러한 경우에 매수인은 물품이 불인도된 것과 동일한 상태에 있기 때문에 물품의 불인도시에 적용되는 「손해배상액의 산정원칙」에 따라 손해배상을 청구할 수 있다.

물품의 「인도지체」에 있어 매수인이 「인수거절」한 경우, 「손해배상액」은 대체품시장의 존재여부와 그리고 그 밖의 상황에 따라 달라지겠지만, 통상적으로는 물품이 「계약가격」과 인도되었어야 할 시점의 「시장가격」의 차액을 기준으로 산정되는 것이 일반원칙이다.

## 2. 「물품인수」 시의 손해배상

### 1) 손해배상의 기본원칙

매도인의 「인도지체」에 대해 매수인이 물품을 "인수한" 경우, 이는 곧 매도인의 조건위반을 「담보위반」(breach of warranty)으로 전환한 것이기 때문에, 약정된 물품대금을 지급하고 그 대신 인도지체로 인한 「손해배상」을 청구할 뿐이다. 이 경우의 매수인의 입장은 약정된 인도기일보다는 불리한 시장에서 물품을 수령하기 때문에 매수인의 손해를 어느 범위까지 인정할 것인가가 문제이지만 이에 관한 명시적 규정이 없다.

그럼에도 SGA 제53조(담보위반의 구제방법) 2항을 비롯한 종래의 예를 기초로 한 매수인의 「손해배상산정의 일반원칙」은 「대체품시장」의 존재여부에 따라 그 각각의 경우로 나누어 접근하고 있다.

---

40) *Taylor and Sons Ltd. v. Bank of Athens*[1922] 27 Com. Cas. 142사건 146면에서 McCardie 판사의 말.

먼저, 「대체품시장」이 있는 경우, 매수인의 「손해배상액」은 계약상의 인도시점과 장소에서 「시장가격」과 실제 인도된 일자의 「시장가격」의 차액을 기본으로 한다. 이 경우 매수인은 인도지체된 물품을 인수하기 때문에 「손해경감의무」를 부담하지 않는다. 이러한 경우 「대체품시장」이 필요한 이유는 그 시장의 가격을 기본으로 「손해배상액」을 산정하기 때문이다.

그러나 이러한 일반원칙에서 문제가 되는 것은, 인도되었어야 할 시장의 가격과 실제 인도시점의 시장가격을 어떻게 합리적으로 측정할 수 있는가이다. 그리고 일반원칙에 따라 산정되는 「결과적 손해」 이외에도 매도인의 「인도지체」가 없었다면 발생하지 않았을 「특별비용」과 「이익의 상실」 등도 경우에 따라서는 보상되어야 할 손해로서 고려되어야 한다.

다음으로, 「대체품시장」이 없는 경우, 매수인의 「손해배상액」은 예정된 인도일의 「물품의 가치」와 실제 인도일의 「물품의 가치」와의 차액을 기본으로 하여 산정된다. 이 경우는 「대체품시장」이 없는 경우이므로 「시장가격」을 대체로 적용할 수 없고 다만 적절한 증거에 의한 현실적인 「물품의 가치」가 적용될 것이다.

그러나 이 경우에도 각각의 시점에 있어서 「물품의 가치」를 어떻게 산정하는 것이 합리적인가가 문제이다. 여기서 「가치의 차액」 외에도 매도인의 인도지체로 인해 특별히 발생하는 「추가비용」이나 「이익의 상실」 등도 손해배상액의 범주에 추가할 수 있다는 사실이다.

#### 2) 매수인의 「자가사용」을 위한 인수 시의 손해배상액 산정

매수인이 "자가사용 또는 자기 소비"를 위하여 「인도지체」된 물품을 인수하는 경우는, 「대체품시장」의 존재여부에 관계없이 다음의 세 가지 방법 중 하나로 매수인의 「손해배상액」을 산정할 수 있다.

**(1) 약정된 인도일과 실제 인도일 간의 지체된 기간 동안 「대체품」을 빌리는데 드는 비용 또는 실제 빌리지는 않았어도 그렇게 했다면 들었을 비용**

**(2) 매도인이 약정일에 인도하지 못해 야기된 추가비용 또는 특별비용**

이 경우의 비용은 계약시 매매당사자가 합리적으로 예상하는 범위내의 비용이어야 하며, 또한 매수인이 그 물품을 이용하는 사업형태나 물품사용의 의도를 매도인이 알고 있거나 알았어야 하는 경우에만 적용된다. 예를 들어 매도인이 목재 수입상인 매수인에게 "크레인"(crane)의 인도를 지체한 경우의 「추가비용」은 부두혼잡으로 인해 야기된 특별비용이 아니라 매수인의 부두(buyer's wharf)에서 인력으로 목재를 하역하는데 든 비용이라는 판례[41]가 있다.

이처럼 「추가비용」 또는 「특별비용」은 가격 자체에도 관련되어 발생할 수 있다. 예를 들어 「CIF계약」의 한 사례에서 계약일과 대금지급일간에 환율변동이 있다면 계약상 가격의 변동에 관한 조항이 적용된다고 하는 규정이 있었는데, 매도인의 인도지체의 결과 지체기간동안에 평가절하가 되어 매수인은 더 높은 가격을 지불해야만 했다. 이에 매수인은 인도지체기간 동안 평가절하에 의해 야기된 손해, 즉 추가로 지불한 「환율변동분」을 매도인에게 손해배상을 청구하였고 법원도 이를 인정하였다.

#### (3) 「대체품시장」이 없는 경우, 통상적으로 그 물품을 사용했더라면 얻었을 「이익의 상실」

이 경우 만약 「대체품시장」이 있었다면 즉시 매수인은 「대체품」(substitute goods)을 임차하여 「이익의 상실」을 피할 수 있었을 것이다.[42] 그러나 이것은 「사용자 이익」(user profits)과 관련된 손해배상액으로서 약정된 인도일과 실제 인도일 사이에 그 물품을 이용했더라면 얻었을 「이익의 상실」을 말한다.

「사용자 이익」에 관련된 「손해배상액」의 산정방법은 수익성 물품의 부품 또는 반제품의 인도기일에도 적용된다. 즉, 매도인의 부품 또는 반제품의 인도지체로 인하여 완성품으로 얻을 수 있었던 「이익의 상실」이 있고 그러한 사실을 매도인이 알고 있는 경우에는 「손해배상」의 책임을 진다.

### 3) 매수인의 「전매계약」 존재 시의 손해배상액 산정

매도인의 「인도지체」에도 불구하고 매수인이 이를 인수하기로 한 경우, 매수인이 「전매업자」라면 매수인의 손해배상청구는 「대체품시장」의 존재여부에 따라 그 산정방법을 달리하게 된다.

#### (1) 「대체품시장」이 있는 경우

먼저 「대체물시장」이 있고 매수인의 「전매계약」이 있는 경우, 매도인의 인도지체로 인해 발생한 전매계약과 관련된 「이익의 상실」은 보상받을 수 없는 것이 일반적이다. 이 경우의 「손해배상액」은 기본원칙에 의해 약정된 인도일의 「시장가

---

41) *John M. Henderson & Co. Ltd., v. Montague L. Meyer Ltd.,*[1941] 46 Com. Cas. 209.
42) A. G. Guest, *Benjamin's Law of Contract, op. cit.*, p. 836.

격」과 실제인도일의 시장가격과의 차액을 기본으로 하여 산정된다. 즉, 「손해배상액의 산정」에 있어서 「계약가격」이나 「전매가격」은 적용되지 않는다.

이와 같이 매수인의 「전매가격」을 인정하지 않는 이 일반원칙은 물품이 인도되지 않았을 때의 보상원칙과 동일한 원리에 의한 것이며, 통상적인 상황에서는 매도인이 매수인의 「전매차액」에 대하여 합리적으로 예상할 수 없다는 사실에 근거하고 있다.

이처럼 매수인의 손해배상액 산정시 「전매가격」이 무시되는 이유는, 매수인이 물품의 전매를 목적으로 계약한 것이라면 매수인은 약정 인도일의 「시장가격」으로 물품을 전매할 것을 실제 인도시점에서의 「시장가격」으로 전매하게 되었으므로 그 전매차액만큼 손해를 볼 것이기 때문이다. 또한 매수인은 인도지체된 물품의 인수를 거절하고 지체 인도되는 시장에서 「대체품」을 「시장가격」으로 구매하여 자신의 전매를 이행할 수도 있기 때문이다.

이와 같이 「전매가격」이 손해배상액 산정에서 무시되면 매수인에게 손해를 가져오는 경우도 있고 그렇다고 「전매가격」으로 산정하게 되면 매수인이 오히려 이익을 보는 경우도 있다. 예를 들면 물품이 지체로 인도된 시점에서 「전매가격」이 물품의 시장가격보다 높다면 결국 매수인은 전매차액도 보고 거기에 전매가격으로 손해배상을 받게 되므로 상당한 이중의 이익을 얻을 수도 있게 된다.

한편으로 통상적인 「손해배상액 산정」에서는 「전매가격」이 무시되지만, 물품의 인도지체에 따른 매수인의 부당한 손해 또는 상실된 이익을 해결하기 위하여 특별한 경우에 한해 「전매가격」이 적용될 수 있다. 「전매가격」이 적용되는 특별한 경우라고 하면 매도인이 실제로 「전매계약」을 알았거나 알았어야 하는 경우 인도지체로 인해 야기된 전매계약의 「이익의 상실」을 보상받을 수 있다.

또한 매수인은 전매에 따른 「이익의 상실」뿐만 아니라 매수인은 매도인의 인도지체에 따른 「추가비용」은 물론이고 또한 매도인이 매수인의 전매사실을 알고 매도인의 인도지체로 인해 야기된 「제2 매수인」(sub-buyer)의 손해를 매수인이 보상할 책임이 있을 때에는 그러한 「제2 매수인」의 손해까지도 매도인이 부담하여야 한다.

### (2) 「대체품시장」이 없는 경우

「대체물시장」이 없고 매수인이 「전매업자」인 경우, 약정된 인도일의 물품의 가치와 실제인도일의 가치와의 차액을 기준하여 「손해배상액」을 산정하는 것이 원칙이다.

이 경우에, 그 가치의 기준을 시장가격으로 판단할 수 없는 것이 문제이며, 다만 「판매가격」이 그러한 가치를 측정하는데 적용할 수 있는가는 「사실의 문제」이다.

통상의 경우, 매수인은 물품인도와 동시에 전매하기 때문에 물품의 「인도지체」에 의한 매수인의 손해는 계약상의 인도일과 실제 인도일 간의 물품가치의 하락에 의해 야기되므로 이러한 가치하락을 합리적으로 추정할 수 있는 적절한 근거가 필요할 것이고, 그 밖의 「추가비용」, 「이익의 상실」 등도 고려하여 「손해배상액」을 산정하여야 한다.

## 3.3 품질위반에 의한 손해배상청구

전술한 바와 같이 매매계약상 매도인은 계약에 일치하는 물품을 매수인에게 인도하는 것이 그 본질적 의무의 하나이다. 매도인이 만일 계약과 불일치하는 물품, 즉 계약상의 「품질조건」을 위반한 물품이나 계약에 품질에 관한 약정이 없는 경우에는 통상적인 물품이 아닌 물품의 인도시는 매도인의 계약위반이 된다. 이러한 매도인의 위반의 경우, 매수인은 그 위반의 정도에 따라 「물품인수거절권」을 행사하거나 담보위반에 의한 「손해배상」을 청구할 수도 있다.

문제는 품질위반의 성립여부와 품질위반 시 어떤 기준으로 그 위반의 정도를 판단할 것이며 그리고 품질위반의 경우에 매수인의 구제방법에 관한 것이다. 특히 품질의 위반이나 「품질부적합」이라는 개념은 그 자체가 기술적인 면과 함께 추상적인 것이어서 계약당사자 간에 여러 분쟁의 소지를 안고 있다.

이하에서는 「품질위반」의 성립여부와 관련한 기본원칙을 비롯하여 품질위반에 따른 매수인의 「손해배상액의 산정」을 중심으로 살펴본다. 그리고 그 위반 시 매수인의 구제방법을 별도로 후술할 것이다.

### 1. 기본원칙

SGA 제53조(담보위반의 구제방법)에 의하면, 물품인수를 거절할 수 없는 물품의 담보위반에 대한 「손해배상액」은 물품의 수령불이행 또는 인도불이행에 대한 손해배상액을 지배하는 것과 동일한 원칙에 의해 산정되지만, 「담보위반」이 물품의 품질에 대해서 행해진 경우에 이 원칙은 세부적으로는 반드시 필요한 변경을 가

하여 적용되지 않으면 안된다.43) 즉, 품질에 관한 「담보위반」의 경우에 있어서 「손해배상액」은 하자없는 「정상품」과 「하자물품」(defective goods, 불량품)의 가격을 비교하여 확정하여야 한다.44)

즉, 「손해배상액의 산정」은 매수인에게 "실제 인도한 물품의 가치"와 "계약에 일치하는 물품의 가치"와의 차액에 의한다. 여기서 "실제 인도한 물품의 가치"란 「하자물품」의 가치이며, 또 "계약과 일치하는 물품의 가치"란 당연히 인도되었어야 할 물품의 가치, 즉 「정상품」의 가치를 말한다. 매수인은 가격의 감소 등에 대한 담보위반의 설정 이외에도 추가적인 손해가 있다면 이 부분도 「손해배상청구」를 할 수 있다.45)

또한 SGA 제54조(이자 등)에서 양 당사자가 인지하고 있는 특별한 상황에서 야기되는 「특별손해」 또는 이자 등에 대한 손해도 매도인에게 보상청구할 수 있다. 그러나 매수인이 계약의 명세 또는 물품품질과 일치하지 않아 적법하게 "물품인수를 거절한" 경우에는, 위와 같은 일반원칙의 적용 대신에 물품을 「인도불이행」한 경우에 적용되는 「손해배상액의 산정원칙」이 적용되어 지고, 또한 이 기본원칙은 SGA 제13조(명세서매매), 제14조(품질 또는 적합성의 묵시담보), 제15조(견본에 의한 매매)의 위반시에도 적용된다.

한편 영미법상의 물품의 품질불량(defective quality)에 대한 「손해배상액」은 크게 「가치의 하락」(diminution in value)과 가치의 하락 이외의 손해로 나누어 다음에서와 같이 각기 산정된다.

## 2. 「가치의 하락」

SGA 제53조(담보위반의 구제방법) 3항의 일반원칙은 1893년 「물품매매법」(SGA 1893) 이전에 적용되어 온 추상적인 규칙으로, 따라서 하자물품으로 인한 매수인의 「결과적 손해」(consequential losses) 등에 대해서는 이 규칙의 변경을 통해 적용하여야 한다.46) 그럼에도 이 규칙이 존재하는 것은 「하자물품」과 「정상품」의 가치차액을 보상받음으로써 매수인은 계약이 제대로 이행된 것과 동일한 재정적

43) 윤광운 외, 「영국물품매매법」, 전게서, p. 228.
44) *Slater v. Hoyle and Smith* [1920] 2 KB 11 ; *Biggin & Co. v. Permanite Ltd.* [1950] 2 All E.R. 859.
45) SGA 1979, 제53조 4항.
46) A. G. Guest, *Benjamin's Sale of Goods, op cit*, p. 845.

위치를 기본적으로 가질 수 있기 때문이다.[47]

따라서 SGA 제53조 3항은 매수인이 약정대금을 지급한 이후 매도인의 품질위반을 이유로 「손해배상청구」를 한 경우를 가정하여, 그러한 가치차액을 기본적으로 보상받도록 한 규정이다. 그러므로 만일 매수인이 대금을 지급하지 않고 손해배상청구를 하는 경우, 매도인은 대금지급청구를 함으로써 그러한 손해배상을 상쇄하게 될 것이다.

### 1) 「정상품」의 가치측정

「정상품」이라고 하는 계약과 일치하는 물품의 가치측정은 물품의 인도불이행 시에 또는 인도지체시에 야기되는 것과 같은 문제이다. 계약 명세 및 품질에 일치하는 물품의 「시장가격」(market value)에 대한 다른 증거가 없는 경우 일부 법원에서는 물품에 대한 가치의 증거로서 「계약가격」을 채택한 경우가 있었으나,[48] 매수인에게 인도되는 시장에서의 「시장가치」가 계약가격과 다른 경우에는[49] 「계약가격」이 적용되지 않는 예도 있었다.

이같이 「정상품」의 가치를 측정하는데 있어 그 기준으로 「계약가격」, 약정인도시장에서의 「시장가격」, 「제2 매수인」과의 「전매가격」이 경우에 따라서는 적절한 기준 또는 증거로 되기도 하지만 원칙적으로 이들 가격이 적용되지는 않는다. 그러므로 「정상품」의 가치측정에는 일반적 기준이 있는 것은 아니며 각각의 경우를 고려하여 결정할 「사실상의 문제」이다.

### 2) 「하자물품」의 가치측정과 측정시점

SGA 제53조(담보위반의 구제방법) 3항의 기본원칙을 적용하려면 우선 「정상품」의 가치측정과 함께 실제로 인도된 「하자물품」(defective goods)의 가치도 측정되어야 하는데, 이 「하자물품」(「불량품」)의 가치측정에서 「하자물품」의 시장이 존재하지 않음으로 그 가치측정에는 어떤 다른 증거를 필요로 한다. 예컨대 「제2 매수인」이 그러한 물품의 결함을 알고 살 때의 「구매가격」이 「하자물품」의 가치를 표시하는 증거가 될 것이다.

「하자물품」의 가치측정에 적절한 기준으로는 통상 「하자물품」이 가지는 하자의 성질(nature of the defect)이나 손상의 정도(extent of the damage)에 따라

---

47) *Ibid.*, p. 844.

48) Dingle v. Hare[1859] 29 L.J.C.P. 143.

49) *Loder v. Kekule*[1857], *supra.*

측정될 것이다. 따라서 그 측정은 「손해정산인」(adjuster)이나 그 거래의 전문가에 의해 이루어지는 것이 보통이며 이에 의한 가치측정이 양 당사자를 함께 만족시켜야 할 것이다.

한편 물품의 가치측정 시 고려해야 할 사항으로 「측정의 시점」에 관한 것이다. 이에 대해 SGA 제53조 3항에서는 매수인에게 "인도되는 시점"으로 하고 있는데 대해 실무적 관점에서는 인도 후 일정기간이 지나야 물품의 결함이 발견될 수도 있기 때문에 그 적용을 변경할 필요가 있다.

일반적으로 매수인의 「전매계약」이 있고, 매수인의 검사없이 「제2 매수인」에게 재인도되는 경우, 그 물품의 가치측정은 「제2 매수인」에게 인도된 시점 및 장소에서 이루어져야 한다. 이는 물품의 검사원칙에 의한 것으로 무역계약에서는 이 원칙이 적용되고 있다. 그러므로 「전매계약」이 있고 매도인이 이러한 사실을 알고 있는 경우 「제2 매수인」의 실제 검사일이 물품의 가치측정일이 되어야 한다.

그러나 물품을 인수한 후 「재판매」하는 경우에는, 인수시점과 재판매일간에 시가의 변동이 있을 수 있기 때문에 「재판매일」이 가치측정의 기준일로는 적당하지 않으며 대신 매수인의 「인수시점」이 기준이 된다.

### 3) 원상회복비용(수리비)

매도인에 의해 인도된 물품을 처분할 시장이 없어 그러한 「하자물품」의 가치를 측정할 수 없는 경우에는, 계약과 일치하는 물품, 즉 판매가능한 물품으로 만드는데 드는 비용을 기준으로 「손해배상액」을 산정할 수 있다. SGA 제53조 3항을 적용할 수 없는 경우에는 「원상회복비용」 또는 물품의 「수리비」가 「손해배상액」의 기준이 될 수 있다.

여기서 「형평법」상의 구제수단인 「원상회복」(restitution)의 목적은 피해자로 하여금 자신이 이행한 「가치」를 회복하여 계약전의 상태로 복귀시켜 주는데 있으며,[50] 이러한 원상회복에 추가된 비용이다.

### 4) 「전매가격」의 무시원칙

매도인이 인도한 「하자물품」을 매수인이 자신의 「전매계약」의 이행을 위해 이를 「재인도」한 경우, 매수인의 「손해배상액」이 전매가격에 의해 감소될 수 있는가 하는 문제가 있다. 이는 원칙적으로 「전매가격」은 특별한 경우 외에는 무시된다는 점은 상

50) *Stark v. Magnuson.*[1942] 12 Minno 167. 12N. W. 2d 814.

술한 바 있다.

즉, *Slater v. Hoyle and Smith Ltd.*사건[51]에서 매수인은 기본원칙대로 「정상품」의 가치와 「하자물품」의 가치차액에 대해 손해배상청구를 하였지만, 매도인은 인도시점의 정상품의 가치 대신 「전매가격」이 적용되어야 하며, 매수인은 자신이 의도한 전매가격의 전액을 수취하였기 때문에 사실상 어떠한 손해도 보지 않았다고 주장하였다. 이에 대해 법원은 매수인이 청구할 수 있는 「손해배상액」은 인도시점 및 장소에서의 「정상품」의 시장가격과 「하자물품」의 시장가격과의 차액이 되어야 한다고 판결하여, 「전매가격」은 전혀 고려하지 않는 「전매가격의 무시원칙」을 확인하였다.

## 3. 추가비용 및 「이익의 상실」 등의 손해

매수인이 구매한 물품이 계약과 일치하지 않는 「불량품」일 경우, 그 물품의 용도와 상관없이 기본적인 「손해배상액」은 「정상품」의 가치와 「하자물품」의 가치와의 차액이 된다.

그러나 기본적 손해, 즉 물품이 가치하락에 의한 손해 이외에 매도인이 계약과 불일치한 물품을 인도하지 않았더라면 발생하지 않았을 「추가비용」이나 「이익의 상실」 등 「결과적 손해」도 「손해배상액」으로 산정되어야 하는데, 이는 다음에서 살펴본다.

### 1) 추가비용

우선 「추가비용」(additional expense)에는 「하자물품」의 수리비를 포함하여 「대체품」의 구입비, 물품의 소유자의 사용인 또는 재산에 발생한 물리적인 손해의 구제비 등과 매수인은 매도인의 계약위반의 결과 합리적으로 발생한 추가비용 등의 비용을 보상받을 수 있다. 다만, 이러한 보상은 "계약체결시" 양 당사자가 합리적으로 예상한 범위내의 경우에만 인정된다. 예컨대 하자있는 "증기 터빈"(steam turbines)이 인도된 경우, 그 사용기간 중 그 기계의 결함으로 인해 발생한 추가된 연료비와 노임은 손해배상을 받을 수 있다.

대표적인 무역계약 사례로 *Molling & Co. v. Dean & Son Ltd.*사건[52]에서 독일의 매도인은 영국의 매수인에게 "장난감"을 판매하고 또 매수인은 미국의 「제2

51) [1920] 2 KB 11.
52) [1901] 18 T.L.R. 179.

매수인」에게 이를 전매하였다. 이때 물품은 미국으로의 운송을 위해 특별히 포장되었으므로 도중에 개봉할 수 없었다. 물품이 미국 도착 후 「제3 매수인」이 물품을 검사한 결과 계약과 일치하지 않아 「인수거절」되었고 영국의 매수인에게 재운송되었다. 이에 대해 법원은 물품이 검사장소가 미국임을 인정하고 영국의 매수인은 미국까지의 운송비, 영국으로의 재운송비, 미국에서의 관세와 함께 전매계약과 관련된 「이익의 상실」까지 「손해배상액」으로 판결하였다. 여기서 영국으로의 재운송비는 매도인의 계약위반의 결과 발생한 「추가비용」이며, 미국으로의 운송비는 「낭비된 비용」(wasted expense)으로 간주하였다.[53] 미국으로의 운송비를 매도인이 보상해야 하는 이유는 「FOB계약」이든 「CIF계약」이든 간에 최종적으로는 운송비는 매수인이 부담해야 하기 때문이다.[54]

또한 매도인의 공급물품의 하자로 인해 매수인이 법적으로 기소가 된 경우, 예컨대 매수인이 구매한 농산물의 하자로 인해 인간의 소비에 부적합하다는 판결로 「벌금」을 납부한 경우, 매수인은 자신의 태만·과실에 의한 것이 아니라 실은 매도인의 계약위반에 의한 것이므로 그 「벌금」과 「소송비용」은 보상받을 수 있다. 특히 「소송비용」의 경우는 매수인의 무죄가 선고되어지면 매도인으로부터 보상을 받게 된다.

### 2) 「이익의 상실」

손해배상의 청구를 할 권리가 있는 매매당사자는 그 손해배상청구 중에 「이익의 상실」 또는 상기(商機, business)를 일실하는 항목을 더하는 것은 가능하다. 이 항목에 대해서 손해배상액을 확정하기 위한 특별한 원칙은 없으나, 다만 「손해배상액」은 매수인의 「이익의 상실」을 포함하여 매매당사자가 계약위반의 결과로 입은 손실에 상당하는 동등한 액수가 되어야 하는 것을 내용으로 하고 있기 때문이다.

이같이 「이익의 상실」의 분을 매도인에 대한 「손해배상액」의 청구항목에 추가하는 것을 인정하기 쉬운 이유는 실은 매도인의 거래상의 지위에서 비롯되는데,[55] 즉, 「매도인은 전매조건이나 시장의 상태를 알고 있을 가능성이 많기 때문이다.」[56]

그러므로 매도인의 「품질보증」위반시 매수인의 「이익의 상실」을 포함하는 「손

---

53) A. G. Guest. *Benjamin's Sale of Goods, op cit.*, p. 854.

54) 이용근, 전게서, p. 592. 주 131).

55) 윤광운 외, 「영국물품매매법」, 전게서, p. 211.

56) *Heskell v. Continental Express Ltd.*[1950] 1 All E.R. 1033사건 1049면에서 Devlin 판사의 말.

해배상액 산정」은 그 물품의 용도가 「자가사용」의 경우와 「전매계약」이 있는 경우의 두 가지로 나누어 이하에서 고찰한다.

### (1) 「자가사용」에 의한 「이익이 상실」

매매계약의 체결 시 매수인의 물품의 사용용도를 매도인이 알고 있는 경우, 매도인이 인도한 "하자있는 물품"으로 인해 발생한 매수인의 「이익의 상실」은 매도인으로부터 보상받는다.

예를 들어 생산에 필요한 「자가사용」의 원료를 구매한 사례로서, *Wagstaff v. Shorthom Diary Co.*사건57)에서 한 농부가 특정 품질의 "감자 씨앗"을 구매하였으나 매도인은 열등품질이 혼합된 감자 씨앗을 인도하였으며, 그 씨앗으로 생산된 수확물에 대한 매수인의 손해는 씨앗 자체의 가치차액이 아니라 「결과적 손해」, 즉 「정상품」의 씨앗으로 생산되었을 경우의 통상의 수확물이 시장가치와 실제로 생산된 수확물의 가치와의 차액이 된다고 판결하였다. 또 다른 사례로 *Richard Holden Ltd. v. Bostook & Co. Ltd*사건58)은 양조업자가 맥주를 제조하기 위해 "설탕"을 구매하였으나 그 설탕은 비소가 함유된 독성 물질이었기 때문에 법원은 이 "설탕"을 사용하여 제조된 맥주의 제조비용과 「이익의 상실」을 포함하는 생산된 맥주의 "시장가치 전액"을 보상받을 수 있다고 판결하였다.

그리고 매수인이 구매한 물품의 용도가 다양한 경우에, 매수인이 보상받을 수 있는 「결과적 손해」는 계약체결 시 매도인이 합리적으로 예상한 특정용도의 사용으로 인해 "얻었을 이익"에 한정된다. 이는 이미 전술한 매도인의 「인도지체」 등의 경우에 적용 원리와 같다.

또한 매수인이 제조용 기계, 설비 등과 같은 「수익성 물품」(profit-earning chattels or machine)을 구매하는 경우, 그러한 물품의 품질을 매도인이 일정기간 보증하였으나 이를 위반하였다면 이로 인한 매수인의 「이익의 상실」은 보상받을 수 있다. 이때 문제는 「가치의 하락」으로 인한 자본적 손실과 수입손실 등 손해가 중복으로 계산되는 것을 피하는 문제와 「이익의 상실」이라는 수입손실을 어떻게 합리적으로 계산하는가이다.59)

---

57) [1884] Cab. & Ell. 324.

58) [1902] 18 T.L.B. 317.

59) P. S. Atixah, *op. cit.*, p. 427.

### (2) 「전매계약」에 의한 손해

「전매계약」이 있고, 매도인의 품질보증위반으로 야기된 「제2 매수인」의 손해 또는 비용을 매수인이 보상할 책임이 있을 때는, 그러한 「전매계약」과 관련하여 발생한 매수인의 손해를 매도인으로부터 보상받을 수 있다.

이 경우, 매수인이 보상을 청구하는 데는, ① 계약체결 시 매도인이 매수인의 전매사실을 알고 있어야 하고, ② 「전매계약」이 원계약과 "동일한 또는 유사한" 계약조건으로 체결되었어야 한다는 전제조건이 요구된다.[60] 따라서 매수인이 원계약상 인도된 물품을 「재판매」하면서 새로운 조건을 추가하든지 아니면 좀더 넓은 범위의 품질보증을 하였다면 이로 인해 발생한 매수인의 더 많은 손해에 대해서 매도인은 하등의 책임질 필요가 없다.

매수인이 지불해야 하는 「제2 매수인」의 손해 이외에도 「제2 매수인」이 제기한 손해배상청구소송에 대처하기 위해 매수인이 합리적으로 지불한 비용을 매도인으로부터 보상받을 수 있다. 이 경우 그러한 해결이 합리적이었다는 「입증책임」은 매수인에게 있고, 또한 매도인 역시 매수인이 「제2 매수인」에게 배상책임이 없음을 입증할 수도 있다.

또한 「연쇄적 전매계약」(a chain of sub-sales)이 있는 경우, 즉 ① 매수인의 전매사실을 매도인이 알고, ② "연쇄적"인 전매계약이 "동일한 또는 유사한" 계약조건으로 체결되었고, ③ 매도인의 계약위반이 없었더라면 발생하지 않았을 손해가 있고, ④ 최종 매수인이 「제2의 매수인」으로부터 손해배상 받는 것이 가능하다면 연쇄적으로 「손해배상청구」가 가능하며, 따라서 매도인이 책임을 부담할 것이다.

### 3) 매수인 또는 그의 재산에 입힌 「물리적 손해」

계약체결시 양 당사자가 합리적으로 예상한 범위 내에서 매도인의 「품질보증위반」으로 인해 매수인 또는 그의 사용인 또는 그의 재산에 「물리적 손실」(physical injury)이 발생하였다면 매수인은 그러한 손해를 매도인으로부터 보상받을 수 있다.

또한 매도인이 「하자물품」의 인도로 인해 매수인의 다른 재산에 손해를 초래했다면 이 역시 보상받을 수 있다. 예컨대 매수인이 구매한 "난방기구"의 결함으로 인해 자신의 공장이 화재로 소실되었다면 새로운 공장으로 대체하는 비용 등 「원상복구비용」이 손해배상액이 된 사례[61]도 있다.

---

60) 이용근, 전게서, p. 596.

한편 이러한 물품의 품질과 관련하여 미국, 유럽 등 영미법계 시장에 우리나라 수출기업들이 물품을 수출하는 경우, 주의를 요하는 것 중의 하나가 소위 「PL법」으로 불리는 「제조물책임법」(Product Liability Law)에 관한 것이다. 이 법은 소비자가 제품의 결함, 광고, 사용법 및 제품표시 등의 잘못으로 피해를 입었을 경우 제조업자에게 무한책임을 부담시키고 있다.

특히 대미수출의 경우, 미국 「제조물책임법」의 적용으로 예컨대 우리나라 자동차가 브레이크 파손으로 기물이 파손되면 특별한 이유가 없는 한, 제조업자가 그 피해보상을 해주어야 하는데, 그 「배상금」으로 막대한 지불을 감수하고 있는 등의 사례가 증대하고 있으며 또한 피해사실에 대한 「입증책임」을 우리나라의 경우는 피해자가 부담하지만 미국의 경우, 「제조업체」가 진다는 것에서도 유의해야 할 것이다.

이러한 경우에 대응하기 위해서는 「제조물책임보험」(product liability insurance)을 활용하는 것이 필요하다. 그러나 이 보험에 가입하는 것만으로 문제가 해결되는 것은 아니며, 특히 이 「제조물책임법」에 의한 「손해배상액」은 통상 엄청난 금액인데 비해 보험회사의 보상한도는 아직은 낮은 수준이기 때문에 결국 보상한도를 높이게 되면 피보험자들의 보험료 부담을 높이는 결과가 초래하게 된다. 그러므로 이러한 점들을 고려하여 최고의 「안전제품」을 제조하는 한편으로 「상품의 사용법」 등에 관한 경고문의 부착 등 세세한 점에 유의하는 것이 중요하다.

### 4) 「제3자」에게 지불한 손해배상액

매수인이 「제2의 매수인」이 아닌 「제3자」에게 지불한 「손해배상액」이 있는 경우, 즉 ① 양 당사자가 계약체결 시 합리적으로 예상한 범위 내에서 ② 매도인이 인도한 물품에 결함이 있어 「제3자」가 손상을 입고 ③ 그 결과 매수인이 법적인 보상책임이 있다면, 매수인은 그러한 「손해배상」을 매도인으로부터 받을 수 있다.

또한 매수인은 「제3자」에 의해 제기된 소송에 관련되는 비용도 보상받을 수 있다. 이때 「제3자」에 대한 매수인의 책임은 통상적으로 「불법행위법」(law of torts)에 의해 적용된다.

---

61) *Harbutt's "Plasticine" Ltd. v. Wayne Tank and Pump Co. Ltd.*[1970] 1 Q.B. 447.

# 제4절 | 특정이행 및 대금반환청구 등의 구제방법

영미법에서는 계약위반의 경우, 계약의 내용 그 자체의 급부를 청구할 수 있는 것은 금전채무에 한해서만 인정된다. 그 이외의 경우는 원칙적으로 영미 「보통법」상의 구제인 손해배상만 청구할 수 있다. 그리고 예외적으로 손해배상만으로 충분한 구제가 되지 않는 경우 「형평법」상의 구제가 인정되며, 이러한 「형평법」상의 구제에는 「특정이행」을 비롯한 「금지명령」, 계약해제 및 원상회복을 들 수 있다.

일반적으로 매도인의 계약위반에 따른 매수인의 구제방법으로는 전술한 「물품인수거절권」과 손해배상청구권 등의 구제권 외에도 매도인에게 대금을 선지급한 경우 이에 대한 「대금반환청구」를 비롯한 영미법상의 「특정이행」과 「금지명령」에 의한 법원의 명령 또는 판결 등의 구제수단이 있는데, 이들 명령은 재판에 의해 금전적 배상을 명하더라도 그것만으로 손해가 충분한 보상이 되지 못하는 경우에 원용되는 수단이다. 「특정이행」과 「금지명령」은 전술한 「보통법」상의 일반적 구제와는 달리 법원에 의한 재량적 구제방법으로서 「형평법」상의 법리가 적용된다.

## 4.1 「특정이행」과 「금지명령」

먼저 「특정이행」은 매도인의 계약목적물이 「특정물」 또는 「확정물」인 경우에만 청구할 수 있다.[62] 따라서 이러한 물품은 「특정이행」의 구제를 구하는 것이 가능하다. 「특정이행」은 계약의 목적으로 되어 있는 채무를 약속한대로 이행할 것을 법원이 명령하는 구제방법이다. 즉, 피고 또는 채무자에게 계약조건에 따라 계약을 이행하라는 법원의 명령으로서, 전통적으로 손해배상에 의한 구제만으로 구제가 충분하지 않을 때 내려져 왔으며, 현대법에서도 손해배상에 대한 절대적 규칙이 없으므로 「특정이행」이 손해배상의 판결보다 충분하고 공정한 것으로 인정되면 법원은 「특정이행」을 명령한다.

SGA 第52조(특정이행)에 의하면, 매도인이 「특정물」을 인도하기로 약정한 계약에서 물품을 인도불이행하는 등의 계약위반을 한 경우, 법원은 매수인이 청구에 따라

---

62) *Re Wait*[19271 Ch. 606 ; *Thames Sack and Bay Co. v. Knowles*[1918] 88 L.J.K.B. 585.

「특정이행」이 적합하다고 인정되면 매도인에게 「특정이행」을 명할 수 있다. 이때 「특정물」은 계약체결 시에 이미 정해져 있는 물품을 의미하며, 「불특정물매매」를 특성으로 하는 무역계약에서 「특정물」의 매매계약은 찾아보기 어렵다.

따라서 「특정이행」이 인정되는 경우는 「특정물」의 매매와 같이 매수인에게 특별한 가치를 가지는 물품 또는 희귀한 물품의 매매로서, 통상 「대체품」의 구입이나 손해배상액을 산정할 수 있는 일반상품의 불특정물의 매매에서는 적용되지 않는 구제방법이라 하겠다.

특히 「독점판매점계약」이나 「기술이전계약」과 같은 경우에는 매수인이 독점적・배타적 권리를 가지는 예가 많은데, 매도인이 계약을 위반했을 때 일반적인 손해배상을 받는 것보다 계약이 이행되는 것이 보다 이익이 될 수 있다. 또한 국내의 경쟁업체와의 관계를 고려하여 충분한 손해배상을 받는 것이 불가능한 경우도 있으므로 국내거래에서와 같이 「강제이행」을 구하고 싶어도 국제 간에는 이것이 매우 어렵다. 따라서 국제간 거래에서도 「특정이행」이나 「금지명령」을 구하기 위해서는 계약상 이에 대한 명시조항을 두는 것이 필요하며 그렇지 못한 경우에는 영미법을 「준거법」으로 채택하여 이러한 적용을 받아야 한다.

결국 이러한 「특정이행」의 판결을 얻기 위한 영미법상의 요건으로는 다음과 같다.[63] 즉, ① 손해배상이 구제방법으로는 충분하지 않을 것이어야 하고,[64] ② 「형평법」은 대인적으로 작용하는 것이기 때문에 법원은 자신에 대한 명령이 제대로 이행되고 있는지의 여부를 감독할 수 없는 경우에는 「특정이행」명령은 내리지 않는다.[65] ③ 「특정이행」을 명하는 것이 공정(fair)・정당(just)・형평적(equitable)이어야 한다.

한편 협약(CISG) 제28조에서도 「특정이행」의 규정을 두고, 또한 매도인이 계약을 이행하지 않는 경우에 매수인은 원칙적으로 계약대로의 이행, 즉 「특정이행」을 청구할 수 있다고 규정하여,[66] 매수인의 「이행청구권」(예; 매도인에 대한 물품인도 등)을 일반적으로 인정하고 있다.[67] 이 외의 매수인의 구제수단으로 대체품인

63) A. G. Guest, *Anson's Law of Contract, op cit.*, pp. 517~519.

64) *Ryan v. Mutral Tontine Associayion* [1893] Ch. 116. p. 126.

65) *Wolverhamton & Wallsail Ry. Co. v. London & Morth-wostem Ry. Co.*[1973] L.R. 16 E.Q. 433.

66) CISG, 제46조 1항, 제62조 참조.

67) 대륙법국가에서 원칙적으로 인정하는 「이행청구권」을 CISG는 매도인과 매수인 모두에게 허용하고 있다. 당사자 일방이 이행기 후에도 여전히 계약을 이행하지 않는 경우 일방은 원칙적으로 계약대로 이행할 것을 요구할 수 있으나, 다만 법정지국이 이행청구를 허용하지 않는 경우

도청구(제46조 2항), 인도물품의 부적합보완청구(제46조 3항) 등 계약에 따른 이행의 완료를 위하여 필요로 하는 모든 행위의 청구가 있으나, 그 실익이 있는가는 별개의 문제이다.

또한 협약(CISG)의 「특정이행」 규정은 우리 「민법」 제398조, 「민사소송법」 제469조 이하의 「이행강제」와 유사하다. 협약(CISG)에서는 한편으로 계약상의 의무의 이행청구권의 존재를 인정하면서도 다른 한편으로는 제28조에서 제한을 허용함으로써 대륙법과 영미법의 타협점으로 평가된다.[68)]

다음으로 「금지명령」(injunction)은 부작위의무의 준수를 강제하는 명령이다. 「금지명령」은 손해배상으로는 충분하고도 완전한 구제가 될 수 없는 경우에 형평법법원이 보충적·재량적으로 인정하는 「형평법」상의 구제방법이다.[69)] 「특정이행」은 계약위반에 대한 구제방법으로서 내려지는 것이지만, 「금지명령」은 계약법상의 구제방법이라기 보다는 오히려 「불법행위법」상의 구제방법으로서 「특정이행」보다는 하위명령이라고 할 수 있다.

「금지명령」은 소극적인 내용을 갖는 계약(즉, 「부작위채무」)의 강제이행을 위해서 이용된다. 계약의 내용이 소극적인 것이냐 아니면 적극적인 것이냐는 그 형식에 의해서가 아니라 그 실질내용에 의해서 정해진다. 따라서 형식상으로는 적극적인 것이라 하더라도 그 실질내용으로 보아 소극적인 것일 경우라든가 또는 "소극적인 내용의 약관"을 포함하고 있다고 인정되는 경우에 「금지명령」이 허용된다. 여기서 "소극적 계약 또는 약관"이란 당사자가 어떤 것을 하지 않겠다는 내용을 가진 계약 또는 약관으로서, 어떤 거래는 하지 않겠다는 명시적 약정을 하는

---

에는 이행청구가 인정되지 않을 수 있다(CISG, 제28조). 이에 대해 영미법계에서는 원칙적으로 손해배상청구가 인정되고 「이행청구권」은 예외적으로만 인정하므로 물품매매계약에서는 보통 이행청구권보다는 손해배상이 허용된다. 그러나 매도인과 매수인에게 인정된 「이행청구권」의 내용은 서로 다르다. 예컨대, 매수인에게 인정되는 이행청구로는 물품인도청구권 외에 대체물인도청구권(CISG, 제46조 2항)과 계약부적합보완청구권(CISG, 제46조 3항)이다. 그러나 매도인에게는 대금지급청구권과 물품수령청구권이 주된 것으로 인정되고 있다(CISG, 제62조). 윤광운 외, 「국제거래법」, 전게서, pp. 348~349.

68) 대륙법인 우리 법도 계약대로의 「이행청구권」을 인정(민법 제389조)하나, 영미법은 다르다. 그러나 우리 「민법」에서는 채무불이행과 담보책임에 따라 이행청구의 내용이 다르다. 따라서 일반적인 「채무불이행책임」에서는 완전물급부의무가 주된 것이므로 그것이 합리적인 한 대체물인도청구나 부적합보완청구(하자보수청구권)도 인정된다. 그러나 「담보책임」의 경우에는 특별규정에 의한 법정책임이기 때문에 원칙적으로 법률에 규정된 경우에 한해서 대체물인도청구권(완전물급부청구권)만 인정되고, 부적합보완청구권(하자보수청구권)은 허용되지 않는다(민법, 제581조 2항 참조). 윤광운 외, 전게서, p. 320. 주 61).

69) A. G. Guest, *Anson's Law of Contract, op cit.*, pp. 520~523.

것이다.

「소극적 계약」은 묵시적으로도 약정할 수 있는데, 예를 들면 특정제품에 대한 독점 거래약정이 있는 경우, 그 제품을 다른 거래업체로부터 구입 또는 판매하지 않을 것을 묵시적으로 약정한 것이므로, 그러한 위반을 방지하기 위하여 「금지명령」을 내릴 수 있다. 예를 들면 *Metropolitan Electronic Supply Co. Ltd. v. Ginder*사건[70]에서 피고는 필요한 양의 전력을 특정 전기회사로부터 공급받기로 계약을 한 경우에는 묵시적으로 다른 전기회사로부터 전력공급을 받지 않는다는 「소극적 약관」이 포함된 것으로 인정되어 다른 회사로부터는 전력공급을 받아서는 안된다는 「금지명령」이 내려졌다.[71]

「금지명령」에 있어서, 특히 「명령적 금지명령」은 어떤 적극적 행위, 즉 이미 행하여진 불법행위의 결과를 제거하기 위해서 적극적으로 어떤 일정한 행위를 이행할 것을 명하는 명령이다. 「명령적 금지명령」은 자유재량이며,[72] 법원은 피고가 고의로 원고의 권리를 박탈한 것이 아니라면, 「명령적 금지명령」으로 간섭할 수 없다. 그러나 원고가 중대하게 손해를 입은 것이 아니라면 법원 역시 「명령적 금지명령」을 할 수 있다.[73]

## 4.2 물품 및 대금반환청구와 「선급금」의 구제

### 1. 물품반환청구

물품의 「소유권」은 이미 매수인에게 이전하였음에도 불구하고 매도인이 불법적으로 물품의 인도를 행하지 않는 경우에는, 매수인은 매도인에 대하여 물품의 불법점유 또는 횡령에 의한 불법행위상의 손해배상을 청구할 권리가 있지만, 매도인의 인도불이행이 불법이 아닌 때, 예를 들면 매도인이 그 「유치권」 또는 「운송품반환권」의 행사에 의하여 물품을 보유하는 경우에는, 매수인은 어떠한 청구권도 가지지 않는다.

「물품반환청구」의 소송에 있어서는 원고의 청구는 물품의 인도 또는 물품 상당

70) [1901] 2 Ch. 799.

71) A. G. Guest, *Anson's Law of Contract, op. cit.*, p. 523 : M. P. Furmston, *Cheshire, Fifoot and Furmston's Law of Contract*, 12th ed., London, Butterworths, 1991, p. 562.

72) *Sharp v. Harrison*[1922] 1 Ch. 502, 512.

73) *Durell v. Prit Chard*[1865] L.R. 1 Ch.244, 250.

금액의 지불이다. 이 청구는 물품의 불법점유에 의한 손해배상청구와 함께 이루어지는 것이 보통이다. 피고는 물품을 반환하든가 또는 그것에 상당한다고 확정되어진 금액의 지불을 하는 것에 대해서 선택권을 가지지만 원고는 물품인도를 청구할 수 있다.

「횡령물반환청구」소송에 있어서는, 통상 원고는 손해배상청구를 한다. 실무상 「횡령」에 의한 손해배상청구는 물품반환청구의 예비적 청구로서 부가되어지는 것이 많다. 「물품반환청구」소송에 있어서는 원고는 피고가 그 인도청구를 받았음에도 불구하고 물품을 보유하는 것을 입증하지 않으면 안된다. 「횡령」은 상대방 이외의 「제3자」의 행위에 의한 것도 있기 때문에 이 경우에는 앞에서 설명한 것과 같은 「입증」을 요하지 않는다.

매도인에 대한 매수인의 권리라고 하는 점에서 「물품반환청구권」은 그것이 물품의 인도를 목적으로 하는 것으로 있는 한, 매수인의 「특정이행청구권」(SGA, 제52조)과 마찬가지의 효력을 가지고 그것과 같은 원칙의 적용을 받는다.[74] 물품의 「횡령」 또는 불법점유에 대한 매수인의 「불법행위법」상의 청구권은 인도불이행에 대한 「손해배상청구권」(SGA, 제51조 1항)과 병존한다.

이 두 개의 청구권, 즉 매수인의 계약상의 「손해배상청구권」과 「불법행위법」상의 청구권의 병존에 의해 번거로운 문제가 생긴다.[75] 다시 말해 「불법행위법」상의 「손해배상액」은 계약법상의 그것보다 광범위한 것이다. 계약의 경우 손해배상액은 전술한 *Hadley v. Baxendale*사건의 「제2 원칙」에 상세하게 설명되어져 있는 합리적인 「예견가능성」에 의해 제한되지만, 불법행위의 경우 이 제한은 반드시 부과되어지는 것은 아니고, 자신의 행위의 결과를 합리적으로 예견할 수 없었던 경우에 있어서도 책임을 지지 않으면 안된다는 것도 있다.[76] 매수인의 계약상의 인도

---

74) *Cohen v. Roche*[1927] 1 K. B. 169사건 180면에서 McCardie 판사의 말.

75) 계약상의 「채무불이행」과 그리고 「불법행위」의 양자는 모두 위반행위에 속하고, 손해배상책임의 발생원인인 점에서 공통된 성질을 지지므로 이들 양자를 합해서 민사책임이라고도 한다. 그러나 이들 양자는 우선 채무불이행의 「계약책임」은 계약을 체결한 채권・채무관계의 당사자간에만 생기는대 반하여 「불법행위책임」은 널리 일반적으로 누구와의 사이에서도 일어나는데 차이가 있다. 즉, 「불법행위책임」은 널리 일반적으로 일어나는 문제이고, 「계약책임」은 좁게 특수한 관계에서만 일어나는 문제이다. 그리고 채무불이행에 의한 손해배상청구권이나 「불법행위책임」에 의한 손해배상청구권은 모두 채권인 점에서 동일하나, 그 목적은 다른 것이다. 전자는 손해의 전보를 목적으로 하는데 반해 후자는 제재를 목적으로 한다는 점이다. 다시 말해 채권적 관계는 손해의 전보만 완전히 되면 그것으로 충분한 것이 보통이지만, 불법행위의 핵심은 그 위법성에 있으므로 효과는 단순한 「전보배상」만으로 끝나는 것이 아니다. 따라서 양자는 요건・효과 및 특별법에서의 취급에 있어 다르다, 황적인, 「현대민법론Ⅳ」, 박영사, 1987, pp. 370~371.

76) *Re Polemis*[1921] 3 K. B. 560 ; *The Arpad*[1934] 189사건 202면에서 Scrutton 판사의 말 ;

불이행에 대한 손해배상청구권과, 「불법행위법」상의 청구권이 병존하는 경우에는, 계약상의 청구권에 적용된 낮은 금액이 「불법행위법」상의 그 청구권도 제한하고, 매수인은 그가 계약위반에 기하여 청구한 이상의 「손해배상액」을, 횡령물반환청구 또는 물품반환청구소송에 의해 취득하는 것은 가능하지 않다.77)

이 원칙은 법률행위의 계약상의 측면이 불법행위상의 면에 우선하는 것이라고 하는 고려에 기한 것이지만, 이 원칙은 변칙적인 것으로서 병존하는 계약에 기한 청구가 매매계약에 의해 물품의 인도불이행 또는 수령불이행에 대한 손해배상청구 이외의 성질의 것으로 있는 경우는, 불법행위상의 것 보다 높은 「손해배상액」의 청구가 인정되어진다고 보아진다.

이미 매수인의 소유에 귀속된 물품을 취득한 「제3자」에 대항하는 것에 대해서는 「물품반환청구」 및 「횡령물반환청구」소송이 매수인에 의한 유일한 구제방법이다. 이들의 경우에는, 높은 쪽의 「불법행위법」상의 손해배상액의 청구가 인정되어지지만 「제3자」가 SGA 제21조(소유자가 아닌 자에 의한 매매) 내지 제26조(제24조, 제25조의 보칙) 또는 제47조(매수인 전매 등의 효과) 내지 제48조(매도인의 재매각의 효과) 어느 규정에 의해 보호되어지는 경우에는, 매수인의 청구는 인정되지 않는다.

어떤 자가 타인에게 물품을 매각한 경우, 그 후 「소유권」이 자기에게 이전한 후에 물품을 매각한다고 하는 계약을 다시 타인 간에 체결한 것에 불과하다면 그것은 「횡령」이 아니지만, 그 계약의 이행으로서 그 물품의 인도를 하면 「횡령」이다.78) 즉, 단순한 「이중」매매계약의 체결은 횡령은 아니지만 그 계약을 이행한다면 「횡령」으로 되는 것이다. 보통 공개시장 이외의 장소에서 물품을 구입하여 수취하는 자는 그 매도인이 그 물품매각의 권한을 가지지 않는 경우에는 「선의」로 하였는가를 불문하고 「횡령」한 것으로 되지만, 그 책임은 SGA 제25조(매입후의 매수인의 점유)에 해당하는 경우에는 「면책」이다.

## 2. 대금반환청구 및 「선급금」의 구제

매수인이 이미 대금의 전액을 지불하였음에도 불구하고 물품의 「소유권」도 이전하지 않고 물품도 인도되지 않은 경우, 「약인의 전체적 멸실」(total failure of

---

*Minister of Pensions v. Chennell*[1946] 2 All E.R. 719사건 721면에서 Denning 판사의 말.

77) *Cohen v. Roche* Supra, 180 ; *Joseph(D) Ltd. v. Ralph Wood & Co. Ltd*[1951] W. N. 224사건에서 McNair 판사의 말을 비교.

78) *Lancashire Wagon Co. v. Fitzhugh*[1861] 6 H. & N. 502.

consideration)에 해당하며 이에 따라 매수인은 매도인에 의한 「부당이득반환청구」 소송에 의해 이미 지불한 대금을 반환받는 것이 가능하다.

이러한 「약인의 전체적 멸실」에 해당하지 않는 경우, 예컨대 물품의 「소유권」은 매수인에게 이전하였지만 매도인이 불법적으로 물품의 인도를 하지 않는 경우에는, 대금의 지불은 SGA 제51조(인도거절의 손해배상액) 1항에 의한 손해배상청구 소송에 있어서 인도불이행에 대한 매수인의 「손해배상액」의 산정 시에 고려될 것이다.

한편 매수인이 물품대금의 일부 또는 전부를 「선지급」하거나 이를 약속하고 이후 매수인 자신이 계약위반을 한 경우, 그 「선급금」에 대해 매도인으로부터 반환받을 수 있을 것인가 하는 문제이다.

이 「선급금」(part payment in advance)은 매도인의 물품인도전에 미리 지급되는 성질의 것이므로, 이미 앞에서 언급한 계약위반 시 지급하기로 약정한 전술한 바 있는 「손해배상액의 예정」이나 「위약금」 등과는 그 성격을 달리하는 점에서 이에 보증금과 「선급금」 그리고 할부금의 법적 성격을 파악하는 것이 필요하다

먼저, 「보증금」(deposit)은 매수인에 의한 일종의 계약이행의 담보금(security for completion of the contract)으로서, 매매계약에 있어서는 물품구매에 대한 일종의 담보로 지급된 금액이다. 이 「보증금」은 만약 매수인의 계약위반이 있게 되면 매도인에 의해 즉시 몰수되고 매수인은 그 반환을 청구할 수 없다. 이러한 「보증금」은 일종의 「계약금」(earnest)의 형식으로 기탁되기도 하고 "계약이행에 대한 보증금"(guarantee for the performance)의 성격으로 표현되기도 한다.

이에 대해 「선급금」(part payment in advance) 또는 「할부금」(installments)은 단순히 물품대금에 대한 선불로서 지급되는 것이므로 보증금과는 그 성격이 다르다. 따라서 「선급금」 또는 「할부금」의 지급이 있고서 매수인이 계약위반을 한 경우, 매수인은 「공평구제의 원칙」을 원용할 수 있다. 여기서 「공평구제」(equitable relief)란 매수인의 계약위반으로 야기된 매도인의 손해액과 매수인의 선급금을 비교하여 양 당사자에게 공평하게 판결을 내려 구제해주는 제도이다.[79)]

이 경우 일정금액이 「선지급」되었다면 그것의 성격이 「보증금」인지 아니면 단순한 「선급금」인지가 문제이다. 이러한 구별은 양 당사자의 의도가 어떤 것이었는지를 확인하여 판단할 문제이지만, 그 금액이 계약이행의 담보로서 기지급되었다면 법원은 「보증금」으로 판정하여 반환청구가 불가능할 것이고, 아니면 단순히 「선수금」이나 계약관행에 따른 「할부금」이었다면 그 계약조항의 해석에 따라

79) 이용근, 전게서, p. 601.

「반환청구」의 가능여부가 판정될 것이다.

그리고 매수인의 지급한 「선급금」이 매수인의 계약위반이 있음에도 불구하고 반환청구가 가능한 이유는, 그러한 「선급금」이 매수인의 계약위반으로 야기된 매도인의 손해액보다 많을 수도 있기 때문이다.

한편 약정지급일에 지급되어야 할 「보증금」이나 「선급금」 또는 「할부금」이 지급되지 않은 경우, 매도인은 계약을 종료하고 난 후에도 계약의 종료 전에 지급되었어야 할 「보증금」 등에 대한 지급청구가 가능한가가 문제이다.

우선 매수인이 합의한 「보증금」을 지급하지 못한 경우 그리고 매수인의 계약위반이 있는 경우에, 매도인은 그러한 「보증금」을 청구할 수 있다. 또한 매수인이 대금을 선지급할 의무가 있었으나 실패한 경우, 계약이 종료된 후에라도 매수인은 그러한 「선급금」을 지급할 의무는 여전히 남아 있다.[80] 이러한 의무는 특히 「플랜트수출계약」이나 선박건조계약과 같은 「중장기수출계약」에서 주로 적용되고 있다.

이에 대한 한국과 관련한 판례로, *Hyundai Heavy Industrial Co. Ltd. v. Papadopoulos*사건[81]에서 귀족원(House of Lords)은 계약종료 전 지급의무가 있는 「할부금」은 지급되어야 한다고 판결하였다. 즉, 원고인 현대중공업은 "선박건조계약"을 체결하면서 건조기간동안의 단계별 할부지급을 약정하였고 피고도 이에 대해 보증하였다. 이후 피고의 할부금지급의 실패에 대해 원고는 즉시 계약을 종료하고 「할부금청구소송」을 제기하였다. 이에 대해 법원은 매수인에게 계약종료일 전에 지급하지 못한 「할부금」에 대해 지급할 책임이 있으며 동시에 보증인들도 동일한 지급책임을 공동으로 부담하여야 한다고 판결하였다.[82]

이 사례에서 계약상 「할부금」 지급이 약정되었으나 계약이 이행되기 전에 매수인에 의해 계약거절이 있는 경우, 매도인은 계약을 종료하고 계약종료 전에 지급되었어야 할 「할부금」을 지급 청구할 수 있으며 또한 이미 지급받은 할부금 전액을 취득할 권리를 가진다.[83]

---

80) 그 이유는 계약의 종료 및 취소와의 차이에 의한 것이다. 즉, 계약의 종료(termination of contract)는 소급 적용되지 않으므로 계약 종료 전에 지급해야 할 「선수금」 또는 「할부금」은 지급되어야 한다는 원칙이 있지만, 계약의 취소(rescission of contract)는 처음부터 계약이 취소되어 지급할 필요가 없다. 매수인이 약정된 「선수금」 등을 지급할 의무가 있는 경우는 계약이 중간에서 종료된 경우 그 이전에 발생한 의무에 따른 것이다. 이용근, 상게서, p. 603, 주 169) 참조.

81) [1980] 2 All E.R. 29 : [1981] 1 W.L.R. 1129.

82) M. P. Furmston, *op. cit.,* p. 626.

83) A. G. Guest, *Anson's Law of Contract, op cit.*, p 592.

한편으로 물품매매계약에서 매수인이 지급한 「선급금」 또는 「할부금」은 매수인의 계약위반에도 원칙적으로 「공평구제의 원칙」이 적용되어 매도인의 손해액을 제하는 조건으로 반환될 수 있다고 하였으나, 계약상 「몰수조항」(forfeiture clause)이 있는 경우, 예컨대 할부지급이 약정되고 만일 어느 한 할부분의 지급실패가 있다면 이미 지급한 「할부금」 전액이 매도인에게 몰수된다는 규정이 있는 경우에 기지급한 할부금의 몰수에 대한 「공평구제」의 적용이 가능할 것인가가 문제이다.

최근까지 이러한 경우에 「공평구제」가 적용되는지에 관한 법적 판결은 밝혀지지 않았지만, 적어도 지급일에 지급실패가 있는 경우, 그 지급시기를 연장함으로써 매수인이 구제된 사례는 있다. 즉, 매수인이 법원에 의해 연장된 기간 내에 나머지 대금을 지급할 의사를 표시하는 경우, 기지급한 「할부금」의 몰수는 일시 중단될 것이다.

그러나 「몰수조항」이 있게 되면, 지급시기의 연장 이외의 다른 방법으로서 「공평구제」의 적용가능성은 없는가이다. 이 경우에 특히 전 약정대금의 상당부분, 예컨대 10회의 할부 중 6회의 할부지급이 있었다면 더욱 그러할 것이다.

이 문제와 관련하여 「몰수조항」에 대해 「공평구제의 원리」가 적용되면 이는 「계약자유의 원칙」을 무시하는 것이고 또한 계약이행에 대한 당사자들의 합리적인 기대를 저버리는 처사라고 간주한 바 있는 점에 비추어 보면 법원은 제한된 견해를 지니고 있었음은 분명하다.[84)]

이상에서와 같이 「물품매매계약」에 있어서 「몰수조항」에 대한 공평구제의 적용가능성은 지급시기의 연장 이외에는 아직 확실한 구제수단이 없는 것으로 보이지만, 매매계약에서 「선수금」이나 「할부금」에 대한 「몰수조항」이 없는 경우, 매수인의 계약위반 시 매도인이 계약을 종료시킨다면 매수인은 매도인이 입은 손해액을 제하고 이미 지급한 「선급금」 또는 「할부금」의 일부를 반환받을 수 있다.

---

84) M. P. Furmston, *op cit.*, p. 627.

제4부

# 기타 무역계약 및 계약분쟁해결

# 제 11 장 무역매매와 해상운송계약

## 제 1 절 | 해상운송계약의 개념

격지거래(distant trade)를 특성으로 하는 무역거래의 주요 요소가 되는 「운송」은 시간과 공간적 제약을 어떻게 효율적으로 극복할 것인가가 관건이다.[1)]

일찍이 고대로부터 해양을 통한 해상무역으로 물자의 국제적 교류가 있어 왔으며,[2)] 이를 통해 국제무역은 해상운송관련 제도와 법규 및 관례를 지속적으로 발전시켜 왔다.

이후 국제무역의 지속적인 확대는 18세기에서 19세기 초에 일어난 영국의 「산업혁명」(Industrial Revolution)으로 생산력의 획기적인 증대와 함께 공업과 해운에 큰 변화를 가져와 해상운송화물이 크게 증가하고 해외시장이 더욱 확대되는 가운데 해양국 영국이 세계의 바다를 지배하는 해운중심국으로 자리메김하기에 이르렀다. 이는 곧 영국의 해상관련 법제와 관습을 통해 국제적인 거래관행의 형성과 계약법을 비롯한 해상법, 보험법 등의 제분야는 물론이고 그 영향이 오늘에까지 이르고 있다.

한편으로 국제무역의 확대는 화물운송이 직면하는 장애를 극복하기 위한 일련

1) 운송의 효율화와 관련한 「물적유통」(physical distribution)은 원래 마케팅관리상의 개념으로, 여기서 「국제물적유통」이란 생산과 소비가 2개국 이상에 걸쳐 이루어지는 경우 그 공간적 시간적 격차를 극복하기 위한 유무형의 재화에 대한 물리적인 국제경제활동으로서, 이는 재화의 공간적 이동을 의미하는 「운송」의 개념과는 큰 차이를 내표하고 있다. 물적유통의 5가지 기능, 즉 주 기능인 운송과 부수적 기능인 하역, 포장, 보관 및 정보에 의해 개개 기능의 합리화를 통해 전체적인 합리화를 도모하는 「물적유통관리」(physical distribution management : PDM)의 개념에 의해 상품의 운송지로부터 도착지에 이르기까지 비용절감을 위하여 일관되는 총체적 합리화를 꾀하는 것이 중요하다. 市來淸也, 「國際物流要論」, 東洋經濟新聞社, 1989, p. 4 이하 참조 : 윤광운, 「무역실무와 경영」[제2판], 탑북스, 2013, pp. 356~357 참조.

2) 초기 해상무역의 기원에 관한 역사적 사실은 기록에 잘 나타나 있다. 본서 제6장 「무역계약과 정형거래조건」의 주34) 참조. Lionel Casson, "*The Ancient Marinners*", New York, Macmmillian, 1959, p. 4.

의 운송방식과 운송수단을 발전시켜 현대에 이르러 컨테이너화(containerisation)에 의한 수송방식의 획기적인 변화라고 하는 소위 「운송혁명」(transportation revolution)을 시현하기에 이르렀다.[3)]

이와 같이 국제무역은 주로 해상운송과 그리고 화주와 운송인 간에 체결되는 「운송계약」에 의해 수행되어 진다. 「운송계약」(contract of carriage)은 화물운송의 서비스 제공에 대해 운임지급을 약정하는 것이다. 즉, 어느 한 나라에서 다른 나라에로의 화물의 「물적수송」(physical transport)을 위해 체결되는 계약으로서, 물품의 「소유권」의 이전을 수반한다.[4)]

무역거래에서 「운송계약」의 중요성은 매매계약의 목적물인 물품의 운송 중에는 운송인과 그 대리인 및 하청계약자의 수중에 있게 되어, 매도인과 매수인은 그 어느 누구도 물품에 대한 물리적인 통제권를 가지고 있지 않다는 사실에서 비롯되어진다.[5)] 특히 「해상운송」은 수주일 이상 항해가 지속되는 수도 있으며, 이러한 운송기간 동안 물품은 「해상고유의 위험」(perils of the sea)과 같은 해상운송에 내재된 위험의 주체가 된다.

그러므로 물품운송은 매도인이나 매수인 또는 송하인(shipper)이나 수하인(consignee)에 대하여 어떤 책임이 있으며, 그들은 또한 「운송인」에 대하여 어떤 계약적 권리를 갖게 되는지를 이해하는 것은 매우 중요하다. 여기서 「운송인」(carrier)이란 운임을 받고 여객 또는 물품의 운송에 종사하는 개인이나 조직을 의미한다. 「운송계약」은 통상 매도인(혹은 「송하인」)이 「운송인」과 직접 체결하지는 않는다. 매도인은 거의 「운송대리인」(혹은 「운송주선인」)을 고용하여 운송에 필요한 모든 약정을 그 대리인에게 담당시키는 것이며, 「운송인」 역시 화물의 확보를 위해 「선적브로커」(loading broker)를 고용하는 것이 보통이다. 어떤 경우에는 동일 회사가 송하인에 대하여는 「운송주선인」의 그리고 운송인을 위해서는 「선적브로커」의 기능을 동시에 담당하는 경우도 있다.[6)]

그리고 선적중개인이나 또는 다른 운송인의 대리인에게 「선하증권」(Bill of Lading : B/L)에 서명하고 이를 송하인 또는 그 대리인에게 교부하게 되는데, 무역매매에서 가장 중요한 이 「선하증권」(B/L)은 운송계약의 증거서류이며, 물품의

---

3) 윤광운 · 김철수, 「무역실무」[제3판], 탑북스, 2021, p. 410.

4) Paul Engels, *International Carriage of Goods*, ed. by Julian D. M. Lew, in International Trade, Law and Practice, Euromoney, 1983. p. 25.

5) D. M. Day and Bernardette Griffin, *The Law of International Trade*, 2nd ed., London, Butterworths, 1993, p. 6.

6) *Ibid*, p. 7.

수취증이고 또한 물품에 대한 권리증권의 성격을 가진다. 따라서 「선하증권」은 물품이 "운송 중"에 있을 때 물품을 인도하거나 매각하는데 이용될 수 있으며, 금융을 위한 담보로도 제공될 수 있다. 더구나 1992년 영국 「해상물품운송법」(Carriage of Goods by Sea Act, 1992) 제2조에 의해, 선하증권의 운송인은 통상적으로 물품에 대한 법률적 권리뿐만 아니라 운송계약상의 권리와 의무도 함께 양도받게 된다. 이를 통해 「양수인」은 운송인에 대해 원래의 송하인이 가지고 있는 모든 소송권을 가질 수 있다.

「선하증권」은 통상 한 조(set)로 발급되며, 한 조로 된 각각의 선하증권은 일련번호가 기재되며 또 각각의 「선하증권」은 개별적으로 효력을 가진다. 따라서 한 조로 된 「선하증권」 중의 한 통을 제시하는 당사자에게 화물을 인도하는 「운송인」은 그로부터 모든 책임을 면하게 된다. 만약 화물의 양이 많다면 송하인은 항해단위 또는 기간단위로 선박전체를 「용선」할 수 있다. 이 경우에 송하인은 「용선자」(charterer)가 되며 선주와의 관계는 「용선계약」(charter party)에 의해 규율된다.

이상에서와 같이, 국제무력은 거래당사자 간에 주계약인 매매계약이 체결되어지며, 이 계약내용에 의해 해상운송계약과 해상보험계약이 이루어 지는 종속계약의 형식을 취하는 것이 통상이며, 또한 무역거래는 상품의 수송이라는 「운송」(transportation)과 운송 중인 화물이 직면하는 여러 「위험」을 제거하기 위한 「보험」(insurance) 그리고 결제와 관련한 금융 및 「외국환」(exchange)이라고 하는 소위 「무역거래의 3대 지주」의 "묶음"(tie)으로 원활하게 거래가 수행되어진다.[7]

## 제2절 | 해상운송계약에 관한 국제규칙

해상운송을 비롯한 국제물품운송의 관례는 여러 「국제협약」의 제정에 의하여 발전하여 왔다. 국제운송협약의 주 내용은 대개 운송인의 책임에 관한 것이다. 즉, 국제운송에 있어서 가장 중요한 문제는 「운송인」의 권리, 의무 및 책임이다. 「운송인」은 자신에게 의뢰한 운송품에 대하여 "운송 중"인 화물의 멸실·손상(loss or damage)이 발생하면 법률 또는 「운송계약」에 따라 「면책」될 사유가 아닌 한 그 손해에 대하여 배상책임을 지게 된다.

7) 浜谷 源藏, 「最新貿易實務」, 東文館, 1982, p. 15.

대체로 국제운송은 독점성이 강한 사업이므로 운송인의 전횡으로 「면책」을 강요할 수 있다. 따라서 운송인의 일방적인 「운송계약」상의 횡포를 막기 위하여 「운송인」의 책임, 권리 및 면책을 규제하는 통일적 규범인 국제운송법규가 필요한 것이다. 이하에서는 해상운송과 관련한 국제적 통일규범을 중심으로 운송인의 책임 등에 관하여 약술한다.

## 2.1 「헤이그 규칙」 및 「헤이그-비스비 규칙」

선주와 화주의 이해관계를 조정하고 해상운송에 관해 국제적인 통일을 기하기 위해서 「국제법협회」(International Law Association : ILA)와 그리고 「국제해사위원회」(International Maritime Committee : IMC) 등이 중심이 되어 국제적 통일법의 제정을 촉구할 것을 결의했다.

이에 따라 1921년 런던에서 개최된 「국제상업회의소」(International Chamber of Commerce : ICC)에 영국의 해사법위원회가 독자적으로 제출한 초안을 중심으로 ICC는 이를 수정・보완하여 1921년 당시 네덜란드의 수도 헤이그에서 만장일치로 통과시켜 각국이 자발적으로 이 초안 내용을 선하증권의 이면약관에 삽입하도록 권장하였다. 그러나 선주 측의 비판에 부딪혀 국제해사단체인 「국제해양법협회」(International Maritime Law Association)에 의해서 수정되어 1924년 8월 25일 벨기에의 수도 Brussels에서 제5차 해상법에 관한 국제회의(International Conference on Maritime Law)에서 소위 「헤이그 규칙」으로 불리는 「선하증권에 관한 통일규칙을 위한 국제조약」(International Convention for the Unification of Certain Rules of Law Relating to Bills of Lading)이 채택되었다. 이 조약은 각 참가국들 정부의 동의를 얻어 비준(ratification)을 벨기에 정부에 통고하기로 되었는데, 1931년 6월 2일부터 이를 비준한 국가 간에는 이 통일조약이 유효하게 되었다.[8)]

그러나 「Hague Rules」이 제정된 후 40여년이 지나는 동안 해상운송의 여건이 너무나 많이 변하여서 새로운 규정의 제정이 절실히 요구되어 오던 중, 1963년 스톡홀름에서 개최된 「국제해사법회의」(Committee Maritime International Conference)에서 1924년에 제정되었던 「선하증권통일조약」의 개정안이 토의되었다.

그 후 1968년 2월 23일에 이 개정내용이 브뤼셀에서 소위 「헤이그-비스비 규칙」

8) 당시 「Hague 규칙」을 비준한 국가로는 벨기에, 영국, 헝가리, 스페인의 4개국이다.

으로 불리는 「선하증권통일조약 개정의정서」(Protocol to Amend the International Convention for the Unification of Certain Rules of Law Relationg to Bills of Lading)가 채택되었다. 특히 영국의 경우는 이 「헤이그-비스비 규칙」을 국내법으로 수용한 1971년의 「해상물품운송법」(Carriage of Goods by Sea Act, 1971 : COGSA)을 제정하였는데, 여기서는 「계약자유의 원칙」을 제한하고 있으며, 특히 선주에게는 동법에서 인정된 운송인의 책임규칙에 「면책조항」을 확대하는 것을 허용하지 않고 있다.[9)]

한편 1924년 「헤이그 규칙」, 즉 「선하증권통일조약」은 선하증권이 발행되었을 경우 그 법률관계에 관한 규정의 통일을 목적으로 하는 것으로서 용선계약에는 원칙적으로 적용되지 않지만, 용선계약 하에서도 「선하증권」이 발행된 경우에는 운송인과 선하증권의 소지인과의 관계를 규정하는데 적용된다. 이 조약의 주 내용은 운송인의 책임에 관하여 선장, 선원, 수로안내인, 기타 운송인 및 그 고용인의 항해(navigation) 또는 선박의 관리(management of the ship)에 관한 행위, 태만 또는 과실, 즉 「항해과실」에 대하여는 운송인의 「면책」을 규정하고 있는 반면 운송품의 선적·수급·적부·운송·보관·관리·양륙 등에 관한 과실, 즉 「상업과실」에 대하여는 「면책」 특약을 무효로 하고 있다.

운송인의 대리인 또는 사용인의 고의 또는 과실에 기인하지 않는 모든 사유는 면책으로 하고 있으나 면책의 이익을 주장함에 있어 「운송인」은 멸실 또는 손상이 고의 또는 과실에 기인하지 않았다는 것을 「입증」하여야 한다. 운송구간에 대하여 「헤이그 규칙」에서는 운송품이 "적재로부터 양륙까지"(from loading to discharging)를 책임구간으로 하고 있다.

한편 운송인의 화물에 대한 배상책임한도에 관하여 「선하증권통일조약」은 화물의 「포장물 또는 단위」(package or unit)당 "100 Sterling Pound" 또는 이와 동등한 금액으로 정하고 있다. 그러나 1968년의 「헤이그-비스비 규칙」에서는 운송인의 책임을 "포장물 또는 단위당 10,000 포앙카레 프랑"(Poincare Francs)과 "총중량 1Kg당 30 포앙카레 프랑"(Poincare Francs) 중 큰 금액으로 한다.[10)] 운송인의 「배상책임제한」은 물품의 파손이 운송인의 의도적인 작위 또는 부작위에 의하여 발생한 경우에는 적용되지 아니한다. 또한 운송인이 물품의 파손을 예측하고 있는 경우에도 마찬가지이다.

---

9) D. M. Day, *op. cit.*, p. 11.

10) Hague-Visby Rule, 제4조 5항 참조.

## 2.2 「함부르크 규칙」

국제무대에서 발언권이 점차 강해진 많은 개발도상국들이 종래의 통일조약은 너무 선주 위주로 되어 있어 화주들의 권익이 제대로 반영되지 있지 않다는 주장을 「UN무역개발회의」(UNCTAD)에서 주장하여 1969년에 국제해운입법작업부회가 설치되어 새로운 「선하증권조약안」을 작성, 1976년 4월 New York에서 개최된 「UN국제무역법위원회」(United Nations Commission on International Trade Law, UNCITRAL) 제9회기에서 이 안이 심의되어 1976년 UN 총회에 상정되었다.

그 후 1978년 3월 독일의 함부르크에서 개최된 전권회의(Plenipotentiary Conference)에서 이 개정조약안이 통과되어 「함부르크 규칙」으로 불리는 「UN해상물품운송조약」(United Nations Convention on the Carriage of Goods by Sea, 1978)이 채택되었다.[11]

이 「함부르크 규칙」의 특징은 해상운송에서 약자의 위치에 있는 선박을 소유내지 운영하고 있지 아니하는 개도국의 화주의 입장을 강화함으로써 「운송인」의 책임을 무겁게 하고 있는 것이다.[12] 이 조약은 「헤이그 규칙」에 비하여 ① 운송인의 책임구간을 운송품의 "수취로부터 인도까지"로 확대하고, ② 인도지연에 대한 운송인의 책임을 명기하고, ③ 운송인의 책임한도를 인상했으며, ④ 클레임의 통지기간을 연장했으며, ⑤ 출소기간을 2년으로 개정했으며, ⑥ 운송인의 항해과실면책, 선박취급상의 과실면책, 선박에 있어서 화재의 면책조항 등을 폐지했다.

「함부르크 규칙」은 운송인과 「실제운송인」(actual carrier)을 구분하고 있다. 운송인은 송하인과 운송계약을 체결하는 당사자이며, 이에 대해 「실제운송인」은 운송계약에 의해 물품운송을 위탁받은 어떤 당사자이다. 따라서 만약 복합운송인인 운송대리인과 운송계약을 체결한다면 「운송대리인」은 운송인이 된다. 이때 만약 운송인이 선주와 물품의 해상운송을 준비한다면, 선주는 그가 다른 어떤 당사자와 해상운송의 어떤 부분을 준비하는 것이기 때문에 실제운송인이 된다.[13] 「운송

---

11) 「Hague 규칙」 및 이를 수정한 「Hague-Visby 규칙」은 주로 운송국(carrying nation)에 의하여 성립한 까닭에 운송인의 이익을 과다하게 보호하고 있다는 의견에 따라 「UN국제무역법위원회」(UNCITRAL)의 후원 아래 「Hamburg 규칙」이라는 새로운 규칙이 탄생하게 되었다. D. M. Day, *op. cit.*, p. 11.

12) Jasper Ridley, *The law of the Carriage of Goods by Land Sea and Air*, 6th ed. by Geoffrey Whitehead, Shaw & Sons, 1982, p. 200.

13) Hamburg Rules, 제1조 1항 및 2항.

인」은 물품이 선적항에서 그리고 운송 중 및 양륙항에서 자신의 관리 하에 있는 동안 물품에 대한 모든 책임을 부담한다. 이 기간 동안 운송인의 책임은 「추정과실」(presumed fault or neglect)에 기초를 두고 있다.14)

결과적으로 「운송인」은 물품의 멸실·손상 또는 인도지연에 대해 책임을 부담한다. 다만, 「운송인」이 자기, 그 사용인 또는 대리인이 사고 및 그 결과를 피하기 위하여 합리적으로 요구되는 모든 조치를 취하였다는 것을 입증할 수 있을 때에는 예외이다.15) 「인도지연」은 계약기간 또는 합리적인 기간 내에 물품인도를 태만히 하는 것을 뜻한다.16)

또한 「함부르크 규칙」에서 운송인의 책임제한과 관련해서는, 화물의 멸실 또는 손상에 대한 운송인의 책임은 "화물 또는 기타 선적단위(other shipping unit)당 835 계산단위"(units of account)17) 또는 "kg당 2.5 계산단위"의 합계액 중 많은 금액까지로 제한된다.18) 멸실이 「인도지연」에 기인하는 경우 책임은 지연화물에 대한 「운임의 2.5배」로 제한되지만 당해 운송계약상의 운임총액을 상한으로 한다. 전부 멸실에 관한 책임의 총액은 "화물 당 835 단위" 또는 "kg당 2.5단위"로 제한된다. 운송계약에 의해 보다 높은 책임한도를 정할 수 있다. 또한 소송은 인도가 이루어진 때 또는 인도가 이루어졌어야 할 때로부터 "2년 이내"에 제기하여야 한다.19)

한편 본 조약은 대부분 화주국인 개발도상국의 주도하에 작성되었기 때문에 선주국인 선진국의 비준이 지연되어 그 발효요건인 가입국 20개국을 충족하지 못해 그간 발효되지 못하였다. 그러나 1991년 10월말 잠비아(Zambia)가 20번째로 가입함으로써 1년 경과기간을 거쳐 1992년 11월 1일 정식으로 발효를 보게 되었다.

현재 전세계적으로 통용되고 있는 「헤이그 규칙」이나 「헤이그-비스비 규칙」에 비해 선주의 책임이 상대적으로 증대된 「함부르크 규칙」의 발효로 동 규칙에 가입한 국가 선주들의 보험료가 현재보다 인상될 전망이다.

한편 「헤이그-비스비 규칙」과 「함부르크 규칙」에 따른 해상운송의 책임에 관한 구체적 내용을 비교하여 보면 〈표 11-1〉과 같다.

---

14) D. M. Day, *op. cit.*, pp. 42~43.
15) Hamburg Rule, 제5조 1항.
16) Hamburg Rule, 제5조 2항.
17) 계산단위란 「국제통화기금」(International Monetary Fund : IMF)의 특별인출권(Special Drawing Right : SDR)으로 그 가치는 IMF의 계산방법에 따라 특정통화로 결정된다.
18) Hamburg Rule, 제6조 (1)(a).
19) Hamburg Rule. 제20조.

## 표 11-1 헤이그 규칙, 헤이그-비스비 규칙 및 함부르크 규칙의 비교

| 규칙<br>항목 | Hague Ruels<br>(1924) | Hague-Visby Rules<br>(1968) | Hamburg Rules<br>(1978) |
|---|---|---|---|
| 적용범위 | 모든 국제해상물품운송에 적용. 선하증권의 발행을 요건으로 함. | 좌측과 동일 | 2국간의 항구상호간 국제행상 운송계약 전체에 적용되고 선하증권의 발생의 유무를 불문함 |
| 책임기간 | Tackle to Tackle<br>선적에서 양화까지 | 좌측과 동일 | Port to Port<br>인수에서 인도까지 |
| 책임원칙 | 물품의 인수·선적·적부·운송·보관·양화·인도에 대해 상당주의 의무의 이행 책임을 부담하고 이 의무를 게을리 함으로써 발생한 물품의 멸실. 손상에 대한 책임을 부담 (과실책임주의) | 과실책임주의<br>지연책임도 부담 | 물품의 인수시부터 인도시까지의 관리하에 있는 동안에 대해 상당주의 의무의 이행책임을 부담 (과실책임주의). 다만, 손해지연의 발생시에 합리적으로 요구되는 모든 조치를 취한 것을 입증하면 면책 |
| 면책사유 | 항해과실, 과실에 의하지 않는 화재, 발항후의 불내항, 기타의 불가항력적 사유 (해상고유의 위험, 동맹파업, 전쟁, 화주의 과실, 고유의 하자 등)<br>갑판적 화물, 생동물은 물품에서 제외 | 좌측과 동일 | 과실책임주의로서 면책사유의 열거를 폐지 (당연히 항해과실의 면책도 폐지).<br>갑판적 화물, 생동물도 물품으로서 새로이 적용의 대상으로 함. |
| 책임 한도액 | 1package 또는 1unit당 £ 100 | ① 1package/unit 당 또는 1ha중 높은 쪽의 금액<br>② container, pallet으로 운송되는 경우는 선하증권면에 표시된 내용물의 포장수 등의 단위가 제한책의 기준이 됨. 만약 그러한 표시가 없는 경우는 컨테이너 펠릿에 적입된 물품전체가 1개의 선적단위로 간주됨 (컨테이너 조항의 추가) | ① package 또는 unit 방식과 중량방식을 병용 1pack-age, 1unit당 835SDR 또는 1ha 당 2.5 SDR 중 높은쪽의 금액<br>② 좌측과 동일 |
| 강행법성 | 강행법규 | 강행법규 | 강행법규 |
| 소송제기 기간 | 1년 | 1년 | 2년 |

자료 : 東京海上火災保險株式會社 編, 「貨物海上保險・理論・實務」, 海文堂, 1978, p. 331 참조.

# 제3절 | 해상운송계약의 기본원칙

## 3.1 해상운송계약과 선하증권

선박(general ship)은 여러 화주의 다양한 화물을 운송하는 것으로서, 영국의 경우 일반선박에 의한 「해상운송계약」은 대부분의 경우 1971년 「해상물품운송법」(The Carriage of Goods by Sea Act, 1971)에 의해 규율되고 있다. 해상물품운송은 해상운송계약에서 야기되는 운송인과 화주 간에 상이한 이해관계의 조정을 도모하고 있는 국제협약인 「헤이그-비스비 규칙」을 받아 들여 그것에 법의 효력을 부여한 것이다. 동 규칙은 이전의 「헤이그 규칙」을 개선하기 위해 개정한 것이다.

그러나 원래 해운국(carrying nations)들에 의해 고안된 「헤이그-비스비 규칙」은 과도하게 「운송인」에게 유리하게 되어 있다는 견해가 지배적이다. 이러한 여러 가지의 이유로 인해 새로운 「함부르크 규칙」이 UNCITRAL의 후원하에 준비되어 왔으며, 이후 1992년 11월 1일에 발효되었다.

「헤이그-비스비 규칙」은 외국법원을 고려해야 하기 때문에 법의 통일이란 관점에서 동 규칙이 문언을 해석함에 있어서 종래 국내 판례에 따라 엄격하게 통제할 것이 아니라 일반적으로 통용되는 보다 광범위한 의미로 해석하는 것이 바람직하다.[20]

「헤이그-비스비 규칙」은 다음의 세 가지 상황에서 상이한 국가에 있는 항구간의 물품운송에 이용되는 「선하증권」에 적용된다.[21] 첫째, 선하증권이 「체약국」(협약의 한 당사자인 국가)에서 발행되었을 경우이며 둘째, 운송이 「체약국」 내에 있는 항구에서 시작되는 경우이고 셋째, 선하증권 상의 조건이 「헤이그-비스비 규칙」을 「준거법」으로 하고 있거나 또는 동 규칙의 효력을 부여하는 특정국가의 국내법이 적용된다는 내용을 알고 있는 경우이다.[22] 「헤이그-비스비 규칙」은 1971년 「해상물품운송법」 제1조 6항 b호에 의해 비유통성 서류에까지 그 적용을 확대시키고 있다. 즉, 비유통성 서류상의 또는 그것에 의해 입증되는 조건이 동 규칙이 적용

20) *Stag Line Ltd. v. Foscolo& Co. Ltd.*[1932] AC 338 at 350, Macmillan경의 판시임.

21) 1971년 영국 「해상물품운송법」 제1조 3항은, 영국의 연안무역을 포함시키기 위하여 「헤이그-비스비 규칙」의 적용범위를 확대시키고 있다.

22) 1971년 「해상물품운송법」 부속서, 제X조.

된다는 점을 명시적으로 규정하고 있는 「해상물품운송계약」에도 마치 선하증권인 것처럼 준용해서 동 규칙을 적용하고 있다.

영국에서 발생할 수 있는 선하증권과 관련한 대부분의 사건은 「헤이그-비스비 규칙」에 의해 규율될 것이란 점은 이상의 사실로부터 명백하다. 그렇지만 그렇지 않는 경우로서는, 만약 물품이 「체약국」이 아닌 국가의 한 항구에서 선적되고 그곳에서 「헤이그-비스비 규칙」이 적용된다는 점을 명시적으로 규정하고 있지 않은 「선하증권」이 발급되었다면, 영국법원은 그 사건에 「보통법」상의 원칙을 적용할 가능성이 있다. 따라서 「관습법」이 동 규칙과 차이가 나는 점은 고찰할 필요가 있으며, 더욱이 「헤이그-비스비 규칙」은 운송계약상의 「이로」의 효과 등 몇 가지 점에 대해서는 아무런 규정을 두고 있지 않다. 이러한 경우에 대해서는 「관습법」이 적용되어야 할 것이다.

「운송계약」은 일반적으로 물품을 선박에 적재한 후에 운송인에 의해 발급되는 선하증권에 그 근거를 두고 있다. 「선하증권」은 다음 세 가지 점에서 중요한데, 「선하증권」이 운송계약을 나타내거나 또는 입증하며, 물품의 수령증이고 또 물품에 대한 권리증권이다.

## 3.2 운송인의 책임

운송인의 책임에 관하여, 영미 「관습법」은 해상물품운송계약에 있어서의 「운송인」이 이행해야 할 세 가지 확약, 즉 선박의 감항성, 이로 및 지연을 조항으로 하고 있다. 이러한 묵시조항들은 운송계약에서 명시적으로 배제될 수 있다. 따라서 「관습법」상의 원칙은 「헤이그-비스비 규칙」과 차이가 있다.

「운송인」의 책임에 관한 상기의 선박의 감항성, 이로 및 지연의 세 가지 묵시조항 외에도 운송인의 면책과 관련한 화물에 대한 주의의무 및 화물의 양하 등을 포함하여 다음에서 고찰한다.

### 1. 「감항성」

물품의 해상운송을 위한 「선박의 적합성」(fitness of the vessel)은 물품에 대한 이해관계를 가지고 있는 모든 당사자에게 중요한 사항이다. 「관습법」상 운송인이 선박의 「감항성」(堪航性,)을 가지고 있어야 한다는 것은 운송계약의 「묵시조항」

이다.[23]

선박의 「감항성」(seaworthiness)이란 선박의 항해를 위해 항해에 대한 지리적 여건과 운송할 화물, 그리고 모든 다른 요소를 충분히 고려하여 특정항해에 적합하도록 선박이 모든 준비를 갖추고 있다는 것으로서, 이는 선박의 「감항성」 보증을 말한다.[24] 이 「감항성」 보증은 선박의 출항 시에 전 항해에 대해 「감항성」을 가지고 있는 것으로 해석된다. 따라서 선박을 취항시키기 전에 선주가 손을 봐야 할 정도로 선박에 결함이 있다면 선박은 「감항성」을 가지고 있지 않다.[25] 선박의 「감항성」의 요건은 절대적인 것으로서 선박은 「감항성」을 가지고 있어야 하며, 선박에 「감항성」을 가지도록 노력을 기울였다고 하는 사실만으로는 충분하지 않다.[26]

「선박」은 두 가지 관점에서 「감항성」을 가지고 있어야 한다. 「선박」은 ① 특정항해 또는 항해의 특정단계에서 그 운항에 적합하여야 하고, ② 특정화물을 수령하는 데에도 적합하여야 한다.[27] 「선박」 자체와 관련한 「부적합성」은 여러 가지의 형태로 나타날 수 있다. 그것은 비효율적인 엔진과 같은 물리적인 결함일 수도 있고 선원의 무능력이라는 형태를 취할 수도 있다. 이러한 관점에서 항해가 "개시될 때" 선박은 「감항성」을 가져야 하며, 만약 항해가 "개시될 때"는 감항성을 가지고 있었으나, "항해중"에 「감항성」이 없어졌다면, 「묵시조항」의 위반은 없다.[28]

후자와 관련한 「불감항성」(unseaworthiness)에 관한 사례로는 *The Moori King(Cargo Owner) v. Hughes* 사건[29]에서, 선박은 "냉동장비"에 결함이 있었기 때문에 냉동육 화물과 관련하여 「감항성」을 지니고 있지 않음을 판시하였다. 이 점에 대해 「선박」은 화물이 "적재될 때" 「감항성」을 가지고 있어야 하며, 만약 화물이 "적재된 후" 냉동장비가 화물에 적합하지 않게 되었다면 「묵시조항」의 위반은 없다는 것이다.

「감항성」에 관한 묵시조항은 명시적으로 배제될 수 있으나, 법원은 단서조항의 경우에서는 통상적인 것처럼 「문서작성자 불이익」(contra proferentum) 원칙을 적용할 것이며 단서조항은 그 점을 분명하게 명시하고 있을 때에만 유효하다. 따

23) *Bank of Association v. Clan Line*,[1916] 1 K.B. 39, 55, *per* Bankes, L.J.
24) *Slanton v. Richardson* [1872] L.R. 7 C.P.421.
25) *McFadden & Co. v. Blue Star Line*[1905] 1 KB 697 at 706.
26) *Steel v. State Line SS Co.*[1877] 3 App Cas 72.
27) D. M. Day, *op. cit.*, p. 25.
28) *McFadden v. Blue Star Line*, at p. 703, *per* Channell, J.,
29) [1895] 2 QB 550.

라서 *Nelson Line (Liverpool) Ltd. v. James Nelson & Sons Ltd.*사건[30]에서 운송인은 “보험에 의해 담보될 수 있는 모든 손해”에 대해서는 책임이 없다는 점을 명시하고 있는 운송계약조항에 의해 「묵시조항」은 배제될 수 없음을 판시하였다.

만약 「묵시조항」의 위반이 있었다면, 멸실 또는 손상이 실제로 선박의 「불감항성」에 기인한 것이 아닌 한 「운송인」은 어떤 원인에 의한 멸실 또는 손상에 대하여 운송인을 면책시키고 있는 「운송계약조항」에 의존할 수 있을 것이다. *The Europa*사건[31]에서 선박이 부두와 충돌하여 선박의 송수관이 부서졌다. 물이 화물칸의 상단부분으로 새어 들어와 그곳의 화물을 손상시켰다. 이 물은 보통 때는 선저(bilge)로 빠졌으나 배관상의 결함으로 실제로는 화물칸이 하단부분으로 새어 들어와 그곳의 화물을 손상시켰다. 「운송계약조항」은 충돌에 의한 멸실 또는 손상에 대하여 운송인을 면책시켰다. 선박은 배관상의 결함으로 인하여 「감항성」이 결여되어, 결국 이 「불감항성」은 상단의 화물에는 영향을 주지 않았으나 하단부분의 화물에는 선박의 「불감항성」으로 인한 충돌의 결과로서 손상되었다. 따라서 본건에서 「운송인」은 상단화물의 손상에 대해서는 「면책」이지만 하단의 화물에 대해서는 책임을 부담해야 한다고 판시하였다.

한편 「헤이그-비스비 규칙」상의 「감항성」의 요건을 보면, 항해개시 전과 개시시점에 선박의 「감항성」 유지나 선박 운항에 필요한 선원의 승선, 필수품의 보급 적절이나 또는 물품의 수령, 운송 및 보존을 위하여 화물칸을 적합하고 안전하게 하는 등을 하기 위하여 운송인에게 “상당한 주의”(due diligence)를 기울일 책임을 부과하고 있다. 이러한 「감항성」에 관한 규정은 그 효과에 있어서 「관습법」에 의해 적용된 것과 동일하다. 그렇지만 운송인의 책임은 선박이 「감항성」을 가지도록 하기 위하여 “상당한 주의”를 요구하는 것뿐이며, 그 요건이 「관습법」에서와 같이 절대적인 것이 아니라는 점이다.

여기서 운송인의 「상당한 주의의무」와 관련하여, *Riverstone Meat Pty Co. Ltd. v. Lancashire Shipping Co Ltd.*사건[32]에서, 선박수리공에 의해 고용된 기계조립공의 작업태만으로 물이 화물칸으로 새어 들어와 화물에 손상을 입혔다. 본건에서 이 상황에서는 운송인 스스로가 “상당한 주의”를 기울였다고 간주될 수 없음을 판시하였다.

---

30) [1908] AC 16.
31) [1908] P 84.
32) [1961] AC 807 : [1961] 1 All ER 496.

만약 선박이 「감항성」을 가지도록 「상당한 주의」를 기울이지 않았다면, 비록 멸실 또는 손상의 주요 원인이 선박의 「불감항성」에 기인한 것이 아니라면 운송인은 그 책임을 부담하지 않는 것이라고 하더라도, 운송인은 선박의 「불감항성」에 기인하는 모든 멸실 또는 손상에 책임을 져야 할 것이다. *Maxine Footwear Co. v. Canadian Government Merchant Marine* 사건[33]에서 운송인의 피고용인이 얼어붙은 배관을 녹이기 위해 아세틸렌 불(acetylene torch)을 잘못 사용하여 결국 선박이 화재로 폐기처분하게 되었다. 운송인은 그 자신이 잘못한 것이 아닌 한, 통상적으로 화재로 인한 멸실 또는 손상에 대해 책임이 없다.[34] 그러나 본건의 이 사고는 선박이 「감항성」을 가지도록 하기 위하여 「상당한 주의」를 기울이는데 실패한 것으로 입증되었으며, 따라서 물품에 손상을 입은 화주는 「운송인」에 대해 손해배상을 청구할 권리가 있다고 판시하였다.

선박의 「감항성」 결여에 대한 입증책임은 화주에게 있다. 선박이 명백한 이유도 없이 출항후 곧 침몰했다는 사실은 선박이 출항시 「감항성」을 결여하였음을 보여주는 증거로 간주될 수 있다.[35] 예컨대, 석탄을 적재한 선박이 화물이 거대하여 파나마 운하를 통과할 수 없었던 경우 선장이 화물적재에 과실이 있었다 할지라도 이러한 상태를 선박의 「감항성」 결여로 보지 않았던 판결이 있음을 볼 수 있다.[36]

그런데 선박의 「감항성」에 관한 운송인의 「주의의무」와 관련하여, 이는 영미 「보통법」에서부터 1893년의 미국 「하터법」과 「헤이그-비스비 규칙」에 이르기까지 일관되게 인정되어온 가장 기본적인 의무의 하나였지만, 새로이 제정된 「함부르크 규칙」에서는 이에 관해 따로 정한 바가 없다.[37] 즉, 「추정적 과실」(presumption of fault)에 바탕을 둔 「함부르크 규칙」 제5조 1항의 내용인 「책임의 일반원칙」(general rule on liability)에 「감항성주의의무」 외에도 운송물에 관한 의무까지의 2가지 주의의무가 포함되어 있으므로 따로 규정할 필요가 없다는 판단에 따른 것이다.[38] 결국 운송인의 감항성의무는 「함부르크 규칙」 제5조 1항의 「합리적인 조치」에 포함되어 있다.

---

33) [1969] AC 589 : [1969] 2 All ER 740.
34) Hague-Visby Rule, 제11조 2항(b).
35) *Ajum Coolam v. Union Marine Insurance Company*[1901] A.C. 362.
36) *Actis Co. v. Sanko Steamshio Co. The AQuacharm*[1981].
37) 임동철, 「해상법 · 국제운송법연구」, 진성사, 1990, p. 133.
38) M. J. Shah, *The Revision of the Hague Rules on Bill of Lading within the UN System-key Issues"*, Samir Mankabady, 「The Hamburg Rules on the Carriage of Goods by Sea」, A. W. Sijthoof-Layden/Boston, 1978, pp. 15～16.

## 2. 「이로」 및 지연

먼저 「이로」의 경우는, 통상의 항로를 이탈한 「해상운송인」은 계약이행을 거절한 것이며, 물품의 불법소유자로서 그 물품을 점유하고 있는 것으로 간주된다. 그러나 「해상운송인」은 ① 인명구조 또는 인명구조의 시도와, ② 선박과 화물의 긴급한 위험을 회피하기 위하여 통상의 항로를 이탈할 권리를 가진다.

「관습법」에는 선박은 합의된 항로로부터 또는 통상적인 항로로부터 또는 통상적인 항로가 없다면 직항로로부터 불합리하게 「이로」(deviation)하지 않아야 한다는 모든 해상물품운송계약에 적용되는 「묵시조항」이 있다.

이 조항은 묵시되어 있기 때문에 그것은 운송계약상의 「명시조항」에 의해 배제될 수 있다. 「감항성」에 관한 묵시조항과 같이 운송인을 그 책임으로부터 면제시키고 법원이 운송계약을 체결하는 당사자들의 목적을 존중하기 위해서는 그러한 「묵시조항」의 배제는 명확하게 하여야 한다.

따라서 법원은 목적항 이외의 다른 항구에 기항을 허용하는 조항은 통상적인 항로상에 위치하고 있는 항구만을 언급하는 것으로 받아 들여야 한다고 판시한 바 있다.[39] 예를 들어 선박이 해상에서 악천후를 만나거나 인명을 구조하기 위하는 것과 같은 합리적인 근거에 의한 「이로」(deviation)의 경우 「묵시조항」 위반의 문제는 없다. 그렇지 않고 해상에서 재산을 구하기 위한 「이로」의 경우는 「헤이그-비스비 규칙」에서는[40] 인정되고 있지만 「관습법」에서는 이를 허용하지 않는다.[41] 비자발적인 항로의 이탈은 「이로」가 아니다.[42]

화주의 입장에서 이 「묵시조항」의 중요성은 운송인에 의한 「묵시조항」의 위반에 관한 법률효과에 달려 있다. 자발적이고 정당하지 못한 「이로」는 운송계약의 본질적인 위반이다. 결과적으로 화주는 그 「운송계약」을 이행거절할 수 없으며, 만약 화주가 이행거절한다면 운송인은 멸실 또는 손상의 책임으로부터 자신을 보호해주고 있는 「운송계약」상의 모든 면책이익을 상실한다. 다만 「타인운송인」(common carrier)이 이용가능한 면책이익은 제외되지만 타인운송인도 「이로」가 없었다고 하더라도 멸실·손상이 발생하였을 것임을 입증할 수 있을 때에만 자신이 항변할 수 있는 길이 열려 있다.[43]

---

39) *Leduc & Co. v. Ward* [1888] 20 Q.B.D. 475, 57 L.J.Q.B. 379.
40) Hague-Visby Rule, 제11조 2항(b).
41) *Scaramango v. Stamp*[1880] 5 CPD 295.
42) *Rio Tinto Co. v. Seed Shipping Co.*[1926] 42 식 381.

이러한 규칙의 엄격성에 대한 대표적 사례인 *Joseph Thorley Ltd. v. Crchis SS Co.*사건[44]에 의하면, 사이프러스(Cyprus)에서 런던으로 화물을 운송하는 선박이 항해 초기에 동지중해에 있는 항구로 「이로」하였다. 선박이 런던(London)에 도착하였을 때에는 화물을 양하하는 선내하역인부(stevedores)의 태업으로 화물이 손상되었다. 화주가 손해배상을 청구하였을 때 「운송인」은 그 손해에 대해 운송인을 면책시키는 운송계약상의 조항을 들어 이에 항변하였다.

본 건에서 선박이 「이로」하였기 때문에 화주는 이행거절할 수 있었으며, 선박이 동지중해에서 이로하지 않았다하더라도 런던에서 선내하역인부에 의한 손해가 발생하였을 것임을 운송인이 입증할 수 없는 한, 「운송인」은 면책이익을 향유할 권리가 없음을 판시하였다.

이에 대해 화주는 운송계약을 이행거절하여야 하는 것은 물론 아니다. 화주는 명시적으로 또는 묵시적으로 「묵시조항」의 위반에 대한 권리를 포기할 수 있지만, 그러한 권리포기는 「이로」를 알지 못하고 선하증권을 취득하는 선하증권의 다음 피배서인의 권리에는 영향을 미치지 못한다.

「헤이그-비스비 규칙」에서는,[45] 해상에서 인명이나 재산을 구조하거나 또는 이를 위한 모든 「이로」 또는 모든 합리적인 「이로」는 동 규칙의 또는 운송계약의 위반으로 간주되지 않으며, 「운송인」은 그에 따른 모든 멸실 또는 손상에 대해 책임이 없다.

하지만 「이로」했을 때 「운송인」이 어떤 원인으로 물품이 손상되었는지를 밝힐 수 있다면 이에 대한 책임을 부담하지 않을 수 있다. 예를 들면, 운송인이 항로를 이탈하고 있는 동안 물품 「고유의 하자」(inherent vice or nature, 내재적인 성질)에 의해 과일이 부패한 경우,[46] 운송인은 항로의 이탈로 인해 지연이 되고, 이 지연으로 인해 과일의 부패정도가 더욱 악화되었다면, 더욱 악화된 손실(추가 손상) 부분에 대해서만 책임을 진다. 왜냐하면 항로를 이탈하지 않았더라도 물품 「고유

43) *Internationale Guono en Superphosphoot-Werken v. Mocandrew & Co.*[1909] 2 KB 360 사건에서의 판시임.

44) [1907] 1 KB 660.

45) Hague-Visby Rule, 제Ⅳ조 4항.

46) 화물고유의 하자 및 성질(inherent vice or nature)에 의한 손해와 관련한 문제는 주로 적하 및 운송보험에서 다루어지는데, 포장의 불비나 결함도 화물 자체의 고유의 하자로 취급되고 있다. 고유의 하자 및 성질로 부터 생긴 손해에 대한 면책규정은 원칙적으로 감항규정이라고 할 수 없으므로, 특약에 의하여 이러한 위험을 담보할 수 있다. 적하보험에서는 석탄의 자연발화의 위험을 명시하여 담보하고 있는 예도 있다.

의 하자」로 인해 과일의 부패는 불가피했던 것이 자명한 사실이기 때문이다.

한편 동 규칙은 운송계약에 대한 모든 불합리한 「이로」의 법률효과에 관해 별다른 규정을 두고 있지 않으며, 따라서 「관습법」상의 법률효과와 같은 입장이다. 「이로」는 해상운송계약의 위반이 된다는 사실과 함께 명시적 또는 묵시적으로 물품이 특정항로를 통해 운송할 것을 합의한 매도인에 의한 매매계약의 위반에 해당된다. 이 경우 매매계약의 위반에 관한 법률효과는 「물품매매법」에 의해 결정될 문제이다.

특히 미국법원이 화주에게 운송계약을 「이행거절」할 수 있는 권리를 부여하는 독단적인 갑판적재와 같은 운송계약의 모든 중대한 위반을 의미하는 매우 광범위한 의미로서의 「이로」란 용어를 채택하고 있는 점은 특기할 일이다.

다음으로 「자연」의 경우, 「관습법」에 의하면 항해는 부당한 「지연」없이 수행되어야 한다는 운송인에 대한 「묵시조항」이 있다. 많은 경우에 있어서 「지연」은 이로에 해당된다.47) 「헤이그-비스비 규칙」은 이 점에 대해 아무런 규정도 두고 있지 않다.

## 3. 화물에 대한 주의의무

「관습법」상의 선주의 지위는 「타인운송인」(common carrier)이거나 또는 타인운송인과 같은 지위를 가지는 것 같다. 「선주」는 멸실 또는 손상이 천재지변(act of God) 또는 적대행위(act of the Queen's enemies) 또는 「화물고유의 하자」에 기인한 것이 아닌 기본적으로 과실에 관계없이 자신의 관리 하에 있는 화물에 대한 멸실 또는 손상에 대해 책임이 있다. 이와 같은 기본적인 지위는 제정법에 또는 특정원인에 의해 발생하는 멸실 또는 손상으로부터 운송인을 「면책」시키는 명시조항을 운송계약에 삽입함으로써 변경되고 있다.

이러한 광범위한 책임배제에 관한 관행은 결국 「헤이그 협약」과 규칙을 성립시켰지만, 이는 운송인에게 특정의 책임을 면제시켰으나 다른 책임에 대해서는 면제를 금지시켰다. 특히 「헤이그 규칙」과 이를 개정한 「헤이그-비스비 규칙」은 「단일책임원칙」(single basis of liability)을 정하지 않고 있다. 즉, 「면책」은 운송계약에서 보편적으로 이용되고 있는 단서조항에 근거하고 있으며, 이는 오히려 다양성을 내포하고 있다. 이후 특히 이 문제로 인해 「함부르크 규칙」을 탄생시킨 동기를 제공하게 되었다.

---

47) *The Patria*[1871] LR 3 A&E 436.

「헤이그-비스비 규칙」 제3조 2항에 의해서, 운송인은 물품의 선적, 취급, 적부, 운송, 보관 및 양하를 "적절하고 주의깊게"(properly and carefully) 하여야 한다. 특정의 경우에 운송인이 그렇게 주의깊게 하였는지의 여부는 「사실의 문제」(a question of fact)이다. 여기서 "적절하게"란 *Albocora STL v. Westcott and Laurance Line* 사건[48]에서 사법적 고려(judicial consideration)를 받았는데, 본건에서 「운송인」에게는 알려지지 않은 소금에 절인 생선인 화물은 냉장이 필요하였다. 운송인은 그 화물을 엔진과 보일러실에서 멀리하여 선적하라는 것만 지시받았다. 운송인은 이를 지켰으나 그 생선은 부패하였다. 상원(The House of Lords)은 운송인이 그 화물을"적절하게" 운송하였다고 판시하였다. 이 「적절하게」는 합리적인 운송인이 물품에 대해 어떤 조치를 취했을 그러한 정도의 분별로 생각되는 정상적인 방법에 따르는 것을 의미하였다.

"운송인은 … 선적하여야 한다."는 규정은 모든 상황에서 물품을 선적할 의무를 운송인에게 부여하는 것은 아니다. 물품을 선적하여야 할 당사자는 개별계약에서 결정할 사항이며 또 국내법규나 항구의 관습에 따라 결정될 수도 있다. *Pyrene Co. v. Scindia Navigation Co.* 사건[49]에서, "운송계약의 전반에 대해서는 헤이그 규칙이 적용되지만, 운송인의 의무란 테두리 내에서 적재와 양하가 이루어지는 범위는 당사자들이 스스로 결정할 사항으로 남아 있다."는 점을 언급하였다.

그러나 「운송인」의 책임과 관련하여 「헤이그-비스비 규칙」에서는, 「운송인」은 다음의 사유, 즉 선박의 항해 또는 그 관리 등에 기인한 화물의 멸실 또는 손상에 대해 책임이 없다.[50] 그러나 만약 「운송인이 선박의 「감항성」을 가지도록 하기 위하여 상당한 주의를 기울이지 않았고, 멸실 또는 손상이 이러한 「불감항성」에 기인한 것이라면 운송인은 이러한 「면책사항」을 이용할 수 없을 것이다.

따라서 운송인의 「면책」에 있어서, 예를 들어 해상의 화재 또는 위험 및 사고의 경우 이들은 해상운송 중에 발생하기 쉬운 위험들로서, 면책범위에 들기 위해서는 그 멸실 또는 손상이 통상적인 풍파(風波)작용을 능가하는 것에 기인하였음을 입증하여야 한다. 그 사고에 관하여 우연성의 요소가 있어야 하며 예측하고 이어 대비하였어야 하는 사고의 통상적인 과정에서 발생된 것이 아니어야 한다. 비록 「해상고유의 위험」(perils of the seas)이 멸실 또는 손상의 직접적인 원인이 아니

48) [1966] 2 Lloyd's Rep 53.
49) [1964] 2 QB 402 : [1964] 2 All ER 158.
50) Hague-Visby Rule, 제Ⅳ조 2항.

었다하더라도 운송인은 이러한 면책사항에 의해 보호받을 수 있다.

*The Thrunscore*사건[51]에서 폭풍우가 있는 동안 화물에 해수의 유입을 막기 위하여 통풍장치를 막았다. 이로 인해 통풍이 불충분하게 되고 이는 결국 엔진을 과열시켜 화물에 손상을 입혔다. 본건에서 그 손해는 「해상고유의 위험」에 기인한 것으로 판시하였다. 반면에 *The Torenia* 사건[52]에서는 선박이 쿠바에서 덴마크로 항해 중에 통제불능의 누수현상이 발생하여 화물과 함께 선박이 침몰되었다. 「해상고유의 위험」이 그 손해에 관한 현실적인 원인이었지만 가장 중요한 원인은 출항 당시에 존재한 "부식"이었으며 이는 「상당한 주의」를 기울임으로써 발견될 수 있었던 것이다. 따라서 그 선박의 「감항성」이 결여되었고 운송인은 면책이익을 주장할 수 없었다.

## 4. 화물의 양륙

적재에서와 같이 화물의 「양하」와 관련된 책임 역시 운송계약과 관련 항구의 규칙 및 관습에 의해 지배된다. 「양하」가 운송인의 책임에 속한다면 「헤이그-비스비 규칙」이 적용되는 한, 동 규칙상의 「면책조항」을 조건으로 하여 그 화물을 적절하고 주의깊게 양하하여야 한다.

「운송인」은 선박이 물품을 「양하」할 준비가 되어 있다는 것을 수하인에게 통지할 일반적 의무는 없지만,[53] 이러한 의무는 「운송계약」 또는 항구의 관습에 의해 「운송인」에게 부과될 수 있다. 통상 선하증권 상의 「착하통지처」(notify party)의 난에 「수하인」 이름을 기재하는데, 운송인은 그 「수하인」에게 화물의 도착을 통지해 주어야 한다.[54]

이상에서와 같이 운송인이 「이로」 이외의 방법으로 「개품운송계약」을 위반하였다면 이는 계약의 「이행거절」이며, 「이로」의 경우에서와 같이 물품의 불법소유자로서 그 물품을 점유하고 있는 것이 된다. 즉, 「송하인」의 명시적 또는 묵시적 동의없이 물품을 「갑판상」(on board)에 적재하였다면, 이는 「개품운송계약」의 이행거절로 간주되며, 이때 「운송인」은 물품의 불법소유자로서 물품에 대한 모든 멸실 및 손상에 대해 책임을 부담한다.[55]

---

51) [1987] P 301 : *Canada Rice Mills v. Union Marine*[1941] AC 55 참조.
52) [1983] 2 Lloyd's Rep 210.
53) *Nelson v. Dohl*[1879] 12 Ch D 568.
54) *E Clemens Horst Co. v. Norfolk and North American SS Co.*[1906] 11 Com Cas 141.

## 3.3 송하인의 책임

운송계약애서 「송하인」(shipper)은 당연히 계약상의 의무를 부담하여야 한다. 이하에서는 운임과 위험물을 중심으로 살펴본다.

### 1. 운 임

「운송인」은 자신의 선박으로 운송하는 물품에 대하여 「운임」(freight)을 받을 권리가 있으며 이에 대해 「송하인」은 운임을 지불할 의무가 있다.[56] 일반적 관행에 의하면 「운임」은 선불로(prepaid)하고 있으며 선박과 화물이 해상에서 멸실되더라도 이를 반환받을 수 없다. 화물이 충분한 여유를 가지고 약속한 항구에서 양하될 수 없다면 「운송인」은 그 화물을 다른 항구로 운송하여야 하는데 이러한 경우에 「반송운임」(back freight)이 지급된다.

1992년 「해상물품운송법」 제3조 1항에 따라 모든 「운임」을 지급할 책임은 선하증권의 피배서인에게 이전되지만, 동법 제3조 3항에 의해 그 책임 또한 원송하인에게 남게 된다. 「운송인」은 운임을 지급받기 위해 화물에 대한 「유치권」을 가지며, 이 「유치권」(lien)은 그것이 포기되거나 또는 운송인이 물품의 현실적 또는 추정적 점유와 분리될 때까지 존속된다.[57]

물품이 멸실 또는 손상에 관하여 운송인에 대해 「손해배상청구권」을 가지고 있는 화주는 자신의 손해배상청구금액을 당연히 지급하여야 할 「운임」에서 이를 공제할 수 없다. 「운임」에서 공제를 금지한 이 원리는 명백히 확립된 원리이다. 즉, 화주는 「운임」을 지급하고 나서 멸실 또는 손상에 관한 소송을 제기하여야 한다.[58]

### 2. 위험물

통상 「위험물」(dangerous goods)이란 인화성, 폭발성, 방사성, 부식성, 가해성, 유독성 또는 위험성이 있는 운송물로서, 그 물품자체가 어떤 위험성을 가지고 있으므로 운송, 보관 및 취급에 있어서 인명이나 재산에 대한 안전상 특별한 규제를 두어 충분

---

55) *Royal Exchange Shipping Company v. Dixon*[1886] 12 App. Cas. 11.
56) *Fox v. Nott*[1861] 6 H. & N. 630.
57) D. M. Day, *op. cit.*, p. 37.
58) *Dakin v. Oxley*[1864] 15 CBNS 646.

한 관리를 하지 않으면 안되는 물질을 말한다.[59] 즉, 가연성, 폭발성 또는 부식성이 있는 물품은 분명히 위험물이지만 물품의 성질 이외에도 물품은 위험할 수 있다.[60]

이러한 「위험물」에 대해 「관습법」상에서는 물품이 성질을 운송인에게 명시적으로 통지함이 없이 「위험물」을 선적하지 않는다고 하는 송하인의 「묵시조항」이 있다. 다만 운송인이 「위험물」이라는 것을 알고 있거나 또는 알았어야 하는 경우는 예외이다.[61]

*Mitchell, Cotts & Co. v. Steel Bros & Co.*사건[62]에서 화물인 "쌀"이 파라에우스(Piraeus)로 운송하기 위해 선적되었다. "쌀"이 양하될 당시에 영국정부의 허가에 의해서만 양하가 가능했으나 송하인은 이를 알고 있었지만 합리적으로 아는 것을 기대할 수 없었던 운송인은 이를 모르고 있었다. 본건에서 이러한 상황에서 그 "쌀"은 「위험물」이며 송하인은 선적에 기인한 지연에 관하여 「운송인」에 대해 책임이 있었음을 판시하였다.

「헤이그-비스비 규칙」에 의하면,[63] 운송인 또는 그 대리인은 「위험물」이 자신의 인식과 동의없이 선적된다면 아무런 보상없이 그 「위험물」을 양륙, 파괴 또는 무해(無害)하게 조치할 수 있으며, 그리고 「송하인」은 이러한 「위험물」의 선적으로 인해 발생된 모든 손해와 경비에 대해 책임이 있다. 비록 「위험물」이 운송인의 인식과 동의하에 선적되었다고 하더라도 「공동해손」이 적용되는 경우를 제외하고는 「운송인」은 필요하다면 책임을 부담함이 없이 같은 형태로 그 「위험물」을 조치할 수 있다.

## 제4절 해상운송계약실무

### 4.1 해상운송계약의 형태

「해상운송계약」이란 당사자의 일방(해상운송인)이 상대방에 대하여 선박에 의한

59) 이종인, 「해운실무」, 한국해양대학해사도서출판부, 1985, p. 329.
60) D. M. Day, *op. cit.*, p. 37.
61) *Brass v. Maitland*[1856] 26 IJQB 49.
62) [1916] 2 KB 610.
63) 「헤이그-비스비 규칙」, 제Ⅳ조 6항.

물건 또는 여객의 해상운송을 인수하고 상대방(송하인 또는 용선자)은 이에 대하여 보수를 지급할 것을 약정함으로써 성립하는 계약이다. 이 중 물건의 운송을 인수한 계약을 「해상물건운송계약」이라 하고, 여객의 운송을 인수한 계약을 「해상여객운송계약」이라 한다.[64] 국제운송은 본래 무역상품의 운송을 대상으로 하는 것이므로 이 중 「해상물품운송계약」이 그 대상이 되며, 보다 엄밀히 말하면 「국제해상물건운송계약」이 중심이 된다. 따라서 단순히 해상운송 또는 해상물품운송계약이라고 할 때에는 항상 국제 간에 걸친 물품의 운송을 전제로 한다.

수출업자가 계약에 의하여 화물을 해상운송하는 경우 송하인으로서 선박회사와 운송계약을 체결하게 되는데, 이 「운송계약」에는 크게 개품운송계약과 용선운송계약으로 구분된다.

또한 「용선운송계약」은 전부용선(whole charter)계약과 일부용선(partial charter)계약으로 그리고 전부용선계약은 다시 정기용선계약과 항해용선계약으로 분류할 수 있다. 그리고 송하인은 화물의 수량이나 항로사정 등을 감안하여 그 화물운송에 적합한 운송계약을 체결하게 된다.

[그림 11-1] 해상운송계약의 분류

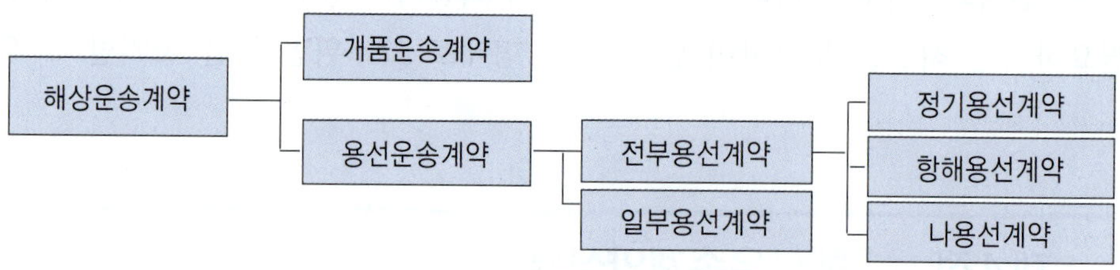


## 4.2 개품운송계약

「개품운송계약」(contract of affreightment)이란 선주가 다수의 송하인으로부터 물품을 수집하여 이를 목적항 및 물품의 특성에 따라 분류한 뒤 선박에 각종의 물품을 혼재하여 운송하는 계약을 말한다. 통상 개품운송은 「정기선」(liner)을 이용하며, 대형선박이 그 주를 이루고 있다.

64) 정희철 · 양승규, 「보정 상법학원론」(하), 박영사, 1986, pp. 188~226 참조.

원래 「운송계약」은 낙성계약으로서 요식계약이 아니므로 운송계약서를 반드시 작성하여야 하는 것은 아니다. 특히 「개품운송」의 경우에는 계약절차를 간소화하기 위하여 통상 운송계약서는 작성하지 않고 간단한 「선복신청서」(Shipping Request)를 작성하여 선박회사에 제출하고, 선박회사가 「선복예약서」(Booking Note)를 발행하면 이로써 「운송계약」이 체결된 것으로 본다.

「개품운송」의 경우, 약정기일에 운송계약에 따라 송하인이 계약물품을 선박회사에 인도하면 선박회사나 선적브로커 또는 운송인의 대리인들은 「선하증권」에 서명하고는 동 서류를 송하인 혹은 그의 대리인에게 발행한다.[65] 송하인이 선적을 목적으로 운송인에게 물품을 인도하였으나, 아직 선적되지 아니하였을 경우 「수취선하증권」(Received B/L)이 발행되며, 물품이 실제로 선박에 적재되었을 경우에는 「선적선하증권」(Shipped B/L)이 발행된다. 이러한 「선하증권」은 국제매매거래에서 중요성을 가지는데 다음과 같은 세 가지의 기능을 담당하고 있다. 즉, 선하증권은 이미 체결된 운송계약의 증거이며 물품의 수취증이고 또 물품에 대한 권리증권인 것이다.[66]

물품에 대한 「권리증권」(document of title)이라 함은 물품의 소유권이 「선하증권」의 양도, 혹은 배서 및 양도에 의하여 당사자 일방으로부터 타인에게로 이전될 수 있음을 의미한다. 그러므로 「선하증권」은 운송 중인 물품의 인도 혹은 매매에 사용될 수 있으며 또는 물품을 확보하는데 필요한 담보로서도 이용되고 있다.

「선하증권」의 양도는 그 양수인에 대한 물품이 「소유권」 이전에 추가하여 그 양수인에게 선하증권에 의해 입증되는 운송계약상의 모든 권리와 의무가 동시에 이전된다는 사실이다. 이러한 계약상의 권리와 의무의 이전은 「보통법」상에서는 불가능하였으며, 1855년 「선하증권법」(The Bill of Lading Act, 1855) 제1조에 의해 처음으로 가능하게 되었다. 이 규정에 의하면, 보통 선하증권의 매수인은 선하증권이 관계하는 물품의 법적권리는 물론 운송계약 하에서의 권리와 의무까지 양도받게 되므로, 원래 송하인이 가졌던 운송인에 대한 「제소권」(the rights of action)도 행사할 수 있게 되는 것이다.

65) 선하증권은 보통 세트(set)로 발행되고 그 각각에는 번호가 매겨지며, 또한 그 각각이 법적일 경우 그 세트 중 하나를 제시하는 어느 당사자에게 「운송인」이 화물을 인도해 주어도 이후 그에 따른 모든 책임에서 면제된다.

66) 해상운송계약에서 개품운송계약과 선하증권에 대한 자세한 내용은 윤광운 · 김철수, 「무역실무」, 전게서, p. 443 이하 참조.

그러니 동법은 선하증권의 「소지인」에 대한 권리와 의무의 이전을 선하증권의 "배서에 의해"(upon or by reason of) 그 「소지인」이 물품의 소유권을 획득하였는지의 여부와 연계시키고 있다. 특히 「선하증권」이 그 소지인에게 양도되기 전이나 또는 그 후에[67] 선하증권의 「소지인」이 물품의 소유권을 획득하게 되는 경우가 허다하게 있으며 또는 선하증권의 「소지인」이 전혀 물품의 소유권을 획득하지 못하는 경우도 있다.[68] 이러한 경우에 「선하증권」의 양도는 소유권의 이전과 관련하여 인과관계가 없기 때문에 선하증권의 「소지인」은 비록 그가 손해를 입었다고 하더라도 운송인에 대한 소송권을 갖지 못한다.

한편 「정기선」에 의한 일반화물의 운송은 선적항에서 목적항까지 운송물품을 적재한 선박이 직행하는 「직항운송」 방식을 취하고 있는 것이 대부분이며 이러한 선박을 「직항선」(direct steamer)이라고 한다. 그러나 직항선이 없는 때에는 운송 중 중계항(transit port)에서 타선에 환적(transhipment)되어 목적지항까지 일관운송되는 「통운송」(through transport)이 있다. 이 경우 물품은 당초 선적할 당시의 「최초의 운송인」(the first carrier)이 발행한 선하증권(B/L)에 의하여 전운송구간을 포괄하게 되며 이러한 「통운송」을 위하여 발행된 선하증권을 「통선하증권」(Through B/L)[69]이라고 한다.

1970년대에 와서 컨테이너의 출현으로 개품운송도 「컨테이너운송」을 이용하게 되자 이제는 단순한 해상운송에 그치는 것이 아니라, 해상운송인의 책임 하에서 수입항에 양륙된 컨테이너를 다시 내륙운송수단에 적재하여 최종목적지까지 일관수송하는 방식이 나타나게 되었다. 이러한 이종의 운송수단(different modes of transport)에 의한 일관수송을 「복합운송」(combined or multimodal transport)이라고 하여, 단지 두 개 구간에 한하지 않고 「제3국」을 통하는 국제복합운송이 행하여지게 되었다.

---

67) *The Delfini*[1990] 1 Lloyd's Rep. 252.

68) *The Aramis*[1989] 1 Lloyd's Rep. 213.

69) 「통선하증권」(through B/L)은 일반적으로 이것을 발행한 "첫 번째 운송인"(the first carrier)만이 서명하여 발행되므로 참가운송인은 자기 담당구역에 대하여 별도의 독립적 또는 연대책임을 지는 것이 아니고 「첫 번째 운송인」이 전구간에 걸쳐 단독으로 책임을 진다. 통운송의 경우 「첫 번째 운송인」이 「통선하증권」을 발행한 경우에도 후속선사가 각자의 담당 운송구간 선하증권을 별도로 발행하는 경우도 있다. 이것을 「Local B/L」이라 하며 수하인은 통선하증권을 발행한 선사에 제출하여 이와 상환으로 「Local B/L」을 발급받고 이것을 후속회사에 제시함으로써 D/O를 발급받아 물품을 청구하게 된다. 「Local B/L」에서는 「첫 번째 운송인」이 송하인 또는 수하인이 되는 것이 특징이다.

## (예시 11-1) 해상선하증권

REVISED

Shipper
SHANGHAI PENGCHEN FIRE-FIGHTING EQUIPMENT CO.,LTD
TEL:59900279 FAX:59901846

ASIA STAR GLOBAL LOGISTICS

Forwarding Agent
RM 2002,GANGTAI PLAZA,NO.700 EAST YAN'AN RD.
SHANGHAI, CHINA
TEL:86-21-63523545 FAX:86-21-63523547

Consignee
FORMERLY NATIONAL FEDERATION OF FISHERIES COOPE 11-6
SHINCHUN-DONG SONGPA-KU SEOUL,KOREA,REPUBLIC OF KR

Country of Origin
CHINA

Export Reference

Notify Party
HANKOOK FIRE EXTINGUISHERS CO.,LTD
1155 JUNGLEE-DONG,SEO-GU,TAEGU,KOREA
TEL:+82-53-5642201 FAX:+82-53-558-3733

Delivery Agent
WOOJIN GLOBAL LOGISTICS CO.,LTD.
Floor 7, Dongsung Bldg., 17-7 Ka, Namdaemoon-roChung-Ku,
Seoul, Korea
TEL:02-37063479 FAX:02-7566970
CONTACT:MS YURI

| Pre-carriage by* | Place of Receipt | Booking Number | B/L Number |
|---|---|---|---|
| | | | ASSH08060286 |
| Vessel/voyage | Port of Loading | Freight Payable at | Lot. Number |
| GOLDEN COMPANION 830N | SHANGHAI,CHINA,PORT | | LOTE08060286 |
| Port of Discharge | Port of Delivery | Combined transport-onward carriage by* | |
| BUSAN KOREA PORT | BUSAN KOREA PORT | | |

| MARKS AND NUMBERS | NO. OF PKGS | DESCRIPTION OF PACKAGES AND GOODS | GROSS WEIGHT | MEASUREMENT |
|---|---|---|---|---|
| N/M | 650<br>BAGS | SHIPPER'S LOAD,COUNT & SEAL<br>(1X40'GP) CONTAINER S.T.C.<br>PU LINED FIRE HOSE | 11,450.00KGS | 43.00CBM |
| CONTAINER/SEAL NO.:<br>DJLU4502358/036499 | | | | |

ON BOARD DATE
2008-6-27

CY-CY 1X40'GP

FREIGHT COLLECT

SAY SIX HUNDRED AND FIFTY BAGS ONLY

| FREIGHT RATES, CHARGES, WEIGHTS AND/OR MEASUREMENTS SUBJECT TO CORRECTION | PREPAID | COLLECT | CURRENCY |
|---|---|---|---|
| | AS ARRANGED | | |

These Commodities,Technology or Software were exported from the United States in Accordance with the Export Administration Regulations Destination Taiwan ROC Diversion Contrary to U.S. Law Prohibited

IN ACCEPTING THIS BILL OF LADING the shipper, the consignee and owner of the goods agree to be bound by all of its stipulations, exceptions and conditions whether written, printed, or stamped on the front or back hereof and local customs or privileges to the contrary notwithstanding
IN WITNESS WHEREOF undersigned signing on behalf of
ASIA STAR GLOBAL LOGISTICS CO.,LTD. Has signed three (3) bills of lading, all of these tenor and date one of which being accomplished the others to

By: ASIA STAR GLOBAL LOGISTICS CO.,LTD.

TOTAL PREPAID

TOTAL COLLECT

Date at JUN.27,2008 SHANGHAI

이와 같이 하나의 「운송계약」 하에서 “복수의 운송인”이 관여하는 운송을 「통운송」이라고 하여 복합운송도 역시 「통운송」의 일종이다. 각 운송구간에 동일운송수단(single mode of transport)에 의한 통운송을 「단순 통운송」이라고 부르고 이때의 통선하증권(through B/L)을 「환적선하증권」(transshipment B/L)이라고 하는데 반하여, 복합운송의 경우에 통운송증권을 「복합운송증권」(combined transport document)이라고 한다.

## 4.3 용선계약

### 1. 용선계약의 의의

「용선계약」은 주로 특정항해 또는 기간단위로 선박전체를 임대하는 계약으로서 국제무역에서 중요한 역할을 담당하고 있다. 곡물 · 설탕 · 원유 · 석탄 및 철광석 같은 화물이 거의 대부분 용선계약에 의해 운송되고 있다. 「용선계약」에 관한 법적 규제는 그 내용이 방대하고 복잡하며 따라서 이하에서는 무역매매와 관련한 특정적 면을 중심으로 개설적인 검토에 한정하고 있다.

「용선운송계약」(charter party)은 대량화물을 운송하는 경우, 특정 항해구간 또는 특정기간 동안에 대하여 선복의 전부 또는 일부를 일정조건하에서 임차하는 운송계약을 말한다. 이 경우의 송하인은 용선계약자가 되며, 또 송하인과 선주와의 관계는 이 용선계약에 의해 규제받는다. 「용선계약」에는 주로 「부정기선」(tramper)이 이용된다. 「부정기선」은 「정기선」(liner)에 비하여 상대적으로 중형 또는 소형선박인 경우가 많으며, 일반화물선 외에도 특수화물을 위한 「전용선」[70]이 구비되어 있다.

「용선계약」의 체결은 먼저 화주가 운송에 필요한 부정기선 선복을 수배하여 운송인(선박회사 또는 operator)과 직접 교섭하는 경우도 있으나, 통상은 「용선중개인」(chartering broker)을 통하여 교섭하는 것이 보통이다. 즉, Broker가 선복의 이

70) 부정기선에 이용되는 특수전용선으로 원유 · 중유 · 휘발유 등을 수송하는 유조선(oil tanker), 과일 · 생선 등을 수송하는 냉동선(refrigurated ship), 목재전용선(lumber carrier), 자동차전용선(car carrier) 및 곡물전용선 등이 있다. 그리고 Tanker에는 중유 및 원유를 수송하는 Dirty Tanker와 휘발유 · 석유 · 경유 · 윤활유 등을 수송하는 Clean Tanker 등이 있다. 「전용선」(specialized vessel)에는 특정종류의 화물의 운송에 적합한 여러 특수한 시설이 갖추어져 있다. 「전용선」은 그 대상화물에 관한 일반화물선에 비해서 운송비용의 감소와 운송의 질적 향상을 가져올 수 있다.

용자를 찾는 선주(operator)와 화물운송을 위해 선복을 필요로 하는 화주 사이에서 이를 중개하는 것이 일반적 형태라고 할 수 있다.

화주로부터 화물, 수량, 운임 등 모든 조건에 적합한 선박의 주선을 의뢰받은 「중개인」은 화주의 요구조건과 이 조건에 적합한 선박의 유무를 선박회사에 「조회」하게 된다. 조회를 받은 선박회사는 화주의 조건을 검토하여 화주에게 용선계약 체결을 신청하게 되는데, 이것이 선복을 위한 「확정청약」(firm offer)이다.

그러나 선박회사가 제시한 확정오퍼의 제조건에 대하여 화주가 일부를 수정하여 수락하고자 할 때, 이 화주가 발행하는 청약을 「반대청약」이라고 한다. 그런데 선박회사가 제시한 유효기간 이내에 화주가 그 확정청약을 승낙하는 의사를 표시하면 용선계약이 마침내 성립하게 되며, 그 증빙서류로 「선복확약서」(Fixture Note)를 작성하고, 이어서 정식의 「용선계약서」(Charter Party ; C/P)를 작성한다. 「용선계약서」(C/P)는 선주(operator)와 화주가 각각 서명하여 원본(original)은 통상 선주가, 또 부본은 화주가 이를 보관하게 된다.

그리고 「용선계약서」의 기재사항에 관한 별도의 규정은 없고 화주와 용선계약자 간에 용선조건을 자유로이 정한다. 이러한 「용선계약서」(C/P)는 우리나라 「상법」 제781조상의 운송계약서이며, 용선계약의 성립 및 그 내용을 증명하는 증거증권으로서,71) 「선하증권」과는 달리 운송계약의 증거서류에 불과하다.

이상에서의 개품운송계약과 용선운송계약의 특징을 비교하여 보면 상기의 〈표 11-2〉와 같다.

**표 11-2 개품운송계약과 용선운송계약의 비교**

| 구 분 | 개품운송계약 | 용선운송계약 |
|---|---|---|
| 거래내용 | 선주는 다수의 화주로부터 위탁받는 개개화물의 운송을 인수한다. | 선주는 특정의 상대방과 특약하여 선복을 빌려주어 운송을 인수한다. |
| 선 박 | 정기선(Liner) | 부정기선(Tramper) |
| 화 주 | 불특정 다수화주 | 특정 화주 |
| 화 물 | 잡화와 같은 비교적 적은 화물 | 대량살물적화물(원유, 철광석, 석탄, 곡물 등) |
| 계 약 | 선하증권(Bill of Lading ; B/L) | 용선계약서(Charter Party ; C/P) |
| 운 임 률 | 공시운임률(Tariff Rate) | 수급에 의한 시세(Open Rate) |
| 운임조건 | Berth Term(Liner Term) | FI, FO, FIO |

71) 이균성, 「신체계 해상법강론」, 한국해운기술원, 1988, p. 185.

## 2. 용선계약의 형태

용선계약은 크게 나누어 선박전체를 빌리는 「전부용선계약」(whole charter)과 선박의 일부만을 빌리는 「일부용선계약」(partial charter)으로, 「전부용선계약」은 다시 항해용선계약, 기간용선계약 및 나용선계약 등으로 나눌 수 있다. 또한 항해용선계약의 변형으로 선복용선계약(lump sum charter)과 일대용선계약(daily charter)이 있다. 이 중 「항해용선」은 무역업자가 하는 것으로 운임은 적입된 수량에 따라 계산되지만, 「기간용선」이나 「나용선」은 선박회사가 주로 다른 선주로부터 용선하는 운송인용선의 경우에 사용되고 있다.

### 1) 항해용선계약

「항해용선계약」(voyage charter)은 어느 항구에서 어느 항구까지의 일 항차 또는 수개항차에 걸쳐 「용선자」인 화주와 선박회사 사이에 체결되는 운송계약을 말한다. 즉, 선주는 명시된 시기 또는 합리적인 시기 이내에 명시된 항구에서 선박을 제공하는 것에 합의하고 있다. 선주가 이를 태만히 한다면 「취소약관」(cancelling clause)에 의해 「용선계약자」는 통상적으로 용선계약을 해제할 권리를 가진다. 그리고 선주는 물품을 계약목적항까지 운송하는 것에 합의하고 있다.

이에 대해 「용선계약자」는 한 선박분의 화물을 제공하고, 이 화물을 선측에 인도하며 또한 화물이 명시된 시기 내에 선적될 수 있도록 준비하는 것에 합의하고 있다. 선주는 운송된 화물량에 따라 운임을 받는다. 만약 화주인 용선계약자가 화물이 "만선이 되도록" 선적하지 못한다면 선주는 그 부족분에 대해 「부적운임」(dead freight)을 부과할 수 있다.[72] 화주가 선주에게 지급하는 「용선료」는 적하의 톤당 금액을 기준으로 한다. 이와 같이 일정한 항해를 기초로 한다는 점에서 기간용선계약이나 나용선계약과 다르다.

대개의 화물선은 그 운항에 많은 비용이 소요되고 운항수명이 비교적 짧다는 점을 감안할 때 최대한의 운임을 얻기 위하여 선박을 가능한 한 계속적으로 운항시키는 것을 불가피하다. 이는 화물이 적재·양화되는 되는 동안 선박을 놀려 두는 시간을 최소화시켜야 한다는 것을 의미한다. 따라서 용선계약은 「정박일」(lay days)로 불려지는 적재와 양하 작업에 소요되는 총기간을 정하고 있으며 또 정박일을 초과한 일수에 대해 「체선료」(demurrage)로 불려지는 합의된 손해배상의

72) D. M. Day, *op. cit.*, p. 40.

총액을 보편적으로 규정하고 있다. 통상 「체선료」가 지급될 수 있는 기간이 명시되고 이 기간을 초과한 지연에 대해서 선주는 「지체배상금」(damages for detention)을 청구할 수 있다. 「용선계약」은 「체선료」 확보를 위해 화물에 대한 「유치권」(lien)을 선주에게 부여하고 있다.

그리고 「항해용선계약서」는 후술하는 바와 같이 화물에 따라 같은 화물이라도 계약내용이 달라 그에 따른 각종 서식이 사용되는데, 후술하는 대표적인 「GENCON」(Uniform General Charter)을 비롯하여 100여종 이상이 전세계적으로 현재 사용되고 있다.[73)]

### 2) 정기용선계약

「정기용선계약」(time charter)은 일정 용선기간에 따라 용선계약자가 선주에게 용선료를 지급하는 계약형태로서 이를 「기간용선계약」이라고도 한다. 즉, 「용선계약자」는 용선계약에 의해 명시된 기간 동안 선박이용권을 가지며 이에 대해 통상적으로 용선계약기간 동안 월별로 「용선료」(hire)를 지급해야 한다.

용선계약자가 「할부금」을 지급하지 못한 경우에 선주는 즉각 용선계약자의 「선박이용권」을 철회할 수 있음은 보편적이다. 「용선계약자」는 또한 적법한 거래에만 선박을 투입시키고 적법한 물품만을 운송하여야 하며 또 안전한 항구로만 선박을 운항시켜야 한다. 선주는 선박이 적재 양화되고 있을 때에도 선박이 어떠한 물품을 운송하든간에 용선료를 받기 때문에 「체선료」와 「부적운임」(dead freight)의 문제는 제기되지 않는다.

선주는 선박과 그에 따른 설비 및 용구를 갖추고 선원을 승선시킨 상태에서 일정기간에 걸쳐 「용선계약자」에게 빌려 주며, 계약기간 중 선주는 선원비 및 보험료와 같은 통상적 선비를 부담하고 「용선계약자」는 연료비, 항세 및 용선료를 부담한다.

그리고 용선기간 중 선박 자체의 하자로 운송책임을 다하지 못할 때는 그 기간의 용선료는 지불되지 않으며, 좌초나 천재지변 등의 불가항력 등의 사유로 운항하지 못한 때는 용선료를 「용선계약자」가 부담해야 한다. 이러한 「기간용선계약」은 자기의 화물보다 다른 사람들의 화물을 수송하기 위하여 체결되는 경우가 많으며 「용선계약자」는 다른 화주로부터 받은 운임과 용선료의 차액을 이윤으로 얻는다.

---

73) 이종인, 전게서, p. 132.

#### 3) 나용선계약

「나용선계약」(bare boat charter)은 용선자가 선박 이외의 선장, 선원, 장비 및 소모품에 대하여 모든 책임을 진다. 우리나라는 우수한 선원은 있지만 선박이 부족하므로 외국선박을 나용선하여 우리나라의 선원과 장비를 갖추어 다시 다른 나라에 「재용선」(sub-charter)을 하여 외화를 벌고 있다.

#### 4) 선복용선계약

「선복용선계약」(lump sum charter)은 항해용선계약의 변형으로서, 이 계약은 모든 조건이 항해운송계약과 동일하나 화물의 운임은 톤당 얼마가 아닌 「한 항해당 얼마」로 포괄적으로 약정하는 점이 다르다.

이는 화주가 목재 등의 살화물과 일반화물을 혼적하고자 하는 때에 화물의 적재량을 산정하기 곤란한 경우와 선주의 입장에서 화물의 성질 또는 적재방법 등에 의하여 화물의 양에 변화가 올 우려가 있을 경우, 예정수량의 적재불능으로 인한 운임수입의 감소를 방지하기 위하여 이용된다. 그리고 이 경우에 지급되는 운임을 「선복운임」(lump sum freight)이라 한다.

#### 5) 일대용선계약

「일대용선계약」(daily charter)은 용선계약상 지정된 선적항에서 화물을 적재한 날부터 기산하여 계약상 지정 양륙지까지 운송하여 화물을 인도 완료할 때까지의 일시 사이에 「1일당 얼마」라고 용선요율을 정하여 선복을 임대하는 계약을 말한다.

### 3. 항해용선계약서의 체결 및 주요 내용

#### 1) 「항해용선계약서」의 체결

「항해용선계약」의 체결 시 화주와 선박회사 간에 계약조건이 합의되면 주요 계약조건을 기재한 성약각서(Fixture Note or Fixture Memo)를 작성하고, 이 성약각서에 의하여 「항해용선계약서」(Voyage Charter Party, C/P)를 작성하여 선박회사와 화주 및 중개인이 서명하고 보관하게 된다. 이 계약의 경우 계약상의 구체적인 조항에 관하여는 일반적으로 미리 인쇄된 표준계약서식을 사용하게 되며, 이 서식상의 주요 계약조건이라 할 수 있는 당해 선박, 선적항, 양륙항, 운임률, 정박기간, 체선료 등의 계약조항을 명확히 기재하여야 한다.

「항해용선계약서」 서식의 대표적인 것으로는 1922년에 「발틱국제해운동맹」(The

Baltic and International Maritime Conference)의 전신인 「발틱백해동맹」(Baltic and White Sea Conference)이 개정하여 「영국해운회의소」(The British Chamber Of Shipping)에서 채택한 「GENCON」(Uniform General Charter)이 있다. 이는 1966년에 개정되어 현재까지 특정의 화물 및 항로에 한정되지 않는 일반용의 용선계약서식으로서 널리 이용되고 있다.

용선운송에 관한 이러한 표준서식(standrd C/P forms) 외에도 다수의 관용서식(regularly used C/P forms)과 사설서식(private C/P forms)이 있으며, 일반적으로 표준서식이 없는 특수한 항로에는 화주 제정의 서식을 사용하므로 주의가 필요하며, 따라서 특이한 조항이 없는 Clean Charter을 사용하는 것이 바람직하다.[74)]

현재 영국해운회의소(The Chamber of Shipping of the United Kingdom)에서 공인한 것은 49종이 있다. 이 공인서식의 유용성으로는 후일 분쟁의 사전예방과 또한 당사자간의 교섭의 중점을 운임률, 정박기간, 체선료, 선적지 회항기일, 계약일수 등의 서식상의 문제점에만 한정시킬 수 있는 이점이 있다.

### 2) 「항해용선계약서」의 주요 내용

용선계약의 당사자들이 「Gencon Charter」와 같은 표준계약서식을 선택하는 경우에도 「계약자유」의 원칙에 의하여 이들 표준양식의 약관(clause)을 수정시키는 경우가 있다. 즉, 용선계약은 개품운송계약과는 달리 「계약자유」의 원칙이 적용되어 선주는 용선자와의 협의에 의하여 「관습법」상의 일반원칙과는 별도로 통상적인 운송인의 책임을 수정 또는 추가조항을 삽입하여 변경할 수 있으며, 규정이 불비한 경우에는 법률과 상관례에 따르게 된다.

그러므로 다음에서는 「GENCON」 등 공인된 표준서식(standard C/P form)에 포함된 중요조항을 중심으로 하여 설명하면 다음과 같다.

#### (1) 운임의 지급

기간용선의 「용선료」(hire)는 계약기간에 대하여 지급되지만 항해용선의 「운임」은 항해단위나 적재량을 기준으로 산정하며, 운임율은 「톤」을 기준으로 한다. 그리고 선주는 선박운항의 원가에 변동이 생길 때를 대비하여 용선계약서에 「Escalation Clause」을 삽입함으로써 운임을 탄력적으로 적용하기도 한다.

「운임」의 지급시기는 원칙적으로는 후불이지만 관습상 선불인 경우도 있다.

---

74) 상게서, p. 132.

선불에는 선적완료불(payable on completion of loading)과 선하증권발행시불(payable on signing of B/L)이 있고, 후불에는 양륙지도착불(payable on arrival to destination)과 양륙완료시불(payable on completion of discharging)이 있다.

### (2) 하역비의 부담

화물의 종류와 선박에 따라서 선적비와 양륙비의 부담자가 상이한데, 일반적으로 선적 시는 화주측이 선측까지의 제반 「하역비」를 부담하고, 양륙 시는 선박회사가 제반 비용을 부담하는 것이 원칙이다.

그러나 곡물, 광석 등과 같이 화주 측에 전문 숙련인부가 있을 때에는 화주가 지정한 선내하역인부를 사용하는데 이를 「Charterers' Stevedore」라고 부른다. 따라서 선내인부(stevedore)에 대한 임금, 즉 「하역비」를 선주와 화주 중 누가 부담하느냐를 명시하여야 하는데, 이에 관하여는 다음의 조건들이 있다.

① **Berth Terms(Liner Terms)** : 선적 시와 양륙 시에 공히 화물손상과 하역비를 선주가 부담하는 것으로 정기선운송에서 주로 이용된다. 정기선에 의한 운송의 경우 통상 「Berth Terms」조건으로 운임이 책정되므로 이를 「Liner Terms」라고도 한다.

② **FIO(Free In and Out)** : 선적 시나 양륙 시 모두 하역비를 화주가 부담하는 것으로, 이는 용선운송의 경우에 많이 이용된다.

③ **FI(Free In)** : 하역비를 선적 시에는 화주가 부담하고 양륙할 때에는 선주가 부담하는 조건이다.

④ **FO(Free Out)** : FO는 FI와는 정반대로 하역비를 선적 시에만 선주가, 양륙할 때에는 화주가 부담한다.

### (3) 정박기간

「정박기간」(laydays, laytime)이란 용선계약에서 화주가 계약화물의 전량을 용선한 선박에 완전히 선적하기 위하여 본선을 선적항 또는 양륙항에 정박시킬 수 있는 기간을 말한다. 따라서 만일 그 기간 중에 하역이 끝나지 않아 선박이 정박기간을 초과하는 경우 그 초과기간에 대하여 화주는 용선계약서상의 「체선료」(demurrage)를 지급하여야 하고, 만일 그 기일 전에 하역이 완료되면 그 단축된 시간에 대해서 선박회사가 화주에게 「조출료」(dispatch money)를 지급하게 된다. 이러한 정박기간을 약정하는 데에는 다음과 같은 방법이 있다.

#### (가) 관습적 조속하역(customary quick despatch : CQD)

이는 당해 항구의 관습적 하역방법 및 하역능력에 따라 될 수 있는 한 빨리 하역을 하는 조건을 말한다. 불가항력에 의한 하역불능은 「정박기간」에서 공제되지만 일요일, 공휴일 및 야간하역을 약정된 하역일에 포함시키느냐 아니냐는 특약이 없는 한 항구의 관습에 따른다.

#### (나) 경과일수(running laydays)

이는 하역의 개시일로부터 종료시까지의 경과일수로 정박기간을 정하는 방법으로서, 우천 · 파업 · 기타 불가항력 등에 의하여 하역을 못한 경우에도 모두 「정박기간」에 포함하여 계산한다.

그리고 일요일과 공휴일도 특약이 없는 한, 「정박기간」에 산입하고 야간작업도 화주를 위하여 행하는 것으로 간주하여 그 비용 일체가 화주의 부담이 된다. 이 경우 「정박기간」의 표시는 「하역기간 몇 일」로 기재하는 경우도 있으나 일반적으로 「소맥 1일 몇 톤」 또는 「원면 1일 몇 톤」 등으로 1일의 하역수량을 표시하고 있다.

#### (다) 하역가능일(weather working days : WWD)

이는 하역이 가능한 양호한 기후하의 작업일만을 정박기간으로 하는 조건이다. 「하역가능일」은 화물의 종류 및 수량에 따라 상이한 경우도 있으나 이는 선장과 선주가 협의하여 결정하는 것이 통상이고 이 경우 일요일과 공휴일은 원래 작업일이라 할 수 없으므로 「정박기간」에 포함시키지 않는 것이 보통이다.

「정박기간」의 표시는 "Running Laydays"처럼 「하역기간 몇일」로 나타내기도 하나 「1일의 하역수량 얼마」라고 규정하고 그 규정량에 미달하는 최종일 분은 단수계산하는 것이 보통이다. 그리고 이 경우 화주는 선박회사와의 협의 하에 제비용을 화주가 부담하는 조건으로 야간작업도 할 수 있다.

따라서 이 조건의 경우 "Sundays and holidays excepted"(SHEX)라고 부기하는 경우가 있는데, 이 경우에는 일요일과 공휴일은 실제로 하역작업을 하여도 「정박기간」에 계산하지 않는다. 그러나 이 경우에도 "Sundays and holidays except unless used"(SHEX unless used)라는 특약조항을 삽입하면 일요일과 공휴일에 하역작업을 한 것은 「정박기간」에 포함된다.

### (4) 「정박기간」의 시기와 종기

「Gencon Form」의 용선계약서에서는 하역준비완료통지서(Notice of Readiness : N/R)가 통지된 후 일정기간이 경과되면 개시된다. 즉, 오전에 통지되었다면 오후 1시부터, 또한 만일 오후의 화주 영업 시간내 통지되면 다음날 오전 6시부터 기산한다.

하역기간의 종기는 일반적으로 하역이 완료되는 때이다. 하역이 종료되면 정박일수를 기재한 「정박일계산서」(Laydays Statement)를 작성하여 선장 및 화주가 서명한다. 이 계산서에 의하여 계약상의 정박일수와 실제사용일수와의 차이를 계산하여 「체선일수」 또는 「조출일수」를 산출한다.

이 경우에 선장과 화주가 이에 대한 이의가 있거나 「Laydays Statement」를 작성할 시간이 없을 때에는 단순한 사실기록으로서 정박시간표(time sheet)를 작성한다. 그러나 때때로 「Laydays Statement」와는 같은 뜻 또는 용도로 사용되는 수도 있다.

### (5) 체선료

「체선료」(demurrage)란 초과정박일에 대한 용선자 또는 화주가 선주에게 지급하는 보수를 말한다. 이 「체선료」는 계약상의 정박일수를 경과할 때 용선자 또는 화주가 선주에게 주는 약정금으로 그 요율은 사전에 결정된다.

### (6) 조출료

「조출료」(despatch money)는 용선계약상 허용된 정박기간 종료 전에 하역이 완료되었을 때 그 절약된 기간에 대하여 선주가 용선자에게 지급하는 보수로 보통 이는 체선료의 반액이다. 「조출료」의 기간계산방법으로는 “All Laytime Saved”와 “All Time Saved”가 삽입되는데, 전자는 실작업이 있어도 공휴일 기타 제외시간에는 청구하지 못하므로 용선자에게는 불리하다.

### (7) 유치권

「유치권」(lien)이란 운송계약에 의해 화주가 운임 및 기타의 부대경비를 지급하지 아니할 때 선주가 그 화물을 유치할 수 있는 권한을 말한다. 이러한 「유치권」은 영국 「물품매매법」(SGA)에서 보면 명시의 규정이 없어도 존립하는 보통법상의 권리이다.[75]

그러나 「Gencon Form」에서는 선주가 운임, 부적운임, 체선료 및 체박손해금(damages for detention)에 대하여 화물의 유치권을 가질 수 있다고 규정하고 있다.

---

75) SGA 1979, 제41조 1항 : 윤광운 · 박정기 · 최영봉 · 조현숙, 「영국물품매매법」, 탑북스, 2011, p. 182.

### (8) 면 책

선하증권과 같이 용선계약서에도 일정 종류의 위험, 우발사고 또는 태만에 대한 책임으로부터 운송인, 즉 선주를 「면책」(exception)케 하는 약관이 있다. 이 약관은 보통약관 가운데 삽입되는 경우가 많으나 일반적으로는 법률상 또는 그 해석상 의문을 피하기 위하여 별도로 규정하고 있다.

이 「면책조항」(exception clause)에는 전쟁조항(war clause), 동맹파업조항(strike clause), 결빙조항(ice clause), 선주책임조항(owner's responsibility clause) 및 이로조항(deviation clause) 등이 있다.

# 제 12 장 무역매매와 해상보험계약

## 제 1 절 | 해상보험계약의 기초

### 1.1 해상보험계약의 개념

해상운송 중인 화물은 해상의 많은 위험에 직면하게 된다. 운송계약 하에서 운송인은 화물이 자신의 관리 하에 있는 동안 화물에 발생한 멸실 또는 손상에 대해 물품의 소유자에게 책임이 있으나, 모든 멸실 또는 손상(loss or damage)이 운송인 또는 그 대리인의 과실에 기인하는 것은 아니다. 설혹 그렇다 하더라도 「운송인」은 운송계약조건에 의해 「면책」되거나 또는 제한된 범위 내에서만 책임을 부담하는 것이 보통이다. 따라서 해외로 송부되는 대부분의 수출물품은 이러한 운송 상의 위험을 회피하기 위하여 「보험」에 부보하는 것이 일반적이다.

이와 같이 해상운송으로 인한 적하의 위험에 대해서 물품을 「해상보험」에 부보하는 것은 매우 오래된 관습으로,[1] 「해상보험」(marine insurance)은 법적으로도 고도로 발달한 분야라 하겠다. 영국의 경우 이에 관한 법률로 1906년 「해상보험법」(Marine Insurance Act : MIA 1906)이 적용되는데, 동 법률은 수 세기에 걸쳐 해상보험증권에 관련된 소송으로 생성된 「관습법」상의 규칙들을 성문화하여 법적효력을 부여하고 있다. 이 「해상보험법」(MIA 1906)은 화물에 관련된 보험은 물론 선박, 운임 및 기타의 이익에서의 보험문제까지를 다루고 있으나 본 장에서는 이 중 화물보험을 중심으로 살펴본다.

---

1) 세계 최초의 그리고 가장 오래된 해상보험법으로는 1435년에 제정된 「바르셀로나법령」(Barcelona Law)이 있다. *The Origin of Shipping*, pp. 1~15 참조.

대부분의 경우에 적하보험에 관련된 원칙들은 보험의 목적물이 무엇이든 기타의 보험에도 동일하게 적용되는 것이 보통이다. 육상 및 항공운송에 대한 화물의 보험은 「해상보험」에서와 같은 보험의 범위나 표준화에 아직 이르지는 못하고 있으나 사정이 허락하는 한 「해상보험계약」에 근거하여 체결하려는 경향이 있다.

「해상보험」이라는 용어는 다소 오해의 소지가 없지 않다. 이 「해상보험계약」(contract of marine insurence)은 당사자의 합의나 무역관습에 따라 해상항해(sea voyage)에 부수하는 내수로 또는 육상위험으로부터의 손해에 대해서 피보험자를 보호하기 위하여 그 담보범위를 확장할(extended) 수 있기 때문이다.[2] 다시 말해 「해상보험」은 원래 화물이 운송수단에 선적되는 시점에서부터 양륙항에 양하될 때까지를 책임구간으로 하고 있으나, 경우에 따라서는 그 범위를 확장할 수 있기 때문이다.

수출무역에 있어서는 해상항해뿐만 아니라 매도인의 창고에서 선적항까지 그리고 양륙항에서 외국 수입업자의 창고까지의 육상운송을 담보하기 위해서 별도의 육상보험계약 없이 「확장된 해상보험」에 부보하는 것만으로 전운송구간에 대한 보험이 가능하다.[3]

그러므로 「해상보험」(marine insurance)이란 해상사업(marine adventure)에 있어서 우연한 해상사고로 생기는 경제적 손실을 회복하기 위하여 많은 경제주체들이 합리적으로 산출한 자금을 갹출하여 회원중에서 발생한 해상손해를 보상하는 경제적 제도를 말한다. 따라서 해상보험은 본질적으로 「손해보상계약」(a contract of indemnity)이다.[4]

1906년 영국 「해상보험법」(MIA 1906)의 제1조에서, 「해상보험계약」(contract of marine insurance)은 "그 계약에 의해 합의된 방법과 범위 내에서 해상손해, 즉 해상사업(marine adventure)에 수반하여 발생하는 손해를 보험자가 피보험자에게 보상할 것을 약속하는 계약이다."고 규정[5]하고 있다. 따라서 「해상보험계약」은 손해

---

2) Clive M. Schmitthoff, *Schmitthoff's Export Trade*, 9th ed., London, Stevens & Sons, 1990, p. 488.

3) MIA 1906, 제2조에는 "해상보험계약은 그 명시된 특약 또는 상관습에 의해 그 담보의 범위를 확장해서 해상항해에 수반하는 내륙수로 또는 육상위험의 손해에 대하여서도 피보험자를 보호할 수 있다."라고 규정하여 사고가 발생하는 지점이 반드시 해상이 아니라도 된다고 한다.

4) E. R. Hardy Ivamy, *Charmers' Marine Insurance Act 1906*, London, Butterworths, 1976, p. 2.

5) MIA 1906, 제1조 : "A contract of marine insurance is a contract whereby the insurer undertakes to indemnify the assured, in manner and to the extent thereby agreed, against marine losses, that is to say, the losses incident to marine adventure"

보상을 전제로 하는 계약이다. 우리나라 「상법」 제693조에서도, "해상보험계약은 해상사업에 관한 사고로 인하여 생기는 손해를 보상할 것을 목적으로 하는 손해보험이다."라고 규정하고 있다.

이와 같이 해상보험계약에 있어서의 「보험자」는 손해보상을 약속하고 이에 대해 보험계약자는 반대급부로서 「보험료」(insurance premium)를 보험자에게 제공함으로써 보험계약의 효력이 발생하며, 또한 계약의 내용을 명확히 준수하기 위해서 보험증권이 교부되고 있다. 「보험계약」은 유상계약이기 때문에 보험료를 납부하여야 성립되나 보험계약을 체결할 당시 보험료를 납부하지 않고 차후에 납입하기로 약정하고 보험계약을 청약할 경우에 보험자가 이를 수락하면 보험계약이 성립된 것으로 간주한다.

해상보험은 일종의 경제제도이며 그리고 「해상보험계약」은 그 제도의 운용방법에 불과하기 때문에[6] 실무상으로는 「해상보험」과 「해상보험계약」의 용어상 구분할 필요는 없다.

이러한 「해상보험」의 성격을 정리하면 다음과 같다.[7] 첫째, 해상보험은 손해보상을 목적으로 하는 보험이다. 둘째, 해상보험은 해상사업에 관한 사고, 즉 「해상위험」(maritime perils)을 보험사고로 하는 보험이다. 셋째, 해상보험에 있어서 피보험자가 해상위험에 의하여 손해를 입기 위해서는 그에 상응하는 피보험이익이 존재하여야 한다. 끝으로 해상보험은 피보험이익에 발생한 손해의 보상을 목적으로 하고 있다.

오늘날에 해상보험의 대명사가 된 영국의 로이즈(Lloyd's)는 Edward Lloyd (1618~1712)가 1688년에 영국 Thames강변의 Tower Street에 개점한 「로이즈 커피숍」(Lloyd Coffee Shop)이 그 당시 모든 해운업자들의 집회장소가 된데서 그 유래가 된다. 이러한 가운데서 17세기 후반에 이 고객들 중에 보험업자가 단합하여 「Lloyd's Corporation」이라는 명칭 하에 개인보험업자로서 보험경영을 하게된 것이 오늘날의 「Lloyd's Underwriters」라고 하는 개인보험업자의 모체가 된다.

이 개인보험업자에 대항하여 1720년에는 회사조직에 의한 「London Assurance Corporation」과 「Royal Exchange Assurance Corporation」의 두 회사가 설립된 이래 회사조직의 보험업자로서 독점적인 지위에 있다가 1824년에 그들의 독점권이 폐지되면서 많은 보험회사가 설립되었고 이후 이들 보험회사에 의해 조직된

6) 이기태, 「해상보험」, 법문사, 1982, p. 22.
7) 이은섭, 「해상보험론」, 신영사, 1992, pp. 24~26.

단체가 「런던보험자협회」(The Institute of London Underwriters : ILU)로서, 영국의 해상보험사업을 발전시키는데 그 목적을 두었다.

최근에 개인조직의 「로이즈보험업자협회」(Lloyd's Underwriters Association)가 「로이즈시장협회」(Lloyd's Market Association : LMA)로 개편되었으며 동시에 「협회적하약관」(Institute Cargo Clause : ICC)을 주관하여 작성한 회사조직의 「런던보험업자협회」(ILU)가 서로 협조하여[8] 영국 보험시장의 우위와 신용을 유지하고 있다.

개편된 「로이즈시장협회」(LMA)의 주요한 사업 중의 하나가 세계의 주요항에 「로이즈 대리점」(Lloyd's Agents)을 두고 이들 대리점이 소관지역의 해운사정 및 해난사고의 발생상황을 보고하며, 또 화주나 선주의 요청에 응하여 적하와 선박의 손해상태를 조사하여 「Lloyd's Survey Report」를 발행하고 있다.

로이즈가 옛날부터 사용해 온 「해상보험증권」(Lloyd's Form Policy)은 MIA 1906 제1 부칙에 그 규범적 양식으로 채용되어 지금까지 수정되면서 사용되고 있다.

## 1.2 주요 해상보험법규

보험은 공공성이 강한 사업으로 국민경제 전반에 미치는 영향이 대단히 크기 때문에 엄격한 행정감독이 시행되고 있으며 이에 관한 법령으로서 각 국가에서는 자국의 상법 및 보험업법과 이에 따른 부속법령이 제정되어 있다. 이 법은 보험사업을 효율적으로 지도・감독하고, 보험계약자, 피보험자, 기타 이해관계인의 권익을 보호하여 보험사업의 건전한 육성과 국민경제의 균형 있는 발전에 기여함을 목적으로 하고 있다.

특히 「해상보험」의 분야는 "국제성"이 강한 보험종목으로 우리나라 「상법」의 적용보다도 해상보험약관에 「준거법약관」이 삽입됨으로서 영국의 법과 관습을 따르도록 규정한 「준거법」을 각 국가에서 채택하고 있기 때문에 우리 「상법」과 함께 영국 「해상보험법」(MIA 1906)이 논의되어야 하고 또한 공동해손(general average)의 경우 상이한 다수 국가의 화주와 선주의 이해관계가 개입되기 때문에

8) 보험회사와 로이즈는 공동의 이해관계를 가지는 문제가 많으므로 각종 합동위원회, 예컨대, 합동적하위원회(Joint Cargo Committee : JCC)를 만들어 공동보조를 취하고 있다. 보험회사와 로이즈가 하는 사업의 하나로 '기술 및 약관위원회'(Technical and Clauses Committee)에 의한 표준약관의 제정 및 개정을 들 수 있다. 윤광운, 「무역실무와 경영」[제2판], 탑북스, 2013, p. 396.

범세계적 공통규범의 필요성에 따라 제정된 공동해손에 관한 국제규칙인 「York-Antwerp Rules」(YAR)에 관한 이해도 요구된다.

## 1. 영국 「해상보험법」(MIA 1906)

영국의 해상보험에 관한 법은 1906년 영국 「해상보험법」(Marine Insurance Act ; MIA 1906)이 제정되기까지는 거의 대부분이 「보통법」으로 산재되어 있었다. 이러한 당시의 불문법을 수정하지 않고 될 수 있는 대로 정확히 성문법으로 재현하려는 의도하에, Chalmers경(Sir Mackenzie D. Chalmers)에 의하여 기초가 된 「해상보험법안」(Marine Insurance Bill)이 1894년 Hershell 대법원판사(Lord Chancellor Hershell)를 통하여 상원에 처음으로 제안되었다. 그 후 1900년에 상원을 통과하여 1906년 12월 21일에 그 제정을 보기에 이르러 다음 해 1907년 1월 1일부터 실시되었다.

이 영국 「해상보험법」(MIA 1906)의 소재로 된 2,000여개 판례의 대부분은 18세기 중엽 이후에 생긴 것이다.[9] 즉, Mansfield경이 왕좌법원(Court of king's Bench)의 수석판사로 있었던 1756년 당시의 판례는 겨우 60건에 지나지 않았는데 Mansfield경은 1788년까지 재임중에 당시의 유럽 대륙법, 특히 프랑스의 해상법과 로마법뿐만 아니라 무역거래실무와 관련된 상관습법까지 연구·검토하여 해상법의 주요한 원리와 관계판례를 많이 남겼으며, 이것이 1906년 「해상보험법」의 기초가 된 것이다.

이 MIA는 비록 영국의 국내법이긴 하지만 오늘날 모든 나라들이 실제 상거래에 있어서는 영문해상보험증권에 「준거법약관」을 삽입하여 사용하고 있는 경우가 많으므로 MIA가 해상보험의 「준거법」으로 채택되고 있다.

MIA는 화물에 관련된 적하보험(insurance on goods)은 물론 선박보험(insurance on ship), 운임보험(insurance on freight) 그리고 희망이익보험(insurance on profits of goods)까지 포함하여 다루고 있다.

1906년 영국 「해상보험법」(MIA 1906)은 총 94개조로 구성되어 있으며 그 주요 규정을 보면 다음 〈표 12-1〉과 같다.

---

9) E. R. Hardy Ivamy, *op cit.*, p. vii.

표 12-1 1906년 영국 「해상보험법」(MIA 1906)의 구성체계

| 주요규정 | 조항 | 주요규정 | 조항 |
|---|---|---|---|
| ① 해상보험 (Marine Insurance) | 1~3조 | ⑩ 보험료 (The Premium) | 52~54조 |
| ② 피보험이익 (Insurable Interest) | 4~15조 | ⑪ 손해와 위부 (Loss & Abandonment) | 55~63조 |
| ③ 보험가액 (Insurable Value) | 16조 | ⑫ 분손(Partial Losses) | 64~66조 |
| ④ 고지 및 표시 (Disclosure & Representation) | 17~21조 | ⑬ 손해보상한도 (Measure of Indemnity) | 67~78조 |
| ⑤ 보험증권 (The Policy) | 22~31조 | ⑭ 보험금지급보험자의 권리 (Rights of Insurer on Payment) | 79~81조 |
| ⑥ 중복보험 (Double Insurance) | 32조 | ⑮ 보험료환급 (Return of Premium) | 82~84조 |
| ⑦ 담보(Warranties) | 33~41조 | ⑯ 상호보험(Mutual Insurance) | 84조 |
| ⑧ 항해(The Voyage) | 42~49조 | ⑰ 보칙(Supplemental) | 85~94조 |
| ⑨ 보험증권의 양도 (Assignment of Policy) | 50~51조 | | |

## 2. 「York-Antwerp규칙」(YAR 2004)

해상보험에 있어 「공동해손」에 관한 세계 각국의 관습과 법이 모두 상이한 경우가 많았으며 또한 공동해손의 발생시 각 국가별로 이해관계가 배치되는 경우가 많았기 때문에 공동해손에 관한 규칙을 세계적으로 통일하자는 운동이 1860년에 개시되어 1864년 York에서 「York 규칙」 11개 조항이 채택되었고, 이후 1877년 Antwerp회의에서 12개조의 공동해손규칙을 제정하였는데, 이것은 「York 규칙」에 기초를 둔 것이므로 이를 「York-Antwerp Rules」(YAR)라고 부른다.

그 후 1890년 Liverpool에서 18개 조항의 「York-Antwerp규칙」이 채택되어 34년간 사용되어 오다가 이론적으로나 실무적으로 실정에 맞지 않는 부분이 있어 1924년 이후 1950년, 1974년, 1994년 및 2004년에 개정이 있었다.

공동해손을 정산할 때는 1994년 「York-Antwerp규칙」(YAR 1994)을 기준으로 하고 있다.

이 1994년 YAR은 해석규정과 지상규정 및 A조에서 G조에 이르는 7개의 문자

규정과 23개의 숫자규정으로 구성되어 있으며, 「공동해손」을 정산함에 있어서는 숫자규정이 우선하지만 숫자규정에 명시되지 아니한 문제는 문자규정에 따라 해결하도록 규정되어 있다.

오늘날의 세계 각국의 해상보험증권과 선하증권(B/L)에서는 대부분 공동해손은 이 「YAR」에 의거하여 정산한다는 사항이 삽입되는 경우가 많다. 그러나 이것은 법령이 아니므로 강제성이 없고 계약서에 본 조항이 삽입됨으로써 비로소 효력을 발생하는 것이다.

2004년 「YAR」은 선주들의 동의를 얻지 못하였으며 현재 발틱 국제해운회의소(BIMCO)에서는 2004년 「YAR」이 사용을 자제할 것을 권고하고 있어 현재는 1994년 「YAR」에 주로 사용되고 있다.

### 3. 우리나라의 해상보험법

우리나라의 경우 해사에 관한 법규정으로 우리 「상법」 제4편 「보험의 통칙」 제2장 「해상보험통칙」 제4절 「해상법」의 제740조 내지 제870조에 이르는 선박, 운송, 공동해손, 선박충돌, 해난구조, 선박채권에 관한 규정을 그리고 「보험일반」에 관해서는 우리 「상법」 제4편 보험의 통칙과 제2장 해상보험통칙을 두고 있다. 따라서 우리 「상법」 제693조 내지 제718조의 「해상보험」에 관한 규정들이 소위 우리나라의 「해상보험법」이라 할 수 있지만, 영국의 1906년 「해상보험법」(MIA 1906)과 같은 별도의 단행법규를 가지고 있지는 않다.

우리나라의 연안해운에 있어서는 물론 우리나라의 해상보험법규가 적용되겠지만 외국무역에 있어서의 해상보험은 「국제성」을 띠고 있는 만큼 법역(法域)이 상이하므로 우리나라 「상법」이 그대로 통용될 수는 없다.

특히 「상법」은 임의법으로 약관이 우선하는 것이며, 우리나라 및 대부분의 국가에서의 「해상보험증권」상에는 영국의 법과 관습을 따른다는 조항이 삽입되어 있다.[10)]

10) 윤광운 · 김철수, 「무역실무」[제3판], 탑북스, 2021, p. 507.

# 제2절 해상보험계약의 기본원칙

## 2.1 해상보험계약과 「최대선의의 원칙」

「해상보험계약」은 수출무역에 있어서 화물에 관한 유일한 보험계약이다. 왜냐하면 해상운송 이외의 방식으로 운송되는 화물에 관한 보험은 범세계적으로 인정된 일정한 형식으로 표준화된 계약이라기보다는 주로 개별계약의 문제이며, 이들은 사정이 허락하는 한 「해상보험계약」에 근거를 두는 경향이 있기 때문이다.

1906년 영국 「해상보험법」(MIA 1906) 제17조에서, 「해상보험계약」은 "최대선의를 기초로 하는 계약(contract based upon the utmost good faith)이며, 만일 일방당사자가 최대선의를 준수하지 않았을 경우 상대방은 그 계약을 취소할 수 있다."고 규정하여, 이를 영미에서는 오늘날에도 보험계약의 일반원칙으로 인정하고 있다.

보험계약이 선의(bona fide, good faith)의 계약이라거나, 「신의성실」의 원칙(우리 「민법」 제2조 1항)을 바탕으로 하여 성립하는 계약이라고 하는 것과 같은 취지이다. 이러한 「최대선의」(utmost good faith)의 원칙에 기초하여 피보험자에게 고지의무 및 부실표시금지의무를 부과하고 있는 바, 동법 제17조의 「최대선의」의 의무는 고지의무 등에 비해 상위의 넓은 개념의 것[11]으로서, 보험계약이 체결된 이후 또는 사고발생 이후라 할지라도 적용되는 것이다.

여기서 「선의칙」 또는 「신의성실」의 원칙은 모든 계약에 대하여 인정되어야 하는 것이지만, 특히 우연한 사고를 기초로 하는 사행계약으로서 자칫하면 도박적 행위로 악용될 우려가 많은 「보험계약」의 경우에는, 그 선의의 계약성이 특히 강조되지 않을 수 없고, 따라서 보험계약을 「최대선의」의 계약이라고 하여도 무방한 것이다. 그러므로 피보험자가 사고발생 이후 사기적인 방법으로 보험금을 청구하는 경우에 있어서도 보험자(보험회사)는 최대선의 의무위반을 이유로 「보험계약」을 취소할 수 있다.

이러한 배경으로 종래 영국 「해상보험법」(MIA 1906)상 해상보험계약이 「최대선

11) 상게서, p. 512.

의」의 계약이라고 하고 있는 이유로는, ① 해상보험계약은 위험에 관계가 있는 많은 사실이 계약당사자의 일방의 인식 내에 있다는 것, ② 해상보험계약은 사기로 악용되기 쉽다는 것, ③ 영국의 해상보험은 원칙적으로 소급보험이고, 소급보험은 최대선의를 바탕으로 하지 않고서는 성립할 수 없다는 것 등이 지적되어 왔다.

예를 들어 피보험자인 피고가 사고선박의 매수가액과 정식검사증서의 발급여부에 관하여 부실의 고지를 하였음을 이유로 보험자인 원고가 이 사건 보험계약을 취소할 수 있다고 한 원심판단을 인정한 사례도 있다.[12] 본 사례는 「최대선의」의 의무위반을 적용한 최초의 판결로서, MIA하에서 피보험자는 보험계약체결 전에 보험목적물인 선박의 가격을 허위로 보고하는 것은 「고지의무」에 위반한 것이고, 사고 후에 역시 허위로 보고하는 것은 고지의무에 위반한 것은 아닐지라도 「최대선의」 의무에 위반한 것이 되어 보험자는 보험계약을 취소할 수 있다고 대법원은 판시한 것이다.

이같이 「보험계약」에서는 보험계약자에게 고지의무 등을 부과[13]하고 있고, 보험계약자가 보험자를 속이는 사기 또는 고의적인 의도가 있을 때에는 「보험계약」의 무효[14]와 특히 영미의 경우 보험계약자가 선의로 이를 위반하는 경우에도 「보험계약」을 취소할 수 있도록 하고 있는 반면에 보험계약이 처음부터 보험자의 과실로 무효인 경우에는 MIA에서 피보험자측에 사기 또는 위법사항이 없는 경우 「보험료」를 반납해야 하며,[15] 우리나라 「상법」에서도 이러한 취지의 내용을 규정[16]하고 있다. 이것이 「최대선의의 원칙」이 보험계약에 나타나는 예이다.

영미계약법상 이러한 「최대선의」의 계약에는 보험계약을 비롯하여 토지매매계약, 주식인수계약 등이 포함된다.[17]

## 2.2 해상보험계약의 일반원칙

해상보험은 그 특성상 피보험이익, 담보, 중요사항의 고지, 근인주의 등의 사항

12) 대판 2005. 3. 25, 2004다22711(공보, 2005, 659)
13) MIA 1906, 제18조 : 우리나라 「상법」, 제651조, 대판 2005.3.25.,
14) 우리나라 「상법」, 제669조 4항.
15) MIA 1906, 제84조 3(a).
16) 우리나라 「상법」, 제648조.
17) *Locker and Woolf, Ltd. V. Western Australian Insurance Co., Ltd.*[1936] K. B. 408(C. A).

에 관한 법적인 기본원칙을 확립하고 있는 바, 이에 대해 다음에서 살펴본다.

## 1. 「피보험이익」

「피보험이익」(Insurable Interest)은 보험의 목적(subject matter insured)에 대하여 특정인이 갖는 이해관계로서, 이러한 「피보험이익」이 없으면 보험계약을 체결할 수 없으며 설사 「보험계약」이 체결되었다고 하더라도 효력이 발생할 수 없다. 따라서 손해를 보상받기 위해서는 피보험자와 보험의 목적 간에 이해관계를 가져야 한다.[18]

이에 대해 1906년 영국 「해상보험법」(MIA 1906) 제5조 1항 및 2항에서 다음과 같이 규정하고 있다. 즉

> "본법에 별도의 규정이 있는 경우를 제외하고 해상사업에 이해관계가 있는 자는 모두 피보험이익을 가진다."
> "특히 해상사업에 대하여 또는 위험에 직면한 일체의 피보험재산에 대하여 보통법 또는 형평법상의 관계를 가지는 자가 그 결과 때문에 피보험재산의 안전이나 적기 도착에 의하여 이익을 얻거나, 또는 피보험재산의 멸실, 손상 또는 피보험재산에 관하여 책임을 진 경우에는 그 해상사업에 대하여 이해관계를 가진다."

이러한 「피보험이익」의 본질은 피보험자가 보통법 또는 형평법상의 이익을 가지고 있는 재산이 해상위험에 기인하는 위험 하에 있다고 하는 점이다. 만약에 피보험자가 보험의 목적에 대하여 그러한 피보험이익을 가지고 있지 않고, 또 「피보험이익」의 획득을 합리적으로 기대할 수 없다면, 보험의 목적에 대해 그가 체결하는 어떠한 보험이라도 1906년 「해상보험법」(MIA 1906)에 의해 도박 또는 「사행계약」으로서 무효가 된다.[19] 따라서 이 규칙에 따라 야기될 수 있는 한 가지 문제는 진정한 상업적 이해관계가 법률에 의해 「피보험이익」으로 인정되지 않을 수도 있다는 점이다.[20]

우리나라 「상법」에도, 「보험계약」은 금전으로 산정할 수 있는 이익에 한하여

---

18) 해상보험계약이 유효하게 성립되기 위해서는 「피보험이익」이 적법성과 경제성, 확정성의 요건을 갖추지 않으면 안된다. 윤광운 · 김철수, 전게서, p. 514.

19) MIA 1906, 제4조.

20) D. M. Day and Bernardette Griffin, *The Law of International Trade*, 2nd ed., Butterworths, 1993, p. 119.

보험계약의 목적으로 할 수 있다고 규정하고 있다.[21] 결국 이러한 이해관계가 곧 보험계약의 목적이다. 「FOB계약」에서는 화물이 「본선상」(on board)의 적재 전에는 수입상에게 피보험이익이 없으므로 비록 수입상이 수출상의 창고로부터 부보하였다고 하더라도 「본선상」에 적재전에는 보험자의 책임은 개시되지 않는다. 「피보험이익」의 당사자는 「보험의 목적」의 소유자로서는 화물의 소유자인 화주와 선박의 소유자인 선주가 있으며 그 외에도 선임을 취득할 선주나 용선자도 될 수 있다.

그리고 보험의 목적에 관한 「피보험이익」의 획득을 합리적으로 기대하고 있는 사람은 그 이익을 담보하기 위하여 유효한 「보험계약」을 체결할 수 있지만, 그는 보험의 목적의 멸실 당시에 실제로 「피보험이익」을 가지고 있지 않는 한, 당해 「보험증권」에 근거해서 그 보상을 청구할 수 없다. 따라서 물품의 매수인은 그가 매매계약한 물품에 대해 「보험증권」을 취득할 수 있지만, 만약 멸실 또는 손상이 발생한 때 위험이 자신에게 이전되지 않았다면 어떠한 멸실 또는 손상에 대해서도 그 보상을 청구할 수 없다.

*Anderson v. Morice*사건[22]에서 "쌀"이 판매되고 매수인이 부보하였다. 화물의 일부가 본선에 선적되었을 때 "쌀"이 멸실되었다. 매수인은 멸실 당시에 「피보험이익」을 가지지 못하였음을 판시하였다. 왜냐하면 그 계약은 화물의 전량이 선적될 때까지 위험과 소유권은 매수인에게 이전되지 않는 것이었기 때문이다.

반면에 *Colonial Insurance Co. of New Zealand v. Adelaide Marine Insurance Co.*사건[23]에서 "밀"을 선적하고 있던 선박이 그 작업의 완료 전에 폭풍으로 멸실되었다. 매수인은 이미 선적된 화물에 대해서는 「피보험이익」을 가지고 있었음을 판시하였다. 후자의 사건에서 추밀원의 판결은 이들 사건 간의 구분에 관하여 다음과 같이 약술하였다.

> "*Anderson v. Morice*사건에서 쌀을 Sunbeam호로 선적하는 매도인의 행위가 그 쌀을 Anderson에게 인도하는 것이 아니었지만, 용선계약자인 매도인은 그가 판매하기로 합의한 화물의 전량을 선적하기 위하여 그 쌀을 본선에 선적하고 있었다. … . 본건에서 물품을 본선에 인도하여야 한다는 계약에 따라 밀을 Duke of Sutherland 호에 선적하는 매도인의 행위는 밀을 매수인에게 인도하는 것이었다."

21) 우리나라 「상법」, 제668조.
22) [1876] 1 App Cas 713.
23) [1886] 12 App Cas 128.

한편 보험계약은 체결 당시에는 「피보험이익」이 없어도 무방하지만 손해가 발생한 시점에서는 반드시 이해관계가 있어야 한다. 그러나 보험증권상의 「소급약관」에 의하면 피보험자가 손해의 발생시점에 「피보험이익」을 취득하지 않더라도 그 손해를 보험자로부터 보상받을 수 있다. 해상보험의 「소급약관」(lost or not lost clause)은 손해발생의 사실 또는 항해 무사고 종료의 사실을 알지 못하였음을 전제로 하는 계약의 「신의성실」의 원칙에 입각한 것으로 보험계약의 효력을 계약성립 이전까지 소급시키는 것을 말한다.[24)]

영국 「해상보험법」(MIA 1906)에서는, "보험의 목적의 멸실 여부를 불문한다(lost or not lost)는 조건으로 부보될 경우 피보험자는 손해가 발생할 때까지 「피보험이익」을 취득하지 않더라도 그 손해에 대한 보상을 보험자로부터 받을 수 있다. 그러나 보험계약 당시에 피보험자가 손해가 발생한 사실을 알고 있으나 보험자는 모르고 있을 경우 손해에 대한 보상을 받지 못한다."고 규정[25)]하고 있다.

또한 「일부의 이익」도 이를 담보할 수 있다.[26)] *Inglis v. Stock*사건[27)]에서 추밀원은 특정되기 전에 멸실되었으나, 충당되지 않은 설탕인 살화물 중의 일부에 대해 「피보험이익」을 가질 수 있음을 판시하였다.

따라서 매수인이 비록 계약상 「부적합물품」을 거절할 수 있는 권리를 유보하고 또 물품을 거절함으로서 「소유권」이 매도인에게 복귀된다고 하더라도 물품의 「소유권」을 이전받은 매수인은 물품에 대한 「피보험이익」을 가진다.[28)] 여기서 아직 해결되지 않고 있는 한 가지 사항은 운송중인 물품을 중지시킬 수 있는 잠재적인 권리를 가지고 있는 「대금을 지급받지 못한」 매도인(unpaid seller)이 「소유권」을 매수인에게 이전한 후 물품에 대한 「피보험이익」을 가지고 있는가에 관한 것이다.[29)] 결국 현재 이용되고 있는 통상적인 계약조항은 특별히 그 피보험자는 「피보험이익」을 가져야 한다고 규정하고 있으므로, 그 요건은 곧 법의 문제인 동시에 계약의 문제이다.

---

24) 원래 적재일자 이후 보험을 부보하게 되면 보험사고 발생시 원칙적으로는 보상을 받을 수 없지만, 만약 증권 본문의 약관 중에 「소급약관」이 있는 경우에는 보험 부보일자가 선적일자 보다 늦더라도 부보효력이 적재일자로부터 소급하여 발효한다는 조항이므로, 보상에는 아무런 문제가 없다.

25) MIA 1906, 제6조 1항.

26) MIA 1906, 제8조.

27) [1885] 10 App Cas 263.

28) MIA 1906, 제7조.

29) D. M. Day, *op. cit.*, p. 121.

이러한 「피보험이익」의 양도에 관해서 「피보험이익」은 이해관계가 바뀜에 따라 양도될 수 있다. 통상 실무에서는 보험증권의 양도로 「피보험이익」이 양도되는 경우가 바로 「CIF계약」의 경우이다. 즉, 해상보험증권에 근거한 피보험자의 권리는 양수인에 대한 보험증권의 배서와 인도에 의해 통상 양도될 수 있으며, 이러한 방법으로 「CIF계약」의 매도인은 계약에서 요구되는 보험증권을 매수인에게 양도한다.[30]

그러나 보험증권은 「피보험이익」을 이전시키지만 매수인에 대한 물품의 「소유권」 또는 위험의 이전이 반드시 매도인이 물품에 대해 획득한 보험증권상의 모든 권리를 매수인에게 이전시키는 것은 아니다. 보험증권은 「피보험이익」과 함께 양도될 수 있다는 점에 대해 명시적 또는 묵시적 합의가 있어야 하고 또 매도인은 그가 보험증권을 양도할 때 「피보험이익」을 가지고 있어야 한다. 물품에 대한 「피보험이익」을 포함하는 보험상의 권리양도에 관한 합의가 「CIF계약」에 묵시되어 있다는 것은 분명하므로 통상적으로 「CIF계약」에서는 이 점에 대한 별도의 문제는 없다.

*North of England Oil-Cake Co. v. Archangel Insurance Co.* 사건[31]에서 물품에 관한 선하증권이 매수인에게 배서되었지만 매도인은 물품이 도착된 후에 대금을 지급받도록 되어 있었기 때문에 그는 보험증권을 유보하였다. 1872년 2월에 화물의 일부를 적재하고 있던 부선이 보험증권에 의해 담보된 위험으로 침몰하였으며, 6월에 보험증권이 매수인에게 제공되었고 10월에 정식으로 매수인에게 양도되었다. 본건에서 그 양도는 효력이 없는 것으로 판시하였다. 보험증권이 물품에 대한 「피보험이익」과 함께 양도되었어야 한다는 명시적 또는 묵시적 합의가 없었으며 또 실제로 양도가 이루어졌을 때 그 보험증권은 효력이 소멸되었다.

또한 그 보험증권은 발급 시부터 양수인의 이익을 담보할 수 있어야 한다. *Yangtze Insurance Association Ltd v. Lukmanjee*사건[32]에서 「Ex Ship계약」[33]으로 판매된 통나무가 매도인에 의해 부보되었다. 도착된 통나무는 선측으로 인도되어 그곳에서 양륙을 위해 뗏목으로 엮어졌으나 악천후로 인하여 유실되었다.

---

30) 윤광운 · 김철수, 전게서, p. 250.

31) [1875] LR 10 QB 249.

32) [1918] AC 585.

33) 종래 Ex Ship(DES, 착선인도)조건은 이후 개정된 현행의 「Incoterms 2010」에서는 삭제되고 대신 새로운 DAT(도착터미널인도)조건으로 흡수 통합되었다. 본서 제6장 「무역계약과 정형거래조건」의 pp. 217~218 참조.

매수인은 매도인이 취득한 보험증권상의 권리가 물품의 「소유권」과 함께 자신에게 이전되었음을 주장하였으나, 추밀원은 「Ex Ship계약」을 「CIF계약」과 구별하면서 매도인이 취득한 보험증권은 매도인 자신의 이익만을 담보할 의도였으며 또 그 보험증권은 매수인에게 양도될 수 없었다고 판시하였다.

「보험증권」은 양도인이 멸실 당시에 「피보험이익」을 가지고 있었고 또 사전에 그 보험증권을 양도할 것이란 명시적 또는 묵시적 합의가 있었을 경우에만 멸실 후에도 양도될 수 있다. 따라서 「CIF계약」의 매도인은 물품이 해상에서 이미 멸실된 후라도 보험증권을 포함하는 「선적서류」를 매수인에게 유효하게 제공할 수 있다.[34)]

## 2. 담 보

「담보」(warranties)는 피보험자가 지켜야 할 약속을 말한다. 영국 「해상보험법」(MIA 1906) 상 「담보」는 상호 약속적인 조건을 의미하는 것으로, 피보험자가 특정사실을 말하거나, 행하지 않을 것을 약속하거나 특정조건이 충족될 것을 약속하거나 또는 특정한 상황의 존재를 긍정하거나 부정하는 약속을 말한다.[35)] 「담보」는 피보험자의 약속이므로 피보험자가 자신의 약속, 즉 「담보」를 위반할 경우 보험계약을 무효로 할 권리를 보험자가 갖는다.[36)]

예를 들어 *Overseas Commodities Ltd. v. Style*사건[37)]에서 "돼지고기 통조림"은 물품고유의 하자와 숨은 하자에 기인하는 손해를 담보하고 있는 보험증권에 의해 「담보」되었다. 그 보험증권은 "제조일자의 입증을 위하여 제조업자에 의해 코드가 표시된 모든 통조림을 담보함"이란 조항을 두고 있었다. 통조림이 일부에 제조일자가 표시되어 있지 않았기 때문에 이러한 피보험자의 담보위반으로 보험자는 책임을 면하였다.

보험계약에 대한 「담보위반」의 효과는 *Bank of Nova Scotia v. Hellenic Mutual War Risks Association (Bermuda) Ltd, The Good Luck*사건[38)]에서 제기되었다. 피보험선박이 「담보위반」 상태에서 위험해역을 항해하고 있던 중 미사

---

34) D. M. Day, *op. cit.*, pp. 121~122.
35) MIA 1906, 제33조.
36) D. M. Day, *op. cit.*, p. 128 : 윤광운 · 김철수, 전게서, p. 503.
37) [1958] 1 Lloyd's Rep 546.
38) [1992] 1 AC 233 : [1991] 2 Lloyd's Rep 191.

일에 피격된 후 그 선박에 추정전손이 발생하였다. 피고인 보험자는 분명히 그 위반사실을 알고 있었으나 아무런 조치를 취하지 않았다. 원고인 은행은 그 선박이 담보된 것으로 믿고 선주에게 자금을 공여하였다. 그 보험계약에서 「담보위반」의 효과에 관한 문제가 긍정적이냐 부정적이냐 하는 것이 핵심이었다. 상원은 항소법원의 판결을 번복하면서 담보의 이행은 보험자의 책임에 대한 선행조건이며 또 담보위반은 그 효과로서 보험계약을 소멸시키기 때문에 보험자의 책임을 면제시킨다고 판시하였다. 따라서 그 선박은 적절한 시기에 부보되지 않았다.[39)]

이와 같이 피보험자가 지켜야 할 약속으로서의 「담보」는 명시적일 수도 있고 묵시적일 수도 있다. 「명시담보」(express warranties)는 담보의 내용을 보험증권에 기재하거나 또는 담보의 내용이 별도로 인쇄된 서류를 증권에 첨부하는 경우이며, 주로 해상적하보험의 경우 일정기간 피보험목적물의 안전에 관한 담보를 많이 하고 있다. 그리고 「묵시담보」(implied warranties)는 증권 상에 명시되어 있지는 않으나 피보험자가 묵시적으로 제약을 받는 담보로서, 감항담보와 적법담보가 포함된다. 「감항담보」(warranty of seaworthiness)는 선박이 특정 항해를 완수할 수 있을 정도로 능력을 갖춘 상태, 즉 「감항성」이 있어야 하고, 「적법담보」(warranty of legality)는 피보험자가 지배할 수 없는 경우를 제외하고는 모든 해상사업이 합법적이어야 하며 또는 교전국(交戰國)에 대한 항해통상은 「적법담보」 조건에 위배되므로 계약이 무효이다. 또한 그러한 담보는 계약이 반대의 내용을 규정하고 있다면, 묵시되지 않는다. 보험자는 자신의 행위에 의해 「담보위반」을 포기한 것으로 간주된다.[40)]

### 3. 「근인주의」

해상보험에서 보험자가 보상해 주는 「손해」는 보험증권에서 담보된 위험이거나 그것에 「근인」(proximate cause)하여 발생한 손해이어야 한다. 즉, 보험자가 보상책임을 지기 위해서는 손해가 현실적으로 발생된 그러한 위험에 「근인」하여야 한다[41)]

보험자는 담보위험(insured perils)에 「근인」하여 발생한 손해에 대해서만 보상할 책임이 있다는 원칙을 「근인주의」라 하여 영국 「해상보험법」(MIA 1906) 제55

39) D. M. Day, *op. cit.*, p. 129.
40) *P. Samuel & Co Ltd v. Dumas*[1924] AC 431.
41) MIA 1906, 제55조 1항.

조에서도 이 원칙을 채택하고 있다. 이 원리는 “근인(近因)을 보고, 원인(遠因)은 보지말라” (Causa proxima non remota spectatur)는 법언(法諺)으로 표현되고 있다.

여기서 「근인」(proximate cause)이란 시간적으로 사고발생시각에 가장 가까운 원인만을 뜻하는 것은 아니며, 당해 사고를 야기시킨 가장 직접적이고 지배적인 원인(原因)을 의미하며, 따라서 손해를 야기시킨 가장 중요한 원인(原因)이 「담보위험」에 속하면 보험자는 보상책임이 있다.

*Fink v. Fleming*사건42)에서 선박이 충돌로 인하여 손상을 입었으며, “오렌지와 레몬” 화물의 피보험자는 선박이 수리될 수 있도록 하기 위하여 그 화물을 부선으로 옮겨 실었다. 그 과일은 부분적으로는 취급에 의해 또 부분적으로는 지연에 의한 부패에 의해 손상되었다. 피보험자는 손해가 보험증권에 의해 담보된 위험인 충돌에 의해 발생되었음을 주장하였다. 항소법원에서 Esher 경은 다음과 같이 판시하였다.43)

> “문제는 결과를 낳기 위해 존재해 있어야 하는 연속적인 원인들이 있을 때에만 제기될 수 있다. 본건에 있어서는 연속적인 원인들이 있었고, 먼저 충돌이 있었다. 충돌이 없이는 손해가 발생하지 않았을 것임은 의심의 여지가 없다. 그러나 그러한 손해가 충돌만으로 야기될 수 있었는가? 선박이 수리를 위해 항구로 예인되어야 하고, 또 그러한 종류의 화물이 취급에 의해, 이동에 의해 손해를 입어야 하는 것이 충돌의 당연한 결과인가? 충돌은 이러한 결과없이도 일어날 수 있다.”

그러나 보험자가 보상책임을 지는데 있어서 「근인」에 직접적인 원인일 필요는 없다. *Montoya v. London Insurance Co.*사건44)에서 화물의 일부를 구성하는 “가죽”이 폭풍우 동안 해수에 젖었다. 젖은 가죽은 발효되어 부패하였고 그 가스가 담배 화물을 손상시켰다. 피보험자는 담배에 대한 손해는 「해상고유의 위험」에 의한 손해였음을 주장하였으며, 승소하였다. 「해상고유의 위험」(perils of the seas)은 가죽의 손상을 가져왔고 담배에 대한 「결과적 손해」가 필수불가결하게 뒤따랐다.45)

이 「근인주의」에 있어서 문제는 여러 가지 원인의 연속과정에서 그 결과로 손

---

42) [1890] 25 QBD 396.
43) *Ibid* at 397.
44) [1851] 6 Exch 451.
45) D. M. Day, *op. cit.*, p. 136.

해가 발생할 경우 이 복잡한 「인과관계」(causation) 속에서 어느 것을 「근인」으로 보느냐 하는 점이다.46) 즉, 위험과 손해 간에 전후의 필연적 특정한 관계를 「보통법」상이 "인과관계"라 한다.

예를 들어 1918년 "IKARIA호"사건47)에서 기선 "IKARIA호"(號)는 Harse근처에서 독일 잠수함의 수뢰공격을 받아 항해를 자유로이 할 수 없을 정도로 손해를 입었으나 무사히 항구에 입항하여 배수 작업으로 침몰은 면하였다. 그러나 그 때 돌풍이 불어 풍랑으로 배수 작업을 계속 못하게 되어 부두에서 침몰될 우려가 있어 관청의 명에 의하여 정박지를 이동 중 좌초되었다가 두 개의 격창이 파괴되어 선체가 부러져서 침몰하고 말았다. 이 경우 수뢰공격, 풍랑좌초, 선박의 파손, 침몰 등 여러 가지의 위험이 "연속적으로" 「인과관계」를 가지고 발생하였는데 그 중에는 「담보조건」에 따라 보험자가 담보하는 위험도 있고 담보하지 않는 「면책위험」도 있으므로 보험자가 담보하는 위험에 의하여 생긴 손해인가 아닌가를 판단하는 것은 매우 어렵고 중요한 문제이다.

이와 같이 손해에 관한 「근인」의 결정은 인과관계를 포함하는 모든 문제와 마찬가지로 어렵고 또 개별 사건에서 사실의 문제가 됨은 분명하다. 손해에 관한 다양한 요인이 동일한 상황에서 다양한 원인에 기인할 수 있다. *Ionides v. Universal Marine Insurance Co.*사건48)에서 전쟁위험에 대한 책임을 배제하고 있는 보험증권으로 6,500포대(bags)의 "커피"가 부보되었다. 미국의 남북전쟁 동안 연안의 등대불은 적대행위로 간주되어서 이를 소등하였기 때문에 커피를 운반하던 선박이 좌초되었다. 이 중 1,120포대를 구조할 수 있었으나 남부연합군이 더 이상의 구조를 방해하였을 때까지 실제로 120포대만 구조하였다. 보험자는 그 손해가 자신의 책임이 아닌 전적으로 전쟁위험에 기인한 것이라고 주장하였다.

그러나 법원은 주요 손해의 「근인」은 좌초였으며 등대를 소등하게 한 적대행위는 이 손해의 「근인」이 아니었음을 판시하였다. 반면에 남부연합군의 방해로 구조가 가능하였던 1,000포대에 대한 손해는 보험자가 책임을 지지 않는 「전쟁위험」에 기인한 것이었다. 따라서 「피보험자」는 이러한 1,000포대와 구조된 120포대를 제외한 모든 포대에 대한 손해배상을 청구할 수 있었다.49)

46) 윤광운, 「국제무역상무론」[제3판], 삼영사, 1998, p. 384.

47) *Levland Shipping Company Limited v. Norwich Union Fire Insurance Society Limited* [1918] A.C. 350.

48) [1863] 32 LJCP 170.

49) D. M. Day, *op. cit.*, p. 135.

보험계약조항을 조건으로 해서, 「보험자」는 지연,[50] 피보험자의 고의적인 악행, 보험목적물의 통상적인 자연소모, 누손 및 파손, 고유의 하자나 성질에 「근인」한 손해에 대해서는 책임이 없다.[51]

## 4. 중요 사항의 「고지」

「고지」(disclosure)란 보험계약의 체결 당시 보험 목적물의 위험의 정도나 성질에 영향을 미치는 「중요한 사항」(material facts)에 대하여 보험계약자 또는 피보험자가 보험자에게 「최대선의」에 의거하여 계약이 체결될 수 있도록 구두 또는 서면에 의하여 진술할 의무를 말한다.[52]

영국 「해상보험법」(MIA 1906)에서는, 해상보험계약은 「최대선의」(utmost good faith)에 의한 계약이며, 당사자의 일방이 「최대선의」를 준수하지 않을 경우에는 상대방은 그 계약을 취소할 수 있다고 규정하고 있다.[53] 즉, 「중요한 사항」의 불고지는 보험자에게 보험계약 해지권을 주게 된다.

보험계약 체결 시 피보험이익이 직면하게 될 위험에 관해 가장 잘 알고 있는 자는 보험계약자이며 보험자는 보험계약자가 작성한 보험청약서(Application)의 내용을 한도로 인수 여부와 가격(보험료율) 및 담보조건 등을 결정하게 되며, 보험청약서에 기입된 제사항을 일일이 조사하기 어렵고 또한 악의의 계약이라 할지라도 발견하기가 쉽지 않기 때문에 계약당사자 쌍방에 대해서 「최대선의」의 계약체결을 요구하고 있다.[54] 보험계약이 처음부터 「보험자」의 과실로 무효인 경우 영국 「해상보험법」(MIA)에서 피보험자측에 사기 또는 위법사항이 없는 경우에는 보험료를 환급해야 한다고 규정[55]하고 있고, 이와 같은 취지의 내용이 우리나라 「상법」에서도 규정하고 있다.[56]

1906년 「해상보험법」(MIA 1906)은, 「중요한 사항」(material facts)에 대해 보험료

---

50) 「계약조항」에 의해 보험자가 지연의 결과에 대해 책임을 지는 사례로 *The Pomeronian* [1895] P, 349사건 참조.

51) MIA 1906, 제56조 2항.

52) 보험계약은 「최대선의」의 계약이며, 보험자가 알지 못하는 사항에 대해 피보험자는 알려주어야 할 의무가 있다고 판시한 *Greenhill v. Federal Insurance Co.*[1927] 1 KB 65 at 76 사례 참조.

53) MIA 1906, 제17조 ; Clive M. Schmitthoff, *op. cit.*, p. 502.

54) 윤광운, 「국제무역상무론」, 전게서, pp. 384~385.

55) MIA 1906, 제84조 3항(a).

56) 우리나라 「상법」, 제648조.

를 산정하거나 또는 위험인수의 여부를 결정하는데 있어서 신중한 보험자의 판단에 영향을 미치는 것으로 정의하고 있다.[57] 그렇지만 이는 「사실의 문제」이며, 신중한 보험자의 기준에 대해서 객관적으로만 입증할 수 있다는 것을 의미하지는 않는다.

*Berger and Light Diffusers Pty Ltd v. Pollock*사건[58]에서 "주형"(steel injection moulds)이 선적되었고 「고장부 선하증권」(foul B/L)이 발급되었다. 피보험자는 싸게 구입한 그 주형에 결함이 있음을 발견하고 그 수리를 위해 영국으로 선적하였다. 보험증권상에 20,000파운드로 평가된 주형은 선창에 부서진 파이프에서 흘러나온 물로 인하여 수리가 불가능할 정도로 손상을 입었으며, 피보험자는 주형의 이력 불고지, 고장부 선하증권의 발급 및 평가액의 1/3 이하인 주형의 진정한 가격에 근거해서 보험계약을 해지하고자 한 보험자에게 그 전액을 청구하였다. 「사실의 문제」로서, 이러한 사항들은 보험자가 이들에 관해 아는 것이 분명히 자신의 판단에 영향을 미쳤다는 것을 입증할 수 없는 「중요한 사항」들이 아니었음을 Kerr 판사는 판시하였다.

이와 같이 피보험자는 거래의 통상적인 과정에서 그가 알고 있었어야 하는 모든 사항들을 알고 있는 것으로 간주되기 때문에, 비록 고의적으로 피보험자에게 그 사항들이 통지되지 않았다고 하더라도 그가 실제로 그 사항들을 모르고 있다는 것은 타당하지 않다.[59]

통상적인 경우로 대리인이 피보험자를 위하여 보험계약을 체결하는 경우에 그 대리인은 보험자에게 자신이 알고 있는 모든 「중요한 사항」들을 고지하여야 하며 또 거래의 통상적인 과정에서 그가 알고 있었어야 하거나 또는 자신에게 통지되어야 하는 모든 "중요한 사항"을 알고 있는 것으로 간주된다. 더욱이 대리인은 본인인 피보험자가 고지하도록 되어 있는 모든 「중요한 사항」들을 자신이 고지하여야 한다. 다만 본인이 늦게 알았기 때문에 자신이 대리인에게 통지할 수 없었던 사항은 제외된다.[60] 따라서 보험자는 일반적으로 널리 알려진 사항과 보험자가 거래의 통상적인 과정에서 당연히 알고 있었어야 하는 사항을 알고 있는 것으로 간주된다. 그러나 보험자가 일반적인 사항을 알고 있거나 또는 알고 있었어야 하는 것으로 간주된다고 하더라도, 그 사항에 관한 특수한 사항이 고지될 필요가 없

57) MIA 1906, 제18조 2항.
58) [1973] 2 Lloyd's Rep 442 at 463.
59) D. M. Day, *op. cit.*, p. 124.
60) MIA 1906, 제18조 3항.

다는 것은 아니다.

예를 들어 *Bolivia Republic v. Indemnity Mutual Marine Assurance Co.*사건[61]에서 볼리비아 군대의 "보급품"이 해상운송을 위해 부보되었다. 보험계약의 체결업무에 관여한 볼리비아 정부의 한 대리인은 적의 토벌군이 그 보급품을 탈취할 준비를 하고 있다는 사실을 알고 있었다. 이 사실이 보험자에게 고지되지 않았으며, 보험자는 당해 계약을 해지하려고 하였다. 본건에서 「보험자」는 그 보험계약을 해제할 수 있었음을 판시하였다. 보험자는 그 지방에서의 치안방해에 관하여 한 일반적인 성격에 대해서는 알고 있었으나 적의 토벌군이 있다는 사실에 대해서는 알고 있었다고 간주될 수 없는데, 이는 분명히 고지되어야 할 「중요한 사항」이었다.

또한 *Horrower v. Hutchinson*사건[62]에서 보험자는 특정지역에 있는 항구의 일반적인 성격에 대해서는 알고 있는 것으로 간주되지만 통상 소형선박용으로만 이용되는 위험에 노출된 항만을 피보험자가 이용하고 있다는 사실을 "알고 있었다"고는 간주될 수 없음을 판시하였다.

그리고 보험자가 통지받을 권리를 포기한 사항은 고지할 필요가 없다. 보험자가 문의할 사항이지만 실제로 아무런 문의를 하지 않고 있는 사항이라면 보험자는 피보험자의 「고지」를 포기한 것으로 간주된다. *Cantiere Meccanico Brindisino v. Jonson*사건[63]에서 "부선거"(艀船渠, floating dock)가 이븐마우스(Avenmouth)에서 브린디시(Brindisi)까지 예인을 위해 부보되었다. 피보험자는 해상운송을 위해 부선거를 강화시킬 필요가 없다고 판단했고 또 그 강화가 이루어지지 않았다는 것을 보험자에게 고지하지 않았다. 보험조건은 그 부선거가 「감항성」을 가지고 있는 것으로서 수리될 수 있다는 점을 명시하고 있었기 때문에 보험자는 그 점에 대해 문의를 하였고 그 이후에 보험자가 아무런 조치를 취하지 않은 것은 부선거의 「감항성」에 관련한 사항의 「고지」를 포기한 것으로 간주되어야 한다고 판시하였다.

이같이 보험자가 피보험자의 「고지」를 포기하였다고 간주되는 상황에 대해 제한이 필요함은 분명하다. 왜냐하면 화물의 「중요한 사항」에 대한 「고지」에 대한 보험자의 지위는 유지되어야 하고 또 이른바 권리포기에 의해 그 지위가 꺾여서는 안되기 때문에 일반적인 「고지」의무는 매우 중요한 것으로 보아진다고 Scrutton 판사는 판시

61) [1909] 1 KB 785 14 Com Cas 156.
62) [1870] LR 5 QB 584.
63) [1912] 3 KB 452.

한 바 있다.64)

한편으로 고지, 담보 등에 관한 규칙들은 보험계약에서 부보되는 물품을 기술하는 방법과 매우 밀접한 관련을 가진다. 따라서 물품에 대한 부정확한 기술의 태만 역시 "중요한 사항"에 관한 「고지의무」의 태만 또는 물품에 관한 「담보위반」이 될 수 있다. 영국 「해상보험법」(MIA 1906) 제26조에 의하면, 비록 피보험자의 이익은 고지될 필요가 없다고 하더라도 보험목적물은 '상당히 정확하게' 기재되어야 한다. 그리고 특히 물품의 명세에 있어서 중요한 사항의 누락은 보험자가 당해 계약을 해지할 수 있는 "중요한 사항"에 관한 「고지의무」의 태만에 해당된다.

한편 보험자의 문의가 없는 경우 영국 「해상보험법」(MIA 1906)은 피보험자가 다음의 사항, 즉 ① 보험자에게 불이익을 주지 않는 위험감소의 요인, ② 보험자가 사실상 인지하고 있다고 생각되는 사실, ③ 보험자가 별지로 피보험자에게 고지의무와 통지의무를 면제한 사항 및 ④ 명시 또는 묵시담보에 의하여 고지를 요하지 않는 일체의 사실에 대해서는 「고지」할 필요가 없다.65)

상기에서와 같이 계약상의 명시 또는 묵시담보에 의해 「고지」가 불필요한 사항의 경우는 고지할 필요가 없는데, 이 규칙에 숨어있는 합리성은 만약 피보험자가 자신의 「담보위반」에 있지 않다는 것을 나타내는 사항을 고지하지 않는다면 「보험자」는 어떠한 경우에도 「담보위반」에 따른 어떠한 손해에 대해서도 책임을 지지 않기 때문에 보험자는 손해를 입지 않는다는 것이다.66)

## 제3절 | 해상적하보험계약실무

### 3.1 적하보험계약의 체결

「해상적하보험계약」은 법률상 불요식의 낙성계약이므로 보험계약의 청약과 보험자의 승낙에 의해 유효하게 성립되며, 실무적으로는 청약서를 제출하여 보험회

64) *Greenhill v. Federal Insurance Co.*[1927] 1 KB 65.
65) MIA 1906, 제18조 3항.
66) D. M. Day, *op. cit.*, pp. 126~127.

사가 이를 승낙하면 성립하게 된다.

해상보험회사 소정의 보험청약서에 고지사항을 기재하여 제출하고 보험자는 소정의 보험료와 상환으로 보험증권을 발행하여 피보험자에게 교부하게 되는데, 이 「해상적하보험청약서」(Marine Cargo Insurance Application)의 주요 기재사항은 다음과 같다. 즉,

① 피보험자명(수출입상사명)

② 소요되는 보험증권의 부수

③ 선박명 및 출항예정일

④ 출항명 및 착항명

⑤ 환적이 있을 때는 환적항명

⑥ 피보험화물의 수량, 품명 및 그의 명세, 화인 및 화번

⑦ 송장금액 및 보험금액

⑧ 보험조건

⑨ 신용장번호 등이다.

위의 각항 중에 ③ 내지 ⑥ 및 ⑧항은 보험료산출의 중요한 기준이 된다. 특히 ③항은 선적기간을 암시하고 있으므로 「선하증권」의 기재사항과 일치하는 것이 중요하다.

한편 이같이 청약서의 기재사항이 모두 확정되어 있으면 「확정보험」(definite insurance)이 되지만, 대개의 경우는 보험계약 체결 시 모든 사항을 알 수 없으므로 차후 기재사항이 확정되는 대로 지체없이 보험자에게 통고할 것을 조건으로 하는 「예정보험」(open cover)의 형식이 있다. 특히 「FOB」 또는 「CFR」조건으로 수입하는 화물에 관해서는 매도인으로부터의 선적통지가 도착하기 이전에 사고가 발생할 수 있기 때문에 매수인은 매매계약이 체결되면 보험자에게 「예정보험계약」을 신청해야 한다.

한편 「예정보험계약」은 일종의 보험계약이지 보험계약의 예약은 아니다. 예정보험에는 개별예정보험과 포괄예정보험이 있다.

먼저, 「개별예정보험」의 경우 어떠한 특정화물에 대하여 한 건당 부보하는 예정보험을 「개별예정보험계약」(provision contract)이라고 하며, 이 계약에 의거하여 발행되는 보험증권을 「개별예정보험증권」(Provisional Policy)이라고 한다. 기재사항 중 선박명이 확정되지 못하면 「선명미상보험」(floating policy)이라 하고, 보험금액이 불확정이면 「금액미상보험」(unvalued policy)이라 하며, 후일에 미확

정사항이 확정될 「확정보험증권」(Definite Policy)이 발행된다. 예정보험증권에는 간략한 양식으로서 「Cover Note」가 사용되는바, 이것은 단지 보험계약이 체결되어 있음을 입증하는 보험승인서에 불과하다.

다음으로, 「포괄예정보험」의 경우 대량의 화물을 특정지역으로부터 특정기간에 계속해서 수입하는 경우에는 그 전량에 대해 포괄적으로 예정보험계약을 체결하고 개개의 적출시마다 확정해 나가는 방법을 취한다. 이러한 경우에 「포괄예정보험계약」(open contract)이라고 하여 계약시에 「포괄예정보험증권」(Open Policy)이 발행된다.

피보험자가 「포괄예정보험계약」에 의거하여 보험자에게 확정통지를 하면 「보험증명서」(Certificate of Insurance)가 발행된다. 이 「보험증명서」는 보험증권의 주요한 내용을 간략하게 기재한 것으로 양도성이 부여되고 선적서류 중의 보험증권 대신 사용할 수 있다.

[그림 12-1] 해상적하보험계약의 체결과정

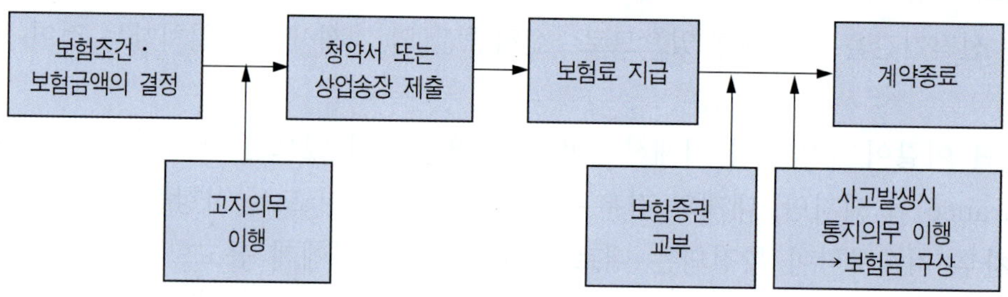


## 3.2 부보의무

「해상보험계약」에 있어 무역거래실무상 「CIF」 또는 「CIP」조건의 경우 그 부보의무를 부담하는 수출상인 「매도인」이 보험계약자로서 보험자와 적하보험계약을 체결하지만, 「FCA」, 「FAS」, 「FOB」, 「CFR」, 「CPT」조건의 경우에는 매수인이 자기 자신을 위하여 적하보험을 부보하기 때문에 「매수인」이 보험계약자이면서 피보험자로 하여 보험자와 해상보험계약을 체결한다.

## (예시 12-1) 해상적하보험증권

### MARINE CARGO INSURANCE POLICY

ORIGINAL

| | |
|---|---|
| Policy No. | : Y302446D - 000 |
| Assured Name | : Hankook Fire Extinguisher Co., Ltd. |
| Invoice No., etc. | : I/V No. SHPC-HK08001 |
| Amount Insured | : CARGO USD 82,500.00( USD 75,000.00 * 110.00 %) |

| | | | |
|---|---|---|---|
| Conveyance | : To Be Declared | Sailing on or about | : |
| At and From | : SHANGHAI, CHINA | Transhipped at | : |
| Arrived At | : KOREA | Thence to | : |

**Goods and Merchandise :**
FIRE HOSE
40A*15m 4000Rolls
65A*15m 2000Rolls

Marks and Number as per Invoice No. specified as above

Valued at the same as Amount Insured

**Conditions :**
Institute Cargo Clauses (All Risks) - 1/1/63

**Subject to the following Clauses :**
- Institute Cargo Clauses (as specified above)
- Institute Classification Clause
- On-deck Clause
- Label Clause (applying to labelled goods)
- Co-Insurance Clause (if applicable)
- U.S Economic and Trade Sanctions Clause
- Special Replacement Clause For secondhand Machinery
- Special Replacement Clause (applying to Machinery)
- Duty Clause(applicable only to import duty insured)
- Other Insurance Clause
- Transit Termination Clause (30 days) (applicable only for cargo imported to Korea)
- Institute Extended Radioactive Contamination Exclusion Clause
- Institute Chemical, Biological, Bio-Chemical, Electromagnetic Weapons and Cyber Attack Exclusion Clause
- Termination of Transit Clause (Terrorism)

**Settling Agent :** American Home Assurance Company - Korea
136, Serin-dong, Chong-ro-ku
Seoul Central Building
Seoul, Korea
Tel: (822) 2260-6800 Fax: (822) 2011-4607
Email: Korea.MarineCLM@aig.com

**Claims Representative :** American Home Assurance Company - Korea
136, Serin-dong, Chong-ro-ku
Seoul Central Building
Seoul, Korea
Tel: (822) 2260-6800 Fax: (822) 2011-4607
Email: Korea.MarineCLM@aig.com

Place and date signed in : SEOUL , KOREA Jun 26, 2008 | No. of Policies issued : 2 | Typist : PDAESUNGP1

For **American Home Assurance Korea**
American Home Assurance is a member of AIG

R. Cary Meusteman
R. Cary Meusteman
Authorized Signatory

ENCRYPTION No. Kz8/Jz8/P0Fsdj9GPw==
For Policy Verification

For a listing of Claim Offices
http://www.aigmarine.com

이러한 「해상적하보험계약」의 청약은 보험증권상에 기재되는 지역의 창고나 보관장소를 떠나기 전에 이루어져야 하며, 특히 수입의 경우는 해외 수출상의 출고 또는 선적의 시기를 수입상은 알지 못하므로 출하 및 선적통지를 미리 통지하여 줄 것을 약정해 두어야 한다.

적하보험의 청약은 외국에서는 보험중개인이나 보험대리점을 통하는게 일반적이나 우리나라에서는 보험계약자가 직접 보험회사와 보험계약을 체결하고 있다.

## 3.3 적하보험계약 체결 시의 고려사항

### 1. 「보험조건」의 선택

해상적하보험에 부보하는 경우, 우선 화물의 운송위험과 관련하여 화물의 종류, 포장·운송항로와 항해기간 등을 고려하여 가장 합리적인 「보험조건」을 선택하여야 한다.

무역업자는 어떠한 기본조건을 선택하고 화물과 수송의 특수사정을 고려하여 어떠한 「부가위험」을 추가할 것이며, 「전쟁위험」과 「동맹파업위험」은 어떻게 할 것인가를 결정하지 않으면 안된다. 이러한 결정은 보통 매매계약을 체결할 당시에 매매당사자의 합의에 의해 이루어짐은 물론이다.

여기서 합리적인 「보험조건」의 선택이 반드시 보험자의 보상범위가 가장 큰 ICC(A/R) 혹은 ICC(A)조건의 경우만 의미하는 것은 아니며, 무역채산의 측면에서 매매가격에 보험료가 차지하는 비중을 고려하여 저렴한 보험료를 부담하고도 합리적인 보상이 될 수 있는 적정한 「보험조건」으로 적하보험청약을 하여야 한다.

보험자는 보험에 가입된 조건이 약관에 명시된 위험만 담보하므로 보험조건을 선택하는데 신중을 기하지 않으면 안된다. 이러한 「보험조건」을 선택하는데 고려할 사항으로는 상품의 성질, 포장상태, 적재선박 및 항구조건 등이 있다. 따라서 수출화물의 특성 등에 따른 여러 위험의 유형을 먼저 검토하고 그리고 보험조건별로 보험료의 비교분석을 통하여 가장 합리적이고 적정한 「보험조건」을 선택하여야 한다.

예를 들면 도난이나 파손의 우려가 거의 없는 철재류의 경우는 A/R조건에 의한 보험료를 낭비하기 보다는 ICC(FPA)나 ICC(WAIOP)조건이 경제적이며, 해수침손과 유류접촉손이 우려되는 경우의 보험조건으로는 "FPA including COOC"가 합리적이라 할 수 있다.

## 2. 적하보험의 담보기간

「담보기간」(period of insurance)이란 피보험이익에 대한 위험이 개시되어 종료될 때까지 보험자가 위험을 부담하는 기간, 즉 해상보험에 있어서 보험자의 책임의 시기와 종기를 말한다.

이 담보기간에 관한 해상보험증권상의 약관을 「운송약관」(transit clause), 일명 「창고간약관」(warehouse to warehouse clause)이라 한다. 이 「운송약관」은 무역실무상 화물이 선적개시를 위해 창고를 출발할 때부터 입고될 때까지의 여러 위험이 담보되어야 할 필요성에 의해 제정된 것이다.

### 1) 위험의 시기와 종기

「협회적하약관」(ICC)은 2009년에 개정하였으나 현재 1982년 약관과 2009년 약관이 모두 사용되고 있으므로 여기서는 두 약관 모두 설명하기로 한다. 먼저 1982년 약관에서는 해상적하보험에서 「운송약관」에 따라 화물이 운송개시를 위해 보험증권에 기재된 지역의 창고 또는 보관장소를 "떠날 때"에 해상보험의 담보가 개시된다. 그러므로 보험증권에 특별한 명시규정이 없는 한, 창고에서 운송용구에 화물을 적재하는 동안이나 실제로 운송이 개시되기 이전의 기간 중에는 「위험」이 개시되지 않는다. 컨테이너에 화물을 적부하기 위해 컨테이너 터미널로 운송을 개시하는 경우는 해상운송의 일부로 간주된다.

이에 대해 「위험의 종기」는 「운송약관」에 의하면 다음과 같이 세 가지로 구분하여 그 중에서 가장 먼저 도래하는 사유가 발생하면 그 때에 보험자의 담보책임은 종료하는 것으로 하고 있다.

첫째, 화물이 보험증권에 기재된 목적지의 수하인 창고 또는 기타의 최종창고 혹은 보관장소에 "인도될 때"에 위험은 종료된다. 여기서의 인도는 수하인 또는 그 대리인에게 현실적으로 인도되는 것을 의미한다.

둘째, 보험증권에 기재된 목적지이든 아니든 불문하고 통상의 운송과정에 있어서의 보관이 아닌 보관을 하거나 할당 또는 분배를 위하여 택한 장소에 인도될 때에는 그 장소에 인도됨과 동시에 위험이 종료된다. 이 경우 피보험자가 화물이 양하된 후 목적지에 도착되기 이전에 할당이나 분배를 위하여 택한 장소를 최종 목적지로 간주하게 되는 것이다.

셋째, 본선으로부터 양하작업을 완료한 후 60일을 경과하면 위험이 종료된다. 여기에서 60일의 기산은 부보화물전량이 양하가 완료된 날을 기준으로 한다. 다만 우리나라에서는 수입화물의 경우에는 「10일 약관」에 의해 이 기간을 화물을 통관하기 위하여 창고 기타 보관장소에 인도한 후 10일로 제한하여 사용하고 있다.

한편 2009년 ICC약관에서는 제8조 1항에서, "이 보험은 보험의 목적이 운송개시를 위해 보험계약에서 기재된 창고 또는 보관장소 내에서 운송차량 또는 기타 운송용구에 지체없는 적재를 위해 처음으로 이동될 때 개시한다."고 하여 창고 내에서의 화물의 적재작업 중의 위험이 보험기간 내에 포함되는 것으로 변경되었다.

또한 「위험의 종기」는 네 가지로 구분하여 그 중에서 가장 먼저 도래하는 사유가 발생할 때 보험자의 담보책임은 종료하는 것으로 하고 있다.

첫째, 보험계약에서 기재된 목적지에서 최종창고 또는 보관장소에서 및 내에서 운송차량이나 기타 운송용구로부터 "양하완료시"로 하여 「인도」라는 말대신에 "양하완료시"로 규정하고 있다.

둘째, 보험증권에 기재된 목적지에 도착하기 전이건 목적지에서건 불문하고 피보험자 또는 그 고용인들이 통상의 운송과정이 아닌 보관 또는 할당이나 분배를 위해 다른 창고 또는 보관장소에서 및 내에서 운송차량이나 기타 운송용구로부터 양하완료시로 규정하여, 1982년 약관의 「인도」될 때에 종료되는 것으로 규정하던 것을 차량 또는 기타 운송용구로부터 「양하완료시」에 종료하는 것으로 하고 있다. 또한 「피보험자」만이 보관 또는 분배를 위한 창고선택권자로 규정되어 있던 것을 「피보험자와 그 고용인」으로 규정하고 있다.

셋째, 피보험자 또는 그 고용인들이 통상의 운송과정이 아닌 보관을 위하여 운송차량 또는 기타 운송용구 또는 어떠한 컨테이너를 이용하기로 선택한 때를 신설하여 물품이 도착한 후 바로 양하되지 않고 컨테이너 또는 기타 운송용구에 보관하면 실제로 양하하기 전에 보험이 종료되는 것을 명확하게 규정하고 있다.

넷째, 1982년 약관과 동일하게 최종 양륙항에서 외항선으로부터 보험의 목적을 양륙완료한 후 60일이 경과된 때에 종료한다. 우리나라 해상보험업계에서는 수입화물에 대하여 60일을 30일로 수정하여 사용하고 있다.

### 2) 목적지 변경 시의 위험의 증가

보험증권상에 기재된 목적항에서 화물이 양하되어 수하인의 최종창고에 입고되기 전이나 기타 보험의 종료사유가 발생되기 이전에 화물이 보험증권에 기재된 목적지를 변경시킬 경우에는 그러한 장소로 운송이 개시되는 시점에서 보험자의 책임이 종료되는 것으로 한다.

예를 들어 항해구간을 "Busan"으로부터 "New York"으로 약정하여 최종목적지가 뉴욕이라고 가정할 때 부보화물이 뉴욕에서 하역된 후 부득이한 사정으로 "Los Angeles"로 운반하지 않으면 안될 경우가 생겼다면 뉴욕의 중간 창고에 보관 중 60일이 경과하면 그로부터 보험기간은 종료되지만 60일이 미달할 경우에는 변경된 목적지 "Los Angeles"로 향해 운송이 개시될 때 보험이 종료된다.

### 3) 「이로」 및 종기확장담보

「운송약관」에서는 피보험자가 지배할 수 없는 사정으로 인하여 「이로」(deviation)를 비롯하여 강제하역(forced discharge), 재선적(reshipment), 환적(transshipment) 또는 해상운송계약상 선주측의 자유재량권의 행사로 인하여 위험변경사유가 발생하였을 때에는 보험자의 위험부담에 관한 책임이 계속된다고 규정하고 있다.

이러한 「위험변경」은 보험계약을 체결할 당시에 보험료산출의 기초가 되는 사항이므로 원칙적으로는 이와 같은 「위험변경」의 경우에는 보험자가 면책되어야 한다는 「위험변경의 원칙」이 적용되어야 하겠지만, 피보험자가 지배할 수 없는 사정으로 인한 경우에까지 이를 강행하는 것은 불합리하므로 이를 구제하기 위하여 「확장담보」하려는 취지를 밝힌 것이다.

한편, 위험개시 후에 도착항이 변경되었을 경우에는 이러한 사항을 보험자에게 통지하여 계속담보를 받아야 한다.

## 3. 적하보험료

「보험료」(insurance premium)는 원칙적으로 적하보험계약의 체결과 동시에 지불되어야 하나 실제에 있어서는 보험료의 후납이 인정되고 있다.[67] 보험료산출의 근거인 「보험요율」(premium rate)은 선박의 상태, 항로, 화물종류 및 보험조건 등에 의하여 산정되는데, 현재 우리나라의 「해상적하보험요율」은 보험개발원에서 산정한 요율을 협정요율로 하여 사용하고 있으며 그 종류는 다음과 같다.

먼저, 「기본요율」은 신협회적하약관 및 기타 특별약관에 적용되는 요율로써 해상운송의 경우에는 항구간(port to port). 항공운송의 경우는 공항간(airport to airport) 요율을 말한다.

「통상요율」은 해당 할인·할증을 적용하기 전의 화물별 담보조건요율(부가위험

67) 보험료의 후납이 인정되고 있어 보험증권이 발급되고 보험료의 징수이전에 발생한 손실에 대해서도 보험자는 보험금을 지급하게 된다.

요율, 확장담보조건요율, 적용통칙상요율 등 포함)을 말한다.

「확장담보조건요율」은 기본요율이 항구간 또는 항공간 요율로 산정되어 있어 ICC의 운송약관에 따른 화물의 전운송구간, 즉 해상운송에 연결되는 선적항 또는 양하항의 행정구역을 벗어나는 육상운송구간에서의 위험을 담보받기 위하여는 확장담보조건에 따른 보험료를 담보하여야 한다. 이러한 확장담보조건 요율에는 내륙운송 확장보험(Inland Tranist Extension : ITE)요율과 내륙보관 확장담보(Inland Storage Extension : ISE)요율이 있다.

그리고 「부가위험요율」은 ICC(B)나 ICC(C)를 기본담보조건으로 하는 경우에는 당해 위험약관에 열거되어 있는 위험만을 담보하므로 보험의 목적의 특성, 항해구간 등에 따라 특히 발생가능성이 높은 위험에 대비하여 추가담보가 요구된다. 이러한 위험을 가리켜 「부가위험」이라 하며 추가보험료를 담보하는 조건으로 「부가위험」을 담보받을 수 있다.

특히 「부가위험」 중 특히 중요한 것으로는 「도난 · 발하 · 불착위험」(Theft, Pilferage & Non · Delivery : TPND), 「우수 · 담수손위험」(Rain and/or Fresh Water Damage : RFWD), 「파손위험」(Breakage), 「타화물과의 접촉손위험」(Contact with Oil and/or Other Cargo : COOC), 「누손 및 부족손위험」(Leakage/Shortage), 오염위험(Contamination), 「갈구리위험」(Hook & Hole), 「곡손위험」(Denting & Bending) 등이 있다.

화물별 「특수위험요율」은 ICC(A) 일지라도 품목의 특성을 고려하여 ICC(B)나 ICC(C)에서 담보하는 위험을 초과하는 「부가위험」을 제외할 수 있으며, 이를 담보할 경우에는 해당 품목별 적용특칙에 따라 별도의 추가보험요율을 부담하여야 하는 점에 유의하여야 한다. 예컨대 유리, 요업제품 및 정밀기계류에서의 파손위험, 고체화공품에서의 포장의 파손으로 인한 부족손위험, 이사화물에서의 파손위험 등이 이에 해당한다.

한편 「보험료율」(premium rate)의 적용 예를 다음에서 살펴본다.

① 품목 : Computer
② 운송기간 : Los Angeles, U.S.A · Seoul, Korea
③ 선적항 : Los Angeles Port
④ 양하항 : Busan Port
⑤ 보험조건 : ICC(A) Including Breakage in excess of 0.5%, ITE

앞의 경우에 적용되는 「보험료율」은 다음과 같다.

기본요율 : 0.301%, Breakage요율 : 0.64%, ITE요율 : 0.15%

적용요율 : 0.301% + 0.64% + 0.15% = 1.091%

이 경우에 「보험료」는 U$10,000×1.091% = U$109.1이 된다.[68)]

## 3.4 해상적하보험의 구상

해상적하보험에 부보하는 궁극적인 목적은 보험사고로 인한 피보험목적물의 멸실·손상으로 피보험자가 입게 되는 손해에 대하여 보험자에게 「구상」(claim)하여 보상받는 데에 있다.

보험구상의 청구인은 보험증권의 「정당한 소지인」으로서, 보통 매수인인 수입업자가 배상의 청구인이 된다. 보험증권의 「정당한 소지인」은 손해가 발생한 경우 그 사실을 서면 또는 구두로 보험회사나 그의 대리점에 우선 통지하고 추후에 손해에 따라 필요한 서류를 구비하여 정식의 구상절차를 밟아야 한다. 이때 이들 서류는 수입일 경우에는 본사 또는 지점에, 수출일 경우에는 해외지점(settling agent)에 제출하도록 되어 있다.

다음에서는 손해의 유형별 보험구상을 전손과 공동해손으로 나누어 살펴본다.

### 1. 전손 및 단독해손의 구상

「전손」 및 「단독해손」의 경우, 화물의 「전손」이 발생한 경우에는 손해검정을 하지 않더라도 전손사실을 증명할 수 있는 적당한 정식서류만 구비하면 된다. 그러나 「추정전손」의 경우에는 보험자에게 「위부통지서」를 제출하여야만 전손보험금을 청구할 수 있다.

화물이 피보험위험에 「근인」(proximate)하여 손상·멸실되었음이 분명한 때에는 보험자와 협의한 후에 지체없이 손해검정인을 선정하여 손해의 원인·정도 등에 대한 검정서를 작성하여야 한다. 「손해검정보고서」는 보험자가 지급보험금을 사정하는 중요한 근거서류가 되므로 손해검정을 실시할 때에는 이해당사자들이 모두 입회하는 것이 일반적이다. 피보험자 또는 그 대리인은 손해가 발생한 경우

68) 해상적하보험의 「보험료」는 보험금액(CIF가격×110%)에 보험료율을 곱하여 산출한다.

이를 방지 또는 경감하도록 노력을 하여야 하며, 선박회사 또는 기타 수탁자에 대한 권리보전을 위하여 필요한 조치를 게을리하지 말아야 한다.

## 2. 공동해손의 구상

「공동해손의 구상」에 있어서 화물이 운송 중 「공동해손」에 관계되는 경우에는

첫째, 선주는 「공동해손선포」(declaration of general average)를 하고 이에 따라 선주가 그 사실을 각 관련 화주에게 통지한다.

선주의 「공동해손선포통지서」(Notice of General Average)에는 공동해손의 발생경위, 선임된 공동해손정산인, 공동해손분담의 확보를 위한 보증장 등 화주의 구비서류, 기타 화주가 취하여야 할 절차 등에 대한 사항이 기재되어 있다.

둘째, 「공동해손의 정산」에서는, 선주가 공동해손을 선포하게 되면 그에 따라 발생된 공동해손희생 및 비용, 즉 공동해손손해를 추후 정산하는 바에 따라 공동해손행위로 인하여 이익을 받게 된 각 이해당사자들이 그 받은 이익에 비례하여 분담한다. 이때 각 이해당사자가 분담하는 금액을 「공동해손분담금」(G. A. Contribution)이라 한다.

그리고 「공동해손분담금」 산출의 기초가 되는 최종 도착지에서의 선박, 화물 등의 구조된 가액을 「공동해손분담가격」(G. A. Contributary Value), 공동해손분담가액과 공동해손분담금의 비율을 「공동해손분담비율」(G. A. Contributary Ratio)이라 한다.

공동해손의 정산, 즉 「공동해손분담금」의 산출은 선주측에서 선임한 공동해손정산인(G. A. Adjuster)이 「공동해손규칙」(York-Antwerp Rule, 1994 : YAR) 또는 운송약관에 정하는 바에 따라 공동해손을 정산하여 「공동해손정산서」(Statement of General Average)를 작성하게 되며, 이를 모든 이해당사자에게 통지하고 「분담금」을 회수하게 된다.[69]

셋째, 「공동해손액의 분담」에 있어서, 선박회사는 화주에게 화물을 인도하기에 앞서 분담금의 안전한 회수를 위해 최종적으로 「공동해손공탁금」(general average deposit) 또는 이에 대신하여 보험회사가 발행하는 「공동해손보증장」(General Average Guarantee, Underwriter's Letter of Guarantee for General Average Contribution)을 제출할 것을 요구한다.

69) 공동해손의 기본원리에 관해서는 윤광운 · 김철수, 전게서, p. 546.

「공동해손보증장」은 보통 무제한보증장(unlimited guarantee)이므로 보험회사는 이를 발행하기에 앞서 피보험자로부터 역보증장(counter · guarantee)을 접수함으로써 공탁금이 보험금액을 초과시에 면책근거로 삼는다.

「공동해손공탁금」은 공동해손정산서에 의한 정확한 「분담금」을 계산하기까지는 1년 혹은 수년이 소요되므로 간단한 공동해손율(ratio of general average)에 의해 여유있게 산출한 분담금을 채택한다. 선박회사는 화물인도의 조건으로 이 금액을 영수 예치하며, 화물이 무담보이면 「공탁금」은 화주가 부담해야 하고 보험에 들었으면 보험회사가 대신 부담한다.

지불된 「공탁금」은 선주에 의하여 지명된 공동해손정산인 앞으로 송금되며 동 정산인은 지불인에게 「공동해손공탁금영수증」(General Average Deposit Receipt)을 송부해 준다. 후에 「공동해손정산서」가 완성되면 이에 의한 확정된 「분담금」과 이미 지불한 「공탁금」과의 차액을 조정하여 청산하면 되는 것이다.

한편, 공동해손과 더불어 화물의 「단독해손」이 발생되는 경우도 있게 되는 바, 이 경우에는 피보험자와 협의하여 화물의 손해검정절차를 밟을 필요가 있다. 그리하여 화물의 손해가 단순히 화물만에 속하는 「단독해손」인지 공동해손행위의 결과 등으로 야기된 「공동해손희생손해」인지를 조사하여야 한다.

### 3. 「제3자」에 대한 구상

화물이 운송중에 멸실 · 손상된 경우 그로 인한 화주의 손해에 대하여는 운송인 및 그 밖의 수탁자의 운송, 보관중에 발생된 것이므로 일차적으로는 이들에게 책임이 귀속되어야 한다. 그러므로 피보험자인 화주는 보험과는 관계없이 신중한 무보험자로서의 의무를 다하여야 하고 귀책사유있는 「제3자」에 대한 손해배상청구권을 보전시켜 놓아야 한다.

특히 피보험자의 이러한 의무를 「해상적하보험약관」에 명시하고 있는 바, 이는 보험자가 보험금을 지급한 후 피보험자가 갖고 있는 「제3자」에 대한 권리를 「대위」[70]행사하는데 지장이 없도록 하기 위한 것이다. 더욱이 우리 「상법」에서는 보

70) 「대위」(subrogation)는 피보험자가 운송인, 기타의 「제3자」에 대한 구상권을 보험자에게 양도하는 것을 말하며, 특히 손해보험에 있어서 보험자가 피보험자에게 보험금을 지급했을 때 일정한 요건하에 피보험자가 갖는 일정한 권리를 보험자에게 이전하는 것으로 이를 「보험자대위」라고도 한다. 이에 대해 「위부」(abandonment)는 추정전손이 발생한 경우, 피보험자가 현실전손에 준하여 보험금액 전액의 청구권리를 얻기 위하여 선박, 물품 등 보험목적물과 이에 부수되는 모든 권리를 피보험자가 보험자에게 양도하는 행위를 말한다. 이러한 위부의 의사를 보험

험자의 보험금지급채무에 대하여는 2년의 「소멸시효기간」을 설정하고 있기 때문에 위와 같이 피보험자의 의무는 더욱 중요한 의미를 갖게 된다.

한편 운송인 등 「제3자」에 대한 구상청구를 화주가 직접하는 편이 효과적인 경우가 있으며, 이런 경우에는 보험자는 피보험자인 화주에게 보험금지급에 갈음하여 대부금형식지급(loan form payment)을 한다. 이는 화주의 「제3자」에 대한 구상절차상의 지연으로 인한 보험금지급의 지연을 방지하며, 한편으로는 보험자의 「대위」구상이 부적당한 경우를 피하기 위해서 행하여지는 대부금 명목의 사실상의 보험금 지급이다. 이러한 형태의 지급방법은 화물의 불착이나 도난손해의 경우에 주로 이용되고 있다.

---

자에게 통고하는 것을 「위부의 통지」(notice of abandonment)라고 한다. 상게서, pp. 514~515.

# 제13장 해외대리점과 판매점계약 및 국내 수출입대행계약

## 제1절 | 무역업자와 대리인

무역거래를 업(業)으로 영위하는 자를 보통 무역업자(trader)라고 부르지만, 실제로는 수출과 수입이 각기 전문화된 수출업자, 수입업자 또는 수출입을 겸하는 수출입업자로 나누어 진다.1) 그리고 수출거래에 직접 관련을 가지는 것은 수출업자(export merchants)와 제조업자(manufacturers)이다.2) 이 수출업자가 해외시장의 진출을 꾀하는 경우에 그 상대방은 모두가 해외의 수입업자3)이나 같은 수입업자라 해도 그 내용면에서는 매우 다양하다. 현지시장의 상대방으로서는 수출·수입을 겸업하는 제조업자(maker)와 직접거래를 하든지 혹은 전문 수입업자(import merchant)나 수입대행업자(import commission house)를 통하여 거래하는 것이 보통이다.4)

---

1) Clive M. Schmitthoff, *Schmitthoff's Export Trade,* 9th ed., London, Stevens & Sons, 1990, p. 4.

2) 무역상사는 일반적으로 전문상사, 종합상사, 고유상사 및 기능상사 등으로 나뉘고, 기능상에는 다시 커미션 하우스(commission house) 및 수출·수입대리점(export or import agent) 및 구매대리점(buying agent) 등이 있다(渡部浩太郎, 「貿易經營論」, フタバ書店, 1978, pp. 21~31). 이 중에 특히 「Commission House」는 국제무역에서 대리점거래형태가 발달한 영국의 제도로서, 수출입에 관한 전문지식 및 행정적 장치를 구비하고 있는 이러한 기관의 손에 수출입업무를 위탁하여 수출입을 수행하게 된다. C. M. Schmitthoff, *op. cit.*, p. 296.

3) 수입업자는 자신의 명의와 계산으로 본인(principal)의 입장에서 해외의 수출업자로부터 직접 또는 자국에 있는 판매대리점을 통하여 계약하고 수입을 하여 자국의 도매상·제조업자에게 판매하거나 해외로 재수출하는 독립된 상인이다. 수입업자의 특징을 보면, ① 자신의 위험과 계산으로 수입한다. ② 수입상품을 인수하여 재고(stock)를 둔다. ③ 매수인에게 대해서는 가격을 스스로 결정한다. ④ 매수인에게 수입상품을 인도한다. ⑤ 매수인에게 판매대금을 직접 회수한다. 石田貞夫, 貿易取引の實務, 實敎出版, 1982, p. 18.

4) 「Commission Agent」 또는 「Commission House」 외에도 「Del Cerdere Agent」, 「Confirming House」 등과 같은 수출거래에 있어 주요 역할을 하고 있는 대리점계약의 여러 특수한 형태는 상업적 관례에 의해서 발전되어 온 것이다. C. M. Schmitthoff, *op. cit.*, pp. 292~296.

통상 「수출업자」(export merchant)는 제조설비를 보유하지 않고 국내에서 타사제품을 구매하여 수출하거나, 수출물품을 해외에서 조달하여 최종수입업자에게 공급하는 무역업자로서,[5] 이 「수출업자」가 후술하는 「수출중개상」과 다른 점은 무역거래시 계약의 당사자(즉, 「본인」)로서 자기명의를 사용한다는 점에서 차이가 있다. 이에 대해 「수출중개상」의 경우는, 무역거래시 자기의 명의를 사용하지 않고 단지 무역거래를 알선·중개하고 그 대가를 수수료 형태로 받는 것을 업으로 영위하는 자로서, 통상 「Export Commission House」 또는 「Export Broker」 등으로 불리 운다.

일반적으로 수출업자의 해외영업은, 해외시장에 어떠한 방식으로 진출할 것인지가 관건이다. 다시 말해 목적시장에 직접 수출할 것인지 또는 현지에 공장을 지어 직접 투자할 것인가 아니면 현지의 「판매대리점」을 통해 간접형태로 진출하는 경우도 있다.

이러한 수출업자의 해외진출과정에서 나타나는 것 중의 하나가 「해외대리점」의 문제이다. 이 경우 「대리점」(agent) 또는 「판매점」(distributor)에서와 같이 일반적으로 수출상이 해외 수입국과의 수출거래규모가 점차 확대되면서 종래와 같은 매건별 거래에 대한 현지 수입상과의 직접교섭이 한계에 이르면 결국 현지의 신용있는 거래처나 유통업체를 현지판매를 위한 수출상의 「대리인」으로 지정하는 문제를 고려하게 된다.

거래실무의 관점에서 「대리인」(agent)은 수출업자의 일종의 해외영업망으로서, 수출업자의 입장에서는 당해 물품에 대한 현지에서의 탁월한 영업능력을 가진 자를 발굴하여 일정기간에 일정수준 이상의 판매의무를 부담시키고자 할 것이며 또한 「대리인」 입장에서는 시장성이 있는 물품의 경우 당해 지역에서의 독점적인 판매권의 확보를 원한다.

---

5) 「수출상」(export merchant)이 물품을 수출함에 있어 수입업자에게 직접 팔거나 또는 판매점, 대리점, 해외지점 및 해외자회사를 통하여 무역거래를 수행하는데(Clive M. Schmitthoff, *op. cit.*, p. 3.), 이러한 수출업자는 수출을 전업으로 하는 무역업자로서, 자신의 명의와 계산에 의하여 생산업자나 그 밖의 공급자로부터 상품을 구입하여 해외로 매각하는 것인데 그 수익은 판매가격과 구입가격과의 차액인 점이 「수수료상」과 다른 점이다. 본인의 계산하에 「이윤베이스」로 거래하는 것이기 때문에 당연히 신용위험을 부담하게 된다. 그리고 형식적으로는 독립하고 있으나 실질적으로는 제조업체의 자회사(subsidiary)인 경영체의 경우도 광의에 있어서는 수출상 가운데 포함되는 것이나 이들은 자신의 이윤획득을 주목적으로 하지 않는다는 의미에서 엄격히 따져 무역상업자는 아니다. 거기에 대하여 어떠한 의미에 있어서나 자기 자신을 위하여 활동하며 제조업자나 해외의 구매자를 위하여 일하지 않는 것이 원래의 수출상이다. 이들은 국내에 있어서의 구매와 해외에 있어서의 매각과의 차액이나 재고품 보유에 대한 가격변동 등의 위험을 부담하는 것이다.

무역거래를 포함하는 일반상거래에서는 「대리인」제도가 널리 활용되어지고 있다. 우선 「대리인」(agent)이라 함은 대리행위를 할 수 있는 권한 또는 자격이라고 하는 소위 「대리권」을 가진 자를 말한다. 법률상 「대리」는 타인(대리인)이 본인의 이름으로 의사표시(「법률행위」)를 하거나 또는 수령함으로써 그 법률효과가 직접 「본인」(principal)에게 생기는 제도를 말한다.[6] 즉, 「본인」을 대신하여 법률행위를 하는 「대리」제도는 전적으로 근대사회의 소산이다.

이와 같이 「대리」는 대리인이 스스로 법률행위(의사표시)를 하고 그 법률효과를 직접 「본인」에게 귀속시키려고 하는 「대리인」의 의사에 대하여 법률이 인정하고 그에 따른 법률효과가 발생하도록 하는 것이므로, 「대리」가 인정되는 범위는 법률행위, 즉 의사표시를 하거나 또는 의사표시를 받는 것에 한하고,[7] 법률행위 이외의 행위, 즉 사실행위나 불법행위에 관하여는 「대리」는 인정되지 않는다.[8] 결국 「대리인」은 대리권이 요구되며, 이 「대리권」(agent's authority)은 타인(대리인)이 「본인」의 이름으로 의사표시를 하거나 또는 받음으로써 직접 「본인」에게 법률효과를 귀속시킬 수 있는 타인의 「본인」에 대한 법률상의 지위 내지 자격으로, 이는 권리로서가 아니라 당사자간의 「계약」에 의해 수권된다.

한편 「대리」의 특성을 정리하면 다음과 같다. 즉, ① 본인과는 별개의 독립된 법률적 지위를 가지고, ② 대리인 자신이 하는 또는 받는, ③ 의사표시에 의하여, ④ 본인을 위하여 한다는 대리적 효과의사에 따라, ⑤ 그 행위의 법률적 효과가 직접 「본인」에게 돌아가는 것이다.

상기의 「대리」의 특질에 해당되지 않으면 그것은 대리와 비슷하더라도 「대리」는 아닌 것이다. 예를 들어 본인의 의사를 단순히 전달함으로써 표시행위의 완성에 협력하는 「사자」(使者)의 경우는 상기 ②의 대리인 자신이 하는 의사표시가 아니라는 점에서 대리가 아니며 또 「법인대표」의 행위는 직접 법인의 권리·의무를 취득하므로 대표는 대리와 비슷하지만 「법인대표」는 법인과 서로 대립하는 지위에 서는 것

---

6) 곽윤직·김재형, 「민법총칙」, 박영사, 2014, p. 335.

7) 우리나라 「민법」, 제114조 참조 ; 여기서 법률행위 이외의 행위, 즉 사실행위나 불법행위에 관하여는 「대리」는 인정되지 않는다. 예컨대 한국 「민법」 제35조 1항은 "법인의 이사 기타 대표자가 그 직무에 관하여 타인에게 가한 손해를 배상할 책임이 있다."고 규정하고 있는데, 이사 기타의 법인의 대표자는 법인의 대리인이 아니라, 이른바 「대표기관」이므로 동조는 결코 불법행위의 「대리」를 인정하는 것은 아니다. 상게서, pp. 334~335.

8) 「준법률행위」는 의사표시가 아니므로 「대리」는 인정되지 않는다. 그러나 「준법률행위」 중 의사의 통지에 관해서는 대리를 유추 적용하는 것이 좋을 것이다. 여기서 「준법률행위」란 물권(소유권 등) 이외의 권리(즉, 무체재산권 등)를 종국적으로 변동시키고 이행이라는 문제를 남기지 않는 법률행위로서, 채권양도·무체재산권의 양도·채무면제 등이 이에 속한다.

이 아니고, 그 행위는 그대로 법인의 행위로 간주되므로 상기 ①의 점에 있어서 「대리」와는 다르다.9)

또 다른 예로 「위탁매매업」(merchantile agent)10)에서와 같이 타인의 계산으로 그러나 자기의 이름으로서 법률행위를 하고, 그 효과는 행위자 자신에 관하여 생기며, 후에 그가 취득한 권리를 타인에게 이전하는 관계가 이른바 「간접대리」이다. 그 경제적 작용은 본래의 「대리」, 즉 「직접대리」와 비슷하지만 상기 ④와 ⑤의 점에서 「대리」와 다르다. 「간접대리인」이 권리를 취득한 때에는 곧 본인에게 이전한다는 특약을 하는 경우도 있으나, 이 때에도 본래의 의미에 있어서의 「대리」와는 권리이전의 경로가 다르다는 점에 주의를 요한다. 이와 같이 「사자」나 「법인대표」 등은 대리와는 다르며, 따라서 「대리인」은 아니다.

이와 같이 「대리인」은 스스로 의사표시를 할 수 있는 「의사능력」은 필요하지만, 「행위능력」까지는 요하지 않는다. 왜냐하면 대리행위의 효과가 직접 본인(principal)에게 귀속하고 「대리인」 자신에게는 미치지 않으므로 대리인에게 행위능력자일 필요까지는 없기 때문이다. 다시 말해 「대리인」 자신이 물품제조업자이거나 또는 수입업자임을 요하지 않는다.11)

이처럼 「대리인」이란 개념은 법적으로 엄격한 개념이다. 그러나 무역거래를 비롯한 일반 상거래에서는 「대리인」 또는 대리점의 명칭 아래 상행위를 하는 자들 중에 「대리인」이 아닌 자가 적지 않다. 그 이유는 대개의 거래당사자들이 「대리인」에 대한 법률지식을 가지지 않고 단순히 「대리인」 명칭을 사용하고 있기 때문이다. 그러고도 실제로는 「대리인」이나 위탁매매업자로서 심지어 아무런 자격도 없이 매수인이면서 「대리인」인 것처럼 행동하는 경우가 허다하며 향후 이들과의 거래에서 적지 않은 분쟁이 발생하는 요인이 된다.

---

9) 법인의 대표는 사실행위나 불법행위에 관하여서도 성립하는 점에서 「대리」와는 다르다.

10) 우리나라 「상법」, 제101조 : 「위탁매매인」이란 자기 명의로 타인의 계산으로 물건 또는 유가증권의 매매를 영업으로 하는 자를 말한다. 즉, 상품공급자로부터 공급된 상품을 자기명의로서, 그리고 상품공급자의 계산으로 판매하는 자의 영업소를 「대리점」이라 부르고 있지만, 법률상으로는 위탁매매업의 영업소를 일컫는 것이다. 특정상인으로부터 상품을 계속적으로 공급받아 공급자가 지정한 가격으로 대리하여 판매 또는 매입해준다는 점에서 대리점이라 부른다. 이 「위탁매매인」과 공급자간의 「상품공급계약」은 일종의 「판매위탁계약」이다. 따라서 이들간에 계속적인 「상품공급계약」이 약정되어 있다는 점에서 「판매점」과 동일하지만, 수수료를 받는 점, 재고품에 대한 위험은 공급자가 부담한다는 점에서 「판매점」과 구별된다. 이 「위탁매매인」에 대하여는 공급자와 체결된 「상품공급계약」 이외에 「상법」의 위탁매매업에 관한 규정(제101조 내지 제113조)이 적용된다. 김종엽, 「상법강의」(상), 세종출판사, 2001, pp. 209~210.

11) 이용근, 「무역계약론」, 법문사, 1004, p. 613.

영국 물품매매법(SGA 1979)에서는 「대리인」(agent)을 통하여 판매한 경우 그 본인인 매도인과의 문제로서, 본인(principal)으로서의 매도인이 상행위로 행위를 하였고, 매수인이 이 사실을 알지 못하였거나 매수인에게 고지함에 있어서 "합리적인 조치"를 취하지 않은 경우에는, 동법 제14조(물질 또는 적격성에 관한 묵시조항) 2항에서의 "매도인이 영업 중에 물품을 매각한 경우 계약에 의하여 제공된 물품은 매매에 적합한 품질이어야 한다는 묵시적 조건이 존재한다."는 규정은 「대리인」이 상행위로 판매한 경우에도 적용된다.

이와 같이 상거래에 있어서 대리인과 본인 그리고 고객간의 법률관계를 정확히 이해하는 것이 분쟁을 예방하는데 있어 매우 중요하다. 다시 말해 계약서의 첫머리에 「Agent」의 영문이 표기되어 있다하여도 하단의 계약조항 중에 「대리인」의 지위가 부여되고 있지 않으면 법적으로는 「대리인」이 아닌 것이며, 이를 근거로 한 거래를 통해 불의의 피해를 보게 되는 경우가 없지 않으므로 이 점에 유의해야 한다.

# 제2절 | 대리점계약

## 2.1 대리업의 형태

매매계약에서의 매도인과 매수인이라는 기본적인 당사자들은 상당한 정도로 「대리인」을 통해서 활동하고 있다.[12] 특히 국내의 제조업자는 해외의 매수인에게 직접 판매할 수 있지만 이러한 수출은 고도의 전문화된 시장지식, 재정, 운송, 보험 등 여러 일들이 요구되는 매우 복잡한 과정으로서, 제조업자는 그러한 수출에 직접적으로 개입하기 보다는 대신 자체에 수출부서를 두는 반면에, 여타 기업들은 전문지식을 두루 갖추고 있는 「수출상」을 통해 그러한 수출업무를 대행시키는 것이 보통이다.

또한 수출업자가 자신의 국가에서 「대리점」을 통해 거래함으로써 이익을 얻을

12) D. M. Day and Bernardette Griffin, *The Law of International Trade*, 2nd ed., Butterworths, p. 3.

수 있지만, 그럼에도 불구하고 매수인의 국가에 「대리인」을 두는 것도 통상적이다. 이들은 단지 외국에 근거를 두고 있는 「대리인」일 수도 있고 수출회사의 자회사일 수도 있는데,[13] 이러한 문제는 무역거래의 실무적 측면뿐만 아니라 무역경영적 측면도 고려할 필요가 있는 것이다.

이처럼 무역거래의 과정에 개입하는 일종의 중간상인으로서의 「대리업」(Agent)의 형태로는 대리점, 판매점 및 중개업 등을 들 수 있다.

무역거래에서 「무역대리점」은 대리인의 전형적인 형태로 통상 실무에서 물품매도확약서발행을 업으로 하는 소위 「오퍼상」이 이에 해당된다. 「판매점」은 전술한 「위탁매매업」(factor)의 성격을 지닌 것이고, 그리고 타인간의 상행위의 중개를 영업으로 하는[14] 「중개인」(broker)에는 보험중개인 · 해운중개인 · 부동산중개인 · 증권회사 등이 있으며 이 중개업에 대해서는 정부의 행정적 규제 및 감독이 뒤따르는 경우도 있다.

## 1. 무역대리업

「무역대리업」이란 외국의 수출업자 또는 수입업자의 위임을 받은 자(외국의 수출업자 또는 수입업자의 지사 또는 대리점 포함)가 국내에서 수출물품의 구매 또는 수입계약의 체결과 이에 부대되는 행위를 업으로 영위하는 것을 말한다. 종래 우리나라의 대외무역에 주요한 역할을 수행해온 소위 「물품매도확약서발행업」과 「수출물품구매업」이 이러한 무역대리업의 범주에 속한다.[15]

이러한 「무역대리업」의 범주에 속하는 것으로 우선, 「물품매도확약서발행업」은 「오퍼」(물품매도확약서, Offer Sheet)의 발행을 업으로 하는 자로서, 외국의 수출업자를 대리하여 국내에서 수입업자와 수입거래 계약을 체결 또는 중개해주고 그 대가로 수수료를 받는 사업이다. 이와 같이 「오퍼」의 발행을 주된 업으로 한다고 하여 소위 「오퍼(Offer)상」으로 불리지만, 실은 그 성격상 외국의 「커미션 에이전

---

13) *Ibid.*, p. 4.

14) 우리나라 「상법」, 제93조.

15) 우리나라 「대외무역법」상의 종래 무역대리업의 개념은 이전의 물품매도확약서발행업자와 수출물품구매업자를 포함한 것으로서, 물품매도확약서발행업을 갑류무역대리업이라 하고 그리고 수출물품구매업을 을류무역대리업자로 구분하여 별도로 관리하여 왔으나, 이후 무역자유화와 무역거래의 대형화 추세에 부응하여 현재는 무역업을 자유화하기에 이르렀다. 여기서 업(業)이란 통상 영리를 목적으로 특정행위를 반복적으로 영위하는 것으로서, 예를 들어 무역을 업으로 영우하는 것을 무역업으로 그 주체를 무역업자로 일컫는다. 윤광운, 「무역법」[제2판], 삼영사, 1998, p. 103 이하 참조.

트」에 해당되므로 「무역대리점」(commission agent)이라 할 수 있다.

이 「오퍼상」은 국내에 수입을 알선・중개하는 「대리인」으로서 외국의 물품공급자인 본인(principal)의 이름으로 단지 청약을 발행할 뿐 스스로는 계약의 당사자가 아니므로 수출입 본거래에 대하여 책임을 지지 않는다. 이 「오퍼상」이 계약의 당사자가 아니라는 것은 곧 계약당사자는 그 이행에 대해 책임을 진다는 전제하에 계약을 체결하지만, 「오퍼상」은 자신에게 책임이 귀속되는 그러한 계약체결의 당사자는 아니다. 여기에는 거래상의 위험회피와 더불어 판매차익보다 적은 금액의 수수료만 취하더라도 계약에 따른 책임은 지지 않으려는데 있기 때문이기도 하다.

「오퍼상」(agent)이 국내의 수입업자 및 외국의 본사와 가지는 법률관계를 살펴보면, 「오퍼상」은 국내의 수입업자에게 「오퍼」를 발행할 경우 물품매도확약서라고 하는 「오퍼장」(Offer Sheet)에 본인인 외국의 본사(해외의 수출업자)를 위한 대리행위에 대한 표시여부에 관계없이 그 행위는 외국의 본사에게 효력을 미친다. 이러한 「오퍼상」의 대리행위의 대가로 외국 본사로부터만 수수료(commission)를 취득하며 대금지급은 국내 수입업자가 외국의 본사에게 직접 결제하는 방식을 취한다([그림 13-1] 참조).

이때 국내 수입업자와 「오퍼상」의 관계는 「본인 대 대리인」(principal to agent)의 관계이고 「오퍼상」과 외국 본사와의 관계는 「대리인 대 본인」(agent to principal)의 관계이지만, 법률관계는 이들 모두를 구속한다.

[그림 13-1] 오퍼상의 법률관계

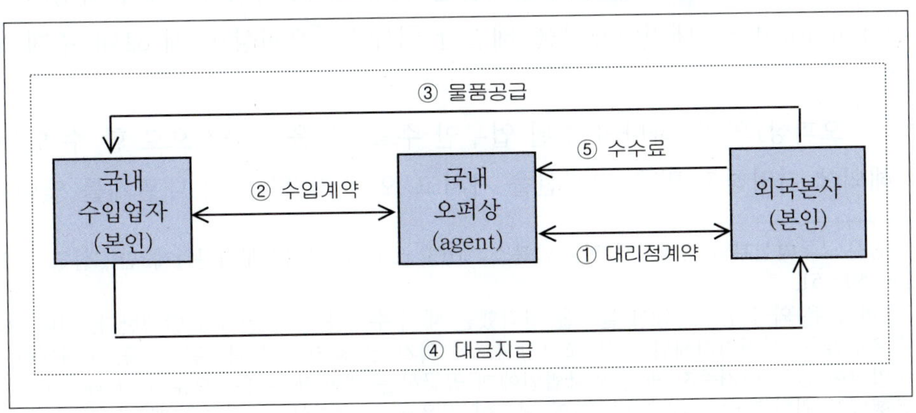

통상적으로 우리나라 「오퍼상」들은 자신의 이름으로 오퍼를 발행하는 것이 보통인데, 이는 「대외무역법」의 취지에 비추어 볼 때 대리인으로서 본인을 위한 상행위임을 표시하지 않은 것이기 때문에 분쟁의 여지를 남기는 올바른 관행이라 할 수 없다.

이와 같이 「오퍼상」은 외국 수출업자의 위임을 받은 자가 국내에서 그 수출업자를 대리하여 「오퍼」(Offer)를 발행하는 것을 주된 업으로 하고 부수적으로는 국내 제조업체가 생산한 상품을 해외 수입업자에게 수출을 알선해 주는 것을 업으로 하고 있다. 다시 말해 무역대리점으로서의 「오퍼상」은 다음에서와 같이 수출과 수입 두 가지 기능을 전부 가지고 있다.[16]

첫째, 수입의 경우에 있어서 「오퍼상」은 한국에 상품을 수출하려는 외국의 수출업자와 「대리점계약」을 맺은 후 제반 업무를 국내에서 대신해 주고 그에 상응하는 수수료를 받는다. 예를 들어 미국에는 섬유기계를 수출하는 회사(수출업체)가 있고 한국에는 섬유기계를 수입하려는 회사(수입업체)가 있는 경우 미국 수출업체 입장에서 생각해보면 실제 실무에 있어서 상이한 해외시장을 통하여 이루어지는 수출과 수입이라는 하나의 무역거래가 성립되기까지는 무수한 어려움이 뒤따른다.

이러한 쌍방의 어려움을 덜어주고 수출과 수입이 원활히 진행되도록 중간에서 주선·중개하는 일이 「오퍼상」의 주된 업무이다. 따라서 외국의 수출업체를 대신하여 국내의 신규 구매처를 개발하고 구매를 권고하여 상담을 진행하며 구매결정이 되었을 경우 원래는 외국의 수출업체가 발행해야 하는 「오퍼」를 대신 발행하여 구매자에게 제시한다. 국내 수입업체는 신용장(L/C) 발행시 필수조건인 이 「오퍼」(Ooffer)를 받아서 수입신용장을 발행하여 수입을 하게 되고, 외국 수출업체는 네고(negotiation)가 끝나 수출대금을 은행으로부터 받는 즉시 약정된 수수료(commission)[17]를 대리점계약을 체결한 국내의 「오퍼상」에게 보내 주게 되는 것이다.

둘째, 「오퍼상」의 또 하나의 주된 업무인 수출기능을 효율적으로 할 수 있는 이유는 해외에 다양하고 많은 거래선을 가지고 오랜 기간동안 유대관계를 맺어왔으

---

16) 윤광운, 「무역실무와 경영」[제2판], 탑북스, 2013, p. 61 : 「무역실무입문」[제3판], 삼영사, 2013, pp. 50~51.

17) 「오퍼상」은 외국의 수출상이 물품을 선적했을 때 수수료를 받을 권리가 발생한다. 이때 오퍼수수료수입은 「부가가치세법」 제11조 1항 4호에 의거 영(零)세율이 적용된다. 즉, 국내에서 국내사업장이 없는 비거주자 또는 외국법인에게 공급하는 재화 또는 용역으로서 그 대금을 외국환은행에서 원화로 받는 것은 영(零)의 세율이 적용된다. 그러나 그 대금을 제3자 또는 국내대리인으로부터 받거나 외국에서 수령하는 경우에는 영(零)세율을 적용받을 수 없다.

며 또한 현지사정에 정통하다는 점이다. 바로 이러한 점 때문에 「오퍼상」의 수출거래 또한 알선하기에는 아주 좋은 위치에 있는 것이다. 예를 들어 미국 섬유기계 수출업체의 기계를 수입하도록 한국 섬유업체에게 알선하는 한편으로 「오퍼상」은 기계수입 후 한국 섬유업체가 생산한 섬유제품을 미국쪽 자기 거래선을 이용하여 미국에 팔아준다는 조건을 붙이면 훨씬 상담을 진행하기 쉬운 것은 두말할 필요도 없다.

다음으로, 소위 「Buying Office」로 불리 우는 「수출물품구매업자」의 경우는, 외국 수입업자의 위임을 받은 자가 국내에서 외국 수입업자를 대리하여 물품을 구매하거나, 이에 따르는 부대행위로서 관련 제조업자의 수배 그리고 외국 수입업자의 주문품에 대한 생산, 선적, 검사 등을 하고 그에 대한 수수료를 받는 것을 업으로 하는 것을 말한다. 따라서 후술하는 일종의 「구매대리점」(buying agent)으로서, 우리 「민법」상의 법적 지위는 무역대리점인 「오퍼상」과 같다고 하겠으나 외국의 수입업자를 대리한다는 점은 다르다.

한편 외국 수입업자의 입장에서 보면, 구매업자를 자신의 대리인으로 활용하는데 있어 구매업자의 신용만 보증된다면 이를 이용하는 것이 경제적이라 하겠다. 예를 들면 미국에 있는 A상사라는 스웨터 수입업체가 한국에서 연 1천만불 정도 수입을 해 가는 경우 보통 100만불 내지 200만불씩 신용장(L/C)을 발행하게 되고 A상사는 직원을 한국에 보내 상주시키며 생산과정, 원자재 검사, 제품검사, 선적, 납기 등 제반사항을 관리 · 감독하게 할 것이다. 여기에 소요되는 제반 경비를 상쇄시키기 위해 미국의 A상사는 한국에서 이런 사항을 대행하여 주는 소위 바잉 오피스(buying office)를 지정하여 업무를 맡기게 되고 그 「Buying Office」는 미국 A상사의 수입업무 일체를 대행해 주고 그에 상응하는 수수료를 받게 되는 것이다.

이 「오퍼상」의 영업형태를 보면, 우선 외국의 물품공급자와 대리점계약을 체결할 때 통상의 경우 국내 대리인은 한국시장 또는 일정한 범위의 시장을 판매영역으로 하여 독점적인 판매권을 확보하고자 할 것이다.

이러한 독점적 판매권을 확보하는 형태로는 독점적인 「대리점」(agent)과 후술하는 「판매점」(distributor)이 있다. 이 두 가지 중 선택은 시장상황과 취급상품에 따라 판단할 것이지만, 보통 원자재의 경우는 독점적인 「대리점」으로서의 수수료베이스의 「Offer Sale」을 취하는데 반해, 내구소비재인 경우는 독점적인 「판매점」으로서의 판매차익을 위한 제고판매수입의 「Stock Sale」을 선택할 것이다.[18]

이상에서와 같이 소규모 무역상들은 자연히 영세한 자본과 소규모 인원, 더군다나 자체 시설이나 설비가 없이 시작하는 경우가 대부분이므로 주로 「오퍼상」을 하거나 「Buying Office」를 하게 마련이다. 그러나 무역규모가 점차 커질수록 자연히 이들 무역대리업의 역할도 커질 수밖에 없고 나아가 해외직접투자 등의 형태로 발전해 나가게 된다.

## 2. 위탁매매인

「위탁매매인」(merchantile agent)이란 자기 명의로 타인의 계산으로 물품매매를 영업으로 하는 자로서, 위탁자와 위탁매매인간에 체결되는 「위탁매매계약」은 물품매매라는 법률행위를 해 줄 것을 위탁하는 계약이므로 일종의 「위임계약」이다. 위탁자와 위탁매매인간에는 우리 「민법」의 위임에 관한 규정 외에도 「상법」의 규정이 적용된다.

「위탁매매인」이 위탁자와 가지는 계약상의 모든 권리·의무의 법률관계에 있어서 이들간에 체결된 「위탁매매계약」은 주선계약의 일종으로서 위임에 해당되므로 수임인인 위탁매매인은 위탁자를 위하여 선량한 관리자의 주의로서 물품매매라는 위임사무를 처리해야 할 일반적인 의무를 지며,[19] 우리 「상법」은 이에 특칙을 두어 특별한 의무를 부가하고 있다. 즉, 통지 및 계산서제출의무, 지정가액준수의무, 이행담보책임 및 위탁물의 하자 등의 통지·처분의무 등[20]을 지우고 있다.

그러므로 「위탁매매인」이 위탁자에 대해 위탁에 관한 「민법」의 규정에 따라 수임인으로서의 권리, 즉 비용선급청구권과 비용상환청구권 등[21]을 가지는 한편으로 「상법」에 의한 보수청구권, 유치권 등[22]을 가진다.

그리고 「위탁매매인」과 매매상대방(「제3자」)과의 법률관계는 위탁매매인 자신에게 발생하며 위탁자와는 계약상 관련이 없다. 즉, 「위탁매매인」이 위탁자인 수출업자로부터 위탁을 받아 자국 내의 구매자에게 물품을 판매하는 경우, 「위탁매매인」은 자신의 이름으로 물품을 수입하여 자신의 고객인 구매자에게 물품을 판매하

---

18) 윤광운, 「무역실무와 경영」, 전게서, p. 62.
19) 우리나라 「민법」, 제681조.
20) 우리나라 「상법」, 제104조 내지 제108조.
21) 우리나라 「민법」, 제687조(비용선급청구권), 제688조(비용상환청구권).
22) 우리 「상법」은 동 제61조(보수청구권), 제111조(유치권), 제109조(매수물의 공탁·경매권) 등을 두고 있다.

는 것이므로 「위탁매매인」과 「구매자」간의 매매계약에 의해 법률관계가 형성되고 물품에 대한 책임을 부담하는 한편 위탁자와는 관계없다.

특히 무역거래가 확대되는 가운데 지점이나 대리점을 이용할 수도 있으나, 「지점」의 개설에 드는 많은 비용과 업무감독 등의 부담이 따르고, 「대리점」의 경우는 대리권의 남용에 따른 본인이 책임문제와 거래상대방도 본인의 신용상태·대리점의 유무·범위 등을 조회할 필요가 있어 거래의 신속을 기할 수 없게 되는 등의 문제가 있게 된다.23) 이러한 경우에 「위탁매매인」을 이용하면 지점개설에 드는 비용을 절감하고, 상대방은 본인의 신용 또는 「위탁매매인」의 대리권을 조회할 필요도 없고 위탁자는 「위탁매매인」의 신용·경험·지식을 이용할 수도 있고 금융의 편의도 얻을 수 있으며, 특히 위탁자가 자기를 상대방에게 알리고 싶지 않은 경우에도 편리하다.

이 「위탁매매인」과 대리인과의 차이점은 「위탁매매인」은 자기명의로 타인의 계산으로 매매행위를 함으로써 매매상대방(「제3자」인 구매자 또는 판매자)과의 매매계약에 따른 모든 책임을 부담하며 위탁받은 물품을 판매 또는 구매에 따른 매매차익을 가지게 된다. 반면 「대리인」은 본인(principal)의 이름으로 행위하며 그 대가로 본인으로부터 일정한 수수료를 받는 것이 다르다.

무역에 있어서 「위탁매매인」의 대표적인 유형으로는 위탁판매점, 독점판매점 등이 있다. 여기서 이들 「판매점」(distributor)은 위탁자에게는 본인으로서 물품을 수입하는 매수인이 되고, 고객인 구매자에게는 본인으로서 물품을 판매하는 매도인의 입장에 있게 된다. 또 다른 「위탁매매인」으로는 수입업자로부터 구매위탁을 받아 국내물품을 구입하여 수출하는 형태도 있다. 자세한 것은 독점판매점에서 후술할 것이다.

[그림 13-2] 위탁매매인의 법률관계

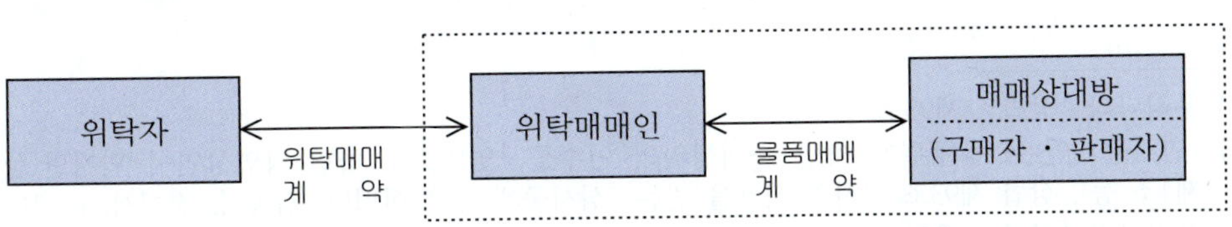


23) 김종엽, 전게서, p. 220.

## 3. 중개인

「중개인」(broker)은 타인간의 상행위의 중개를 영업으로 하는 자로서,[24] 즉 매도인과 매수인 간의 원활한 거래를 주선하는 자이다.

여기서 「중개」란 당사자 쌍방과 교섭하여 그 쌍방간에 법률행위가 이루어지도록 조력하는 사실행위이다. 이와 같이 「중개인」은 사실행위인 중개만을 할 뿐이므로 당사자 쌍방간의 법률행위에 당사자가 될 수 없을 뿐만 아니라 위탁자로부터 대리권을 수여받는 것은 아니다. 따라서 위탁자로부터 「대리권」을 수여받아 「제3자」와 계약을 체결하는 「대리인」 또는 자기명의와 위탁자의 계산으로 계약을 체결하는 「위탁매매인」과 구별된다. 또한 「중개인」은 상행위의 중개를 영업으로 하므로(상사중개인) 결혼중매・취업중매・비상인간의 부동산매매나 임대차의 중개와 같은 상행위가 아닌 행위의 중개를 하는 「민사중개인」[25]과도 구별된다.

그러므로 「중개인」은 계약의 성립과는 직접 관련이 없다. 「중개인」은 거래당사자간에 개입하여 거래의 성립을 보조할 뿐이며 실제의 계약체결은 거래당사자간에 직접 이루어지기 때문에 「중개인」이 관여한 거래의 법률관계는 매도인과 매수인 간에만 성립한다. 다만 「중개인」은 거래당사자 쌍방으로부터 수수료(commission)를 받게 된다.

그리고 「중개계약」은 중개인과 중개의 위탁자(즉, 매도인 또는 매수인)간의 계약으로서 수탁자인 중개인이 적극적으로 주선할 의무를 부담하고, 비법률행위적 사무인 「중개」의 위탁과 중개의 인수로서 성립되는 「위탁계약」에 속한다.

한편 중개계약에 의거 「중개인」은 수임인으로서 당사자 쌍방에 대해 선량한 관리자의 주의로서 「민법」상의 위임된 사무(중개행위)를 처리할 의무를 부담하며,[26] 그 외에 「중개인」은 양 당사자간의 중간자적 지위를 유지해야 하는 특수성이 있으므로 우리 「상법」은 다음과 같은 견품보관의무, 증거보전을 위한 계약서 교부의무, 서명 및 상호묵비의무 등[27]을 지우는 한편으로 보수청구권 등의 권리[28]도

---

24) 우리나라 「상법」, 제93조.

25) 「민사중개인」이 상행위가 아닌 중개행위의 인수를 「영업으로」하면 당연상인이 되지만(상법, 제4조 등), 상법 제93조 이하의 적용을 받는 「상사중개인」은 아니다. 김종엽, 전게서, p. 214.

26) 우리나라 「민법」, 제681조.

27) 우리 「상법」은 동 제93조(견품보관의무), 제96조(계약서 교부의무), 제98조(서명 상호 묵비의무) 및 제99조(하자담보책임) 등의 의무를 중개인에게 지우고 있다.

28) 우리 「상법」은 동 제61조(보수청구권), 제94조(급여수령권의 부존재) 등 중개인의 권리에 관한 규정도 두고 있다.

인정하고 있다.

이「중개인」이 대리인과 다른 점은「대리인」이 본인을 위하여 행위하기 때문에 본인으로부터만 수수료를 받는데 비해「중개인」(broker)은 당사자 쌍방으로부터 수수료를 받는다. 또한「위탁매매인」과 다른 점은「위탁매매인」이 자신의 이름으로 그리고 타인의 계산으로 물품 등을 매매·점유·처분할 수 있는데[29] 비해「중개인」은 이러한 권한이 없으며 단지 중개기능만 수행할 뿐이라는 점이다. 중개인의 타인에 대한 거래관계는 [그림 13-3]에 나타나 있다.

[그림 13-3] 중개인의 법률관계

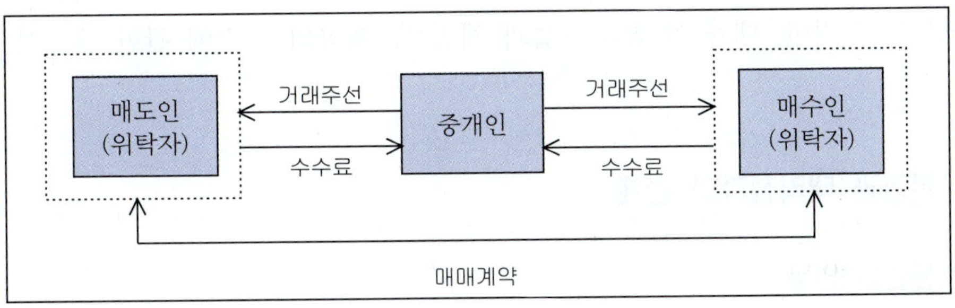


## 2.2 대리점계약의 법률관계

일반적으로「대리」의 법률관계는 본인과 대리인, 대리인과 상대방 그리고 상대방과 본인과의 3면관계로 되어 있다.[30] 즉,「대리인」이 본인의 정당한 대리인이라는 관계(대리권의 관계), 이 대리인이 본인을 위하여 상대방과의 사이에 법률행위를 한다는 관계(대리행위의 관계), 그리고 그 결과 상대방과 본인 사이에 권리변동이 생긴다는 관계(대리에 의한 법률효과의 관계)가 생기게 된다.

이러한「대리」의 3측면을 본인의 입장에서 보면, 대리관계의 본체를 이루는 것은 어디까지나 본인과 대리인의 관계(대리권)라고 하여야 한다. 대리행위의 결과 상대방·본인 사이에 권리변동이 생기는 것은 본인·대리인 사이에 대리권이 있

29) 우리나라「상법」, 제101조 ; 김종엽, 전게서, p. 219 이하 참조.
30) 곽윤직·김재형, 전게서, p. 341 이하 참조.

는 까닭이다. 그 밖의 관계는 대리권의 실현과정(대리인 · 상대방간의 관계) 및 결과(상대방 · 본인간)에 지나지 않는다.

이러한 법률관계의 기초를 제공하는 「대리점계약」(agency agreement)은 대리점과 본인간의 권리 · 의무관계를 규정한 것으로서, 이 계약에 의거 대리점은 본인으로부터 위임받은 권한의 범위내에서 「제3자」인 고객과의 거래를 수행하게 된다.

무역거래에서 수출업자가 자신의 해외 대리점에게 주는 권한은 통상 다음의 두 가지로서 그 하나는, 대리점이 「제3자」와 계약을 체결할 결정권은 유보한 채 본인에게 「제3자」를 소개할 업무를 부여하는 것이고 다른 하나는, 대리점이 본인을 대신하여 「제3자」와 계약을 체결할 권한을 부여하는 경우가 그것이다.

「대리점계약」에 의해 부여된 대리점의 권한의 구체적 내용은 계약내용에 따라 달라질 수 있지만, 대개 계약의 교섭과 체결 등 계약의 성립에 관한 내용이 주가 된다.

## 1. 본인과 대리점과의 관계

### 1) 본인의 의무

본인과 대리점간의 「대리점계약」에서 대리점에 대한 「본인」의 의무로서, 대리점 수수료지급의무를 비롯하여 비용보상의무, 대리점이 주선하지 않은 주문 등에 대하여 이하에서 살펴본다.

#### (1) 대리점 수수료의 지급의무

「대리점계약」에 의거 본인은 대리점 활동에 대한 대가로 약정된 「수수료」를 대리점에 지급하여야 한다. 이 수수료는 실제로 대리점에 의해서 판매된 물품의 매입가격에 대한 약정된 수수료로서, 그 지급시기와 지급률, 그 밖의 대리점의 비용에 대한 배상문제와 본인에 의해 직접 수취된 주문이 대리점의 영역내에서 발생할 경우의 수수료 지급문제, 제 주문에 대한 문제 등을 고려하여 계약서에 명시하는 것이 바람직하다.

또한 수수료의 지급시기에 관한 약정이 없을 경우 통상적으로 매매계약의 체결시에 수수료지급을 청구할 수 있다.

#### (2) 대리점 비용보상의무

「대리점계약」시 명시적 약정이 없는 한 수출업자인 본인을 위해 주문을 수취한 해외의 대리점은 자신이 지출한 거래비용을 본인에게 청구할 수 없다.

그러나 본인의 승인하에 대리점 자신의 업무과정에서 지출한 비용에 대해서 본인은 그 비용을 보상할 의무를 진다. 예를 들어 계약을 위반한 고객을 법원에 제소한 경우의 비용 등이다.

### (3) 대리점이 주선하지 않은 주문

대리점은 성립된 계약에 대하여 보수, 즉 수수료를 받을 권리를 가지는데, 특히 자신이 소개한 고객이 제시가격보다 낮은 가격으로 청약하고 본인이 이를 승낙하여 계약체결이 된 경우에도 「수수료」를 받는다.

그러나 「본인」이 직접 주문을 받았거나 다른 대리점에 의해 계약이 체결된 경우는 「수수료」를 받을 권리가 없다. 이러한 법리적 문제로 인해 계약당사자들은 특정지역에 「대리점계약」을 할 때 그 지역의 모든 거래에 대한 「독점권」을 부여하고 오로지 하나의 대리점에게만 「수수료」를 지급할 것을 약정하는 「독점계약」을 하게 되는 것이다.

### (4) 「주문승낙」에 대한 본인의 선택권

대리점이 단지 고객을 소개할 권한만 가지는 경우, 「본인」은 고객의 주문을 승낙할 것인지에 관해 선택권을 가진다. 따라서 대리점은 본인이 거절한 주문에 대해서는 「수수료」를 청구할 권한이 없다.

한편 본인이 받을 매매가격을 기준으로 수수료지급이 산정되는 경우 그 가격이 지급되기 전에 고객이 계약을 거절한 경우에 본인은 대리점이 수수료를 받을 수 있도록 하기 위해 소송을 제기할 수 없다. 그러나 「본인」이 고객으로부터 특정의 보상을 받았다면 대리점도 합리적인 수준에서 「수수료」를 보상받을 수 있을 것이다.

### (5) 계약이행의무

「본인」은 계약을 성실히 이행할 의무를 지며 따라서 계약기간의 만료전에 정당한 사유없이 일방적으로 계약을 해제할려고 하는 등의 경우, 대리점은 다음의 구제방법을 가진다.

첫째, 대리점은 계약의 종료시에는 자신의 서비스에 대한 「수수료」를 소송을 통해 취득할 수 있다. 둘째, 대리점계약의 존속시는 대리점의 이후 입을 손해에 대한 「손해배상」을 청구할 수 있다. 셋째, 계약의 존속시는 당초 계약의 존속기간 종료 후에 실제로 입은 손해에 대해 「손해배상」을 청구할 수 있다.

### 2) 대리점의 의무

본인과 대리점 간의 「대리점계약」에서 본인에 대한 대리점의 의무로는 다음과 같은 협력의무를 비롯하여 고지의무, 사적이익의 금지의무, 비밀유지의무 그리고 회계보고의무 등을 들 수 있다.

#### (1) 합리적인 협력의무

대리점은 자신의 의무를 성실히 수행해야 하며, 따라서 그 의무를 불성실히 한 결과로 야기된 손해에 대하여 본인에게 책임을 진다.

#### (2) 고시의무

대리점은 고객의 주문에 대한 인수여부 등 본인에게 필요한 정보를 제공할 의무가 있으며, 특히 본인의 의사에 반하는 판매에 대해서는 본인에게 미리 통지하고 동의를 구해야 한다.

#### (3) 사적이익의 금지의무

대리점은 본인을 위한 행위에 대하여 본인으로부터 받는 「수수료」 이외에 별도의 보수를 받을 수 없다. 그러므로 대리점은 「제3자」로부터 별도의 이익을 추구할 수 없다. 즉, 사적이익을 추구해서는 아니된다.

만약 본인의 동의없이 대리점이 별도의 이익을 추구하는 경우 본인은 계약을 해제할 수 있으며 「제3자」와의 계약을 무효화시킬 수 있다. 또한 그러한 계약으로 인하여 본인이 입은 손해에 대하여 대리점에게 「손해배상」을 청구할 수 있다.

#### (4) 비밀유지의무

대리점은 계약기간 중은 물론 기간종료 후에도 업무수행상 취득한 「영업상의 비밀」을 유지해야 하며 이를 이용해서도 안된다. 다만 계약종료 후 당사자간에 합의가 없으면 업무수행상 체득한 기술과 경험은 자신을 위해 사용할 수 있다.

#### (5) 회계보고의무

「대리점」은 계약조건과 본인의 청구에 의해 회계의 결과를 보고할 의무가 있다. 대리점은 업무사항을 기록·보관하고 실제로 수취한 금액 전부를 본인에게 송금하여야 한다.

## 2. 대리점과 고객(「제3자」)과의 관계

본인과 「대리점계약」을 체결한 대리점이 「제3자」인 고객과 계약을 체결한 경우, 그 법률관계에서 다음의 세 가지 가능성이 있다.

첫째, 대리점이 본인의 존재를 고지하지 않고 계약을 체결하는 경우로서, 이때의 대리점은 「고지되지 않은」 본인(undisclosed principal)을 위해 행동하는 자이다.

둘째, 「본인」의 존재를 고지는 하지만 본인의 명의를 밝히지 않고 계약을 체결하는 경우, 예를 들어 대리점이 "on behalf of our principal", "on account of our principal" 등으로 표하고 서명하는 경우이다.

셋째, 본인의 존재와 이름을 모두 밝히고 계약을 체결하는 경우이다.

이와 같은 세 가지 형태 중 가장 문제가 되는 것은 첫 번째의 경우인데, 이는 각국의 법이 서로 상이하다는 문제가 있다. 예컨대 「영국법」에서는 대리점이 본인으로부터 정당하게 권한을 부여받고도 그 권한을 표시하지 않은 채, 자신의 이름으로 계약을 체결하면 「제3자」의 선택권과 본인의 개입권이 발생하게 된다.

여기서 「제3자」의 선택권(third party's rights of election)이란 「제3자」가 이러한 사실을 알았을 때 대리점이나 본인 중 어느 한 당사자에게 소송을 제기할 수 있는 선택권을 가지는 것을 말한다. 예를 들어 「제3자」가 본인을 알고 난 후 본인에 대하여 선택권을 행사하면 본인과 「제3자」간에 법률관계가 형성된다는 것이다. 따라서 선택은 분명해야 하며, 또한 둘 중 어느 하나에 소송을 제기하면 그 것이 곧 선택의 증거가 되는 것이다.

그리고 「본인」의 개입권(principal's rights of intervention)이란 본인이 고객에 대해 직접 클레임을 제기할 권리를 가진다는 것이다. 고객의 선택권과 본인의 개입권은 본인과 고객간의 직접적인 계약관계를 형성해주는 것이다.

한편 상기의 두 번째와 세 번째의 경우는 대리점이 체결한 계약이 효과가 모두 본인에게 귀속되는 경우이다. 본인과 「제3자」가 직접 체결한 것과 동일한 결과가 되며 이때 계약관계는 본인과 「제3자」간에 직접 성립된다. 따라서 고객은 본인에게만 소를 제기할 수 있다. 그러나 대리점이 소재한 지역의 강행법이나 상관습에 의해 고객이 대리점에게 소를 제기할 수 있는 경우에는 예외가 될 것이다.

「본인」은 첫 번째 경우를 포함하여 어떠한 경우건 「제3자」인 고객에게 자신의 명의로 소를 제기할 권리가 있다는 것이 「영국법」의 입장이다. 즉, 대리점이 본인의 존재를 고지하지 않고 계약을 체결한 때라도 본인은 고객에게 소를 제기할 권리가 있는 것이다. 그러나 다른 외국법은 이 점에서 「영국법」과 차이가 있다.

다른 외국법에서는 대리점이 자신의 명의로만 계약을 체결했을 경우 대리점만이 고객에 대해 소를 제기할 수 있다고 규정하고 있다. 따라서 고객에 대해 「소송권」을 가지고자 하는 본인은 대리점이 고객과 계약을 체결할 때는 항상 본인을 고지해야 한다는 의무조항을 「대리점계약」에 명시하는 것이 중요하다.

### 3. 본인과 고객(「제3자」)과의 관계

대리점이 「본인」을 대리하여 고객과 계약할 때에 그 거래는 본인과 「제3자」와의 계약으로 다루어진다. 본인은 자신을 위하여 체결된 모든 계약에 있어서 자신의 명의로 「제3자」에 대하여 소송을 제기할 수 있으며 「제3자」도 본인을 상대로 소송을 제기할 수 있음은 상술한 바와 같다.

그러나 「제3자」(「고객」)가 자신이 거래하는 대리점이 누구의 대리점인지 알지 못하고 거래를 했을 경우, 대리점이 본인으로부터 위임받은 권한의 범위 내에서만 거래를 하였다 하더라도 본인과 대리점 모두가 거래에 대한 책임을 진다. 이 같은 경우는 「제3자」의 선택권에 달려있다. 즉, 「제3자」가 거래의 본인을 알게 된 때에는 「제3자」는 대리점이나 본인 중 어느 한 당사자를 선택하여 그 거래에 대한 책임을 물을 수 있다.

이 경우 「제3자」가 선택권을 행사하여 대리점을 상대로 소송을 제기하였다면 다시 본인을 상대로 소를 제기할 수 없다. 이러한 「선택권」은 당해거래의 본인을 알게 된 후에만 인정되는 것이므로 만약 「제3자」가 그 거래의 본인이 누군가를 계속 모르는 경우에는 대리점에 대해서만 계약에 따른 책임을 물을 수밖에 없다.

**표 13-1 우리나라 「상법」상 대리점 · 위탁매매인 · 중개인제도 비교**

| 구 분 | 대리점 | | 위탁매매인 | 중개인 |
|---|---|---|---|---|
| 지 위 | 특정 본인의 영업보조 | | 불특정다수 위탁자의 보조 | 불특정다수 위탁자의 보조 |
| 대 상 및 특 징 | 독립된 상인<br>(기업내부 보조-상업사용인) | | 불특정의 비상인 | 타인간의 법률행위를 중개하는 사실행위 |
| 유 형 | 대리점 | 판매점 | 구매대리점 · 운송주 선인 등 | 중개 |
| 계약형태 | 대리점계약 | 판매점계약 | 위탁매매계약 | 중개계약 |
| 대리권유무 | 유 | 무 | 유 | 무 |
| 영업방식 | 본인명의와 계산 | 자기명의와 계산 | 자기명의 타인(위탁자) 계산 | 중개행위 |
| 수 입 원 | 수수료 | 매매차익 | 수수료 | 수수료 |
| 적용법규 | 상법, 민법 적용 | | | |

# 제3절 판매점계약

## 3.1 판매점계약의 의의

「판매점」(distributor)은 자기의 이름과 계산으로 수출업자(외국의 물품공급업자)로부터 특정상품을 매입하여 자기의 이름과 계산으로 「제3자」인 고객에게 전매하는 것으로서, 「본인 대 본인」(principal to principal)의 거래이다.

이는 법률상의 「대리권」이 부여된 본래의 의미의 대리점계약에 의한 「대리점」과 이에 대해 대리권이 포함되지 않은 판매점계약 또는 특약점계약에 의한 「판매점」으로 구분되어지는데, 이 「대리점」과 「판매점」은 법률상 여러 면에서 차이가 있다.

우선 「대리점계약」(agency agreement)은 계약당사자가 「본인 대 대리인」의 관계에서 본인으로부터 「대리권」을 수권받을 것을 명시한 계약을 말한다. 「대리점」은 매도인과 매수인간의 거래를 대리하고 그 대가로 받는 수수료는 본인으로부터 취득한다.

[그림 13-4] 대리점계약 및 판매점계약의 법률관계

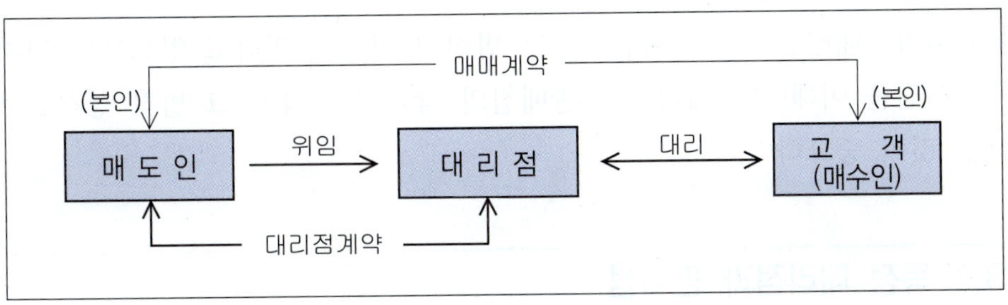


(A) 대리점계약

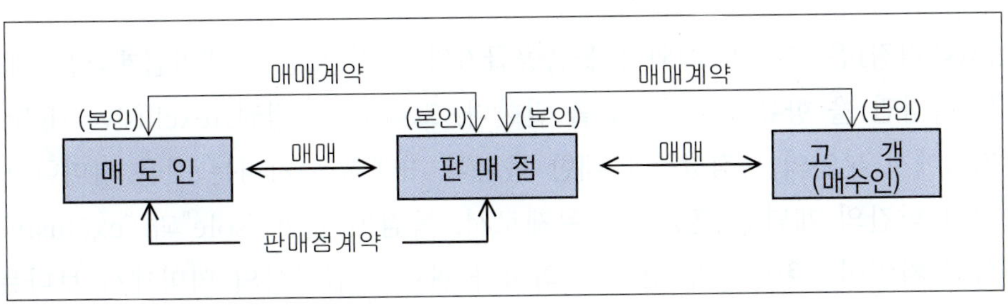


(B) 판매점계약

이에 대해 「판매점계약」(distributorship agreement)은 「위탁판매인」이 취하는 계약으로 무역거래에서는 매도인 대 매수인, 즉 수출업자와 수입업자의 관계에서 매도인의 위탁에 의해 특정상품에 관해 「판매권」(selling rights)을 수탁받은 계약이다. 「판매점」은 자신의 이름과 계산으로 매도인의 특정상품을 구매하여 특정지역에 있는 고객인 「제3자」에게 전매하고 그 매매차익을 획득한다.

위의 [그림 13-4(A)]의 「대리점계약」은 매매계약의 양 당사자가 매도인과 고객이므로 매도인과 대리점 사이에 매매가 이루어지는 것이 아니라 매도인과 고객간에 이루어지는 것이므로, 「대리점」은 매도인을 대신하여 물품을 판매하고 그에 대한 보수를 받는것이다. 따라서 「대리점계약」은 본인(매도인)의 대리점에 대한 수권행위에 의하여 본인과 대리점간의 내부관계를 규정한 것이다. 그러나 「대리점」은 법률상 매도인을 대신하므로 법률관계는 세 당사자 모두가 관련을 가진다.

그리고 [그림 13-4(B)]의 「판매점계약」에서 매도인과 판매점은 매매계약의 관계이며, 또한 「판매점」은 매도인의 입장에서 매수인인 고객과 별도의 매매계약의 관계에 있다. 그러므로 수출업자인 매도인과 고객간에는 계약상 아무런 관계가 없으므로 직접적인 법률관계는 성립되지 않는다.

이러한 「대리점계약」의 목적은 제조업자나 수출업자의 입장에서 보면 최소의 비용과 위험으로 새로운 거래처와 시장을 확보하는데 있으며 이를 위해 우수한 「판매대리점」을 확보할 필요가 있다.

이에 따라 「대리점」과 「판매점」은 그 법적 성격을 달리하고 있으므로 먼저 이러한 차이점을 이해하고 대리점과 판매점의 각각의 계약상 그 법적 성격을 명확히 하는 것이 중요하다.

### 3.2 독점 대리점과 판매점

「독점대리점」은 본인인 해외의 물품공급자와 독점 또는 총대리점계약을 체결하고 그 「독점권」을 향유하는 대리점을 말한다. 그리고 「독점권」(exclusive rights)은 특정지역에서 본인의 특정상품에 대한 독점적 거래권을 가지는 것을 의미한다.

여기서 약간의 개념상 혼동되는 문제로서, 독점에 관한 "sole"과 "exclusive"의 의미상의 차이이다.[31] 이 두 용어의 의미와 관련해 법률상의 의미에서 보다는 실

31) 윤광운, 「무역실무와 경영」, 전게서, pp. 50~51.

무관행상의 그 의미의 해석에 관한 문제가 있다([그림 13-5] 참조).

[그림 13-5] 대리점과 판매점의 비교

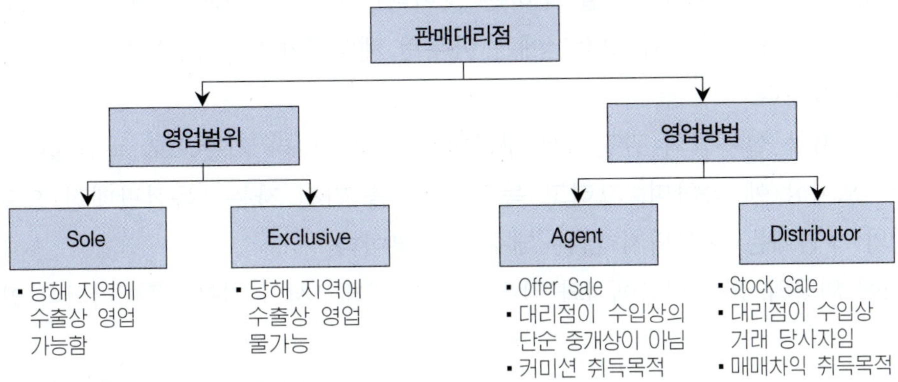


그 첫째는, 영업범위와 관련한 것으로서 "sole"과 "exclusive"는 모두 매도인 본인이 특정지역에서 또 다른 대리점이나 판매점을 지정할 권한이 없다는 의미이다. 즉, 특정의 지역에 두 개 이상의 대리점이나 판매점을 둘 수 없다는 것을 의미한다. 여기서 "sole"은 대리점 또는 판매점의 비용으로 자신에게는 어떠한 책임도 없이 수권된 특정지역에서 본인(매도인)이 물품의 판매를 위임한다는 의미이다. 그러므로 "sole"은 본인이 특정지역에 대리점 등을 두었더라도 직접 영업활동을 할 수 있다는 의미이다. 이에 반해 "exclusive"는 본인(즉, 매도인)이 대리점이나 판매점을 지정한 특정지역에서 이들과 경쟁하지 않을 것이라는 의미로서, 그 특정지역에서는 직접 판매할 수 없고 대리점이나 판매점만을 통하여 거래할 수 있다는 의미이다.

이와 관련하여 대리점계약 또는 판매점계약이 본인(매도인)은 대리점이나 판매점에게 상기에서와 같이 "sole"과 "exclusive"의 권한 모두를 주는 경우도 있으므로, 이러한 용어에 대한 보다 명확한 의미를 계약서에 명시하는 것이 중요하며 또한 계약서에 별도의 명시규정이 없으면 상관습에 따라 해석되는 점에 유의해야 한다.

그 둘째는, 영업방법과 관련한 것으로서 이 대리점계약(agency agreement)에는 대리점에 「독점적 권리」를 부여한 독점대리점계약이 있고 판매점계약(distributorship agreement)에도 역시 독점판매점계약이 있다.

「독점대리점」이 본인을 대리하여 고객들과 계약을 체결해주고 그 대가인 수수료를 받는 반면 「독점판매점」(exclusive distributor)은 자신의 이름으로 물품을 구매하여 「독점판매권」(exclusive selling right)을 부여받은 특정지역에서 고객에게 재판매하고 그 매매차익을 구하는 것이다. 이 경우 「독점판매점」의 지위는 수출업자(외국의 공급업자)와 고객간에는 아무런 계약관계가 없는 독점적 수입업자에 지나지 않는다.

이 두 가지를 실무상의 관점에서 구분한다면 우리나라 기준으로 독점대리점은 전술한 「오퍼상」에 속하며, 그리고 독점판매권을 가진 자는 「독점판매점」으로서 대리인의 개념에는 포함되지 않는 매수인일 뿐이다.

이 외에 외국의 경우 다음에서와 같은 특수한 형태로서의 지불보증대리점이 있다.

## 3.3 「지불보증」 대리점

「지불보증대리점」(del credere agent)은 대리점의 특수한 형태로서, 지불보증수수료를 받고 대리점의 고객(매수인)이 채무불이행으로 대금을 지급하지 않는 경우에 본인이 입을 손해를 배상할 책임을 대신 부담하는 대리점을 말한다. 즉, 독점대리점이 중개한 매매계약의 당사자인 고객의 신용상태에 대한 불안을 해소하기 위한 방안으로서 본인은 「독점대리점」에게 지불보증을 요구하는데 이러한 경우 독점대리점이 지급보증의 문언을 대리점계약에 명시함으로써 성립된다.

이처럼 독점대리점이 「지불보증협정」(del credere agreement)을 맺어 지불보증대리점을 겸하는 경우 수출업자는 판매수수료(return commission)에 「지급보증」에 따른 수수료를 가산한 「지불보증수수료」(del credere commission)를 지불해야 한다.32)

이 「지불보증대리점」은 거래당사자인 고객의 지급불능 등의 사유로 본인이 물품대금을 받을 수 없는 경우에 본인에게 배상할 뿐이며 고객과 본인과의 계약에 의거한 채무의 이행까지 보증할 의무는 없다.

32) Clive M. Schmitthoff, *op. cit.*, p. 294.

## (예시 13-1) EXCLUSIVE CONTRACT

---

EXCLUSIVE CONTRACT Regarding the manufacturing, soliciting, and selling of all kinds of wearing apparels of Korean origin to the territories of USA, be it known that between Messrs. Samho Trading Co., Ltd., Seoul, Korea hereinafter referred to as Party A and Messrs. ABC Traders, Inc., New York, N.Y., USA hereinafter referred to as Party B, it has been agreed on this March 14th, 2013 as follows :

1. Party A grants to Party B the rights of sales agent for the above mentioned articles in the territories of USA.
2. Party B shall work to the best of their ability in order to introduce and establish the largest possible sales.
3. Party A will quote to Party B the most reasonable prices and endeavor to meet competitions from other brands or makers.
4. Party A may export to the USA through other importers for the above mentioned articles if Party B cannot place enough orders for the Party A's capacity. But Party A shall export only through Party B if all the buying terms are same and equal with the other buyer involved.
5. Party B may import the said articles to the USA through other makers or exporters from Korea if Party A cannot meet Party B's inquiry. But Party B Party B shall buy only from Party A if Party A's terms are same and equal with the other supplier involved.
6. Party A shall grant an exclusive sales right to a commodity in the USA, if Party A has accepted to supply that commodity to Party B and Party B shall not buy the said commodity from other supplier in Korea.
7. Party B shall buy from Party A an amount of not less than US dollars two million per year from the date of contract.
8. This contract will be effective until March 31, 2013 from the date of contractk, and supersedes all previous agreements.
9. This contract is made and typed in two(2) copies, being given to each party.

PARTY A.
SAMHO TRADING CO., LTD.

PARTY B.
ABC TRADERS, INC.

---

## (예시 13-2) Sole Agency Agreement

---

SALES AGENCY CONTRACT between TAECHANG(hereinafter call Maker) and Kenold, Ltd.(hereinafter call Agent)

1. The maker hereby constitutes and appoints the Agent its sole agent and distributor in Hong Kong(hereafter called Territory) of the products shown on the list attached here (hereinafter call Products). Other Products which are nor

Particularly shown in the list can be added to the lines of the listed products only upon the consultation and consent of both parties. The term 'Products', as used in this contract, refers to the types and sizes of Lighter specified in the attached list, and is not meant to be limited to the brand name "FIJI", under which the Agent will promote the sales of the Products in the Territory.

2. The maker guarantees that the products will give complete satisfaction. If any Products should be found defective the Maker will replace them with out charge only when the notice of such fact supported by the report of an internationally authorized testing company to the same effect is given by the Agent to the Maker within six months after shipment.

3. The agent promises to use its best efforts to promote sales of the Products in the Territory, and the Agent agree during the life of this contract not to handle any products competitive to those supplied from Maker.

4. The Maker agrees that the special agency prices which it has quoted or will quote to the Agent will be valid for twelve months form the date of quotation or the date of this contract, whichever is later ; and the Maker furthermore agrees it will re-confirm or modify price to the Agent every twelve months thereafter.

5. (1) The Agent agrees it will distribute the Products primarily through department stores, drug stores and smoke shops. The Agent's sales to the market where cheap products are sold are strictly prohibited.

(2) The items and sized supplied from the Maker to the Agent are limited to those specified in the attached list. If additional items and sizes should be required, the Maker will comply with negotiations of the Agent and may afford to accept its requirements for them,.

(3) The agent is to place regular orders to the Maker every one or two months and when market is likely to be changed for probable increasing demands for the Products, it should make pre-advices to the Maker, at the latest 40 days before the changes are likely to occur.

6. The Maker agree to promptly execute all orders from the Agent on terms of Irrevocable Letter of Credit, payable by drafts drawn at ninety days after sight, documents to be surrendered on acceptance of drafts. However, the Maker shall be allowed in acceptance of drafts. However, the Maker shall be allowed to effect partial shipment of orders valued in excess of U.S.$9,000.

7. The Maker agrees to furnish the Agent with reasonable quantities of samples and catalogs or brochures which the Agent considers necessary for used in soliciting business and in fulfilling its business activities in the Territory. In this regard, the Maker promises to give the samples and catalogs or brochures to the Agent in the initial year amounting to the total U.S.$1,000, which corresponds to one per cent of the Agent's sales amount in the year. At the beginning of second year of the contract both parties will discuss the amount to be invested during the year based on the turnover of the initial year.

8. This agency contract is not assignable to any other third party unless both parties agree in writing. This contract shall be valid for two years after it is approved by the Korean Government. This contract will be for an initial period of two years. The Minimum quota for the Agent for the period will be U.S.$ 200,000. Assuming that orders from the Territory exceed U.S.$200,000 during the first two years, the contract will remain in full force for an additional period of two years, during which period the sales quota of the Agent will be U.S.$250,000. Assuming orders exceed U.S.$250,000 during the second two year period, the parties will discuss for further extensions not later than 3 months before the end of the first extension.

9. The Maker agrees that during the life of this contract it will not sell, cause or permit any of the Products to be sold in the Territory, except through Agent or through others as may be mutually agreed upon in writing. The Maker agrees to refer all inquiries and others, for the Products, that may be received from others in the Territory or for the Territory, to the Agent. With exceptions as may be mutually agreed upon in writing.

10. Both parties agree that they will answer all communications from the

order promptly and in detail, to assure the success of their joint efforts. Furthermore, should any disagreement arise that seemingly cannot be resolved within a reasonable time, it is mutually agreed that such matters will be referred to the International Chamber of Commerce in Hong Kong, for arbitration and settlement.

---

[해 설]

상기의 「독점대리점계약서」(Sole Agency Agreement)는 그 내용상 문제점이 없지 않다. 이는 거래당사자간의 계약서 체결시에 면밀한 계약협상의 준비, 사전계획의 중요성과 그 필요성을 강조하기에 적합한 것으로 보아 이하에서 검토하고자 한다.33)

즉, 「Kenold」사는 계약체결 후 18개월이 지나고 있기 때문에 적어도 15만달러 정도의 발주를 했었어야 함에도 불구하고 실제는 6,000달러에 불과한 실적으로 상당히 불성실하게 임하고 있다. 계약서 제3항에서도 대리점은 판매추진에 전력을 다할 것을 약속하고 있다. 제5항의 Regular Order에서도, 1년 반에 총 6,000달러로는 이행의무에 충실했다고는 할 수 없다. 가령 시간적으로는 2개월에 한 번 씩 주문했다 하더라도 1회 주문은 600달러를 밑돌게 된다. Regular Order는 시간적, 계약의 내용면, 금액의 부분에서도 일정함을 유지하는 것이 중요하다.

그러나 이 모든 점을 문제 삼아서 1년 반이 지난 지금 시점에서 계약해지를 하게 되면, 「Kenold」사와의 계약기간은 2년이라고 되어 있기 때문에, 계약위반이라고 반박당하게 될 것이 분명하다. 물론 「Taechang」으로서는 주문금액에 대해 문제를 제기할 것이다. 그렇지만 이 점에 대해서는 「Keonold」사로서는 아직 반년이 남아 있기 때문에 그 사이에 계약목표 총액인 2개월간 20만달러를 위해 노력하겠다고 해 올 것이다.

문제는, 「Taechang」사측이 「Kenold」사에 계약위반의 클레임을 하지 않으려는 모습에서, 본 계약을 취소하고 싶어 하는 이유가 있다. 이러한 구실로, 거래실적을 문제 삼았지만, 그 문제에 대해서는 2년에 20만 달러이지만, 지금 시점에서 어느 정도의 금액이어야 한다는 것에 대한 규정이 없다. 그에 반해서 계약기한의 경우는 2년이라고 기재되어 있기 때문에 그 이전에 「Taechang」이 계약해지를 제기하게 되면, 오히려 클레임을 당할 구실을 주게 된다.

판매 책임액에 대해서는, 물론 제7항에 견본을 1,000달러, 이것은 1년간의 판매금액의 1%에 상당한다는 규정이 있다. 이렇게 보면, 1년간 10만달러의 판매를 해야 한다는 계산이 나온다. 그렇지만 이것도 어디까지나 목표금액이지 그것을 밑돈다 하더라도 별다른 제제가 없다. 게다가 이번의 경우, 「중재」로 해결하려고 해도 「홍콩」의 국제상업회의소를 지명하고 있는 것만으로 그 존재마저 분명하지 않기 때문에 실제 이 분쟁을 처리할 수 없게 된다. 이 점도 역시 이 계약의 함정이 된다.

본건의 경우 계약서의 초안은 「Kenold」사가 자신들에게 유리하도록 변호사와 협의한 후, 적당히 피할 구실을 만들어 놓고 작성한 것을 「Taechang」측에서는 검토도 하지 않고 사인을 해버린 것이다.

---

33) 윤광운, 「무역실무연습」, 탑북스, 2012, p. 110 참조.

# 제4절 | 국내 수출입대행계약

앞에서 본 바와 같이, 「수출입대행」은 수출입업자가 대행위탁자와의 「수출입대행계약」에 따라 일정한 대행수수료를 받고서 자신의 명의로 거래하는 경우로서, 통상 수출입대행을 위탁받은 무역업자가 자기명의로 자기책임 하에 거래한다는 점에서 「무역대리업자」와는 구별된다.

따라서 무역업자가 「수출입대행」을 할 경우, 우리나라의 「대외무역법」 및 금융거래상의 책임을 부담한다. 즉, 대행자인 수출입업자는 자기명의로 수출입을 수행함에 따라 수출입승인·사후관리 등의 책임을 지며, 대행자와 위탁자의 관계는 「대행계약」에 의하여 정해진다.

거래실무상 국내에서 수출입물품과 원자재 등의 조달을 목적으로 한 거래에서 정식의 「수출입대행계약」을 체결하지 않고 단순히 구두 약정이나 「위임장」만으로 해외마케팅활동이나 수출입계약 체결 등에 의해 시장을 확보한 다음 악덕 위탁자가 법적 근거없이 자신의 명의를 도용했다는 등의 이유를 들어 사후에 대행자인 수출입업자에게 법적 책임을 묻는 등의 억울한 사례가 종종 발생하는 점에 유의하여야 한다.

이하에서는 수출 및 수입대행계약의 각각을 중심으로 살펴본다.

## 4.1 수출대행계약

「수출대행계약」은 대행자인 수출업자가 위탁자의 특정물품을 자기명의로 수출을 대신 수행하는 약정을 말한다. 따라서 「대행수출」은 대행자(즉, 무역업자)와 특정한 물품을 수출하려는 대행위탁자(즉, 수출물품 공급업자) 간의 「대행계약」에 따라 대행위탁자가 수출하려는 물품을 대행자의 명의로 수출하는 것을 말한다.

통상 이용되는 「수출대행계약」의 유형을 보면 다음과 같다.

첫째, 「단순수출대행계약」으로서, 이는 대행위탁자가 자기명의로 수출신용장을 받고 대행계약을 체결한 후 동 신용장을 대행자에게 양도하여, 대행위탁자의 책임하에 수출물품을 제조·가공하여 신용장 양수자인 대행자의 명의로 수출하는 방식이다.

둘째, 「자금지원수출대행계약」의 경우, 이는 대행자가 제반 서류상의 명의지가 되는 것은 물론 더 나아가 대행수출을 위하여 자기명의로 무역금융을 받아 주는 등 여러 가지 수출지원을 수혜하는데 있어서도 명의를 빌려주고, 선적절차도 맡아서 이행하는데 대해 대행위탁자는 수출물품만 제조·가공하여 공급만하는 방식이다.

셋째, 「내국신용장에 의한 수출대행계약」의 경우, 이는 수출신용장을 받은 생산업체가 무역업자인 대행자에게 신용장을 양도하고 대행자는 대행위탁자에게 「완제품내국신용장」을 발급하여, 대행위탁자가 내국신용장에 따라 물품을 생산·공급하면 대행자가 물품인수증을 발급하여 주고, 대행위탁자는 은행에 내국신용장에 따라 발행한 환어음을 매입시키는 방식으로 물품대금을 결제 받는 형태의 대행방식이다.

넷째, 이 외에도 대행위탁자가 처음부터 자기명의로 내도한 신용장을 대행자에게 양도하는 것이 아니라, 해외 거래상대방과 수출계약만 체결하고 신용장은 직접 대행자 앞으로 개설하게 하는 방식도 있다.

한편 수출대행업자와 위탁자 간에는 수출대행의 유형에 따라 계약체결시 다음의 주요 사항, 즉 ① 수출제비용의 부담을 비롯하여 ② 내국신용장 발행 시 발행금액, ③ 무역금융의 수혜, ④ 수출실적의 인정, ⑤ 관세환급 신청, ⑥ 부가세 영세율 적용, ⑦ 클레임의 책임 등 제문제를 명백하게 약정해 두는 것이 무엇보다 중요하며, 이에 관하여 이하에서 검토한다.

① 「수출제비용 부담」에서는, 수출이행에 따른 「소요비용」을 누가 부담할 것인지 사전에 다음의 제비용, 즉 수출신용장 양도수수료 및 내국신용장 발행수수료, 수출용원자재 수입시의 신용장발행 제수수료, 수입화물의 해상운임, 적화보험료, 수입화물 통관비용, 수입화물의 적재 및 양화비용, 수입관세, 수입보증금 적립금, 수출품 제조 후 수출검사료, 내륙운송료, 수출통관 제수수료, 수출화물 적재 및 양화비, 적화보험료, 해상 또는 항공운임, 환가료, 무역금융이자, 수입보증금 및 커미션지급 등을 고려하여 약정해 두는 것이 중요하다.

② 내국신용장 발행 시 「발행금액」에 관해서는, 「완제품 내국신용장」에 의한 수출대행계약의 경우에 원수출신용장의 가격조건이 「FOB」, 「CFR」 또는 「CIF」 조건에 따라 내국신용자의 발행금액이 다르다는 점이다. 즉, 「완제품 내국신용장」의 발행신청시에 대행자인 내국신용장 발행신청인은 환차, 대행료 등을 고려하여 위탁자인 물품공급자로부터 「FOB」조건으로 「완제품 물품매도확약서」를 받고 내국신용장을 발행신청해야 한다. 이때 내국신용장금액은

「FOB」가격조건과 동일하거나 혹은 그 범위내에서 이루어진다. 여기서 주의할 것은 원신용장상의 가격조건이 「CFR」나 「CIF」조건의 경우에는 적하보험료, 해상(혹은 항공)운임을 공제한 금액, 즉 「FOB」금액 및 대행료 등을 공제하고 내국신용장을 발행해야 한다.

③ 「무역금융의 수혜」와 관련해서는, 「완제품 내국신용장」 수혜자가 완제품을 제조・가공하는데 필요한 원자재 중 수입원자재가 있을 경우 통상 수출대행자가 원자재수입대행도 하게 되므로 대행자 명의로 원자재자금도 수혜할 수 있다.

「완제품 내국신용장」에 의한 수출대행방식을 제외하고는 생산자금 및 원자재자금을 수혜할 수 있다. 여기서 유의할 것은 무역금융을 수혜할 경우에 실제로 결제할 금액과 미화 달러 당 융자 단가 사이에 차액이 발생하게 되는데, 이 차액을 대행위탁자가 우선 대납하고 결제할 것인지 아니면 수출대행자가 부담해 줄 것인가를 사전에 약정해 두는 것이 필요하다. 이 차액은 당연히 대행자가 최종적으로 부담하는 것이다.

④ 「수출실적의 인정」에 관해서는, 「단순수출대행계약」의 경우는 대행자에게 수출실적이 인정되고, 「내국신용장」이 발행되는 경우에는 대행자에게는 직수출실적이, 대행위탁자에게는 「내국신용장」에 의한 물품공급실적이 각각 인정된다.

⑤ 「관세환급 신청」에서는, 수출물품에 대한 「관세환급청구권」은 수출한 자인 대행자에게 있다. 즉, 「수출신고필증」상에 기재되어 있는 수출자에게 권리가 주어진다.

⑥ 「부가가치세 영(零)세율 적용」에서는, 「단순수출대행」의 경우 신용장 양수도관계나 대행계약서 등을 고려하여 실제 수출자는 대행위탁자라는 것이 명백하므로 위탁자는 대행자와 마찬가지로 「부가가치세 영세율」을 적용받는다. 그러나 단순대행자가 대행위탁자로부터 받는 대행수수료에 대하여는 「부가가치세」가 적용되는 점에 유의해야 한다.

이에 대해 「완제품 내국신용장」에 의한 수출대행의 경우, 수출대행 위탁자가 신용장을 받았고 물품공급 후 「내국신용장」에 의한 수출대금입금증명서를 위탁자가 받을 수 있기 때문에 위탁자나 대행자 모두 「부가가치세의 영세율」이 적용된다.

⑦ 「클레임」에 대한 책임문제에 관해서는, 우선 수출대행계약서상의 위탁자는 해외 거래상대방과 무역계약 체결의 당사자이므로 해외의 매수인으로부터 클레

임이 제기되는 경우 계약위반에 따른 클레임당사자가 되는 것은 명백하다. 이 경우 단순히 대행계약에 의하여 신용장만을 양도받고 단순 대행자가 클레임의 당사자가 되는 것은 억울한 것이지만 실무에서는 그리 간단한 일은 아니다.

통상 대행자는 신용장양수인으로서의 신용장상에 요구된 서류의 제시의무와 신용장조건준수의무를 지게 되므로 그 의무범위에서 클레임의 당사자가 되는 것이다. 대행자가 대행계약상에 해외의 매수인으로부터 대금지급 거절이나 클레임으로 인한 손해를 면하기 위하여 대행위탁자에게 구상할 수 있도록 「구상권조항」을 두거나 또는 매수인인 해외거래상대방과 클레임의 상대방은 무역계약의 당사자인 위탁자로 한다는 「특약」을 대행자가 별도로 사전에 약정해 두는 것이 필요하다.

한편 수출대행업자(export commission house)와 해외의 수입상간의 「수출대행계약」의 체결과정을 요약 · 정리하면 다음과 같다.

| ① 수출대행의뢰 → ② 수출대행계약 체결 → ③ 커뮤니케이션 지원 → ④ 견본 발송 → ⑤ 거래조건 협의 → ⑥ 수출오더 수주 → ⑦ 수입국 필요서류 확인 → ⑧ 선적서류 작성 → ⑨ 내륙운송 및 물품 선적 → ⑩ 수출신고 → ⑪ 대금회수 |
|---|

## 4.2 수입대행계약

「수입대행계약」이란 수입대행을 의뢰하는 위탁자(선매계약에서는 「국내구매자」)와 대행자(「수입업자」를 말함) 간에 권리 · 의무관계를 정하는 것을 말한다. 통상 「대행수입」은 수입자가 물품을 수입하기 전에 국내 구매자와 「수입물품판매계약」을 체결한 후에 수입거래를 진행하는 형태로서, 이 대행수입을 「선매(先賣)수입」이라고도 한다.

「수입대행업자」(import commission house)는 국내에 있는 실수요자의 부탁을 받고 수입을 하는 무역업자인데, 수입업자와 마찬가지로 외국의 수출업자로부터 직접 또는 자국내에 있는 판매대리점을 거쳐서 자기명의로 수입하는 것이다. 「수입대행업자」는 수입금액에 대하여 일정한 비율의 「구매수수료」(purchasing commission)를 취득하는 것으로 위험의 부담은 없다. 수입대행업자는 국내에 있어서는 수탁을 맡은 업자에 불과하나 해외의 수출업자의 입장에서는 고유한 수입

업자(import merchant)와 다를 것이 없다.[34)]

이 「수입대행계약」에는 통상의 계약관행상 다음의 유형이 있는데 첫째, 대행계약에 따라 대금결제, 수입통관 등 주요 수입업무를 위탁자가 이행하는 「단순대행계약」과 둘째, 「선매수입계약」에 따라 일정비율의 「선수금」을 받고 주요한 수입업무를 대행수입자가 이행한 후 위탁자가 국내거래형태를 취하는 경우의 「실수요대행」이 있다.

한편 수입대행업자와 위탁자 간에는 수입대행의 유형에 따라 계약체결 시 다음의 주요 사항, 즉 ① 실수요자 및 관세납부의무자, ② 무역금융수혜자 및 ③ 수출용원자재의 사후관리 등에 관하여 다음에서와 같이 명백하게 약정해 두어야 한다.

① 「실수요자」 및 납세의무자 관계에서는, 수출용원자재 수입대행계약 체결에 따라 수입대행을 할 경우, 수입위탁자가 「실수요자」가 되며 향후 수입통관 시에 「관세납부의무자」가 된다.

사실상 「수입승인서」상에 신청인과 실수요자가 동일한 경우, 즉 자사제품이나 설령 대행수입을 하더라도 「완제품 내국신용장」을 발행하지 않았을 경우에도 「대행자」가 관세납부의무자가 된다. 또한 수입승인서상 「신청인」은 수입대행자이며, 「실수요자」는 완제품 내국신용장 수혜지이고, 실제 관세납부의무자가 됨을 유의해야 한다. 그러나 「내수용 물품의 수입대행계약」에 의하여 수입할 경우에 「실수요자」는 항상 위탁자가 되며, 관세 등 납부의무자도 역시 「위탁자」가 된다.

② 「무역금융수혜자」와 관련해서, 수출용원자재 수입에 대한 대출의 채무자는 수입위탁자인 실수요자와 대행자가 모두 될 수 있으나, 동 수입분에 대한 융자한도 및 수출의무액은 실수요자인 대행위탁자에게 계상된다. 그러므로 수입대행자가 실수요자를 위하여 수입신용장을 발행신청하는 경우, 수입신용장 발행은행은 「실수요자」의 주거래 외국환은행으로부터 융자한도 확인을 받은 후 신용장을 발행하여야 하고, 실수요자의 「주거래 외국환은행」은 이를 실수요자의 한도에 포함해서 관리하여야 한다.

③ 「수출용원자재의 사후관리」에 관해서, 「완제품 내국신용장」에 의하여 내국신용장 수혜자의 수출용원자재를 수입대행위탁하는 경우의 수출용원자재

34) 그러나 「수입대행업자」는 그 성질상 고유의미의 수입상(import merchant)과는 구별되는데, 즉 수입대행만을 전업으로 하는 무역업자는 없고 고유수입상이 보통 겸업으로 하며, 이때 「수입대행계약」은 통상 수입상이 수입대행업자로서 국내의 위탁자인 「고객」과의 사이에 이루어지는 것이 일반적이다.

사후관리의무자는 수입대행위탁자가 되며, 「단순수출대행」 등의 경우 수출대행자가 사실상 실수요자가 되어 사후관리의무자가 된다. 그러나 「내수용 물품수입」의 경우에는 원자재의 사후관리의무가 없다.

이상에서 「수출입대행계약」을 체결할 경우에 반드시 주의할 점은 수출과 수입의 기본계약서, 즉 수출대행이나 「수입대행계약서」상에 당사자의 권리의무와 책임관계를 명확히 약정하여 후일의 상거래분쟁 등에 대비하는 것이 무엇보다 필요하다.

한편 수입대행업자와 국내의 실수요자인 고객 간의 수입대행계약의 체결과정에서 실무상 검토사항으로는 먼저, 「수입대행의뢰서」의 접수와 그에 따른 제안서를 상대방에게 제출하게 된다. 이때 「의뢰서」에는 의뢰인의 소개, 제품명 소개, 원하는 수입국가, 수량, 예정 수입금액 및 수입시기 등 관련내용 및 자료 등을 통해 의뢰의 내용을 검토하여야 한다.

이 「수입대행의뢰서」에 의거 업무대행계약을 체결하고 품목에 대한 시장조사와 거래선 발굴 및 알선 등의 과정을 거치게 된다. 이 과정에서 실무상 「인콰이어리」(Inquiry, 「조회」)의 발송, 가격 및 견본 등의 입수를 통해 최종 업체선정 및 계약조건 협의의 과정을 거치게 된다.

다음의 단계로는 해외의 수출상과 거래계약 체결과 그리고 수입승인에서 제품의 납품단계로 수입절차를 수행한다. 그리고 수입대금결제를 위하여 제품 총금액은 수입신용장금액 등을 근거로 하여 산정한다.

마지막 단계로 선적 확인 및 운송서류 접수, 수입신고 및 통관, 국내운송의 과정을 거쳐 최종 납품 및 국내판매의 과정을 거치게 된다.

이에 따라 「수입대행계약」의 체결과정을 정리하면 다음과 같다.

> ① 수입대행의뢰 → ② 수입대행계약 체결 → ③ Seller 발굴 → ④ 커뮤니케이션 지원 → ⑤ 샘플 수령 → ⑥ 거래조건 협의 → ⑦ 수입오더 발주 → ⑧ L/C발행 또는 착수금 송금 → ⑨ 대금지급 및 서류 수령 → ⑩ 검역 및 통관 → ⑪ 수입신고 → ⑫ 내륙운송 → ⑬ 물품 수령 → ⑭ 관세환급

이상에서 「수출입대행계약」을 체결할 경우에는 반드시 수출과 수입의 기본계약서, 즉 수출대행이나 「수입대행계약서」상에 당사자의 권리·의무의 책임관계를 명확히 약정하여 후일의 상거래분쟁 등에 대비하는 것이 무엇보다도 중요하다는 점에 유의해야 한다.

(예시 13-3) 수출대행계약서

# 수출대행계약서

대행자(갑) : 위탁자(을) :

상기 당사자는 하기와 같은 조건으로 수출대행계약을 체결한다.

제1조(대행방식)
본 계약은 "을"과 직접거래관계가 있는 제3재와의 수출계약에 따른 거래이므로 "갑"은 단지 수출대행자로서 수출창구 역할만 하는 것으로 한다.

제2조(대행물품)
"갑"은 "을"의 책임하에 생산 조달된 아래 물품을 대행수출한다.

| 품명 | 규격 | 수량 | 단가 | 금액 | 가격조건 | 비고 |
|---|---|---|---|---|---|---|
| | | | | | | |

제3조(대행료)
수출대행료는 미화 1달러당 3원으로 하며 본건 수출환어음 매입 후 대행료, 환어음 등을 정산하여 "을"이 "갑"에게 지급하도록 한다.

제4조(수출대금지급)
수출대금지급은 "을"의 책임하에 생산 및 선적 완료 후 결제서류를 작성하여 하자없이 수출환어음을 매입한 후 "갑"이 "을"에게 지급하기로 한다.
단, 보증부 수출환어음 매입 시에는 "갑"에게 담보 등 제공이 없을 경우에는 추심방식(collection basis)에 의하되 대금입금이 확인 된 후에 지급토록 한다.

제5조(손해배상)
"을"은 본 거래와 관련하여 물품의 선적불이행, 지연이행에 따른 손해와 법령위반, 신용장산상의 매수인 등으로부터 품질불량, 수량부족, 규격상이, 특허 및 상표권침해 등 제반 클레임에 따른 손해 및 수출환어음 매입 후의 부도 등이 발생하여 "갑"에게 손해를 입히게 될 경우에는 즉시 그 손해 상당액을 배상하여야 한다.

제6조(담보제공)
"갑"은 제4조 및 제5조의 실행을 보증하기 위하여 "을"로 하여금 담보 등을 제공하게 할 수 있고 동 담보 등을 "감"의 손셀 변제에 임의로 충당할 수 있다.

제7조(비용부담)
"을"은 "갑"의 수출대행에 따른 제비용을 부담한다.

제8조(권리의 귀속)

별도 약정이 없는 한 관세 등 환급권을 제외한 계약에 의한 수출 완료 후의 일체의 권리는 "갑"에게 귀속된다.

제9조(권리의무의 양도)

"을"은 "갑"의 승인 없이는 본 계약상의 권리의무를 제3자에게 양도할 수 없다.

제10조(계약의 해제)

1. "갑"은 "을"이 다음 각 호의 1에 해당하는 경우에는 본 계약의 전부 또는 일부를 해제 또는 해지할 수 있다.
 가. 신용장에 정한 선적기한내에 수출대행물품의 선적을 거부하거나 인도하지 못한 때
 나. "을"의 귀책사유로 인하여 선적기한 내에 선적할 가능성이 없음이 명백하다고 인정될 때
 다. 기타 계약조건을 위반하고 그 위반으로 인하여 계약의 목적을 달성할 수 없다고 인정될 때
2. "을"은 "갑"이 무역업의 취소 또는 정지 등 수출대행이 불가능하다고 객관적으로 인정될 경우에는 본 계약의 전부 또는 일부를 해제 또는 해지할 수 있다.
3. "갑"과 "을"은 제1항 및 제2항의 규정에 의거 계약을 해제 또는 해지하는 경우에는 그 사실을 상호 서면으로 통보하여야 하고, 일부 선적을 이행한 부분에 대해서 을은 갑에게 제3조에 정한 방법으로 대행료를 지급하여야 한다.

제11조(계약내용의 변경)

본 계약의 내용을 변경하고자 할 경우에는 "갑"과 "을"의 쌍방의 합의하애 변경할 수 있다.

제12조(분쟁의 해결)

본 계약에 의한 분쟁은 대한상사중재원의 중재로써 최종적으로 해결하기로 한다.

제13조(상관습 준수)

본 계약서에 기재하지 않은 사항은 일반 상관습에 준한다.

상기 계약내용을 확인, 증명하기 위하여 본 계약서 2통을 작성하고 "갑", "을"이 서명날인한 후 각 1통씩 보관한다.

20 년 월 일

(갑) (을)

### (예시 13-4) 수입대행계약서

## 수입대행계약서

대행자(갑) : 위탁자(을) :

상기 당사자는 아래와 같은 조건으로 수출대행계약을 체결한다.

제1조(대행방식)
본 계약은 "을"과 직접거래관계가 있는 제3재와의 수입계약에 따른 거래이므로 "갑"은 단지 수입대행자로서 수입창구 역할만 하는 것으로 한다.

제2조(대행물품)
"갑"은 "을"의 요청에 의하여 아래 물품을 수입대행한다.

| 품명 | 규격 | 수량 | 단가 | 금액 | 가격조건 | 원산지 |
|---|---|---|---|---|---|---|
| | | | | | | |

제3조(대행료)
수입대행료는 미화 1달러당 7원을 수입대행료계약 체결 시에 "을"이 "갑"에게 지급하도록 한다. 만일, 을이 부득이한 사정으로 대행업무 수행 중 수입신용장을 취소하여야 할 경우에도 "을"은 이미 지급한 수수료에 대하여 반환청구하지 않기로 한다.

제4조(수입대금결제)
"을"은 본 계약과 관련한 수입어음 또는 서류에 대하여 결제기간 이내에 수입대금을 결제하여야 하며, 대지급이 되었을 경우에는 원금 및 대지급 이자 등을 부담하여야 한다.

제5조(비용부담)
"을"은 수입거래와 관련한 수입보증금, 관세, 제세공과금 및 부대비용 일체를 부담한다.

제6조(담보제공)
"을"은 본 수입과 관련하여 물품공급자 또는 대리인과의 계약이행에 실질적 책임을 지며 "갑"의 명의로 수입업무를 수행하는데 따른 물품매도확약서나 구매계약서상의 약정내용을 충분히 이행하여야 하며 향후의 클레임 등으로 "갑"에게 손해를 입히게 될 경우에도 즉시 그 손해상당액을 배상하여야 한다.

제7조(수입통관)
"을"은 "갑"의 명의로 수입승인을 받은 기간 내에 물품수입 및 대금지급이행을 하여야 하며 물품의 수입통관은 20 년 월 일까지 완료하고 수입통관 완료 후 5일 이내에 관련서류를 "갑"에게 인도하여야 한다.

제8조(담보제공)

"갑"은 본 계약의 이행을 보증하기 위하여 "을"로 하여금 담보 등을 제공하게 할 수 있고 동 담보 등을 "갑"의 손실변제에 임의로 충당할 수 있다.

제9조(비밀보장의무)

"갑"은 본 계약과 관련하여 인지 또는 취득한 자료는 "을"의 서명동의가 없는 한 외부에 제공할 수 없으며, 이로 인하여 "을"에게 손해가 발생한 경우에는 "을"이 제시하는 증빙을 기준으로 즉시 보상하기로 한다.

제10조(계약의 해제)

1. "갑"은 "을"이 다음 각 호의 1에 해당하는 경우에는 당해 계약의 전부 또는 일부를 해제 또는 해지할 수 있다.
   가. 제7조에서 정한 기한 내에 수입대행물품의 통관을 거부하거나 완료하지 못한 때
   나. "을"의 귀책사유로 인하여 통관기한 내에 통관할 가능성이 없음이 명백하다고 인정될 때
   다. "을"이 수입대금을 지급하지 않아 "갑"에게 대지급이 발생한 경우
   라. 기타 계약조건을 위반하고 그 위반으로 인하여 계약의 목적을 달성할 수 없다고 인정될 때
2. "을"과 "갑"이 무역업의 취소 또는 정지 등으로 인하여 수입대행이 불가능하다고 객관적으로 인정될 경우에는 당해 계약의 전부 또는 일부를 해제 또는 해지할 수 있다.
3. "갑"과 "을"은 제1항 및 제2항의 규정에 의거 계약을 해제 또는 해지하는 경우에는 그 사실을 상호 서면으로 통보하여야 하고, 일부 통관을 이행한 부분에 대해서는 "을"은 "갑"에게 제3조에 정한 방법으로 대행료를 지급하여야 한다.
4. 제1항의 경우로 인하여 계약을 해제하는 경우 "갑"은 당해 수입물품을 임의로 처분할 수 있다.

제11조(계약내용의 변경)

본 계약의 내용을 변경하고자 할 경우에는 "갑"과 "을" 쌍방의 합의하에 변경할 수 있다.

제12조(분쟁의 해결)

본 계약에 의한 분쟁은 대한상사중재원의 중재로써 최종적으로 해결하기로 한다.

제13조(상관습 준수)

본 계약서에 기재하지 않은 사항은 일반 상관습에 준한다.

상기 계약내용을 확인, 증명하기 위하여 본 계약서 2통을 작성하고 "갑", "을"이 서명날인한 후 각 1통씩 보관한다.

20 년 월 일

(갑) (을)

### (예시 13-5) 수출입대행계약서

## 수출입대행계약서

주식회사(이하 "갑"이라 칭함)와 부식회사(이하 "을"이라 칭함)는 "을"이 가공 · 제조하는 제품(이하 "제품"이라 칭함)의 수출 및 수출에 소요되는 원 · 부자재(이하 "자재"라 칭함)의 수입을 "갑"에게 대행을 의뢰, "갑"명의로 수출 및 수입을 하고자 함에 있어 양자간의 기본사항에 대해 다음과 같이 합의한다.

제1조 (기본거래의 원칙)

1. 본 거래는 "을"의 요구에 따라 "갑"이 명의를 대여함으로써 "자재"의 수입 및 "제품"의 수출을 대행하는 것이며 이와 관련하여 발생되는 모든 책임은 "을"이 부담함을 원칙으로 한다.
2. "갑"은 수출입대행업무를 처리함에 있어 선량한 관리의무를 다하여야 한다.

제2조 (거래방법)

1. "자재" 수입대행

가. "갑"은 하기 "자재"를 "을"을 위하여 수입대행한다.

| 품명 | 규격 | 수량 | 단가 | 금액 | 원산지 | 비고 |
|---|---|---|---|---|---|---|
| | | | | | | |

나. 본 수입과 관련된 OFFER취득 및 해당제품 생산에 필요한 "자재"의 소요량 발급은 "을"의 책임으로 한다.

다. "갑"은 전항이 완료되는 즉시 수입 L/C를 개설하며 이에 따른 수입담보금 등 비용은 "을"이 부담한다. 다만, 상호간의 합의에 의하여 "갑"이 수입담보금을 "을"에게 대여할 수 있다.

라. 선적서류 내도후 "갑"은 은행으로부터 원자재 수입금융을 융자받아 B/L대전을 결제한다. 이 경우 B/L대전에서 수입금융을 제한 금액(끝전) 및 수입금융이자는 "을"의 부담으로 한다.

마. B/L대전지불시 환율변동에 따른 환차손익은 "을"의 귀속으로 한다.

바. "자재"도착시 통관, 하역, 운송 등 제반 수입절차는 "을"이 "갑"의 명의로 실제로 이행하여 "을"의 책임으로 한다.

사. "을"은 "자재"의 인수를 거절하거나 대금지급을 거절할 수 없다. "갑"은 "자재"수입에 있어 단순히 명의만 대여할 뿐, 상기 사유발생시 이에 대한 책임을 부담하지 아니한다.

아. 편의상 "갑"의 명의로 관서나 기관에 제출하는 각서 및 기타 증빙서류에 대한 책임 및 이로 인하여 발생하는 손해 등 일체를 "을"이 부담하고 "갑"은

무관하다.

자. 달리, 수입대행계약이 체결되지 않는 한 본 계약에 따라 대행계약이 체결된 것으로 본다.

2. "제품"수출대행

가. "갑"은 하기 "제품"을 "을"을 위하여 수출대행한다.

| 품명 | 수량 | 단가 | 금액 | 비고 |
|---|---|---|---|---|
| | | | | |

나. "을"은 "을"이 수취한 MASTER L/C를 "갑"에게 양도하거나 또는 직접 "갑"을 수혜자로 하는 신용장이 개설되도록 한다.
향후 매 신용장 건별마다 대행계약을 생략하고 본 계약에 따라 대행계약이 체결된 것으로 한다.

다. 전항의 신용장에 하자가 있을 경우 하자보완 및 그로 인한 책임은 "을"이 부담한다.

라. "갑"은 전 2항의 신용장을 근거로 "을"에게 내국신용장을 개설하며 "을"은 "을"의 책임과 비용으로 신용장 조건에 따른 기한내 "제품"선적을 완료하여야 한다.

제3조 (수출실적 제공의무)

1. "을"은 본 계약 체결일로부터 20-년 월 일까지 "자재 "수입에 상응하는 "제품"의 대응수출의무액(FOB기준 US $ )이상을 "갑"을 통하여 이행하여야 한다.
2. "을"이 전항의 의무를 위반하거나 또는 국내 타 업체에 수출대행을 의뢰한 경우에는 미이행 금액 또는 국내 타업체에 제공한 수출실적금액의 %를 위약금으로 "갑"에게 지급하여야 한다.

제4조 ("제품"대금 지급)

1. "갑"은 선적후 L/C NEGO대전에서 제5조 대행수수료 및 기타 "갑"이 투입한 경비 등을 공제하고 그 잔액을 내국신용장에 의거 "을"에게 지급한다.
2. "제품"대금의 회수책임은 "을"에게 있으며 수출대금 미회수로 인하여 부과되는 은행 또는 관련기관으로부터의 벌금, 과태료 등 제반 제재로 인하여 "갑"이 입게되는 손해 및 그 이자(년 %)는 "을"이 배상한다.

제5조 (대행수수료)

1. "을"은 "갑"에게 수출대행 수수료로서 MASTER L/C금액의 %, 수입대행수수료로서 1US$를 지급하여야 한다.
2. 전항의 수수료는 L/C 개설취소 및 수출입이 완료된 후의 CLAIM 및 UNPAID에 관계없이 지급하기로 한다.

제6조 (경비)

1. "을"은 "자재"의 수입과 관련하여 발생하는 제반경비 및 제세공과금 일체를 부담하고 또한 "제품"의 모든 수출경비(은행경비, 보험료, 통관료, 하역료, 창고료, 내륙운송비, 검사료 등)를 부담한다.
2. "갑"이 B/L대전 기타 비용을 대납할 경우 "을"은 동 대납일로부터 년 % 이율을 적용한 연체이자를 "갑"에게 지급키로 한다.

제7조 (품질검사)

"자재" 및 "제품"의 품질검사는 "을"의 책임으로 한다.

제8조 (품질불량등)

1. "자재"의 품질불량, 수량부족, 품질상이, 선적지연, 선적불이행 등의 사유로 인한 CLAIM에 대하여 "갑"은 책임을 지지 아니하며 "을"과 자재공급자 간에 해결하기로 한다.
2. "제품"의 품질불량, 수량부족, 포장불량, 품질상이, 선적지연, 선적불이행, 선적서류의 하자 등의 사유로 수입상으로부터 제기되는 CLAIM 또는 UNPAID에 대해서는 "을"의 책임으로 하며 이로 인하여 "갑"이 입은 손해 및 그 이자 년 %는 "을"이 배상하여야 한다.
3. "을"은 전 2항의 내용을 수입상 또는 자재공급자에게 통보하여 동 사실을 확인받아야 한다.

제9조 (환율변동)

환율변동으로 인한 손익은 "을"의 귀속으로 한다.

제10조 (통지의무)

"갑"은 자재공급상, 수입상 기타 제3자로부터 CLAIM통지 등, 이 수출입업무와 관련된 통지를 받았을 때에는 지체없이 동 사실을 "을"에게 통지하여야 한다.

제11조 (담보제공)

당사자 일방은 본 계약으로 인하여 상대방에게 부담하는 일체의 채무이행을 보증하기 위하여 다음의 담보를 상대방에게 제공하기로 한다.

1. 당사자 발행 백지 당좌수표(또는 약속어음) 1매 및 동 보충권 차입증 또는,
2. 당사자가 발행하고 그 대표이사가 개인자격으로 연대보증한 액면금액 금원의 공증 약속어음 매 또는,
3. 당사자 소유 대지 평, 건물 평위에 "갑"을 제1순위 근저당권자로 하는 채권최고금액 금원의 부동산 담보.

제12조 (해약)

1. 당사자 일방의 계약불이행, 또는 당사자일방의 파산신청, 파산, 해산, 영업폐지, 지급불능, 당좌거래의 정지, 회사정리신청, 회사정리법에 의한 보전신청, 가압류신청, 가압류, 가처분 등 기타 신용을 현저히 상실하였다고 인정될 경우 상대방은 계약해지를 통보함으로써 본 계약을 해지할 수 있다.

2. 전항의 계약해지는 기발생된 권리 및 손해배상의 청구에 영향을 미치지 아니한다.

제13조 (유효기간)

1. 본 계약은 계약 체결일로부터 년 월 일까지 유효하다. 단, 계약기간중 발생된 채권, 채무는 기간만료에 영향을 받지 아니한다.
2. 유효기간의 연장여부 및 그 내용은 기간만료시 당사자간의 합의로써 결정한다.

제14조 (기한이익의 상실)

당사자일방은 제12조 제1항의 사유가 발생할 경우 그 당사자가 상대방에게 부담하는 일체의 채무에 대한 기한의 이익을 상실하며 상대방은 최고 및 이행의 제공없이 즉시 담보권을 행사할 수 있다.

제15조 (내용변경)

본 계약의 내용은 당사자간 서면합의로써 변경할 수 있다.

제16조 (양도금지)

당사자일방은 상대방의 사전 승인없이 본 계약의 권리, 의무를 제3자에게 양도, 이전, 담보 제공 등의 행위를 할 수 없다.

제17조 (분쟁해결)

본 계약으로 인하여 또는 본 계약과 관련하여 발생하는 모든 분쟁은 대한상사중재원의 중재로써 최종 해결한다.

제18조 (특약)

제19조 (기타)

본 계약에 규정되지 않은 사항은 당사자간 합의로써 결정하고, 합의되지 않은 사항은 일반적으로 인정되는 상관례에 의한다.

상기 계약내용을 확인, 증명하기 위하여 본 계약서 2통을 작성하고 "갑", "을"이 서명날인한 후 각 1통씩 보관한다.

20 년 월 일

(갑) (을)

# 제 14 장 무역계약의 분쟁해결과 중재계약

## 제 1 절 | 무역분쟁과 「클레임」

### 1.1 개 설

무역계약은 매매당사자 간의 합의로 성립된 매매계약의 이행을 통해 종료된다. 즉 무역거래의 당사자들은 약정한 상품의 품질이나 수량 또는 선적일자에 맞게 물품을 인도하고 지정 본선에 적재하여야 하며 매수인 역시 물품을 수령하고 대금을 지급함으로써 계약상의 의무의 이행으로 계약을 종료된다. 그러나 무역거래 실무에서는 상이한 물품의 품질이나 하자있는 수량의 인도나 운송 중의 사고 등으로 인해 상대방 당사자에게 중대한 손해를 야기하는 경우가 적지 않다.

이러한 계약위반의 경우를 대비하여 본서 제5장 「무역계약의 기본조건」에서 전술한 바와 같이, 「클레임조항」을 비롯한 계약위반의 구제와 관련한 여러 조항들을 계약서상에 명시적으로 삽입해 두는 것이 일반적이다.

이와 같이 매매당사자 일방의 계약불이행으로 손해를 입은 피해당사자가 우선적으로 할 것은 상대방에게 「클레임」(claim)을 제기하는 것이 필요하다. 설혹 거래의 종료되었다고 해서 모든 계약조항이 소멸하는 것은 아니며 계약서상에 명시적으로 규정해 놓은 계약위반의 구제조항으로서의 「클레임조항」을 비롯한 「준거법조항」, 「중재조항」 등은 사후에도 여전히 유효하다. 그러므로 「클레임」의 제기 시 계약상의 「클레임조항」에 의거 예를 들면 “물품 검사후 14일 내에 메일로 제기하여야 한다”는 계약상의 명시규정에 의거 14일 내에 메일로 클레임을 제기해야 유효한 것이 된다.

「무역클레임」(trade claim)이라 함은 매매계약 당사자의 일방이 계약의 내용에 따른 이행을 하지 않았을 경우의 무역거래상의 클레임을 말한다.[1) ]「무역클레임」은 거래에 따른 손해를 객관적인 자료와 증거에 근거해서 합리적인 방법으로 해결하려는 일종의 「상사분쟁의 구상」(claim for trade dispute)이라는 점에서 불평이나 분쟁과는 구분된다.[2)]

통상 무역계약 성립 후 상품의 시세가 하락하여 매수인이 손해를 입을 것으로 예상될 때 일반적으로는 「클레임」의 대상이 되지 않을 경미한 과실을 이유로 가격인하를 요구하며 제기하는 클레임을 「마켓클레임」(market claim)이라고 하여, 경우에 따라서는 「마켓클레임」인지 정당한 「클레임」인지 판별하기 어려울 때도 있다. 특히 무역계약의 기본사항 중 상품 자체에 대한 약정인 「품질조건」을 비롯하여 수량 또는 포장 등이 계약당사자 간에 제기하는 「무역클레임」의 주요 대상이 되며, 또한 계약상 물품의 인도, 보험 및 결제조건은 주계약인 매매계약의 종속계약인 운송계약, 보험계약 및 환거래계약과 관련하여 클레임이 제기될 수도 있다.

이와 같이 「무역클레임」의 당사자는 매매당사자에 의한 경우 외에도 거래과정에서 관련된 운송회사, 외국환은행, 보험회사, 창고회사 등과도 「클레임」이 제기되는 경우도 있다. 전자의 매매당사자에 의한 경우로서는, 매수인이 어음부도를 내거나 약정한 신용장을 개설하지 않는 경우 등의 사유로 매수인에게 제기하는 「매도인 클레임」(seller's claim)과 매도인의 선적지연이나 상품의 하자가 있는 경우 등을 이유로 매수인이 매도인에게 제기하는 「매수인 클레임」(buyer's claim)의 경우가 있으며, 후자에서와 같은 거래과정에서의 「제3자」에 의한 경우로는 선박회사, 보험회사 그리고 창고회사 등과의 분쟁을 들 수 있다.[3)]

「무역클레임」의 청구내용으로는 첫째, 금전배상을 청구하는 것으로 손해배상금, 해약변상금 또는 가격인상 또는 인하를 요구하는 경우와 둘째, 금전 이외의 방법으로 손해배상을 청구하는 것으로 계약의 해제, 화물의 반환, 부족분의 추가송부 등을 요구하고 있는 경우 및 위의 두 가지 내용의 병행을 요구하는 경우 등이 있다.

이러한 「무역클레임」의 종류를 대별하면 먼저 주계약인 매매계약에 의한 「무역클레임」과 다음으로 운송인에 대한 손해배상청구, 보험회사에 대한 보험금 청구,

---

1) 石田貞夫, 「貿易取引の實務」, 東京, 實敎出版, 1982, p. 235 : 강이수, 「무역클레임」, 삼영사, 1978, p. 24.

2) 클레임(claim)이란 피해당사자인 청구자(claimant)가 상대방인 피청구자(claimee)에게 자신이 입은 손실에 대한 해결을 요구하는 것을 일컫는다. 윤광운 · 김철수, 「무역실무」[제3판], 탑북스, 2021, p. 651.

3) 상게서, p. 652 참조.

신용장과 관련한 물품대금지급거절 등을 내용으로 하는 종속계약에 의한 「무역클레임」이 있다.

「무역클레임」에 대한 대책으로는 당연히 그 예방이 첫째지만, 수출입거래 실무에서 발생되는 피할 수 없는 분쟁에 대비하기 위해서는 계약체결 시 반드시 「클레임조항」(claim clause)과 「중재조항」(arbitration clause)을 삽입하는 것이 무역보다도 중요하다.

최근 우리나라는 무역규모의 급격한 확대와 더불어 무역클레임의 건수와 금액면에서 계속 증가하고 있기 때문에 「클레임」문제에 대하여 각별한 주의는 물론이고 그 예방에도 유의할 필요가 있다.

## 1.2 「무역클레임」의 제기

### 1. 「클레임」의 제기절차

계약위반으로 손해를 입은 당사자는 그 손해를 야기한 거래상대방에게 손해배상을 청구할 수 있다. 이때 계약상의 「클레임조항」(claim clause) 등 약정이 있는 경우는 그 약정한 절차와 방법에 따라 「클레임」을 제기하고, 그러한 약정이 없는 경우에는 국제상거래관행이나 규칙 또는 국내법상의 규정에 의한다.

일반적으로 「무역클레임」을 제기할 때에는 다음과 같은 절차와 방법에 의한다.

첫째, 「클레임」의 당사자를 확정한다. 「클레임」의 제기사유를 발견하면 먼저 클레임 사유발생의 원인 및 책임소재가 누구에게 있는지를 치밀하게 분석하여 당사자를 결정한다. 「클레임」의 당사자는 통상 계약당사자가 되는 것이 일반적이지만, 손해에 대해 계약당사자의 귀책사유가 없는 경우 「제3자」에게 청구하는 경우도 있다.

「클레임」의 당사자는 수출의 경우 상대국의 수입상, 상대국의 신용장발행은행, 선박회사(또는 보험회사) 중에서 정하며, 수입의 경우 상대국의 수출상, 외국의 제조업자, 선박회사(또는 보험회사) 중에서 정하게 된다.

둘째, 물품검사 후 「클레임」을 통지한다. 물품검사는 일반적으로 선적전검사(PSI)로서 수입상의 비용으로 선적전에 실시한다. 그러나 선적후검사의 경우 수입상이 양륙지에서 수입물품을 인도받은 후에 물품의 「계약적합성」 여부를 검사하여 물품에 하자를 발견하거나 수량부족 등을 발견할 경우 이는 곧 무역「클레임」이 발생하였음을 의미하는 것이다.

그리고 「클레임」의 사유를 발견하면 우선 그 개요에 대한 「클레임통지서」(Claim Notice)를 전신이나 텔렉스를 이용하여 통지한 후 곧이어 확정된 클레임제기서장을 송부하여야 한다.

셋째, 증빙자료를 갖추어 「클레임」을 제기한다. 클레임제기서장에는 「클레임진술서」(Statement of Claim) 및 기타 증거서류를 첨부하여 클레임의 정당성을 상대방에게 납득시켜야 하며, 「클레임진술서」에는 당해 계약번호, 계약일자 등을 명기하여 상대방에게 분쟁대상을 확실히 밝히는 동시에 클레임의 성질을 구체적으로 설명한 후 클레임의 발생상황을 열거하고 요구하는 구제방법을 명확히 제시하여야 한다.

### (예시 14-1) 무역클레임 제기서장

**ENDAM ENG. & TRADING CO., LTD**
#1722, 21C CITY O/T, DAEYEON 3-DONG,
NAM-GU, Busan, 608-743 Korea

Messrs. Brown & Co., Ltd. May 05, 20-
New York, U. S. A.

Gentlemen :

Your shipment of Microscopes ex. M/S. "President Wilson" was delivered to our customer's warehouse this morning. Upon inspection of the goods by both ourselves and customers, we are surprised to find that they are entirely covered with fungus.

Since it is supposed that the damage has been caused by poor packing, we shall have to propose our claim to your factory as soon as the estimate of damaged amount has been submitted us by a surveyor at our side.

This is only a few lines of preliminary advice for our claim, and we hereby declare that we reserve the right to file a claim with you for the damage when the details are ascertained.

You are also request to acknowledge this notice in your return airmail.

Yours best regards,

ENDAM ENG. & TRADING CO., LTD.
Signature
*Kim, Hong-Soon*
JANG, YOUNG-CHEON
President

금전상의 청구가 있을 경우에는 손해명세서를 제시하여야 하는데, 「손해명세서」에는 송장가격과 클레임 금액을 표시하고 실제 손실의 근거내역과 부대비용을 구체적으로 명시하여야 한다. 「검사보고서」(Survey Report)는 가능한 한 국제적으로 권위가 있는 검정기관에서 발급한 「검사보고서」를 제시하는 것이 유리하다.

## 2. 「클레임」의 제기기간

「클레임」의 제기기간은 통상 클레임을 제기하는 당사자의 입장에서는 일정기간 안에 행사하지 않으면 권리가 소멸되는 제척기간이며,[4] 따라서 제기기간에 대한 약정은 통상적으로 「클레임」의 포기조항을 수반하고 있으므로 클레임을 제기받은 당사자의 입장에서는 일종의 면책조항일 수도 있다. 그러므로 「클레임」 제기기간은 당해 물품의 성질상 하자발견에 필요한 합리적으로 요구되는 기간보다 짧지 않게 설정해야 하며, 너무 짧게 설정하는 경우는 그 효력을 부인당하는 경우도 있다.

이와 같이 무역계약에서 「클레임」 제기기간을 약정한 경우 그 약정조항에 따라 그 기간내에 「클레임」을 제기하여야 하며, 그러한 약정이 계약상에 없는 경우 각국의 입법 예가 다르다.

먼저, 우리나라 「상법」은 클레임 사유를 발견하는 즉시 통지해야 하며, 즉시 발견되지 않는 손해에 대해서는 사유발생시점으로부터 「6개월」을 제기기한으로 인정하고 있다. 또한 일본 「상법」에서도 즉시 검사하고 하자사항을 즉시 통지하도록 하고 있다.[5]

영국 「물품매매법」(SGA 1979)은 합리적인 검사기회 및 검사기간이 경과하기 전에 인도물품을 검사할 권리와 통지의무를 규정하고 있다.[6] 미국 「통일상법전」(UCC)에서도, "합리적인 기간 내"에 인도물품을 검사하고 물품의 도착 후 3일 이내에 검사결과를 통보하도록 하고 있다.

협약(CISG)에서는, 단기간 내에 인도물품을 검사하고, 「합리적인 기간 내」에

---

4) 우리 「민법」상의 「제척기간」은 소멸시효와 같이 일정기간 내에 행사하지 않으면 권리가 소멸되는 점에서는 「소멸시효」와 같으나, 「제척기간」은 정지, 중단이 없고 소송에서 그 이익을 원용할 필요가 없는 점에서 소멸시효와는 다르다. 이 목적은 당사자의 권리, 의무에 기한을 정함으로서 법적 안정을 도모하는데 있다. 「제척기간」의 예로 관세부과의 제척기간(관세법 제21조)에서는, "관세는 당해 관세를 부과할 수 있는 날로부터 5년이 지난 후에는 부과할 수 없다."고 규정하고 있다.

5) 일본 「상법」, 제526조.

6) SGA 1979, 제34조.

검사결과를 통지하도록 하고 있다. 그리고 어떠한 경우라도 「제척기간」은 2년 이내로 하고 있다.

### 3. 「클레임」의 수령

「클레임」을 제기받은 경우, 우선 「클레임」의 제기내용을 면밀히 검토하고 상대방에게 클레임 제기내용에 대한 입장과 그 해결에 대하여 신속하고 성의있는 답변을 보내는 것이 중요하다. 특히 「클레임」통지의 내용 중에서 상대방의 표현에 따라 요구사항의 강도를 측정하고, 유효기간 내에 「클레임」을 제기하였는지의 여부를 면밀히 검토하고 만일 시효가 지났다면 이를 배척하는 항변을 한다.

그리고 상대방이 제기한 「클레임」이 정당한 것인가의 여부를 확인하기 위하여 증거서류의 신빙도를 검사하여야 한다. 만약에 검사보고서가 첨부되어 있을 경우에는 그 검사보고서를 작성한 날짜와 그 기관의 신용을 조사하여 만약 부실한 경우가 있으면 이 또한 항변하여야 한다.

이러한 「클레임」의 제기내용의 검토에 따라 수락 및 거절을 결정하게 되는데, 상대방의 클레임이 정당하다고 인정되면 손해배상을 하거나 「대체이행」을 하여야 한다.

우선 금전으로 「손해배상」을 하는 경우에는 외국환거래규정이 정한 바에 따라 외화송금에 대한 지급인증을 받아야 한다.

다음으로 「대체이행」을 하는 경우에는 「대외무역법령」상의 수출입승인면제규정 및 「관세법」에 의거하여 수출한 물품의 재수입절차와 대체품의 재수출절차를 거쳐야 한다. 그리고 상대방의 청구가 부당하면 그에 대한 반증자료를 첨부하여 항변하고 청구거절의 의사표시를 한다.

### 4. 「클레임」에 대한 실무적 대응

「무역클레임」이 제기되면 가장 먼저 클레임의 제기내용을 면밀히 검토하고, 상대방에게 클레임 제기내용에 대한 입장과 해결방안에 대하여 설득력있는 답변을 신속하게 통보해야 한다. 이와 같이 「클레임」을 제기받은 경우 먼저 「마켓클레임」인지 또는 부당한 클레임인지 등에 대해 불분명하다면 클레임 제기의 정당성 여부와 관련 증빙서류에 대한 면밀한 검토가 필요하다.

그리고 「클레임」의 원인이 분명하지 않거나 납득할 수 없는 경우는 입증자료가 미비한 경우에는 입증자료를 요청한다. 손해청구액이 합당한지 여부의 판단과 함께 합리적인 기간 내에 청구된 것인지, 하자의 정도가 허용비율을 초과한 것인지를 검토한다. 또한 최초의 답변을 보내기 전에 전문기관(대한상사중재원, 법률전문가 등)의 자문을 받는 것도 필요하다.

이처럼 「클레임」이 발생한 경우의 구체적인 대응방안에 관해서는 전술한 클레임 제기절차에 따르겠으나, 사전에 「일반거래조건」이나 계약의 일부분으로서 클레임 제기기간 등을 매매당사자간에 약정해 두는 것이 원칙이다.

이러한 사전약정에 따라 제기된 「무역클레임」에 대하여 청구인(claimant)과 피청구인(claimee) 간에는 다음과 같은 조치, 즉 ① 청구인의 클레임의 철회(withdrawal of claim) 또는 취소(cancellation of claim), ② 피청구인의 클레임의 거절(refusal of claim), ③ 피청구인의 클레임의 수락(acceptance of claim) 등을 취하게 된다.

그리고 이 조치의 결과에 따른 구체적인 클레임의 해결을 위한 클레임의 청구내용, 즉 ① 손해배상금의 지급, ② 물품대금의 감액, ③ 화물의 반송, ④ 대체품의 제공, ⑤ 계약의 이행 등을 들 수 있다.

## 1.3 「무역클레임」의 해결방법

「무역클레임」이 발생하게 되면 그 해결방안은 크게 당사자 간의 해결방안과 「제3자」에 의한 해결방안으로 구분된다. 먼저, 당사자 간의 해결방안에는 청구권의 포기(waiver of claim) 또는 타협(compromise)과 화해(amicable settlement)를 들 수 있고, 이것이 원만하게 진행되지 않는 경우에는 「제3자」에 의한 해결방안으로 대표적인 조정(conciliation)이나 중재(arbitration), 소송(litigation)이 있다.

「무역클레임」의 가장 바람직한 해결방안으로는 「제3자」에 의한 해결보다는 당사자 간에 그것도 타협으로 원만하게 해결되는 것이 필요하다.

### 1. 당사자 간의 「클레임」 해결

당사자 간의 클레임 해결은 무엇보다도 무역거래가 신용을 기반으로 수행되는 국제간의 상거래이므로 당사자 간의 직접 교섭과 협상을 통하여 해결하는 방법을 말한다.

이 방법은 향후의 지속적인 거래관계의 유지를 위해서도 최적의 방안이 될 수 있다. 왜냐하면 누구보다도 거래당사자들이 「무역클레임」의 내용을 잘 알고 있을 뿐만 아니라 장래의 거래관계의 유지까지도 고려할 것이며 또한 「클레임」에 관한 각자의 입장을 고려한 항변이유가 있다고 하더라도 타협의 여지는 충분히 있기 때문이다.

당사자 간의 클레임 해결방법에는 먼저, 「클레임」을 제기한 상대방에게 다른 조건의 충족을 제공하는 방법과 다음으로, 클레임 청구액이 소액에 속하는 경우 정식으로 클레임을 제기하지 않고 거래관계의 유지와 장래의 이익을 도모하고자 「청구권의 포기」를 선택하는 방법도 있다.

첫째, 「청구권의 포기」(waiver of claim)는 피해자가 상대방에게 손해배상청구권을 행사하지 않는 것으로서, 이는 통상 「클레임」 발생과 동시에 상대방이 즉시 손해배상의 제의를 통해 이루어지는 경우다. 이는 분쟁해결의 가장 원만한 해결방안의 하나로서, 향후 양 당사자간에 지속적이고 안정적인 거래관계의 유지를 확보할 수 있다.

둘째, 「화해」(amicable settlement)는 거래 당사자간의 자주적인 교섭과 양보를 통하여 분쟁을 해결하는 방법으로서, 이는 당사자가 직접 협의와 「상호평등의 원칙」에 따라 타협으로 분쟁을 해결하는 것이다. 이 경우 대개 당사자 간에 「화해계약」을 맺어 「클레임」을 종결하는데, 우리 「민법」상 「화해」는 당사자 간의 양보와 분쟁의 종결 그리고 그 취지를 약정할 것을 요건[7]으로 하고 있다.

## 2. 「제3자」에 의한 「클레임」 해결

당사자 간에 분쟁이 원만하게 해결이 되지 않을 경우, 부득이하게 관련 분야에 경험이 풍부한 「제3자」에 의해 클레임을 해결하게 된다.

「제3자」를 통한 분쟁해결에는 알선, 조정, 중재 및 소송 등의 방법이 있다.

첫째, 「알선」(intermediation)은 당사자의 일방 또는 쌍방의 의뢰에 의하여 공정한 제3자가 개입하여 원만한 타협을 위하여 협조하는 해결방안을 말한다. 「알선」은 당사자 간에 비밀이 보장되고 거래관계의 유지라는 장점을 가지지만, 쌍방의 협력이 전제되어야 하고 강제력이 없는 단점도 있다. 그리고 알선수임기관의 역량에 의해 그 실효성을 가지기도 하는데, 특히 대한상사중재원의 경우 클레임

7) 우리나라 「민법」, 제731조.

의 90% 이상이 이 알선단계에서 해결된다.

둘째, 「조정」(conciliation)은 당사자 쌍방이 공정한 「제3자」를 「조정인」(mediator)으로 선임하고 조정인이 제시한 구체적인 해결방안에 합의함으로써 강제력을 지닌 클레임 해결방법이다.

우리나라의 경우 중재규칙상 중재신청 후 양 당사자가 요청할 경우, 상호협의하여 「조정인」을 선정하여 조정을 시도할 수 있고, 이에 따라 「조정」이 성립되면 조정결정은 중재판정과 동일한 효력을 갖는다.8)

셋째, 「중재」(arbitration)는 분쟁당사자간에 약정한 중재합의에 따라 사법상의 법률관계를 사인인 「제3자」를 「중재인」(arbitrator)으로 선정하고, 최종적으로 중재인의 「중재판정」(awards)에 의해 분쟁을 해결하는 방식이다.

이는 양 당사자 간에 사전에 중재에 의해 해결할 것을 합의하지 않으면 안된다는 점에서는 조정의 경우와 같다. 그러나 「조정」은 당사자 중 일방이 요청한 때에도 가능하나, 「중재」는 반드시 양 당사자의 합의가 있어야 한다. 또한 「조정」의 경우 「조정안」의 수락여부는 당사자의 자유의사에 따르게 되나 「중재」의 경우에는 당사자가 「중재판정」을 거부할 수 없으며 그 효력은 법원의 확정판결과 동일하며 외국에서도 집행이 보장되어 소송보다도 효력의 범위가 더 넓다.

더욱이 「중재」는 1회의 판정에 의해 모든 것이 해결되고 상소의 길이 없는 점과 「중재」에 위탁한 사건은 소송에 의하여 다룰 수 없다는 점에서 특징이 있다. 「중재」는 국내외 중재관계법규 및 국제협약의 법적 근거에 의해 뒷받침되고 있으며 「민사소송」에 따른 비용과 시간을 절약할 수 있다는 점 등에서 매우 효과적인 방법이다.

마지막으로, 「소송」(litigation)은 국가기관인 법원의 판정에 의하여 분쟁을 강제적으로 해결하는 방법이다. 「소송」은 사건의 내용에 따라 민사소송, 형사소송, 행정소송등으로 분류할 수가 있으나 「클레임」의 대부분은 민사소송이다. 이것은 화해나 알선, 조정 또는 중재에 의하여 분쟁을 해결할 수 없는 경우에 최후의 수단으로써 국가공권력의 발동에 의한 물리적인 힘에 의해 해결하는 방법이다.

그러나 무역거래에서는 상대방이 법역을 달리하는 외국에 있는 것이 보통이므로 2국간 조약으로서 당사국 상호간에 외국판결의 승인, 집행을 약속하고 있는 경우를 제외하고는 자국의 재판권이 상대국에 미치지 못한다는 장애가 있어 강제

8) 「조정」의 절차가 실패하면 30일 내에 조정절차는 자동폐기되고, 중재인을 선정하여 「중재」절차를 진행한다. 이때 당사자가 약정에 따라 조정기간을 30일까지 더 연장할 수 있다.

집행을 할 수 없다. 뿐만 아니라 「소송」에는 많은 시간과 비용이 소요되므로 이 방법에 의한 해결은 거의 이용되고 있지 않다.

**표 14-1 소송과 중재의 비교**

| 구분 | 소 송 | 중 재 |
|---|---|---|
| 대 상 | 민사, 형사, 행정, 선거 등 모든 분쟁 | 당사자가 처분할 수 있는 사법상의 모든 분쟁 |
| 요 건 | 당해 법원이 관할권을 가질 것, 소제기가 유효할 것, 당사자능력이 있을 것, 정당한 당사자일 것, 권리보호의 자격과 필요가 있을 것 | 당사자간의 서면에 의한 중재합의만 있으면 족함. 다만 분쟁물은 당사자가 자유로이 처분할 수 있어야 함. |
| 효 력 | 구속력(불가철회성), 형식적 확정력, 기판력, 집행력, 형성력이 있음 | 법원의 확정판결과 동일한 효력(강제집행을 할 때는 법원의 집행판결만 구하면 된다) |
| 신속성 | 복잡한 소송절차와 삼심제도 때문에 오랜 시일이 걸림 | 절차가 간단하고, 단 한번의 중재판정으로 분쟁이 종료되므로 매우 신속함 |
| 경 비 | 변호사보수, 인지대 등 많은 비용발생과 심급이 올라갈수록 변호사도 다시 선임해야 하므로 비경제적임 | 단심제이므로 한 번의 중재비용 지출로 족하여 경비가 소송에 비해 훨씬 저렴함 |
| 판정자 | 법관이 판결을 하나, 현실적으로 법관은 법이론과 실무에는 밝지만 전문적인 상거래의 실무와 관습에 관한 경험도 반드시 그에 비례하는 것은 아님 | 전문화되고 상거래에 정통한 중재인이 판정하므로 개개의 분쟁에 따라 실정에 맞는 합리적 해결을 할 수 있음 |
| 공개성 | 재판은 공개주의가 원칙이므로 영업상의 비밀이나 회사의 비밀이 공개되어 대외신용도가 침해되기 쉬움 | 엄격한 비공개주의에 따라 기업의 비밀이 절대보장되므로 대외신용의 침해를 받을 우려가 없음 |

## 제2절 | 중재계약과 중재판정 사례

### 2.1 중재와 중재계약

「중재」(arbitration)라 함은 당사자 간의 분쟁해결을 법원의 판결 대신에 합의에 의하여 공정한 제3자인 「중재인」(arbitrator)에게 의뢰하여 구속력이 있는 판정(award)을 최종적으로 구하는 방법을 말한다. 특히 「상사중재」(commercial arbitration)는 상행위에 의하여 발생되는 법률관계에 관한 중재를 말하며, 상거래 당사자들이 사법상의 분쟁을 쌍방의 합의에 의하여 법원에 소송을 제기하는 대신에 「중재인」에게 그 해결을 부탁하는 방법이다.

「상사중재」의 본질은 사적자치원칙에 따른 일종의 「자주적 분쟁해결」 또는 「대체적 분쟁해결」(alternative dispute resolution, ADR) 방법[9]이다. 따라서 「중재판정」의 기준은 법의 지배보다는 선과 형평에 그 기준을 두고 있다. 다시 말하면 「소송」은 법에 의한 판단인 반면, 「상사중재」는 인격에 의한 판단이며 또한 당사자 간의 합의를 필요로 한다는 점에서 소송과는 차이가 있다.

또한 「중재계약」(arbitration agreement)이란 "계약상에 의한 것이거나 아니거나를 불문하고 일정한 법률관계에 대하여 당사자 간에 이미 발생하고 있거나 또는 장래에 발생가능한 모든 분쟁 또는 특정한 분쟁을 중재에 부탁하기로 하는 당사자 간의 합의", 즉 「중재합의」를 말한다. 「중재」는 소송과는 달라서 거래당사자나 분쟁당사자 간에 무역클레임을 중재로 해결하겠다는 의사의 서면합의, 즉 「중재계약」이 있어야만 가능하다.

### (예시 14-2) 표준중재조항(대한상사중재원)

| All dispute, controvercies or differences may arise between the parties our of or in relation or in connection with this contract of for the breach thereof, shall be settled by arbitration in Seoul, Korea in accordance with the Commercial Arbitration Rules of the Korea Commercial Arbitration Board and under the Laws of Korea. The award rendered by arbitrator(s) shall be final and bind upon both parties concerned. |
|---|

이 「중재합의조항」은 서면으로 작성되어야 하며, 이 조항에 명시되어 있는 서류들은 당사자들에 의해 승인되어야 하거나 또는 당사자들에게 영향을 미쳐야 한다. *Excomm Ltd. v. Bamadah, The St. Raphael*사건[10]에서, 중재합의는 그것이 서

9) 「대체적 분쟁해결」(ADR)이란 형식적으로는 법원의 소송 이외의 방식으로 이루어지는 분쟁해결방식을 말하며, 실질적으로는 법원의 판결형태가 아니라 화해, 조정, 중재와 같이 제3자의 관여나 직접 당사자간에 교섭과 타협으로 이루어지는 분쟁해결방식을 말한다. 미연방대법원은 1984년 분쟁의 해결을 위해 다양한 접근책을 제공하는 ADR 프로그램을 제도화하였으며, 오늘날 소송이 제기되는 사건의 5% 이하만이 판사나 배심원이 있는 법정에 이르고, 대부분이 ADR 절차에 의하여 해결된다.

10) [1985] 1 Lloyd's Rep 403.

면인 한 원계약과 같은 서류에 포함될 필요가 없다는 점을 진술하였다. 중재에 회부하겠다는 구두합의는 법적 효력이 없으며, 설혹 구두합의가 「관습법」에서는 유효할지라도 이는 있을 수 있는 불확실성 또는 애매함과 같은 단점을 지니고 있음은 분명하다.11)

따라서 중재합의라고 하는 중재계약은 「중재부탁계약」(submission to arbitration)으로서, 이는 법원의 재판관할권을 배제하는 것으로,12) 「중재계약」에는 중재지, 중재규칙 및 중재기관, 준거법 등이 포함되어야 하는 엄격한 형식요건이 요구된다. 즉, 중재는 분쟁에 대한 「재판관할권」을 배제하고 중재인에게 제한적인 관할권을 부여함으로써 중재인이 당사자들의 주장과 증거에 입각하여 최종적인 결정을 내리는 "자주적 분쟁해결"방식이다.

이러한 「중재계약」의 형식은 계약서에 「중재조항」(arbitration clause)을 삽입하는 사전약정방식과 클레임이 발생한 후에 당사자 간에 클레임의 해결을 중재에 부탁한다고 합의하여 「중재부탁계약」(submission to arbitration)을 체결하는 사후약정방식이 있다. 그러나 일단 분쟁이 발생된 후에 이 「중재부탁합의」를 하기는 어려운 경우가 많으므로 「중재계약」은 사전에 매매계약서 작성시에 삽입하는 방법이 바람직하다.

그러므로 「중재계약」을 체결할 때는 「중재계약」의 유효요건으로서 중재지, 중재기관, 준거법 또는 적용할 중재규칙 등을 모두 포함시켜야 유효한 중재계약이 되며, 이러한 중재계약이 있으면 양 당사자는 법원의 재판을 받을 권리를 상실하게 된다.13)

한편 중재절차는 우리나라의 「대한상사중재원」의 '중재규칙'14)에 의거하여 진

11) D. M. Day and Bernardette Griffin, *The Law of International Trade*, 2nd ed., Butterworths, p. 185.

12) 영국의 1979년 「중재법」(Arbitration Act, 1979)은 당사자에게 중재판정에 대해 법원에의 항소권을 배제시키는 것을 허용하고 있다.

13) 영국의 1979년 「중재법」 제3조 7항은 중재의 어느 당사자도 외국적이 없거나 또는 외국에 거주하고 있지 않다면 또는 개입된 어느 기업도 외국에 등록되어 있지 않거나 또는 외국의 통제를 받지 않는다면 중재는 「대내중재」이며, 무역계약상의 분쟁을 비롯한 여타의 중재는 '대외중재'에 속한다. 특히 「대외중재」의 경우 특별범주(special category)의 중재와 기타의 중재로 구분되며, 「특별범주」는 고등법원(High Court)인 해사법원의 관할권내의 문제 및 물품계약분쟁들을 포함한다. 이 중재의 경우 항소배제합의가 중재가 개시된 후에 이루어지거나 외국법에 의해 규율되는 계약과 관련된다면 항소가 배제되며, 또 「기타의 대외중재」에서 항소배제합의는 언제나 유효하다. D. M. Day, *op. cit.*, pp. 186~197.

14) 대한상사중재원의 최근 개정 중재규칙인 「국내중재규칙」과 「국제중재규칙」이 2011년 9월 1일에 발효되었는데, 「국내중재규칙」 제1조에서는 국내중재는 국내에 주된 영업소나 주소를 두고 있는 당사자간의 중재로서 국제중재에 해당하지 아니하는 중재를 말하며, 이에 대해 「국제중재」는 중재합의를 할 당시 당사자들 중 1인 이상이 대한민국 이외 곳에 영업소를 두고 있는 경우 또는 중재합의에서 정한 중재지가 대한민국이 아닌 경우의 어느 하나에 해당하는 중재를

행되는 바, 최근 개정[15]된 이 중재규칙에 따라 중재절차는 다음의 중재신청 및 조정, 중재인의 선정, 심문 그리고 중재판정의 과정을 거친다.

### (예시 14-3) 중재신청서

THE KOREAN COMMERCIAL ARBITRATION BOARD

159, Samsung-Dong, Kangnam-Ku, Seoul 135-729, Korea
Trade Center P.O.Box 50, CABLE : ARBITRATION
TEL : 02-551-2000-9, FAX : 02-551-2020

To : The Korean Commercial Arbitration Board

REQUEST FOR ARBITRATION

1. Full Names and Addresses of Parties :
 1) Claimant : Name Corporation(1) ENDAM ENG. & TRADING. CO., LTD..
  Address(2) 55, Daeyeon-Dong, Nam-gu, Busan, 608-743, Korea
  Name of Representative(3) Jang, Young-Cheon
  Name and Address of Agent, if any :
  Name(4) Son, Oh-Kong
  Address(5) 57-4 Sukcheon-Dong, Songpa-ku, Seoul, Korea
 2) Respondent : Name of corporation(6)ABC Corp, Inc.
  Address(7) 140 West 51st Street, New York, NY 10020-1203
  Name of Representative(8) James Lee
2. Purport of Request(Claim or Relief sought ; amount, if any) :
 (9) As attached
3. Grounds for Request and Method of Proof : As attached
 (10) Signature/Name : (11) Hong, Kil-Dong
 Dated : (12) 20-. 3. 20.

Endosures :
1. Signed copies of this request for arbitration --- five copies
2. The original or certified copy of the document evidencing agreement on arbitration under the Rules of the Korean Commercial Arbitration Board--- five copies
3. The original or reproduced copy of documentary evidence, if any, provient the daim stated in this Request for Arbitration --- five copies
4. Certificate of incorporation --- one copy
5. A power of attorney, in case where the ret is made by an agent--- one copy

---

말 한다. 국제중재와의 차이점은 주된 영업소나 주소가 국가를 달리하는 여부에 있으며 그리고 무역거래는 영업소를 국가간에 달리하는 국제중재의 적용대상이 된다. 대한상사중재원 「국내중재규칙」, 제3조(적용범위) 참조.

15) 대한상사중재원 「국제중재규칙」, 제1조.

## 2.2 중재판정과 중재사례

### 1. 중재판정의 성격

중재인이 선정되어 「중재판정부」가 구성되면 사안의 파악 및 공정한 판정을 위하여 당사자에 대한 심문, 증거조사, 검증 등의 방법으로 심문절차를 진행하게 된다. 심문의 순서, 일시, 장소는 「중재판정부」가 결정하는데, 사무국은 당사자에게 늦어도 중재 개시 5일 전에 그 결정을 통지하여야 한다. 심문절차는 공개하지 않으며, 중재인이 수인인 경우에는 중재판정은 그 과반수의 찬성으로 하게 된다.

중재가 개시되면 중재인은 당사자를 심문하며 당사자는 변호사를 대리인으로 선정할 수 있다. 그러나 당사자 합의에 의하여 심문절차를 생략할 수 있다.

한편 「중재판정」(award)이란 중재계약의 당사자가 부탁한 분쟁의 해결을 위하여 중재인이 내리는 최종적 결정을 의미한다. 「중재판정」은 중재인이 분쟁해결에 있어 내리는 최종결정이며 양 당사자를 구속하기 때문에 공평하고 정당하면서 확정적인 판정이 되어야 한다.

「중재판정부」는 당사자의 합의 또는 법률의 규정 중 다른 정함이 없는 한 심문종결일로부터 30일 이내에 판정하여야 한다.

「중재판정」은 서면으로 작성하여 중재인이 서명 날인하고 「중재판정」에 대한 주문 및 이유의 요지와 작성연월일을 기재해야 한다. 중재인은 판정의 정본을 당사자에게 송달하고 그 원본은 송달의 증서를 첨부하여 관할법원에 이송 보관하게 함으로써 비로소 중재절차는 종결된다.

이러한 「중재판정」의 국내적 효력은, 법원의 최고심 확정판결과 동일한 효력이 있다. 항소 또는 상고는 있을 수 없으며, 당사자의 불복, 중재인의 판정 철회 또는 변경을 할 수 없다.

「중재판정」은 당사자를 구속하는 규범성, 즉 「기판력」을 갖는다. 권리의 존부확인, 급부명령이 있으면 이를 법원에서도 이에 반하는 판단을 할 수 없다. 그리고 「중재판정」의 집행은 중재판정에 「기판력」은 있지만 집행력은 국가의 전속사항이므로 부여되지 않는다. 「중재판정」은 개인의 재산권보호에 목적이 있는 것이며, 법원의 적법판결로 집행이 가능하다. 「집행판결」의 요건으로는, 「중재판정」이 존재하여야 하고, 중재판정 취소사유가 없어야 한다. 「집행판결」에는 담보제공 없이 가집행할 수 있음을 선고하여야 한다.

한편, 법원판결의 국제적 효력은, 각국의 법제에 따라 다르다. 우리나라에서 외국판결은 우리나라의 법률질서에 적합할 수 있는 일정한 요건[16)]을 갖춘 경우에만 그 효력을 인정하고 있다.

그러나 「중재판정」의 국제적 효력은 법원의 판결과는 달리 「중재판정」이 각국의 상이한 국제거래관습 및 관행에 그 기초를 두고 있어 그 집행상 어려움이 많다. 따라서 소위 「뉴욕협약」으로 불리우는 1958년 「외국중재판정의 승인 및 집행에 관한 UN협약」이 채택되어 「체약국」의 경우에는 이 국제협약의 적용에 의하여 상사분쟁의 해결을 도모하게 되었다.

## 2. 중재판정 사례

중재판정에 관한 한 사례를 중심으로 분쟁발생경위, 양 당사자의 주장요지, 중재판정의 요지 그리고 코멘트를 중심으로 살펴본다.

**[품질하자로 인한 손해배상청구]**

신청인 : B국의 C상사
피신청인 : 한국의 H상사
청구금액 : US$ 20,383.
분쟁품목 : GI Wire
분쟁원인 : GI Wire의 인장강도(Tensile Strength)초과

### 1) 분쟁발생 경위

신청인과 피신청인간에 물품 GI Wire 50MT(US$ 24,755)에 대하여, 신청인 회사의 한국지점의 주선으로 1980. 11. 12에 주문되어 1980. 12. 3자로 발행한 구매계약서에 의하여 수출계약 된 것임. 상기 물품은 1981. 3. 20에 선적되어 1981. 5. 29에 인도되었음.

상기 선적품이 G사의 S항에로 수송되어 신청인에게 인도되었고, 이를 인수한 뒤에 실수요자에게 공급하였다.

그러나, 본물품의 인장강도를 검사한 결과 P/O Sheet의 규격과 L/C의 그것에는 35-45KG/SQMN의 인장강도를 나타내고, 20Tons BWG 12(2.79MM) 및 5Tons

16) 중재계약이 법원에 의해 집행되기 위한 요건은 다음과 같다. 즉, ① 중재계약이 뉴욕협약의 적용범위 내에 있어야 한다. ② 분쟁은 중재계약의 범위내에 있어야 한다. ③ 중재계약의 서면성 요건이 구비되어야 한다. ④ 중재계약이 무효, 실효 또는 이행불능이 되지 않아야 한다. ⑤ 외국판정의 승인이나 집행이 그 국가의 공공질서에 반하지 않아야 한다.

BWG 10(3.38MM)도 각각 초과하는 인장강도를 나타냄. 따라서 상기 가격에 일치하여 공급했다는 피신청인과 손해배상청구의 분쟁이 발생하게 되었음.

### 2) 양 당사자의 주장요지

#### (1) 신청인의 주장요지

본 신청인은 본건 물품(GI Wire 50Tons)을 인도받은 후 본 물품에 있어서 인장강도, 품질하자로 실수요자는 손해를 입게 되었고 그로 인한 손해액은 US$20,383.55이며, 그 손해액의 세부사항은 판매손실이 US$17,283.25, 원료불량으로 인한 손실이 US$407.02, 임금지출이 US$2,237.28, 설비에 따른 손실이 US$456라고 주장하면서, 이를 뒷받침하는 검사보고서 등 증거서류의 제출과 함께 상기 손해액의 배상을 청구하였다.

#### (2) 피신청인의 주장요지

본 피신청인은 본건의 물품이 적절한 생산공정을 거쳐 나온 제품이며 또한 대한화학금속시험검사소의 엄중한 수출검사절차에 합격하였고 아무런 어려움없이 요청규격인 35-45KG/ MM2 로 생산하였으며, 또한 제시된 검사보고서가 국제적인 공인검사기관으로 믿을 수 없고, 클레임 산출근거가 납득하기 어려우며, 당시 실수요자 지역시장의 경기후퇴와 환율변동 등으로 인하여 입은 수입자의 손해를 품질의 하자에 전가하여 손해배상을 청구한다고 주장하였다.

### 3) 중재판정

본건의 분쟁품목의 물리적인 성격상 전문적인 것임을 감안하여 양당사자들은 공학계의 교수 2인과 법조계의 의장중재인 1인을 선정하여 3인의 중재판정부가 구성되어 중재절차가 진행된 바, 중재판정부는 3차에 걸친 심문을 진행한 후 최종적으로 다음과 같이 중재판정을 내려 본 사건을 종결지었다.

#### (1) 중재주문

① 신청인의 청구를 기각한다.

② 중재비용은 신청인이 부담한다.

#### (2) 중재판정의 요지

① 신청인은 피신청인으로부터 1980. 11. 17. 물품매도확약서를 제공받고 같은 해 12.3. 피신청인과 무역거래에 의한 물품구매계약을 체결한 사실, 그 계약에서

피신청인은 신청인에게 인장강도가 평방 미리미터 당 35 내지 45킬로그램이 되는 품질조건을 갖춘 별지 목록기재의 아연도금철선 50톤을 G국의 S항까지 운송공급하고, 신청인은 피신청인에게 그 댓가로 신용장결제의 방법으로 그 대금 US$24,755를 지급하기로 약정한 사실 및 위 계약에 따라 피신청인이 1981. 3. 20. 한국 B항에서 C.K호에 위 물품전량을 선적하여 운송한 결과 같은 해 5. 29. 위 물건이 G국 S항에 입항하여 신청인이 이를 인수한 사실은 당사자 사이에 다툼이 없다.

② 신청인은 위와 같이 피신청인으로부터 도금철선 50톤을 구매하여 G국에 있는 I.M.A.C회사에 공급하였는데, 피신청인이 공급한 물품중 별지목록기재 순번 1 및 3에 적은 12.5번 철선과 10번 철선만은 그 인장강도(tensile strength)가 평방 미리미터당 75.47킬로그램 내지 48킬로그램이 되어 구매계약에서 약정한 품질조건인 평방 미리미터당 35킬로그램 내지 45킬로그램보다 월등하게 상회하고 있어 판매손실, 원료손실, 임금손실 및 설비손실 등으로 도합 US$20.383.55 상당의 손해를 입었다고 주장하는 데 대하여, 피 신청인은 위 물품을 선적하기 전인 1981. 3. 16. 재단법인 대한화학금속시험검사소에 의뢰하여 수출검사를 마쳤는데 그 당시 인장강도가 모두 합격되었으며, 그렇기 때문에 같은 해 3. 20. 신청인의 한국내 구매대리인인 P.A.I.회사의 담당실무자인 S씨로부터 수출대전 추심에 필요한 승인까지 받은 사실이 있었으므로 신청인의 이 사건 클레임 청구는 이유없다고 항쟁한다.

③ 그렇다면 이 사건의 주요 쟁점은 첫째로, 피신청인이 신청인에게 공급한 위 물품의 중요한 품질조건인 인장강도가 위 구매계약에서 정한 평방 미리미터당 35킬로그램 내지 45킬로그램보다 초과하느냐 여부와 둘째로, 만약 그러한 품질조건의 위배가 있다면 그로 말미암아 신청인이 입은 손해의 범위가 어느 정도인가 함에 있다고 하겠다.

먼저 신청인이 주장하는 품질조건위배의 점에 관하여 살피건대, 신청인은 위와 같이 피신청인으로부터 구매목적물의 인도를 받고 1981. 6. 23. G사에 있는 실수요자인 I.M.A.C회사를 통하여 G국 S.C대학 중앙기술검사소에 의뢰하여 검사한 결과 별지목록기재 수출물품 중 12.5번 철선은 그 인장강도가 평방 미리미터당 41.31킬로그램 내지 42.73킬로그램이어서 구매계약에 정한 품질조건에 합치되었으나 10번 철선만은 그 인장강도가 평방 미리미터당 66.89킬로그램 내지 67.78킬로그램이 되어 위 품질조건에 합치되지 아니하였으며, 1982. 9. 14. 및 9. 27. 경

다시 그 견본을 한국 서울에 있는 국립공업시험소에 의뢰하여 검사하였으나 역시 위 구매계약에 정한 품질조건보다 상회하는 것임을 확인하였다고 주장하고 그 주장을 뒷받침하기 위한 증거로서 갑 제 9호증의 1 내지 4(검사보고서 또는 시험분석표)를 제출하고 있다.

그런데 신청인이 제출하는 이 점에 관한 직접증거인 갑 제9호증의 1 내지 4는 첫째로 피신청인이 그 문서의 진정성립을 다루고 있을 뿐만 아니라 그 중 사문서인 갑 제9호증의 1 및 2는 그 진정성립을 인정시킬 만한 자료가 발견되지 아니하고, 둘째로 그 품질검사 또는 분석시험의 대상이 된 시료물품(sample)의 수거 및 제공경위가 분명치 아니하여 그 물건이 과연 피신청인이 신청인과의 구매계약에 의하여 제조공급한 물품인지 확인할 길이 없으며, 셋째로 일반적으로 철선의 제조과정(신선 및 열처리)을 살펴보면 원료가 동일한 이상 철선의 굵기에 따라 그 인장강도가 달라지는 일이 생길 수 없는데 이 사건의 경우 피신청인이 12.5번 12번 또는 10번 철선의 규격별로 서로 다른 원료를 사용하였다고 볼만한 증거가 엿보이지 아니하며, 넷째로 철선의 제조기술상 인장강도가 높은 철선은 인장강도가 낮은 철선보다 그 생산원가면에서 보다 많은 비용이 소요되는데 피신청인이 굳이 많은 비용을 들여가며 구매계약조건에 정한 인장강도보다 높은 품질의 물품을 공급하였을 이유가 없다는 점으로 비추어 보아 쉽사리 믿기 어렵다. 또한 신청인은 그 밖에 그 주장사실을 입증하기 위한 증거로서 위 갑 제9호증의 1 내지 4의 문서 외에도 많은 문서를 제출하고 있으나 이들은 모두 신청인 회사 또는 그 거래선인 G국의 실수요자측에서 작성한 문서일 뿐만 아니라 그 진정성립을 인정시킬 아무런 자료가 보이지 아니하며, 신청인이 신청하여 조사한 S씨의 증언에 의할지라도 그 수출물품의 품질에 관하여 신청인이 주장을 뒷받침할 만한 아무런 증거자료가 나타나지 아니하고 그 밖에 달리 신청인의 주장을 받아들이는 데 도움이 될 증거가 없다.

④ 그렇다면 우선 품질조건의 위배를 이유로 한 클레임 청구사건인 이 사건에서 품질조건 위배에 관한 신청인의 주장을 받아들일 증거가 없으므로, 신청인의 손해발생에 관한 주장과 입증은 따져볼 필요도 없이 신청인의 청구는 부당하다고 할 것이므로 이를 배척하기로 하고, 중재비용에 관하여는 상사중재규칙 제56조를 적용하여 주문과 같이 판정한다.

#### 4) 평가 및 본 사건의 특징

본 사건은 우리나라의 H상사와 B국의 B상사간에 체결된 무역계약으로서 실제 목적물은 남미의 G국에 있는 실수요자에게 공급되었다. 양 당사자의 주장에 있어서, 증거자료의 부족으로 말미암아 신청인의 주장을 뒷받침하기에는 어려우며 검사보고서를 제출하였으나 그것이 타당성이 있는 것이어야 하며 또한 실수요자가 본 물품을 원료로 하여 생산하는 과정에서 원료의 품질 하자로 인한 설비의 손실 등이 발생하면 원료로 사용한 본 물품의 하자존재의 증거가 되기 위해서는 충분한 본 물품을 확보해 둔다든지 하여야 할 것이다.

그러나 중재진행 중에서 본 물품이 남아 있는 것이 거의 없다고 진술하고 있으며, 피신청인측의 주장에 의하면 실수요자가 본 물품을 원료로 하여 제품생산을 하는 기계가 유럽에서 나오는 것과 일본에서 나오는 것이 있는데 실수요자가 사용하는 것은 유럽의 것이며, 유럽의 것은 원료가 불량하거나 할 때는 기계 자체가 작동을 자동정지하여 어떤 설비적인 손실을 발생시키지 않는다는 것이다. 따라서 원료로 사용한 본 물품이 거의 없는 것으로 보아 원료로 충분히 다 사용했다는 결론이라는 것이다.

이로써 본건은 품질하자의 클레임으로서 충분한 증거없이는 손해배상이 될 수 없으며, 그러한 증거 불충분한 주장에 대하여 항쟁할 수 있는, 그런 주장을 뒤바꿀 수 있는 핵심적인 자료가 필요하다는 것을 보여 준 사례라 할 수 있다.

## 제3절 | 국제중재협약과 「외국중재판정의 승인 및 집행」

### 3.1 국제중재협약

#### 1. 「뉴욕협약」

1958년 6월 10일 뉴욕의 UN본부에서 48개국의 대표가 참석하여 「외국중재판정의 승인 및 집행에 관한 UN협약」(United Nations Convention on the Recognition and Enforcement of Foreign Arbitral Awards)을 채택함으로써

1959년 6월 7일 정식으로 발효되었는데, 이를 「뉴욕협약」이라고도 한다. 우리나라는 1973년 5월 9일자로 동 협약에 가입하여 효력이 발효되었다.

「뉴욕협약」의 적용범위는 집행의 요구를 받는 국가 이외의 국가의 영토내에서 내려진 중재판정까지 그 대상이 되며, 또한 임시 및 상설중재와 서면으로 된 중재합의는 계약이든 아니든 불문하고 승인 및 집행이 인정된다. 그리고 중재판정의 승인 및 집행청구자는 중재합의 원본 또는 사본과 판정문의 원본 또는 사본만 집행국 법원에 제출하면 된다.

「뉴욕협약」은 우리나라 헌법 제5조에 의하여 국내법과 동일한 효력이 있으므로 국내법률과의 저촉문제는 법의 일반원칙, 즉 신법 우선의 원칙이 적용된다. 그리고 대한상사중재원에서 내려진 중재판정의 효력은 협약체약국간에는 그 승인 및 집행을 보장받게 된다.

## 2. 중재협정

「중재협정」(arbitration agreement)은 중재업무와 관련한 국가간의 상호협력의 필요성에 따라 대개 민간단체인 중재기관간의 협정이므로 이 협정에서 권고하는 「표준중재조항」(standard arbitration clause)을 계약서에 삽입하면 원활한 분쟁해결을 보장받을 수 있다. 「중재협정」에는 대개 중재지 결정, 상호 시설 협조 및 정보제공 등에 관한 내용이 포함된다.

「중재협정」의 성격은 양국의 민간단체인 중재기관간의 협정이기 때문에 사법상의 계약에 속한다. 따라서 중재협정 자체가 당연히 양국의 거래당사자를 구속하는 것이 아니라는 점에서 국가간의 협정인 조약과는 구별된다. 「중재협정」은 거래당사자가 중재협정에서 권고하는 중재조항을 계약서에 삽입하거나 명시해야만 유효하게 되며 당사자를 구속하는 것이다.

대한상사중재원은 1970년대 초반부터 외국의 주요 중재기관과 중재협정을 체결하여 왔다. 그 결과 1973년 10월 26일 처음으로 일본의 국제상사중재협회와 「한일중재협정」(The Korea-Japanese Arbitration Agreement)을 체결한 이래 세계적으로 그 권위를 인정받고 있는 미국중재협회(The American Arbitration Association : AAA) 및 국제상업회의소 중재재판소(The Court of Arbitration of the ICC)와도 협정을 체결하였다.

## 3.2 「외국중재판정의 승인 및 집행」

### 1. 「외국중재판정의 승인 및 집행」의 의의

외국중재판정의 승인과 집행에 있어서 「외국중재판정」(foreign arbitral award)이란 중재판정이 내려진 장소가 외국인 경우의 중재판정을 말하며, 여기에는 상사중재판정의 궁극적 목적인 승인과 집행의 문제가 가로놓여 있다.

「외국중재판정의 승인」(Recognition)이란 「뉴욕협약」에 의하면, 동 협약의 체약국에 의한 승인을 말한다. 예를 들면 영국의 경우 외국중재판정이 영국관할에서는 직접 집행될 수 없는데 이는 국제사법상 집행의 문제가 아니라 바로 승인의 문제인 것이다. 그리고 「집행」(enforcement)이란 당사자의 자발적인 변제가 이루어지지 않는 경우의 강제집행을 말한다.

국제사법상 외국중재판정의 국내집행은 국내중재판정과는 달리 그 판정이 있기까지 적용된 해당국의 실정법 등이 상이할 수도 있기 때문에 국가마다 그에 대한 해석이 달라 집행이 지연·유보되는 경우 등의 어려움이 적지 않다.

이와 같이 「외국중재판정의 승인과 집행」에 문제가 되는 각국의 법적 상이점은 최근의 이에 관한 국제협약에 의하여 보완되고 또한 체약국간에 있어서 그 집행을 보다 용이하게 하고 있다.

### 2. 「외국중재판정의 승인 및 집행」의 요건 및 효과

「외국중재판정의 승인 및 집행」을 받기 위해서는 승인 및 집행신청인이 중재판정문과 중재합의서만 제출하면 되고 그 순간부터 승인과 집행을 거부할 수 있는 제규정에 관한 거증책임(擧證責任)은 그 상대방에게 있는 것이다.

「중재계약」이 법원에 의해 집행되기 위한 요건[17]으로서는 ① 중재계약이 뉴욕협약의 적용범위 내에 있어야 하고, ② 분쟁은 중재계약의 범위내에 있어야 하며, ③ 중재계약의 '서면성' 요건이 구비되어야 하고, ④ 중재계약이 무효, 실효 또는 이행불능이 되지 않아야 한다. ⑤ 외국판정의 승인이나 집행이 그 국가의 공공질서에 반하지 않아야 한다.

한편 이러한 「외국중재판정의 승인과 집행」의 청구인은 중재합의서와 중재판

---

17) 뉴욕협약, 제2조 및 제5조.

정문을 집행국의 해당법원에 제출하면 입증책임이 면제된다.[18] 승인과 집행의 절차는 집행판결을 구하는 소(訴)의 제기에 의하여 개시되고 집행판결을 받음으로써 그 승인·집행이 가능하게 된다. 중재계약에 관한 준거법, 중재절차에 대한 준거법의 설정은 당사자자치의사를 우선적으로 적용한다.

우리나라 입장에서의 「뉴욕협약」은 국내법과 같은 효력을 갖게 되므로 중재판정의 효력 또한 체약국간에는 외국중재판정의 효력이 승인되고 그 집행도 보장받게 되는 것이다.

18) 뉴욕협약, 제4조.

# 참고문헌

## 국내문헌


강원진, 「무역계약론」[제4판], 박영사, 2012
강이수, 「국제거래관습론」, 삼영사, 1980
———, 「무역클레임」, 삼영사, 1978
곽윤직, 「채권총론」, 법문사, 1974
곽윤직 · 김재형, 「민법총칙」, 박영사, 2014
김상만, 「국제거래법」, 두남, 2011
김선광, 「무역계약론」, 느티나무, 1995
김종엽, 「상법강의」(상), 세종출판사, 2001
김준호, 「민법사례연구」, 법문사, 1986
김철호 · 윤광운, 「전자상거래」[제2판], 삼영사, 2000
김형배, 「채권총론」(상), 일신사, 19876
박승수 편저, 「민법」, 에듀비, 2016
박정기 · 윤광운, 「미국통일상법전」, 법문사, 2007
박종두, 「채권법총론」, 삼영사, 2010
서헌제, 「국제거래법」, 법문사, 2006
서희원, 「영미법강의」, 박영사, 1984
———, 「신고판 영미법강의」, 일조각, 1990
석광현, 「국제물품매매계약의 법리」, 박영사, 2010
오세창 · 박성호, 「무역계약의 기초」, 두남, 2009
옥선종, 「무역계약론」, 법문사, 1988
윤광운, 「국제무역상무론」 [제3판], 삼영사, 1998
———, 「국제통상법」, 삼영사, 2009
———, 「무역실무와 경영」[제2판], 탑북스, 2013
———, 「무역실무입문」[제3판], 삼영사, 2013
———, 「무역법」[제2판], 삼영사, 1998
———, 「무역실무연습」, 탑북스, 2013
———, 「무역실무」[제3판], 탑북스, 2021
———, 「전자무역」, 탑북스, 2010

윤광운 · 김철수, 「무역실무」[제2판], 탑북스, 2016
윤광운 · 김철호, 「전자상거래론」, 삼영사, 2000
윤광운 · 박정기 · 김철호 · 박재홍, 「국제거래법」, 탑북스, 2013
윤광운 · 박정기 · 최영봉 · 조현숙, 「영국물품매매법」, 탑북스, 2011
윤광운 · 신정환, 「관세법」, 삼영사, 2000
윤광운 · 최영봉 · 손성문, 「무역결제론」[제2판], 탑북스, 2013
이기태, 「해상보험」, 법문사, 1982
이균성, 「신체계 해상법강론」, 한국해운기술원, 1988
이시환, 「신무역계약론」, 신양사, 2002
이용근, 「무역계약론」, 법문사, 1994
이은영, 「채권각론」, 법문사, 1999
이은섭, 「해상보험론」, 신영사, 1992
이종인, 「해운실무」, 한국해양대학해사도서출판부, 1985
이태희, 「국제계약법」, 학연사, 1985
이호정, 「영국계약법」, 경문사, 2003
임민우, 「무역경영」, 박영사, 1982
임홍근 · 이태희 공편, 「국제물품매매계약에 관한 UN협약」, 삼지원, 1991
임동철, 「해상법 · 국제운송법연구」, 진성사, 1990
장강학, 「민법총칙」, 법문사, 1986
정희철 · 양승규, 「보정 상법학원론」(하), 박영사, 1986,
페터 슈피히트림 저, 김민중 역, 「유엔통일매매법」, 두성사, 1995
최준선, 「국제거래법」, 삼영사, 2008
황적인, 「현대민법론Ⅲ」, 박영사, 1987
——, 「현대민법론Ⅳ」, 박영사, 1987

대한상공회의소, 「인코텀즈 2010」, 2010
————, 「인코텀즈 2020」, 2020
————, 「UCP 600 공식번역 및 해설서」, 2007
법무부, 「국제물품매매계약에 관한 유엔협약 해설」, 2005
상사판례연구회, 「상사판례연구」, 제2집, 1988

고범준, 「매도인의 하자담보책임에 관한 연구」, 대한상사중재협회, 1972
김대정, "매도인의 하자담보책임에 관한 판례의 동향", 「민사법학」 제15호, 1997
김학동, "영미법상의 Frustration법리", 「계약법의 특수문제」, 사법연구회, 삼영사, 1983
김형배, "우리 민법의 채무불이행법 체계", 「민법학연구」, 박영사, 1986

박성식, "CIF계약에 있어서의 소유권과 위험의 이전시기-분할소유권이익설을 중심으로", 「중재」 제108호, 대한상사중재원, 1980. 6

박영복, "CISG상의 계약책임구조에 대한 비교법적 분석", 「국제거래법연구」, 2005

박용식, "CIF계약에 있어서의 소유권과 위험이 이전시기", 「중재」 제102호, 대한상사중재원, 1980

신창섭, "국제물품매매계약에 관한 UN협약에서 특정이행청구권에 관한 연구", 「경영법률」, 2006

심종석, "국제통일계약규범하에서 계약해제의 효과에 관한 비교법적 고찰", 「경영법률」, 2005

오원석, "국제물품매매계약에서 물품에 대한 매도인의 계약적합의무", 「무역학회지」, 제27권 3호, 한국무역학회, 2002

윤광운, "국제물품매매에 있어서의 1980년 비엔나협약의 발효에 따른 그 적용에 관한 연구", 「국제상학」, 제12권 제2호, 한국국제상학회, 1997.

———, "국제물품매매계약상 물품적합성에 관한 고찰", 「국제상학」, 제29권 제4호, 한국국제상학회, 2014.

———, "CISG상 매수인의 부적합통지의무에 관한 고찰", 「무역학회지」, 제40권 제1호, 한국무역학회, 2015.

이우영 · 이양기, "국제물품매매계약에서 물품의 계약적합성에 관한 비교연구", 「국제상학」, 제24권 제3호, 2009.

이태희, "국제물품매매계약에 관한 UN협약상의 당사자의 의무", 「국제물품매매계약에 관한 UN협약상의 제문제」, 삼지원, 1991

장강학, "손해배상의 범위에 관한 연구", 「상사판례연구총서Ⅸ」, 1977

최준선, "매도인의 제2의 이행제공권", 「재산법연구」, 제9권 제1호, 1992

최흥섭, "비엔나협약의 작용범위 적용상의 문제", 「국제거래법연구」, 제7집, 1998

## 일본문헌

我妻 榮, 「債權總論」, 東京, 岩波書店, 1975

由本泰正・淵本康方 編, 「國際契約の手引」, 日本經濟新報社, 1986

浜谷 源藏, 「貿易賣買の研究」, 同文館, 1964

————, 「最新貿易實務」, 同文館, 1982

石田貞夫, 「貿易取引の實務」, 東京, 實敎出版, 1982

岩崎一生, 「英國動産賣買法」, 海事研究所, 1961

上坂酉三, 「貿易契約」, 東洋經濟新報社, 1967

————, 「貿易慣習」, 東洋經濟新報社, 1970

末川 博, 「契約法」(上), 岩波書店, 1975
———, 「民法」(上), 東京, 千倉書房, 1976
朝岡良平, 「貿易賣買と商慣習」, 東京布井出版, 1976
———, 「貿易賣買と商慣習」(第3版), 東京布井出版, 1982
中村 弘, 「貿易契約の基礎」, 東京, 東洋經濟新報社, 1983
並木俊守, 「ァメリカ統一商法典」, 東京, 東洋經濟新報社, 1971
———, 「アメリカ契約法」, 東京, 東洋經濟新報社, 1982
新堀 聰, 「貿易取引入門」, 日本經濟新聞社, 1992
———, 「國際統一賣買法」, 同文館, 1991
山手正史・曾野和明, 「國際賣買法」, 青林書院, 1993
山田恒夫, 「國際取引法概論」, 酒井書店, 1997
長尾治助, 「債務不履行の歸責事由」, 東京, 有斐閣, 1975
鈴木祿彌・高木多喜男 編, 「動産賣買法」, 東京, 有斐閣, 1976
渡部浩太郎, 貿易經營論, フタバ書店, 1978
木下 毅, 「英美契約法の理論」, 第2版, 東京, 東京大學出版會, 1985
鴻 常夫, 「英米商事法辭典」, 商事法務研究會編, 1986
東京海上火災保險株式會社 編, 「貨物海上保險・理論・實務」, 海文堂, 1978

齊藤彭, "國際動産賣買にわける實質法的 統一化と國際私法(上)", 「國際商事法務」, Vol. 14, No. 7, 1986
中村 弘, "荷僞替決濟とFOB契約", 「貿易クレームと仲裁」, 1969, 5~7月號, 國際商事仲裁協會. 1969
柏木 昇, "國際的物品賣買", 「現代契約法大系」, 弟8卷, 東京, 有斐閣, 1983
高桑 昭, "動産の國際的賣買にあける債權「期間制限」條約について", 「ソュリスト」, 第576號, 1977
———, "國際的 統一賣買法", 「現代契約法大系」, 第8劵, 東京, 有斐閣, 1983

## 구미문헌

Anderson and Kumoh, *Business Law*, South-Western, 1961
Atiyah, P. S., Adams, John N., and Macqueen, H., *The Sale of Goods*, 11th. ed., Pearson Longman, 2005
———, *An Introduction to The Law of Contract*, 3rd ed., Oxford, Clarenden Press, 1981
———, *The Sale of Goods*, 7th ed., Fitman, 1985

Bergsten, E. and Miller, Anthony J., "*The Rsduction of Price*", The American Journal of Comparative Law, Vol. XXVII, No. 2 & 3, 1979

Borris, Gordon, J., *Commercial Law*, Fifth ed., Butterworths, 1980

Calston, Nina M. amd Smit, H., I*nternational Sales : The United Nations Convention Contracts for the Inrernational Sale of Goods*, New York, Matthew Bender, 1984

Carter, J. W., *Breach of Contract*, Sydney, The Law Book Company, 1984

Casson, Lionel, *The Ancient Mariners*, New York, Macmillan, 1959

Chodery and Giled, *Slater's Mercantile Law*, 17th ed., Pitman Publishing Ltd., 1978

Collins, Hugh, *The Law of Contract*, London, Weidenfeld and Nicolson, 1986

Corley, R., & Robert, W., *Dillavouvou and Howard's Principles of Business Law*, Prentice-Hall, 2001.

Day, D. M. and Griffin, B., *The Law International Trade*, 2nd ed., Butterworths, 1993

Engels, Paul, *International Carriage of Goods*, ed. by Julian D. M. Lew, in International Trade : Law and Practice, Euromoney, 1983

Fansworth, E. A., *Contracts*, Boston, Little Brown & Co, 1982

Fayle, C. E., *A History of the World's Shipping Industry*, London, 1933

Flechtner, Harry M., *"Funkey Mussels, A Stolen Car, and Descript Used Shooes: Non-Conforming Goods and Notice thereof under the United Nations Sales Convention ("CISG")*", Boston University International Law Journal, Vol. 26, 2008

Folsom, Ralph H., Gordon, Michael W., and Spanogle, John A., *International Business Transaction*, 3rd ed.,West, 1988

――――――, *International Business Transaction*, Fifth Edition, West Group, 2002

Furmston, M. P., *Cheshire, Fifoot and Furmston's Law of Contract*, 12th ed., London, Betterworths, 1991

――――――, *Cheshire, Fifoot and Furmston's Law of Contract*, 13th ed., London, Betterworths, 1996

Guest, A. G., *Anson's Law of Contract*, 25th ed., London, Clarendon Press, 1979

――――, *Anson's Law of Contract*, 26th ed., Oxford, Clarendon Press, 1984

――――, *Benjamin's Sale of Goods*, 3rd ed., London, Sweet & Maxwell, 1987

――――, et. al., *Chitty on Contracts*, 24th ed., Sweet & Macwell, 1977

Hamblin, C. and Wright, F. B., *Introduction to Commercial Law*, 2nd ed.,London, Sweet & Maxwell, 1982

Hardy Ivamy, E. R., *Charmers' Marine Insurance Act 1906*, London, Butterworths, 1976

Harry M. Flechtner, "Funkey Mussels, A Stolen Car, and Descript Used Shooes : Non-Conforming Goods and Notice thereof under the United Nations Sales Convention("CISG")", *Boston University International Law Journal*, Vol. 26, 2008

Hoeber, Ralph C. and Others, *Contemporary Business Law*, 2nd ed. New York, McGraw-Hill, 1982

Holloway, K., *Modern Trends in Treaty Law,* Stevens & Sons, 1967

Honnold. John O., *Uniform Law for International Sales under the 1980 United Nations Convention*, Kluwer Law and Taxation Publication, 1982, 1987

―――――――, *Uniform Law for International Sale under the !980 United Nations Convention,* 2d ed., Deventer, 1991

Howell, Rate A. and Others, *Business Law*, 2nd ed Illinois, The Dryden Press,1981

Hyland, R., "*Conformity of Goods to the Contract under the United Nations Sales Convention and the Uniform Commercial Code,*" in Schlechtriem(ed.), *Einheitliches Kaufrecht und Nationales Obligationrecht,* Baden-Baden, : Nomos, 1987.

Johnson, E. R., *History of Domestic and Foreign Commerce of the United States,* Washington, 1915

Kosiur, D., *Understanding Electronic Commerce*, Microsoft Press, 1997

Kritzer, Albert H., *Guide to Practical Application of the United Nations Convention on Contracts for the International Sale of Goods*, Kluwer Law and Taxation Publishers, 1990

Lancing, Paul, "The Chanhe in American Attitude to the International Ubification of Sales Law Movement and UNCITRAL", *American Business Law Journal,* Vol. 18, 1980

Lusk, Harold F., *Business Law, Principles and Cases*, Irwin, 1966

Metzer, Michael B. et al., *Business Law and Regulatory Environment : Concepts and Cases*, 7th ed., Richard D. Irwin, 1989

Patton, G. W., *Textbook of Jurisprudence*, 3rd ed., London, Oxford, 1964

Perrott, D. L., *International Sales Agreements, in International Trade : Law and Practice*, ed. by Julian D. M. Lew and Clive Stanbrook, Euromoney, 1983

Redimond, PWD, *Introduction to Business Law*, Sixth ed., Pitman Publishing, 1991

Ridley, Jasper, *The law of the Carriage of Goods by Land Sea and Air*, 6th ed. by Geoffrey Whitehead, Shaw & Sons, 1982

Rosenthal, Morris S., *Techniques of International Trade*, McGraw-Hill, 1950

Sassoon, David M., *CIF and FOB Contracts*, 3rd ed., London, Stevens & Sons, 1980

Schlechtriem, P., "*The Seller's Obligation under the United Nations Convention on Contracts for the International Sale of Goods", in. : Galston & Smit(ed.), International Sales,* New York : Matthew Bender, 1984

__________, *Uniform Sales Law-The UN Convention on Contracts for the International Sales of Goods*, Vienna : Manzsche, 1986

Schlechtriem, P. and Schwenzer, I., *Commentary on the UN Convention on the International Sale of Goods,* 2nd ed., Oxford University Press, 2005

Schmitthoff, Clive M., *Commercial Law in a Changing Economic Climate*, 2nd ed., London, Sweet & Maxwell, 1981

__________, *Legal Aspects of Export Sales*, London, Stevens & Sons, 1969

__________, *Schmitthoff's Export Trade, The Law and Practice of International Trade,* 9th ed., London, Stevens & Sons, 1990

__________, *The Sale of Goods*, 2nd ed, London, Stevens & Sons, 1966

__________, *The Sources of the Law of International Trade*, London, Stevwns & Sons, 1984

Schmitthoff, Clive M. & Sarre, David A. G., *Charlesworth's Mercantile Law*, 14th ed., Stevens & Sons, 1984

Shah, M. J., "*The revision of the Hague Rules on Bill of Lading within the UN system-key issues*", Samir Mankady, 「The Hamburg Rules on the Carriage of Goods by Sea」, A. W. Sijthoof-Layden/Boston, 1978

Thomas, W. H., *The Sale of Goods Act 1979*, London, SWEET & MAXWELL, 1980

Tillotson, J., *Contract Law in Perspective*, Butterworths, 1981

Treitel, G. H., *An Outline of the Law of Contract*, 3rd ed., London, Butterworths, 1984

__________, *The Law of Contract*, 6th ed., London, Stevens & Sons, 1983

__________, *The Law of Contract*, 9th ed., London, SWEET & MAXWELL, 1995

Volken, P., *The Vienna Concention : Scope, Interpretation, and Gap-filling, International Sale of Goods,* Duerovnik Lectures, P. Sarcevic & P. Volken, Editors, Oceana Publications Inc., 1986

Whinship, M. H., *Contract Law and Practice*, Boston, Kluwer Law and Taxation Publishers, 1990

White, James J. and Summers, Robert S., *Uniform Commercial Code,* 3rd ed., West Publishing Co., 1988

Whitehead, Geoffrey, *Elements of Export Law*, Woodhead-Faulkner, 1983

Winship, P., *The Scope of Vienna Convention on International Sales Contracts, International Sales : The United Nations Convention on Contracts for the Internatioal Sales of Goods* Galston, N. M.and Smit, H., Mattew Bender, 1984

Williston, *What constitute an Express Warranty in the Law of Sale*, 21 Harv. L. Rev. 1908

ICC, *Incoterms 2010*, ICC Publication No. 715E, 2010

——, *Incoterms 2020*, ICC Publication No. 723, 2019

UNCITRAL *YEARBOOK*, Vol Ⅵ, 1975

————————————, *Secretariat Commentary on the 1978 Draft*

U.S. Dept. of Commerce, *Paper Work in Export Trade*, Washington. D.C., 1920

WTO, *Electronic Commerceand the Roleof the WTO*, 1998

# 판 례 색 인

## 영미판례

## CISG 판례

## 한국대법원 판례

# 한 글 색 인

ㅂ

# 영문색인

## D

## S



## T

## U



## V



## W

# 저자약력

## ▮ 윤광운

경남대학교 법학과 졸업
부산대학교, 중앙대학교 대학원 무역학과 졸업(경영학박사)
Utah Valley University Visiting Scholar
부경대학교 국제통상학부 교수, 동 경영대학장 및 경영대학원장
대한상사중재원 중재인 / 국가고시출제위원 / 관세사시험출제위원
한국국제상학회장 / 국제무역학회장 / 주)금양 사외이사
현) 부경대학교 명예교수

[주요 저서 및 논문]
「국제무역상무론」[3판] / 「관세법」(공저) / 「무역법」[제2판]
「무역계약론」[3판](공저) / 「무역실무입문」[제3판] / 「전자무역」(공저)
「국제통상법」 / 「전자상거래론」[3판](공저) / 「국제통상론」(공저)
「무역실무와 경영」[3판] / 「무역결제론」[제3판] (공저) / 「무역실무연습」
「영국물품매매법(SGA 1979)」(공저) / 「미국통일상법전(UCC)」(공역)
「근대조선해관연구」(공저, 부경대출판부)
"동북아 고대 해상무역제도에 관한 연구", 「국제무역연구」(제8권 1호, 1998)
"국제물품매매계약상 물품적합성에 관한 고찰", 「국제상학」(제29권 4호, 2014)
"CISG상의 매수인의 부적합통지의무에 관한 고찰", 무역학회지」(제40권 1호 2015)
"신용장조건위반과 수출보험상의 보험자 면책", 「지역산업연구」(제1권, 1995)
"전자상거래에 의한 무역기업의 수출활성화방안", 「국제무역연구」(제9권 1호, 2003)
"부산해관(1883~1905)에 관한 무역사적 연구", 「무역학회지」(제31권 1호, 2006)
"개항기 조선정부의 관세자주권 회복시도", 「무역학회지」(제44권 1호, 2019)
외 저서 및 논문 다수 발표

## ▮ 김철수

부산대학교 무역학과 졸업
부산대학교 일반대학원 무역학과 졸업(경제학 박사)
부산대학교 경제통상연구원 전임연구원
부산대학교 BK21 FTA사업팀 연구교수
현) 부경대학교 국제통상학부 교수
국가고시출제위원
국제상학회 상임이사 / 동 편집위원
한국무역통상학회 편집위원

[주요 저서 및 논문]
「글로벌시대의 신무역학개론」(하림), / 「무역계약론」[3판](공저)
"신용장거래에서 서류심사기준에 관한 연구", 「무역연구」
외 연구논문 다수 발표

## ▮ 조현숙

동아대학교 무역학과 졸업
부산대학교 대학원 무역학과 졸업(경제학 박사)
University of the Pacific, McGeoge school of Law(LLM)
University of Washington, school of law Visiting Scholar
현) 원광대학교 교수

[주요 저서 및 논문]
「국제운송보험론」(공저, 탑북스), 「영국물품매매법」(공저, 탑북스)
"Case Study of the Impact of Packing Regulations and Technical Standards on Expert Trade", 「아태비즈니스연구」(2021)
"무역거래에서 스마트계약의 법적 고찰", 「통상정보연구」(2019)
"국제상사계약원칙(PICC)에서 이행기전 불이행의 효력에 관한 연구," 「무역통상학회지」(2019)
"국제상거래에서 손해배상청구가 가능한손해의 범위: CISG와 PICC를 중심으로", 「무역학회지」(2018)
외 저서 및 논문 다수 발표

저자와의 협의하에 인지생략

무역계약론 [제3판]

2014년 1월 20일 1판 1쇄 발행
2017년 3월 5일 2판 1쇄 발행
2022년 2월 28일 3판 1쇄 발행

저 자 윤광운 · 김철수 · 조현숙
발행인 김 광 식
조 판 아 람 기 획

07285
발행처 서울특별시 영등포구 선유로3길 10, 617호
도서출판 **탑 북 스**
등 록 2009.12.21 제 2016-000101 호
전 화 02)365-2223 팩스 02)365-2224


정가 36,000 원
ISBN 979-11-90247-58-0-93320